Ambrose Bierce
Gesammelte Werke

To G. A Danziger, my friend
and collaborator in letters.
Ambrose Bierce,
St. Helena, Cala.
Oct. 2, 1892.

AMBROSE BIERCE

GESAMMELTE WERKE

Herausgegeben von Utz Riese

Aus dem Amerikanischen
übertragen von Werner Beyer, Reinhild Böhnke,
Barbara Cramer-Nauhaus, Anneliese Dangel,
Joachim Marten und Ruprecht Willnow

Anaconda

Der vorliegende Band ist ein unveränderter Nachdruck
der Ausgabe Ambrose Bierce: *Ausgewählte Werke*. Hrsg. von Utz Riese.
Leipzig: Sammlung Dieterich Verlagsgesellschaft 1993
[Sammlung Dieterich 409].
Sammlung Dieterich ist eine Marke der Aufbau Verlag GmbH & Co. KG.

Mit Nachwort, Zeittafel und Bibliographie von Utz Riese
Anmerkungen von Doris Dziwas

Die Wiedergabe des Fotos von Ambrose Bierce
erfolgt mit freundlicher Genehmigung der Bibliothek
des John-F.-Kennedy-Instituts für Nordamerikastudien
der Freien Universität Berlin.

Die Deutsche Nationalbibliothek verzeichnet diese Publikation
in der Deutschen Nationalbibliographie; detaillierte bibliographische Daten
sind im Internet unter http://dnb.d-nb.de abrufbar.

Umschlagmotiv: Hirundo rustica, Barn Swallow in flight opening its beak
to catch insect, side view, Foto: Dorling Kindersley / vetta / gettyimages
Umschlaggestaltung: www.katjaholst.de
Redigitalisierung: www.paque.de
Printed in Czech Republic 2014
ISBN 978-3-7306-0099-3
www.anacondaverlag.de
info@anacondaverlag.de

ERZÄHLUNGEN

AUS ›TALES OF SOLDIERS AND CIVILIANS‹

(GESCHICHTEN VON SOLDATEN UND ZIVILISTEN)

DER REITER AM HIMMEL

I

An einem sonnigen Herbstnachmittag des Jahres 1861 lag ein Soldat in einem Lorbeergebüsch am Rande einer Straße in Westvirginia. Er lag in ganzer Länge auf dem Bauche, die Füße stützten sich auf die Zehen, der Kopf ruhte auf dem linken Unterarm. Seine ausgestreckte Rechte hielt mit lockerem Griff das Gewehr umfaßt. Man hätte ihn für tot halten können, doch widersprach diesem Eindruck die einigermaßen ordentliche Lage seiner Gliedmaßen und eine kaum merkliche regelmäßige Bewegung der Patronentasche auf der Rückseite des Koppels. Er schlief auf Posten. Wenn man ihn dabei ertappte, würde er nicht mehr lange zu leben haben, da auf sein Vergehen als gerechte und gesetzliche Strafe der Tod stand.

Das Lorbeergebüsch, worin der Missetäter lag, stand im Winkel einer Straße, die aus südlicher Richtung eine steile Anhöhe überwunden hatte und gerade hier scharf nach Westen abbog, um etwa hundert Yard am Gipfel entlangzuführen. Dann wandte sie sich wieder südwärts und verlief im Zickzack hinunter durch den Wald. Am Eckpunkt dieser zweiten Straßenkrümmung trat ein großer, flacher Felsen nach Norden hervor. Er überschaute das tiefe Tal, aus dem die Straße anstieg. Der Felsen bildete den Abschluß einer hohen Wand; ein Stein von seinem Rand wäre tausend Fuß senkrecht auf die Wipfel der Fichten gefallen. Die Krümmung, an der der Soldat lag,

7

war ein anderer Vorsprung derselben Wand. Wäre der Posten wach gewesen, dann hätte er nicht nur eine Aussicht auf die kurze Strecke der Straße und den vorragenden Felsen, sondern auf den gesamten Steilabfall der Wand darunter gehabt, ein Anblick, bei dem ihm gut und gern hätte schwindlig werden können.

Die Gegend war – bis auf den Talgrund im Norden, wo sich eine kleine Wiese ausbreitete, die ein vom Talrand kaum sichtbarer Bach durchfloß – ringsum bewaldet. Die offene Stelle wirkte nicht viel größer als ein gewöhnlicher Vorgarten, erstreckte sich jedoch in Wirklichkeit über mehrere Morgen. Sie war von lebhafterem Grün als der Wald ringsum. Ähnlich den Felswänden, die unseren Standort bei der Betrachtung der wilden Landschaft darstellen und zwischen denen die Straße irgendwie den Gipfel erklommen hatte, erhob sich jenseits der Wiese eine Reihe gewaltiger Felsklippen. Das Tal selbst wirkte von diesem Beobachtungspunkt aus völlig abgeschlossen, und man konnte sich nur wundern, wie die Straße, die herausführte, ihren Weg wohl hineingefunden hatte, woher das Wasser des Baches kam, der über tausend Fuß tief unten die Wiese teilte, und wohin es floß.

Kein Landstrich ist zu wild und unwegsam – der Mensch macht ihn trotzdem zu einem Kriegsschauplatz; denn unten in dieser militärischen Mausefalle, in der ein halbes Hundert Männer im Besitz der Ausgänge hätte eine ganze Armee bis zur Übergabe aushungern können, lagen im Walde verborgen fünf Regimenter der Unionsinfanterie. Sie waren den ganzen vorangegangenen Tag und die Nacht marschiert und rasteten nun. Bei Einbruch der Nacht würden sie dann wieder auf die Straße herauskommen, bis zu der Stelle hinaufsteigen, wo ihr unzuverlässiger Vorposten nun schlief, und, nachdem sie den jenseitigen Abhang des Bergkammes hinabgestiegen waren, etwa um Mitternacht ein feindliches Lager überfallen. Sie hofften es zu überraschen, da die Straße das Lager von hinten umging. Falls das mißlang, würde ihre Lage äußerst gefährlich werden; und es mußte mißlingen, wenn der Feind durch Zufall oder Wachsamkeit die Truppenbewegung bemerkte.

II

Der schlafende Posten im Lorbeergebüsch war ein junger Virginier namens Carter Druse. Er war der Sohn wohlhabender Eltern, als deren einziges Kind er so viel Behaglichkeit, Bildung und Wohlleben genossen hatte, wie Reichtum und Geschmack im Gebirgsland Westvirginias bieten konnten. Sein Vaterhaus war nur wenige Meilen von dem Platz entfernt, wo er jetzt lag. Eines Morgens war er vom Frühstückstisch aufgestanden und hatte ruhig, aber entschieden erklärt: »Vater, in Grafton ist ein Regiment der Unionstruppen eingetroffen. Ich werde ihm beitreten.«

Der Vater hatte sein löwenhaftes Haupt erhoben, den Sohn einen Augenblick schweigend betrachtet und darauf erwidert: »Nun, so geh, mein Sohn, und was auch geschehen mag, tu, was du für deine Pflicht hältst. Virginia, dem du nun untreu wirst, muß ohne dich auskommen. Sollten wir beide das Kriegsende erleben, werden wir weiter darüber sprechen. Der Zustand deiner Mutter ist, wie du vom Arzt weißt, höchst kritisch; sie kann im besten Falle noch ein paar Wochen unter uns weilen, doch diese Zeit ist kostbar. Es wäre also besser, sie nicht aufzuregen.«

Da hatte sich Carter Druse ehrerbietig vor seinem Vater verneigt. Mit feierlicher Höflichkeit, die ein brechendes Herz verbarg, hatte dieser den Gruß erwidert, und der Sohn verließ die Stätte seiner Kindheit, um Soldat zu werden. Durch Gewissenhaftigkeit und Mut sowie durch selbstlose und verwegene Taten hatte er bald die Achtung seiner Kameraden und der Offiziere erworben. Diesen Eigenschaften und seiner Landeskenntnis war es zuzuschreiben, daß er für den gegenwärtigen gefährlichen Dienst auf dem äußersten Vorposten ausgesucht worden war. Dennoch war seine Erschöpfung stärker als sein Wille gewesen, und er war eingeschlafen. Wer weiß, welcher gute oder böse Engel ihm im Traum erschien, um ihn aus seinem frevelhaften Schlaf wachzurütteln? Lautlos und ohne jede Bewegung berührte in der tiefen Stille und Schläfrigkeit des scheidenden Nachmittags ein unsichtbarer Schicksalsbote sanft das Auge seines Bewußtseins und flüsterte seinem Geist jenes geheimnisvolle Auferweckungswort ins Ohr, das noch nie über Menschenlippen gekommen ist und das ein menschliches Gedächtnis noch nie behalten hat. Ruhig hob der Posten die Stirn vom Arm und schaute durch die schützenden Lorbeerzweige, wobei seine Rechte unwillkürlich den Gewehrschaft fester umschloß.

Seine erste Empfindung war ein starkes künstlerisches Entzücken. Auf mächtigem Postament, dem Steilfelsen, erhob sich regungslos und scharf gegen den Himmel abgegrenzt am äußersten Rande des krönenden Gesteins ein Reiterstandbild von ergreifender Würde. Die Statue des Mannes saß aufrecht und soldatisch auf der Statue des Pferdes, doch mit der Gelassenheit eines griechischen Götterbildes aus Marmor, das die Vorstellung einer Bewegung und Tätigkeit nur schwer aufkommen läßt. Die graue Kleidung fügte sich der Atmosphäre des Hintergrunds harmonisch ein; der Metallglanz von Ausrüstung und Sattelzeug war durch den Schatten gedämpft und gemildert; das Fell des Tieres zeigte keine Glanzflecken. Ein auffallend kurzer Karabiner lag quer über dem Sattelknopf, wo ihn die rechte Hand am Kolbenhals umspannt hielt; die linke Hand mit den Zügeln war nicht zu sehen. Das Profil des Pferdes war als Silhouette in den Hintergrund des Himmels mit der Schärfe einer Kamee eingeschnitten. Es blickte durch die Lüfte zu den gegenüberliegenden Felsen. Das leicht zur Seite geneigte Antlitz des Reiters zeigte Schläfe und Bart nur im Umriß. Er schaute in den Talgrund hinab. Durch den lichten Hintergrund des Himmels und das Bewußtsein des Soldaten von der drohenden Nähe eines Feindes noch vergrößert, nahm die Gruppe heroische, fast gewaltige Ausmaße an.

Einen Augenblick lang umfing Druse das seltsame, unbestimmte Gefühl, er habe bis zum Kriegsende durchgeschlafen und betrachte nun ein auf diesem Gipfel errichtetes edles Kunstwerk, das den Taten einer heldischen Vergangenheit gewidmet war, an der er ruhmlos Anteil gehabt hatte. Diese Empfindung wurde durch eine leichte Bewegung der Gruppe gestört: das Pferd war, ohne die Beine zu rühren, mit dem Rumpf etwas vom Rande des Abgrunds zurückgewichen; der Mann verharrte unbeweglich wie zuvor. Druse war jetzt hell wach und begriff voll, was auf dem Spiel stand; er legte den Gewehrkolben an die Wange, schob dabei den Lauf vorsichtig durch das Gebüsch nach vorn, spannte den Hahn und nahm durchs Visier eine lebenswichtige Stelle der Reiterbrust aufs Korn. Eine Berührung des Abzugs, und alles wäre für Carter Druse in Ordnung gewesen. In diesem Moment wandte der Reiter den Kopf und sah in die Richtung seines verborgenen Feindes – schien ihm direkt ins Gesicht, in die Augen, in sein tapferes, mitleidendes Herz zu sehen.

Ist es denn so entsetzlich, im Krieg einen Feind zu töten – einen Feind, der ein Geheimnis entdeckt hat, das für die eigene Sicherheit und das Leben der Kameraden entscheidend ist, einen Feind, der durch sein Wissen gefährlicher ist als seine ganze Armee trotz ihrer Größe? Carter Druse erblaßte. Er zitterte am ganzen Leibe, ihm wurde elend; die standbildartige Gruppe löste sich vor seinen Augen in schwarze Gestalten auf, die sich hoben und senkten und unstet in Kreisbögen am glühenden Himmel tanzten. Seine Hand fiel von der Waffe ab, langsam sank der Kopf tiefer, bis sein Gesicht auf den Blättern ruhte, in denen er lag. Dieser beherzte Mann und kühne Soldat war nahe daran, durch den Aufruhr seiner Gefühle ohnmächtig zu werden.

Doch das währte nicht lange; im nächsten Augenblick hob er den Kopf vom Boden, die Hände nahmen ihren Griff am Gewehr wieder auf, der Zeigefinger suchte den Hahn. Geist, Herz und Augen waren klar, Gewissen und Vernunft unerschüttert. Er konnte nicht hoffen, seinen Gegner gefangenzunehmen; wenn er dessen Aufmerksamkeit erregte, würde dieser nur mit der verhängnisvollen Nachricht in sein Lager eilen. Die Soldatenpflicht war eindeutig: der Mann mußte aus dem Hinterhalt erschossen werden, ohne Warnung, ohne die Gelegenheit, sich innerlich auch nur einen Augenblick darauf vorzubereiten, ohne Zeit für ein ungesprochenes Gebet mußte er vor Gottes Richterstuhl treten. Doch nein – es gibt eine Hoffnung: womöglich hat er nichts entdeckt, er bewundert vielleicht nur die erhabene Landschaft. Dann mag er umkehren und unbekümmert in der Richtung davonreiten, aus der er kam. Sicher wird es möglich sein, noch im Augenblick, in dem er sich entfernt, zu entscheiden, ob er etwas weiß. Es könnte wohl sein, daß seine gespannte Aufmerksamkeit... Druse wandte den Kopf und blickte in die Lufttiefe hinunter wie von der Oberfläche auf den Grund eines durchsichtigen Sees. Da sah er eine Schlangenlinie von Männern und Pferden über die Wiese kriechen; irgendein verrückter Kommandeur hatte seiner Mannschaft erlaubt, ihre Tiere im Freien zu tränken – von einem Dutzend Höhen aus deutlich sichtbar!

Druse löste seinen Blick vom Tal und heftete ihn wieder auf Roß und Reiter am Himmel, abermals durch das Visier seines Gewehrs. Aber diesmal zielte er auf das Pferd: In seinem Innern klangen ihm, als wären sie ein göttlicher Auftrag, die Abschiedsworte seines Vaters: ›Was auch geschehen mag, tu, was du für deine Pflicht hältst.‹ Er war jetzt ganz gelassen. Fest, aber nicht verbissen, lagen die Zähne aufeinander; seine Nerven waren ruhig wie die eines schlafenden Kindes – kein Zittern befiel auch nur einen Muskel des Körpers; sein Atem, erst beim Zielen angehalten, ging regelmäßig und langsam. Das Pflichtgefühl hatte gesiegt und der Geist dem Körper geboten: Ruhig, sei still! – Er schoß.

III

Ein Offizier der Unionstruppen, der aus Abenteuerlust, oder um sich mit der Gegend vertraut zu machen, das verborgene Feldlager im Tal verlassen hatte und ziellos zum tiefer gelegenen Ende einer kleinen Lichtung am Fuße der Felswand gelangt war, überlegte, ob es wohl Zweck hätte, seinen Erkundungsgang noch weiter auszudehnen. Eine Viertelmeile vor ihm – es schien nur einen Steinwurf weit – erhob sich aus dem Fichtengürtel das mächtige Felsengebilde; es türmte sich so hoch vor ihm auf, daß ihn schwindelte, wenn er dorthin blickte, wo der Grat sich scharf und zackig gegen den Himmel abgrenzte. Bis zur halben Höhe von oben hob sich der Felsen scharf und senkrecht vom blauen Himmel ab, und von da bildeten ferne, kaum weniger blaue Berge bis hinab zu den Baumwipfeln im Tale den Hintergrund. Als der Offizier die Augen auf die schwindelnde Gipfelhöhe richtete, gewahrte er ein erstaunliches Schauspiel: ein Mann hoch zu Roß sprengte durch die Luft ins Tal!

In militärischer Haltung saß der Reiter im Sattel, kerzengerade und fest, mit starkem Griff hielt er die Zügel, um sein Pferd vor zu ungestümem Sprung zu bewahren. Das lange Haar strömte über seinem entblößten Haupt nach oben und wogte wie eine Feder. Die Hände waren in der dunklen Wolke der hochflatternden Pferdemähne verborgen. Das Tier bewahrte seine waagerechte Lage, als ob es mit jedem Hufschlag festen Boden berührte. Seine Bewegungen waren die eines wilden Galopps, aber noch während der Offizier hinblickte, hörten sie auf, und alle vier Beine schnellten vor wie beim Aufsetzen nach einem Sprung. Aber es war ein Flug!

Verwirrt und erschreckt über diese Erscheinung eines Reiters am Himmel – fast glaubte er, der auserwählte Chronist einer neuen Apokalypse zu sein –, ließ sich der Offizier vom Übermaß seiner Gefühle überwältigen; die Beine versagten ihm den Dienst, und er stürzte. Fast im selben Augenblick hörte er ein Krachen in den Bäumen – einen Laut, der ohne Echo erstarb –, und alles war still.

Zitternd stand der Offizier auf. Die vertraute Empfindung eines abgeschürften Schienbeins ließ ihn aus seiner Verstörtheit wieder zu sich kommen. Er riß sich zusammen und rannte überhastet ein ganzes Stück vom Felsen weg. Da ungefähr erwartete er den Reiter zu finden, und da war er natürlich nicht. In dem flüchtigen Augenblick der Vision war seine Vorstellungskraft so stark von der offensichtlichen Anmut, Leichtigkeit und Beherrschtheit der unwahrscheinlichen Leistung beeinflußt gewesen, daß er gar nicht auf den Gedanken gekommen war, die Marschlinie der fliegenden Kavallerie müsse ja direkt nach unten führen, und das Gesuchte könne nur unmittelbar am Fuße des Felsens zu finden sein. Eine halbe Stunde später kehrte er ins Lager zurück.

Dieser Offizier war ein kluger Mann; er hütete sich wohl, eine unglaubwürdige Wahrheit zu berichten. Er sagte nichts von dem, was er gesehen hatte. Als ihn jedoch der Kommandeur fragte, ob er bei seinem Streifzug etwas in Erfahrung gebracht hätte, das für das Unternehmen wichtig sein könnte, antwortete er: »Jawohl, Sir; aus dem Süden führt keine Straße ins Tal hinunter.«

Der Vorgesetzte, der es besser wußte, lächelte.

IV

Nachdem er den Schuß abgefeuert hatte, lud der Soldat Carter Druse wieder nach und blieb auf seinem Posten. Kaum zehn Minuten waren vergangen, als ein Sergeant seiner Truppe vorsichtig auf Händen und Knien zu ihm herankroch. Druse wandte weder den Kopf, noch sah er ihn an, sondern blieb regungslos und ohne ein Zeichen des Erkennens liegen.

»Haben Sie geschossen?« flüsterte der Sergeant.

»Ja.«

»Worauf?«

»Auf ein Pferd. Es stand auf dem Felsen dort – ziemlich weit vorn. Sie sehen, es ist nicht mehr da. Es ist den Felsen hinuntergestürzt.«

Sein Gesicht war weiß, sonst war ihm keinerlei Aufregung anzumerken. Als er geantwortet hatte, sah er weg und schwieg. Der Sergeant begriff es nicht.

»Hören Sie, Druse«, sagte er nach kurzer Pause, »es hat keinen Zweck, etwas zu verheimlichen. Ich befehle Ihnen, Meldung zu erstatten. Hat jemand auf dem Pferde gesessen?«

»Ja.«

»Nun?«

»Mein Vater.«

Der Sergeant stand auf und ging. »Großer Gott!« sagte er.

ZWISCHENFALL
AUF DER EULENFLUSS-BRÜCKE

I

Ein Mann stand auf einer Eisenbahnbrücke im nördlichen Alabama und blickte hinab in das Wasser, das zwanzig Fuß unter ihm dahinströmte. Der Mann hielt die Hände auf dem Rücken; denn sie waren ihm mit einem Strick um die Handgelenke zusammengebunden. Ein Seil lag eng um seinen Hals. Es war an einem soliden Kreuzbalken über seinem Kopf befestigt und hing von dort im Bogen schlaff bis in die Höhe seiner Knie hinab. Auf den Eisenbahnschwellen lagen einige lose Planken, auf denen der Mann und seine Henker standen. Diese Henker waren zwei Gemeine der Unionstruppen. Sie wurden von einem Sergeant befehligt, der im Zivilleben stellvertretender Sheriff sein mochte. Dicht an der provisorischen Plattform stand ein bewaffneter Offizier in der Uniform seines Ranges. Es war ein Captain. Ein Posten an jedem Ende der Brücke hielt das Gewehr in ›Feuerbereitschaft‹, das heißt senkrecht vor der linken Schulter, den Hahn auf dem Unterarm, der waagerecht vor der Brust lag. Diese Haltung war steif, unnatürlich und verkrampft. Offenbar gehörte es nicht zur Pflicht der beiden Männer, zu wissen, was in der Mitte der Brücke vor sich ging. Sie riegelten lediglich an beiden Seiten die Fußplanken ab, die über die Brücke liefen.

Hinter dem einen Posten war niemand weiter zu sehen. Die Eisenbahnstrecke führte schnurgerade etwa hundert Yard tief in den Wald hinein, bog dann ab und entschwand den Blicken. Sicher stand dort weiter draußen noch ein Posten. Auf der anderen Seite des Flusses lag offenes Land. Die sanfte Uferböschung krönten Palisaden aus senkrechten Baumstämmen mit Schießlöchern für Gewehre und einer einzelnen Schießscharte, aus der die Mündung einer Messingkanone hervorsah, die die Brücke beherrschte. Halben Wegs auf dem Abhang zwischen Brücke und Fort standen die Zuschauer – eine einzige Kompanie Infanterie in einer Reihe, im ›Stillgestanden‹, Gewehr bei

Fuß, so daß die Läufe leicht zurückgeneigt auf die rechte Schulter wiesen. Die Hände waren über dem Lauf gekreuzt. Ein Lieutenant am rechten Ende der Reihe hielt die Degenspitze zu Boden gesenkt und ließ die linke Hand auf der rechten ruhen. Abgesehen von den vieren in der Mitte der Brücke rührte sich niemand. Die Kompanie stand wie aus Erz gegossen und starrte unbewegt auf die Brücke. Die Posten, die auf die Flußufer blickten, hätten ebensogut Brückenfiguren sein können. Der Captain stand mit verschränkten Armen. Ruhig und ohne Befehle zu geben, beobachtete er die Arbeit seiner Untergebenen. Wenn er angemeldet kommt, ist der Tod ein Würdenträger, der selbst von denen mit förmlichen Ehrenbezeigungen empfangen wird, denen er am engsten vertraut ist. Die militärischen Kennzeichen der Ehrerbietung sind Schweigen und Unbewegtheit.

Der Mann, der gehängt werden sollte, zählte etwa fünfunddreißig Jahre. Er war Zivilist, wenn man nach seiner Kleidung urteilte: es war die eines Pflanzers. Er hatte gutgeschnittene Züge: gerade Nase, fester Mund, hohe Stirn, von der sein langes dunkles Haar straff hinter die Ohren zurückgekämmt war und auf den Kragen seines gutsitzenden Rocks herabfiel. Er trug Schnurr- und Spitzbart, aber keinen Backenbart. Seine Augen waren groß und dunkelgrau. Ihrem freundlichen Ausdruck nach hätte man sie nicht bei einem Manne vermutet, um dessen Hals die Schlinge lag. Offenbar war der Mann kein gewöhnlicher Mörder. Das großzügige Militärgesetz hat eben Vorsorge getroffen, daß vielerlei Arten von Menschen gehängt werden können, Gentlemen nicht ausgenommen.

Als die Vorbereitungen abgeschlossen waren, traten die beiden Gemeinen zurück, und jeder zog die Planke weg, auf der er gestanden hatte. Der Sergeant machte zum Captain Front, salutierte und stellte sich dann unmittelbar hinter den Offizier, der seinerseits einen Schritt beiseite trat. Durch diese Veränderungen standen nun der Sergeant und der Verurteilte auf den beiden Enden der gleichen Planke, die über drei Bahnschwellen der Brücke reichte. Das Ende der Planke, in dessen unmittelbarer Nähe der Zivilist stand, berührte eine vierte Schwelle. Diese Planke war bisher durch das Gewicht des Captains an ihrem Platz gehalten worden, jetzt hielt sie der Sergeant im Gleichgewicht. Auf ein Zeichen des Offiziers hin würde er zur Seite treten, die Planke würde kippen und der Verurteilte zwischen zwei Schwellen hängen. Diese Anordnung empfahl sich seiner Einsicht als einfach und zweckmäßig. Man hatte weder sein Gesicht verhüllt, noch ihm eine Binde vor die Augen gelegt. Er blickte gerade auf den unsicheren Halt seiner Füße hinab und ließ dann den Blick zum strudelnden Wasser des Stromes schweifen, der unter seinen Füßen ungebärdig dahinjagte. Ein Stück tanzenden Treibholzes erregte seine Aufmerksamkeit, und seine Augen folgten ihm, wie es von der Strömung davongetragen wurde. Wie langsam es sich zu bewegen schien! Welch träger Fluß!

Der Mann schloß die Augen, um seine letzten Gedanken auf Weib und Kinder zu konzentrieren. Das Wasser, das die Morgensonne in Gold verwandelte, weiter draußen die ziehenden Nebel an den Ufern, das Fort, die Soldaten, das Stück Treibholz – das alles hatte ihn abgelenkt. Und nun störte ihn etwas anderes. Die Gedanken an seine Lieben wurden durch einen Laut unterbrochen, den er weder überhören noch sich erklären konnte: ein scharfer, metallischer Schlag erklang, so hell wie ein Schmiedehammer auf dem Amboß. Der Mann überlegte, was das wohl sein könnte, ob es in der Nähe sei oder unendlich weit weg – beides schien möglich. Der Laut ertönte regelmäßig, aber in langen Abständen wie das Läuten einer Totenglocke. Der Mann erwartete jeden Schlag mit Ungeduld und mit einer ihm selbst unerklärlichen Furcht. Die Intervalle zwischen den Schlägen wurden allmählich länger; die Verzögerung machte ihn fast wahnsinnig. Je seltener die Schläge wurden, desto lauter und durchdringender klangen sie. Sie taten seinem Ohr weh, als würde ein Messer hineingestoßen, so daß er fürchtete aufzuschreien. Was er hörte, war das Ticken seiner Uhr.

Er öffnete seine Augen wieder und sah auf das Wasser unter seinen Füßen. Wenn ich meine Hände freibekäme, könnte ich die Schlinge abwerfen und in den Fluß springen. Vor den Kugeln würde ich tauchen. Wenn ich kräftig schwimme, käme ich ans Ufer. Dann könnte ich im Wald verschwinden und nach

Hause entkommen. Mein Haus liegt, Gott sei Dank, noch außerhalb ihres Bereichs. Meine Frau und die Kinder sind noch weit weg von den vordersten Linien der Eindringlinge.

Die Gedanken, die hier in Worte gefaßt wurden, dachte der Verurteilte eigentlich nicht, sie zuckten durch seinen Sinn. Unterdessen nickte der Captain dem Sergeant zu. Dieser trat beiseite.

II

Peyton Farquhar war ein wohlhabender Pflanzer und entstammte einer alten, hochangesehenen Familie aus Alabama. Da er Sklaven hielt und wie alle Sklavenhalter Politiker war, gehörte er natürlich von Anfang an zu den Sezessionisten und war der Sache der Südstaaten glühend ergeben. Umstände höherer Art, die hier nicht erörtert zu werden brauchen, hatten ihn gehindert, Dienst in jener tapferen Armee zu nehmen, deren schreckliche Feldzüge mit dem Fall von Corinth endeten. Er lehnte sich gegen den unrühmlichen Zwang auf. Nur zu gern hätte er seine Kräfte eingesetzt, das freiere Leben des Soldaten geführt und Gelegenheit zur Auszeichnung gehabt. Er war überzeugt, daß diese Gelegenheit, wie immer in Kriegszeiten, kommen würde. Unterdessen tat er, was er konnte. Kein Dienst war ihm zu gering, wenn er ihn für die Südstaaten leisten konnte, kein Wagnis zu groß, wenn es einem Zivilisten anstand, der im Herzen Soldat war und in gutem Glauben, ohne sonderliche Vorbehalte, dem doch verbrecherischen Wort zustimmte, daß in der Liebe und im Krieg jedes Mittel recht ist.

Eines Abends, als Farquhar und seine Frau auf einer schlichten Bank am Tor seiner Pflanzung saßen, ritt ein graugekleideter Soldat vor und bat um einen Schluck Wasser. Mrs. Farquhar war nur zu glücklich, ihm den Trunk mit ihrer weißen Hand selbst zu kredenzen. Während sie Wasser holte, näherte sich ihr Mann dem staubigen Reiter und fragte begierig nach Nachrichten von der Front.

»Die Yankees stellen die Eisenbahnlinien wieder her und bereiten sich auf einen neuen Angriff vor. Sie haben die Brücke am Eulenfluß erreicht, sie repariert und am Nordufer ein Fort errichtet. Der Kommandant hat einen Befehl ausgegeben, der überall angeschlagen ist. Darin wird erklärt, daß jeder Zivilist, der dabei betroffen wird, die Eisenbahn, ihre Brücken, Tunnel oder Züge zu beschädigen, standrechtlich gehängt wird. Den Befehl habe ich selbst gesehen.«

»Wie weit ist es bis zur Brücke am Eulenfluß?« fragte Farquhar.

»Etwa dreißig Meilen.«

»Stehen Truppen diesseits des Flusses?«

»Nur eine Feldwache eine halbe Meile vom Fluß entfernt an der Bahnlinie und ein einzelner Posten am hiesigen Ende der Brücke.«

»Angenommen, ein Mann – Zivilist und Student der Galgenwissenschaft – umginge die Feldwache und überlistete den Brückenposten. Was könnte er denn tun?« fragte Farquhar lächelnd.

Der Soldat überlegte. »Ich war vor einem Monat dort«, antwortete er schließlich. »Mir fiel auf, daß das Winterhochwasser eine Menge Treibholz am diesseitigen Holzpfeiler der Brücke angeschwemmt hat. Dieses Holz ist nun trocken und würde wie Zunder brennen.«

Frau Farquhar brachte jetzt das Wasser, und der Soldat trank. Er dankte ihr förmlich, verbeugte sich vor ihrem Mann und ritt davon. Etwa eine Stunde später, nach Einbruch der Dunkelheit, kam er wieder an der Pflanzung vorüber und ritt nordwärts in die Richtung, aus der er gekommen war. Er war ein Kundschafter der Unionstruppen.

III

Als Peyton Farquhar senkrecht durch die Brücke hinabfiel, verlor er das Bewußtsein und schien bereits tot zu sein. Aus diesem Zustand wurde er – wie ihm vorkam, erst Jahrhunderte später – erweckt durch den Schmerz eines scharfen Druckes auf seinen Hals, dem ein Gefühl des Erstickens folgte. Durchdringende, stechende Schmerzen schossen von seinem Nacken aus in jede Faser seines Körpers und seiner Glieder hinab.

Diese Schmerzen folgten offenbar ganz bestimmten Bahnen und durchzuckten ihn in unglaublich kurzen Abständen. Sie glichen Strömen pulsierenden Feuers, die eine unerträgliche Hitze in ihm erregten. In seinem Kopf fühlte er nur den Blutandrang. All diese Empfindungen waren nicht von Gedanken begleitet. Der denkende Teil seines Selbst war bereits ausgelöscht; er konnte nur noch fühlen, und dieses Fühlen war eine Qual. Dann wurde er sich einer Bewegung bewußt. Umhüllt von einer lichten Wolke, deren feuriger Mittelpunkt er war, schwang er ohne körperliche Schwere wie ein riesiges Pendel durch unvorstellbare Räume. Dann schoß urplötzlich das ihn umgebende Licht unter lautem Aufklatschen aufwärts. In seinen Ohren dröhnte es fürchterlich, und ringsum war es kalt und finster. Er konnte jetzt wieder denken und wußte, daß das Seil gerissen und er in den Fluß gestürzt war. Das Würgen um seinen Hals wurde nicht stärker; die Schlinge erstickte ihn ohnehin fast und ließ kein Wasser in seine Lungen dringen. Am Strick auf dem Grund eines Flusses zu sterben – die Vorstellung erschien ihm lächerlich. Er öffnete die Augen in der Dunkelheit und sah über sich einen Lichtschein, aber er war fern, unerreichbar fern. Er sank noch immer; denn der Schein wurde immer schwächer, war nur noch ein fahler Schimmer. Dann wuchs er und wurde heller, und Farquhar wußte nun, daß er zur Oberfläche aufstieg – widerwillig nahm er es wahr; denn er fühlte sich jetzt recht wohl. Gehängt und ertränkt zu werden, dachte er, ist gar nicht übel; aber erschossen möchte ich nicht werden. Nein, ich will nicht erschossen werden, das wäre nicht fair.

Er war sich keiner Bemühung bewußt, aber ein heftiger Schmerz am Handgelenk bewies ihm, daß er versuchte, seine Hände freizubekommen. Ohne am Ausgang interessiert zu sein, wandte er diesem Kampf seine Aufmerksamkeit zu, wie ein müßiger Beobachter dem Trick eines Zauberkünstlers zuschaut. Welch lobenswerte Bemühung, welch bewundernswerte, übermenschliche Anstrengung! Das war ein edler Kampf. Bravo! Der Strick fiel, die Arme lösten sich voneinander und wurden nach oben getrieben. Farquhar konnte die Hände undeutlich in der zunehmenden Helligkeit erkennen und beobachtete mit ungemindertem Interesse, wie sich erst die eine, dann die andere auf die Schlinge um seinen Hals stürzte. Sie zerrten das Seil weg und warfen es zornig zur Seite, daß es wie eine Wasserschlange in Wellenlinien davonglitt. Wieder anmachen, wieder anmachen! Er glaubte, diese Worte seinen Händen zuzurufen; denn die Entfernung der Schlinge hatte ihn die schrecklichsten Qualen gekostet, die er bisher erlitten hatte. Sein Hals schmerzte fürchterlich, sein Gehirn stand in Flammen, sein Herz, das bisher nur schwach geschlagen hatte, tat einen großen Satz, als wollte es zum Mund herausspringen. Sein ganzer Körper wurde von unerträglichen Qualen gerädert und gefoltert. Aber seine ungehorsamen Hände achteten nicht auf den Befehl. Sie schlugen das Wasser mit schnellen Schlägen nach unten und zwangen ihn an die Oberfläche. Er fühlte, wie sein Kopf auftauchte. Seine Augen waren vom Sonnenlicht geblendet, seine Brust dehnte sich krampfhaft, und mit äußerster und letzter Pein nahmen seine Lungen einen großen Strom von Luft auf, die er augenblicklich als Schrei wieder ausstieß.

Er war nun völlig seiner Sinne mächtig. Sie waren sogar übernatürlich klar und wach, ja, durch die schreckliche Störung seines Lebenssystems so geschärft und verfeinert, daß sie Dinge wahrnahmen, die sie früher nicht wahrgenommen hatten. Er spürte die kleinen Wellen an seinem Gesicht und hörte jede einzeln anschlagen. Er blickte auf den Wald am Flußufer, sah die einzelnen Bäume, die Blätter und ihr Geäder, sah selbst die Insekten auf den Blättern: Heuschrecken, Fliegen mit schillernden Körpern, graue Spinnen, die ihr Netz von Zweig zu Zweig spannten. Er sah die Regenbogenfarben in all den Tautropfen auf Millionen von Grashalmen funkeln. Tanzende Mücken sangen über den Wasserstrudeln, Libellenflügel klirrten; selbst die zuckenden Beine der Wasserspinnen, diese Ruder, die ihr Boot in die Höhe gehoben hatten, machten hörbare Musik. Ein Fisch glitt unter seinen Augen entlang, und er vernahm den Laut, mit dem sein Leib das Wasser teilte.

Als er auftauchte, blickte er stromab. Dann schien sich für einen Augenblick die sichtbare Welt langsam um ihn als Angelpunkt zu drehen; er sah die Brücke, das Fort, die Soldaten auf der Brücke, den Captain, den Sergeant und die beiden Gemeinen, seine Henker. Sie hoben sich als Silhouetten gegen den blauen Himmel ab. Sie schrien, gestikulierten und zeigten auf ihn. Der Captain hatte seine Pistole gezogen, schoß aber nicht. Die anderen waren unbewaffnet. Ihre Bewegungen wirkten grotesk und drohend, ihre Gestalten riesig.

Plötzlich hörte er einen scharfen Knall, und etwas schlug wenige Zoll neben seinem Kopf hart ins Wasser, so daß sein Gesicht mit Wassertropfen bespritzt wurde. Ein zweiter Knall ertönte, und er sah einen der Posten mit dem Gewehr an der Schulter, von dessen Mündung ein blaues Rauchwölkchen aufstieg. Der Mann im Wasser sah das Auge des Mannes auf der Brücke durch das Visier hindurch auf sich gerichtet. Er stellte fest, daß dieses Auge grau war, und erinnerte sich, gelesen zu haben, daß graue Augen am schärfsten seien und alle bekannten Schützen graue Augen hätten. Nun, dieser hatte jedenfalls sein Ziel verfehlt.

Eine Gegenströmung hatte Farquhar ergriffen und drehte ihn halb herum. Er sah nun wieder den Wald gegenüber dem Fort. Hinter ihm ertönte eine klare, laute Stimme in monotonem Singsang und drang mit solcher Deutlichkeit über das Wasser, daß sie jedes andere Geräusch durchbrach und übertönte, sogar das Anschlagen der kleinen Wellen an seinem Ohr. Obgleich er nicht Soldat war, kannte Farquhar von zahlreichen Aufenthalten in Kriegslagern her die furchtbare Bedeutung dieses ausgeklügelten, langsamen, akzentuierten Singsangs. Der Lieutenant am Ufer griff in die Vorgänge dieses Vormittags ein. In genau bemessenen Abständen, mit gleichmäßiger, ruhiger Betonung, die den Leuten Ruhe bewies und aufzwang, fielen kalt und erbarmungslos die grausamen Worte: »Kompanie, Achtung! ... Legt an! ... Fertig! ... Zielt! ... Feuer!«

Farquhar tauchte, tauchte so tief er konnte. Das Wasser toste in seinen Ohren wie die Niagarafälle, trotzdem hörte er den gedämpften Donner der Salve. Als er wieder zur Oberfläche emporkam, begegneten ihm schimmernde Metallstücke, die seltsam abgeplattet waren und glitzernd langsam hinabsanken. Einige berührten ihn an Gesicht und Händen, glitten dann ab und setzten ihren Weg in die Tiefe fort. Eins klemmte sich zwischen Hals und Kragen fest; es war ungemütlich warm, und er fingerte es heraus.

Als er wieder auftauchte und nach Luft schnappte, stellte er fest, daß er lange unter Wasser gewesen war; denn er befand sich nun merklich weiter stromabwärts – der Sicherheit näher. Die Soldaten waren fast fertig mit Laden. Die metallnen Ladestöcke blitzten alle auf einmal im Sonnenschein, als sie aus dem Lauf gezogen, in der Luft gewendet und in die Buchsen gesteckt wurden. Die beiden Posten feuerten wieder ohne Kommando und ohne Erfolg.

Der Verfolgte sah das alles mit zurückgewandtem Kopf. Er schwamm jetzt kräftig mit dem Strom. Sein Gehirn arbeitete ebenso energisch wie Arme und Beine; er dachte blitzschnell.

Der Offizier, überlegte er, wird nicht noch einmal einen so groben Fehler machen. Einer Salve kann man ebenso leicht ausweichen wie einem einzelnen Schuß. Wahrscheinlich hat er schon Befehl gegeben, ohne Kommando zu feuern. Dann helfe mir Gott, ich kann nicht allen Kugeln gleichzeitig ausweichen.

Einem entsetzlichen Aufprall etwa zwei Yard entfernt von ihm folgte ein lauter, gleitender Ton, der schwächer wurde, durch die Luft zum Fort zurückzueilen schien und dort in einer Explosion endete, die den Fluß bis in die tiefsten Tiefen erschütterte. Eine aufsteigende Wasserfontäne neigte sich über den Schwimmer, fiel auf ihn herab, blendete ihn, erstickte ihn. Die Kanone hatte ihre Rolle in diesem Stück übernommen. Als Farquhar den Kopf vom Tumult des aufgewirbelten Wassers freischüttelte, hörte er das abprallende Geschoß durch die Luft sausen, und einen Augenblick später zerfetzte und knickte es die Zweige drüben im Wald.

Das werden sie nicht wieder tun, dachte er. Nächstes Mal werden sie eine Ladung Kartätschen nehmen. Ich muß die Kanone im Auge behalten. Der Rauch wird mich warnen. Der Schall kommt zu spät, er hinkt hinter dem Geschoß her. Die Kanone ist gut.

Plötzlich fühlte er sich herumgewirbelt und drehte sich wie ein Kreisel. Das Wasser, die Ufer, die Wälder und weiter entfernt Brücke, Fort und Menschen – alles floß ineinander und verschwamm. Nur die Farben blieben. Waagerechte bunte Kreise – das war alles, was er sah. Ein Strudel hatte ihn erfaßt und wirbelte ihn mit solcher Schnelligkeit vorwärts und im Kreis herum, daß ihm schwindlig und übel wurde. Einen Augenblick später fand er sich auf den Kies am linken Flußufer geworfen. Eine Biegung des Flusses verbarg ihn seinen Feinden. Daß seine rasende Fahrt so unvermittelt aufhörte und daß er sich eine Hand auf dem Kies aufschürfte, brachte ihn wieder zu sich. Er weinte vor Freude. Er grub seine Hände in den Sand, warf ihn über sich in die Luft und pries ihn laut. Diamanten, Rubine, Smaragde – es fiel ihm nichts Schönes ein, dem dieser Sand nicht glich. Die Bäume am Ufer waren riesige Gartengewächse, er fand, daß sie in wohlbedachter Ordnung standen, und sog den Duft ihrer Blüten ein. Ein seltsames rötliches Licht glänzte zwischen den Stämmen. Der Wind spielte in den Zweigen wie auf Äolsharfen. Farquhar hatte keine Lust, seine Flucht fortzusetzen, sondern war es zufrieden, an diesem zauberhaften Fleck zu bleiben, bis man ihn wieder einfing.

Ein Zischen und Prasseln von Kartätschen in den Zweigen hoch über sich riß ihn aus seinen Träumen. Der verblüffte Kanonier hatte ihm auf gut Glück einen Abschiedsgruß nachgeschickt. Farquhar sprang auf, stürzte die Uferböschung hinan und tauchte im Wald unter.

Den ganzen Tag wanderte er und richtete seinen Weg nach der Sonne. Der Wald schien kein Ende zu nehmen. Nirgendwo entdeckte er eine Lichtung oder auch nur einen Holzfällerpfad. Er hatte gar nicht gewußt, daß er in einer so einsamen Gegend lebte. Diese Entdeckung beunruhigte ihn ziemlich.

Als die Nacht hereinbrach, war er erschöpft, hatte sich die Füße wund gelaufen und verhungerte fast. Der Gedanke an Frau und Kinder trieb ihn weiter. Schließlich stieß er auf eine Straße, die in die Richtung seines Zieles führte. Sie war breit und gerade wie eine Straße in der Stadt, doch schien sie unbegangen zu sein. Keine Felder grenzten daran, nirgendwo ein Gebäude. Nicht einmal Hundegebell verriet die Nähe einer menschlichen Behausung. Die schwarzen Umrisse der Bäume bildeten zu beiden Seiten gerade Wälle und liefen am Horizont in einem Punkt zusammen wie auf einer Zeichnung im Perspektive-Unterricht. Als Farquhar in dieser Waldschneise nach oben sah, blitzten über ihm große goldene Sterne, die ihm unbekannt waren und in seltsamen Konstellationen standen. Er war überzeugt, daß sie nach einem Plan angeordnet waren, der insgeheim Unheil bedeutete. Auf beiden Seiten der Straße drangen vereinzelt Laute aus dem Wald. Darunter hörte er einmal, dann wieder und wieder Flüstern in einer fremden Sprache.

Sein Hals schmerzte, und als er ihn betastete, fand er ihn schrecklich geschwollen. Er wußte, daß das würgende Seil eine schwarze Linie zurückgelassen hatte. Seine Augen fühlten sich blutunterlaufen an, er konnte sie nicht mehr schließen. Seine Zunge war vor Durst geschwollen. Er kühlte ihren Brand, indem er sie zwischen den Zähnen in die kalte Nachtluft hinausstreckte. Wie weich der Rasen seinen Teppich über die unbegangene Straße gelegt hatte! Er fühlte den Weg gar nicht mehr unter den Füßen.

Sicher war er trotz seiner Schmerzen im Gehen eingeschlafen; denn plötzlich sieht er ein anderes Bild – vielleicht ist er auch nur aus dem Delirium erwacht. Er steht am Tor seiner eigenen Besitzung. Alles ist unverändert, wie er es verlassen, und glänzt freundlich im Licht der Morgensonne. Er muß die ganze Nacht hindurch gegangen sein. Während er das Tor aufstößt und die breite weiße Auffahrt entlanggeht, sieht er Frauenkleider wehen. Frisch, kühl und reizend anzuschauen, kommt ihm seine Frau von der Veranda herab entgegen. Am Fuß der Treppe bleibt sie wartend stehen, ein Lächeln unendlichen Glücks auf den Lippen. Unvergleichliche Grazie und Würde liegt in ihrer Haltung. Wie schön sie doch ist! Mit ausgebreiteten Armen stürzt er vorwärts. Als er sie gerade umfangen will, fühlt er einen betäubenden Schlag auf den Nacken. Mit einem Knall wie ein Kanonenschlag schießt blendendweißes Licht rings um ihn auf – dann ist alles dunkel und still.

Peyton Farquhar war tot. Mit gebrochenem Genick schwang sein Körper unter den Schwellen der Eulenfluß-Brücke sanft von einer Seite zur anderen.

CHICKAMAUGA

An einem sonnigen Herbstnachmittag lief ein Kind weg von seinem bescheidenen Zuhause auf einer kleinen Wiese und ging ganz allein in den Wald. Das neue Gefühl, frei von aller Aufsicht auf Erkundungen und Abenteuer ausgehen zu können, machte es glücklich; denn der Geist dieses Kindes war seit Jahrtausenden durch seine Ahnen an denkwürdige Entdekkungs- und Eroberungstaten gewöhnt – an Siege in Schlachten, deren kritische Augenblicke über Jahrhunderte entschieden und deren Sieger sich Städte aus Steinquadern errichteten. Dieser Geist hatte die Rasse von ihrer Wiege an kämpfend und siegend durch zwei Kontinente geführt, hatte sie einen weiten Ozean überqueren und in einen dritten eindringen lassen, damit sie dort – ihrem Erbe treu – Krieg führte und herrschte.

Das Kind war ein Junge von etwa sechs Jahren, der Sohn eines armen Pflanzers. Als junger Mann war der Vater Soldat gewesen, hatte gegen nackte Wilde gekämpft und war der Fahne seines Landes bis in die Hauptstadt einer zivilisierten Rasse weit im Süden gefolgt. Im friedlichen Leben des Pflanzers erlosch die Kriegsleidenschaft nicht; einmal entfacht, ist sie nie mehr zu ersticken. Der Mann begeisterte sich für Kriegsbücher und Schlachtengemälde, und der Junge hatte genug davon mitbekommen, um sich ein hölzernes Schwert anzufertigen, obschon selbst der Vater kaum erkannt hätte, was es darstellen sollte. Diese Waffe trug er jetzt tapfer, wie es dem Sohn einer heroischen Rasse zukam, und wenn er hin und wieder auf einem sonnigen Fleck im Wald verweilte, nahm er, mit einiger Übertreibung, Angriffs- und Verteidigungsposen ein, die ihn die Kunst des Kupferstechers gelehrt hatte. Tollkühn gemacht durch die Leichtigkeit, mit der er unsichtbare Feinde überwand, die sein Vordringen aufzuhalten suchten, beging er den nur allzu verbreiteten taktischen Fehler, sich bei der Verfolgung so gefährlich weit vorzuwagen, bis er sich am Rande eines breiten, doch nicht sehr tiefen Baches wiederfand. Dessen reißende Wasser behinderten sein weiteres Vorrücken gegen den fliehenden Feind, der wider alle Logik mühelos übergesetzt war. Aber der beherzte Sieger war nicht aufzuhalten; der Geist der Rasse, die den weiten Ozean überwunden hatte, brannte unbezwingbar in jener kleinen Brust und war nicht zu verleugnen. Er fand eine Stelle, an der einige Steine nur einen Schritt oder Sprung weit auseinander lagen, überquerte den Bach dort, attackierte die Nachhut seines imaginären Feindes erneut und streckte alle nieder.

Da nun die Schlacht gewonnen war, war es ein Gebot der Klugheit, sich auf die Ausgangsstellung zurückzuziehen. Doch ach, wie so mancher mächtigere Eroberer und wie selbst der mächtigste von allen konnte er nicht

die Kriegslust zügeln,
noch begreifen, daß das Schicksal, auf die Prob gestellt, dem höchsten Stern die Gunst entzieht.

Als er vom Bachufer aus weiter vordrang, sah er sich plötzlich einem neuen und gewaltigeren Feind gegenüber: Auf dem Weg, den er entlangkam, saß kerzengerade mit aufgestellten Ohren und herabhängenden Vorderpfoten ein Kaninchen! Mit einem Schreckensschrei wandte sich das Kind und floh, ohne auf die Richtung zu achten, während es mit unverständlichen Schreien nach seiner Mutter rief, weinte, stolperte; seine zarte Haut wurde von Dornengestrüpp grausam zerkratzt, und sein kleines Herz schlug wild vor Entsetzen – atemlos und tränenblind stand es schließlich verloren im Walde! Dann irrte es mehr als eine Stunde lang durch das Gewirr des Unterholzes, bis es schließlich, von Erschöpfung übermannt, wenige Yard vom Bach zwischen zwei nahe beieinander liegenden Felsbrocken niedersank und sich in den Schlaf weinte, noch immer sein Spielzeugschwert umklammernd, das nun nicht mehr Waffe, sondern Gefährte war. Über seinem Kopf sangen fröhlich die Waldvögel; die Eichhörnchen liefen bellend von Baum zu Baum und schwenkten ihren prachtvollen Schwanz, ohne seinen Jammer zu bemerken, und von weither donnerte es seltsam, gedämpft, als trommelten die Rebhühner, den Sieg der Natur über den Sohn ihrer Versklaver von alters her zu feiern. Und weitab auf der kleinen Plantage, wo weiße Männer und schwarze fieberhaft und voller Angst die Wiesen und Hecken absuchten, brach das Herz einer Mutter um ihres vermißten Kindes willen.

Stunden verstrichen, und dann erhob sich der kleine Schläfer. Die Kühle des Abends war ihm in die Glieder gekrochen und die Furcht vor der Dunkelheit ins Herz. Aber er hatte sich ausgeruht, und er weinte nicht mehr. Von blindem Instinkt zum Handeln getrieben, kämpfte er sich durch das Unterholz und kam an eine freiere Stelle – zu seiner Rechten war der Bach, zur Linken eine sanfte Böschung mit spärlichem Baumbestand; über all dem die wachsenden Schatten der Dämmerung. Ein dünner, geisterhafter Nebel stieg vom Wasser auf. Der flößte ihm Furcht ein und ließ ihn zurückweichen, und anstatt auf die andere Bachseite zurückzuwechseln, von wo er gekommen war, drehte er sich um und ging auf den düsteren Kreis des Waldes zu. Plötzlich sah er vor sich ein seltsames Ding, das sich bewegte und das er für ein großes Tier hielt – Hund oder Schwein –, genau konnte er es nicht sagen; vielleicht war es ein Bär. Auf Bildern hatte er schon Bären gesehen, wußte jedoch nichts Nachteiliges von ihnen und hatte sich fast gewünscht, einmal einem zu begegnen. Aber irgend etwas an der Gestalt oder den Bewegungen dieses Wesens – es näherte sich merkwürdig unbeholfen – sagte ihm, daß es kein Bär war, und Furcht zügelte seine Neugier. Er blieb stehen, und während es langsam herankam, gewann er mit jedem Augenblick mehr Mut, denn er sah, daß ihm wenigstens die langen, drohenden Ohren des Kaninchens fehlten. Vielleicht hatte sein empfänglicher Geist halb unbewußt etwas Vertrautes an seinem taumelnden, ungeschickten Gang wahrgenommen. Ehe es nahe genug gekommen war, um seine Zweifel zu zerstreuen, entdeckte er, daß ihm ein zweites Wesen und dahinter noch eines folgten. Rechts und links waren noch viel mehr davon – die ganze Lichtung um ihn herum war lebendig geworden –, und alle bewegten sich auf den Bach zu.

Es waren Menschen. Sie krochen auf Händen und Knien. Manche benutzten nur die Hände und zogen die Beine nach. Andere benutzten nur die Knie, während die Arme untätig herabhingen. Sie bemühten sich, auf die Füße zu kommen, fielen aber bei dem Versuch hilflos zu Boden. Sie taten nichts auf natürliche Weise und nichts in gleicher Weise, außer sich Stück für Stück in dieselbe Richtung zu bewegen. Einzeln, in Paaren und Grüppchen kamen sie durch die Dämmerung heran; einige verharrten hin und wieder, während andere langsam an ihnen vorüberkrochen, um sich dann weiterzubewegen. Sie kamen zu Dutzenden und zu Hunderten; überall waren sie, so weit man zu beiden Seiten in der zunehmenden Dunkelheit etwas erkennen konnte, und der schwarze Wald hinter ihnen war schier unerschöpflich. Der Boden selbst schien sich auf den Bach zuzubewegen. Manchmal kroch einer, der verharrt hatte, nicht weiter, sondern blieb reglos liegen. Er war tot. Manche, die innehielten, vollführten seltsame Gebärden, erhoben die Arme und ließen sie wieder sinken oder faßten sich an den Kopf; sie streckten die Handflächen zum Himmel, wie man es bisweilen bei Menschen sieht, die in der Öffentlichkeit beten.

Das Kind nahm nicht alles davon auf. Diese Wahrnehmungen hätte ein Erwachsener machen können; der Junge bemerkte davon nicht viel mehr, als daß da Männer waren, die jedoch krochen wie kleine Kinder. Weil es Menschen waren, flößten sie ihm keine Furcht ein, obwohl sie ungewöhnlich gekleidet waren. Er bewegte sich frei zwischen ihnen, ging von einem zum anderen und schaute ihnen mit kindlicher Neugier ins Gesicht. Ihre Gesichter waren alle außergewöhnlich bleich, und viele wiesen rote Streifen und Flecken auf. Dieser Umstand – und vielleicht auch ihre grotesken Haltungen und Bewegungen – erinnerte ihn an den geschminkten Clown, den er letzten Sommer im Zirkus gesehen hatte, und er lachte bei ihrem Anblick. Doch sie krochen weiter und immer weiter, diese verstümmelten und blutenden Männer, und ebensowenig wie er beachteten sie den schreienden Kontrast zwischen seinem Gelächter und ihrem eigenen gespenstischen Ernst. Für ihn war es ein lustiges Schauspiel. Er hatte erlebt, wie die Neger seines Vaters zu seiner Belustigung auf Händen und Knien gekrochen waren – war auf ihnen geritten und hatte sie ›aus Spaß‹ zu seinen Pferden gemacht. Jetzt näherte er sich einer dieser kriechenden Gestalten von hinten und schwang sich ihr behende auf den Rücken. Der Mann sank auf die Brust, raffte sich wieder auf und warf den kleinen Jungen wild zu Boden, wie es ein ungezähmtes Füllen getan hätte, dann wandte er ihm ein Gesicht zu, dem der Unterkiefer fehlte – von den oberen Zähnen bis zur Kehle war ein großes rotes Loch, gesäumt von baumelnden Fleischfetzen und Knochensplittern. Das unnatürliche Hervorragen der Nase, das Fehlen des Kinns und die funkelnden Augen gaben dem Mann das Aussehen eines großen Raubvogels, dessen Kehle und Brust vom Blut seiner Beute gerötet ist. Der Mann richtete sich auf den Knien empor, das Kind stand auf. Der Mann drohte dem Kind mit der Faust; der Kleine lief, nun doch erschrocken, zu einem nahen Baum, versteckte sich dahinter und beurteilte die Situation jetzt ernster. Und so schleppte sich die unbeholfene Menge langsam und unter Schmerzen in einer gräßlichen Pantomime dahin – bewegte sich wie ein Schwarm großer schwarzer Käfer den Hang hinunter, ohne einen Laut – in tiefer, absoluter Stille.

Statt sich zu verfinstern, begann die unheimliche Szenerie sich zu erhellen. Durch den Baumgürtel jenseits des Baches drang ein merkwürdig roter Schein, die Stämme und Zweige der Bäume erschienen vor diesem Hintergrund als schwarzes Filigranmuster, und die kriechenden Gestalten warfen monströse Schatten, die ihre Bewegungen auf dem beleuchteten Gras karikierten. Er fiel auf ihre Gesichter und verlieh ihrer Blässe einen rötlichen Schimmer, wodurch die Flecken hervorgehoben wurden, mit denen so viele von ihnen verunstaltet und besudelt waren. Er ließ Knöpfe und Metallstücke an ihrer Bekleidung funkeln. Instinktiv wandte sich das Kind dem immer heller werdenden Glanz zu und ging zusammen mit seinen entsetzlichen Weggefährten den Hang hinunter; binnen kurzem hatte es die vordersten überholt – was keine besondere Leistung war, wenn man seine Vorteile bedenkt. Der Junge setzte sich an die Spitze, sein hölzernes Schwert immer noch in der Hand, und führte würdevoll die Marschkolonne, wobei er sein Tempo dem ihren anpaßte und sich gelegentlich umsah, wie um zu kontrollieren, ob seine Streitmacht auch nicht zurückblieb. Gewiß hatte ein solcher Anführer niemals zuvor eine solche Gefolgschaft.

Auf dem Uferstreifen, der beim Vordringen dieses fürchterlichen Marsches zum Wasser langsam schmaler wurde, waren gewisse Gegenstände verstreut, mit denen sich im Kopf des Anführers keine bestimmten Vorstellungen verbanden: hie und da eine Decke, der Länge nach fest zusammengerollt, doppelt gelegt und an den Enden mit einem Strick zusammengebunden; hier ein schwerer Tornister und dort ein zerbrochenes Gewehr – kurz, solche Dinge, wie sie Truppen auf dem Rückzug hinterlassen, die ›Fährte‹ von Menschen, die vor ihren Verfolgern fliehen. Am Bach, der hier einen flachen Uferstreifen hatte, war die Erde von Menschen und Pferden zu Schlamm zertrampelt. Ein geübterer Spurenleser hätte bemerkt, daß diese Abdrücke in beide Richtungen wiesen; man hatte diese Stelle zweimal passiert – auf dem Vormarsch und auf dem Rückzug. Vor ein paar Stunden hatten diese verzweifelten, geschlagenen Männer mit ihren glücklicheren und nun fernen Kameraden den Wald zu Tausenden durchquert. Ihre aufeinanderfolgenden Bataillone waren ausschwärmend und sich wieder in Reih und Glied formierend zu beiden Seiten an dem Kind vorübermarschiert – waren fast auf den kleinen Schläfer getreten. Der raschelnde Tritt und das Gemurmel der Marschkolonnen hatten ihn nicht geweckt. Nicht viel weiter als einen Steinwurf weit von seinem Lager hatten sie eine Schlacht geschlagen; doch er hatte das Krachen der Gewehre nicht vernommen, nicht die Kanonade, nicht ›die Donnerstimmen der Anführer und das Gebrüll‹. Er hatte die ganze Zeit über geschlafen, hatte vielleicht sein kleines Holzschwert mit festerem Griff gepackt, in unbewußter Sympathie mit seiner kriegerischen Umgebung, doch ohne Sinn für den Schlachtenruhm wie die Toten, die dafür gestorben waren.

Der Feuerschein hinter dem Waldgürtel am jenseitigen Bachufer durchglühte jetzt, von seiner eigenen Rauchdecke zur Erde zurückgeworfen, die ganze Landschaft. Er verwandelte die gewundene Nebelfront in goldenen Dunst. Rote Spritzer glitzerten auf dem Wasser, und rot waren auch viele der herausragenden Steine. Doch das war Blut; die weniger schwer Verwundeten hatten sie beim Überqueren gefärbt. Auf ihnen lief jetzt auch das Kind mit eiligen Schritten hinüber; es ging auf das Feuer zu. Am anderen Ufer angekommen, drehte es sich nach seinen Marschgefährten um. Sie waren jetzt bis zum Bach vorgedrungen. Die kräftigeren hatten sich schon an den Uferrand gezogen und ihre Gesichter in die Flut getaucht. Drei oder vier von ihnen, die reglos dalagen, schienen keinen Kopf zu haben. Als das Kind dies gewahrte, riß es verwundert die Augen auf; nicht einmal seine empfängliche Phantasie konnte hinnehmen, daß Lebewesen in dieser Gestalt vorkamen. Nachdem die Männer ihren Durst gestillt hatten, hatten sie nicht mehr die Kraft aufgebracht, sich vom Wasser zurückzuziehen oder auch nur den Kopf darüber zu erheben. Sie waren ertrunken. Hinter ihnen zeigten die lichten Stellen des Waldes dem Anführer so viele unförmige Gestalten, die seinem schrecklichen Kommando gehorchten, wie zuvor; aber längst nicht mehr alle bewegten sich. Er schwenkte seine Mütze, um ihnen Mut zu machen, und zeigte mit seiner Waffe lächelnd auf das Licht, das ihnen den Weg wies – eine Feuersäule für diesen merkwürdigen Exodus.

Im Vertrauen auf die Treue seiner Streitmacht betrat er nun den Waldstreifen, durchquerte ihn bei der roten Beleuchtung mit Leichtigkeit, kletterte über einen Zaun, rannte über eine Weide, sich hin und wieder umwendend, um mit seinem Schattendouble zu tändeln, so näherte er sich der brennenden Ruine einer Behausung. Zerstörung, wohin man auch blickte! In dem grellen Schein war weit und breit kein lebendes Wesen zu sehen. Er machte sich nichts daraus; das Schauspiel gefiel ihm, und er tanzte vergnügt, die flackernden Flammen nachahmend. Dann rannte er hin und her und sammelte Brennmaterial, doch was er auch fand, war zu schwer für ihn, um es aus der Entfernung, die ihm die Hitze aufzwang, hineinwerfen zu können. Verzweifelt schleuderte er sein Schwert hinein – eine Kapitulation vor den überlegenen Naturkräften. Seine militärische Laufbahn war beendet.

Als er einen anderen Standort wählte, fiel sein Auge auf ein paar Nebengebäude, die ihm seltsam bekannt vorkamen, als hätte er sie im Traum schon einmal erblickt. Er stand dort und betrachtete sie staunend, da schien sich plötzlich die ganze Plantage samt dem sie umgebenden Wald im Kreise zu drehen. Seine kleine Welt geriet aus den Fugen, die Pole waren vertauscht. Er erkannte in dem lichterloh brennenden Gebäude sein Elternhaus!

Für einen Augenblick stand er betäubt von der Wucht der Entdeckung, dann rannte er mit stolpernden Füßen um die halbe Ruine herum. Dort lag, unübersehbar im Schein der Feuersbrunst, die Leiche einer Frau – das weiße Gesicht nach oben gekehrt, die Hände weit ausgestreckt und in Grasbüschel gekrallt, die Kleidung in Unordnung, das lange dunkle Haar verfitzt und voll geronnenen Blutes. Der größere Teil der Stirn war weggerissen, und aus dem zackigen Loch quoll das Gehirn, hing über die Schläfe, eine schaumige graue Masse, bekrönt von zusammengeballten roten Bläschen – das Werk einer Granate.

Das Kind fuchtelte mit den kleinen Händen, machte wilde, fahrige Gebärden. Es stieß eine Reihe unartikulierter und unbeschreiblicher Schreie aus – etwas zwischen dem Schnattern eines Affen und dem Kollern eines Truthahnes –, erschreckende, seelenlose, unheilige Laute, die Sprache eines Teufels. Das Kind war taubstumm.

Dann stand es reglos, mit bebenden Lippen, und blickte auf das nieder, was einmal ein Mensch gewesen war.

EIN SOHN DER GÖTTER

Studie im Präsens

Ein windiger Tag; Landschaft im Sonnenschein. Rechts, links und im Mittelgrund offenes Gelände; dahinter ein Wald. Am Waldsaum liegen Truppenverbände in langen Linien mit Front zur freien Landschaft, doch wagen sie sich nicht hervor. Der Wald wimmelt von Soldaten und ist von verworrenen Geräuschen erfüllt: gelegentlichem Rädergeratter, wenn eine Batterie Artillerie in Stellung geht, um den Vormarsch zu decken; dem murmelnden Stimmengewirr der Soldaten; dem Geraschel unzähliger Füße im trockenen Laub zwischen den Bäumen; den rauhen, lauten Befehlsrufen von Offizieren. Am weitesten vorgeschoben sind Kavalleriekommandos, doch auch sie liegen größtenteils in Deckung; viele der Kavalleristen beobachten scharf den Rücken eines Hügels, der sich eine Meile entfernt quer zur Richtung des unterbrochenen Vormarsches erstreckt. Denn die machtvolle Armee, die in Schlachtordnung durch den Wald vorrückt, ist auf ein gewaltiges Hindernis gestoßen – das offene Land. Der Rücken dieses flachen, eine Meile entfernten Hügels verheißt nichts Gutes; er sagt: ›Hütet euch!‹ Eine Steinmauer zieht sich auf ihm weit nach rechts und links dahin. Hinter der Mauer erhebt sich eine Hecke; hinter der Hecke erblickt man die Wipfel von regellos angeordneten Baumgruppen. Und zwischen den Bäumen – was ist da? Das muß man unbedingt in Erfahrung bringen!

Gestern und schon viele Tage und Nächte zuvor haben wir irgendwo gekämpft; immer war Kanonendonner zu hören, gelegentlich vom scharfen Geknatter der Gewehrsalven begleitet und mit Hurrarufen untermischt, die vom zeitweiligen Vorteil einer der Parteien Kunde gaben – ob sie aber von den Unseren oder vom Feinde stammten, konnten wir selten herausfinden. Heute früh bei Tagesanbruch war der Feind fort. Wir sind über seine Erdbefestigungen vorgerückt, die wir zuvor so oft vergeblich zu durchbrechen versucht hatten, über die Trümmer seiner verlassenen Feldlager hinweg, zwischen den Gräbern seiner Gefallenen hindurch und in die jenseitigen Wälder hinein.

Wie neugierig hatten wir alles betrachtet! Wie seltsam war es uns vorgekommen! Nichts war uns ganz vertraut erschienen; die alltäglichsten Gegenstände – ein alter Sattel, ein zersplittertes Rad, eine vergessene Feldflasche –, alles hatte irgendwie Zeugnis abgelegt von der geheimnisvollen Persönlichkeit jener Unbekannten, die den Tod in unsere Reihen getragen hatten. Der Soldat kann sich niemals ganz mit dem Gedanken vertraut machen, daß seine Feinde Menschen sind wie er selbst; nie wird er das Gefühl ganz los, daß sie andersartige Wesen sind, einer fremden, nicht völlig irdischen Umwelt entsprungen und verpflichtet. Die geringsten Spuren, die sie hinterlassen, fesseln seine Aufmerksamkeit und erregen sein Interesse. Er betrachtet diese Wesen als unerreichbar und unnahbar, und wenn er doch einmal unerwartet einen flüchtigen Blick von ihnen erhascht, erscheinen sie ihm weiter entfernt und daher größer, als sie wirklich sind – wie Dinge im Nebel. Er empfindet so etwas wie heilige Scheu vor ihnen.

Vom Waldesrand führen Spuren von Pferden und Rädern den Anstieg zum Hügel empor – Spuren von Geschützrädern. Das gelbe Gras ist von den Füßen der Infanterie niedergetreten. Unverkennbar sind sie hier zu Tausenden marschiert; sie haben sich nicht auf den Landstraßen zurückgezogen. Das ist wesentlich – es macht den Unterschied zwischen einer Rückwärtsbewegung und einem Rückzug aus.

Jene Reitergruppe dort besteht aus unserem Kommandeur, seinem Stab und der Begleitmannschaft. Er hat den Blick auf den fernen Hügelkamm gerichtet, hält mit beiden Händen seinen Feldstecher vor die Augen und hat dabei die Ellbogen unnötig hoch erhoben. Das ist eine Art Mode; es scheint der Sache eine gewisse Würde zu verleihen; wir alle machen es so. Plötzlich läßt er das Glas sinken und spricht ein paar Worte zu seiner Umgebung. Zwei oder drei Adjutanten lösen sich von der Gruppe und sprengen in den Wald, nach beiden Seiten die Truppenlinien entlang. Wir haben seine Worte nicht gehört, aber wir kennen sie: ›Übermittelt General X den Befehl, die Aufklärungsabteilung vorgehen zu lassen.‹ Wer von uns nicht im Glied gestanden hat, nimmt seinen Platz wieder ein; die Männer, die sich in lässiger Haltung ausgeruht haben, richten sich auf, und ohne Kommando werden die Reihen geschlossen. Einige von uns Stabsoffizieren steigen ab und sehen nach den Sattelgurten; andere, die schon neben den Pferden gestanden haben, steigen wieder auf.

Am Rande des offenen Geländes kommt ein junger Offizier auf einem schneeweißen Pferd dahergerast. Seine Satteldecke ist scharlachrot. Welche Torheit! Jeder, der je im Gefecht gestanden hat, weiß aus Erfahrung, wie selbstverständlich sich jede Flinte auf den Mann auf einem weißen Pferd richtet; jeder hat beobachtet, wie auch nur ein Stückchen Rot den Stier zum Kampf reizt. Daß derlei Farben beim Militär Mode sind, muß als die erstaunlichste Erscheinung menschlicher Eitelkeit hingenommen werden; es möchte scheinen, als seien sie ausgesucht worden, um die Verluste zu erhöhen.

Dieser junge Offizier ist in voller Paradeuniform. Er funkelt nur so von Lametta – eine blau-goldene Ausgabe der Poesie des Krieges. Eine Welle spöttischen Gelächters läuft vor ihm die Linie entlang. Aber wie hübsch er doch ist – mit welch lässiger Anmut er auf dem Pferde sitzt!

In achtungsvoller Entfernung vom Korpskommandeur pariert er sein Pferd und grüßt. Der alte Soldat nickt ihm freundschaftlich zu; offenbar kennt er ihn. Eine kurze Unterredung entwickelt sich zwischen beiden; der junge Mann scheint eine Bitte vorzutragen, die der ältere nicht gewähren möchte. Reiten wir also ein wenig näher heran. Leider zu spät – das Gespräch ist beendet. Der junge Offizier grüßt wieder, wirft sein Pferd herum und reitet geradewegs auf den Hügelrücken los!

Eine dünne Plänklerlinie entwickelt sich nun vom Waldrand her ins offene Gelände – die Männer halten einen Zwischenraum von ungefähr sechs Schritten ein. Der Kommandeur ruft seinem Hornisten etwas zu. Der setzt sein Instrument an die Lippen. Tra-la-la! Tra-la-la! Die Plänkler machen an der eben eingenommenen Stelle halt.

Inzwischen ist der junge Reiter hundert Yard vorangekommen. Er reitet im Schritt, geradlinig den langgestreckten Abhang hinan und blickt sich kein einziges Mal um. Wie glorreich! Ihr Götter, was würden wir nicht darum geben, an seiner Stelle zu sein – mit seinem tapferen Herzen! Er zückt nicht den Säbel; die rechte Hand hängt lässig herab. Der Wind fängt sich in der Feder seines Hutes und läßt sie lustig flattern. Der Sonnenschein ruht auf seinen Schulterstücken – liebevoll, wie um ihn sichtbar zu segnen. Immer geradeaus reitet er. Zehntausend Augenpaare sind mit einer Inbrunst auf ihn geheftet, die kaum wirkungslos an ihm abgleiten kann; zehntausend Herzen schlagen schnell im Takt mit den unhörbaren Hufschlägen seines mutigen Rosses. Er ist nicht allein – er reißt alle Seelen mit sich. Und doch müssen wir daran denken, daß wir vorhin gelacht haben! Immer weiter reitet er, geradewegs auf die von der Hecke verstärkte Mauer los. Keinen Blick wirft er zurück. Ach, wenn er sich doch umwenden wollte – wenn er die Liebe, die Bewunderung, die Verbundenheit doch sehen könnte!

Kein Wort fällt; die von Menschen wimmelnden Tiefen des Waldes hallen wider vom Murmeln der nicht sichtbaren und nicht sehenden Menge, doch den ganzen Waldsaum entlang herrscht Schweigen. Der stämmige Kommandeur ist eine Reiterstatue seiner selbst. Regungslos halten alle berittenen Stabsoffiziere den Feldstecher vor die Augen. Die Schlachtlinie am Waldrand ist in einer neuen Art von ›Stillgestanden‹ erstarrt – jeder einzelne nimmt die Haltung ein, in der er vom Bewußtsein dessen, was da vorgeht, überwältigt wurde. Diese harten, verstockten Mörder, denen der Tod in seinen schrecklichsten Formen etwas ganz Alltägliches und Vertrautes ist, die friedlich schlummern, wenn die Berge, auf denen sie liegen, unter dem Feuer der schweren Artillerie erzittern, die inmitten eines Geschoßhagels ihre Mahlzeit einnehmen und zwischen den im Todeskampf erstarrten Gesichtern ihrer besten Freunde Karten spielen – sie alle erwarten mit angehaltenem Atem und klopfendem Herzen den Ausgang eines Abenteuers, bei dem ein einziges Menschenleben auf dem Spiel steht. Solche Macht hat Mut und Opferbereitschaft über die Seelen!

Wenn Sie, meine Herren, jetzt den Kopf wenden sollten, würden Sie eine Bewegung wahrnehmen, von der alle Zuschauer gleichzeitig erfaßt werden – ein Auffahren, als hätten alle zugleich einen elektrischen Schlag erhalten, und wenn Sie ihren Blick wieder nach vorn auf den jetzt schon weit entfernten Reiter lenkten, würden Sie sehen, daß er gerade in diesem Augenblick seine Richtung geändert hat und in einem Winkel zu seinem vorherigen Kurs weiterreitet. Die Zuschauer vermuten, die plötzliche Richtungsänderung könne durch einen Schuß, vielleicht sogar durch eine Verwundung verursacht sein; doch wenn Sie den Feldstecher zur Hand nehmen, werden Sie beobachten, daß er auf eine Lücke in Mauer und Hecke zustrebt. Er hat die Absicht, wenn ihm nichts zustößt, dort hindurchzureiten und sich einen Überblick über das jenseitige Gelände zu verschaffen.

Nun dürfen Sie aber den eigentlichen Sinn der Handlungsweise dieses Mannes nicht aus den Augen verlieren. Keinesfalls sollten Sie seine Tat als prahlerisches Scheinheldentum ansehen – aber auch nicht als unangebrachte Selbstaufopferung. Falls der Gegner nicht den Rückzug angetreten hat, steht er in voller Stärke auf jenem Hügelrücken. Der Kundschafter wird auf nichts Geringeres als eine geschlossene Kampflinie stoßen. Der Gegner braucht keine Vorposten, Feldwachen oder vorgeschobene Kavallerie, um unseren Anmarsch zu erkennen. Unsere Angriffslinien werden ganz offen und deutlich sichtbar einem verheerenden Artilleriefeuer ausgesetzt sein, sobald sie aus ihrer Deckung hervorbrechen, und die halbe Wegstrecke lang außerdem einem Hagel von Gewehrkugeln, der alles Leben auslöscht. Kurz, wenn der Feind wirklich dort steht, wäre es Wahnsinn, ihn frontal anzugreifen; er müßte dann nach altbewährter Methode aus der Stellung herausmanövriert werden, indem man seine Verbindungslinie bedroht, die für ihn so lebensnotwendig ist wie für den Taucher auf dem Meeresgrund der Luftschlauch. Aber wie soll man feststellen, ob der Feind dort ist? Es gibt nur einen Weg – jemand muß losgehen und sich davon überzeugen. Die natürliche und übliche Methode in einem solchen Falle besteht darin, eine Linie von Aufklärungstruppen einzusetzen. Doch in diesem Falle würden sie alle eine positive Antwort mit dem Leben bezahlen müssen. Der Feind, der hinter der Steinmauer und der Hecke geduckt in doppelter Schützenlinie auf sie wartet, wird sie so weit herankommen lassen, bis er die Zähne jedes einzelnen Angreifers zählen kann. Bei der ersten Salve schon wird die Hälfte der Aufklärungsabteilung fallen, und die andere Hälfte wird dasselbe Schicksal ereilen, ehe sie sich, wie vorgesehen, zurückziehen kann. Welch ein Preis für die Bestätigung eines Zweifels! Mit welch schmerzlichen Kosten muß eine Armee manchmal eine Kunde erkaufen! »Laßt mich alles bezahlen«, sagte dieser tapfere Mann – dieser Christ im Soldatenrock!

Es gibt keine Hoffnung – außer der Hoffnung, die Erwartung könne trügen –, daß der Hügelrücken unbesetzt ist. Gewiß hätte er die Möglichkeit, statt des Todes die Gefangenschaft zu wählen. Solange er weiter vorrückt, wird die Schützenlinie nicht feuern – warum sollte sie auch? Er kann ungefährdet in die feindliche Schlachtlinie hineinreiten und sich zum Kriegsgefangenen machen lassen. Aber dann hätte seine Mission ihren Sinn verfehlt. Unsere Frage bliebe unbeantwortet. Er muß also entweder unverletzt zurückkehren oder vor unser aller Augen niedergeschossen werden. Nur dann wissen wir, woran wir sind. Seine Gefangennahme – nun, die könnte auch von einem halben Dutzend Nachzüglern vollbracht worden sein.

Jetzt entwickelt sich ein ganz außergewöhnlicher Intelligenzwettkampf zwischen einem Mann und einer Armee. Unser Reiter, der im Augenblick eine Viertelmeile vom Hügelrücken entfernt ist, wirft plötzlich sein Pferd nach links herum und galoppiert parallel zur feindlichen Linie weiter. Er hat seinen Gegner erspäht; er weiß alles. Irgendein leichter Geländevorteil hat es ihm ermöglicht, einen Teil der Stellung zu überblicken. Wenn er hier wäre, könnte er uns alles in Worten berichten. Doch dafür besteht jetzt keinerlei Hoffnung mehr. Er muß die wenigen Minuten seines Lebens, die ihm noch bleiben, nach bestem Vermögen ausnutzen und den Feind zwingen, sich selber so viel und so deutlich wie möglich zu verraten – was dieser umsichtige Gegenspieler gern vermieden hätte. Kein Infanterist in den dort geduckt lauernden Schützenlinien, kein Kanonier in den getarnten, schußbereiten Batterien, der nicht gewußt hätte, was die Lage erfordert, wie unerhört wichtig es ist, sich zurückzuhalten. Außerdem ist Zeit genug gewesen, ein allgemeines Schießverbot auszusprechen. Gewiß könnte ihn ein einzelner Gewehrschuß erledigen, ohne viel zu verraten. Aber Schießen steckt an – und seht doch, wie geschwind er sich bewegt, ohne auch nur einen Augenblick an einem Punkt einzuhalten, außer wenn er sein Pferd herumwirft, um eine neue Richtung einzuschlagen: niemals direkt rückwärts auf uns zu, niemals direkt vorwärts in Richtung auf seine Henker. All dies ist durch das Glas deutlich zu sehen; es scheint sich in Pistolenschußweite vor uns abzuspielen; wir sehen alles außer dem Feind, dessen Anwesenheit, dessen Gedanken, dessen Beweggründe wir jedoch erschließen können. Dem unbewaffneten Auge zeigt sich nichts als eine schwarze Figur auf einem weißen Pferd, das auf dem Abhang eines entfernten Hügels langsame Zickzacklinien beschreibt – so langsam, daß es fast zu kriechen scheint.

Nun – wieder durch das Glas gesehen – ist er seines vergeblichen Tuns müde oder erkennt, daß es falsch war, oder aber er ist wahnsinnig geworden: er sprengt geradewegs auf die Mauer los, als wolle er sie samt Hecke und allem anderen im Sprung nehmen! Im nächsten Augenblick jedoch wirft er sich nach rechts herum und rast wie der Wind den Abhang hinunter – direkt auf seine Freunde, auf seinen Tod zu. Sogleich erhebt sich über der Mauer Hunderte von Yards weit nach rechts und links eine unheildrohende Rauchschicht. Sie wird sofort vom Winde auseinandergetrieben, und ehe noch das Knattern der Gewehrschüsse uns erreicht, ist er am Boden. Nein, er sitzt wieder im Sattel; er hat sein Pferd gezügelt, daß es auf die Keulen zu sitzen kam. Beide sind wieder auf und davon. Ein ungeheueres Hurrageschrei bricht aus unseren Reihen und macht der unerträglichen Spannung unserer Gefühle Luft. Und das Pferd und sein Reiter? Ja, sie sind auf und davon. Im wahrsten Sinne des Wortes ›davon‹ – sie halten direkt auf unsere linke Flanke zu, parallel zu der nun ununterbrochen Feuer und Rauch speienden Mauer. Ohne Aufhören knattern die Gewehrschüsse, und das Ziel einer jeden Kugel ist dieses tapfere Herz.

Plötzlich schiebt sich hinter der Mauer eine breite Schicht weißen Rauches hoch. Dann wieder eine und noch eine – ein Dutzend Rauchschichten wälzen sich in die Höhe, ehe der Donner der Abschüsse und das Summen der Geschosse unsere Ohren erreicht und die Kugeln selber unter Entwicklung dichter Staubwolken in unsere Deckung abprallend einschlagen, hier und da einen Mann zu Boden schleudern und die Leute vorübergehend ablenken – sie zeitweilig an sich selbst denken lassen.

Der Wind treibt die Staubwolken hinweg. Unglaubhaft – das Zauberpferd und sein Reiter haben einen Geländeeinschnitt überwunden und klettern einen anderen Abhang hoch, um eine weitere Verschwörung der Stille aufzudecken, die Absichten einer weiteren Armee zu durchkreuzen! Nur noch einen Augenblick, und auch dieser Teil des Hügelrückens bricht wie ein Vulkan in Rauch und Flammen aus. Das Pferd bäumt sich auf und schlägt mit den Vorderbeinen wild in die Luft. Nun hat es sie doch erwischt. Doch schaut wieder hin – der Mann hat sich von dem toten Tier frei gemacht. Aufrecht steht er da, regungslos, hält in der rechten Hand den Säbel hoch ausgestreckt über den Kopf. Sein Gesicht ist uns zugewendet. Jetzt senkt er die Hand bis zur Höhe seines Gesichts, bewegt sie nach außen und läßt die Säbelklinge eine Schwenkung nach abwärts beschreiben. Es ist ein Signal für uns, für die Welt, für die Nachwelt. So grüßt ein Held den Tod und die Geschichte.

Wieder ist der Bann gebrochen; unsere Männer versuchen, ihm zuzujubeln; die Erregung nimmt ihnen die Stimme; sie bringen heisere, rauhe Schreie heraus; sie umklammern ihre Waffen und drängen ungestüm vorwärts ins Freie. Ohne Befehl – gegen den Befehl stürmen die Plänkler wie eine losgelassene Hundemeute nach vorn. Unsere Geschütze reden jetzt mit, und die des Feindes fallen im vollen Chor ein; soweit man nach rechts und links blicken kann, läßt der ferne, jetzt scheinbar so nahe gerückte Hügelkamm seine Rauchwolkentürme emporwachsen, und die großkalibrigen Geschosse sausen brüllend mitten in unsere vorrückenden Massen hinein. Eine Regimentsfahne nach der anderen taucht aus dem Waldesdunkel auf, eine Schützenlinie nach der anderen bricht hervor und fängt mit den polierten Metallteilen ihrer Waffen das Sonnenlicht ein. Nur die weiter hinten liegenden Bataillone gehorchen noch den Befehlen; sie halten den vorgeschriebenen Abstand zur Front der Rebellen ein.

Der Kommandeur hat sich nicht geregt. Jetzt setzt er den Feldstecher ab und blickt nach rechts und links. Er sieht den Menschenstrom neben sich und seiner wirr zusammengedrängten Eskorte auf beiden Seiten vorbeifluten wie einen Wasserlauf, der sich an einem Felsen teilt. Sein Gesicht verrät keine Gemütsbewegung; er denkt nach. Nun richtet er den Blick wieder nach vorn. Langsam läßt er die Augen über den verderbenspeienden, unheilvollen Hügelrücken gleiten. Ruhig gibt er seinem Hornisten einen Befehl. Tra-la-la! Tra-la-la! Das Befehlssignal hat autoritäre Gewalt und erzwingt Gehorsam. Es wird von allen Hörnern der untergeordneten Einheiten aufgenommen; die scharfen, metallischen Klänge heben sich aus dem dumpfverworrenen Lärm des Angriffs heraus und durchdringen den Kanonendonner. Halten bedeutet Zurückgehen.

Die Fahnen bewegen sich langsam nach rückwärts; die Soldaten der Angriffslinien blicken sich um und folgen zögernd, mit
ihren Verwundeten beladen; auch die vorgeschobenen Plänkler kehren zurück und bergen dabei ihre Toten.

Ach, wie viele sind sinnlos gefallen! Der großen tapferen
Seele, deren Hülle dort drüben liegt und sich vom sonnen-
verbrannten Abhang so auffallend abhebt – hätte ihr nicht das
bittere Bewußtsein einer vergeblichen Aufopferung erspart
bleiben können? Wäre die mitleidlose Vollkommenheit des
göttlichen, ewigen Waltens wirklich durch eine einzige Ausnahme zu stark beeinträchtigt worden?

VERMISST

Jerome Searing verließ eine Gruppe von Offizieren, mit denen
er leise gesprochen hatte, überschritt die Erdwälle einer dünnen Befestigungslinie und verschwand in einem Wald. Er war
einfacher Soldat in General Shermans Armee, die seinerzeit
dem Feind am Kenesaw Mountain in Georgia gegenüberstand.
Keiner der Männer in den Gräben hatte ihm ein Wort zugeru-
fen, wie auch er ihnen im Vorübergehen nicht einmal zugenickt
hatte, doch alle, die ihn sahen, wußten, daß dieser Tapfere mit
einem gefahrvollen Auftrag betraut worden war. Obwohl Gemeiner, tat Jerome Searing nicht gewöhnlichen Truppen-
dienst; er war dem Divisionsstab zugeteilt und wurde in der Liste als Ordonnanz geführt. Dieser Begriff schließt eine Vielzahl
von Pflichten ein. Eine Ordonnanz kann Melder oder Schreiber sein oder Offiziersbursche, eigentlich alles. Sie kann Aufgaben bekommen, die in den Armeebefehlen und Dienstvorschriften nicht enthalten sind. Das hängt möglicherweise von
der Befähigung des einzelnen, vom Wohlwollen seiner Vorgesetzten oder einfach vom Zufall ab. Der Soldat Searing, ein unvergleichlicher Schütze, jung, verwegen, intelligent und ohne
Furcht, war Kundschafter. Der kommandierende Divisionsge-

neral war nicht geneigt, blindlings Befehle auszuführen, ohne daß ihm das Geschehen vor seiner Front bekannt war, auch dann nicht, wenn seine Einheit einen Teil des Armeeabschnittes bildete und nicht selbständig operierte; genausowenig genügte es ihm, wenn er seine Nachrichten über den Gegner vor ihm durch die üblichen Kanäle erhielt. Er wollte mehr wissen als das, was er vom Korpskommandeur und aus den Zusammenstößen von Feldwachen und Plänklern erfuhr. Deshalb also Jerome Searing mit seiner außergewöhnlichen Verwegenheit, seiner Jägernatur, dem scharfen Auge und den wahrheitsgetreuen Meldungen. Diesmal war sein Auftrag einfach: er sollte so nahe wie möglich zu den feindlichen Linien vordringen und dabei soviel er konnte in Erfahrung bringen.

Bald hatte er die Vorpostenkette erreicht, wo die Wachen zu zweien oder zu vieren hinter niedrigen Erdaufschüttungen lagen. Diese hatten sie aus der kleinen Senke, die sie besetzt hielten, aufgeworfen. Ihre Gewehre ragten aus grünem Astwerk hervor, das zur Tarnung ihrer Stellung diente. Der Wald dehnte sich ununterbrochen bis zur Front, so feierlich und schweigend, daß man sich nur mit Mühe vorstellen konnte, er könne zahllose flinke, wachsame Bewaffnete bergen – ein Wald, in dem sich jeden Augenblick furchtbare Kämpfe entwickeln konnten. Nachdem Searing in einem der Schützenlöcher kurz verweilt hatte, um die Männer von seiner Absicht in Kenntnis zu setzen, kroch er vorsichtig auf Händen und Knien vorwärts und war bald im dichten Unterholz den Blicken entschwunden.

»Den haben wir zum letzten Mal gesehen«, sagte einer der Posten; »ich wollte, ich hätte sein Schießeisen. Nachher knallen die Burschen ein paar von uns damit ab.«

Searing kroch weiter und benutzte jede Bodenwelle und jeden Pflanzenwuchs als Deckung. Alles durchdrangen seine Augen, kein Geräusch entging ihm. Er atmete verhalten, und wenn ein Zweig unter dem Knie knackte, hielt er inne und preßte sich dicht an die Erde. Er kam nur langsam vorwärts; aber es war nicht langweilig, denn die Gefahr barg Aufregung, die ihm jedoch körperlich nicht anzumerken war. Puls und Nerven waren so ruhig, als wäre er nur auf Spatzenjagd.

Bin wohl schon lange unterwegs, dachte er, sehr weit kann ich aber noch nicht sein; ich lebe ja noch.

Er mußte über seine Methode, die Entfernung zu schätzen, lächeln und kroch weiter. Einen Augenblick später drückte er sich plötzlich platt auf die Erde und lag reglos da. Die Minuten verrannen. Durch eine schmale Öffnung im Gebüsch hatte er einen kleinen gelben Lehmhaufen entdeckt: eins der feindlichen Schützenlöcher. Nach einer Weile hob er Zoll um Zoll vorsichtig den Kopf, dann stützte er sich auf die nach beiden Seiten gestreckten Hände, die Augen immer gespannt auf den aufgeworfenen Lehm gerichtet. Im nächsten Moment sprang er auf und stürzte, das Gewehr in der Hand, mit Riesenschritten nach vorn und gab sich kaum Mühe, verborgen zu bleiben. Er fand seine Vermutungen bestätigt: der Feind war fort.

Bevor er zurückkehrte, um einen so wichtigen Tatbestand zu melden, wollte er ganz sicher gehn und drang über die verlassene Schützenstellung hinaus vor. Er rannte in dem schon lichteren Wald von Deckung zu Deckung und suchte dabei scharf nach möglichen Nachzüglern. So gelangte er an den Rand einer Plantage, eines jener verlassenen und heruntergekommenen Gehöfte der letzten Kriegsjahre; von Brombeersträuchern überwuchert, bot sie einen häßlichen Anblick mit ihren zerbrochenen Zäunen und wüsten, verlassenen Gebäuden und den an Stelle von Türen und Fenstern gähnenden Höhlen. Nachdem Searing aus der sicheren Deckung einer Gruppe junger Kiefern eifrig Ausschau gehalten hatte, lief er hurtig über ein Feld und durch einen Obstgarten zu einem kleinen Haus, das abseits von den anderen Farmgebäuden etwas erhöht stand. Von hier aus glaubte er weite Teile des Geländes in der Richtung überschauen zu können, in der er den Rückzug des Feindes vermutete. Das Gebäude, das ursprünglich aus einem einzigen Raum mit vier etwa zehn Fuß hohen Eckpfählen bestanden hatte, war jetzt kaum mehr als ein Dach. Die Dielung war verfallen, Balken und Bretter lagen auf dem Boden verstreut oder hingen kreuz und quer herab, wo sie von den oberen Befestigungen nicht völlig losgerissen waren. Selbst die Eckpfosten standen nicht mehr gerade. Es sah aus, als wollte der ganze Bau einfallen, wenn man ihn nur antippte.

Searing versteckte sich in den Trümmern der Balken und Dielen und überblickte vor sich die offene Fläche bis zu dem eine halbe Meile entfernten Ausläufer des Kenesaw Mountain. Über diesen Teil des Gebirges führte eine Straße, auf der sich Truppen bewegten. Ihre Geschützrohre blitzten in der Morgensonne; es war die Nachhut des zurückweichenden Feindes.

Searing hatte nun alles erfahren, was er hoffen konnte. Es war seine Pflicht, so schnell wie möglich zu seiner Abteilung zurückzukehren und dort die Beobachtung zu melden. Aber der graue Heerzug der Konföderierten, der sich die Bergstraße hinaufquälte, übte einen eigentümlichen Reiz auf ihn aus. Sein Gewehr – ein gewöhnliches ›Springfield‹ zwar, doch mit Ringvisier und Stecher versehen – würde seine zischende Bleiladung leicht mitten unter die Soldaten schicken. Dauer und Ausgang des Krieges wären dadurch wahrscheinlich nicht beeinflußt worden, doch es ist nun einmal das Gewerbe des Soldaten zu töten. Als guter Soldat tut er das rein gewohnheitsmäßig. Searing spannte den Hahn und stellte den Abzug auf dem Druckpunkt fest.

Aber es war von Anbeginn der Welt entschieden, daß der Soldat Searing an diesem herrlichen Sommermorgen niemanden morden sollte, auch sollte der konföderierte Rückzug von ihm nicht gemeldet werden. Seit grauer Vorzeit hatten sich Ereignisse zu jenem erstaunlichen Mosaik, von dem wir einige unklar erkennbare Teile Geschichte nennen, so unverrückbar zusammengefügt, daß sein Vorhaben die Harmonie des Bildes gestört haben würde. Vor ungefähr fünfundzwanzig Jahren hatte die höhere Macht, der die entwurfgemäße Ausführung des Plans oblag, Anstalten gegen solch eine Störung getroffen, indem sie in einem kleinen Dorf am Fuße der Karpaten die Geburt eines bestimmten männlichen Kindes bewirkte, es sorgsam aufwachsen ließ, seine Erziehung überwachte und seine Sehnsüchte in militärische Bahnen lenkte und schließlich zur rechten Zeit einen Artillerieoffizier aus ihm machte. Im Widerstreit einer Unzahl begünstigender Einflüsse mit den genauso zahlreichen entgegenstehenden Gewalten, die leichter wogen, sollte dieser Offizier eines Disziplinarvergehens schuldig werden und, um einer Bestrafung zu entgehen, aus seinem Vaterland fliehen. Anstatt nach New York war er nach New Orleans geleitet worden, wo ihn am Kai ein Werbeoffizier erwartete. Er wurde angeworben und befördert, und alles wurde so eingerichtet, daß er nun eine Batterie der Konföderierten befehligte, die ungefähr zwei Meilen von der Stelle entfernt stand, an der Jerome Searing, Unionssoldat und Späher, sein Gewehr jetzt spannte. Nichts war versäumt worden im Lebenslauf dieser beiden Männer und im Leben ihrer Zeitgenossen und Vorfahren wie auch im Leben der Mitmenschen ihrer Vorfahren. Alles war darauf angelegt, das gewünschte Ergebnis zustande zu bringen. Wäre irgend etwas in dieser unermeßlichen Verkettung übersehen worden, dann hätte der Soldat Searing an jenem Morgen vielleicht auf die zurückmarschierenden Konföderierten geschossen; möglicherweise hätte er auch nicht getroffen. Es geschah aber, daß ein Captain der Artillerie der Südstaaten, dem während der Wartezeit auf den Abmarschbefehl nichts Besseres einfiel, sich damit die Zeit vertrieb, ein rechter Hand vor ihm stehendes Feldgeschütz auf etwas zu richten, das er fälschlich für ein paar Unionsoffiziere auf einem Hügel hielt, und Feuer gab. In hohem Bogen flog der Schuß auf sein Ziel los.

Als Jerome Searing den Hahn seines Gewehres spannte und – den Blick auf die fernen Truppen gerichtet – erwog, wo er seinen Schuß am besten an den Mann bringen könnte, um eine Frau zur Witwe oder ein Kind zur Waise zu machen oder eine Mutter kinderlos – vielleicht auch alles auf einmal, denn der Soldat Searing war nicht ohne einen gewissen Ehrgeiz, obwohl er eine Beförderung mehrmals abgelehnt hatte –, da hörte er in der Luft ein Rauschen gleich dem der Flügel eines großen Vogels, der sich auf seine Beute stürzt. Schneller als er das Sausen begreifen konnte, wuchs es zu einem rauhen, entsetzlichen Heulen an, als die Ursache des Lärms, das Geschoß, auch schon aus dem Himmel auf ihn niederfuhr und mit betäubendem Aufschlag einen der Pfosten traf, die das Durcheinander der Balken über ihm stützten, den Pfosten in tausend Splitter zerschmetterte und das baufällige Gebäude mit lautem Getöse, alles in eine undurchsichtige Staubwolke hüllend, zum Einsturz brachte.

Als Jerome Searing wieder zur Besinnung kam, wußte er nicht sofort, was sich ereignet hatte. Es dauerte sogar eine ganze Zeit, ehe er die Augen öffnete. Eine Weile glaubte er, gestorben und begraben zu sein, und versuchte, sich einiger Stellen der Begräbnisliturgie zu erinnern. Er vermutete, daß seine Frau auf dem Grabe kniete und mit ihrem Gewicht die Erdlast auf seiner Brust noch schwerer machte. Witwe und Erdreich hatten seinen Sarg eingedrückt. Falls die Kinder ihre Mutter nicht zum Nachhausegehen überredeten, würde er nicht mehr lange atmen können. Ein Gefühl der Unbill stieg in ihm hoch. Ich kann nicht mit ihr sprechen, dachte er; Tote reden nicht, und wenn ich die Augen aufmache, bekomme ich sie voll Erde.

Er öffnete sie. Ein weitgespannter blauer Himmel, von Baumwipfeln umrandet. Im Vordergrund, einige der Bäume verdeckend, ein hoher, dunkelbrauner Wall, kantig im Umriß und von geraden Linien verworren und unsystematisch schraffiert, das Ganze unermeßlich weit weg, so unfaßbar weit, daß es ihn ermüdete und er die Augen schloß. Im selben Moment empfand er eine unerträgliche Helligkeit. In seinen Ohren klang es wie das leise, regelmäßig wiederkehrende Tosen eines entfernten Meeres, dessen Wellen sich immerfort am Strand brechen. Aus diesem Getöse erklangen, grad als ob sie daraus hervorgingen oder möglicherweise auch noch von weiterher kämen und nur pausenlos davon begleitet wurden, die deutlich vernehmbaren Worte: ›Jerome Searing, bist gefangen wie die Ratte in der Falle – in der Falle, Falle, Falle!‹

Plötzlich brach tiefes Schweigen und undurchdringliche Finsternis ein, unendliche Stille. Jerome Searing war sich völlig bewußt, daß er eine Ratte war, und erkannte genau den Charakter der Falle, in der er steckte. Er erinnerte sich jetzt an alles und war in keiner Weise beunruhigt. Er öffnete wieder die Augen, um zu rekognoszieren, die Stärke seines Gegners zu erkunden und seine Verteidigung zu planen.

Sein Körper wurde in Ruhelage festgehalten, unbeweglich lag der Rücken auf einem starken Balken. Ein anderer lastete quer über der Brust, doch von dem hatte er sich ein wenig lösen können, so daß er nicht mehr drückte, obwohl er sich nicht wegschieben ließ. Die an einer der Kanten befestigte Strebe hatte ihn links gegen einen Bretterhaufen gedrückt und den Arm auf dieser Seite eingekeilt. Seine Beine lagen etwas gespreizt und lang ausgestreckt da. Sie waren bis zu den Knien von einer Menge Trümmer bedeckt, die sich vor seinem engen Gesichtskreis auftürmten. Sein Kopf war eingezwängt wie in einem Schraubstock; die Augen und das Kinn konnte er bewegen, mehr nicht. Nur der rechte Arm war teilweise frei. »Du mußt uns hier heraushelfen«, sagte er zu ihm. Aber er konnte ihn weder unter dem schweren Balken, der schräg über der Brust lag, hervorziehen, noch ihn mehr als fünfzehn Zentimeter nach außen bewegen.

Searing war nicht ernstlich verletzt; auch verspürte er keine Schmerzen. Der kräftige Schlag eines Holzstücks, das ihm von dem zerschlagenen Pfosten an den Kopf geflogen war, sowie der gleichzeitige, überaus plötzliche Nervenschock hatten ihn vorübergehend betäubt. Eingerechnet die Zeit, in der er wieder zu sich kam und jene seltsamen Vorstellungen gehabt hatte, war er wahrscheinlich nicht länger als nur einige Sekunden bewußtlos gewesen, denn die Staubwolke aus den Trümmern war noch nicht ganz verflogen, als er sich über seine Lage einen vernünftigen Überblick zu verschaffen begann.

Nun versuchte er, mit seiner einigermaßen beweglichen rechten Hand den Balken zu ergreifen, der ihm quer, wenn auch nicht ganz fest, über der Brust lag. Wie er es auch anstellte, er brachte es nicht zustande. Es war ihm unmöglich, die Schulter niederzudrücken und den Ellbogen unter die Bretterkante zu schieben, die dicht bei den Knien lag; da ihm das mißlang, konnte er auch nicht den Unterarm heben und den Balken zu packen bekommen. Die Strebe, die im Winkel nach unten und zurück verlief, hinderte ihn daran, irgend etwas in dieser Richtung zu tun, und der Abstand zwischen ihr und seinem Körper war nicht halb so breit wie der Unterarm. Unmöglich, mit der Hand unter oder über den Balken zu gelangen, ja, die Hand konnte diesen tatsächlich nicht einmal berühren. Nachdem sich so sein Unvermögen erwiesen hatte, ließ Searing davon ab und fing an zu überlegen, ob er einige der Trümmer auf seinen Beinen erreichen könnte.

Als er in der Absicht, hierüber zu entscheiden, den Haufen

mit prüfendem Blick betrachtete, wurde seine Aufmerksamkeit durch etwas gefesselt, das – unmittelbar vor seinen Augen – ein glänzender Metallring zu sein schien. Es kam ihm zunächst so vor, als umgäbe der Ring, der knapp anderthalb Zentimeter im Durchmesser war, eine tiefschwarze Masse. Da kam ihm plötzlich der Gedanke, daß die schwarze Farbe nur Schatten und der Ring in Wirklichkeit die Mündung seines Gewehres war, die aus dem Trümmerhaufen herausragte. Bald stellte er mit Genugtuung fest, daß er recht hatte – falls in diesem Zusammenhang von Genugtuung die Rede sein kann. Wenn er ein Auge schloß, konnte er ein kleines Stück den Lauf entlangsehen bis zu der Stelle, wo das Gewehr im Trümmerhaufen eingeklemmt und verborgen war. Die eine Seite konnte er mit dem entsprechenden einen Auge in anscheinend demselben Blickwinkel sehen wie die andere Seite mit dem anderen Auge. Wenn er beim Hinsehen das linke Auge zukniff, schien die Waffe auf einen Punkt der linken Kopfhälfte gerichtet und umgekehrt. Wohl konnte er die leicht geneigte untere Außenseite des Schaftes sehen, nicht aber die obere des Laufes. Die Waffe zielte tatsächlich genau auf die Mitte seiner Stirn.

Als der Soldat Searing diesen Umstand wahrnahm und sich erinnerte, daß er kurz vor dem Mißgeschick, durch das er in diese unerfreuliche Lage geraten war, den Hahn gespannt und den Abzug auf den Druckpunkt eingestellt hatte, so daß eine leichte Berührung den Schuß auslösen würde, beschlich ihn ein Gefühl des Unbehagens. Aber Furcht war das auf keinen Fall; als unerschrockenem Kämpfer war ihm der Anblick von Gewehren und Kanonen aus dieser Perspektive einigermaßen vertraut. Da mußte er, fast erheitert, an eine Episode denken, die sich beim Sturm auf Missionary Ridge zugetragen hatte. Dort war er zu einer feindlichen Schießscharte hochgeklettert, aus der, wie ihm nicht entgangen war, schweres Geschütz eine Kartätsche nach der andern in die Reihen der Angreifer schoß, und hatte einen Augenblick geglaubt, die Kanone wäre zurückgezogen worden. Er hatte in der Öffnung nur noch einen ehernen Ring gesehen und ihn gerade noch rechtzeitig als Kanonenmündung erkannt, um zur Seite zu springen, als das Geschütz erneut Feuer und Eisen auf den von Soldaten wimmelnden Abhang hinunterspie. Im Leben eines Soldaten ist es etwas Alltägliches, Feuerwaffen die Stirn zu bieten, auch solchen, hinter denen das böse Auge des Feindes lauert. Dazu ist der Soldat nun einmal da. Dennoch gefiel dem Soldaten Searing diese Situation durchaus nicht, und er sah weg.

Nachdem er eine Weile zwecklos mit der rechten Hand umhergetastet hatte, machte er einen erfolglosen Versuch, die linke zu befreien. Dann versuchte er den Kopf herauszuziehen, wobei ihm die Tatsache, daß er ihn nicht bewegen konnte, um so verdrießlicher war, als er nicht wußte, was ihn festhielt. Danach versuchte er die Beine freizubekommen, doch während er die kräftigen Beinmuskeln in dieser Absicht anstrengte, fiel ihm ein, daß sich bei einer Verlagerung des Trümmerhaufens, unter dem sie lagen, das Gewehr entladen könnte: er konnte sich nicht erklären, wieso es überhaupt alles, was ihm widerfahren war, ausgehalten hatte, ohne loszugehn, obwohl ihm sein Gedächtnis auch hierfür mehrere Beispiele lieferte. Er dachte besonders an einen Fall, wo er in einem Augenblick geistiger Abwesenheit einem andern Ehrenmann mit dem Gewehrkolben den Schädel eingeschlagen hatte und hernach entdeckte, daß die Waffe, die er so fleißig mit den Händen am Lauf geschwungen hatte, geladen, entsichert und gespannt war; wenn dies seinem Widersacher bekannt gewesen wäre, hätte es ihn wahrscheinlich zu etwas längerem Aushalten ermutigt. Wenn er sich dieses Schnitzers seiner ersten Zeit als ›junger Dachs‹ erinnerte, hatte er immer lächeln müssen, doch danach war ihm jetzt nicht zumute. Er blickte wieder zur Gewehrmündung hin, und für einen Augenblick meinte er, sie hätte sich bewegt; sie schien ein wenig näher.

Abermals sah er weg. Die Spitzen der außerhalb der Plantage stehenden fernen Bäume erweckten sein Interesse. Wie federleicht sie wirkten und wie fein gegliedert, hatte er vorher nicht beobachtet, auch nicht, wie tiefblau der Himmel war, sogar zwischen den Ästen, wo ihn deren Grün etwas erhellte; über ihm schien er fast schwarz. Wenn die Sonne steigt, wird es hier verdammt heiß werden, überlegte er. Ich möchte wissen, in welche Richtung ich blicke.

Nach den Schatten zu urteilen, die er sehen konnte, war sein

Gesicht genau nach Norden gerichtet; wenigstens würde ihm also die Sonne nicht in die Augen scheinen, und nach Norden – richtig, da blickte er ja dahin, wo seine Frau und die Kinder waren.

»Ach, was!« rief er laut aus, »was haben die damit zu tun?« Er machte die Augen zu. Wenn ich hier schon nicht herauskomme, kann ich ja auch schlafen. Die Rebellen sind abgezogen, und einige unserer Leute werden bestimmt bis hierher streifen, um Proviant zu suchen. Da werden sie mich schon finden.

Aber er schlief nicht. Allmählich bemerkte er, wie an der Stirn etwas weh tat – es war ein dumpfer, zunächst kaum wahrnehmbarer Schmerz, der aber mit der Zeit zunahm und immer unbequemer wurde. Wenn er die Augen aufmachte, war er weg, schloß er die Augen, war er wieder da. »Zum Teufel!« entfuhr es Searing unvermittelt, und er starrte wieder in den Himmel. Er hörte Vogelgezwitscher, den seltsam metallischen Ruf der Feldlerche, der an ein Zusammenschlagen klingender Schwerter denken läßt. Angenehme Kindheitserinnerungen tauchten auf: er spielte wieder mit Bruder und Schwester, jagte schreiend über die Felder, um die Lerchen aufzuscheuchen, trat in den dahinterliegenden Wald, wo er mit zaghaften Schritten dem schmalen Pfad zum ›Geisterfelsen‹ folgte und schließlich lautpochenden Herzens vor der ›Höhle des Toten Mannes‹ stand und versuchte, ihr schreckliches Geheimnis zu ergründen. Zum ersten Male bemerkte er heute, daß die Öffnung der verwunschenen Höhle von einem Metallring umschlossen war. Dann entschwand dies alles den Augen und ließ ihn wieder wie zuvor in den Lauf seines Gewehrs starren. Aber während es vorher näher erschienen war, hatte er nun den Eindruck, als wäre es unfaßbar weit, doch dafür um so unheilvoller. Er schrie auf, und durch den Ausdruck der Angst in seiner Stimme erschreckt, einer Angst, die er nicht wahrhaben wollte, belog er sich selbst: ›Wenn ich nicht laut schreie, kann ich hier liegenbleiben, bis ich sterbe.‹

Jetzt machte er keinen weiteren Versuch, dem drohend starren Blick des Gewehrlaufs auszuweichen. Wenn er die Augen einen Moment abwandte, geschah es, um Hilfe zu suchen, obwohl er auf keiner Seite der Ruine bis auf den Erdboden sehen konnte. Doch dann ließ er sie, dem hypnotischen Zwang folgend, wieder zurückwandern. Schloß er die Augen, dann nur aus Müdigkeit, und sofort empfand er – so kündete die Kugel sich drohend an – den stechenden Schmerz in der Stirn, und er mußte sie wieder öffnen.

Nerven und Verstand waren einer zu großen Anspannung ausgesetzt; die Natur verschaffte sich ihr Recht, und er wurde zeitweise bewußtlos. Als er aus einer dieser Ohnmachten erwachte, nahm er einen heftig stechenden Schmerz in der rechten Hand wahr, und während die Finger ineinandergriffen oder die Handfläche rieben, merkte er, daß sie feucht und glitschig waren. Er konnte die Hand nicht sehen, doch kannte er das Gefühl; es war quellendes Blut. In seinem Fieberwahn hatte er sie gegen ausgezackte Trümmerstücke geschlagen und sie sich beim krampfhaften Zufassen voller Splitter gezogen. Er beschloß, sein Schicksal nun mannhafter zu ertragen. Er war ein einfacher, gewöhnlicher Soldat ohne Religion und mit wenig Philosophie. Er konnte nicht wie ein Held sterben, der große und weise letzte Worte spricht, selbst wenn jemand dagewesen wäre, sie anzuhören. Aber dem Tod ins Auge blicken, das konnte er, und das würde er tun. Wenn er doch nur wüßte, wann er den Schuß zu erwarten hatte!

Einige Ratten, die wahrscheinlich im Schuppen gehaust hatten, huschten suchend umher. Eine kletterte auf den Trümmerhaufen, in dem das Gewehr steckte, dann kam noch eine und wieder eine. Anfangs betrachtete Searing sie mit Gleichgültigkeit, dann mit freundlicher Aufmerksamkeit, doch als ihm plötzlich der Gedanke durch den verwirrten Kopf fuhr, sie könnten vielleicht den Abzug des Gewehrs berühren, verfluchte er sie und herrschte sie an zu verschwinden. »Das ist nichts für euch«, schrie er.

Das Geziefer verschwand; später würde es wiederkommen, über sein Gesicht herfallen, die Nase abfressen und die Kehle durchbeißen. Ihm war das klar, aber dann hoffte er schon tot zu sein.

Nichts war mehr imstande, seinen Blick von dem kleinen Metallring mit dem unheimlichen Schwarz in der Mitte abzubringen. Grausam stach der Schmerz an der Stirn und hörte nicht auf. Searing fühlte, wie die Schmerzempfindung sich allmählich immer tiefer ins Gehirn bohrte, bis ihrem Verlauf schließlich durch das Holz hinter dem Kopf Einhalt geboten ward. Die Pein wurde von Minute zu Minute unerträglicher: Searing krampfte von neuem seine aufgerissene Hand in die Splitter, um dem gräßlichen Schmerz im Kopf entgegenzuwirken, dem Schmerz, der in regelmäßiger Wiederkehr pochte, mit jedem neuen Pulsschlag durchdringender als zuvor, und hin und wieder schrie der Gequälte in dem Gefühl auf, die verhängnisvolle Kugel hätte ihn durchbohrt. Kein Gedanke mehr an die Heimat, an Frau und Kinder, an Vaterland und Ruhm. Sein Gedächtnis war völlig ausgelöscht. Die Welt existierte nicht mehr, keine Spur war von ihr geblieben. Hier, der Wirrwarr von Balken und Brettern, das ist seine ganze Welt. Hier ist die Zeit unvergänglich – jeder Schmerz ein ewiges Leben. Mit jedem Pulsschlag vergeht eine Ewigkeit.

Jerome Searing, der mutige Mann, der furchtbare Feind und tüchtige, entschlossene Krieger, war bleich wie ein Gespenst. Die Kinnlade hing herunter; die Augen traten hervor; er zitterte am ganzen Leibe; er war von oben bis unten in kalten Schweiß gebadet und schrie vor Angst. Nicht, daß er wahnsinnig war – das Entsetzen hatte ihn gepackt.

Als er mit der zerfleischten, blutigen Hand umhertastete, ergriff er schließlich eine schmale Latte, und er merkte, wie sie sich lockerte, als er daran zerrte. Sie lag parallel zu seinem Körper; wenn er seinen Ellbogen so weit krümmte, wie es der enge Raum zuließ, konnte er sie jedesmal einige Zoll weiterziehen. Endlich war sie völlig von den Trümmern gelöst, die seine Beine bedeckten; er konnte sie in ganzer Länge vom Boden hochheben. Eine große Hoffnung erfaßte ihn; vielleicht vermochte er sie nach oben, das heißt nach hinten, zu stemmen, so weit, daß er ein Ende hochbekam und das Gewehr beiseite schieben oder aber, wenn es zu fest verkeilt war, die Latte so legen konnte, daß sie den Schuß ablenken mußte. Zu diesem Zweck bewegte er sie nach hinten, Zoll um Zoll, und wagte kaum zu atmen aus Furcht, eine ungeschickte Bewegung könne sein Vorhaben vereiteln. Weniger als vorher konnte er die

Augen von dem Gewehr abwenden, das sich nun vielleicht beeilen würde, seine immer geringer werdenden Möglichkeiten zu nutzen. Eines war damit auf jeden Fall erreicht: dadurch, daß er sich auf diesen Versuch der Selbstverteidigung konzentrierte, fühlte er den Schmerz im Kopf nicht so stark, und das krampfhafte Zucken der Hand hatte aufgehört. Er war jedoch immer noch von schrecklicher Angst erfüllt, und seine Zähne klapperten wie Kastagnetten.

Die Latte gehorchte nicht mehr dem Willen seiner Hand. Mit aller Kraft zerrte er daran und änderte die Richtung, in der sie lag, so weit er konnte, doch sie war hinter ihm auf einen sperrigen Widerstand gestoßen, und das vordere Ende war noch zu weit vom Holzhaufen entfernt, um ihn damit abtragen und die Gewehrmündung erreichen zu können. In Wirklichkeit reichte sie bis fast an den Abzugsbügel, den er mit dem rechten Auge unscharf erkennen konnte, weil er vom Trümmerschutt nicht bedeckt war. Searing versuchte die Latte mit der Hand zu zerbrechen, doch fand er nicht den rechten Angriffspunkt. Durch diese Enttäuschung befiel ihn wieder das Grausen, nun aber verzehnfacht. Die schwarze Mündung des Gewehrs schien – als Strafe für seine Auflehnung – einen grausameren, schnelleren Tod anzudrohen. Die Geschoßbahn durch seinen Kopf schmerzte ihn mit noch größerer Qual. Wieder überkam ihn das Zittern.

Plötzlich wurde er gelassen. Das Beben ließ nach. Er biß die Zähne aufeinander und kniff die Augen zusammen. Er hatte noch nicht alle Möglichkeiten zu seiner Verteidigung erschöpft; ein neues Projekt, ein weiterer Schlachtplan, hatte in ihm Gestalt angenommen. Er hob das vordere Lattenende hoch und schob es sorgsam nach vorn durch die Trümmer neben dem Gewehr, bis es gegen den Abzugsbügel drückte. Dann bewegte er das Ende langsam nach außen, bis er merkte, daß es den Bügel freigelegt hatte, und nun stieß er es mit geschlossenen Augen so kräftig er konnte gegen den Abzug. Es gab keine Explosion; der Schuß hatte sich schon gelöst, als ihm das Gewehr beim Einsturz des Gebäudes aus der Hand gefallen war. Aber das Gewehr erfüllte auch so seine Aufgabe.

Lieutenant Adrian Searing führte das Kommando über die Vorpostenabteilung an jenem Frontabschnitt, den sein Bruder Jerome in Ausführung seines Auftrags überschritten hatte. Der Lieutenant, der in seiner Brustwehr hinter der Frontlinie saß, lauschte aufmerksam. Kein Geräusch entging ihm; ob es der Ruf eines Vogels, der Laut eines Eichhörnchens oder das Säuseln des Windes in den Kiefern war – seine aufs äußerste angespannten Sinne nahmen begierig alles wahr. Plötzlich hörte er direkt vor seinem Abschnitt ein schwaches, dumpfes Rumpeln wie das auf weite Entfernung übertragene Geräusch eines zusammenstürzenden Hauses. Der Lieutenant sah mechanisch auf seine Uhr. Es war sechs Uhr achtzehn. Im selben Augenblick trat von hinten ein Offizier zu ihm und salutierte.

»Lieutenant«, sagte der Offizier, »der Colonel befiehlt Ihnen, Ihre Front nach vorn zu verlegen und, sofern Sie den Feind aufspüren, mit ihm Fühlung zu gewinnen. Wenn nicht, setzen Sie den Vormarsch fort, bis der Befehl zum Haltmachen eintrifft. Es besteht Grund zu der Annahme, daß sich der Gegner zurückgezogen hat.«

Der Lieutenant nickte und schwieg; der andere Offizier entfernte sich. Nachdem ihnen durch die Unteroffiziere der Befehl leise mitgeteilt worden war, hatten sich die Mannschaften im Nu aus den Schützenlöchern begeben, in breiterer Front aufgestellt und rückten mit zusammengebissenen Zähnen und klopfenden Herzen in Schützenkette vor.

Die Schützenkette schwärmt durch die Plantage in Richtung auf das Gebirge aus. Die Soldaten ziehen beiderseits des zerstörten Gebäudes vorüber. Sie bemerken nichts. Kurz hinter ihnen folgt ihr Kommandeur. Er wirft einen neugierigen Blick auf die Ruine und bemerkt, halb unter Brettern und Balken begraben, eine Leiche. Sie ist so mit Staub bedeckt, daß die Uniform wie das Grau der Konföderierten aussieht. Ihr Gesicht ist gelblich weiß. Die Wangen sind eingefallen wie auch die Schläfen, um die sich scharf vorstehende Ränder ziehen; dadurch sieht die Stirn so schmal aus, daß sie abstoßend wirkt. Die etwas nach oben gezogene Oberlippe zeigt, fest aufeinandergepreßt, die weißen Zähne. Schwer hängt das Haar vor Nässe, und das Gesicht ist mit Tau bedeckt wie das Gras ringsum. Das

Gewehr kann der Offizier aus seinem Blickwinkel nicht sehen; der Mann ist offenbar beim Einsturz des Gebäudes erschlagen worden.

»Seit einer Woche tot«, sagt der Offizier lakonisch, geht weiter und zieht gedankenverloren seine Uhr, als wolle er sich von der Richtigkeit seiner Zeitschätzung überzeugen. Sechs Uhr vierzig.

GEFALLEN BEI RESACA

Lieutenant Herman Brayle, einer der beiden Adjutanten, war der tüchtigste Soldat unseres Stabes. Ich erinnere mich nicht mehr, wo ihn der General hergeholt hatte, meines Wissens stammte er aus einem Ohioregiment. Keiner von uns kannte ihn von früher her, und das wäre auch sonderbar gewesen, denn nicht zwei von uns kamen aus demselben Bundesstaat, nicht einmal aus benachbarten Staaten. Der General schien davon auszugehen, daß eine Position in seinem Stabe eine Auszeichnung war, die wohlüberlegt verliehen werden wollte, um keine partikularen Eifersüchteleien innerhalb der Truppe aufkommen zu lassen und die Geschlossenheit desjenigen Landesteiles nicht zu gefährden, der auch heute noch ein Ganzes war. Er pflegte die Offiziere nicht einmal aus seinen eigenen Truppenteilen auszuwählen, sondern ließ sie sich durch gewisse Versetzungskunststücke beim Armeehauptquartier aus anderen Brigaden überweisen. Unter solchen Umständen mußte jemand schon wirklich hervorragend tüchtig sein, wenn seine Angehörigen und die Jugendfreunde auf diese Weise von ihm hören sollten, zumal die übliche ›redende Ruhmesposaune‹ durch ihre Schwatzhaftigkeit sowieso schon etwas heiser geworden war.

Lieutenant Brayle – über sechs Fuß groß – hatte eine tadellose Figur und dazu das blonde Haar und die graublauen Augen, die von den damit ausgestatteten Männern gewöhnlich für Merkmale außerordentlichen Mutes gehalten werden. Da er meist Paradeuniform trug – besonders im Gefecht, wo die Offiziere sich meist mit einer weniger hervorstechenden Kleidung zufriedengeben, war er eine sehr auffallende, eindrucksvolle Erscheinung. Im übrigen hatte er die Lebensart eines Gentlemans, den Kopf eines Gelehrten und das Herz eines Löwen. Er war etwa dreißig Jahre alt.

Bald waren wir alle Brayle in gleichem Maße zugetan, wie wir ihn bewunderten. Deshalb bereitete es uns aufrichtigen Kummer, als wir im Gefecht am Stone's River – der ersten Kampfhandlung nach seinem Eintreffen bei uns – an ihm eine sehr tadelnswerte und unsoldatische Eigenschaft bemerkten: Er war eitel auf seinen Mut. Ob unsere Truppen im offenen Baumwollfeld, im Zederndickicht oder hinter dem Bahndamm kämpften, kein Wechselfall, keine Situation dieses fürchterlichen Zusammenstoßes veranlaßte ihn, in Deckung zu gehen, es sei denn auf ausdrücklichen Befehl des Generals; doch der hatte eigentlich anderes zu bedenken als darauf aufzupassen, daß die Stabsoffiziere und die Soldaten ihr Leben nicht leichtsinnig aufs Spiel setzten.

In keinem der folgenden Kämpfe, die Brayle bei uns mitmachte, änderte er sein Verhalten. Einem Reiterdenkmal gleich hielt er im heftigsten Gewehr- und Kartätschenfeuer zu Pferde aus, und dies an den ungeschütztesten Stellen – kurz, überall dort, wo er es mit seinen Pflichten eben noch vereinbaren konnte, auszuharren, obwohl er tatsächlich hätte zurückgehen müssen – wo er, ohne Unannehmlichkeiten gewärtigen zu müssen und mit eindeutigem Vorteil für den Ruf seines gesunden Menschenverstands sich soweit hätte in Sicherheit begeben können, wie dies auf einem Schlachtfeld in kurzen Einsatzpausen eben noch möglich ist.

Auch wenn er zu Fuß kämpfte, weil es nicht anders ging oder weil es die Achtung vor seinem ebenfalls abgesessenen Kommandeur oder den Kameraden erforderte, verhielt er sich genauso. Wie ein Fels stand er frei und offen da, wenn Offiziere und Mannschaften längst in Deckung gegangen waren. Während Männer von unbezweifelbarer Unerschrockenheit, die ihm an Dienst- und Lebensjahren überlegen waren und im Rang über ihm standen, hinter einem Hügelkamm pflichtgemäß ihr Leben sicherten, das für das Vaterland so unendlich kostbar war, stand dieser Bursche, der genausowenig ausrichten konnte wie die anderen, auf der Kuppe und blickte in die Richtung des heftigsten Feuers.

Wenn Schlachten auf freiem Felde geschlagen werden, ereignet es sich häufig, daß die vordersten Linien – stundenlang nur einen Steinwurf weit voneinander entfernt – sich so innig an die Erde schmiegen, als wären sie in sie verliebt. Die Linienoffiziere drücken sich an dem ihnen vorgeschriebenen Platz nicht weniger platt zu Boden, und die Stabsoffiziere, deren Pferde entweder erschossen oder nach hinten geschickt worden sind, kauern sich unter dem höllischen Baldachin aus pfeifendem Blei und heulendem Eisen zusammen, ohne an ihre persönliche Würde zu denken.

Unter solchen Umständen ist das Leben eines Offiziers im Brigadestab alles andere als ›beneidenswert‹, hauptsächlich wegen seiner gefährdeten Stellung und der nervenaufreibenden, ewig wechselnden Situationen, denen er ausgesetzt ist. Aus einer relativ sicheren Stellung, aus der ein Zivilist schon sein Entrinnen nur einem ›Wunder‹ zuschreiben würde, kann der Stabsoffizier mit einem Befehl zum Kommandeur eines Regiments geschickt werden, das in vorderster Front mit der Nase im Sand liegt – und der Kommandeur ist dort jemand, der nicht gleich auffällt und ohne viel Umhersuchen nicht leicht unter Männern zu finden ist, die sowieso schon eine kleine Nebenbeschäftigung haben –, und das alles in einem Lärm, wo man sich bei Frage und Antwort nur in Zeichensprache verständigen kann. Wenn man so zum Gegenstand lebhaften Interesses von ein paar tausend bewundernder Scharfschützen wird, ist es üblich, den Kopf einzuziehen und sich nur im Laufschritt zu bewegen. Und auf dem Rückweg – nun, es ist nicht üblich, zurückzukehren.

Brayle verfuhr da anders. Er pflegte sein Pferd, weil er es liebte, der Obhut einer Ordonnanz anzuvertrauen und sich gelassen auf seinen gefahrvollen Weg zu machen, ohne sich auch nur einmal zu ducken, wobei seine prächtige Figur, die durch die Uniform noch betont wurde, die Blicke geradezu auf sich zog. Mit angehaltenem Atem und klopfendem Herzen beobachteten wir ihn. Bei einem derartigen Anlaß erregte sich einer aus unserer Truppe einmal so sehr, daß er, der heftig stotterte, mir zurief:»Ich w-wette mit Ihnen z-z-zwei D-D-Dollar, d-daß sie ihn nie-nie-niederknallen, bevor er in den G-Graben ge-ge-gelangt!«

Ich nahm die brutale Wette nicht an, denn ich war derselben Ansicht.

Aber ich möchte dem Andenken eines tapferen Mannes Gerechtigkeit widerfahren lassen: es lag weder offensichtliche Prahlerei in seiner nutzlosen Selbstgefährdung, noch brüstete er sich nachher damit. In den wenigen Fällen, in denen einige von uns gewagt hatten, ihm Vorhaltungen zu machen, hatte Brayle zuvorkommend gelächelt und irgend etwas leichthin geantwortet, was jedenfalls nicht geeignet war, weitere Bemerkungen darüber herauszufordern. Einmal sagte er:»Captain, wenn ich je zu Schaden kommen sollte, weil ich Ihren Rat außer acht gelassen habe, hoffe ich, daß meine letzten Augenblicke vom Klang Ihrer lieben Stimme aufgeheitert werden, die mir die freundlichen Worte ins Ohr flüstert: ›Ich hab's Ihnen ja gesagt.‹«

Wir lachten über unsern Captain – warum, hätten wir wahrscheinlich selbst nicht erklären können –, und an dem Nachmittag, als er aus dem Hinterhalt von Schüssen zerfetzt wurde, blieb Brayle noch eine Weile bei dem Leichnam und legte mit unnötiger Sorgfalt die Körperteile wieder zurecht – dort, mitten auf einer Straße, auf die ein Kartätschenhagel niederprasselte! Es ist einfach, eine solche Handlungsweise zu verurteilen, und nicht sehr schwer, sich einer Nachahmung zu enthalten, aber es ist unmöglich, ihr keinen Respekt zu bezeigen, und Brayle wurde trotz alledem wegen der Schwäche geschätzt, die einen so heldenmütigen Ausdruck fand. Wir wünschten, er wäre nicht so töricht gewesen, doch er machte so weiter bis zum Ende. Verschiedene Male hatte es ihn schwer erwischt, doch nahm er jedesmal seinen Dienst fast völlig wiederhergestellt auf.

Natürlich kam es, wie es kommen mußte. Wer das Gesetz der Wahrscheinlichkeit ignoriert, fordert einen Gegner heraus, der selten unterliegt. Es geschah bei Resaca im Staate Georgia während des Vormarsches, der die Einnahme von Atlanta zur Folge hatte. An einem sanften Landrücken vor unserer Brigade zogen sich die feindlichen Erdwälle entlang durch freies Feld. Zu beiden Seiten eines offenen Geländes lagen wir dem Feind im Walde dicht gegenüber, konnten aber nicht hoffen, noch vor Nachteinbruch im offenen Feld an ihn heranzukommen. Erst die Dunkelheit würde uns gestatten, uns wie Maulwürfe in den Boden zu wühlen und Erde aufzuwerfen. Unsere Front verlief hier eine Viertelmeile entfernt am Waldrand entlang. Wir bildeten ungefähr einen Halbkreis, dessen Sehne die feindliche Befestigungslinie war.

»Lieutenant, Sie übermitteln Colonel Ward, er möge sich, soweit es die Deckung erlaubt, heranarbeiten und keine Munition durch unnötige Schießereien verschwenden. Ihr Pferd können Sie hierlassen.«

Als der General diesen Befehl gab, lagen wir am Waldsaum nahe dem rechten äußeren Ende des Bogens. Colonel Ward lag an dessen linkem Ende. Der Hinweis, nicht das Pferd zu benutzen, ließ doch keinen Zweifel darüber, daß Brayle den weiteren Weg durch den von unseren Leuten besetzten Wald nehmen sollte. Allerdings war dieser Hinweis selbstverständlich, denn es war absolut gewiß, daß die Botschaft auf dem kürzeren Wege ihr Ziel nicht erreichen würde. Bevor jemand dazwischentreten konnte, war der Lieutenant in leichtem Galopp aufs Feld geritten, und aus den feindlichen Stellungen brach wildes Feuer.

»Haltet den verdammten Narren zurück!« schrie der General.

Ein Soldat unserer Begleitmannschaft, der mehr Ehrgeiz als Verstand hatte, sprengte gehorsam hinterher; er war keine zehn Yard weit, da blieben Roß und Reiter tot auf dem Felde der Ehre liegen.

Brayle war außer Rufweite und galoppierte elegant in weniger als zweihundert Yard Entfernung an der feindlichen Front entlang. Das Bild mußte man gesehen haben! Der Hut war ihm vom Kopf geflogen, oder er war heruntergeschossen worden. Jede Bewegung des Pferdes ließ sein langes blondes Haar auf und nieder wallen. Er saß aufrecht im Sattel, hielt die Zügel locker in der linken Hand und ließ die rechte nachlässig herabhängen. Ein gelegentlicher Blick auf sein hübsches Profil, der sich bot, wenn er dann und wann den Kopf wandte, ließ erkennen, daß sein Interesse für das, was um ihn herum vorging, natürlich und ungekünstelt war.

Der Anblick war höchst dramatisch, aber durchaus nicht theatralisch. Der Reihe nach spuckte eine Unzahl von Gewehren nach ihm, sobald er in ihre Reichweite gelangte, und unsere eigenen Soldaten am Rand der Waldung gaben laut und sichtbar Feuerschutz. Unsere Jungen nahmen keine Rücksicht mehr auf sich oder die erteilten Befehle, sondern sprangen auf, schwärmten auf das Feld aus und deckten die feuerspeiende Brustwehr der toddrohenden Befestigungswerke mit massivem Gewehrfeuer ein; das Gegenfeuer schlug verheerend in ihre ungedeckten Reihen. Auf beiden Seiten schaltete sich die Artillerie ein, untermalte das Knattern und Brüllen mit dumpfen, erderschütternden Detonationen und zerriß die Luft mit einem Ungewitter schriller Kartätschen, die auf unserer Seite die Bäume zersplitterten und mit Blut bespritzten und auf der gegnerischen den Rauch der Schußwaffen mit Sandfontänen und Staubwolken aus der Brustwehr vermischten.

Für einen Augenblick hatte das allgemeine Kampfgeschehen meine Aufmerksamkeit gefesselt, doch jetzt, als ich flüchtig auf die unverdunkelte Gasse zwischen diesen beiden Gewitterwolken blickte, sah ich Brayle, die Ursache des Blutbades. Er, der nun von keiner Seite zu sehen war und von Freund und Feind gleichermaßen verdammt wurde, stand, ohne sich zu rühren, mit dem Gesicht nach drüben im Schußfeld. Ein Stück weiter lag sein Pferd. Ich sah sofort, was ihn aufgehalten hatte.

Als Vermessungsingenieur hatte ich am frühen Morgen den Gefechtsabschnitt in groben Zügen aufgenommen, und nun erinnerte ich mich, daß sich an jener Stelle ein tiefer, gewundener Graben befand, der mitten durch das Feld ging und dessen Hauptrichtung im rechten Winkel zur feindlichen Stellung verlief. Der Graben war von unserem jetzigen Standort nicht sichtbar, und Brayle hatte von seinem Vorhandensein offenbar nichts gewußt. Es war ausgeschlossen, ihn zu überschreiten. Die von der Hauptrichtung abweichenden Strecken des Grabens würden ihm völlige Sicherheit gewährt haben, wenn er bereit gewesen wäre, sich mit dem einen nun schon für ihn gewirkten Wunder zu begnügen und in den Graben zu springen. Weitergehen konnte er nicht, und kehrtmachen wollte er nicht. So stand er und sah dem Tod entgegen, der nicht lange auf sich warten ließ.

Durch einen merkwürdigen Zufall wurde das Feuer fast im selben Augenblick, als er fiel, eingestellt; einige Schüsse, die noch vereinzelt in längeren Abständen fielen, betonten eher die Stille, als daß sie sie unterbrachen. Es war, als empfänden plötzlich beide Seiten Reue über ihr sinnloses Morden. Vier unserer Krankenträger, die einem Sergeant mit weißer Fahne folgten, zogen bald danach unbehelligt auf das Feld und gingen geradewegs auf Brayles Leichnam zu. Mehrere konföderierte Offiziere und Soldaten kamen ihnen aus der Verschanzung entgegen und halfen den Leuten entblößten Hauptes, ihre geheiligte Bürde aufzunehmen. Als er zurückgebracht wurde, vernahmen wir hinter den feindlichen Stellungen Pfeifen und eine gedämpfte Trommel – eine Trauermusik. Ein großmütiger Gegner ehrte den tapferen Gefallenen.

In der Habe des Toten befand sich eine angeschmutzte Brieftasche aus Juchtenleder. Bei der Verteilung der Erinnerungsstücke an unseren Freund, die der General als Nachlaßverwalter verfügte, fiel sie mir zu.

Als ich ein Jahr später nach Beendigung des Krieges auf dem Wege nach Kalifornien war, öffnete ich sie nochmals und untersuchte gedankenlos ihren Inhalt. Aus einem Fach, das ich bisher nicht bemerkt hatte, fiel ein Brief ohne Umschlag oder Adresse. Es war von Frauenhand geschrieben und begann mit zärtlichen Worten, aber ohne Namen.

Der Brief war folgendermaßen datiert: ›San Francisco, Kal., 9. Juli 1862‹. Unterschrieben war er Dein ›Liebling‹, in Anführungsstrichen. Mitten im Wortlaut tauchte beiläufig der volle Name der Schreiberin – Marian Mendenhall – auf.

Der Briefstil verriet Bildung und feine Lebensart, doch es war ein gewöhnlicher Liebesbrief, sofern ein Liebesbrief gewöhnlich genannt werden kann. Es stand nicht viel darin, aber etwas war doch bemerkenswert, und zwar folgendes: ›Mr. Winters – ich werde ihn darum ewig hassen – hat erzählt, daß er sah, wie Du Dich in einer Schlacht in Virginia, in der er seine Verwundung erhielt, hinter einen Baum gekauert hast. Ich nehme an, daß er Dich in meinen Augen herabsetzen will, und er weiß wohl, daß diese Geschichte ihre Wirkung nicht verfehlen würde, wenn ich sie glaubte. Ich könnte es wohl ertragen, wenn man mir den Soldatentod meines Geliebten mitteilte, aber nicht, wenn man mir von seiner Feigheit berichtete.‹

Das waren die Worte, die an jenem sonnigen Nachmittag in einer entlegenen Gegend hundert Männer umgebracht hatten. Sind die Frauen wirklich das schwache Geschlecht?

Eines Abends suchte ich Miss Mendenhall auf, um ihr den Brief zurückzugeben. Ich hatte auch vor, ihr zu sagen, was sie angerichtet hatte – ohne ihr aber eine böse Absicht zu unterstellen. Ich fand sie in einer eleganten Wohnung in Rincon Hill. Sie war schön, wohlerzogen – mit einem Wort: reizend.

»Sie kannten Lieutenant Herman Brayle«, begann ich ziemlich unvermittelt. »Sie wissen sicher auch, daß er gefallen ist. In seinem Nachlaß fand sich dieser Brief von Ihnen. Ich bin gekommen, ihn zurückzubringen.«

Mechanisch ergriff sie den Brief, sah ihn flüchtig durch, wobei sie errötete, blickte mich dann lächelnd an und sagte: »Es ist sehr liebenswürdig von Ihnen, obwohl Sie sich die Mühe gewiß hätten sparen können.« Plötzlich stutzte sie und wurde blaß. »Dieser Fleck«, sagte sie, »ist das – das ist doch nicht – – «

»Verzeihen Sie, gnädiges Fräulein«, sagte ich, »das ist das Blut des treuesten und tapfersten Herzens, das je geschlagen hat.«

Sie warf den Brief hastig in das flackernde Kaminfeuer. »Oh! Ich kann kein Blut sehen!« rief sie. »Wie ist er gestorben?«

Ich war unwillkürlich aufgesprungen, um das Stück Papier, das selbst mir heilig war, zu retten; jetzt stand ich etwas hinter ihr.

Als sie mich fragte, drehte sie den Kopf und blickte ein wenig nach oben. Die Flammen des brennenden Briefes spiegelten sich in ihren Augen wider und zauberten auf ihre Wange ein sanftes Karmesin wie das des Blutflecks auf dem Briefe. Nie zuvor hatte ich etwas so Schönes wie diese verächtliche Kreatur gesehen.

»Eine Schlange hat ihn gebissen«, gab ich zur Antwort.

DAS GEFECHT AM COULTER-PASS

»Glauben Sie, Colonel, daß Ihr tapferer Coulter gern eins seiner Geschütze hier in Stellung bringen würde?« fragte der General.

Das war offenbar nicht ganz ernst gemeint; es schien wahrlich kein Ort zu sein, wo ein Artillerist, mochte er noch so tapfer sein, gern ein Geschütz in Stellung gebracht hätte. Der Colonel dachte, vielleicht wolle sein Divisionskommandeur gutgelaunt andeuten, daß bei einer kürzlichen Unterredung zwischen ihnen Captain Coulters Mut zu überschwenglich gepriesen worden war.

»General«, erwiderte er mit Wärme, »Coulter würde sein Geschütz überall gern in Stellung bringen, wo er die da erreichen kann«, und er begleitete seine Worte mit einer Handbewegung in Richtung des Feindes.

»Es ist die einzig mögliche Stelle«, sagte der General. Er meinte es also ernst.

Der erwähnte Ort war eine Einkerbung im schroffen Kamm eines Berges, ein ›Engpaß‹. Über den Paß führte eine Zollstraße, die bis zu diesem, ihrem höchsten Punkt kurvenreich durch einen lichten Wald anstieg und auf ähnliche Weise, wenn auch weniger steil, zum Feind hin abfiel. Auf einer Breite von jeweils einer Meile nach rechts und nach links war der Bergkamm für die Artillerie nicht zugänglich, obwohl er von unionistischen Infanteristen besetzt war, die dicht hinter dem schroffen Grat lagen, wie vom Luftdruck dort festgehalten. Die einzig mögliche Stelle, ein Geschütz aufzufahren, war der Engpaß, und der war kaum breit genug für die Straße. Von der konföderierten Seite aus wurde dieser Punkt von zwei Batterien beherrscht, die etwa eine halbe Meile entfernt auf einer etwas niedrigeren Anhöhe hinter einem Bach aufgestellt waren. Außer einem waren alle Geschütze durch die Bäume eines Obstgartens getarnt; und dieses eine – es wirkte wie eine Unverfrorenheit – befand sich auf einem keinerlei Deckung bietenden Rasen direkt vor einem ziemlich prunkvollen Gebäude, dem Haus des Pflanzers. Das Geschütz war auch ohne Tarnung sicher – doch nur, weil die unionistische Infanterie den Befehl erhalten hatte, keinen Schuß abzugeben. Der Coulter-Paß – er wurde später so genannt – war an diesem schönen Sommernachmittag kein Ort, wo man ›gern ein Geschütz in Stellung bringen würde‹.

Drei oder vier tote Pferde lagen dort quer auf der Straße, ein Stück weiter den Berg hinunter waren drei oder vier tote Männer ordentlich am Straßenrand aufgereiht. Bis auf einen alles Kavalleristen, die zur unionistischen Vorhut gehörten. Einer war Quartiermeister. Der kommandierende Divisionsgeneral und der Colonel, der die Brigade befehligte, waren mit ihrem Stab und ihrer Eskorte in den Paß geritten, um die Geschütze des Feindes in Augenschein zu nehmen – die sich daraufhin unverzüglich mit großen Rauchwolken getarnt hatten. Es brachte wirklich nicht viel ein, Geschütze auszukundschaften, die den Trick des Tintenfisches beherrschten, und die Beobachtungszeit war knapp bemessen. Als sie beendet war, fand – ein kleines Stück weiter hinten – die schon teilweise wiedergegebene Unterhaltung statt. »Es ist die einzig mögliche Stelle«, wiederholte der General nachdenklich, »um an sie ranzukommen.«

Der Colonel sah ihn ernst an. »Hier ist nur Platz für ein Geschütz, Herr General – eins gegen zwölf.«

»Das stimmt – für nur ein Geschütz auf einmal«, sagte der Kommandeur mit einer Art Lächeln, das nicht ganz echt war. »Doch wir haben ja Ihren tapferen Coulter – der ersetzt eine ganze Batterie.«

Jetzt war der ironische Ton nicht zu überhören. Der Colonel ärgerte sich darüber, aber er wußte keine Entgegnung. Der Geist militärischer Subordination ist einer Gegenrede nicht dienlich, geschweige denn einer Verweigerung.

In diesem Augenblick kam ein junger Artillerieoffizier, be-

gleitet von seinem Hornisten, langsam die Straße heraufgerit-
ten. Es war Captain Coulter. Er konnte kaum älter als dreiundzwanzig Jahre sein. Er war mittelgroß, doch sehr schlank und
wendig, und seine Haltung zu Pferde war recht unmilitärisch.
Seinen Gesichtszügen nach war er ein Typ, der sich von den
Männern um ihn herum deutlich unterschied; hager, mit Ad-
lernase, grauen Augen, einem kleinen blonden Schnurrbart
und langem, ziemlich wucherndem Haar der gleichen Farbe.
Sein Äußeres war von auffallender Nachlässigkeit. Der Müt-
zenschirm saß eine Winzigkeit schräg; sein Uniformrock war
nur am Koppel zugeknöpft und ließ ein beträchtliches Stück
vom weißen Hemd sehen, das für die derzeitige Kriegsetappe
noch leidlich sauber war. Aber die Nachlässigkeit zeigte sich
nur in Kleidung und Haltung; in seinem Gesicht drückte sich
lebhaftes Interesse an seiner Umgebung aus. Seine grauen
Augen, die bisweilen wie Suchscheinwerfer nach links und
rechts über die Landschaft streiften, waren meist auf den Himmel hinter dem Paß gerichtet; bis er den höchsten Punkt der
Straße erreichte, gab es in dieser Richtung nichts anderes zu sehen. Als er an seinem Divisionskommandeur und seinem Brigadekommandeur vorbeikam, grüßte er mechanisch und war
im Begriff weiterzureiten. Der Colonel bedeutete ihm, daß er
Halt machen solle.

»Captain Coulter«, sagte er, »der Feind hat dort drüben auf
der nächsten Anhöhe zwölf Geschütze aufgefahren. Wenn ich
den General recht verstehe, befiehlt er, daß Sie ein Geschütz
hier heraufbringen und ihnen ein Gefecht liefern.«

Bestürztes Schweigen; der General schaute teilnahmslos zu
einem Regiment hinüber, das weiter hinten langsam durch das
dichte Unterholz den Berg heraufgeschwärmt kam, einer zer-
fledderten, über den Boden schleifenden blauen Rauchwolke
ähnlich; der Captain schien ihn nicht bemerkt zu haben. Nun
sprach der Captain langsam und mit sichtlicher Anstrengung:

»Auf dem nächsten Bergkamm, sagten Sie, Sir? Befinden sich
die Geschütze in der Nähe des Hauses?«

»Aha, Sie kennen diese Straße. Unmittelbar beim Haus.«

»Und es ist – unumgänglich – ihnen ein Gefecht zu liefern?
Der Befehl gilt?«

Seine Stimme klang heiser und gebrochen. Er war deutlich bleicher. Der Colonel war erstaunt und gekränkt. Er blickte verstohlen zum Kommandeur. Von dessen starren, unbeweglichen Zügen war nichts abzulesen; sie waren wie aus Bronze gegossen. Einen Augenblick später ritt der General davon, gefolgt von seinem Stab und seiner Eskorte. Der Colonel, gedemütigt und empört, war nahe daran, Captain Coulter verhaften zu lassen, als dieser mit leiser Stimme ein paar Worte zu seinem Hornisten sagte, grüßte und geradewegs in den Paß hineinritt, wo er sich kurz danach auf dem höchsten Punkt der Straße mit dem Fernglas vor den Augen deutlich konturiert und einem Standbild gleich gegen den Himmel abzeichnete, er und sein Pferd. Der Hornist war die Straße hinabgesprengt und hinter einem Wäldchen verschwunden. Gleich darauf ertönte sein Horn in den Zedern, und in unglaublich kurzer Zeit kamen, in eine Wolke von Staub gehüllt, ein einzelnes Geschütz mit seinem Munitionswagen, jeweils von sechs Pferden gezogen und mit voller Kanonierbesatzung, springend und polternd den Hang herauf, wurde in Deckung abgeprotzt und per Hand zu dem verhängnisvollen Gipfel zwischen die toten Pferde geschoben. Der Captain gab mit dem Arm ein Zeichen, die ladenden Kanoniere führten einige merkwürdig behende Bewegungen aus, und kaum war für die Truppen links und rechts vom Weg das Räderrasseln verklungen, da schnellte bereits eine große weiße Wolke den Abhang hinunter, und mit einem ohrenbetäubenden Knall hatte das Gefecht am Coulter-Paß begonnen.

Der Verlauf und die Episoden jenes grausigen Kampfes sollen hier nicht in allen Einzelheiten geschildert werden – es war ein Kampf ohne Wechselfälle, es änderte sich nur der Grad der Verzweiflung, mit der er geführt wurde. Fast im gleichen Augenblick, da Captain Coulters Geschütz seine herausfordernde Wolke ausstieß, kamen als Antwort darauf zwölf Wolken aus den Bäumen um das Plantagenhaus hervor und stiegen empor, ein tiefer, mehrstimmiger Knall schallte wie ein gebrochenes Echo zurück, und von da an bis zum Ende fochten die unionistischen Kanoniere ihren hoffnungslosen Kampf in einer Atmosphäre lebendigen Eisens, dessen Gedanken Blitze waren und dessen Taten den Tod brachten.

Da der Colonel den Kampf, den er nicht unterstützen konnte, und das Gemetzel, dem er nicht Einhalt gebieten durfte, nicht mit ansehen wollte, bestieg er den Kamm eine Viertelmeile weiter links, von wo aus der Engpaß – selbst nicht einzusehen, doch immer von neuem dichte Rauchschwaden ausstoßend – dem Krater eines Vulkans mitten im donnernden Ausbruch glich. Mit seinem Feldstecher beobachtete er die feindlichen Geschütze und stellte, soweit er konnte, die Wirkung von Coulters Feuer fest – wenn Coulter noch lebte und es befehligte. Er sah, daß die unionistischen Kanoniere die feindlichen Geschütze, deren Positionen nur durch den Pulverdampf ausgemacht werden konnten, unbeachtet ließen und ihre ganze Aufmerksamkeit dem einen Geschütz zuteil werden ließen, das seinen Platz im Freien behauptete – auf dem Rasen vor dem Haus. Über diesem verwegenen Geschütz und rechts und links davon krepierten die Granaten in Abständen von wenigen Sekunden. Einige schlugen auch in das Haus ein, wie man an den dünnen Rauchsäulen, die aus dem zerschossenen Dach aufstiegen, sehen konnte. Niedergestreckte Menschen und Pferde waren deutlich erkennbar.

»Wenn unsere Leute schon mit einem einzigen Geschütz so gute Arbeit leisten«, sagte der Colonel zu einem Adjutanten, der zufällig am nächsten stand, »dann müssen ihnen die zwölf die Hölle heiß machen. Gehen Sie hinunter, und übermitteln Sie dem Befehlshaber dieses Geschützes meinen Glückwunsch zu seiner Treffsicherheit.«

Zu seinem Generaladjutanten gewandt, fragte er: »Haben Sie bemerkt, wie verdammt zögernd Coulter dem Befehl Folge leistete?«

»Jawohl, Sir.«

»Schweigen Sie bitte darüber. Ich glaube nicht, daß der General ihn deswegen anklagen wird. Vermutlich wird er vollauf damit zu tun haben, seine eigene Rolle bei dieser ungewöhnlichen Belustigung für die Nachhut eines Feindes auf dem Rückzug zu erklären.«

Von unten näherte sich ein junger Offizier, der atemlos die

steile Böschung erklomm. Er hatte kaum gegrüßt, da keuchte er:

»Colonel, ich habe von Colonel Harmon den Auftrag, Ihnen zu melden, daß die feindlichen Geschütze sich in bequemer Reichweite unserer Gewehre befinden und die meisten von ihnen von verschiedenen Punkten des Kammes aus zu sehen sind.«

Der Brigadekommandeur sah ihn an, und seine Miene zeigte nicht das geringste Interesse. »Ich weiß«, sagte er ruhig.

Der junge Adjutant war sichtlich verstört. »Colonel Harmon erbittet die Erlaubnis, diese Geschütze zum Schweigen zu bringen«, stotterte er.

»Die hätte ich selbst gern«, sagte der Oberst im gleichen Ton wie vorher. »Richten Sie Oberst Harmon meine Empfehlung aus und sagen Sie ihm, das Schießverbot, das der General für die Infanterie erlassen hat, ist noch in Kraft.«

Der Adjutant salutierte und zog sich zurück. Der Colonel bohrte seine Hacken in die Erde und machte kehrt, um erneut die feindlichen Geschütze zu beobachten.

»Colonel«, sagte der Generaladjutant, »ich weiß nicht, ob ich es erwähnen sollte, aber an der Sache ist etwas faul. Ist Ihnen zufällig bekannt, daß Captain Coulter aus dem Süden stammt?«

»Nein, *wirklich*?«

»Man hat mir erzählt, daß sich im letzten Sommer die Division, die der General damals befehligte, in der Nähe von Coulters Haus aufhielt – dort wochenlang kampiert hat und . . .«

»Hören Sie!« unterbrach ihn der Colonel und zeigte nach oben. »Hören sie *das*?«

›Das‹ war das Verstummen des unionistischen Geschützes. Die Offiziere, die Ordonnanzen, die hinter dem Kamm liegenden Infanteristen – sie alle hatten es ›gehört‹ und schauten nun gespannt in Richtung des Kraters, aus dem jetzt kein Rauch mehr aufstieg, außer den hin und her springenden Wölkchen von den gegnerischen Granaten. Dann war ein Hornsignal zu vernehmen, ein schwaches Räderrasseln; und eine Minute später bellte das Geschütz mit verdoppelter Kraft. Das zerstörte Geschütz war durch ein intaktes ersetzt worden.

»Jawohl«, sagte der Generaladjutant, seinen Bericht fort-
setzend, »der General verkehrte bei den Coulters. Es gab
Ärger – ich weiß nicht, worum es im einzelnen ging –, aber
irgendwie hing es mit Coulters Frau zusammen. Sie ist eine
glühende Sezessionistin, wie die dort alle, außer Coulter selbst,
aber sie ist eine gute Frau und eine vornehme Dame. Es
gab eine Beschwerde an das Hauptquartier. Der General
wurde zu dieser Division versetzt. Es ist seltsam, daß Coulters
Batterie später auch zu dieser Division abkommandiert
wurde.«

Der Colonel hatte sich vom Felsbrocken, auf dem sie gesessen hatten, erhoben. Seine Augen flammten vor echter Entrüstung.

»Hören Sie, Morrison«, sagte er und blickte seinen redseligen Stabsoffizier fest an, »haben Sie die Geschichte von einem
Ehrenmann oder von einem Lügner?«

»Ich möchte nicht sagen, woher ich sie habe, Colonel, wenn
es nicht absolut nötig ist« – er errötete ein wenig –, »aber ich
bürge mit meinem Leben dafür, daß sie im wesentlichen der
Wahrheit entspricht.«

Der Colonel wandte sich einem Grüppchen von Offizieren
zu, die ein Stück entfernt standen. »Lieutenant Williams!« rief
er.

Einer der Offiziere löste sich aus der Gruppe, grüßte beim
Näherkommen und sagte: »Verzeihen Sie, Colonel, ich nahm
an, man hätte Sie informiert. Williams ist unten beim Geschütz
gefallen. Was kann ich für Sie tun?«

Lieutenant Williams war der Adjutant, der das Vergnügen
gehabt hatte, dem Befehlshaber des Geschützes die Glückwünsche seines Brigadekommandeurs zu übermitteln.

»Gehen Sie«, sagte der Colonel, »und ordnen Sie den sofortigen Rückzug des Geschützes an. Nein – ich werde selbst gehen.«

Er kletterte mit halsbrecherischer Geschwindigkeit die Böschung in Richtung Paßstraße hinunter, über Felsbrocken und
durch Dorngestrüpp, und sein kleines Gefolge in tumultuarischer Unordnung hinterdrein. Am Fuß des Hanges bestiegen
sie ihre wartenden Pferde und trabten flott die Straße entlang,

ritten um eine Biegung und in den Paß hinein. Das Schauspiel, das sie dort erwartete, war entsetzlich.

In jenem Hohlweg, der kaum Platz für ein einziges Geschütz bot, waren die Trümmer von nicht weniger als vieren aufgetürmt. Bemerkt hatte man nur das Verstummen des letzten außer Gefecht gesetzten Geschützes – man hatte es nicht schnell genug ersetzen können, weil nicht genügend Männer übrig waren. Die Trümmer lagen zu beiden Seiten der Straße; den Männern war es gelungen, dazwischen eine Bahn freizuhalten, durch die jetzt das fünfte Geschütz feuerte. Die Männer? Sie sahen höllischen Dämonen ähnlich! Alle waren ohne Mütze, alle nackt bis zur Hüfte, ihre dampfende Haut war vom Pulver geschwärzt und mit geronnenem Blut bespritzt. Sie schufteten wie die Wahnsinnigen mit Ladestock und Kartusche, mit Hebebaum und Abzugsschnur. Sie stemmten ihre geschwollenen Schultern und blutenden Hände bei jedem Rückstoß gegen die Räder und bugsierten das schwere Geschütz in seine Stellung zurück. Es gab keine Kommandos; in diesem Hexenkessel von brüllendem Abschuß, krepierenden Granaten, heulenden Eisenstücken und fliegenden Holzsplittern hätte man keine vernommen. Offiziere, wenn es unter der Geschützbedienung Offiziere gab, waren nicht zu unterscheiden; alle arbeiteten zusammen – jeder, solange er überlebte –, nur vom Auge geleitet. Wenn mit dem Wischer das Rohr gereinigt worden war, wurde geladen; wenn geladen worden war, wurde das Ziel anvisiert und gefeuert. Der Colonel bemerkte etwas, das ihm in seiner militärischen Laufbahn noch nicht untergekommen war – etwas Furchtbares und Unnatürliches: das Geschütz blutete aus der Mündung! Als das Wasser ausgegangen war, hatte der Mann den Wischer in die Blutlache eines gefallenen Kameraden getaucht. Bei all dieser Arbeit gab es keine Reibereien; die Anforderungen des Augenblicks waren gebieterisch. Wenn einer fiel, schien ein anderer, der ein wenig sauberer aussah, aus dem Boden zu wachsen und die Stelle des Toten einzunehmen, um zu fallen, wenn die Reihe an ihn kam.

Bei den zerschossenen Geschützen lagen die zusammengeschossenen Menschen – neben den Trümmern, darunter und darauf; und die Straße hinunter – welch furchtbare Prozession!

– krochen auf Händen und Knien diejenigen Verwundeten, die sich noch bewegen konnten. Der Colonel – er hatte mitfühlend seine Kavalkade kehrtmachen lassen – mußte über die reiten, die ganz tot waren, um nicht die zu zertreten, die noch etwas lebten. In diese Hölle steuerte er ruhig hinein, ritt an das Geschütz heran, und in den Rauchschwaden des letzten Abschusses klopfte er dem Mann, der den Ladestock hielt, auf die Wange – der Mann fiel auf der Stelle zu Boden, weil er sich getroffen glaubte. Ein siebenfach gräßlicherer Teufel kam aus dem Rauch gesprungen, um seinen Platz einzunehmen, doch er hielt inne und starrte den berittenen Offizier mit unirdischem Ausdruck an, dabei blitzten seine Zähne zwischen den schwarzen Lippen, und seine weit aufgerissenen Augen leuchteten wie glühende Kohlen unter seiner blutigen Stirn. Der Colonel machte eine befehlende Geste und zeigte nach hinten. Der Teufel verneigte sich zum Zeichen des Gehorsams. Es war Captain Coulter.

Gleichzeitig mit der Einhalt gebietenden Geste des Colonels senkte sich Stille über das ganze Schlachtfeld. Die Geschoßprozession strömte nicht länger in jenen Hohlweg des Todes, denn auch der Feind hatte das Feuer eingestellt. Seine Armee war schon vor Stunden abgezogen, und der Befehlshaber der Nachhut, der seine Stellung gefährlich lange gehalten hatte in der Hoffnung, das unionistische Feuer zum Schweigen zu bringen, hatte in jenem seltsamen Augenblick sein eigenes eingestellt. »Ich wußte gar nicht, daß meine Befehlsgewalt so weit reicht«, sagte der Colonel zu allen und ritt an den Rand des Bergkammes, um zu erkunden, was nun wirklich vorgefallen war.

Eine Stunde später hatte seine Brigade ihr Biwak auf dem feindlichen Terrain aufgeschlagen, und unbeschäftigte Soldaten besichtigten fast so ehrfürchtig, als verehrten sie Heiligenreliquien, eine Anzahl toter Pferde mit von sich gestreckten Beinen und drei zerstörte Geschütze, alle vernagelt. Die Gefallenen waren abtransportiert worden; ihre zerfetzten und verstümmelten Leichen hätten zu große Genugtuung bereitet.

Natürlich quartierte sich der Colonel und seine militärische Familie im Pflanzerhaus ein. Es war etwas in Mitleidenschaft gezogen, aber es war besser, als im Freien zu kampieren. Die

Möbel waren ziemlich durcheinandergeworfen und zertrümmert worden. Hier und da waren Wände und Decken eingestürzt, und überall hing der hartnäckige Geruch von Pulverrauch. Die Betten, die Wandschränke mit Frauengarderobe und die Geschirrschränke waren kaum beschädigt. Die neuen Bewohner richteten sich bequem für eine Nacht ein, und die faktische Vernichtung von Coulters Batterie lieferte ihnen interessanten Gesprächsstoff.

Während des Abendessens tauchte eine Ordonnanz der Eskorte im Eßzimmer auf und bat um Erlaubnis, den Colonel sprechen zu dürfen.

»Was gibt's, Barbour?« fragte der Offizier, der das Anliegen zufällig mitgehört hatte, freundlich.

»Colonel, im Keller stimmt etwas nicht; ich weiß nicht genau, was – dort ist jemand. Ich habe da unten rekognosziert.«

»Ich werde nachsehen gehen«, sagte ein Stabsoffizier und erhob sich.

»Ich komme mit«, sagte der Colonel; »die anderen sollen hierbleiben. Führen Sie uns, Ordonnanz.«

Sie nahmen eine Kerze vom Tisch mit und stiegen die Kellertreppe hinab, die Ordonnanz sichtlich verängstigt. Die Kerze verbreitete nur einen schwachen Schein, doch dann wurde plötzlich, als sie weiter vordrangen, in ihrem begrenzten Lichtkreis eine menschliche Gestalt sichtbar; sie saß mit angezogenen Knien und tief nach vorn gebeugtem Kopf an der schwarzen Steinmauer, die sie entlang schritten, auf dem Boden. Das Gesicht, das man im Profil hätte sehen müssen, war unsichtbar, denn der Mann hatte sich so weit vorgebeugt, daß sein langes Haar es verbarg; und seltsamerweise fiel der viel dunkler gefärbte Bart in einer wirren Haarflut herab und lag neben ihm auf dem Boden. Sie blieben instinktiv stehen; dann nahm der Colonel die Kerze aus der zitternden Hand der Ordonnanz, trat näher an den Mann heran und musterte ihn aufmerksam. Der lange dunkle Bart war das Haar einer Frau – einer toten Frau. Die Tote umklammerte einen toten Säugling. Beide hielt der Mann umschlungen und preßte sie an seine Brust, an seine Lippen. Im Haar der Frau klebte Blut; Blut klebte auch im Haar des Mannes. Ein Stück weiter, bei einer unregelmäßigen

73

Vertiefung in der festgestampften Erde des Kellerbodens lag der Fuß eines Kindes. Die Vertiefung war erst kürzlich entstanden, und aus einer Seite ragte ein konvexes Eisenstück mit gezackten Rändern. Der Colonel hielt die Kerze so hoch er konnte. Der Boden des darüberliegenden Raumes war heruntergebrochen, die Splitter ragten in allen möglichen Winkeln nach unten. »Diese Kasematte ist nicht bombensicher«, sagte der Colonel ernst. Es kam ihm nicht in den Sinn, daß sein Resümee oberflächlich war.

Sie standen eine Weile schweigend bei der Gruppe; der Stabsoffizier dachte an sein unterbrochenes Abendbrot, die Ordonnanz daran, was wohl in den Fässern auf der anderen Seite des Kellers sein mochte. Plötzlich hob der Mann, den sie für tot gehalten hatten, den Kopf und blickte sie ruhig an. Sein Gesicht war kohlschwarz; seine Wangen waren offenbar von den Augen abwärts in unregelmäßigen Schlangenlinien tätowiert. Auch die Lippen waren weiß wie die eines geschminkten Negers auf der Bühne. An der Stirn klebte Blut.

Der Stabsoffizier wich einen Schritt zurück, die Ordonnanz zwei Schritte.

»Was machen Sie hier, guter Mann?« fragte der Colonel ungerührt.

»Dieses Haus gehört mir, Sir«, war die höflich erteilte Auskunft.

»Gehört Ihnen? Aha! Und die da?«

»Meine Frau und mein Kind. Ich bin Captain Coulter.«

DER GNADENSTOSS

Es war ein harter und langwieriger Kampf gewesen; alle Sinne bestätigten das. Die Luft schmeckte noch nach der Schlacht. Jetzt war alles vorüber; es blieb nur noch, die Verwundeten zu versorgen und die Toten zu begraben – ›ein bißchen aufzuräumen‹, wie sich der Witzbold eines Begräbnistrupps ausdrückte. Es war ziemlich viel ›aufzuräumen‹. So weit man durch den Wald blicken konnte, lagen zwischen den zersplitterten Bäumen zusammengeschossene Menschen und Pferde. Zwischen ihnen bewegten sich die Krankenträger, lasen die wenigen auf, die noch Lebenszeichen von sich gaben, und trugen sie fort. Die meisten Verwundeten waren gestorben, weil sie nicht versorgt werden konnten, solange man sich noch um das Recht, ihre Not zu lindern, stritt. Es ist bei der Armee üblich, daß die Verwundeten warten müssen; das Beste, was man für sie tun kann, ist, die Schlacht zu gewinnen. Man muß gestehen, daß der Sieg einem Mann, der medizinisch versorgt werden muß, sehr zum Vorteil gereicht, aber viele leben nicht so lange, um sich dessen zu erfreuen.

Die Toten wurden in Gruppen zu zwölf oder zwanzig Stück gesammelt und reihenweise Seite an Seite niedergelegt, während man die Gräben aushob, die sie aufnehmen sollten. Einige, die man in zu großer Entfernung von diesen Sammelplätzen fand, wurden da begraben, wo sie lagen. Mit ihrer Identifizierung machte man keine großen Umstände, obwohl die Begräbnistrupps meist als Sammler für das gleiche Feld eingeteilt waren, auf dem sie zuvor als Schnitter geholfen hatten, und die Namen der siegreichen Toten daher bekannt waren und registriert wurden. Die Gefallenen auf Feindesseite mußten sich dagegen damit begnügen, gezählt zu werden. Das jedoch um so mehr: viele von ihnen wurden mehrmals gezählt, und die Gesamtzahl, die später in der offiziellen Meldung des siegreichen Befehlshabers erschien, bezeichnete eher eine Hoffnung als ein Ergebnis.

Nicht weit von dem Ort, wo einer der Begräbnistrupps sein ›Leichenbiwak‹ eingerichtet hatte, stand ein Mann in der Uniform eines Offiziers der Unionsarmee an einen Baum gelehnt. Von den Füßen bis zu den Schultern war seine Haltung die eines erschöpften Mannes, der sich ausruht; doch den Kopf wandte er ruhelos hin und her; offenbar quälte ihn eine innere Unruhe. Er war vielleicht unschlüssig, wohin er sich wenden sollte; es war nicht wahrscheinlich, daß er sich lange dort aufhalten würde, denn schon drangen die waagerechten Strahlen der untergehenden Sonne rot durch die Bäume, und die müden

Soldaten machten für diesen Tag Schluß. Allein mit den Toten würde er die Nacht doch wohl kaum verbringen. Neun von zehn Männern, die man nach einer Schlacht trifft, erkundigen sich nach dem Verbleib irgendeines Truppenteils – als ob das jemand wissen könnte. Zweifellos hatte dieser Offizier seine Einheit verloren. Nachdem er sich ein wenig ausgeruht hatte, würde er vermutlich einem der sich zurückziehenden Begräbnistrupps folgen.

Doch als alle gegangen waren, lief er geradewegs in den Wald, dem rot glühenden Westen entgegen, dessen Schein sein Gesicht wie mit Blut befleckte. Die zuversichtliche Art, mit der er jetzt voranschritt, bewies, daß er sich auf bekanntem Terrain bewegte; er hatte sich zurechtgefunden. Die Toten zur Rechten und zur Linken, an denen er vorbeikam, ließ er unbeachtet. Gleichfalls unbeachtet blieb ein gelegentliches leises Stöhnen von irgendeinem schwerverwundeten armen Teufel, den die Bergungstrupps nicht erreicht hatten und der nun allein in Gesellschaft seines Durstes eine unerquickliche Nacht unter den Sternen verbringen mußte. Was hätte der Offizier auch tun können, da er weder Arzt war, noch Wasser bei sich hatte?

Am oberen Rand einer flachen Senke, einer bloßen Kuhle, lag eine kleine Gruppe von Gefallenen. Als er sie sah, bog er plötzlich von seinem Weg ab und ging schnell auf sie zu. Im Vorbeigehen musterte er jeden genau und blieb schließlich bei einem stehen, der ein wenig abseits von den anderen neben einigen jungen Bäumen lag. Er besah ihn sich gründlich – da schien er sich zu regen. Er bückte sich und legte ihm die Hand auf das Gesicht. Schreien.

Der Offizier war Captain Downing Madwell von einem Infanterieregiment aus Massachusetts, ein kühner und kluger Soldat, ein ehrenhafter Mann.

In jenem Regiment dienten auch zwei Brüder namens Halcrow – Caffal und Creede Halcrow. Caffal Halcrow war Sergeant in Captain Madwells Kompanie, und diese beiden Männer, der Sergeant und der Captain, waren treue Freunde. Soweit es der Rangunterschied, die Verschiedenartigkeit ihrer Pflichten und die Belange der soldatischen Disziplin zuließen, waren sie gewöhnlich zusammen. Tatsächlich waren sie zusammen aufgewachsen. Ein Bund der Herzen wird nicht so leicht auseinandergerissen. Caffal Halcrow fühlte sich nicht zum Militär hingezogen oder berufen, aber der Gedanke, sich von seinem Freund zu trennen, mißfiel ihm; daher meldete er sich zur Kompanie, in welcher Madwell Second-Lieutenant war. Beide waren zweimal befördert worden, doch zwischen dem höchsten Unteroffiziers- und dem niedrigsten Offiziersrang besteht eine tiefe und breite Kluft, und die alte Beziehung ließ sich nur mit Mühe und unter anderen Vorzeichen aufrechterhalten.

Creede Halcrow, Caffals Bruder, war Major im gleichen Regiment – ein zynischer, verdrießlicher Mann. Zwischen ihm und Captain Madwell herrschte eine natürliche Antipathie, die sich, durch die Umstände genährt, zu aktiver Feindseligkeit ausgewachsen hatte. Wäre nicht der dämpfende Einfluß ihrer beiderseitigen Beziehung zu Caffal gewesen, hätten diese beiden Patrioten ohne Zweifel versucht, ihr Land der Dienste des anderen zu berauben.

Am Morgen, als die Schlacht begann, war das Regiment eine Meile von der Hauptarmee entfernt auf Außenposten. Es wurde angegriffen und im Wald fast umzingelt, hielt aber hartnäckig seine Stellung. Als der Kampf etwas abflaute, kam Major Halcrow zu Captain Madwell. Sie salutierten förmlich, und der Major sagte: »Captain, der Colonel befiehlt Ihnen, daß Sie mit Ihrer Kompanie bis zum oberen Rand dieser Senke vordringen und dort die Stellung halten, bis Sie abberufen werden. Ich brauche Sie wohl kaum auf den gefährlichen Charakter dieser Bewegung aufmerksam zu machen, aber wenn Sie wollen, könnten Sie das Kommando vermutlich Ihrem First-Lieutenant übertragen. Ich wurde jedoch nicht ermächtigt, diese Befehlsübertragung zu genehmigen; es ist nur ein Vorschlag von mir, den ich Ihnen inoffiziell mache.«

Auf diese tödliche Beleidigung erwiderte Captain Madwell kaltblütig:

»Sir, ich lade Sie ein, uns zu begleiten. Ein berittener Offizier wäre eine hervorragende Zielscheibe, und ich bin schon lange der Ansicht, Sie wären besser tot.«

Die Kunst der Polemik wurde in militärischen Kreisen bereits 1862 gepflegt.

Eine halbe Stunde später wurde Captain Madwells Kompanie aus ihrer Stellung am oberen Rand der Senke vertrieben, wobei sie ein Drittel der Mannschaft einbüßte. Unter den Gefallenen war auch Sergeant Halcrow. Das Regiment wurde bald darauf bis zur Hauptfront zurückgeworfen und befand sich gegen Ende der Schlacht meilenweit von seiner Ausgangsposition entfernt. Jetzt stand der Captain bei seinem Untergebenen und Freund.

Sergeant Halcrow war tödlich verwundet. Seine Kleidung war in Unordnung; sie schien gewaltsam aufgerissen worden zu sein, so daß nun der Unterleib entblößt war. Ein paar Knöpfe seiner Uniformjacke waren abgeplatzt und lagen neben ihm, und Fetzen anderer Uniformstücke waren ringsum verstreut. Sein Koppel war gelöst und offenbar unter dem Liegenden hervorgezogen worden. Der Blutverlust war nicht groß gewesen. Die einzig sichtbare Wunde war eine klaffende Öffnung mit zerfetzten Rändern im Unterleib. Sie war von Erde und welken Blättern verunreinigt. Ihr entquoll eine Schlinge des Dünndarms. In seiner ganzen soldatischen Laufbahn hatte Captain Madwell noch nie eine derartige Wunde gesehen. Er konnte weder mutmaßen, wie sie zugefügt worden war, noch sich die Begleitumstände erklären – die so merkwürdig zerrissene Kleidung, das offene Koppel, die besudelte weiße Haut. Er kniete sich hin und untersuchte die Wunde gründlicher. Als er sich wieder erhob, ließ er die Augen hierhin und dorthin wandern, als halte er nach einem Feind Ausschau. Fünfzig Meter weiter erblickte er auf einer niedrigen, dünn bewaldeten Hügelkuppe verschiedene dunkle Umrisse, die sich zwischen den Gefallenen bewegten – eine Herde Schweine. Eins der Tiere kehrte ihm den Rücken zu, und die Schulterblätter ragten deutlich hervor. Die Vorderfüße hatte es auf einen menschlichen Körper gestemmt, der Kopf war tief gesenkt und nicht zu sehen. Der borstige Kamm hob sich schwarz gegen den roten Himmel im Westen ab. Captain Madwell wandte den Blick ab und richtete ihn wieder auf das Wesen, das sein Freund gewesen war.

Der Mann, dem diese gräßlichen Verstümmelungen zugefügt worden waren, lebte noch. Hin und wieder bewegte er sich, und er stöhnte bei jedem Atemzug. Ausdruckslos starrte er in das Gesicht seines Freundes und schrie bei jeder Berührung. In seiner gewaltigen Qual hatte er die Erde um sich herum aufgewühlt; seine Hände umkrampften Laub, Reisig und Erde. Er hatte nicht die Kraft, sich mit Worten verständlich zu machen; man konnte nicht wissen, ob er außer seinen Schmerzen etwas wahrnahm. Sein Gesicht drückte eine inständige Bitte aus; seine Augen flehten. Worum?

Diesen Blick konnte man nicht mißverstehen; der Captain hatte ihn zu oft in den Augen von Verwundeten gesehen, deren Lippen noch die Kraft gehabt hatten, ihn mit einer Bitte um schnellen Tod zu unterstützen. Bewußt oder unbewußt flehte dieses sich windende Teil der Menschheit, dieses Beispiel akuter Sinneswahrnehmung, dieses Resultat menschlichen und tierischen Wirkens, dieser demütige, unheroische Prometheus das ganze Universum um die Gnade des ewigen Vergessens an. An Erde und Himmel gleichermaßen, an die Bäume, an den Menschen, an alles, was in seinen Sinnen oder seinem Bewußtsein Gestalt annahm, richtete diese Verkörperung des Leidens jene stumme Bitte.

Worum also? Um das, was wir selbst dem geringsten Geschöpf gewähren, das keinen Verstand hat, es zu erbitten, und was wir nur den Unglückseligen unserer eigenen Rasse versagen: um den Segen der Erlösung, um den Akt des tiefsten Mitleids, um den Gnadenstoß.

Captain Madwell rief seinen Freund beim Namen. Er wiederholte ihn immer wieder ohne Ergebnis, bis das Gefühl ihn übermannte und seine Worte erstickte. Seine Tränen fielen auf das bleiche Gesicht unter ihm und machten ihn blind. Er sah nichts weiter als ein verschwommenes, sich bewegendes Etwas, aber das Stöhnen war noch deutlicher zu hören und wurde in kürzeren Abständen von schrilleren Schreien unterbrochen. Er wandte sich ab, schlug sich mit der Hand vor die Stirn und entfernte sich mit großen Schritten. Als die Schweine ihn erblickten, hoben sie ihre geröteten Rüssel, beäugten ihn einen Augenblick mißtrauisch und rannten dann mit einem verdrießlichen, mehrstimmigen Grunzen aus seinem Blickfeld. Ein Pferd, dessen Vorderbein von einer Granate zersplittert worden war, hob den Kopf seitlich vom Boden und wieherte mitleiderregend. Madwell trat hinzu, zog seinen Revolver und feuerte einen Schuß zwischen die Augen des armen Tieres. Dann beobachtete er genau seinen Todeskampf, der wider Erwarten heftig und lang war; doch endlich lag das Tier still. Die verzerrten Lippenmuskeln, die das Gebiß zu einem schrecklichen Grinsen entblößt hatten, entspannten sich; das scharfe, gutgeschnittene Profil nahm den Ausdruck tiefen Friedens und völliger Ruhe an.

Über der fernen, spärlich bewaldeten Hügelkuppe im Westen war jetzt der feurige Streifen des Sonnenuntergangs fast verglüht. Das Licht auf den Baumstämmen war zu einem zarten Grau verblaßt; Schatten hatten sich wie große Vögel in den Wipfeln niedergelassen. Die Nacht brach herein, und Meilen gespenstischen Waldes lagen zwischen Captain Madwell und dem Lager. Doch er stand dort neben dem toten Pferd und war offenbar taub für seine Umgebung. Den Blick hatte er auf den Boden zu seinen Füßen geheftet; seine linke Hand hing locker herab, die rechte hielt noch immer die Pistole. Bald darauf hob er das Gesicht, wandte es in Richtung seines sterbenden Freundes und kehrte rasch zu ihm zurück. Er ließ sich auf ein Knie nieder, spannte den Hahn seiner Waffe, setzte dem Mann die Mündung an die Schläfe und drückte mit zur Seite gewandten Augen ab. Es gab keinen Knall. Er hatte seine letzte Patrone für das Pferd verschossen.

Der Leidende stöhnte, und seine Lippen zuckten krampfhaft. Der Schaum, der ihnen entquoll, war mit einer Spur Blut vermischt.

Captain Madwell erhob sich und zog seinen Säbel aus der Scheide. Mit den Fingern der linken Hand fuhr er vom Heft bis zur Spitze an der Schneide entlang. Er hielt ihn vor sich ausgestreckt, als wolle er seine Nerven prüfen. Die Klinge zitterte nicht; das trübe Licht, das sie reflektierte, war stetig und verläßlich. Er bückte sich und riß mit der Linken das Hemd des Sterbenden beiseite, richtete sich auf und setzte die Spitze des Säbels genau über das Herz. Diesmal wandte er die Augen nicht ab. Das Heft mit beiden Händen umklammernd, stieß er mit aller Kraft und seinem ganzen Gewicht zu. Die Klinge drang in den Körper des Mannes ein – durch ihn hindurch in die Erde; Captain Madwell wäre beinahe auf sein Werk gestürzt. Der Sterbende zog die Knie an und fuhr mit dem rechten Arm über die Brust und packte den Stahl so fest, daß die Knöchel seiner Hand sichtlich weiß wurden. Durch ein heftiges, doch vergebliches Bemühen, die Klinge herauszuziehen, wurde die Wunde vergrößert; ein Blutrinnsal entquoll ihr und schlängelte sich hinab in die aufgerissene Kleidung. Im gleichen Augenblick traten drei Männer schweigend hinter ein paar Bäumen hervor, die ihre Annäherung verborgen hatten. Zwei waren Sanitäter und trugen eine Bahre.

Der dritte war Major Creede Halcrow.

PARKER ADDERSON, DER PHILOSOPH

»Gefangener, Ihr Name?«

»Da ich ihn morgen bei Tagesanbruch verlieren soll, hat es wohl kaum noch Sinn, ihn zu verheimlichen: Parker Adderson.«

»Dienstgrad?«

»Ein ziemlich bescheidener; Offiziere sind zu kostbar, als daß man ihr Leben für die gefährliche Tätigkeit eines Spions aufs Spiel setzen könnte. Ich bin Sergeant.«

»In welchem Regiment?«

»Da müssen Sie mich schon entschuldigen; meine Antwort könnte Ihnen, soviel ich weiß, eine Vorstellung davon vermitteln, wessen Streitkräfte Ihnen gegenüberstehn. Und so etwas herauszubekommen, bin ich in Ihre Linien eingedrungen, nicht aber, um es zu verraten.«

»Sie sind einigermaßen geistreich.«

»Wenn Sie die Geduld aufbringen, es abzuwarten, werden Sie mich dafür morgen ohne jeden Geist antreffen.«

»Woher wissen Sie, daß Sie morgen früh sterben sollen?«

»Bei Spionen, die man über Nacht gefangen hat, ist das so üblich. Es ist eine der netten Berufserfahrungen.«

Der General ließ von der würdevollen Haltung, die er sich als hoher, weithin bekannter Offizier der Konföderierten Armee schuldig zu sein glaubte, so viel nach, daß er sich ein Lächeln gestattete. Doch niemand, der in seiner Gewalt war und nicht bei ihm in Gunst stand, würde aus diesem äußerlichen, sichtbaren Zeichen seiner Zustimmung eine günstige Vorbedeutung erschlossen haben. Das Lächeln war weder heiter, noch wirkte es ansteckend; es teilte sich den anderen, die ihm ausgesetzt waren, nicht mit – nicht dem gefangenen Spion, der es hervorgerufen hatte, und nicht dem bewaffneten Posten, der ihn ins Zelt gebracht hatte, nun ein wenig abseits stand und den Gefangenen im gelben Kerzenlicht scharf beobachtete. Lächeln gehörte nicht zu den Pflichten des Kriegers; er war zu einem anderen Zweck hierher abkommandiert. Die Unterhaltung wurde wieder aufgenommen; in Wirklichkeit war sie ein Verhör wegen eines schweren Vergehens.

»Sie geben also zu, ein Spion zu sein – geben zu, daß Sie verkleidet in der Uniform eines konföderierten Soldaten, die Sie jetzt noch tragen, in mein Lager eingedrungen sind, um insgeheim Nachrichten über die Stärke und Aufstellung meiner Truppen zu sammeln.«

»Besonders über die Stärke; die Aufstellung kannte ich schon. Sie ist ›bescheiden‹.«

Die Züge des Generals hellten sich abermals auf; der Posten, der eine strengere Auffassung seiner verantwortungsvollen Tätigkeit hatte, blickte betont finster drein und stand noch steifer da als zuvor. Der Spion ließ seinen grauen Schlapphut auf dem Zeigefinger rotieren und musterte gemächlich seine Umgebung. Die war denkbar einfach. Das Zelt war ein gewöhnliches Steilwandzelt von ungefähr acht mal zehn Fuß Fläche. Erleuchtet wurde es von einer einzigen, in eine Bajonettülle gesteckten Talgkerze; das Bajonett selbst war in einen Tisch aus Kiefernholz gespießt, an dem der General saß; im Augenblick schrieb er eifrig und hatte seinen unfreiwilligen Gast offenbar gänzlich vergessen. Ein alter Flickenteppich bedeckte den Fußboden aus blanker Erde; ein noch älterer Lederkoffer, ein zweiter Stuhl und zusammengerollte Schlafdecken – das war so ziemlich alles, was das Zelt enthielt; unter General Claverings Kommando hatten ›Konföderierte Einfachheit‹ und der Mangel an allem, was nach ›Pomp und Trara‹ aussah, ihre höchste Entfaltung erreicht. An einem langen, in den Türpfosten des Zeltes getriebenen Nagel hing ein Lederkoppel mit einem langen Säbel, einer Pistole samt Halfter und – sonderbarerweise – einem Bowiemesser. Das Vorhandensein dieser höchst unmilitärischen Waffe pflegte der General dadurch zu rechtfertigen, daß er sie als Andenken an seine friedliche Zivilistenzeit bezeichnete.

Es war eine stürmische Nacht. Der Regen prasselte mit dem dumpfen, trommelartigen Klang, den alle Zeltbewohner kennen, in Sturzbächen auf die Zeltleinwand. Wenn die Windstöße brüllend dagegen anrannten, erzitterte das schwache Zeltgerüst, schwankte und zerrte an den Stäben und Seilen, die ihm Halt gaben.

Der General schloß sein Schriftstück ab, faltete den halben Bogen und sagte zu dem Soldaten, der Adderson bewachte: »Hier, Tassman, überbringen Sie dies dem Stabsadjutanten; dann kommen Sie wieder her.«

»Und der Gefangene, General?« fragte der Soldat, salutierte und warf dabei einen forschenden Blick auf den Unglücklichen.

»Tun Sie, was ich gesagt habe«, erwiderte barsch der Offizier.

Der Soldat ergriff den Zettel und duckte sich aus dem Zelt hinaus.

General Clavering wandte sein ausdrucksvolles Gesicht wieder dem Spion der Unionstruppen zu, blickte ihm in die Augen – gar nicht unfreundlich übrigens – und sagte: »Es ist eine schlimme Nacht, mein Lieber.«

»Für mich auf jeden Fall.«

»Können Sie sich denken, was ich geschrieben habe?«

»Sicher etwas Lesenswertes. Und ich gestatte mir die Annahme – vielleicht ist sie reiner Eitelkeit entsprungen –, daß mein Name in irgendeinem Zusammenhang darin vorkommt.«

»Ja, es ist der Wortlaut eines Befehls, der vor den Truppen beim Antreten verlesen werden soll; er betrifft Ihre Hinrichtung. Außerdem enthält das Schriftstück noch einige Anweisungen für den Kommandeur der Militärpolizei über Einzelheiten, die bei dem Verfahren zu beachten sind.«

»Ich hoffe, General, daß das Schauspiel geschickt inszeniert wird, denn ich werde höchstpersönlich zugegen sein.«

»Möchten Sie noch irgendwelche private Anordnungen treffen? Wünschen Sie zum Beispiel den Beistand eines Militärgeistlichen?«

»Ich könnte mir wohl kaum eine längere Ruhe dadurch sichern, daß ich ihn um einen Teil der seinen beraubte.«

»Großer Gott! Mensch, wollen Sie wirklich mit nichts als Witzen auf den Lippen in den Tod gehen? Wissen Sie nicht, daß es sich hier um etwas Ernstes handelt?«

»Wie kann ich das wissen? Ich bin mein ganzes Leben lang noch nie tot gewesen. Ich habe zwar behaupten hören, der Tod sei eine ernste Angelegenheit, jedoch noch nie von jemandem, der ihn am eigenen Leibe erfahren hat.«

Der General schwieg einen Augenblick; der Mann interessierte ihn, machte ihm vielleicht sogar Spaß – ein Mensch dieser Art war ihm noch nicht vorgekommen.

»Der Tod«, sagte er, »ist zum mindesten ein Verlust – ein Verlust des Glückes, das wir eben genießen, und der Gelegenheiten zu künftigem Glück.«

»Ein Verlust, dessen wir uns nie bewußt werden, läßt sich mit Fassung ertragen; man kann ihm daher ohne Furcht entgegensehen. Sie müssen doch bemerkt haben, General, daß keiner von den Toten, mit denen Sie in freudiger soldatischer Pflichterfüllung Ihre Pfade bestreuen, jemals Anzeichen von Bedauern verraten hat.«

»Wenn es auch kein beklagenswerter Zustand sein mag, tot zu sein, so scheint doch das Eingehen in diesen Zustand – das eigentliche Sterben also – jemandem, der sein Gefühlsvermögen noch nicht verloren hat, ausgesprochen unangenehm zu sein.«

»Schmerzen sind unangenehm, zweifellos. Ich ertrage sie niemals ohne größeres oder geringeres Unbehagen. Doch wer am längsten lebt, ist ihnen am längsten ausgesetzt. Was man Sterben nennt, ist lediglich der letzte Schmerz – außerdem gibt es so etwas wie Sterben überhaupt nicht. Nehmen Sie, nur um die Sache zu veranschaulichen, einmal an, ich versuchte jetzt zu entfliehen. Sie zücken den Revolver, den Sie höflicherweise auf dem Schoß verborgen halten, und ...«

Der General errötete wie ein junges Mädchen, lachte dann leise, wobei seine blendendweißen Zähne zum Vorschein kamen, neigte leicht seinen eindrucksvollen Kopf und sagte nichts. Der Spion fuhr fort: »Sie geben Feuer, und ich habe was im Bauch, was ich nicht gegessen habe. Ich falle hin, bin aber nicht tot. Nach einer halben Stunde Todeskampf bin ich dann wirklich tot. Doch in jedem gegebenen Augenblick dieser halben Stunde war ich entweder lebendig oder tot. Es gibt kein Übergangsstadium.

Und wenn ich morgen früh gehenkt werde, gilt genau dasselbe: solange ich noch Bewußtsein habe, lebe ich, und wenn ich tot bin, habe ich kein Bewußtsein mehr. Die Natur scheint dies ganz in meinem Interesse geregelt zu haben – genauso, wie ich es selber geregelt haben würde. Es ist ja alles so einfach und selbstverständlich«, fügte er lächelnd hinzu, »daß es kaum lohnt, sich aufhängen zu lassen.«

Dem Ende dieser Ausführungen folgte ein langes Schweigen. Der General saß teilnahmslos da und blickte dem Mann ins Gesicht, war jedoch, mit seinen Gedanken offenbar nicht bei dem, was eben gesagt worden war. Seine Augen schienen Wache über den Gefangenen zu halten, während sein Geist sich mit etwas anderem beschäftigte. Gleich darauf holte er lang und tief Atem; er schauderte wie jemand, der aus einem schrecklichen Traum erwacht, und dann hauchte dieser Mann des Todes fast unhörbar: »Der Tod ist entsetzlich!«

»Er war unseren wilden Vorfahren entsetzlich«, sagte der Spion ernst, »weil sie nicht intelligent genug waren, das Wissen vom Tode und den Gedanken an seine physische Erscheinungsform auseinanderzuhalten – so wie eine noch tiefer stehende Intelligenzstufe, die des Affen zum Beispiel, unfähig sein mag, sich ein Haus ohne Bewohner vorzustellen, und aus dem Anblick einer zerfallenen Hütte unweigerlich auf einen leidenden Insassen schließt. Uns erscheint der Tod entsetzlich, weil wir die Neigung ererbt haben, ihn dafür zu halten und diese Vorstellung verstandesmäßig durch wilde, phantastische Theorien von einer jenseitigen Welt begründen – etwa wie gewisse Ortsnamen Legenden zu ihrer Erklärung hervorrufen und wie unvernünftiges Verhalten ganze Philosophien erzeugt, die es rechtfertigen sollen. Sie können mich aufhängen, General, aber mehr Böses können Sie mir nicht antun; Sie können mich zum Beispiel nicht zum Himmel verurteilen.«

Der General schien es nicht gehört zu haben; die Worte des Spions hatten seine Gedanken lediglich in eine ungewohnte Bahn gelenkt, worin sie sich nun unabhängig machten und zu selbständigen Schlußfolgerungen gelangten. Das Unwetter hatte aufgehört; die Erhabenheit der Nacht war irgendwie in seine Gedankengänge eingeflossen und hatte ihnen einen düsteren Anflug von übernatürlicher Furcht verliehen. Vielleicht spielte auch so etwas wie eine Vorahnung mit. »Ich würde nicht gern sterben«, sagte er – »nicht heute nacht.«

Er wurde – wenn er wirklich die Absicht gehabt haben sollte, seine Rede fortzusetzen – durch den Eintritt eines seiner Stabsoffiziere unterbrochen; es war Captain Hasterlick, der Kommandeur der Militärpolizei. Dies brachte ihn wieder zu sich selbst zurück; der geistesabwesende Zug verschwand aus seinem Gesichtsausdruck.

»Captain«, sagte er und erwiderte den Gruß des Offiziers, »dieser Mann ist ein Yankee-Spion, der in unseren Reihen verhaftet wurde und belastende Schriftstücke bei sich trug. Er hat gestanden. Wie ist das Wetter?«

»Das Unwetter ist vorüber, Sir, und der Mond scheint.«

»Gut; nehmen Sie ein Kommando Soldaten, führen Sie ihn sogleich auf den Appellplatz und lassen Sie ihn erschießen.«

Ein wilder Aufschrei kam von den Lippen des Spions. Er warf sich nach vorn, streckte den Hals vor, riß die Augen weit auf und ballte die Hände.

»Lieber Himmel!« rief er heiser, fast unverständlich, »das meinen Sie doch nicht ernst! Sie haben vergessen – erst morgen früh soll ich sterben.«

86

»Ich habe nichts von morgen gesagt«, erwiderte der General kalt; »das war eine Annahme Ihrerseits. Sie sterben jetzt.«

»Aber General, ich bitte Sie – ich flehe Sie an; bedenken Sie doch, daß ich gehenkt werden soll! Es wird doch einige Zeit dauern, den Galgen zu errichten – zwei Stunden – eine Stunde. Spione werden gehenkt; das steht mir nach dem Kriegsrecht zu. Um Himmels willen, General, bedenken Sie doch, wie kurz ...«

»Captain, führen Sie meine Befehle aus!«

Der Offizier zog den Säbel, richtete seine Augen auf den Gefangenen und deutete schweigend auf die Zeltöffnung. Der Gefangene zögerte. Der Offizier packte ihn beim Kragen und schob ihn mit sanftem Nachdruck vorwärts. Als er nahe beim Zeltpfosten angelangt war, sprang der Rasende plötzlich darauf zu, faßte mit katzenartiger Behendigkeit den Griff des Bowiemessers, riß die Waffe aus der Scheide, stieß den Captain beiseite und warf sich mit der Wut eines Irrsinnigen auf den General; er riß ihn zu Boden und stürzte in voller Länge auf ihn. Der Tisch fiel um, die Kerze ging aus, und sie kämpften blindlings im Dunkeln. Der Kommandeur der Militärpolizei sprang seinem Vorgesetzten bei und lag im nächsten Augenblick auf den ringenden Gestalten obenauf. Flüche und verzerrte Wut- und Schmerzensschreie ertönten aus dem Durcheinander von Gliedern und Körpern. Das Zelt krachte auf sie nieder, und unter seinen hinderlichen, einhüllenden Falten ging der Kampf weiter. Der Soldat Tassmann, der von seinem Auftrag zurückkehrte und dunkel ahnte, was hier vorging, warf das Gewehr weg, ergriff auf gut Glück einen Zipfel der sich hebenden und senkenden Zeltleinwand und versuchte vergeblich, sie von den darunterliegenden Männern wegzuziehen; und der Posten, der davor auf und ab schritt und seinen Platz nicht zu verlassen wagte, selbst wenn der Himmel einfallen sollte, feuerte sein Gewehr ab. Der Knall alarmierte das Lager; Trommeln schlugen den langen Wirbel, Hörner bliesen zum Sammeln und jagten Scharen halbbekleideter Männer ins Mondlicht hinaus; sie zogen sich im Rennen fertig an und traten auf die energischen Kommandorufe ihrer Offiziere in Linie an. Das war gut so, denn man hatte die Soldaten unter Kontrolle, wenn sie angetreten waren; sie standen einsatzbereit, während der Stab des Generals und seine Wachmannschaft Ordnung in das Durcheinander brachten, indem sie das zusammengefallene Zelt hochhoben und die atemlosen, blutenden Mitwirkenden dieses sonderbaren Streithandels auseinanderzerrten.

Atemlos war einer davon im wahrsten Sinne des Wortes: der Captain war tot; der aus seiner Kehle herausragende Griff des Bowiemessers war unterhalb des Kinns nach hinten gedrückt, bis sein freies Ende im Winkel zwischen Unterkiefer und Hals klemmte; die Hand, die den Stoß geführt hatte, war nicht mehr imstande gewesen, die Waffe wieder herauszuziehen. Die Hand des Toten umklammerte den Säbel mit einem so festen Griff, daß die Lebenden ihn nicht lösen konnten. Die Klinge war bis zum Heft hinauf rot gestreift.

Als man den General auf die Füße stellte, sank er mit einem Stöhnen wieder zu Boden und wurde ohnmächtig. Außer Prellungen und Quetschungen hatte er zwei Säbelwunden davongetragen – ein Stich hatte den Oberschenkel, der andere die Schulter durchbohrt.

Am wenigsten Schaden hatte der Spion erlitten. Abgesehen von einem Bruch des rechten Arms hatte er nur solche Wunden, die man sich in einer ganz gewöhnlichen, mit natürlichen Waffen ausgetragenen Rauferei zuziehen kann. Aber er war ganz verstört und schien kaum zu wissen, was sich eigentlich ereignet hatte. Er schrak vor denen, die sich um ihn bemühen wollten, zurück, hockte auf der Erde und erhob in unverständlichen Lauten Protest. Sein von Schlägen geschwollenes und von geronnenem Blut verklebtes Gesicht wirkte unter seinem zerzausten Haar trotz alledem weiß – weiß wie das einer Leiche.

»Der Mann ist nicht wahnsinnig«, sagte der Wundarzt, der ihm Verbände anlegte und dabei Fragen der anderen beantwortete, »er hat nur Angst. Wer und was ist er überhaupt?«

Soldat Tassman begann mit seinen Erklärungen. Es war die Chance seines Lebens, und er ließ nichts aus, was in irgendwelcher Weise die Wichtigkeit seiner Mitwirkung bei den Ereignissen dieser Nacht unterstreichen konnte. Als er mit seiner Geschichte fertig war und sich bereit zeigte, sie noch einmal von Anfang an zu erzählen, hörte ihm niemand mehr zu.

Der General hatte jetzt das Bewußtsein wiedererlangt. Er stützte sich auf den Ellbogen, blickte um sich und sagte, als er den bewachten Spion an einem Lagerfeuer hocken sah, nichts weiter als: »Bringt den Mann auf den Appellplatz und erschießt ihn.«

»Der General ist nicht ganz bei sich«, sagte ein in der Nähe stehender Offizier.

»Er ist *sehr wohl* bei sich«, sagte der Stabsadjutant. »Ich habe in dieser Angelegenheit eine schriftliche Anweisung von ihm; übrigens hat er Hasterlick« – der Adjutant wies dabei mit der Hand auf den toten Kommandeur der Militärpolizei – »den gleichen Befehl gegeben, und der soll ausgeführt werden, so wahr mir Gott helfe!«

Zehn Minuten später kniete Sergeant Parker Adderson von der Unionsarmee, der Philosoph und geistreiche Kopf, im Mondlicht und flehte stammelnd um sein Leben; er wurde von zwanzig Mann erschossen. Als die Salve die schneidend kalte Mitternachtsluft durchhallte, öffnete General Clavering, der bleich und still im roten Scheine des Lagerfeuers lag, seine großen, blauen Augen, schaute die um ihn Stehenden heiter an und sagte: »Wie stille alles ist!«

Der Wundarzt warf dem Stabsadjutanten einen ernsten, bedeutungsvollen Blick zu. Die Augen des Patienten schlossen sich langsam, und so blieb er einige Augenblicke ruhig liegen; dann überzog ein unsagbar mildes Lächeln seine Züge, und er sagte mit schwacher Stimme: »Ich glaube, es muß wohl der Tod sein«; und so schied er dahin.

EIN VORPOSTENGEFECHT

I

Von einem, der gern tot sein wollte

Zwei Männer saßen da und unterhielten sich. Einer davon war der Gouverneur des Staates. Man schrieb das Jahr 1861. Der Krieg war im Gange, und der Gouverneur hatte sich schon einen Namen gemacht durch die Umsicht und Begeisterung, mit der er alle Machtmittel und Hilfsquellen seines Staates für die Sache der Union einsetzte.

»Was! Ausgerechnet Sie?« sagte offensichtlich überrascht der Gouverneur soeben. »Also auch Sie bewerben sich um eine Offiziersstelle in unserer Armee? Da muß das kriegerische Trommeln und Pfeifen wirklich eine tiefgehende Änderung Ihrer Überzeugungen bewirkt haben. In meiner Eigenschaft als Beauftragter für die Truppenwerbung sollte ich es zwar nicht zu genau nehmen, aber« – und hier ließ er etwas Ironie mitklingen – »… nun ja, haben Sie denn ganz vergessen, daß Sie dann einen Fahneneid schwören müssen?«

»Weder meine Überzeugungen noch meine Sympathien haben sich geändert«, sagte der andere ruhig. »Während meine Sympathien, wie Sie mir die Ehre geben, sich recht zu erinnern, dem Süden gehören, habe ich niemals gezweifelt, daß der Norden im Recht war. Ich bin den tatsächlichen Gegebenheiten und meinem Gefühl nach Südstaatler, habe jedoch die Gewohnheit, mich in wichtigen Angelegenheiten nicht vom Gefühl, sondern vom Verstand leiten zu lassen.«

Der Gouverneur klopfte gedankenverloren mit einem Bleistift auf seinen Schreibtisch; er antwortete nicht sofort. Nach einer Weile sagte er: »Ich habe gehört, daß es auf der Welt alle möglichen Arten von Menschen gibt, und nehme daher an, daß auch solche Leute existieren, wie Sie eben geschildert haben, und zweifellos sind Sie überzeugt, zu diesem Menschenschlag zu gehören. Ich kenne Sie nun schon lange und – bitte entschuldigen Sie – glaube das nicht.«

»Soll ich dies so auffassen, daß mein Antrag abgelehnt ist?«

»Wenn Sie meine Überzeugung nicht erschüttern können, daß Ihre südlichen Sympathien Sie für eine solche Stellung zu einem gewissen Grade ungeeignet machen, ja. Ich zweifle nicht an Ihrem guten Glauben und weiß, daß Sie Ihrem Intelligenzgrad und Ihrer Spezialausbildung zufolge für die Pflichten eines Offiziers hervorragend geeignet sind. Sie sagen, mit Ihren Überzeugungen sind Sie der Sache der Union ergeben – mir ist jedoch ein Mann lieber, der mit dem Herzen dabei ist. Das Herz ist es nämlich, womit man kämpft.«

»Passen Sie mal auf, Herr Gouverneur«, sagte der jüngere Mann mit einem Lächeln, das mehr Licht als Wärme ausstrahlte: »Ich habe noch etwas vorzuweisen – eine Qualifikation, die ich allerdings gehofft hatte nicht erwähnen zu müssen. Ein großer Fachmann auf militärischem Gebiet hat ein einfaches Rezept aufgestellt, wie man ein guter Soldat wird: ›Versuche stets den Heldentod zu sterben.‹ Und das ist der eigentliche Grund, weshalb ich in die Armee eintreten will. Ich bin vielleicht kein besonders guter Patriot, aber ich möchte gern tot sein.«

Der Gouverneur blickte ihn etwas scharf, dann auch ein wenig kalt an. »Das können Sie einfacher und ehrlicher erreichen«, sagte er.

»In meiner Familie, Sir, ist so etwas nicht üblich«, war die Antwort – »kein Armisted hat es jemals getan.«

Eine lange Pause folgte, und keiner der beiden blickte den anderen an. Da erhob der Gouverneur plötzlich die Augen von dem Bleistift, mit dem er wieder zu klopfen begonnen hatte, und sagte: »Wer ist sie?«

»Meine Frau.«

Der Gouverneur warf seinen Bleistift in den Schreibtisch, erhob sich und schritt zwei- oder dreimal durchs Zimmer. Dann wandte er sich Armisted zu, der sich ebenfalls erhoben hatte, blickte ihn noch kälter an als zuvor und sagte: »Aber der Mann – wäre es nicht besser, wenn er –, könnte das Vaterland nicht eher ohne ihn auskommen, als daß es auf Sie verzichten müßte? Oder lehnen die Armisteds etwa ›das ungeschriebene Gesetz‹ ab?«

Die Armisteds waren offenbar gegen eine Beleidigung emp-findlich: das Gesicht des jüngeren Mannes errötete und wurde dann bleich, aber er bezwang sich, um sein Vorhaben nicht zu gefährden.

»Der Name des Mannes ist mir unbekannt«, sagte er einiger-maßen ruhig.

»Dann verzeihen Sie mir«, sagte der Gouverneur und brachte dabei noch weniger spürbares Bedauern auf, als ge-meinhin mit der Phrase verbunden zu sein pflegt. Nach kurzem Überlegen sagte er dann noch: »Ich werde Ihnen morgen ein Patent als Captain für das Zehnte Infanterieregiment übersen-den. Es steht augenblicklich in Nashville, Tennessee. Gute Nacht.«

»Gute Nacht, Sir. Ich danke Ihnen.«

Allein gelassen, verharrte der Gouverneur eine Zeitlang re-gungslos und lehnte sich an seinen Schreibtisch. Doch dann zuckte er mit den Schultern, als wollte er eine Last abwerfen. »Das ist eine dumme Sache«, sagte er.

Er setzte sich an einen Lesetisch vor dem Feuer, nahm das erstbeste Buch zur Hand und öffnete es geistesabwesend. Da fielen seine Augen auf den folgenden Satz:

›Als Gott ein ungetreues Weib vor die Notwendigkeit stellte, Lügen über ihren Gatten zu verbreiten, um ihre Sünden zu rechtfertigen, verlieh er in seiner Güte den Männern die Tor-heit, ihr zu glauben.‹

Er sah sich den Titel des Buches an; es war ›Seine Hoheit der Tor‹. Er warf den Band ins Feuer.

II

Wie man etwas sagt, das anzuhören sich lohnt

Der an zwei Kampftagen bei Pittsburg Landing besiegte Feind hatte sich zögernd auf seine Ausgangsstellung Corinth zurück-gezogen. Wegen offenbarer Unfähigkeit war Grant, dessen geschlagene Armee durch die soldatische Entschlußkraft und Geschicklichkeit Buells vor Vernichtung und Gefangennahme bewahrt geblieben war, von seinem Kommando abgelöst worden, das dann jedoch nicht Buell, sondern Halleck übertragen worden war, einem zögernden, unentschlossenen Theoretiker, der noch keine Gelegenheit gehabt hatte, seine Fähigkeiten zu beweisen. Schritt für Schritt rückten seine Truppen durch das dreißig Meilen breite Wald- und Sumpfgebiet gegen einen Feind vor, der es darauf anlegte, bei jeder Berührung wie ein Geist beim ersten Hahnenschrei zu verschwinden; sie waren dabei stets in Gefechtsformation entfaltet, um sich gegen die immerwährende Beunruhigung durch feindliche Plänklertruppen zu schützen, und verschanzten sich immer wieder gegen feindliche Angriffskolonnen, die niemals kamen. Es war ein Feldzug der ›Streifzüge und plötzlichen Überfälle‹, der Erkundungsvorstöße und Rückmärsche, der Mißverständnisse und Gegenbefehle. Wochenlang fesselte die anspruchsvolle Farce die Gemüter und lockte hochgestellte Zivilisten aus der Kampfbahn ihres politischen Ehrgeizes, um von den Schrekken des Krieges zu sehen, was sich ohne Gefahr besichtigen ließ. Unter ihnen war auch unser Freund, der Gouverneur. Im Armeehauptquartier und in den Lagern der aus seinem Staate stammenden Truppen war er eine bekannte Figur, wenn er mit mehreren prunkvoll berittenen, tadellos bekleideten und heldenhaft zylinderbehüteten Angehörigen seines persönlichen Stabes aufkreuzte. Gestalten wie aus dem Märchen waren sie, die so vielfältig an friedvolle Länder jenseits eines Meeres von Kampf und Streit erinnerten. Der beschmutzte, durchnäßte Soldat blickte aus seinem Schützengraben zu ihnen hinauf, wenn sie vorbeigaloppierten, lehnte sich auf seinen Spaten und schickte ihnen ein paar hörbare Flüche nach, womit er zu erkennen gab, wie unpassend und belanglos ihm dieser Pomp inmitten der Härte und Nüchternheit seines Daseins erscheinen mußte.

»Ich glaube, Herr Gouverneur«, sagte General Masterson eines Tages, wobei er sich auf seinem Pferd bequem zurechtsetzte und seine Lieblingsstellung einnahm, indem er ein Bein quer über den Sattelknopf warf – »ich glaube, ich würde nicht weiter in dieser Richtung reiten, wenn ich an Ihrer Stelle wäre. Wir haben da vorn nichts als eine dünne Plänklerlinie stehen.

Dies ist, wie ich annehmen möchte, auch der Grund, weshalb ich Befehl erhielt, diese Belagerungsgeschütze hier aufzustellen: wenn unsere Plänkler verjagt werden, wird der Feind an Schwermut zugrunde gehen, weil er nicht imstande ist, sie wegzuschleppen – sie sind nämlich ein bißchen schwer.«

Es besteht guter Grund zur Befürchtung, daß die unverblümte Art dieses militärischen Humors nicht als sanfter Himmelsregen auf den Körperteil unter dem seidenen Zylinder niederrieselte. Jedoch ließ der Gouverneur sich nicht so weit herab, davon Kenntnis zu nehmen.

»Soviel ich weiß«, sagte er gemessen, »liegen einige von meinen Leuten da draußen – eine Kompanie des Zehnten Regiments unter dem Befehl von Captain Armisted. Ich möchte ihn gern sehen, wenn Sie nichts dagegen haben.«

»Es lohnt sich schon, ihn zu sehen. Aber da vorn kommt ein schlechtes Stück Gestrüpp, und ich möchte Ihnen raten, Ihr Pferd und« – er warf einen Blick auf das Gefolge des Gouverneurs – »alles, was Sie sonst noch behindern könnte, hier zurückzulassen.«

So rückte denn der Gouverneur allein und zu Fuß weiter nach vorn. In einer halben Stunde hatte er sich auf morastigem Boden durch gestrüppartiges Unterholz hindurchgearbeitet und gelangte nun auf festes, offeneres Gelände. Hier traf er auf eine halbe Kompanie Infanterie, die hinter einer Linie von Gewehrpyramiden lagerte. Die Männer hatten ihre Ausrüstungsgegenstände – Koppel, Patronentaschen, Brotbeutel und Kochgeschirre – umgeschnallt. Einige lagen ausgestreckt auf dem trockenen Laub und schliefen fest; andere schwatzten, in kleine Gruppen verteilt, müßig über dies und jenes; ein paar spielten Karten; keiner war weit von der Linie der zusammengestellten Gewehre entfernt. Dem Auge des Zivilisten schien die Szene von Sorglosigkeit, Planlosigkeit und Gleichgültigkeit zu zeugen; ein Soldat würde Erwartung und Bereitschaft wahrgenommen haben.

Etwas abseits saß ein bewaffneter Offizier in Felduniform auf einem umgefallenen Baumstamm und bemerkte das Kommen des Besuchers, auf den ein Sergeant, der sich aus einer sitzenden Gruppe erhob, nun zutrat.

»Ich möchte Captain Armisted sprechen«, sagte der Gouverneur.

Der Sergeant musterte ihn scharf, sagte nichts, zeigte auf den Offizier, nahm ein Gewehr aus einer der Pyramiden und begleitete ihn.

»Dieser Mann hier wünscht Sie zu sprechen, Sir«, sagte der Sergeant und salutierte. Der Offizier erhob sich.

Nur ein sehr scharfes Auge hätte ihn wiedererkennen können. Sein noch vor wenigen Monaten braunes Haar war grau gestreift. Sein Gesicht war vom Aufenthalt im Freien gebräunt und zeigte Altersfurchen. Eine lange, fahlgraue Narbe quer über die Stirn erinnerte an einen Säbelhieb; die eine Wange war von einer Schußverletzung verzerrt und eingeschrumpft. Nur eine Frau aus dem getreuen Norden würde den Mann anziehend gefunden haben.

»Armisted – Captain Armisted«, sagte der Gouverneur und streckte ihm die Hand entgegen, »kennen Sie mich noch?«

»Ich kenne Sie, Sir, und ich grüße Sie – als den Gouverneur meines Bundesstaates.«

Er hob die rechte Hand in Augenhöhe, stieß sie nach außen und dann nach unten. Im Kodex der militärischen Etikette ist so etwas wie ein Händedruck nicht vorgesehen. Der Zivilist zog seine Hand zurück. Wenn er überrascht war oder sich gedemütigt fühlte, verriet sein Gesicht jedenfalls nichts davon.

»Es ist die Hand, die Ihr Offizierspatent unterzeichnet hat«, sagte er.

»Und es ist auch die Hand ...«

Der Satz blieb unvollendet; der scharfe Abschußknall eines Gewehrs war vorn zu hören, dann wieder einer und noch einer. Eine Kugel zischte durch den Wald und traf ganz in der Nähe einen Baum. Die Männer sprangen auf und hatten sich schon hinter den zusammengestellten Gewehren in Linie aufgestellt, ehe die hohe, klare Stimme des Captains das Kommando ›Achtung‹ ertönen ließ. Abermals – jetzt durch den Lärm knatternden Gewehrfeuers hindurch – klang das zwingende, besonnene, fast singende Kommando: ›Gewehre – aufnehmen!‹ worauf das Rasseln der auseinandergezogenen Bajonette zu hören war.

Die Geschosse eines unsichtbaren Feindes hagelten jetzt schnell und dicht auf sie ein, wenn auch meist ohne Durchschlagskraft und mit dem summenden Ton, der davon zeugte, daß sie von Zweigen abgelenkt worden waren und sich in ihrer Flugbahn überschlugen. Zwei oder drei der in Linie angetretenen Männer waren schon getroffen und lagen am Boden. Ein paar Verwundete aus der vorgeschobenen Plänklerkette kamen mühsam herangehinkt; die meisten von ihnen hielten sich nicht auf, sondern setzten bleich und mit zusammengebissenen Zähnen ihren Weg nach hinten fort.

Plötzlich ertönte ein dumpfer, nervenaufreibender Knall von der Front her, dem das erschreckende Heranbrausen einer Granate folgte; sie flog über die Köpfe hinweg, detonierte am Rande eines Dickichts und setzte das trockene Laub am Boden in Brand. Da durchdrangen mehrere langsam und monoton ausgestoßene Befehle des Captains den Lärm – sie schienen wie das Lied eines Vogels hoch in der Luft über allem zu schweben, ohne besonderen Nachdruck, ohne besonderes Erheben der Stimme, musikalisch und ruhevoll wie ein Abendlied unter dem Erntemond. Den unerfahrenen, weniger als ein Jahr ausgebildeten Soldaten war dieser beruhigende Singsang in Augenblicken tödlicher Gefahr schon eine vertraute Erscheinung; sie ergaben sich willig seiner Zauberkraft und führten seine Gebote mit der Gelassenheit und Exaktheit kampferfahrener Veteranen aus. Selbst der hochgestellte Zivilist, der, hinter seinem Baum von Stolz und Angst hin und her gerissen, noch nicht wußte, was er tun sollte, war diesem Zauber und seinem besänftigenden Einfluß zugänglich. Er fühlte sich in seiner Entschlossenheit bestärkt und lief erst davon, als die Männer der vordersten Plänklerlinie auf den Befehl, sich auf die Reservestellung zurückzuziehen, wie getriebene Hasen aus den Waldstücken hervorkamen, sich links an die kleine, stramm angetretene Linie anschlossen und voller Dankbarkeit für die ihnen noch gewährte Wohltat des Atmens tief und keuchend die Luft einsogen.

III

Wie einer kämpfte,
dessen Herz nicht bei der Sache war

Auf dem Rückzugsweg der sich absetzenden Verwundeten kämpfte sich der Gouverneur tapfer durch das ›schlechte Stück Gestrüpp‹ nach hinten durch. Er war ziemlich außer Atem und ein wenig durcheinander. Außer hin und wieder aufklingenden einzelnen Gewehrschüssen war hinter ihm kein Schlachtenlärm mehr zu vernehmen; der Gegner zog seine Kräfte für einen neuen Vorstoß gegen einen Feind zusammen, dessen Stärke und taktische Aufstellung ihm unklar war. Der Flüchtling hatte das Gefühl, daß er wahrscheinlich seinem Lande erhalten bleiben würde, und legte das Walten der Vorsehung nur in diesem Sinne aus. Doch als er in dem offeneren Gelände über einen kleinen Bach sprang, gehörte es zum Walten der Vorsehung, daß er das Pech hatte, sich einen Fuß gewaltig zu verstauchen. Er war nicht imstande, seine Flucht fortzusetzen, denn zum Hüpfen war er zu dick, und nach mehreren vergeblichen Versuchen, die ihm unerträgliche Schmerzen bereiteten, ließ er sich auf der blanken Erde nieder, um seine wenig heldenhafte Verletzung zu betreuen und die Gefechtslage im Innersten zu verwünschen.

Die Feuertätigkeit lebte plötzlich wieder auf, und verirrte Kugeln zischten und summten vorbei. Dann folgte das Krachen zweier sauberer, klar erkennbarer Salven, denen unregelmäßiges Geknatter folgte; dazwischen hörte er, von den Donnerschlägen der Kanonen unterbrochen und unterstrichen, die Schreie und Hurrarufe der Kämpfenden. Aus alledem konnte er entnehmen, daß Armisteds kleine Streitmacht hart bedrängt war und im Nahkampf stand. Die Verwundeten, die er vorhin weit hinter sich gelassen hatte, begannen an beiden Seiten vorbeizuschwärmen, ihre Anzahl war durch neuen Zugang aus der Kampflinie sichtlich vergrößert. Einzeln, zu zweien und zu dreien bahnten sie sich ihren Weg durch das Unterholz und verschwanden; einige stützten ernstlicher verwundete Kameraden, doch alle waren sie für sein Rufen nach Beistand taub.

Das Feuern wurde zunehmend lauter und deutlicher, und bald folgten den verletzten Flüchtlingen Männer mit festerem Schritt, die sich gelegentlich umdrehten und ihre Gewehre abfeuerten, dann ihren Rückzug verbissen fortsetzten und im Gehen nachluden. Zwei oder drei sah er fallen und reglos liegenbleiben. Einer hatte noch so viel Lebenskraft in sich, daß er den jammervollen Versuch unternahm, sich in Deckung zu schleppen. Ein vorbeikommender Kamerad machte neben ihm gerade so lange halt, daß er feuern konnte, schätzte die Schwere der Verwundung des armen Teufels mit einem Blick ab und ging dann langsam weiter, wobei er eine Patrone in den Lauf schob.

All dies zeigte den Krieg keineswegs von seiner glanzvollen Seite – keine Spur von ruhmvollen Waffentaten. Selbst in seiner elenden, gefahrvollen Lage konnte der hilflose Zivilist es sich nicht versagen, die Szene mit den prächtigen Paraden und Truppenschauen zu vergleichen, die ihm zu Ehren abgehalten worden waren – mit den schmucken Uniformen, der Musik, den Fahnen und dem Paradeschritt. Das hier war einfach häßlich und widerlich, und alles, was in seiner Veranlagung künstlerisch war, wehrte sich dagegen, fand es abstoßend, brutal und geschmacklos.

»Pfui Teufel!« knurrte er schaudernd, »das ist ja scheußlich! Wo bleibt da der Zauber des Ganzen? Wo sind die erhabenen Empfindungen, die Hingabe und Aufopferung, das Heldentum, der...«

Von irgendwo ganz in der Nähe, in Richtung des vordringenden Feindes, ertönte der klare, bedächtige Singsang Captain Armisteds.

»Ru-hig, Leute, ruhig. Halt! Gebt Feu-er!«

Durch das allgemeine Getöse konnte man das Krachen von weniger als zwanzig Gewehren vernehmen, und dann wieder die durchdringende Falsettstimme: »Feuer stop-fen! Kehrt... maarsch!«

In wenigen Augenblicken waren dieser kümmerliche Rest der Truppe langsam am Gouverneur vorbeigezogen, und zwar – in Richtung des Rückzugs gesehen – durchweg rechts von ihm; die Männer waren in Zwischenräumen von einem Halbdutzend Schritt entwickelt. Am äußersten linken Flügel folgte einige Yard dahinter der Captain. Der Zivilist rief ihn beim Namen, aber er hörte es nicht. Jetzt brach eine Schar grau-uniformierter Männer auf der Verfolgung aus ihrer Deckung hervor; die Feinde liefen genau auf die Stelle los, wo der Gouverneur lag – die zufällig dort gegebene Geländebeschaffenheit hatte sie veranlaßt, ausgerechnet diesem Punkt zuzustreben: ihre Linie hatte sich zusammengeballt. Der Gouverneur machte einen letzten, verzweifelten Versuch, Leben und Freiheit zu retten, und bemühte sich noch einmal, vom Boden hochzukommen. Der Captain sah ihn, als er zurückblickte. Sofort, wenn auch mit derselben langsamen Exaktheit, sang er seine Kommandos heraus: »Plänk-ler-trup-pe, haalt!« Die Männer hielten ein und machten vorschriftsgemäß Front zum Feind.

»Nach rechts auf-schlie-ßen!« – und sofort kamen sie gerannt, pflanzten im Laufen die Seitengewehre auf und gruppierten sich locker um den rechten Flügelmann.

»Vorwärts... zur Rettung eures Gouverneurs... Laufschritt – marsch, maarsch!«

Nur ein einziger Mann gehorchte diesem erstaunlichen Kommando nicht. Er war tot. Mit Hurrageschrei legten sie die zwanzig bis dreißig Schritt bis zum angegebenen Ziel in Sprüngen und Sätzen zurück. Der Captain, der den kürzesten Weg hatte, langte zuerst an – gleichzeitig mit dem Feind. Ein Halbdutzend ungezielter Schüsse wurde auf ihn abgegeben, und der vorderste Gegner – ein Kerl von herkulischem Körperbau, hutlos und barbrüstig – führte gegen seinen Kopf einen tückischen Schlag mit dem umgedrehten Gewehr. Der Offizier parierte ihn um den Preis eines gebrochenen Arms und stieß seinen Säbel bis zum Heft in die Brust des Riesen. Als der Körper zu Boden sank, entglitt die Waffe seiner Hand, und ehe er den Revolver aus der Tasche an seinem Gürtel reißen konnte, sprang ein anderer Mann ihn wie ein Tiger an, umklammerte mit beiden Händen seinen Hals und warf ihn rückwärts auf den Körper des am Boden liegenden Gouverneurs nieder, der immer noch Versuche unternahm, auf die Beine zu kommen. Dieser Mann wurde prompt vom Bajonett eines Sergeant der Unionstruppen aufgespießt, und sein Todesgriff um den Hals des Captains lockerte sich, als er einen Tritt auf jedes Handgelenk bekam. Als der Captain sich erhoben hatte, stand er hinter seinen Leuten, die alle über ihn hinweg und neben ihm nach vorn gestürmt waren und wild auf ihre zahlreicheren, wenn auch weniger dicht geballten Gegner losstachen und einschlugen. Fast alle Gewehre auf beiden Seiten waren leer, und in dem Getümmel war weder Zeit noch Gelegenheit, sie wieder zu laden. Die Konföderierten waren insofern im Nachteil, als die meisten von ihnen keine Bajonette hatten; sie kämpften mit dem Kolben – doch auch ein umgedrehtes Gewehr ist eine furchtbare Waffe. So ähnelte das Kampfgeräusch dem Klappern von ineinander-verkeilten Hörnern kämpfender Stiere – dann und wann das Krachen eines zerschmetterten Schädels, ein Fluch oder ein dumpfes Geräusch, wenn die Mündung des Gewehrs an einen Bauch anstieß, den sein Bajonett durchbohrt hatte. Durch die Lücke, die durch den Fall eines seiner Leute entstanden war, sprang mit herabbaumelndem linken Arm Captain Armisted; in der rechten Hand hielt er einen durchgeladenen Revolver, den er schnell und mit schrecklicher Wirkung in die grauen Scharen abfeuerte, wo sie am dichtesten standen: doch über die Leichen der Gefallenen wurden die in der vordersten Linie stehenden Überlebenden von ihren nachdrängenden Kameraden weiter vorwärts geschoben, bis sie wieder den unermüdlichen Bajonetten die Brust boten. Es gab aber jetzt weniger Bajonette, denen man die Brust bieten konnte – alles in allem nur ein jämmerliches halbes Dutzend. Noch ein paar Minuten dieses rauhen Kriegshandwerks – ein kurzer, letzter Kampf Rücken an Rücken –, und alles würde vorüber sein.

Plötzlich ließ sich rechts und links lebhaftes Feuern vernehmen: eine neu herangeführte Linie der Unions-Plänkler stürmte vor und trieb die Teile der konföderierten Vormarschlinie, die durch das Zurückbleiben ihres Zentrums getrennt worden waren, vor sich her, und hinter diesen neuen, lärmend vorstürmenden Kämpfern war undeutlich zwischen Bäumen in zwei- bis dreihundert Yard Entfernung eine reguläre Truppe in Schlachtordnung zu erblicken!

Ehe sich die grau-uniformierten Soldaten zurückzogen, unternahmen sie instinktiv noch einen verheerenden Ansturm auf die Handvoll Feinde, warfen die wenigen Männer durch den bloßen Anprall über den Haufen und trampelten auf ihnen herum, da sie in diesem Getümmel ihre Waffen nicht gebrauchen konnten; sie stampften ihnen wütend auf die Gliedmaßen, den Körper, den Hals, das Gesicht, zogen sich dann mit blutigen Füßen über ihre eigenen Toten hinweg zurück und schlossen sich der allgemeinen Fluchtbewegung an. Und damit war der Zwischenfall beendet.

IV

Die Großen ehren die Großen

Der Gouverneur, der bewußtlos gewesen war, öffnete die Augen und starrte um sich, wobei ihm langsam die Ereignisse des Tages wieder einfielen. Ein Mann in Majorsuniform kniete neben ihm; es war ein Stabsarzt. Die zivilen Mitglieder des Gouverneursgefolges drängten sich in kleinen Gruppen zusammen; ihre Gesichter verrieten verständliche Sorge um ihre Ämter. Etwas abseits stand General Masterson, sprach mit einem anderen Offizier und gestikulierte mit einer Zigarre.

Eben sagte er: »Es war das schönste Gefecht, das jemals geliefert worden ist – bei Gott, Sir, es war wirklich großartig!«

Von der Schönheit und Größe der Sache zeugte eine sauber ausgerichtete Reihe von Toten und eine weniger formvollendet aufgereihte Schar unruhiger, halbnackter, aber nach allen Regeln der Kunst bandagierter Verwundeter.

»Wie fühlen Sie sich, Sir?« fragte der Stabsarzt. »Ich kann keine Wunde finden.«

»Ich glaube, mir fehlt weiter nichts«, erwiderte der Patient und setzte sich auf. »Es ist nur der Knöchel dort.«

Der Arzt wandte seine Aufmerksamkeit dem Knöchel zu und schnitt den Stiefel auf. Aller Augen folgten dem Messer.

Als der Arzt das Bein anhob, wurde darunter ein zusammengefaltetes Stück Papier sichtbar. Der Patient ergriff es und öffnete es ohne besonders großes Interesse. Es war ein drei Monate alter, mit ›Julia‹ unterzeichneter Brief. Als er seinen

Namen darin entdeckte, las er den Brief. Es war nichts Besonderes – lediglich das Eingeständnis einer völlig überflüssigen, keineswegs lohnenden Sünde, zu der sich eine schwache Frau bekannte –, die Reue einer treulosen, von ihrem Verführer verlassenen Ehefrau. Der Brief war aus Captain Armisteds Tasche gefallen; der Leser steckte ihn ruhig in seine eigene Tasche.

Ein Adjutant ritt heran und stieg ab. Er schritt auf den Gouverneur zu und grüßte dabei militärisch.

»Sir«, sagte er, »es tut mir leid, Sie verwundet anzutreffen – der Kommandierende General weiß noch nichts davon. Er läßt Ihnen seine Grüße übermitteln, und ich bin beauftragt, Ihnen mitzuteilen, daß er Ihnen zu Ehren für morgen eine große Parade des Reservekorps angesetzt hat. Ich gestatte mir hinzuzufügen, daß Ihnen der Wagen des Generals zur Verfügung steht, falls Sie imstande sind, daran teilzunehmen.«

»Seien Sie so freundlich, dem General auszurichten, daß ich von seiner Güte tief gerührt bin. Und wenn Sie sich noch einige Augenblicke gedulden, werden Sie ihm eine bestimmtere Antwort übermitteln können.«

Er lächelte strahlend und fügte mit einem Blick auf den Arzt und seinen Gehilfen hinzu: »Augenblicklich bin ich noch – wenn Sie mir eine Anspielung auf die Schrecken des Friedens gestatten wollen – ›in den Händen meiner Freunde‹.«

Der Humor der Großen wirkt ansteckend: alle, die es hörten, lachten.

»Wo ist Captain Armisted?« fragte der Gouverneur, und dabei war es ihm offensichtlich nicht ganz wohl zumute.

Der Stabsarzt blickte von seiner Arbeit auf und wies schweigend auf den nächsten Leichnam in der Reihe der Toten, dessen Gesicht taktvoll mit einem Taschentuch verdeckt war. Er war so nahe, daß der große Mann seine Hand hätte daraufegen können. Das tat er jedoch nicht. Er fürchtete wohl, die Wunden könnten wieder bluten.

DIE GESCHICHTE EINES GEWISSENS

I

Captain Parrol Hartroy stand beim Vorposten seiner Feldwache und sprach in gedämpftem Ton mit dem Soldaten. Dieser Posten war an einer Landstraße aufgestellt, die eine halbe Meile weiter hinten mitten durch das Lager des Captains lief. Von hier aus war das Lager allerdings nicht zu sehen. Der Offizier erteilte dem Soldaten offenbar bestimmte Instruktionen – erkundigte sich vielleicht auch nur, ob vorn alles ruhig geblieben war. Während die beiden miteinander sprachen, näherte sich ihnen vom Lager her ein Mann, der sorglos vor sich hin pfiff und prompt vom Wachsoldaten angehalten wurde. Es war augenscheinlich ein Zivilist – ein hochgewachsener Mann, gekleidet in das derbe zimtfarbene Zeug, das man ›Butternut‹ nannte und das in den letzten Tagen der Konföderation die einzige Kleidung der Leute war. Auf dem Kopf hatte er einen ehemals weißen Filzschlapphut, unter dem ein Wust von Haaren herabhing, der anscheinend weder mit Schere noch mit Kamm Bekanntschaft gemacht hatte. Die Gesichtszüge des Mannes waren ziemlich auffallend: breite Stirn, große Nase und hagere Wangen, der Mund war im dunklen Vollbart verborgen, der ebenso ungepflegt wirkte wie das Haar. Die Augen waren groß und spiegelten jene Beständigkeit und nie ermüdende Aufmerksamkeit, die so häufig Zeichen einer beträchtlichen Intelligenz und eines zielstrebigen Willens sind, so behaupten jene Physiognomen, die selbst solche Augen haben. Alles in allem war das ein Mann, den man nicht so leicht übersehen konnte und der selbst nichts übersah. Er hatte einen frisch im Wald geschnittenen Stock in der Hand, und seine morschen Rindslederstiefel waren grau vom Staub.

»Ihren Passierschein!« sagte der Unionssoldat vielleicht ein wenig gebieterischer, als er für nötig erachtet hätte, wäre es nicht im Beisein seines Kommandeurs geschehen, der mit verschränkten Armen vom Straßenrand aus zusah.

»Hab gedacht, Sie kenn mich wieder, General«, sagte der

Wanderer gelassen, während er das Dokument aus der Jacken-
tasche hervorholte. In seinem Ton schwang etwas mit – vielleicht eine Spur von Ironie –, das diese übertriebene Range̅rhö-
hung für den wackeren Krieger, der ihn angehalten hatte, weniger erfreulich machte, als Beförderung im allgemeinen empfunden wird. »Ihr müßt's alle bannig genau nehm, schätz ich«,
fügte er in einem verbindlicheren Ton hinzu, als entschuldige
er sich halb dafür, daß er angehalten wurde.

Nachdem der Soldat sein Gewehr vor sich hingestellt und
den Passierschein kontrolliert hatte, händigte er das Dokument ohne ein Wort wieder aus, schulterte seine Waffe und
kehrte zu seinem Kommandeur zurück. Der Zivilist ging mitten auf der Straße weiter, und als er ein paar Meter in das an-
grenzende konföderierte Gebiet eingedrungen war, begann er
wieder zu pfeifen und war bald hinter einer Biegung der Straße
verschwunden, die an dieser Stelle in einen lichten Wald
führte. Plötzlich löste der Offizier die verschränkten Arme, zog
seinen Revolver aus dem Koppel, machte einen Satz und
rannte dem Manne nach, während sein Posten zurückblieb
und erstaunt das Maul aufsperrte. Nachdem dieser Bieder-
mann bei verschiedenen Naturgewalten geschworen hatte, daß
er verdammt sein wolle, setzte er wieder die Stumpfsinnsmiene
auf, die nach allgemeiner Auffassung von reger militärischer
Wachsamkeit zeugt.

II

Captain Hartroy befehligte eine selbständige Einheit. Seine
Truppe bestand aus einer Kompanie Infanterie, einer Schwadron Kavallerie und einem Halbzug Artillerie, die von ihrer Armee abkommandiert worden waren, um einen wichtigen Engpaß in den Cumberland Mountains von Tennessee zu verteidigen. Es war der Kommandobereich eines Stabsoffiziers, den
aber ein Truppenoffizier innehatte, der aus dem Mannschafts-
stand befördert worden war, wo er bis zu seiner ›Entdeckung‹
in aller Bescheidenheit gedient hatte. Seine vorgeschobene
Stellung war ganz besonders gefährdet; ihre Verteidigung bedeutete eine schwere Verantwortung. Man hatte ihn wohlweis-

lich mit entsprechender unumschränkter Vollmacht ausgestattet, was auch dringend geboten war, da die Hauptarmee weit entfernt lag, die Verbindungswege störanfällig waren und irreguläre Verbände des Feindes, die sich an keine Gesetze hielten, die Gegend unsicher machten. Er hatte sein kleines Lager, das ein Dorf mit einem halben Dutzend Häusern und einem Dorfkrämer umfaßte, stark befestigt und für reichlich Vorräte gesorgt. Einigen wenigen, vertrauenswürdigen Dorfbewohnern, mit denen man Handel treiben wollte und deren Dienste der Kommandeur auch manchmal in verschiedener anderer Weise in Anspruch nahm, hatte er einen Passierschein ausgestellt, der ihnen Zugang zu seinem Lager verschaffte. Man konnte sich leicht vorstellen, daß ein Mißbrauch dieses Privilegs zugunsten des Feindes ernste Folgen haben konnte. Captain Hartroy hatte einen Befehl erlassen, daß jeder derartige Mißbrauch mit sofortigem Erschießen bestraft würde.

Während der Posten den Passierschein des Zivilisten prüfte, hatte der Captain den Mann gründlich gemustert. Sein Äußeres kam ihm bekannt vor, und er hegte zunächst keinen Zweifel, daß er ihm den Passierschein, den der Posten akzeptierte, selbst ausgestellt hatte. Erst als der Mann außer Sicht- und Hörweite war, offenbarte sich ihm dessen Identität durch eine Erinnerung, die in seinem Gedächtnis aufblitzte. Mit soldatischer Entschlossenheit hatte der Offizier auf die Entdeckung reagiert.

III

Für jeden, außer für einen ungewöhnlich beherrschten Mann, muß das Auftauchen eines Offiziers der Streitkräfte, abschrekkend ausstaffiert, in der einen Hand seinen in der Scheide steckenden Säbel und in der anderen einen entsicherten Revolver, der in wilder Verfolgung angestürmt kommt, ohne Zweifel äußerst beunruhigend wirken; auf den Mann, dem in diesem Augenblick die Verfolgung galt, schien es keinen anderen Effekt zu haben, als seine Seelenruhe zu vertiefen. Es wäre ihm ein leichtes gewesen, nach links oder rechts in den Wald zu entkommen, doch wählte er eine andere Verhaltensweise – er drehte sich um, blickte den Captain ruhig an und sagte, als der heran war: »Schätze, Sie ham mir was zu sagen vergessen. Worum geht's, Nachbar?«

Aber der ›Nachbar‹ antwortete nicht, sondern war mit dem wenig nachbarlichen Tun beschäftigt, ihn mit entsicherter Pistole zu bedrohen.

»Ergeben Sie sich«, sagte der Captain so ruhig, wie sein vom Lauf knapper Atem ihm gestattete, »oder Sie sind ein toter Mann.«

Im Ton dieser Aufforderung lag keine Drohung; die lag in der Natur der Sache und in der Methode, sie gewaltsam durchzusetzen. Auch lag in den kalten grauen Augen, die über den Lauf der Waffe blickten, etwas nicht gerade Beruhigendes. Einen Moment standen die beiden Männer schweigend da und blickten sich an; dann zog der Zivilist, ohne Anzeichen von Furcht – mit derselben scheinbaren Gleichgültigkeit, die er vorhin gezeigt hatte, als er der weniger barschen Aufforderung des Postens nachgekommen war – langsam das Dokument aus der Tasche, das jener bescheidenen Amtsperson genügt hatte und wies es mit den Worten vor:

»Schätze, daß hier der Passierschein von Mister Hartroy . . .«

»Der Passierschein ist gefälscht«, unterbrach ihn der Offizier. »Ich bin Captain Hartroy – und Sie sind Dramer Brune.«

Es hätte eines scharfen Auges bedurft, um das leichte Erbleichen des Zivilisten bei diesen Worten zu bemerken, und der einzige weitere Hinweis auf ihre Bedeutung war ein absichtliches Erschlaffen von Daumen und Zeigefinger, die das entehrte Papier hielten, das nun unbeachtet zu Boden flatterte, von einem Lüftchen umgedreht wurde und dann staubbedeckt liegenblieb, wie zum Schimpf für die Lüge, die es trug. Einen Augenblick später sagte der Zivilist, der immer noch ungerührt in die Mündung der Pistole blickte:

»Jawohl, ich bin Dramer Brune, ein Spion der Konföderierten und Ihr Gefangener. Wie Sie bald entdecken werden, habe ich einen Plan Ihres Forts und seiner Bestückung bei mir, Angaben über die Verteilung und die Anzahl Ihrer Männer sowie eine Skizze der Zugänge, aus der die Stellung aller Ihrer

Vorposten ersichtlich ist. Mein Leben ist in Ihrer Hand, doch wenn Sie es in einer förmlicheren Art genommen sehen wollen als durch Ihre eigene Hand, und wenn Sie einverstanden sind, mir die Schmach zu ersparen, vor der Mündung Ihrer Pistole ins Lager zu marschieren, verspreche ich Ihnen, daß ich weder Widerstand leisten noch fliehen noch protestieren werde, sondern mich jedem Urteil beuge, das verhängt werden mag.«

Der Offizier ließ seine Pistole sinken, sicherte sie und schob sie zurück ins Koppel. Brune trat einen Schritt vor und streckte seine Rechte aus.

»Das ist die Hand eines Verräters und Spions«, sagte der Offizier kalt und nahm sie nicht. Der andere verneigte sich.

»Kommen Sie«, sagte der Captain, »wir wollen ins Lager gehen; Sie werden nicht vor morgen früh sterben.«

Er wandte seinem Gefangenen den Rücken zu, und diese beiden rätselhaften Männer gingen den gleichen Weg zurück und kamen bald an dem Posten vorbei, der seine allgemeine Auffassungsgabe durch ein überflüssiges und übertriebenes Salutieren vor seinem Kommandeur unter Beweis stellte.

IV

Früh am Morgen nach diesen Ereignissen saßen die beiden Männer, der Gefangene und der ihn gefangengenommen hatte, im Zelt des letzteren. Auf dem Tisch zwischen ihnen lag neben einigen dienstlichen und privaten Briefen, die der Captain in der Nacht geschrieben hatte, das Belastungsmaterial, das man bei dem Spion gefunden hatte. Dieser Gentleman hatte in einem benachbarten Zelt unbewacht geschlafen. Die beiden hatten eben gefrühstückt und rauchten jetzt.

»Mr. Brune«, sagte Captain Hartroy, »Sie begreifen wahrscheinlich nicht, wieso ich Sie in Ihrer Verkleidung erkannt habe, noch woher ich Ihren Namen wußte.«

»Ich habe es nicht zu erfahren gesucht, Captain«, erwiderte der Gefangene mit gelassener Würde.

»Trotzdem möchte ich, daß Sie es erfahren – wenn es Ihnen nichts ausmacht. Wie Sie merken werden, geht meine Bekanntschaft mit Ihnen auf den Herbst 1861 zurück. Zu jener Zeit dienten Sie als Gemeiner in einem Regiment aus Ohio – als ein tapferer und verläßlicher Soldat. Zum Erstaunen und zum Kummer Ihrer Offiziere und Kameraden desertierten Sie und liefen zum Feind über. Bald darauf wurden Sie bei einem Scharmützel gefangengenommen, erkannt, vor ein Kriegsgericht gestellt und zum Tode durch Erschießen verurteilt. In Erwartung der Urteilsvollstreckung wurden Sie ungefesselt in einen Güterwagen gesperrt, der auf einem Nebengleis stand.«

»In Grafton, Virginia«, sagte Brune und klopfte mit dem kleinen Finger der Hand, in der er die Zigarre hielt, die Asche ab, ohne aufzuschauen.

»In Grafton, Virginia«, wiederholte der Captain. »In einer dunklen und stürmischen Nacht wurde ein Soldat, der gerade von einem langen, ermüdenden Marsch zurückgekehrt war, zu Ihrer Bewachung eingeteilt. Mit geladenem Gewehr und aufgepflanztem Bajonett saß er neben der Wagentür auf einer Zwiebackkiste. Sie saßen in einer Ecke, und der Befehl lautete, Sie zu erschießen, falls Sie versuchen sollten aufzustehen.«

»Doch wenn ich darum *bitten* sollte, konnte er den wachhabenden Corporal rufen.«

»Ja. Während nun die langen, stillen Stunden verstrichen, gab der Soldat den gebieterischen Forderungen seiner Natur nach: Er selbst zog sich die Todesstrafe zu, als er pflichtvergessen einschlief.«

»Ja, Sie schliefen ein.«

»Was? Sie haben mich erkannt? Sie haben die ganze Zeit gewußt, wer ich bin?«

Der Captain hatte sich erhoben und schritt sichtlich erregt im Zelt auf und ab. Sein Gesicht war gerötet, aus den grauen Augen war der kalte, erbarmungslose Ausdruck verschwunden, den sie gehabt hatten, als Brune sie über dem Pistolenlauf gesehen hatte; sie blickten nun wunderbar mild.

»Ich habe Sie in dem Moment erkannt, da Sie mir gegenüberstanden und mich aufforderten, ich solle mich ergeben«, sagte der Spion mit seiner üblichen Gelassenheit. »Unter den Umständen wäre es kaum angebracht gewesen, an jene Ereignisse zu erinnern. Ich mag ein Verräter sein, und ganz bestimmt bin ich ein Spion; doch ich möchte nicht als einer erscheinen, der um Gnade fleht.«

Der Captain war stehengeblieben und blickte seinen Gefangenen an. Seine Stimme klang ungewöhnlich heiser, als er wieder sprach.

»Mr. Brune, was immer Ihnen Ihr Gewissen zu sein gestattet, Sie haben mir das Leben gerettet um den Preis Ihres eigenen, so mußten Sie jedenfalls annehmen. Bis gestern, als mein Posten Sie anhielt, hielt ich Sie für tot – ich glaubte, Sie hätten das Schicksal erlitten, dem Sie durch mein eigenes schweres Vergehen leicht hätten entkommen können. Sie brauchten nur aus dem Waggon zu fliehen und mich zurückzulassen, damit ich dann Ihren Platz vor dem Exekutionskommando einnahm. Sie haben himmlisches Mitleid gezeigt. Sie erbarmten sich meiner Erschöpfung. Sie ließen mich schlafen, haben mich bewacht, und als die Stunde nahte, daß die Ablösung kam und meine Pflichtvergessenheit entdeckte, haben Sie mich sanft geweckt. Ach Brune, Brune, das war eine gute Tat – das war edel – das . . .«

Dem Captain versagte die Stimme; die Tränen rannen ihm übers Gesicht und glänzten auf seinem Bart und seiner Brust. Er setzte sich wieder an den Tisch, vergrub das Gesicht in den Armen und schluchzte. Sonst war alles still.

Plötzlich ertönte das helle Signal eines Horns, das zum ›Sammeln‹ rief. Der Captain schrak zusammen und hob das tränenfeuchte Gesicht; es war totenbleich geworden. Draußen schien die Sonne. Man hörte das Antreten der Männer; die Stimmen der Sergeants, die den Appell abhielten; das Pochen der Trommler beim Spannen des Trommelfells. Der Captain nahm wieder das Wort:

»Ich hätte mein Versagen eingestehen sollen, um Ihre Großherzigkeit bekanntzumachen; das hätte Ihnen vielleicht Begnadigung erwirkt. Hundertmal entschloß ich mich dazu, doch Scham hielt mich davon ab. Außerdem war Ihr Urteil gerecht und verdient. Der Himmel möge mir vergeben! Ich schwieg, und mein Regiment wurde bald darauf nach Tennessee verlegt, und ich hörte nie wieder von Ihnen.«

»Es war schon gut so, Sir«, sagte Brune ohne sichtbare Gemütsbewegung; »ich entkam und kehrte zu meiner Fahne zurück – der konföderierten Fahne. Ich möchte noch dazu sagen, daß ich, bevor ich aus den Reihen der Unionsarmee desertierte, ernsthaft um Entlassung ersucht hatte. Auf Grund meiner gewandelten Überzeugung. Die Antwort darauf war meine Bestrafung.«

»Ach, wenn ich jedoch die Strafe für mein Vergehen erlitten hätte – wenn Sie mir nicht großzügig das Leben geschenkt hätten, das ich ohne Dankbarkeit empfing, dann läge nicht erneut der drohende Schatten des Todes auf Ihnen.«

Der Gefangene zuckte zusammen, und ein besorgter Ausdruck trat auf sein Gesicht. Man hätte auch sagen können, daß er überrascht war. In dem Moment erschien ein Lieutenant, der Adjutant, am Zelteingang und salutierte. »Captain«, sagte er, »das Bataillon ist angetreten.«

Captain Hartroy hatte seine Fassung wiedergefunden. Er wandte sich an den Offizier und sagte: »Lieutenant, suchen Sie Captain Graham auf und übermitteln Sie ihm meinen Befehl, er solle das Kommando über das Bataillon übernehmen und es vor der Schanze antreten lassen. Dieser Gentleman ist ein Deserteur und Spion; er soll im Beisein der Truppe erschossen werden. Er wird Sie ungefesselt und unbewacht begleiten.«

Während der Adjutant am Eingang wartete, erhoben sich die beiden Männer im Zelt und verbeugten sich förmlich voreinander, unmittelbar danach trat Brune ab.

Eine halbe Stunde später erschreckte eine Gewehrsalve einen alten Negerkoch, der als einziger außer dem Kommandeur im Lager geblieben war, so heftig, daß er den Kessel, den er gerade vom Feuer nahm, fallen ließ. Wäre nicht seine Verwirrung gewesen und das Zischen, das der Kesselinhalt auf der Glut hervorrief, dann hätte er auch aus unmittelbarer Nähe den einzelnen Pistolenschuß hören können, mit dem Captain Hartroy, der Stimme des Gewissens folgend, seinem Leben ein Ende setzte.

Gemäß den Verfügungen eines Briefes, den er seinem Nachfolger hinterließ, wurde er wie der Deserteur und Spion ohne

militärische Ehren begraben; und im erhabenen Schatten des
Berges, der nichts mehr vom Krieg weiß, ruhen die beiden in
längst vergessenen Gräbern.

EIN OFFIZIER EIGENER ART

I

Von den Geboten der Höflichkeit

»Captain Ransome, Sie haben sich keinerlei eigene Gedanken
zu machen. Es genügt vollkommen, wenn Sie meinem Befehl
gehorchen, den ich mit Ihrer gütigen Erlaubnis jetzt wieder-
hole: Wenn Sie die geringste Truppenbewegung vor Ihrer
Front bemerken, eröffnen Sie das Feuer, und wenn Sie angegriffen werden, halten Sie die Stellung so lange wie möglich.
Drücke ich mich unmißverständlich aus, Sir?«
    »Nichts könnte deutlicher sein. Lieutenant Price« – dies
sagte er zu einem Offizier seiner Batterie, der eben noch rechtzeitig genug herangeritten kam, den Befehl zu vernehmen –,
»es ist doch restlos klar, was der General sagen will, nicht
wahr?«
    »Völlig klar.«
    Der Lieutenant ritt weiter zu seinem Gefechtsstand. Einen
Augenblick lang saßen General Cameron und der Batteriechef
ruhig im Sattel und blickten einander schweigend an. Sie hatten sich nichts mehr zu sagen. Offenbar war schon viel zuviel
gesagt worden. Dann nickte der vorgesetzte Offizier kühl und
wendete sein Pferd, um fortzureiten.
    Der Artillerist grüßte langsam, gemessen und äußerst förm-
lich. Wer mit den Feinheiten militärischer Umgangsformen
vertraut ist, würde festgestellt haben, daß der Captain auf
diese Weise zu erkennen gab, wie sehr er den eben erhalte-
nen Rüffel zu würdigen wisse. Es ist eines der wesentlich-

sten Gebote der Höflichkeit, seine Verstimmung spüren zu lassen.

Als der General seinen Stab und die Begleitmannschaft erreicht hatte, die nicht weit entfernt auf ihn warteten, ritt die ganze Kavalkade nach rechts davon und verschwand im Nebel. Captain Ransome war allein und behielt schweigend, reglos wie ein Reiterstandbild, die eben eingenommene Stellung bei. Der mit jedem Augenblick dichter werdende Nebel zog sich wie ein sichtbares Verhängnis um ihn zusammen.

II

Unter welchen Umständen
man nicht gern erschossen werden möchte

Die Kämpfe des vorhergehenden Tages waren zusammenhanglos und ohne Entscheidung verlaufen. Wo es Kampfhandlungen gegeben hatte, war der Pulverqualm in blauen Schichten zwischen den Baumzweigen hängengeblieben, bis ihn der herniederströmende Regen in nichts auflöste. Die Räder der Geschütze und Munitionswagen schnitten tiefe, gezackte Furchen in das aufgeweichte Erdreich, und die Bewegungen der Infanterie schienen durch den Schlamm behindert, der sich an die Stiefel der Soldaten heftete, wenn sie sich in durchnäßter Kleidung und mit ihren durch übergestülpte Mantelkapuzen nur unzureichend geschützten Gewehren in Schlangenlinie durch triefende Wälder und überschwemmte Felder mühsam dahinschleppten. Berittene Offiziere, deren Köpfe aus ihren wie schwarze Rüstungen gleißenden Gummi-Ponchos ragten, bahnten sich einzeln und in lockeren Gruppen zwischen den Soldaten hindurch ihren Weg, wandten sich scheinbar ziellos hierhin und dorthin und nahmen von niemand anders als nur voneinander Notiz. Hier und da trug ein Toter in lehmbesudelter Uniform und – wenn es nicht mit einer Decke verhüllt war – mit ebenfalls lehmfarbenem, gelbem Gesicht das Seine dazu bei, die bedrückende Szene durch seinen entmutigenden Anblick noch trostloser zu machen und das allgemeine Unbehagen bis zur Niedergeschlagenheit zu steigern. Sehr abstoßend sahen diese Menschenwracks aus – ganz und gar nicht heldenhaft, und niemand war geneigt, sich von ihrem patriotischen Beispiel anstecken zu lassen. Auf dem Felde der Ehre gefallen, jawohl; aber dieses Feld der Ehre war gar zu naß! Und das macht schließlich etwas aus.

Die von allen erwartete größere Kampfhandlung entwikkelte sich nicht, und keiner der einmal von dieser, das andere Mal von jener Seite bei vereinzelten, zufälligen Zusammenstößen errungenen Vorteile wurde ausgenutzt. Mit halber Energie vorgetragene Angriffe erweckten nur flauen Widerstand, der sich damit begnügte, sie einfach abzuschlagen. Die Befehle wurden mit mechanischem Gehorsam befolgt; keiner tat mehr als seine unmittelbare Pflicht.

»Die Armee ist heute feig«, sagte General Cameron, der Kommandeur einer Brigade der Unionsarmee, zu seinem Stabsadjutanten.

»Die Armee friert«, gab der angeredete Offizier zurück, »und – hm, sie will nicht so daliegen wie der hier.«

Er wies auf einen der Gefallenen, der in einem seichten Tümpel voll gelbem Wasser lag; Gesicht und Uniform waren von Huf und Rad mit Schlamm überspritzt.

Die Waffen der Armee schienen von der militärischen Pflichtvergessenheit ihrer Träger angesteckt. Das Knattern der Gewehrschüsse klang flach und unerheblich. Es war bedeutungslos und erweckte so gut wie keine Aufmerksamkeit und Bereitschaft bei den unbeteiligten Truppen der Kampflinie und bei den bereitgestellten Reserven. Auf schon geringe Entfernung hörten sich die Abschüsse der Kanonen in Fülle und Klangfarbe schwächlich an: sie hatten weder Kraft noch Resonanz. Die Geschütze schienen nicht scharf geladen zu sein und nur mit Kartuschen zu feuern. So schleppte sich der sinnlos verbrachte Tag bis zu seinem trüben Ende dahin, und dann folgte einem unheilschwangeren Tag eine beunruhigende Nacht.

Eine Armee hat eine Persönlichkeit. Unabhängig von den individuellen Gedanken und Empfindungen ihrer Angehörigen denkt und fühlt sie als Ganzes. Und in diesem umfassenden, alles einschließenden Wirklichkeitsbewußtsein liegt tiefere Einsicht als in der bloßen Summe all dessen, was ihr tatsächlich bekannt ist. An jenem bedrückenden Morgen hatte diese große, dumpf empfindende Streitmacht, die auf dem Grunde eines weißen Nebelmeers zwischen den wie Seetang erscheinenden Bäumen dahintappte, ein unbestimmtes Gefühl, daß etwas nicht in Ordnung war, daß die Truppenverschiebungen eines Tages zu einer verfehlten Aufstellung ihrer Teile und einer blinden Zersplitterung ihrer Kräfte geführt hatten. Die Männer fühlten sich unsicher und unterhielten sich über taktische Fehler, soweit ihr dürftiger militärischer Wortschatz ausreichte, sie beim Namen zu nennen. Stabs- und Linienoffiziere standen in Gruppen zusammen und sprachen etwas fachkundiger über ein Unheil, das sie mit keineswegs größerer Klarheit voraussahen. Brigade- und Divisionskommandeure waren um die Fühlung mit der Nachbartruppe am rechten und linken Flügel ängstlich besorgt, schickten Stabsoffiziere aus, um durch Nachfragen Gewißheit zu erhalten, und schoben leise und vorsichtig Plänklerlinien in das unsichere Gebiet zwischen dem Bekannten und dem Unbekannten vor. An einigen Punkten der vordersten Linie legten die Truppen, offenbar aus eigenem Antrieb, Verteidigungsstellungen an, soweit sich das ohne Zuhilfenahme des geräuscharmen Spatens und der lärmenden Axt bewerkstelligen ließ.

Einer dieser Punkte wurde von Captain Ransomes aus sechs Geschützen bestehender Batterie gehalten. Seine Männer, die stets Schanzzeug bei sich führten, hatten die Nacht hindurch fleißig gearbeitet, und nun stießen die Kanonen ihre schwarzen Mündungen durch die Schießscharten eines wahrhaft furchteinflößenden Erdwalls vor. Er krönte eine leichte Geländeerhebung, die kein Unterholz trug und freies Schußfeld über einen unabsehbaren Abschnitt des Vorgeländes bot. Die Stellung hätte kaum besser ausgewählt werden können. Sie wies noch eine Besonderheit auf, die Captain Ransome bei seiner Vorliebe für den Gebrauch des Kompasses schnell herausgefunden hatte: sie war nach Norden gewandt, während der allgemeine Frontverlauf der Armee seiner Beobachtung nach ostwärts gerichtet sein mußte. Tatsächlich war jener Teil der

Frontlinie ›refüsiert‹ – das heißt zurückgebogen, dem Feinde nicht mehr direkt zugewandt. Dies bedeutete, daß Captain Ransomes Batterie irgendwo an der linken Flanke der Armee stand; denn eine in Schlachtordnung aufgestellte Armee nimmt ihre Flanken zurück, wenn es das Gelände erlaubt, weil sie ihre verwundbaren Stellen sind. Tatsächlich schien Captain Ransome die äußerste linke Flanke der Linie zu halten, denn in dieser Richtung waren jenseits seiner Stellung keine weiteren Truppen festzustellen. Unmittelbar hinter seinen Geschützen hatte die Unterhaltung zwischen ihm und seinem Brigadekommandeur stattgefunden, deren abschließender und bewegterer Teil oben wiedergegeben ist.

III

Wie man Geschütze ohne Noten spielen lassen kann

Captain Ransome saß stumm und regungslos zu Pferd. Wenige Yard entfernt standen seine Leute an ihren Geschützen. Irgendwo und überall standen im Umkreis von nur wenigen Meilen hunderttausend Mann, Freunde und Feinde. Doch er war allein. Der Nebel hatte ihn so vollkommen abgesondert, als befände er sich inmitten einer Wüste. Seine Welt waren ein paar Quadratyard zertrampelter Erde rings um die Beine seines Pferdes. Seine Kameraden in diesem Geisterreich waren unsichtbar und unhörbar. Eine solche Umwelt regt zum Nachdenken an, und er dachte wirklich nach. Von der Art seiner Gedanken verrieten seine scharfgeschnittenen, sympathischen Züge nichts. Sein Gesicht war unergründlich wie das der Sphinx. Warum hätte es auch etwas ausdrücken sollen, da doch niemand da war, der es bemerken konnte? Als er Schritte hörte, wandte er lediglich die Augen in die Richtung, aus der sie kamen. Einer seiner Sergeants, der in der verzerrenden Perspektive des Nebels die Gestalt eines Riesen annahm, trat heran, grüßte und stand stramm, als die Nähe seine Umrisse klar erkennen ließ und seine Größe auf das natürliche Maß hatte schrumpfen lassen.

»Nun, Morris«, sagte der Offizier und erwiderte den Gruß seines Untergebenen.

»Lieutenant Price läßt Ihnen mitteilen, Sir, daß der größte Teil der Infanterie abgezogen worden ist. Wir haben nicht mehr genügend Deckung.«

»Ja, ich weiß.«

»Ich soll fernerhin melden, daß einige von unseren Leuten hundert Yard jenseits der Befestigung vorgestoßen sind und festgestellt haben, daß unsere Front nicht durch Vorposten gesichert ist.«

»Ja.«

»Sie waren so weit vorn, daß sie den Feind hören konnten.«

»Ja.«

»Sie haben das Rattern der Geschützräder und die Kommandos der Offiziere gehört.«

»Ja.«

»Der Feind rückt auf unsere Stellung vor.«

Captain Ransome, der die ganze Zeit über in rückwärtiger Richtung verharrt hatte – er blickte immer noch dorthin, wo der Brigadekommandeur samt seiner Kavalkade vom Nebel verschluckt worden war –, wandte jetzt sein Pferd nach der anderen Seite. Dann saß er wieder reglos wie zuvor.

»Wer sind die Leute, die diese Beobachtungen gemacht haben?« fragte er, ohne den Sergeant anzusehen; sein Blick war über den Kopf des Pferdes hinweg geradewegs in den Nebel gerichtet.

»Corporal Hassman und Kanonier Manning.«

Captain Ransome blieb einen Augenblick stumm. Eine leichte Blässe überzog sein Gesicht, und seine Lippen preßten sich ein klein wenig zusammen, doch hätte es eines genaueren Beobachters als Sergeant Morris' bedurft, um diese geringfügige Veränderung zu bemerken. Seine Stimme jedenfalls blieb unverändert.

»Sergeant, übermitteln Sie Lieutenant Price meine Anerkennung und den Befehl, mit allen Geschützen das Feuer zu eröffnen. Kartätschen.«

Der Sergeant salutierte und verschwand im Nebel.

IV

Hier taucht General Masterson auf

Auf der Suche nach seinem Divisionskommandeur war General Cameron mit seiner Begleitmannschaft zur Rechten von Ransomes Batterie fast eine halbe Meile weit die Frontlinie entlanggeritten; dort erfuhr er nun, daß der Divisionskommandeur sich auf der Suche nach dem Korpskommandeur befand. Es schien, daß jeder nach seinem unmittelbaren Vorgesetzten Ausschau hielt – ein bedenkliches Zeichen. Es bedeutete, daß sich keiner in seiner Haut ganz wohl fühlte. So ritt General Cameron noch eine halbe Meile weiter, wo er das Glück hatte, rein zufällig dem zurückkehrenden Divisionskommandeur, General Masterson, zu begegnen.

»Hallo, Cameron«, sagte der höhere Offizier, zügelte sein Pferd und warf höchst unmilitärisch das rechte Bein quer über den Sattelkopf, »ist was los? Habe 'ne gute Stellung für Ihre Batterie gefunden, denke es wenigstens – wenn bei dem Nebel überhaupt von 'ner besseren Stellung die Rede sein kann.«

»Jawohl, General«, sagte der andere und hielt dabei, wie es seinem weniger hohen Rang zukam, die militärische Ausdrucksweise strenger ein, »meine Batterie hat eine sehr gute Stellung. Ich wollte, ich könnte sagen, daß sie einen ebenso guten Kommandeur hat.«

»Was – Ransome? Ich halte ihn für einen feinen Kerl. Wir von der Armee sollten stolz auf ihn sein.«

Es war unter den Berufsoffizieren üblich, die aktive Truppe als ›die Armee‹ zu bezeichnen. So, wie die größten Städte im Grunde am spießbürgerlichsten sind, gibt sich die Selbstgefälligkeit aristokratischer Schichten am offenkundigsten plebejisch.

»Er hat seinen Kopf zu sehr für sich. Übrigens mußte ich, um den Hügel, den er hält, zu besetzen, meine Linke gefährlich weit auseinanderziehen. Der Hügel liegt auf meiner linken Flanke – das heißt, er bildet die linke Flanke der ganzen Armee.«

»Aber nein, die Brigade Hart liegt noch dahinter. Sie wurde

während der Nacht aus Drytown heranbeordert und erhielt den Befehl, sich an Ihre Stellung anzuschließen. Es wird das beste sein, wenn Sie hin...«

Der Satz blieb unvollendet: heftiges Geschützfeuer hatte sich an der linken Flanke entwickelt, und beide Offiziere ritten eilends in dieser Richtung los – hinter ihnen her mit viel Gerassel und Geklirr ihr ganzes Gefolge von Adjutanten und Ordonnanzen. Doch bald kamen sie nicht mehr schnell voran, denn der Nebel zwang sie, sich in Sichtweite der Frontlinie zu halten, hinter der ihnen jetzt Scharen von Soldaten in den Weg liefen. Überall bildete sich der Frontverlauf schärfer und entschiedener aus, da die Männer eiligst die Waffen ergriffen und die Offiziere mit gezogenem Säbel die angetretenen Truppen ausrichteten. Fahnenträger entrollten ihre Flaggen, Hornisten bliesen zum Sammeln, Sanitäter erschienen mit Tragbahren. Stabsoffiziere saßen auf und schickten ihr Gepäck in der Obhut farbiger Diener nach hinten. Von dort ließ sich in den geisterhaften Waldräumen das Rascheln und Gemurmel der Reserven vernehmen, die sich aufstellten.

Und all diese Bereitschaft war keineswegs vergeblich, denn kaum fünf Minuten waren verstrichen, seitdem Captain Ransomes Geschütze die zweifelhafte Waffenruhe gebrochen hatten, als auch schon die ganze Gegend aufbrüllte: der Feind hatte fast überall den Angriff eröffnet.

V

Wie man mit Geräuschen gegen Schatten kämpfen kann

Captain Ransome schritt hinter seinen Geschützen auf und ab, die schnell, aber regelmäßig feuerten. Die Kanoniere taten flink, aber ohne Überstürzung oder sichtbare Aufregung ihren Dienst. Es war wirklich auch kein Grund zur Aufregung vorhanden, denn es gehört nicht viel dazu, ein Geschütz in den Nebel zu richten und abzufeuern. Das bringt jeder fertig.

Die Männer lächelten über ihr geräuschvolles Tun und gaben sich ihm mit nachlassendem Eifer hin. Sie warfen forschende Blicke auf ihren Captain, der jetzt auf die Wallbank der Befestigung gestiegen war und über die Brustwehr blickte, als ob er die Wirkung des Feuers beobachten wollte. Doch die einzige sichtbare Wirkung bestand darin, daß breite, tiefliegende Rauchschwaden die entsprechende Nebelschicht ersetzten. Plötzlich drang aus der Dunkelheit lautes Hurrageschrei, das die Pausen zwischen den Abschüssen der Kanonen mit erschreckender Deutlichkeit ausfüllte. Den wenigen, die Zeit und Gelegenheit hatten, hier Beobachtungen anzustellen, erschien dieser Laut überaus unheimlich – so laut, so nahe, so drohend, und doch war nichts zu sehen! Die Männer, die bei ihrem Tun gelächelt hatten, lächelten nicht mehr, sondern verrichteten es mit ernster, fieberhafter Beflissenheit.

Von seinem Standpunkt an der Brustwehr aus erblickte Captain Ransome jetzt eine große Menge undeutlicher grauer Figuren, die im Nebel unter ihm Gestalt annahmen und den Hang heraufschwärmten. Doch nun verrichteten die Geschütze ihre Arbeit schnell und wütend. Sie ließen über den bevölkerten Abhang einen Regen von Kartätschen und Hagelgeschossen hinwegfegen, deren Schwirren durch den Donner der Detonationen zu hören war. In diesem furchtbaren Eisenhagel kämpften sich die Angreifer mühsam Fuß um Fuß über ihre Toten hinweg vorwärts, feuerten auf die Schießscharten, luden nach, feuerten wieder und stürzten endlich ihrerseits ein kleines Stück vor den früher Gefallenen getroffen zu Boden. Bald war der Rauch dicht genug, um alles zuzudecken. Er ließ sich auf die angreifenden Kolonnen nieder, trieb nach hinten und hüllte schließlich auch die Verteidiger ein. Die Kanoniere konnten kaum genug sehen, um ihre Geschütze zu bedienen, und wenn vereinzelte Feinde auf der Brustwehr erschienen – es waren diejenigen Angreifer, die ein glücklicher Zufall zwischen zwei Schießscharten so nahe herangeführt hatte, daß sie in den toten Winkel der Geschütze gerieten –, erschienen sie so körperlos und unwirklich, daß es sich für die paar Infanteristen kaum zu lohnen schien, ihnen mit dem Bajonett zu Leibe zu gehen und sie zurück in den Graben taumeln zu lassen.

Da der Chef einer feuernden Batterie Besseres zu tun hat, als einzelne Schädel zu spalten, hatte sich Captain Ransome von der Brustwehr auf seinen eigentlichen Gefechtsstand hinter den Geschützen zurückgezogen, wo er mit verschränkten Armen dastand und nur den Hornisten bei sich hatte. Hier wurde er, als der Kampf am heißesten tobte, von Lieutenant Price angesprochen, der soeben innerhalb der Befestigung einen wagehalsigen Angreifer mit dem Säbel niedergeschlagen hatte. Eine lebhafte Kontroverse entspann sich zwischen den beiden Offizieren – lebhaft zum mindesten auf seiten des Lieutenants, der heftig gestikulierte und im Bemühen, sich durch den höllischen Lärm der Kanonen verständlich zu machen, seinem Kommandeur immer wieder etwas ins Ohr schrie. Wenn ein sachverständiger Schauspieler seine Gesten kaltblütig beurteilt hätte, wäre er zu dem Schluß gekommen, daß sie einen Einspruch, einen Protest ausdrückten: er würde festgestellt haben, daß Price mit dem, was hier vorging, nicht einverstanden war. Wollte er etwa die Stellung aufgeben?

Captain Ransome hörte ihn an, ohne eine Miene zu verziehen oder seine Haltung zu ändern, und als der andere mit seiner Ansprache fertig war, blickte er ihm kalt in die Augen und sagte, während das Getöse gerade zur rechten Zeit einmal abflaute: »Lieutenant Price, Sie haben sich keinerlei eigene Gedanken zu machen. Es genügt vollkommen, wenn Sie meinem Befehl gehorchen.«

Der Lieutenant kehrte auf seinen Posten zurück, und da die Brustwehr offenbar jetzt vom Feinde frei war, ging Captain Ransome wieder dorthin, um hinüberzuschauen. Als er die Wallbank bestieg, sprang ein Mann oben auf die Verschanzung und schwang eine große, farbenprächtige Fahne. Der Captain zog eine Pistole aus der Gürteltasche und erschoß ihn. Der Körper des Mannes stürzte nach vorn und hing über die innere Kante der Brustwehr herab; die Arme fielen senkrecht nach unten – beide Hände umklammerten immer noch die Fahne. Die wenigen Angreifer hinter ihm wandten sich den Abhang hinunter zur Flucht. Als der Captain jetzt über die Brustwehr blickte, sah er nichts Lebendes mehr. Er stellte auch fest, daß keine Kugeln mehr in das Befestigungswerk einschlugen.

Er gab dem Hornisten ein Zeichen, und der ließ das Signal zur Feuereinstellung ertönen. An allen anderen Punkten war das Gefecht schon mit der Abwehr des konföderierten Angriffs zu Ende gegangen; als nun auch diese Kanonen schwiegen, herrschte völlige Stille.

VI

Weshalb es nicht unbedingt richtig ist, ›B‹ zu beleidigen, wenn man von ›A‹ beleidigt worden ist

General Masterson ritt in die Schanze ein. Die in Gruppen zusammenstehenden Männer unterhielten sich laut und gestikulierten lebhaft. Sie wiesen auf die Toten und liefen vom einen zum anderen. Sie kümmerten sich nicht um ihre verschmutzten und heißen Geschütze und vergaßen, ihre Überkleidung wieder anzulegen. Sie rannten zur Brustwehr und blickten hinüber, und einige sprangen sogar in den Graben. Eine ganze Schar hatte sich um die Fahne gesammelt, die ein Toter fest umklammerte.

»Na, Leute«, sagte der General vergnügt, »das habt ihr wieder mal fein gemacht.«

Sie starrten ihn an; niemand antwortete; die Gegenwart des großen Mannes schien sie zu verwirren und zu erschrecken.

Da seine freundliche Herablassung unerwidert blieb, pfiff dieser Offizier mit den zwanglosen Umgangsformen ein paar Takte einer beliebten Melodie vor sich hin, ritt nach vorn an die Brustwehr und sah sich die Toten dahinter an. Im Nu riß er dann sein Pferd herum und galoppierte hinter den Geschützen dahin, wobei er mit den Augen alles auf einmal zu erfassen schien. Ein Offizier saß auf dem Lafettenschwanz eines der Geschütze und rauchte eine Zigarre. Als der General heransprengte, erhob er sich und grüßte gemessen.

»Captain Ransome!« – die Worte fielen scharf und hart, als ob Stahlklingen aufeinanderprallten –, »Sie haben unsere eigenen Leute beschossen – unsere eigenen Leute, Sir; hören Sie? Die Brigade Hart!«

»Ich weiß, General.«

»Sie wissen es – Sie wissen das und sitzen hier und rauchen?

Verdammt noch mal, Hamilton, die Wut geht mit mir durch« – dies sagte er zum Kommandeur seiner Feldpolizei. »Sir – Captain Ransome, vielleicht haben Sie die Güte mir zu sagen – zu erklären, warum Sie auf unsere eigenen Leute geschossen haben.«

»Das kann ich leider nicht. In meinen Befehlen ist mir diese Erklärung vorenthalten worden.«

Offenbar begriff der General nicht.

»Wer hat die Feindseligkeiten eröffnet, Sie oder General Hart?« fragte er.

»Ich war es.«

»Und hätten Sie nicht wissen können – konnten Sie nicht sehen, Sir, daß Sie das Feuer gegen unsere eigenen Leute eröffneten?«

Die Antwort war verblüffend.

»Ich wußte es, General; aber wahrscheinlich durfte es mich nichts angehen.«

Dann unterbrach er das lähmende Schweigen, das auf seine Erwiderung folgte, mit den Worten: »Ich muß Sie an General Cameron verweisen.«

»General Cameron ist tot, Sir – mausetot –, so tot wie jeder andere Gefallene unserer Armee. Dort hinten liegt er unter einem Baum. Wollen Sie etwa sagen, daß er mit dieser entsetzlichen Angelegenheit etwas zu tun hatte?«

Captain Ransome antwortete nicht. Als seine Leute den Wortwechsel bemerkten, hatten sie sich um die Offiziere geschart, um zu hören, wie die Sache ausgehen würde. Sie waren aufs äußerste gespannt. Der Nebel, der durch das Artilleriefeuer teilweise zerstreut worden war, hatte sich um sie wieder so dicht zusammengezogen, daß sie noch enger zusammenrückten, bis der Richter zu Pferde und der vor ihm ruhig dastehende Angeklagte nur noch einen schmalen Raum für sich hatten. Es war die denkbar formloseste Kriegsgerichtsverhandlung, aber alle hatten das Gefühl, daß die folgende förmliche Verhandlung das Urteil der ersten nur bestätigen würde. Sie war nicht zuständig und rechtsverbindlich, und doch nahm sie wie eine Prophezeiung das Künftige vorweg.

»Captain Ransome«, rief der General heftig, doch klang etwas wie eine beschwörende Bitte in seiner Stimme mit, »wenn Sie irgend etwas vorbringen können, das Ihr unbegreifliches Verhalten in günstigerem Licht erscheinen läßt, bitte sagen Sie es.«

Nun, da dieser großzügige Soldat sich wieder zu beherrschen vermochte, suchte er nach etwas, womit er seine gefühlsmäßig wohlwollende Haltung gegenüber einem tapferen Manne, dem ein unrühmlicher Tod bevorstand, rechtfertigen konnte.

»Wo ist Lieutenant Price?« sagte der Captain.

Der Offizier trat vor; sein finsteres, verschlossenes Gesicht hatte unter dem blutigen Taschentuch, das um seine Stirn gewunden war, etwas Drohendes an sich. Er verstand die Aufforderung und ließ sich zum Reden nicht erst nötigen. Er hatte keinen Blick für den Captain übrig, sondern wandte sich an den General: »Während des Gefechts wurde mir die Lage klar, und ich setzte den Batteriechef davon in Kenntnis. Ich nahm mir die Freiheit, auf Feuereinstellung zu dringen. Ich wurde beleidigt und auf meinen Posten zurückgeschickt.«

»Wissen Sie etwas von den Befehlen, unter denen ich handelte?« fragte der Captain.

»Von den Befehlen, unter denen der Kommandeur handelte«, fuhr der Lieutenant, immer noch zum General gewandt, fort, »weiß ich nichts.«

Captain Ransome fühlte, wie unter seinen Füßen die Welt versank. In jenen grausamen Worten hörte er, wie die murmelnden Wellen der Jahrhunderte sich an den Gestaden der Ewigkeit brachen. Er hörte den Schicksalsspruch; er lautete in kalten, mechanisch und gemessen gesprochenen Worten: »Fertig, legt an, Feuer!«, und er fühlte, wie die Kugeln sein Herz in Fetzen rissen. Er hörte die Erde auf seinen Sarg poltern und (wenn Gott so barmherzig war) das Lied eines Vogels über seinem vergessenen Grab. Ohne Hast hängte er den Säbel ab und überreichte ihn dem Kommandeur der Feldpolizei.

EIN OFFIZIER, EIN MANN

Captain Graffenreid stand an der Spitze seiner Kompanie. Sein Regiment lag nicht im Kampf. Es bildete einen Teil der Schlachtlinie, die sich zur Rechten durch das offene Gelände hinzog und annähernd zwei Meilen weit sichtbar war. Die linke Flanke war durch Waldstücke der Sicht entzogen; auch die rechte entschwand den Blicken, wenngleich sie noch viele Meilen weiterführte. Im Abstand von hundert Yard zur Front befand sich eine zweite Stellung, hinter der dann die Reservebrigaden und -divisionen in Marschordnung bereitstanden. Dazwischen hielten die Batterien der Artillerie, auf niedrige Hügel gezogen, das Gelände besetzt. Reitertrupps – Generale mit ihren Stäben und Begleitmannschaften sowie Offiziere und Regimentsstäbe mit den Fahnen – unterbrachen die gleichförmigen Linien und Marschsäulen. Viele dieser bemerkenswerteren Figuren saßen reglos mit einem Fernglas vor den Augen da und starrten stur auf das vor ihnen liegende Gelände. Andere, die Befehle überbrachten, ritten im kurzen Galopp herbei und entfernten sich wieder. Sanitätstruppen, Krankenwagen, Munitionskolonnen und Offiziersburschen standen im Nachtrab von alledem – das heißt von dem, was man sehen konnte –, denn dahinter waren die Straßen noch meilenweit belebt von der riesigen Menge der am Kampf nicht unmittelbar Beteiligten, denen mit ihrem vielfältigen Troß der ruhmlose, doch wichtige Dienst obliegt, den mannigfachen Nachschubbedarf der kämpfenden Truppe zu befriedigen.

Ein Heer in Schlachtlinie, das einen Angriff erwartet oder zu einem Angriff bereitsteht, zeigt ungewöhnliche Gegensätze. An der Front geht alles genau, ordentlich, streng und schweigend vor sich. Weiter hinten jedoch klingen die Kennzeichen der kämpfenden Truppe mehr und mehr ab, bis sich schließlich alles in Durcheinander, Gehaste und Lärm auflöst. Das in sich Geschlossene wird uneinheitlich. Man vermißt Zielstrebigkeit und Haltung, und die Ruhe wird durch eine scheinbar sinnlose Betriebsamkeit ersetzt. Harmonie löst sich in Tumult, Ordnung in Unordnung auf. Überall Aufregung und ständige

Ratlosigkeit. Die Soldaten, die nicht am Kampfe teilnehmen, kommen nie zur Ruhe.

Captain Graffenreid konnte von seinem Platz in der vordersten Reihe am rechten Kompanieflügel ungehindert zum Feind hinübersehen. Vor ihm lag eine halbe Meile freier und fast ebener Boden, und jenseits davon bedeckte unregelmäßiger Wald einen leichten Geländeanstieg. Nirgendwo war ein menschliches Wesen zu bemerken. Er konnte sich nichts Friedvolleres als den Anblick dieser lieblichen Landschaft mit ihren weit ausgebreiteten braunen Feldern vorstellen, über denen die Luft in der Wärme der Morgensonne zu flimmern begann. Kein Laut drang aus Wald oder Feld, nicht einmal das Bellen eines Hundes oder ein Hahnenschrei aus dem Gehöft, das auf der Höhe zwischen den Bäumen halb zu sehen war. Und doch wußte jeder Mann in dieser meilenlangen Linie, daß er dem Tod ins Auge schaute.

Nie zuvor in seinem Leben hatte Captain Graffenreid einen bewaffneten Feind gesehen, und der Krieg, in dem sein Regiment als eines der ersten ins Feld gezogen war, dauerte nun schon zwei Jahre. Ihm war der seltene Vorteil einer militärischen Ausbildung zuteil geworden, und als seine Kameraden an die Front marschiert waren, hatte man ihn zum Verwaltungsdienst in die Hauptstadt seines Staates abkommandiert, wo man die Ansicht vertrat, er würde dort sehr nötig gebraucht. Als schlechter Soldat protestierte er dagegen, aber als guter Soldat gehorchte er. Mit dem Gouverneur seines Staates verbanden ihn dienstliche und persönliche Beziehungen, und er genoß dessen Vertrauen und Gunst. Er hatte sich aber standhaft einer Beförderung widersetzt und zugesehen, wie jüngere Leute ihn im Rang überholten. In seinem fernen Regiment hatte der Tod reiche Ernte gehalten, und immer wieder waren Stabsoffiziersstellen frei geworden. Doch da ihm sein ritterliches Empfinden sagte, daß Kriegsauszeichnungen und Beförderungen von Rechts wegen denen gebühren, die die Gefahren und Entbehrungen der Schlacht auf sich nehmen, hatte er seinen bescheidenen Dienstgrad beibehalten und großzügig anderen die Laufbahn geebnet. Schließlich hatte seine schweigende Pflichttreue gesiegt: er war von seinen verhaßten Dienstpflichten entbunden und an die Front beordert worden, und nun sah man ihn, der noch keine Feuertaufe erhalten hatte, im Vordertreffen der Schlacht mit der Führung einer Kompanie verwegener alter Haudegen betraut, für die er nur ein Name, oder vielmehr nur ein Spitzname gewesen war. Seine Pflichttreue wurde von niemandem verstanden – nicht einmal von denjenigen Kriegskameraden, zu deren Gunsten er sich hatte in der Beförderung übergehen lassen. Sie hatten viel zuviel anderes zu tun, als ihm Gerechtigkeit widerfahren zu lassen. Man sah ihn als einen Drückeberger an, der nun endlich gegen seinen Willen an die Front geschickt worden war. Der Captain war feinfühlend genug, dies zu spüren, aber zu stolz, sich zu rechtfertigen, und so konnte er nur hoffen und ausharren.

Keiner aus der ganzen Unionsarmee hatte an jenem Sommermorgen der Schlacht freudiger entgegengesehen als Anderton Graffenreid. Er war in gehobener Stimmung und tatendurstig, befand sich überhaupt in einem Zustand innerer Erregung und konnte die Säumigkeit des Feindes, der nicht zum Angriff vorrückte, kaum ertragen. Hier bot sich ihm endlich eine Gelegenheit – der Ausgang war ihm gleich. Sieg oder Niederlage, wie Gott wollte; er würde sich in dem einen wie dem anderen Fall als Soldat und als Held bewähren. Er würde sein Anrecht auf die Achtung der Soldaten und die Kameradschaft der Mitoffiziere beweisen – und auch sein Recht auf die Anerkennung seiner Vorgesetzten. Wie ihm das Herz im Leibe hüpfte, als das erregende Signal zum ›Antreten‹ geblasen wurde! Wie leichtfüßig – kaum spürte er die Erde unter den Füßen – schritt er an der Spitze seiner Kompanie vorwärts, und wie frohlockte er, als er den Aufmarschplan kennenlernte, der sein Regiment in die vorderste Linie stellte! Und wenn ihm zufällig in der Erinnerung zwei dunkle Augen auftauchten, die vielleicht einen zärtlicheren Ausdruck annehmen würden, wenn sie den Bericht über die Geschehnisse dieses Tages lasen – wer will ihn für den unkriegerischen Gedanken tadeln oder darin eine Minderung seines soldatischen Eifers sehen?

Plötzlich stieg aus dem Wald eine halbe Meile vor ihm – scheinbar aus den oberen Ästen der Bäume, doch in Wirklichkeit vom jenseitigen Hügelrücken – eine hohe weiße Rauchsäule auf. Im nächsten Moment folgte eine dumpfe, alles erschütternde Detonation, fast unmittelbar gefolgt von einem scheußlichen Rauschen, das mit unbegreiflicher Schnelligkeit über den zwischenliegenden Raum hinwegzubrausen schien und vom leisen Zischen zum Brüllen anschwoll – zu schnell, als daß man die aufeinanderfolgenden Phasen dieses entsetzlichen Crescendos hätte wahrnehmen können. Ein merkbares Beben durchlief die Reihen der Männer; alle reagierten mit Bewegungen. Captain Graffenreid wich zur Seite aus, warf die Hände hoch und hielt sie nach einer Seite schützend vor den Kopf, mit den Handflächen nach außen. Dabei hörte er einen scharfen, widerhallenden Knall und sah, wie an einem Abhang hinter der Stellung Rauch und Staub wild aufwallten. Die Granate war explodiert. Sie war hundert Fuß links von ihm vorbeigegangen! Er hörte ein unterdrücktes spöttisches Lachen – oder bildete sich ein, es zu hören, und als er in die Richtung blickte, aus der es kam, sah er die Augen seines First Lieutenants mit unverkennbarer Heiterkeit auf sich gerichtet. Er überflog mit einem Blick die Gesichter in den vorderen Reihen. Die Männer lachten. Über ihn? Bei diesem Gedanken kam wieder Farbe in sein blutleeres Gesicht – etwas zuviel sogar. Seine Wangen brannten vor tiefer Scham.

Der feindliche Schuß wurde nicht erwidert. Der Offizier, der an diesem exponierten Frontabschnitt das Kommando führte, hatte offenbar kein Verlangen, eine Kanonade auszulösen. Für diese Zurückhaltung empfand Captain Graffenreid ein Gefühl der Dankbarkeit. Er hatte nicht gewußt, daß der Flug eines Geschosses derart entsetzliche Auswirkungen hat. Seine Vorstellung vom Krieg hatte einen tiefgehenden Wandel erfahren, und er bemerkte, daß sich dieses neue Gefühl in sichtbarer Bestürzung kundtat. Das Blut kochte ihm in den Adern. Es würgte ihn im Halse, und er fühlte, daß ein Befehl, hätte er ihn jetzt erteilen müssen, unhörbar oder zumindest unverständlich geblieben wäre. Die Hand, die den Degen hielt, zitterte; die andere bewegte sich unbewußt und krampfte sich hier und da an seiner Uniform fest. Er fand es schwierig, ruhig stehenzubleiben, und bildete sich ein, seine Leute müßten es bemerken. War es Furcht? Er fürchtete es.

Irgendwo von rechts trug der Wind ein leises, unterbrochenes Grollen herüber – wie die Brandung des sturmgepeitschten
Ozeans oder das ferne Rollen eines Eisenbahnzuges oder das
donnernde Rauschen des Windes in den Bäumen – drei so ähnliche Geräusche, daß sie das Ohr ohne Hilfe des Urteilsvermö-
gens nicht voneinander unterscheiden konnte. Die Blicke der
Soldaten wurden magisch in diese Richtung gezogen, und die
Offiziere zu Roß wandten ihre Ferngläser dorthin. Ein unregelmäßiges Pochen mischte sich ein. Der Captain glaubte zuerst,
es sei das fiebernde Blut, das ihm in den Ohren pulste; dann
hielt er es für ferne Paukenschläge.

»An der rechten Flanke geht der Tanz los«, sagte ein Offizier.

Captain Graffenreid begriff: die Geräusche waren Gewehr-
und Artilleriefeuer. Er nickte und versuchte zu lächeln; doch
wirkte sein Lächeln offenbar nicht gerade ansteckend.

Bald darauf stieg am Waldrand vor ihnen eine dünne Reihe
blauer Rauchwölkchen auf, dann folgte das Knattern des Gewehrfeuers. Es pfiff scharf und schneidend durch die Luft und
endete damit, daß plötzlich in der Nähe etwas auf die Erde
schlug. Der Mann an Graffenreids Seite ließ sein Gewehr fallen; die Knie knickten ein, er stürzte unbeholfen nach vorn und
fiel auf das Gesicht. Jemand brüllte »Deckung!«, und nun war
der Tote von den Lebenden kaum zu unterscheiden. Es sah aus,
als hätten die wenigen Gewehrschüsse zehntausend Mann niedergemäht. Nur die Stabsoffiziere blieben stehen; ihr Zuge-
ständnis an die schwierige Lage bestand darin, abzusitzen und
ihre Pferde in den Schutz der unmittelbar hinter ihnen liegenden niedrigen Hügel zurückzuschicken.

Captain Graffenreid lag Seite an Seite mit dem Toten, aus
dessen Brust ein kleines Rinnsal Blut floß. Es hatte einen
schwachen, süßlichen Geruch an sich, der ihn zum Erbrechen
reizte. Das Gesicht war auf die Erde gepreßt und platt gedrückt. Es sah schon gelb aus und wirkte abstoßend. Nichts
wies mehr auf die Herrlichkeit des Heldentodes hin und mil-
derte die Ekelhaftigkeit des Vorfalls. Der Captain konnte der
Leiche jedoch nicht den Rücken kehren, ohne auch von seiner
Kompanie wegzublicken.

Er heftete seine Augen auf den Wald, wo alles wieder ruhig

war. Er versuchte sich vorzustellen, was dort jetzt vor sich ging: Die Truppen formierten sich in Linie zum Angriff, die Geschütze wurden von den Soldaten bis an den Waldrand vorgeschoben. Er glaubte zu sehen, wie die finsteren Mündungen aus dem Unterholz drangen, bereit, einen Granatenhagel loszulassen, Granaten wie die, deren Heulen seine Nerven so durcheinandergebracht hatte. Seine Augen weiteten sich immer mehr, bis sie schmerzten; ein Nebelschleier schien sich vor sie zu legen, und er konnte jenseits des Feldes nichts mehr erkennen. Doch wollte er den Blick nicht abwenden, um nicht den Toten an seiner Seite ansehen zu müssen.

Jetzt brannte die Flamme der Kampflust nicht gerade hell in der Seele dieses Kriegers. Die Untätigkeit hatte ihn zur Selbstbetrachtung geführt. Er suchte eher, sich über seine Gefühle klarzuwerden, als sich durch Mut und Hingabe auszuzeichnen. Das Ergebnis war niederschmetternd. Er vergrub das Gesicht in den Händen und stöhnte laut auf.

Das rauhe Grollen der Schlacht an der rechten Flanke war immer deutlicher vernehmbar; das Murmeln war zu einem Brüllen, das Klopfen zu einem Donner angewachsen. Der Lärm hatte sich schräg zur Front verlagert. Es war ersichtlich, daß die Linke des Gegners zurückgeschlagen wurde, und der günstige Augenblick, gegen den ausspringenden Winkel der feindlichen Front vorzustoßen, würde nicht lange auf sich warten lassen. Die geheimnisvolle Ruhe gegenüber verhieß nichts Gutes; alle fühlten, daß sie für die Angreifenden ein Vorbote des Unheils war.

Da erscholl der Hufschlag galoppierender Pferde hinter den Reihen der am Boden Liegenden. Sie drehten sich um. Ein Dutzend Stabsoffiziere ritt zu den verschiedenen Brigade- und Regimentskommandeuren, die wieder aufgesessen waren. Im nächsten Augenblick war ein Chor von Stimmen zu hören, die alle durcheinander dieselben Worte riefen: »Bataillon – – – Achtung!« Die Männer sprangen auf, und die Kompanieführer ließen antreten. Sie warteten auf das ›Vorwärts‹, und sie erwarteten auch mit pochenden Herzen und zusammengebissenen Zähnen den Sturm aus Blei und Eisen, der sie bei der ersten befehlsgemäßen Bewegung überschütten würde. Der Befehl kam nicht. Das Ungewitter brach nicht los. Scheußlich der Aufschub, zum Verrücktwerden! Er war so entnervend wie eine Frist unter der Guillotine.

Captain Graffenreid stand vor seiner Kompanie; der Tote lag zu seinen Füßen. Er hörte den Schlachtenlärm von rechts – das Knattern und Krachen der Gewehrschüsse, den unaufhörlichen Kanonendonner, die vereinzelten Hurras unsichtbarer Kämpfer. Er bemerkte, wie aus fernen Wäldern Rauchwolken aufstiegen. Auch die unheilvolle Stille im Wald gegenüber nahm er wahr. Diese extremen Gegensätze wirkten auf die ganze Skala seines Empfindungsvermögens verheerend ein. Er konnte die Anspannung, der seine Nerven ausgesetzt waren, nicht mehr ertragen. Ihm wurde abwechselnd heiß und kalt. Er keuchte wie ein Hund, und dann vergaß er zu atmen, bis ihn ein Schwindelanfall daran gemahnte.

Auf einmal wurde er ruhig. Als er nach unten blickte, waren seine Augen auf den blanken Säbel gefallen, den er mit der Spitze zur Erde hielt. So, wie er ihn verkürzt sah, fand er, daß der Säbel etwas dem kurzen, massigen Schwert der alten Römer ähnelte. Dieser Einfall brachte eine Fülle von Assoziationen mit sich – unheilvoller, schicksalhafter, heroischer Art.

Der Sergeant, der in der folgenden Reihe unmittelbar hinter Captain Graffenreid stand, wurde jetzt Zeuge eines seltsamen Anblicks. Eine ungewöhnliche Bewegung des Captains erregte seine Aufmerksamkeit – dieser streckte die Hände nach vorn und zog sie kräftig zurück, wobei er die Ellbogen wie beim Rudern nach außen schnellte; der Sergeant sah, wie zwischen den Schultern des Offiziers eine glänzende Metallspitze zum Vorschein kam, die sich eine halbe Armlänge weit nach außen schob – eine Klinge! Schwache rote Streifen zogen sich auf ihr entlang, und die Spitze näherte sich so schnell der Brust des Sergeant, daß er erschrocken zurückfuhr. Im selben Augenblick stürzte Captain Graffenreid schwer nach vorn auf den Toten und starb.

Nach einer Woche machte der Major General, der das linke Korps der Unionsarmee kommandierte, folgende offizielle Meldung:

›Sir! Ich habe die Ehre, Ihnen betreffs des Gefechts vom

19. d. M. zu berichten, daß meine Truppen nicht ernsthaft in Kämpfe verwickelt wurden, da der Feind sich von meiner Front zurückzog, um seine geschlagene Linke zu verstärken. Ich hatte folgende Verluste: Gefallen ein Offizier, ein Mann.‹

GEORGE THURSTON

Drei Ereignisse im Leben eines Mannes

George Thurston war First Lieutenant und Adjutant im Stabe des Colonels Brough, der eine Brigade der Unionstruppen kommandierte. Colonel Brough führte nur zeitweilig das Kommando als Rangältester, da dem Brigadegeneral nach schwerer Verwundung Erholungsurlaub gewährt worden war. Wenn ich mich recht entsinne, kam Lieutenant Thurston aus dem Regiment Colonel Broughs, in das er zusammen mit seinem Chef sicher wieder zurückversetzt worden wäre, hätte er bis zur Genesung unseres Brigadekommandeurs gelebt. Der Adjutant, an dessen Stelle Thurston trat, war gefallen; und Thurstons Versetzung in unser Regiment war die einzige personelle Veränderung, die sich im Stabe durch den Kommandeurwechsel ergab. Wir mochten den Lieutenant wegen seines ungeselligen Wesens nicht leiden. Doch empfanden das die anderen mehr als ich. Ob im Lager oder auf dem Marsch, ob in der Kaserne, im Zelt oder im Biwak, hatte ich durch meine Aufgaben als Vermessungsingenieur stets alle Hände voll zu tun – tagsüber im Sattel und die halbe Nacht am Zeichentisch, wo ich aus meinen Aufnahmen Karten herstellte. Die Arbeit war gefährlich; je weiter ich an die feindlichen Linien vordringen konnte, desto wertvoller waren meine Aufzeichnungen und die daraus entstehenden Karten. Bei dieser Tätigkeit zählten Menschenleben nichts im Vergleich mit der Aussicht, den Verlauf einer Landstraße genau aufnehmen oder eine Brücke einzeichnen zu können. Bisweilen mußten ganze Reiterschwadronen gegen einen starken Infanterievorposten anrennen, damit die kurze Spanne zwischen der Attacke und dem unvermeidlichen Rückzug genutzt werden konnte, um die Tiefe einer Furt zu erkunden oder den Schnittpunkt zweier Straßen auszumachen.

Es gibt in einigen verborgenen Winkeln von England und Wales in den Kirchspielen die uralte Sitte der ›Flurumgangsprügel‹. An einem bestimmten Tage im Jahr begibt sich die gesamte Einwohnerschaft hinaus und zieht in Prozession die Gemarkung entlang von einem Grenzzeichen zum andern. An den markantesten Stellen hält man an und prügelt junge Burschen tüchtig mit Ruten, auf daß sie sich ihr Leben lang an den Ort erinnern. So werden sie zu Grenzfachleuten. Unsere häufigen Scharmützel mit konföderierten Vorposten, Streifen und Spähtrupps erfüllten denselben erzieherischen Zweck; sie prägten meinem Gedächtnis ein lebhaftes und scheinbar unvergängliches Bild der Örtlichkeit ein – ein Bild, das genaue Geländeaufnahmen ersetzte und das unter peitschenden Karabinerschüssen, Säbelgeklirr und inmitten umherrasender Pferde freilich nicht immer einfach anzufertigen war. Die lebhaften Eindrücke dieser Gefechte zeichneten sich in meinen Beobachtungen in Rot ein.

Als ich mich eines Morgens zu einem ungewöhnlich gefahrvollen Unternehmen an die Spitze meiner Eskorte setzte, ritt Lieutenant Thurston heran mit der Frage, ob ich gegen seine Begleitung etwas einzuwenden hätte; vom kommandierenden Colonel sei ihm die Erlaubnis erteilt worden.

»Absolut nicht«, erwiderte ich ziemlich mürrisch, »aber in welcher Eigenschaft wollen Sie mitkommen? Sie sind nicht Vermessungsingenieur, und Kommandeur des Trupps ist Captain Burling.«

»Ich möchte als Zuschauer dabei sein«, sagte er. Dann schnallte er das Degenkoppel ab, nahm die Pistolen aus den Halftern und gab beides seinem Burschen, der es ins Quartier zurückbrachte. Mir kam die Grobheit meiner Bemerkung zu Bewußtsein, doch fiel mir kein rechtes Wort der Entschuldigung ein, und so schwieg ich.

Am selben Nachmittag stießen wir auf ein ganzes in Schlachtlinie aufmarschiertes Regiment feindlicher Kavallerie und ein Feldgeschütz, das eine volle Meile der Landstraße beherrschte, auf der wir herangekommen waren. Meine Eskorte kämpfte verteilt in den beiden angrenzenden Waldstücken, Thurston jedoch verharrte mitten auf der Straße, über die in kurzen Abständen Kartätschenstürme hinwegfegten und jedesmal die Luft weit auseinanderrissen. Er hatte die Zügel auf den Hals des Pferdes fallen lassen und saß kerzengerade mit verschränkten Armen im Sattel. Doch bald war er unten, denn sein Pferd war zerfetzt worden. Ich ließ Bleistift und Kartentasche ruhen, vergaß meine Pflichten und sah vom Waldrand aus, wie er sich langsam von dem Kadaver befreite und aufstand. In diesem Augenblick jagte wie der Blitz – das Feuer war inzwischen eingestellt worden – mit gezogenem Säbel ein stämmiger Konföderierter auf einem feurigen Pferde die Straße daher. Thurston sah ihn näher kommen, reckte sich zu voller Größe empor und verschränkte abermals die Arme. Er war zu tapfer, vor dem Säbel zurückzuweichen, und meine unhöflichen Worte hatten ihn der Waffen beraubt. Er war Zuschauer. Im nächsten Augenblick wäre er wie eine Makrele in zwei Hälften zerteilt worden, doch ein vom Himmel gelenktes Geschoß warf seinen Angreifer auf die staubige Straße, so nahe schon, daß die Wucht des Ansturms ihn Thurston bis vor die Füße rollen ließ. An diesem Abend fand ich endlich Zeit, während ich meine flüchtigen Aufzeichnungen in die Karte eintrug, eine Entschuldigung zu formulieren, die rundheraus in dem Eingeständnis gipfelte, daß ich wie ein boshafter Dummkopf geredet hatte.

Einige Wochen später ging ein Teil unserer Armee gegen die linke Flanke des Gegners vor. Der Angriff, der durch ein uns nicht vertrautes Gelände auf eine unbekannte Stellung erfolgte, wurde von unserer Brigade angeführt. Der Boden war so unwegsam und das Unterholz so dicht, daß alle berittenen Offiziere und Mannschaften, einschließlich des Brigadekommandeurs und seines Stabes, zu Fuß kämpfen mußten. Im Handgemenge wurde Thurston von uns getrennt; wir fanden ihn schrecklich verwundet erst wieder, als wir die letzte Verteidigungslinie des Feindes genommen hatten. Einige Monate lag er im Lazarett von Nashville im Staate Tennessee, kehrte dann aber wieder zu uns zurück. Über sein Unglück sprach er wenig, nur, daß er die Übersicht verloren habe und in die feindlichen Linien geraten sei, wo man ihn dann niedergeschossen hätte. Einzelheiten aber erfuhren wir von einem, der ihn mit gefangengenommen hatte und der dann in unsere Gefangenschaft geraten war. »Er kam genau auf uns zu, als wir in Schützenkette lagen«, sagte dieser Mann. »Ein ganzer Trupp von uns sprang augenblicklich auf und erhob die Gewehre gegen ihn, einige berührten ihn fast. ›Schmeiß den Säbel weg und ergib dich, verdammter Yankee!‹ rief einer der Vorgesetzten. Der Kerl sah die Reihe der Gewehrläufe entlang, legte seine Arme auf der Brust übereinander, während seine Rechte immer noch den Degen umfaßt hielt, und sprach fest: ›Nein, ich will nicht.‹ Wenn wir alle geschossen hätten, wäre er durchsiebt worden. Einige feuerten nicht, wie ich zum Beispiel. Nichts hätte mich dazu bewegen können.«

Wenn jemand dem Tod ruhig ins Angesicht schaut und sich durch ihn nicht im geringsten beeindrucken lassen will, so stärkt das natürlich sein Selbstbewußtsein. Ich weiß nicht, ob dieses Gefühl in Thurstons unbeugsamer Haltung und seinen ruhig übereinandergelegten Armen zum Ausdruck kam. Anders erklärte sich unser Quartiermeister (der unverbesserlich stotterte, wenn er dem Wein zugesprochen hatte) diesen Umstand eines Tages bei Tisch, als Thurston nicht dabei war: »Das ist so seine A-A-Art, wie er d-d-den inneren D-D-Drang zum Da-Da-Davonlaufen be-bezwingt.«

»Was«, brach es aus mir heraus, und ich erhob mich ungehalten, »Sie unterstellen, daß Thurston ein Feigling ist, und das auch noch in seiner Abwesenheit?«

»Wenn er ein F-F-Feigling w-w-wäre, w-w-würde er diesen D-Drang nicht zu be-be-beherrschen versuchen; und w-wenn er da w-w-wäre, w-würde ich nicht wa-wa-wagen, da-darüber zu sprechen«, antwortete er besänftigend.

George Thurston, dieser unerschrockene Mann, starb eines unwürdigen Todes. Die Brigade befand sich im Lager, das Hauptquartier war in einem Wald mit mächtigen Bäumen aufgeschlagen. An einem oberen Ast eines dieser Bäume hatte ein verwegener Kletterer zwei Enden eines nicht weniger als hundert Fuß langen Seiles als Schaukel befestigt. Hinunterstürzen aus einer Höhe von fünfzig Fuß, im Kreisbogen eines ebenso großen Radius wieder zu gleicher Höhe emporschwingen, dann während eines atemlosen Augenblicks oben verhalten und schließlich in schwindelndem Sturz wieder zurückfliegen – niemand, der es noch nicht versucht hat, vermag sich die Angst dessen vorzustellen, der dies zum ersten Male wagt. Thurston trat eines Tages aus seinem Zelt und bat darum, in das Geheimnis des Schaukelns eingeführt zu werden – in jene Kunst des Streckens und Beugens, die eigentlich schon jeder Junge beherrscht. Schnell hatte er den Trick begriffen und schwang höher, als es selbst die Geübtesten unter uns gewagt hätten. Und schauderte beim Anblick seiner gefährlichen Flüge.

»L-l-laßt ihn a-a-anhalten«, sagte der Quartiermeister, der träge aus dem Speisezelt geschlichen kam, wo er das Mittagsmahl eingenommen hatte. »Er w-w-weiß nicht, d-daß d-d-der Schwung aufhört, w-w-wenn er zu weit hi-hi-hinaufffliegt.«

Thurstons kräftiger, in der Schaukel stehender Körper schoß mit solcher Gewalt durch die Luft, daß er an jedem Ende des immer größer werdenden Bogens fast waagerecht lag. Wenn er einmal über die Höhe der Seilbefestigung hinausschwang, würde er verloren sein; das Seil würde die Spannung verlieren und er so weit senkrecht unter die Horizontale stürzen, wie er darüber gewesen war. Da das Seil sich dann plötzlich straffen würde, mußte es seinen Händen entgleiten. Alle sahen die Gefahr, jeder schrie und versuchte ihm mit wilden Armbewegungen deutlich zu machen, er solle aufhören, wenn er, verschwommen und mit dem Geräusch einer vorbeisausenden Kanonenkugel durch den tieferen Bereich seines verhängnisvollen Pendelschlages schwang. Eine Frau, die etwas abseits stand, wurde ohnmächtig und sank unbemerkt zu Boden. Scharen von Angehörigen eines Nachbarregiments liefen laut schreiend aus dem Lager herbei, um ihn zu sehen. Plötzlich, als Thurston eben wieder nach oben schwang, verstummte das Geschrei.

Thurston und die Schaukel hatten sich getrennt – das ist alles, was man weiß; beide Hände hatten zu gleicher Zeit das Seil losgelassen. Die Schwungkraft der leichten Schaukel ließ nach, das Seil entspannte sich und fiel zurück; das dem fliegenden Körper innewohnende Bewegungsmoment trug ihn in fast aufrechter Stellung in die Höhe und vorwärts, nicht mehr in seinem bisherigen Bogen, sondern in einer nach außen gehenden Linie. Es konnte nur ein Augenblick gewesen sein, doch schien er endlos. Ich schrie oder glaubte zu schreien: »Mein Gott! Wie hoch fliegt er denn noch?« Dicht neben dem Ast eines Baumes sauste er vorbei. Ich erinnere mich eines Gefühls der Erleichterung bei dem Gedanken, er könnte ihn ergreifen und sich retten. Ich erwog die Möglichkeit, ob der Ast sein Gewicht tragen würde. Doch er schoß über ihn hinaus und hob sich von meinem Blickwinkel aus scharf gegen das Blau des Himmels ab. Heute noch, nach vielen Jahren, sehe ich deutlich das Bild eines Mannes am Himmel vor mir, sein Kopf aufrecht, die Füße eng geschlossen, die Hände – ja, die Hände sehe ich nicht! Auf einmal dreht er sich mit erstaunlicher Plötzlichkeit und Schnelle vornüber und stürzt nach unten. Die Menge schreit abermals auf und drängt unwillkürlich vorwärts. Man sieht nur noch etwas durch die Luft wirbeln, vor allem die Beine. Und da ein unbeschreiblicher Laut, der Laut eines Aufschlages, der die Erde erschüttert. Männern, die den Tod in den grauenhaftesten Erscheinungen gesehen haben, wird übel. Viele verlassen schwankend den Ort des Geschehens; andere stützen sich gegen einen Baum oder lassen sich auf Wurzeln nieder. Der Tod hat unfair gekämpft; er hat mit einer unbekannten Waffe zugeschlagen, sich einer neuen, beängstigenden Kriegslist bedient. Wir wußten nicht, daß er über so entsetzliche Hilfsmittel, solch gräßliche Schreckensmöglichkeiten verfügt.

Thurstons Körper lag auf dem Rücken. Das eine, abwärts geknickte Bein war oberhalb des Knies gebrochen, und der Knochen stak in der Erde. Der Leib war zerplatzt, die Eingeweide quollen heraus. Das Genick war gebrochen.

Die Arme lagen fest auf der Brust verschränkt.

DIE SPOTTDROSSEL

Zeit: Ein schöner Sonntagnachmittag im Frühherbst des Jahres 1861.

Ort: Die Mitte eines Waldes im gebirgigen Südwesten Virginias. Man sieht Soldat Grayrock von der Unionsarmee bequem zwischen den Wurzeln eines mächtigen Nadelbaumes sitzen, an dessen Stamm er sich lehnt; die Beine hat er lang ausgestreckt; sein Gewehr liegt quer über den Oberschenkeln; die Hände (gefaltet, damit sie nicht seitlich abrutschen) ruhen auf dem Lauf der Waffe. Der Druck seines Hinterkopfes gegen den Baum hat ihm die Mütze so weit über die Augen heruntergeschoben, daß sie kaum noch zu sehen sind; ein zufälliger Beobachter würde behaupten, er schliefe.

Soldat Grayrock schlief nicht, dies würde die Interessen der Vereinigten Staaten gefährdet haben, denn er befand sich weit außerhalb der eigenen Linien und hatte Gefangennahme oder Tod von Feindeshand zu gewärtigen. Überdies war er in einer Gemütsverfassung, die friedliche Entspannung nicht eben begünstigte. Die Ursache seiner Beunruhigung war folgendes: Während der vorangegangenen Nacht hatte er zur Sicherungslinie gehört und war in eben diesem Walde als Posten aufgestellt worden. Die Nacht war zwar mondlos, aber klar, doch im Waldesdüster herrschte tiefe Dunkelheit. Grayrocks Standort war von dem der rechts und links anschließenden Posten ein ganzes Stück entfernt, denn die Vorpostenkette war unnötig weit vor dem Lager aufgestellt worden, wodurch sich die Linie für eine eingesetzte Truppe als zu lang erwies. Der Krieg hatte eben erst begonnen, und die Militärlager waren noch in dem Irrtum befangen, ihr Schlaf wäre durch weit vorgeschobene dünne Linien vor feindlichen Angriffen besser gesichert als durch kurz davor aufgestellte Postenketten. Und sie waren tatsächlich darauf angewiesen, von der Annäherung des Feindes so früh wie möglich Nachricht zu erhalten, denn damals huldigten sie noch dem höchst unsoldatischen Brauch, sich auszukleiden. Am Morgen des denkwürdigen 6. April waren bei Shiloh viele der Männer des Generals Grant nackt wie Zivilisten, als sie auf konföderierte Bajonette gespießt wurden, doch sollte man eingestehen, daß dies nicht auf eine fehlerhafte Aufstellung ihrer Vorposten zurückzuführen war. Der Fehler lag damals ganz woanders: sie hatten überhaupt keine Vorpostenlinie. Aber dies alles ist vielleicht eine ungerechtfertigte Abschweifung. Es ist ja nicht meine Aufgabe, den Leser für das Schicksal einer Armee zu interessieren; uns geht hier lediglich das des Soldaten Grayrock an.

Nachdem man ihn in jener Sommernacht auf seinem einsamen Posten zurückgelassen hatte, stand er zwei Stunden lang reglos da, lehnte sich an den Stamm eines großen Baumes, starrte in das Dunkel vor sich und versuchte, ihm bekannte Gegenstände wiederzuerkennen, denn er hatte am selben Fleck schon tagsüber auf Posten gestanden. Aber alles war jetzt ganz anders. Er sah die Dinge jetzt nicht mehr im einzelnen, sondern zu Gruppen zusammengeballt, deren Umrisse – er hatte sie nicht beachtet, als es mehr zu beachten gab – ihm nun fremd waren. Sie schienen vorher nicht dort gewesen zu sein. Außerdem läßt sich ein Landschaftsbild, das nur aus Bäumen und Unterholz besteht, schwer umschreiben; es ist verworren und ohne markante Punkte, an denen der Blick sich orientieren kann. Wenn nun noch die Dunkelheit einer mondlosen Nacht hinzukommt, dann bedarf es mehr als einer beachtlichen angeborenen Intelligenz und einer städtischen Schulbildung, um den Ortssinn nicht zu verlieren. Und so geschah es denn, daß Soldat Grayrock, nachdem er den Raum vor sich aufmerksam beobachtet und dann unklugerweise eine Inspektion der ganzen, nur schwach sichtbaren Umgebung vorgenommen hatte (er lief leise um seinen Baum herum, um dies zu bewerkstelligen), die Richtung verlor und damit seinen Nutzen als Schildwache wesentlich herabminderte. Soldat Grayrock war zutiefst darüber beunruhigt, daß er sich auf seinem Posten verlaufen hatte – daß er nicht mehr wußte, in welcher Richtung er nach dem Feinde Ausschau halten sollte und wo das schlafende Lager zu suchen war, für dessen Sicherheit er mit dem Leben einzustehen hatte. Außerdem wurde er sich der Peinlichkeit seiner Lage auch in anderer Hinsicht bewußt und stellte Betrachtungen über seine persönliche Sicherheit an. Auch blieb ihm keine

Zeit, seine Gemütsruhe wiederzuerlangen, denn fast im selben Augenblick, als ihm seine mißliche Lage klargeworden war, hörte er Blätter rascheln und heruntergefallene Zweige knakken, und als er sich mit vor Angst aussetzendem Herzen in die Richtung wandte, woher das Geräusch kam, sah er undeutlich im Dunkel die Umrisse einer menschlichen Gestalt.

»Halt!« schrie Soldat Grayrock gebieterisch, wie es die Dienstvorschrift verlangte, und unterstrich den Anruf durch das scharfe metallische Schnappen, mit dem er sein Gewehr spannte, »wer da?«

Es kam keine Antwort, zum mindesten nicht sofort, und wenn dann doch eine gegeben wurde, ging sie im Knall des Postengewehrs unter. In der Stille der Nacht und des Waldes war der Lärm ohrenbetäubend, und kaum war er verklungen, als er von den Waffen der rechts und links anschließenden Posten wiederholt wurde – ein sympathetisches Salvenfeuer. Zwei Stunden lang schon hatte jeder dieser verkleideten Zivilisten in seine Phantasie Feinde erzeugt und die Wälder vor sich damit bevölkert; Grayrocks Schuß hatte nun dieser ganzen vordringlichen Heerschar zu sichtbarem Dasein verholfen. Jeder, der sein Gewehr abgefeuert hatte, zog sich atemlos auf die Reservestellung zurück – alle außer Grayrock, der ja nicht wußte, in welche Richtung er sich zurückziehen sollte. Als kein Feind erschien und das zwei Meilen entfernte alarmierte Lager sich wieder ausgezogen hatte und zu Bett gegangen war, wurde die Vorpostenlinie wieder vorsichtig aufgestellt; dabei entdeckte man ihn, wie er immer noch tapfer seinen Posten hielt, und der Vorposten-Offizier bezeichnete ihn lobend als den einzigen Soldaten in der ganzen verfluchten Horde, dem man mit Recht den gar nicht so alltäglichen Ruhmestitel ›Teufelskerl‹ für seine einwandfreie Kampfmoral zuerkennen könne.

Inzwischen hatte Grayrock jedoch eingehend, wenn auch erfolglos, nach den sterblichen Überresten des Eindringlings geforscht, auf den er geschossen hatte und den er, wie ihm sein untrügliches Scharfschützenfeingefühl sagte, auch getroffen haben mußte; denn er war einer jener geborenen Schützen, die ohne Ziel, nur von einem instinktiven Richtungssinn geleitet, losschießen und nachts beinahe ebenso gefährlich sind wie bei

Tage. Die volle Hälfte seines vierundzwanzigjährigen Lebens hindurch war er in drei Städten der Schrecken aller Schießscheiben gewesen. Da er jetzt sein totes Wild nicht vorweisen konnte, war er vorsichtig genug, den Mund zu halten, und heilfroh über die selbstverständliche Annahme seines Offiziers und seiner Kameraden, daß er nichts Feindliches erblickt haben könne, da er ja nicht davongelaufen war. Seine ›ehrenvolle Erwähnung‹ jedenfalls hatte er sich nur dadurch verdient, daß er nicht ausgerissen war.

Trotz alledem gab sich Soldat Grayrock mit dem Ausgang seines nächtlichen Abenteuers keineswegs zufrieden; am nächsten Tage kam er unter einem einigermaßen glaubhaften Vorwand um einen Passierschein zum Überschreiten der Frontlinie ein, den der Kommandierende General in Anerkennung seiner in der vergangenen Nacht bewiesenen Tapferkeit bewilligte; dann überschritt er die Front an der Stelle, wo sich der Vorfall abgespielt hatte. Er sagte dem Posten, der jetzt dort stand, er habe etwas verloren – was gar nicht so unrichtig war –, und nahm die Suche nach dem Menschen, den er erschossen zu haben glaubte, wieder auf; sollte er ihn nur verwundet haben, so hoffte er ihn zu finden, indem er der Blutspur nachging. Doch hatte er bei Tageslicht nicht mehr Erfolg als im Dunkel der Nacht, und nachdem er ein weites Gebiet abgesucht hatte und mutig ein ganzes Stück in die ›Konföderation‹ vorgedrungen war, gab er die Suche ermüdet auf, ließ sich an der Wurzel des Baumes nieder, wo wir ihn erblickt haben, und gab sich seiner Enttäuschung hin.

Nun muß man nicht glauben, daß Grayrock den Verdruß eines grausamen Menschen empfand, der am Begehen einer Bluttat gehindert worden ist. Die klaren, großen Augen, die schön geschwungenen Lippen und die hohe Stirn des jungen Mannes ließen etwas ganz anderes vermuten, und tatsächlich war sein Charakter eine ungewöhnlich glückliche Mischung von Draufgängertum und Zartgefühl, Mut und Gewissen.

»Ich empfinde ein Gefühl der Enttäuschung«, sagte er zu sich selbst, als er dort unter dem goldenen Dunstschleier saß, in den der Wald wie in ein hauchzartes Meer getaucht war, »bin enttäuscht, weil ich einen Mitmenschen nicht entdecken kann, der durch meine Hand gestorben ist! Liegt mir denn wirklich so viel daran, ein Leben in Erfüllung meiner Pflicht vernichtet zu haben, die ebensogut ohne diese Tat erfüllt worden ist? Was könnte ich Besseres wünschen? Wenn wirklich eine Gefahr drohte, so hat mein Schuß sie abgewendet; dies ist genau das, was von mir erwartet wurde, als man mich dort hinstellte. Nein, ich bin sogar froh, daß kein Menschenleben ohne Not von mir ausgelöscht worden ist. Aber ich bin in einer mißlichen Lage. Ich habe mich ohne Widerspruch von meinen Offizieren belobigen und von meinen Kameraden beneiden lassen. Das Lager hallt vom Ruhm meiner Tapferkeit wider. Das ist nicht gerecht; ich weiß, daß ich Mut habe, aber dieses Lob gilt Taten, die ich nicht vollbracht oder auf ganz andere Art vollbracht habe. Man nimmt an, daß ich, ohne zu feuern, tapfer auf meinem Posten ausgehalten habe, während ich es doch war, der die Schießerei einleitete, und ich bin in der allgemeinen Aufregung nur deshalb nicht mit zurückgegangen, weil ich nicht wußte, wohin. Aber was soll ich denn tun? Erklären, daß ich einen Feind sah und deshalb feuerte? Das haben alle anderen auch behauptet, und niemand glaubt es ihnen. Soll ich eine Wahrheit von mir geben, die meinen Mut herabsetzt und doch nur als Lüge angesehen wird? Uff, das ist wirklich 'ne häßliche Sache! Gebe Gott, daß ich meinen Mann doch noch finde!«

In diesem Wunsche wurde Soldat Grayrock endlich von der Nachmittagsmattigkeit überwältigt, von dem geruhsamen, einförmigen Insektengesumm in einigen duftenden Büschen eingelullt und mißachtete die Interessen der Vereinigten Staaten so weit, daß er einschlief und sich der Gefahr der Gefangennahme aussetzte. Und mit dem Schlaf versank er in Träume.

Er war wieder ein Junge und wohnte in einem weit entfernten, schönen Land am Ufer eines mächtigen Stromes, auf dem die hochgebauten Flußdampfer stolz stromauf und stromab glitten unter ihren emporgetürmten Rauchwolken, die von ihnen schon Kunde gaben, wenn sie noch lange nicht die Flußwindungen umrundet hatten, und die ihren Fahrweg andeuteten, wenn sie noch meilenweit außer Sicht waren. Wenn er sie beobachtete, war stets ein Mensch bei ihm und an seiner Seite, dem er mit Herz und Seele in Liebe ergeben war – sein Zwillingsbruder. Gemeinsam wanderten sie an den Ufern des Stromes dahin; gemeinsam unternahmen sie Entdeckungsreisen in die weiter abliegenden Gefilde und pflückten würzige Minze und duftende Sassafraszweige in den Bergen, die alles überragten, hinter denen das ›Traumreich‹ lag und von wo aus sie im Süden, jenseits des mächtigen Stroms, Blicke in das ›Zauberland‹ werfen konnten. Hand in Hand, eines Herzens und eines Sinnes, wandelten die beiden – die einzigen Kinder einer verwitweten Mutter – auf Pfaden des Lichts durch Täler des Friedens und sahen Neues unter einer neuen Sonne. Und durch all diese goldenen Tage hindurch schwebte, ohne je auszusetzen, ein Klang – das vielfältige, mitreißende Lied einer Spottdrossel in einem Käfig an der Hüttentür. Es durchdrang und beherrschte alle Phasen des Traumverlaufs wie ein musikalischer Segen. Der fröhliche Vogel sang immer; seine unendlich mannigfachen Lieder schienen ihm bei jedem Herzschlag in Bläschen und Rinnsalen mühelos aus der Kehle zu dringen wie die Wasser einer pulsierenden Quelle. Die frische, klare Melodie schien den Geist des Schauplatzes vollendet zu verkörpern, schien die Mysterien von Leben und Liebe auszudrücken und sinnvoll zu gestalten.

Doch eine Zeit kam, da wurden die Tage des Traums trüb von Kummer und waren in einen Tränenregen gehüllt. Die gute Mutter war tot, das Wiesenheim am großen Strom wurde abgerissen, und die Brüder wurden getrennt zu zwei Verwandten gegeben. William (der Träumer) kam in eine volkreiche Stadt im ›Traumreich‹; John mußte über den Strom ins ›Zauberland‹ und wurde in eine ferne Gegend gebracht, deren Bewohner in ihren Lebensgewohnheiten und ihrem Verhalten seltsam und böse sein sollten. Bei der Teilung der Habe ihrer Mutter war ihm das zugefallen, was sie allein für wertvoll erachteten – die Spottdrossel. Die beiden konnte man auseinanderreißen, nicht aber die Drossel, und so wurde sie in das fremde, seltsame Land hinweggeführt und der Welt Williams für immer entrissen. Und doch erfüllte sie jetzt den ganzen Traum hindurch auch die folgende Zeit seiner Einsamkeit mit ihrem Lied; es schien ihm unaufhörlich in Ohr und Seele zu dringen.

Die Verwandten, die die Jungen adoptiert hatten, waren verfeindet und verkehrten nicht miteinander. Eine Zeitlang noch gingen Briefe zwischen ihnen hin und her voll knabenhafter Prahlerei und ruhmredigen Berichten von ihren neuen und größeren Erlebnissen – übersteigerte Beschreibungen ihres sich immer weiter spannenden Lebens und der neuen Welten, die sie sich erobert hatten; doch allmählich wurde der Briefwechsel stockender, und mit Williams Übersiedlung in eine andere größere Stadt hörte er ganz auf. Doch unablässig tönte das Lied der Spottdrossel durch all diese Erlebnisse hindurch, und als der Träumer die Augen aufschlug und in die Durchblicke des Kiefernwaldes starrte, machte ihm erst das Aufhören der Musik richtig klar, daß er erwacht war.

Die Sonne stand tief und rot im Westen; die flachen Strahlen warfen hinter jedem Stamm der Riesenbäume eine Schattenwand auf, die den goldenen Dunst nach Osten hin durchschnitt, bis Licht und Schatten in unentschiedenem Blau zusammenflossen.

Soldat Grayrock erhob sich, blickte sich vorsichtig um, schulterte das Gewehr und machte sich nach dem Lager auf. Er war vielleicht eine halbe Meile gegangen und durchschritt soeben ein Lorbeerdickicht, als ein Vogel aus dessen Mitte aufflog, sich oben auf einem Ast niedersetzte und seiner freudegeschwellten Brust so unerschöpfliche Sangesfluten entströmen ließ, wie sie nur ein einziges von Gottes Geschöpfen zu Seinem Lobe ausstoßen kann. Es war wenig Mühe dabei – der Vogel brauchte nur den Schnabel aufzumachen und zu atmen; doch der Mann hielt an, wie vom Donner gerührt – hielt an und ließ sein Gewehr fallen, blickte zu dem Vogel hinauf, bedeckte die Augen mit den Händen und weinte wie ein Kind! Für den Augenblick war er in seiner geistigen Verfassung und seiner Erinnerung wirklich ein Kind, wohnte wieder am großen Strom gegenüber dem Zauberland! Dann riß er sich zusammen, hob seine Waffe auf, nannte sich laut einen Idioten und schritt weiter. Als er an einer Öffnung vorbeikam, die ins Innere des kleinen Dickichts führte, blickte er hinein, und dort, auf dem Rükken liegend, die Arme weit ausgestreckt, die graue Uniform von einem einzigen Blutfleck gerötet, das bleiche Gesicht scharf nach oben und hinten gekehrt, lag das Abbild seiner selbst – der Leichnam von John Grayrock, gestorben an einem Gewehrschuß und noch warm! Er hatte seinen Mann gefunden.

Als der unglückliche Soldat neben dieser Meisterleistung des Bürgerkrieges niederkniete, brach der Vogel auf dem Zweig oben sein lautes Lied ab und glitt, von der Pracht des Sonnenuntergangs in Rot getaucht, schweigend durch die feierlichen Waldesräume davon. An jenem Abend erfolgte beim Appell keine Antwort, als der Name William Grayrock aufgerufen wurde; und auch später niemals wieder.

DER MANN AUS DER NASE

An der Kreuzung zweier bestimmter Straßen in jenem Teil San Franciscos, der unter dem ziemlich unbestimmten Namen North Beach bekannt ist, befindet sich ein Stück unbebauten Landes, das nahezu völlig eben ist, eine Seltenheit bei Grundstücken in dieser Gegend, ob nun bebaut oder nicht. Unmittelbar dahinter, Richtung Süden, steigt das Gelände jedoch steil an, wobei der Hang durch drei in den weichen Felsen geschnittene Terrassen zerteilt wird. Es ist ein Ort für Ziegen und arme Leute, und verschiedene Familien beider Arten haben ihn gemeinsam und in Eintracht ›seit Gründung der Stadt‹ in Besitz. Eine der ärmlichen Behausungen auf der untersten Terrasse ist bemerkenswert dadurch, daß sie grobe Ähnlichkeit mit einem menschlichen Gesicht aufweist oder vielmehr an die Nachbildung eines solchen erinnert, wie sie ein Junge aus einem hohlen Kürbis schnitzen würde, ohne seine Rasse in irgendeiner Hinsicht schmähen zu wollen. Zwei kreisrunde Fenster sind die Augen, eine Tür ist die Nase, und eine Öffnung, die durch das Entfernen eines Brettes darunter entstanden ist, stellt den Mund dar. Stufen gibt es nicht. Als Gesicht ist dieses Haus zu groß, als Wohnstatt zu klein. Der stumpfe, nichtssagende Blick seiner lid- und brauenlosen Augen wirkt unheimlich.

Manchmal tritt ein Mann aus der Nase, dreht sich um, geht an der Stelle vorbei, wo das rechte Ohr sein sollte, bahnt sich einen Weg durch das Gedränge der Kinder und Ziegen, die den schmalen Steig zwischen den Türen seiner Nachbarn und der Kante der Terrasse füllen, und gelangt über eine Flucht baufälliger Stufen hinunter zur Straße. Hier hält er inne, um einen Blick auf die Uhr zu werfen, und der Fremde, der zufällig vorbeikommt, fragt sich, warum es einen Mann wie diesen da interessieren könnte, wie spät es ist. Längere Beobachtungen würden ihm zeigen, daß die Tageszeit ein bedeutendes Element in den Bewegungen dieses Mannes darstellt, denn genau um zwei Uhr nachmittags kommt er zum Vorschein, 365mal im Jahr.

Hat er sich überzeugt, daß ihm hinsichtlich der Zeit kein Fehler unterlaufen ist, verwahrt er die Uhr wieder und geht schnell in südlicher Richtung zwei Häuserblocks die Straße entlang, wendet sich alsdann nach rechts und richtet, wenn er sich der nächsten Ecke nähert, den Blick auf eines der oberen Fenster eines dreistöckigen Gebäudes auf der anderen Straßenseite. Dieses etwas düstere Bauwerk, ursprünglich aus roten Ziegeln errichtet, jetzt jedoch grau, weist Zeichen des Alters und des Schmutzes auf. Ursprünglich als Wohnhaus gedacht, dient es jetzt als Fabrik. Ich weiß nicht, was dort hergestellt wird; vermutlich die Dinge, die gemeinhin in einer Fabrik hergestellt werden. Ich weiß nur, daß es außer sonntags jeden Tag um zwei Uhr von Betriebsamkeit und Getöse erfüllt ist; der Pulsschlag einer großen Maschine läßt es erbeben, und man hört immer wieder den Aufschrei von Holz, das von einer Säge gepeinigt wird. Nicht das geringste ist an dem Fenster zu sehen, auf das der Mann so gespannt und erwartungsvoll starrt; wahrhaftig ist die Scheibe von einer derartigen Staubschicht bedeckt, daß sie längst aufgehört hat, durchsichtig zu sein. Der Mann sieht hin, ohne stehenzubleiben; er wendet lediglich den Kopf immer weiter zurück, so wie er das Gebäude hinter sich liegen läßt. Hat er die nächste Straßenecke erreicht, so biegt er nach links, geht um den Block und kommt wieder zurück bis zu einem Punkt auf der anderen Straßenseite, der der Fabrik diagonal gegenüberliegt – einem Punkt auf seiner früheren Strecke, die er alsdann zurückverfolgt, wobei er häufig über die rechte Schulter nach hinten zu dem Fenster blickt, solange es noch zu sehen ist. Nie hat man in all den Jahren erlebt, daß er seine Route geändert oder auch nur eine einzige Veränderung in seiner Verhaltensweise vorgenommen hätte. Binnen einer Viertelstunde befindet er sich wieder am Mund seiner Behausung, und eine Frau, die seit einiger Zeit in der Nase steht, hilft ihm, einzutreten. Nun ist er erst am nächsten Tag um zwei Uhr wieder zu sehen.

Die Frau ist seine Gattin. Sie bestreitet den Lebensunterhalt für sich und ihn dadurch, daß sie für die armen Leute wäscht, unter denen sie leben, gegen eine Entlohnung, welche die chinesische und inländische Konkurrenz ruiniert.

Dieser Mann ist etwa siebenundfünfzig Jahre alt, obwohl er bedeutend älter aussieht. Sein Haar ist schlohweiß. Er trägt keinen Bart und ist stets frisch rasiert. Seine Hände sind sauber, die Nägel gepflegt. Die Art und Weise, wie er sich kleidet, hebt ihn deutlich über seine Lage, soweit diese durch seine Umgebung und die Tätigkeit seiner Frau angezeigt ist. Er ist in der Tat sehr geschmackvoll, wenn nicht gar ganz der Mode entsprechend gekleidet. Sein seidener Hut stammt allerhöchstens aus dem vorletzten Jahr, und seine tadellos geputzten Schuhe zeigen keine Flicken. Man hat mir gesagt, daß der Anzug, den er während seiner täglichen fünfzehnminütigen Spaziergänge trägt, nicht derselbe ist, den er daheim anzieht. Wie alle sonstige Habe des Mannes wird dieses Kleidungsstück von seiner Frau aufbewahrt, in Ordnung gehalten und so häufig erneuert, wie ihre kärglichen Mittel dies gestatten.

Vor dreißig Jahren lebten John Hardshaw und seine Frau in Rincon Hill in einem der schönsten Häuser dieses einst aristokratischen Viertels. Er war früher Arzt gewesen, hatte jedoch von seinem Vater ein beträchtliches Vermögen geerbt, so daß er sich nicht länger um die Gebrechen seiner Mitmenschen sorgte und im Betreiben der eigenen Angelegenheiten soviel Beschäftigung fand, wie es ihm beliebte. Sowohl er als auch seine Gattin waren sehr gebildete Menschen, und ihr Haus war häufig Treffpunkt einer kleinen Schar solcher Männer und Frauen, wie sie Leute ihres Geschmacks eines Verkehrs für würdig erachteten. Soviel diese Personen wußten, lebten Mr. und Mrs. Hardshaw glücklich miteinander, die Gattin war ihrem gut aussehenden und vollkommenen Mann ganz gewiß ergeben und über die Maßen stolz auf ihn.

Zu ihren Bekannten zählten die Barwells – Mann und Frau und zwei kleine Kinder – aus Sacramento. Mr. Barwell war ein Tief- und Bergbauingenieur, dessen Pflichten ihn häufig von zu Hause fernhielten und des öfteren nach San Francisco riefen. Seine Frau begleitete ihn für gewöhnlich und verbrachte viel Zeit im Hause ihrer Freundin, Mrs. Hardshaw, nie ohne ihre zwei Kinder, die Mrs. Hardshaw, selbst kinderlos, sehr ins Herz geschlossen hatte. Unglücklicherweise schloß ihr Gatte gleichermaßen deren Mutter ins Herz – sogar beträchtlich stärker. Und zu allem Unglück war die attraktive Lady weniger klug als schwach.

An einem Herbstmorgen, etwa um drei Uhr, sah der Beamte Nr. 13 der Polizei von Sacramento einen Mann verstohlen aus dem Hintereingang des Wohnhauses eines Gentleman treten und nahm ihn auf der Stelle fest. Der Mann – der einen Schlapphut und einen Überrock aus grobem Tuch trug – bot dem Polizisten einhundert, sodann fünfhundert und danach eintausend Dollar an, wenn er ihn freiließe. Da er weniger bei sich trug als die zuerst genannte Summe, behandelte der Beamte den Vorschlag mit tugendsamer Verachtung. Noch ehe sie die Polizeistation erreichten, willigte der Festgenommene ein, ihm einen Scheck über zehntausend Dollar zu geben und im Weidengebüsch am Flußufer angekettet zu bleiben, bis sie ausgezahlt waren. Da dies nur neuen Spott hervorrief, sagte er nichts mehr und gab nur einen offensichtlich erfundenen Namen an. Als er auf der Polizeistation durchsucht wurde, entdeckte man bei ihm nichts Wertvolles außer einer Miniatur von Mrs. Barwell – der Dame des Hauses, bei dem er festgenommen worden war. Das Etui war mit kostbaren Diamanten besetzt; und etwas in der Qualität der Wäsche des Mannes rief in dem unbestechlichen Herzen des gestrengen Beamten Nr. 13 doch ein vergebliches schmerzendes Bedauern hervor. Der Gefangene hatte nichts an seiner Kleidung oder am Leibe, was ihn hätte identifizieren können, und so wurde er unter dem Namen, den er angegeben hatte, nämlich dem ehrenwerten Namen John K. Smith, wegen Einbruchs in Haft genommen. Das K. war eine Eingebung, auf die er zweifellos sehr stolz war.

In der Zwischenzeit erregte das geheimnisvolle Verschwinden von John Hardshaw die Klatschmäuler von Rincon Hill in San Francisco und fand sogar in einer der Zeitungen Erwähnung. Der Dame, die von dem Blatt rücksichtsvoll als ›seine Witwe‹ bezeichnet wurde, kam es gar nicht in den Sinn, im Stadtgefängnis von Sacramento nach ihm zu suchen – einer Stadt, von der niemand wußte, daß er sie je aufgesucht hätte. Als John K. Smith war er festgenommen und unter Verzicht auf eine Untersuchung bis zum Prozeß inhaftiert worden.

Etwa zwei Wochen vor der Gerichtsverhandlung erfuhr Mrs. Hardshaw rein zufällig, daß ihr Gatte wegen des Verdachts des Einbruchs in Sacramento unter einem falschen Namen festgehalten wurde, eilte dorthin, ohne daß sie wagte, die Sache irgend jemandem gegenüber zu erwähnen, begab sich zum Gefängnis und bat um eine Aussprache mit ihrem Gatten, John K. Smith. Ausgezehrt und krank vor Sorge, in einen einfachen Reiseumhang gehüllt, der sie vom Hals bis zu den Füßen bedeckte und in dem sie die ganze Nacht auf dem Dampfboot verbracht hatte, zu aufgeregt, um Schlaf zu finden, konnte man ihr schwerlich ansehen, wer sie war, aber ihr Auftreten sprach stärker für sie als alles, was sie zur Begründung ihres Anspruchs, vorgelassen zu werden, sich vorgenommen hatte zu sagen. Man gestattete ihr, ihn allein zu sprechen.

Was während dieser bedrückenden Begegnung geschah, ist niemals durchgesickert; die späteren Ereignisse beweisen jedoch, daß Hardshaw Mittel und Wege fand, sie zu veranlassen, ihren Willen dem seinen unterzuordnen. Sie verließ das Gefängnis als gebrochene Frau, weigerte sich, auch nur eine einzige Frage zu beantworten, kehrte in ihr einsames Heim zurück und nahm die Nachforschungen nach dem vermißten Gatten in halbherziger Weise wieder auf. Eine Woche später war sie selbst verschwunden; sie war ›zurück in die Staaten‹ gegangen – mehr wußte keiner.

Bei der Verhandlung bekannte der Gefangene sich schuldig – ›auf Rat seines Rechtsbeistandes‹, wie sein Anwalt erklärte. Nichtsdestotrotz bestand der Richter, bei dem verschiedene ungewöhnliche Umstände Zweifel ausgelöst hatten, darauf, daß der Staatsanwalt den Beamten Nr. 13 in den Zeugenstand rief, und die Aussage von Mrs. Barwell, die zu krank war, um der Verhandlung beizuwohnen, wurde den Geschworenen vorgelesen. Sie war sehr kurz: Sie wisse nichts in dieser Sache, außer daß das Bild ihr gehörte und, wie sie meinte, wohl auf dem Wohnzimmertisch liegengeblieben war, als sie in der Nacht der Festnahme zu Bett gegangen war. Sie hatte es als Geschenk für ihren Gatten gedacht, der damals wie auch zur Zeit noch in geschäftlichen Angelegenheiten für eine Bergbaugesellschaft in Europa unterwegs war.

Das Verhalten dieser Zeugin während der Befragung in ihrer Wohnung wurde später durch den Staatsanwalt als höchst außergewöhnlich bezeichnet. Zweimal verweigerte sie die Aussage, und als das Protokoll nur noch ihrer Unterschrift bedurfte, riß sie es dem Beamten aus den Händen und in Stücke. Sie rief ihre Kinder ans Bett und umarmte sie mit strahlenden Augen, dann schickte sie sie plötzlich aus dem Zimmer, bestätigte ihre Aussage mit Eid und Unterschrift und sank in Ohnmacht – ›war glatt weg‹, wie der Staatsanwalt sich ausdrückte. Just in dem Moment erschien ihr Arzt auf der Bildfläche, erfaßte die Situation mit einem Blick, packte den Vertreter des Gesetzes beim Kragen, stieß ihn auf die Straße und expedierte seinen Helfer hinterdrein. Die beleidigte Majestät des Gesetzes verteidigte sich nicht; das Opfer dieser Schmach ließ gar von alledem vor Gericht kein Wort verlauten. Er war darauf erpicht, seinen Fall zu gewinnen, und die Umstände, unter denen die Zeugenaussage eingeholt worden war, waren nicht solcherart, als daß sie ihr besonderes Gewicht verliehen hätten, wären sie berichtet worden; zu alledem hatte sich der vor Gericht Gestellte eine nur geringfügig ruchlosere Beleidigung der

Majestät des Gesetzes zuschulden kommen lassen als der ergrimmte Arzt.

Auf Vorschlag des Richters lautete das Urteil der Geschworenen: Schuldig! Nun war nichts weiter zu tun, und der Gefangene wurde zu drei Jahren Gefängnis verurteilt. Sein Anwalt, der niemals Einspruch erhoben und auch nicht um Strafmilderung nachgesucht hatte – er hatte in der Tat kaum ein Wort verloren – drückte seinem Klienten die Hand und verließ den Saal. Dem gesamten Gerichtshof war offensichtlich, daß er nur bestellt worden war, um zu verhindern, daß das Gericht einen Rechtsbeistand einsetzte, der möglicherweise darauf bestanden hätte, eine Verteidigung zu führen.

John Hardshaw saß seine Strafe in San Quentin ab und wurde bei der Entlassung am Gefängnistor von seiner Frau in Empfang genommen, die ›aus den Staaten‹ zurückgekehrt war, um ihn abzuholen. Man nimmt an, daß sie geradewegs nach Europa gingen; jedenfalls wurde in Paris einem noch unter uns weilenden Rechtsanwalt – von dem ich viele Fakten dieser einfachen Geschichte erhalten habe – eine Generalvollmacht ausgestellt. Dieser Anwalt verkaufte binnen kurzer Zeit alles, was Hardshaw in Kalifornien besaß; und jahrelang hörte man nichts von dem unglücklichen Paar; gleichwohl erinnerten sich viele, die die Hardshaws gekannt hatten und denen einige unklare und ungenaue Einzelheiten dieser seltsamen Geschichte zu Ohren gekommen waren, ihrer beider Wesenszüge mit Liebe und ihres Unglücks mit Mitgefühl.

Einige Jahre später kehrten sie zurück, beide seelisch gebrochen, ohne Vermögen und er mit zerrütteter Gesundheit. Den Zweck ihrer Rückkehr habe ich nie feststellen können. Eine Zeitlang wohnten sie unter dem Namen Johnson in einem doch recht angesehenen Viertel südlich der Market Street und standen sich recht gut, und man sah sie niemals allzuweit von der näheren Umgebung ihrer Heimstatt entfernt. Sie müssen noch etwas Geld übriggehabt haben, denn es ist nicht bekannt, daß der Mann einer Beschäftigung nachging, was sein Gesundheitszustand wahrscheinlich nicht zuließ. Die Ergebenheit der Frau für ihren invaliden Gatten war Gesprächsgegenstand unter den Nachbarn; sie schien nie von seiner Seite zu weichen, ihm vielmehr ständig beizustehen und ihn aufzumuntern. Oft saßen sie stundenlang auf einer Bank in einem kleinen öffentlichen Park, und sie las ihm vor, seine Hand in der ihren, wobei sie seine bleiche Stirn ab und zu sanft streichelte und ihre noch schönen Augen häufig vom Buch abwandte, um in die seinen zu blicken, während sie irgendeine Bemerkung zum Gelesenen machte oder das Buch zuschlug, um seine Stimmung durch ein Gespräch – worüber? – zu heben. Niemand hörte solch ein Gespräch zwischen den beiden je mit. Der Leser, welcher so geduldig gewesen ist, der Geschichte bis zu diesem Punkt zu folgen, mag unter Umständen seinen Spaß an Mutmaßungen haben: Wahrscheinlich gab es ein Thema, das vermieden werden sollte. Die Haltung des Mannes verriet tiefe Schwermut; in der Tat bedachte ihn die wenig mitfühlende Jugend der Nachbarschaft mit jenem geschärften Sinn für sichtbare Merkmale, der seit je den männlichen Jugendlichen unserer Gattung auszeichnet, unter sich zuweilen mit dem Spottnamen ›Vernarrter Griesgram‹.

Eines Tages geschah es, daß John Hardshaw vom Geist der Unruhe befallen wurde. Gott mag wissen, was ihn dorthin führte, wohin er seine Schritte lenkte, jedenfalls überquerte er die Market Street und schlug die Richtung nach Norden über die Berge und dann hinunter in die als North Beach bekannte Gegend ein. Er wandte sich ziellos nach links und ging immer der Nase nach eine unbekannte Straße entlang, bis er gegenüber einem Gebäude stand, welches zu jener Zeit ein recht prächtiges Wohnhaus war, heutzutage jedoch eine ziemlich schäbige Fabrik ist. Als er den Blick zufällig nach oben richtete, sah er an einem offenen Fenster, was er besser nicht gesehen hätte – das Gesicht und die Gestalt von Elvira Barwell. Ihre Blicke trafen sich. Mit einem hellen Schrei gleich dem Ruf eines aufgeschreckten Vogels sprang die Dame auf, lehnte sich halb aus dem Fenster und hielt sich rechts und links am Rahmen fest. Durch den Schrei aufmerksam gemacht, blickten die Leute unten auf der Straße zu ihr hinauf. Hardshaw stand starr und sprachlos, seine Augen zwei Flammen. »Vorsicht!« rief jemand aus der Menge, als die Frau sich immer weiter vorbeugte, dem schweigenden, unumstößlichen Gesetz der

Schwerkraft trotzend, wie sie einst jenem anderen Gebot getrotzt hatte, das Gott donnernd vom Berge Sinai verkündete. Ihre jähen Bewegungen hatten einen Sturzbach dunklen Haares über ihre Schultern fallen lassen, es wehte jetzt um ihre Wangen und verhüllte fast ihr Gesicht. Ein kurzer Augenblick, und dann …! Ein entsetzlicher Schrei hallte durch die Straße, als sie das Gleichgewicht verlor, kopfüber aus dem Fenster stürzte und als eine verworrene und wirbelnde Masse von Rökken, Gliedmaßen, Haar und bleichem Gesicht mit einem schrecklichen, dumpfen Geräusch und einer Wucht, die auf hundert Fuß Entfernung noch zu spüren war, unten aufs Pflaster schlug. Einen Moment lang verweigerten die Augen aller den Dienst und wandten sich von dem gräßlichen Anblick auf dem Gehsteig ab. Von dem grauenvollen Bild wieder angezogen, sahen sie es ungeheuerlich vergrößert. Ein Mann ohne Hut hockte auf dem Pflaster, hielt den zerschmetterten, blutigen Körper an seine Brust gepreßt und küßte die zerfetzten Wangen und den blutenden Mund durch ein Gewirr nasser Haare, wobei seine eigenen Züge völlig unkenntlich waren vom Blut, das ihn halb erstickte und in Rinnsalen aus seinem durchtränkten Bart tropfte.

Die Aufgabe des Berichtenden ist nahezu beendet. Die Barwells waren am selben Morgen von einem zweijährigen Aufenthalt in Peru zurückgekehrt. Eine Woche später segelte der Witwer, nun doppelt niedergeschlagen, da er bei der Erklärung von Hardshaws grauenvollem Verhalten nicht fehlgehen konnte, zu irgendeinem ich weiß nicht wie fernen Hafen; er ist nie mehr zurückgekehrt. Hardshaw verbrachte – nun nicht länger als Johnson – ein Jahr in der Stocktoner Irrenanstalt, wo seine Gattin dank des Einflusses mitleidsvoller Freunde ebenfalls für ihn sorgen durfte. Als er zwar nicht ausgeheilt, aber als harmlos entlassen wurde, kehrten sie in die Stadt zurück. Diese schien stets eine verhängnisvolle Anziehungskraft auf sie ausgeübt zu haben. Eine Zeitlang lebten sie nahe der Mission Dolores in fast ebenso großer Armut, wie es gegenwärtig ihr Schicksal ist, aber das war zu weit vom Zielpunkt der täglichen Wanderung des Mannes entfernt. Fahrgeld konnten sie sich nicht leisten. So erwarb der arme Teufel von himmlischem En-

gel – Gattin dieses Sträflings und Geisteskranken – für eine
einigermaßen erträgliche Pachtsumme die unscheinbare Holz-
hütte auf der unteren Terrasse des Goat Hill. Von dort ist es
nicht allzuweit zu jenem Gebäude, das einst ein Wohnhaus war
und jetzt eine Fabrik ist; es ist in der Tat ein angenehmer Spaziergang, urteilt man nach dem begierigen und munteren Blick
des Mannes, wenn er ihn antritt. Der Rückweg scheint ein wenig ermüdend zu sein.

EIN ABENTEUER IN BROWNVILLE*

Ich unterrichtete in einer kleinen Landschule bei Brownville,
einer Stadt, die, wie jedermann weiß, der das Glück hatte, dort
zu leben, der Mittelpunkt eines weiten Landstriches mit den
schönsten Schauplätzen in Kalifornien ist. Im Sommer ist sie
häufig Zielort einer Klasse von Personen, welche die Lokalzeitung gemeinhin als ›Vergnügungssucher‹ abtut, denen eine ge-
rechtere Klassifizierung jedoch eher die Bezeichnung ›Kranke
und in Not Geratene‹ zuerkennen sollte. Brownville könnte
wahrhaftig genug als letzter sommerlicher Zufluchtsort bezeichnet werden. Er ist recht gut mit Pensionen ausgestattet, in
deren am wenigsten verderbter ich täglich zweimal (da ich
mein Lunch in der Schule einnahm) dem schlichten Ritus
frönte, das Bündnis zwischen Körper und Seele zu festigen. Die
Entfernung von dieser ›Hotelerie‹ (wie die Lokalzeitung die
Stätte gern nannte, sofern sie nicht die Bezeichnung ›Karawan-
serei‹ wählte) zum Schulhaus betrug über die Landstraße etwa
anderthalb Meile, es gab aber auch einen sehr selten benutzten
Weg über eine dazwischenliegende Kette kleiner, stark bewal-
deter Hügel, der die Strecke bedeutend verkürzte. Auf diesem

* Diese Erzählung entstand in Zusammenarbeit mit Miss Ina Lil-
lian Peterson, welcher zu Recht die Ehre zukommt für jegliches Verdienst, das die Geschichte haben mag.

Weg kehrte ich eines Abends später als gewöhnlich zurück. Es war der letzte Schultag des Jahres gewesen, und ich war fast bis zum Einbruch der Dunkelheit in der Schule aufgehalten worden, um für die Administratoren einen Bericht über meine Verwaltungstätigkeit vorzubereiten – zwei dieser Leute würden ihn lesen können, überlegte ich stolz, während der dritte (ein Beispiel für die Vorherrschaft des Geistes über die Materie) bei seinem üblichen Antagonismus gegen den Schulmeister der eigenen Schöpfung überstimmt werden würde.

Ich hatte höchstens erst ein Viertel des Wegs zurückgelegt, als die Possenspiele einer Eidechsenfamilie mein Interesse weckten, die an diesem Ort lebte und von reptilischer Freude erfüllt zu sein schien, gegen das dem Leben im Brownville-Haus anhaftende Böse gefeit zu sein, und ich mich auf einen umgestürzten Baum setzte, um ihr zuzusehen. Während ich mich müde an einen Ast des knorrigen alten Baumes lehnte, verdichtete sich das Dämmerlicht im dunklen Wald, der schwache Neumond begann deutlich sichtbare Schatten zu werfen und vergoldete die Blätter der Bäume mit einem sanften, aber gespenstischen Lichtschein.

Ich hörte den Klang von Stimmen – den einer Frau, die zornig und ungestüm gegen die tiefe, volltönende und melodiöse Stimme eines Mannes ankämpfte. Ich strengte meine Augen an und versuchte, die dämmrigen Schatten des Waldes zu durchdringen in der Hoffnung, der Störenfriede meiner Einsamkeit ansichtig zu werden, aber ich konnte niemanden erkennen. Der Weg war in jede Richtung auf einige Yards gut zu überblicken, und da ich wußte, daß es innerhalb einer halben Meile keinen anderen gab, glaubte ich, die Leute, die ich gehört hatte, müßten sich von einer Seite aus dem Wald nähern. Kein anderer Laut war zu vernehmen als der ihrer Stimmen, die jetzt so deutlich waren, daß ich die Worte verstehen konnte. Die des Mannes vermittelte mir den Eindruck von Zorn, der vollauf durch die besprochene Sache bekräftigt wurde.

»Ich will keine Drohungen hören; du kannst nichts ausrichten, das weißt du sehr gut. Laß die Dinge, wie sie sind, oder bei Gott – ihr werdet beide darunter leiden!«

»Was soll das heißen?« Dies war die Stimme der Frau, eine

kultivierte Stimme, die einer Dame. »Du willst uns doch nicht
– ermorden.«

Die Antwort blieb aus, zumindest eine, die ich hören konnte.
In der eingetretenen Stille spähte ich in den Wald, voller Hoffnung, die Sprecher flüchtig zu Gesicht zu bekommen, denn ich
war mir sicher, daß es sich hier um eine ernste Angelegenheit
handelte, bei der gewöhnliche Skrupel nicht zählen durften.
Mir schien, der Frau drohe Gefahr; jedenfalls hatte der Mann
die Bereitschaft zu morden nicht abgestritten. Und wenn ein
Mensch die Rolle eines potentiellen Meuchelmörders übernimmt, hat er kein Recht, sich sein Publikum auszusuchen.

Nach einer Weile gewahrte ich sie nicht sehr deutlich im
Mondschein unter den Bäumen. Der Mann, groß und schlank,
schien schwarz gekleidet zu sein, die Frau trug ein Kleid aus
grauem Stoff, soweit ich das erkennen konnte. Offensichtlich
ahnten sie noch nichts von meiner Anwesenheit im Schatten,
obwohl sie aus irgendeinem Grund gedämpfter sprachen, als
sie ihre Unterhaltung fortsetzten, und ich sie dadurch nicht
länger verstehen konnte. Während ich hinblickte, schien die
Frau zu Boden zu sinken und flehentlich die Hände zu heben,
wie es häufig auf der Bühne und, soviel ich weiß, nirgends sonst
getan wird, und ich bin jetzt nicht mehr ganz sicher, ob es in
diesem Falle so geschah. Der Mann blickte sie fest an, seine
Augen schienen im Mondlicht bleich zu funkeln mit einem Ausdruck, der mich fürchten ließ, er werde sie auch auf mich richten. Ich weiß nicht, welche Regung mich vorwärts trieb, aber
ich sprang auf und aus dem Schatten. In dem Moment verschwanden die Gestalten. Vergeblich spähte ich durch die Lük-
ken zwischen den Bäumen und dem Gebüsch des Unterholzes.
Der Nachtwind raschelte in den Blättern; die Eidechsen hatten
sich früh zurückgezogen, Reptile beispielhafter Lebensweise.
Der kleine Mond verschwand schon hinter einem schwarzen
Hügel im Westen.

Ich ging nach Hause, etwas verstört und halb schon zwei-
felnd, ob ich außer den Eidechsen überhaupt irgendein Lebewesen gehört oder gesehen hatte. Es schien alles ein wenig seltsam und unheimlich. Mir war, als habe den verschiedenen
Phänomenen, objektiven und subjektiven, die in der Gesamt-

summe das Ereignis ausgemacht hatten, ein ungewisses Element angehaftet, das seinen zweifelhaften Charakter allem mitgeteilt hatte – es hatte der Gesamterscheinung auf geheimnisvolle und mächtige Weise einen unwirklichen Wesenszug verliehen. Dies gefiel mir nicht.

Am nächsten Tag war beim Frühstück ein neues Gesicht zu sehen; mir gegenüber saß eine junge Frau, der ich nur einen flüchtigen Blick schenkte, als ich meinen Platz einnahm. Als dieses Mädchen jedoch mit der erhabenen und machtgebietenden Frauensperson redete, die uns anscheinend nur mit äußerster Herablassung bei Tisch aufwartete, erregte der Klang ihrer Stimme bald meine Aufmerksamkeit, denn sie glich, wenn auch nicht ganz, jener anderen, die noch in Erinnerung an das Abenteuer des gestrigen Abends in mir raunte. Einen Augenblick später betrat ein anderes, einige Jahre älteres Mädchen den Raum, setzte sich der anderen zur Linken und wünschte ihr sanft einen »Guten Morgen!« *Ihre* Stimme ließ mich aufhorchen. Es war zweifellos diejenige, an die mich die des ersten Mädchens erinnert hatte. Das war die Dame aus dem Wald, sie saß da vor mir, ›in leibhaftiger Gestalt‹.

Die beiden waren Schwestern, das war deutlich genug zu sehen. In einer Art vager Besorgnis, ich könnte als der stumme, schändliche Held eines Abenteuers erkannt werden, der in meinem Bewußtsein und Gewissen etwas vom Lauscher an der Wand an sich hatte, gestattete ich mir nur hastig eine Tasse lauwarmen Kaffees, den die allwissende Kellnerin für den Notfall aufmerksamerweise bereitgestellt hatte, und verließ die Tischrunde. Als ich aus dem Haus ins Freie trat, hörte ich eine volltönende, kräftige Männerstimme eine Arie aus ›Rigoletto‹ singen. Ich muß hier feststellen, daß sie auch ausgezeichnet vorgetragen wurde, daß die Darbietung jedoch etwas enthielt, was mir mißfiel; was oder warum, hätte ich nicht sagen können, und so ging ich schnell von dannen.

Bei meiner Rückkehr später am Tage sah ich die ältere der beiden jungen Frauen auf der Veranda stehen und neben ihr einen großen, schwarzgekleideten Mann – eben jenen, den zu sehen ich erwartet hatte. Den ganzen Tag hatte der Wunsch, etwas über diese Personen zu erfahren, alle anderen Gedanken in mir überlagert, und ich beschloß nun, herauszufinden, was immer ich über sie in Erfahrung bringen konnte, ohne jedoch unehrenhaft oder niedrig vorzugehen.

Der Mann redete unbeschwert und freundlich zu seiner Begleiterin, verstummte jedoch beim Knirschen meiner Schritte auf dem Kiesweg und wandte sich um, um mir voll ins Gesicht zu sehen. Er war anscheinend mittleren Alters, dunkel und ungewöhnlich gutaussehend. Sein Auftreten war makellos, sein Benehmen ungezwungen und elegant, und der Blick, den er mir zuwandte, offen, frei und ohne die geringste Spur von Roheit. Dessenungeachtet löste dieser bei mir ein deutliches Empfinden aus, welches in der folgenden Analyse in meiner Erinnerung halb Haß, halb Schrecken zu sein schien – ich bin nicht geneigt, es Furcht zu nennen. Eine Sekunde später waren der Mann und die Frau verschwunden. Ein besonderer Kunstgriff schien es ihnen zu ermöglichen, jählings zu verschwinden. Beim Betreten des Hauses sah ich sie jedoch im Vorbeigehen durch die offene Tür des Gesellschaftsraumes; sie waren einfach durch ein Fenster gestiegen, welches bis zum Erdboden hinabreichte.

Behutsam über ihre neuen Gäste ›angesprochen‹, erwies sich meine Wirtin als nicht ungnädig. Mit einer, so hoffe ich, gewissen Ehrfurcht für die englische Grammatik wiedererzählt, waren die Fakten folgende: Die beiden Mädchen waren Pauline und Eva Maynard aus San Francisco. Die ältere war Pauline. Der Mann war Richard Benning, ihr Vormund, vormals der engste Freund ihres schon verstorbenen Vaters. Mr. Benning hatte sie nach Brownville gebracht in der Hoffnung, das Gebirgsklima werde Eva gut tun, von der man glaubte, daß sie leicht von der Auszehrung befallen werden könne.

Diesen kurzen und einfachen Bericht schmückte die Gastgeberin mit einem Zauberwerk von Lobreden aus, die in überreichem Maße ihr Vertrauen in Mr. Bennings Willen und Fähigkeit bezeugten, für das Beste, das ihr Haus bot, zu zahlen. Daß er ein gutes Herz besaß, schien ihr aus seiner Ergebenheit für die zwei schönen Mündel und die wahrhaft rührende Fürsorge um ihre Behaglichkeit deutlich genug hervorzugehen. Mir genügte diese Beweisführung keineswegs, und ich gelangte stillschweigend zu dem schottischen Urteilsspruch ›Nicht erwiesen‹.

Gewiß war Mr. Benning seinen Mündeln gegenüber höchst aufmerksam. Ich begegnete ihnen häufig bei meinen Spaziergängen über Land – manchmal in Begleitung anderer Hotelgäste –, wie sie die tiefen Schluchten ergründeten, angelten, mit dem Gewehr schossen oder die Eintönigkeit des Landlebens auf andere Weise vertrieben; und obwohl ich sie so scharf beobachtete, wie gutes Benehmen es mir gestattete, sah ich nichts, das in irgendeiner Weise die seltsamen Worte erklärt hätten, welche ich im Wald mitgehört hatte. Ich war mit den jungen Damen recht gut bekannt geworden und konnte mit ihrem Vormund ohne wirklichen Widerwillen Blicke und sogar Grüße wechseln.

Ein Monat ging vorüber, und ich interessierte mich kaum noch für ihre Angelegenheiten, als eines Abends unsere ganze kleine Gemeinschaft durch ein Ereignis in Aufregung versetzt wurde, welches mir mein Erlebnis im Wald wieder deutlich in Erinnerung rief.

Es war der Tod Paulines, des älteren Mädchens.

Die Schwestern bewohnten dasselbe Schlafgemach im dritten Stock des Hauses. Als Eva im Morgengrauen erwachte, fand sie Pauline tot neben sich. Als das arme Mädchen später neben dem Leichnam Tränen vergoß, umringt von mitfühlenden, wenn auch nicht sehr rücksichtsvollen Personen, betrat Mr. Benning den Raum und schien ihre Hand ergreifen zu wollen. Sie wich von der Seite der Toten und näherte sich langsam der Tür.

»Du warst das, du hast es getan«, sagte sie. »Du, du, du!«

»Sie phantasiert«, sagte er in gedämpftem Ton. Er folgte ihr Schritt für Schritt, während sie zurückwich, seine Augen dabei starr in die ihren gerichtet mit einem Blick, dem jede Zärtlichkeit wie jegliches Mitleid abging. Sie blieb stehen; die Hand, die sie anklagend erhoben hatte, fiel schlaff herab, ihre geweiteten Augen wurden deutlich kleiner, die Lider schlossen sich langsam und verhüllten die seltsame, wilde Schönheit ihres Blicks, und sie stand regungslos und fast so bleich wie das tote Mädchen auf dem nahen Bett. Der Mann ergriff ihre Hand und legte ihr sanft den Arm um die Schultern, als wolle er sie stützen. Plötzlich brach sie in heftige Tränen aus und klammerte sich an ihn wie ein Kind an seine Mutter. Er lächelte in einer Weise, die mich höchst unangenehm berührte – aber vielleicht hätte ich jede Art von Lächeln so empfunden –, und geleitete sie schweigend aus dem Zimmer.

Es gab eine Untersuchung – und den üblichen Befund: Die Verstorbene war anscheinend durch ›Herzkrankheit‹ zu Tode gekommen. Dies war noch, bevor man das ›Herzversagen‹ erfand, obwohl das Herz der armen Pauline zweifellos versagt hatte. Der Körper wurde einbalsamiert und von jemandem, der eigens zu diesem Zweck herbeigerufen worden war, nach San Francisco gebracht, wobei weder Eva noch Benning ihn begleiteten. Einige Klatschmäuler im Hotel wagten, dies für sehr seltsam zu halten, und ein paar beherzte Geister gingen so weit, es tatsächlich für sehr seltsam zu erachten; aber die gute Wirtin warf sich großmütig in die Bresche und erklärte, dies geschehe wegen der angegriffenen Gesundheit des Mädchens. Auch ist nicht bekannt, daß eine der beiden Personen, die das alles am meisten betraf und anscheinend am wenigsten bekümmerte, irgendeine Erklärung abgab.

Eines Abends etwa eine Woche nach dem Todesfall trat ich auf die Veranda des Hotels, um ein Buch zu holen, das ich dort hatte liegen lassen. Da erblickte ich unter einigen Weinranken, die das Mondlicht von einem Teil der Fläche verbannten, Richard Benning, auf dessen Anwesenheit ich vorbereitet war, da ich vorher die tiefe, wohlklingende Stimme von Eva Maynard gehört hatte, die ich jetzt auch vor ihm stehen sah, eine Hand auf seiner Schulter und ihm in die Augen blickend, soweit ich das beurteilen konnte. Er hielt ihre andere Hand und neigte den Kopf mit einzigartiger Würde und Grazie. Es waren die Haltungen zweier sich Liebender, und während ich im tiefen Schatten stand und sie beobachtete, fühlte ich mich sogar noch schuldiger als an jenem denkwürdigen Abend im Wald. Ich war im Begriff, mich zurückzuziehen, als das Mädchen zu reden anfing, und der Gegensatz zwischen ihren Worten und ihrer Haltung war so verblüffend, daß ich blieb, weil ich einfach vergaß, wegzugehen.

»Du wirst mir das Leben nehmen, wie du das Paulines genommen hast«, sagte sie. »Ich kenne deine Absicht, wie ich auch deine Macht kenne, und bitte um nichts weiter, als daß du dein Werk ohne unnötige Verzögerung vollendest und mich Frieden finden läßt!«

Er erwiderte nichts – gab lediglich die Hand frei, die er gehalten hatte, schob die andere von seiner Schulter, wandte sich ab und stieg die Stufen zum Garten hinunter, wo er zwischen den Sträuchern verschwand. Einen Augenblick später hörte ich indes aus scheinbar großer Entfernung seine schöne, klare Stimme ein barbarisches Lied anstimmen, welches, während ich lauschte, in meinem geistigen Empfinden die Vorstellung eines fernen, fremden Landes wachrief, das von Wesen bevölkert war, die über verbotene Kräfte verfügten. Der Gesang schlug mich in gewissem Maße in seinen Bann, aber als er verstummt war, kam ich zu mir und erkannte sofort, welche Gelegenheit sich mir bot. Ich trat aus dem Schatten und ging dorthin, wo das Mädchen stand. Sie wandte sich um und starrte mich an mit dem Blick eines gehetzten Wildes, jedenfalls kam es mir so vor. Möglicherweise hatte mein Auftauchen sie auch erschreckt.

»Miss Maynard«, sagte ich, »erzählen Sie mir doch, bitte, wer dieser Mann ist und welche Macht er über Sie hat. Vielleicht ist es ungehörig von mir, aber es geht jetzt nicht um unnütze Höflichkeiten. Wenn eine Frau in Gefahr ist, hat jeder Mann ein Recht zu handeln.«

Sie hörte ohne eine sichtbare Gefühlsregung zu – fast, glaubte ich, ohne Interesse, und als ich geendet hatte, schloß sie ihre großen, blauen Augen, als sei sie unsäglich müde.

»Sie können gar nichts tun«, sagte sie.

Ich ergriff ihren Arm und rüttelte sie sanft, wie man eine Person rüttelt, die in einen gefährlichen Schlaf sinkt.

»Sie müssen sich dagegen auflehnen«, sagte ich. »Etwas muß getan werden, und Sie müssen mir die Erlaubnis zum Handeln geben. Sie haben gesagt, dieser Mann habe Ihre Schwester getötet, und ich glaube es –, daß er Sie töten werde, und ich glaube auch dies.«

Sie blickte mir nur in die Augen.

»Wollen Sie mir nicht alles sagen?« fügte ich hinzu.

»Dagegen kann man nichts ausrichten, sage ich Ihnen – gar nichts. Und wenn ich etwas tun könnte, so würde ich es doch nicht wollen. Es hat nicht die geringste Bedeutung. Wir bleiben nur noch zwei Tage hier; dann reisen wir ab, oh, so weit weg! Wenn Sie irgend etwas beobachtet haben, so möchte ich Sie bitten, darüber zu schweigen.«

»Aber das ist Wahnsinn, Mädchen.« Ich versuchte, die tödliche Gelassenheit ihres Verhaltens durch eine grobe Redeweise zu brechen. »Sie haben ihn des Mordes beschuldigt. Und wenn Sie mir diese Dinge nicht erläutern, werde ich die Sache den Behörden vortragen.«

Das rüttelte sie auf, jedoch in einer Weise, die mir gar nicht gefiel. Sie hob stolz den Kopf und sagte: »Stecken Sie Ihre Nase nicht in Sachen, die Sie nichts angehen, Sir. Dies ist meine Angelegenheit, Mr. Moran, nicht Ihre.«

»Sie geht jede Person im Land – in der Welt an«, antwortete ich ebenso frostig. »Wenn Sie keine Liebe für Ihre Schwester übrig hatten, so mache ich mir zumindest Sorgen um Sie.«

»Hören Sie«, entgegnete sie schroff und beugte sich zu mir. »Ich habe sie geliebt, ja, Gott weiß, wie! Aber mehr als sie – über alles, über alles in der Welt, liebe ich *ihn*. Sie haben ein Geheimnis mit angehört, aber Sie werden davon keinen Gebrauch machen, um ihm Schaden zuzufügen. Ich werde alles leugnen. Ihr Wort soll gegen meines stehen – so wird es sein. Glauben Sie wirklich, Ihre ›Behörden‹ werden Ihnen glauben?«

Sie lächelte nun wie ein Engel, und, Gott steht mir bei! – ich verliebte mich Hals über Kopf in sie. Erriet sie kraft der vielen Arten der Eingebung, die ihr Geschlecht kennt, meine Empfindungen? Ihr ganzes Auftreten änderte sich mit einemmal.

»Kommen Sie«, sagte sie fast einschmeichelnd. »Versprechen Sie mir, daß Sie nicht wieder unhöflich sein werden.« Sie nahm auf die freundschaftlichste Weise meinen Arm. »Kommen Sie, ich will mit Ihnen spazierengehen. Er wird es nicht erfahren – er wird die ganze Nacht wegbleiben.«

Wir gingen im Mondschein auf der Veranda auf und ab, und sie schien den ihr kürzlich zugefügten Verlust völlig verschmerzt zu haben, denn sie plauderte und murmelte nach

Mädchenart über alle möglichen Nichtigkeiten von ganz Brownville; ich schwieg, war mir meiner Verlegenheit bewußt und hatte das unbestimmte Empfinden, in eine Ränkespiel verwickelt worden zu sein. Es war eine überraschende Entdeckung – dieses höchst bezaubernde und anscheinend untadelige Geschöpf täuschte kaltblütig und bewußt den Mann, für den sie noch einen Augenblick zuvor die größte Liebe bekundet und gezeigt hatte, welche selbst den Tod als eine annehmbare Zärtlichkeit ansieht.

›Wirklich‹, dachte ich in meiner Unerfahrenheit, ›das ist etwas Neues unter der Sonne!‹

Und die muß gelächelt haben.

Ehe wir uns trennten, nahm ich ihr das Versprechen ab, daß sie den nächsten Nachmittag mit mir spazierengehen würde – bevor sie für immer abreisen sollte –, und zwar zur Alten Mühle, einer von Brownvilles verehrten alten Sehenswürdigkeit, errichtet 1860.

»Wenn er nicht da ist«, fügte sie ernst hinzu, als ich die Hand freigab, die sie mir zum Abschied gereicht hatte und die – die guten Heiligen mögen es mir nachsehen –, abermals zu ergreifen ich vergebens suchte, nachdem sie dies gesagt hatte – so berückend finden wir die Untreue der Frauen, wie der kluge Franzose bemerkte, wenn wir ihre Objekte, nicht ihre Opfer sind. In dieser Nacht übersah mich der Engel des Schlafes bei der Zumessung seiner Wohltaten.

Im Brownville-Haus aß man zeitig zu Mittag, und nach der Mahlzeit des nächsten Tages kam Miss Maynard, die nicht bei Tisch gewesen war, zu mir auf die Veranda, in das sittsamste aller Ausgehgewänder gekleidet, und sagte kein Wort. ›Er‹ war offensichtlich ›nicht da‹. Wir gingen langsam die Straße hinauf, die zur Alten Mühle führte. Miss Maynard war anscheinend etwas schwach, nahm ab und zu meinen Arm, ließ ihn los und nahm ihn dann wieder, ziemlich launenhaft, wie ich vermeinte. Ihre Stimmung oder vielmehr ihre aufeinanderfolgenden Stimmungen wechselten wie das Licht auf einer sich kräuselnden Wasseroberfläche. Sie scherzte, als habe sie nie von solch einer Sache wie dem Tod gehört, lachte beim geringsten Anlaß und sang gleich darauf einige Takte einer schwermütigen Melodie mit solcher Inbrunst, daß ich meinen Blick abwenden mußte, damit sie nicht den Beweis des Erfolges ihrer arglistigen Verstellung sah, falls es Arglist war und nicht Arglosigkeit, wie ich damals genötigt war zu glauben. Und sie sagte die seltsamsten Dinge auf höchst unkonventionelle Weise, lief zuweilen an bodenlosen Abgründen des Gedankens dahin, wohin den Fuß zu setzen ich schwerlich den Mut gehabt hätte. Kurzum, sie faszinierte mich auf eintausendundfünfzig verschiedene Weisen, und bei jedem Schritt ließ ich mich zu einer weiteren und tiefgreifenderen gefühlmäßigen Torheit, zu einer kühneren geistigen Unbedachtheit hinreißen, wobei ich mich erneut einer Festnahme durch den Konstabler meines Gewissens aussetzte wegen Verletzung des eigenen Friedens.

Als wir an der Mühle anlangten, machte sie keine Anstalten, stehenzubleiben, sondern bog in einen Weg, der durch ein Stoppelfeld zu einem Bach führte. Wir überquerten ihn über eine grobbehauene Brücke und folgten weiter dem Weg, der nun bergan zu einem der malerischsten Orte in der Gegend führte. Er wurde das Adlernest genannt – der Gipfel einer Felswand, die mehrere hundert Fuß hoch steil aus dem sie umgebenden Wald ragte. Von diesem hochgelegenen Punkt hatten wir einen herrlichen Blick über ein anderes Tal und die gegenüberliegenden Berge, die unter den letzten Strahlen der untergehenden Sonne rot erglühten. Während wir noch zusahen, wie das Licht vor der um sich greifenden Flut der Schatten, die das Tal füllten, zu immer höheren Ebenen flüchtete, hörten wir Schritte, und einen Augenblick später war Richard Benning bei uns.

»Ich habe euch von der Straße aus gesehen«, sagte er gleichmütig, »deshalb bin ich hergekommen.«

Narr, der ich war, unterließ ich es, ihn an der Gurgel zu pakken und auf die Baumwipfel tief unter uns zu schleudern, und murmelte statt dessen eine höfliche Lüge. Die Wirkung seines Erscheinens auf das Mädchen war unmittelbar und unmißverständlich. Ihr Gesicht erstrahlte in der Verklärung der Liebe: Der rote Widerschein des Sonnenuntergangs in ihren Augen war nicht deutlicher zu erkennen gewesen als jetzt das Strahlen der Liebe, das jenen verdrängt hatte.

»Ich freue mich so, daß du gekommen bist!« sagte sie und hielt ihm beide Hände hin; und, Gott steh mir bei! – es war die reine Wahrheit!

Er setzte sich auf den Boden und begann, uns einen lebhaften Vortrag über die wilden Blumen dieser Gegend zu halten, von denen er einen Strauß in der Hand trug. Mitten in einem witzigen Satz brach er plötzlich ab und richtete den Blick auf Eva, die an einem Baumstumpf lehnte und geistesabwesend Gräser flocht. Sie sah erschrocken auf und ihm in die Augen, als habe sie diesen seinen Blick *gespürt*. Dann erhob sie sich, warf die Gräser weg und entfernte sich langsam von ihm. Er erhob sich gleichfalls, wobei er sie weiter unverwandt ansah. Noch immer hielt er den Blumenstrauß in der Hand. Das Mädchen wandte sich um, als wolle sie sprechen, sagte aber nichts. Ich entsinne mich jetzt deutlich eines Umstands, dessen ich mir damals nur halb bewußt war – des grausigen Gegensatzes zwischen dem Lächeln auf ihren Lippen und dem verängstigten Ausdruck in ihren Augen, als sie seinem steten und gebieterischen Blick begegnete. Ich weiß nicht, wie dann alles geschah oder wie es kam, daß ich nicht früher begriff; ich weiß nur, daß Eva Maynard mit dem Lächeln eines Engels auf den Lippen und jenem Ausdruck des Schreckens in ihren schönen Augen von der Felswand sprang und krachend in die Wipfel der Kiefern unten stürzte!

Wie und wieviel später ich an der Stelle anlangte, kann ich nicht sagen, aber Richard Benning war bereits dort und kniete neben dem schrecklichen Etwas, das einmal eine Frau gewesen war.

»Sie ist tot – völlig tot«, sagte er kühl. »Ich gehe in die Stadt und hole Hilfe. Tun Sie mir den Gefallen und bleiben Sie hier.«

Er stand auf und ging, blieb aber kurz danach stehen und drehte sich um.

»Sie haben zweifellos gesehen, mein Freund, daß sie aus freien Stücken handelte«, sagte er. »Ich bin nicht rechtzeitig aufgesprungen, um es zu verhindern, und Sie hätten es, da Sie ihren Geisteszustand nicht kannten – natürlich auch nicht vermutet.«

Sein Verhalten trieb mich zum Wahnsinn.

»Sie sind ebensogut ihr Mörder, als wenn Sie ihr mit Ihren eigenen verruchten Händen die Kehle durchgeschnitten hätten«, sagte ich.

Er zuckte die Schultern, ohne zu antworten, wandte sich wieder um und ging weg. Einen Augenblick später hörte ich durch die sich verdichtenden Schatten des Waldes, in dem er verschwunden war, eine wohltönende, kräftige Baritonstimme die Arie ›*La Donna è mobile*‹ aus ›Rigoletto‹ singen.

DAS BERÜHMTE GILSONTESTAMENT

Es stand schlecht um Gilson. So kurz und frostig, wenn auch nicht gänzlich teilnahmslos, urteilte die bessere öffentliche Meinung in Mammon Hill – die angesehene Bürgerschaft. Die Meinung der Gegenseite, oder genauer gesagt, der widersetzlichen Elemente – jener, die emsig beschäftigt und mit rotgeränderten Augen in Moll Gurneys ›Wildfalle‹ hockten, während die achtbaren Bürger dasselbe in Mr. Jo. Bentleys prachtvoller ›Salonbar‹ verzuckert genossen – kam im Endeffekt so ziemlich auf das gleiche hinaus, obwohl es durch den Gebrauch bildhafter Verwünschungen, die jedoch hier nicht zitiert zu werden brauchen, etwas farbiger ausgeschmückt wurde. Im Grunde war sich Mammon Hill über den Fall Gilson einig. Und es muß zugegeben werden, daß mit Mr. Gilson nicht alles zum besten stand – wenigstens was sein Erdendasein anlangte. An jenem Morgen war er von Mr. Brentshaw in die Stadt abgeführt und öffentlich des Pferdediebstahls beschuldigt worden. Inzwischen war der Sheriff emsig mit einem neuen Manilaseil am Galgen beschäftigt, während sich Zimmermann Pete zwischen einigen Schnäpschen eifrig um die Herstellung einer Kiste aus Kiefernholz bemühte, die in Länge und Breite ungefähr den Ausmaßen Mr. Gilsons entsprach. Da die Gesellschaft ihr Urteil bereits gefällt hatte, verblieb zwischen Gilson und der

Ewigkeit nur noch die schlichte Formalität einer Gerichtsverhandlung.

Folgendes ist die kurze, einfache Geschichte des Gefangenen: Er war bis vor kurzem in New Jerusalem, an der nördlichen Gabelung des Little Stony, ansässig gewesen, dann aber, unmittelbar vor dem ›Goldfieber‹, durch dessen Ausbruch der ersterwähnte Ort entvölkert wurde, zu den kürzlich entdeckten goldhaltigen Stellen von Mammon Hill gekommen. Die neuen Fundstätten waren für Mr. Gilson zur rechten Zeit entdeckt worden, denn kurz zuvor hatte ihm ein Überwachungsausschuß in New Jerusalem vertraulich angedeutet, daß er seine Zukunftsaussichten wie seine Lebenserwartung vergrößern könnte, wenn er seine Zelte woanders aufschlüge. Und die Liste der Ortschaften, in die er sich ohne Gefahr begeben konnte, enthielt keines der älteren Goldgräberlager. So war es ganz natürlich, daß er sich in Mammon Hill niederließ. Er verhielt sich in der neuen Umgebung sehr vorsichtig, weil ihm alle seine Richter nach und nach dorthin folgten. Da aber allgemein bekannt war, daß er außer Pokern nie ein ehrliches Tagewerk in irgendeiner vom strengen örtlichen Moralkodex gutgeheißenen Beschäftigung betrieben hatte, war er immer noch ein Gegenstand des Argwohns. Es wurde sogar vermutet, daß er der Urheber der zahlreichen unverschämten Diebstähle sei, die unlängst mit Pfanne und Bürste an den Goldwaschrinnen verübt worden waren.

An der Spitze derer, bei denen dieser Argwohn zur unerschütterlichen Überzeugung herangereift war, stand Mr. Brentshaw. Bei jeder passenden und unpassenden Gelegenheit bekannte er offen seine Meinung über einen Zusammenhang zwischen Mr. Gilson und den ruchlosen mitternächtlichen Unternehmungen und bekundete die Absicht, den Sonnenstrahlen einen Weg durch jedermanns Bauch zu bahnen, dem es ratsam erscheinen sollte, eine abweichende Ansicht zu äußern – was in seiner Gegenwart niemand sorgfältiger zu unterlassen bemüht war als die am meisten davon betroffene friedfertige Person. Wie es sich auch in Wirklichkeit damit verhalten haben mag, so blieb doch die Tatsache bestehen, daß Gilson häufig mehr ›sauberen Staub‹ an Jo. Bentleys Pharotisch verlor, als er – gemäß den Annalen der Ortsgeschichte – seit Bestehen des Lagers jemals ehrlich beim Pokern verdient haben konnte. Doch schließlich – aus Angst, sich Mr. Brentshaws einträglichere Gönnerschaft verscherzen – verweigerte Mr. Bentley seinem Gaste Gilson entschieden das Recht, bei ihm im Pharospiel zu setzen, und gab gleichzeitig in seiner aufrichtigen, biederen Art zu verstehen, daß der Vorzug, ›an der hiesigen Spielbank‹ Geld zu verlieren, ein Privileg war, das gehörig sei zu, logisch herrühre von und deckungsgleich sei mit geschäftlicher Sauberkeit und gutem gesellschaftlichem Ruf.

Mammon Hill hielt es für hoch an der Zeit, endlich auf ein Individuum achtzugeben, das zu tadeln sein angesehenster Bürger unter bedeutenden persönlichen Opfern für seine Pflicht gehalten hatte. Besonders die aus New Jerusalem stammenden Leute fingen an, etwas weniger Nachsicht zu üben, die sie früher hatten walten lassen, weil sie sich über ihren eigenen Mißgriff amüsierten, der sie veranlaßt hatte, einen verdächtigen Nachbarn ausgerechnet dorthin zu verbannen, wohin sie später selber gezogen waren. Am Ende war Mammon Hill einer Meinung. Viel wurde nicht gesagt, aber daß Gilson an den Galgen mußte, ›lag in der Luft‹. Als jedoch seine Sache an diesem kritischen Punkt angelangt war, zeigten sich bei ihm Merkmale einer veränderten Lebensweise, wenn nicht gar Wandlungen in seinem Innern. Vielleicht hatte er nur deswegen keine Verwendung mehr für den Goldstaub, weil ihm die ›Bank‹ verschlossen war. Jedenfalls wurden die Goldwaschrinnen nie mehr angetastet. Es war aber unmöglich, die überschüssigen Energien einer Natur wie der seinen zurückzudrängen, und so ging er, vermutlich aus Gewohnheit, weiter auf den krummen Wegen, denen er früher zu Mr. Bentleys Vorteil gefolgt war. Nach ein paar probeweisen und erfolglosen Unternehmungen in der Sparte Straßenraub – wenn man sich erlauben darf, die Tätigkeit eines Wegegeldeinnehmers so abschätzig zu bezeichnen – machte er ein oder zwei bescheidene Versuche in Pferdezucht, und es geschah mitten in einem vielversprechenden Wagestück dieser Art und gerade, als er mit vollem Wind segeln wollte, daß er Schiffbruch erlitt. Denn in einer nebligen Mondscheinnacht ritt Mr. Brentshaw an die Seite einer Person heran, die unzweifelhaft diesen Teil des Landes zu verlassen im Begriff war, legte eine Hand auf das Halfter, das Mr. Gilsons Handgelenk mit Mr. Harpers brauner Stute verband, klopfte Gilson mit dem Lauf eines Marinerevolvers vertraulich auf die Wange und ersuchte ihn um das Vergnügen, ihm in entgegengesetzter Richtung zu folgen.

Es stand wirklich schlecht um Gilson.

Am Morgen nach seiner Festnahme wurde er vor Gericht gebracht, für schuldig erklärt und verurteilt. Was seine irdische Laufbahn betrifft, so bleibt nur noch übrig, ihn zu hängen. Wir können statt dessen ausführlicher auf seinen Letzten Willen, sein Testament eingehen, das er mit großer Mühe im Gefängnis zusammenstoppelte und worin er – wahrscheinlich aus einer verworrenen und unvollkommenen Vorstellung von den Rechten derer, die Gefangene machen – alles, was er besaß, seinem ›Gesätz mäsigen Folstrekor‹, Mr. Brentshaw, hinterließ. Das Vermächtnis wurde jedoch davon abhängig gemacht, daß der Erbe den Leichnam des Erblassers vom ›Baum‹ nahm und ›wie einen Weißen‹ begrub.

So wurde Mr. Gilson – ich hätte beinahe gesagt ›aufgebaumelt‹, wenn ich nicht fürchten müßte, in dieser schlichten Darlegung des Tatbestandes schon ein bißchen zu viel Gaunersprache verwendet zu haben; außerdem läßt sich die Art, in der das Gesetz seinen Lauf nahm, genauer mit den Worten beschreiben, die der Richter bei der Verkündung des Urteils gebrauchte: Mr. Gilson wurde ›aufgeknüpft‹.

Nach angemessener Zeit begab sich Mr. Brentshaw, vielleicht sogar ein wenig gerührt durch die bedeutungslose Höflichkeitsbezeigung des Vermächtnisses, zu besagtem ›Baum‹, um die Frucht davon abzupflücken. Als der Leichnam herabgenommen wurde, fand man in seiner Westentasche einen vorschriftsmäßig beglaubigten Anhang zu dem bereits bekannten Testament. Der Inhalt der darin getroffenen Verfügungen erklärte hinreichend die Art und Weise, in der diese Testamentsergänzung zurückgehalten worden war, denn wäre Mr. Brentshaw vorher von den Bedingungen unterrichtet gewesen, unter denen er Gilsons Erbe werden sollte, hätte er zweifellos die Erbschaft wegen der damit verbundenen Verpflichtungen ausgeschlagen. Der Testamentsanhang hatte, kurz gesagt, folgenden Inhalt:

In Erwägung dessen, daß an verschiedenen Orten und zu mehreren Malen gewisse Personen behauptet haben, der Erblasser hätte zu Lebzeiten ihre Goldwaschrinnen geplündert, wird hiermit bestimmt: Wenn jemand innerhalb der nächsten fünf Jahre, beginnend mit dem Datum dieses Dokuments, sollte eine solche Behauptung vor einem Gerichtshof beweisen können, so soll diese Person als Entschädigung den gesamten Besitz an beweglicher und unbeweglicher Habe erhalten, den der verstorbene Erblasser in Besitz hatte und als Eigentum besaß, abzüglich der Gerichtskosten und einer bestimmten Entschädigung des Testamentsvollstreckers Henry Clay Brentshaw; im Falle, daß mehr als eine Person solchen Beweis erbringen kann, soll der Besitz zu gleichen Teilen zwischen oder unter ihnen aufgeteilt werden. Sollte es aber niemandem gelingen, die Schuld des Erblassers auf besagte Weise festzustellen, dann soll das ganze Vermögen abzüglich Gerichtskosten, wie vorher erwähnt, an obigen Henry Clay Brentshaw zu seiner eigenen Verwendung fallen, wie im Letzten Willen festgelegt.

Der Satzbau dieses bemerkenswerten Dokuments war vielleicht anfechtbar, doch sein Sinn war völlig klar. Die Orthographie richtete sich nach keinem anerkannten System, da sie aber vorwiegend der Aussprache folgte, war nichts doppelsinnig. Wie der Erbbestätigungsrichter bemerkte, würde man fünf Asse brauchen, um das Testament anzufechten. Mr. Brentshaw lächelte belustigt, und nachdem die letzten traurigen Zeremonien mit ergötzlicher Korrektheit vollzogen waren, ließ er sich ordnungsgemäß als Testamentsvollstrecker und bedingter Erbe nach einer gesetzlichen Bestimmung eidlich verpflichten, die auf Antrag eines Angestellten der örtlichen Verwaltung Mammon Hill von einer drolligen gesetzgebenden Körperschaft schnell erlassen wurde; später stellte sich heraus, daß dieses Gesetz drei oder vier einträgliche Ämter ins Leben gerufen und zur Ausgabe einer ansehnlichen Summe öffentlicher Gelder ermächtigt hatte, die für den Bau einer bestimmten Eisenbahnbrücke vorgesehen waren. Damit wäre das Geld auf jeden Fall nützlicher angelegt worden.

Natürlich versprach sich Mr. Brentshaw aus dem Testament weder irgendwelche Vorteile, noch erwartete er infolge der ungewöhnlichen Klauseln einen Anfechtungsprozeß. Obwohl Gilson häufig ›gut bei Kasse‹ gewesen war, galt er als ein Mann, bei dem Steuerschätzer und Steuereinnehmer mit Recht davon überzeugt sein konnten, daß sie kein Geld einbüßten. Aber schon eine oberflächliche und rein formale Durchsicht seiner Papiere brachte Eigentumsurkunden wertvoller Besitzungen im Osten ans Licht und außerdem Depositenscheine über unglaubliche Summen in Banken, die nicht ganz so ängstlich waren wie die von Mr. Jo. Bentley.

Sofort verbreitete sich die verblüffende Nachricht und versetzte den Ort in eine fieberhafte Erregung. Der ›Mammon-Hill-Patriot‹, dessen Herausgeber ein Rädelsführer bei den Vorgängen gewesen war, die zu Gilsons Auszug aus New Jerusalem geführt hatten, veröffentlichte einen äußerst achtungsvollen Nachruf für den Verschiedenen und war sogar so freundlich, die Aufmerksamkeit auf den Umstand zu lenken, daß sein heruntergekommener Zeitgenosse, der Redakteur des ›Squaw Gulch Clarion‹, die Tugend in Verruf bringe, indem er das Andenken an einen Mann mit Schmeichelei begeifere, der dieses Revolverblatt zu Lebzeiten als ein Ärgernis mit den Füßen von seiner Tür gestoßen habe. Anwärter auf das Testament ließen sich jedoch von der Presse nicht einschüchtern und säumten nicht, sich mit ihrem Beweismaterial vorzustellen; und so groß auch das Gilsonvermögen war, schien es auffällig gering, wenn man die ungeheure Zahl der Goldwaschrinnen in Betracht zog, aus denen es angeblich stammen sollte. Wie ein Mann erhob sich das Land!

Mr. Brentshaw zeigte sich der schwierigen Lage völlig gewachsen. Schlau machte er von den billigsten Tricks Gebrauch und ließ sogleich über den Gebeinen seines Wohltäters ein kostspieliges Monument errichten, das alle anderen primitiven Grabdenkmäler auf dem Kirchhof überragte; sinnigerweise ließ er darauf eine von ihm selbst verfertigte Grabschrift einmeißeln, die die Rechtschaffenheit, den Gemeinsinn und verwandte Vorzüge dessen pries, der ›hienieden ruht‹, ›ein Opfer ungerechter Verleumdungen des Natterngezüchts‹.

Überdies beschäftigte er den talentiertesten Juristen des Bezirkes, um das Andenken seines dahingeschiedenen Freundes zu verteidigen. Fünf lange Jahre hatten die örtlichen Gerichte mit Prozessen zu tun, die sich aus Gilsons Testament ergaben. Ausgeklügelten juristischen Spitzfindigkeiten stellte Mr. Brentshaw noch ausgeklügeltere gegenüber; bei seinen Angeboten für käufliches Wohlwollen bot er Preise, die den Markt völlig durcheinanderbrachten. Die Richter fanden an seiner gastfreundlichen Tafel Bewirtung für Mann und Roß, wie man dergleichen bisher nirgendwo im ganzen Land erlebt hatte. Lügnerische Zeugen konfrontierte er mit Zeugen, die noch verlogener waren.

Die Schlacht blieb auch nicht auf dem Tempel der Göttin mit den verbundenen Augen beschränkt – sie griff über auf die Presse, die Kanzeln, die Häuslichkeit. Sie tobte auf dem Markt und in der Börse wie in der Schule, in den Bergschluchten wie an den Straßenecken. Und am letzten Tage des denkwürdigen Zeitabschnitts, auf den nach Gilsons Testament Anfechtungsklagen begrenzt waren, ging die Sonne über einem Landstrich unter, in dem das Gefühl für Moral abgestorben, das soziale Gewissen abgestumpft, die geistige Leistungsfähigkeit verkümmert, entkräftet und irregeleitet war. Doch Mr. Brentshaw blieb auf der ganzen Linie siegreich.

In jener Nacht nun geschah es, daß die eine Ecke des Kirchhofes, in der die jetzt so hochverehrten sterblichen Überreste des seligen Milton Gilson, Hochwohlgeboren, ruhten, stellenweise unter Wasser stand. Durch unaufhörliche Regenfälle angeschwollen, hatte der Cat Creek eine zornige Flutwelle über seine Ufer gespült; das Wasser war, nachdem es häßliche Löcher überall dort ausgehöhlt hatte, wo sich im Boden ein Angriffspunkt fand, zum Teil wieder zurückgegangen, als schäme es sich der Grabschändung, und hatte vieles freigelegt, was fromm verhüllt gewesen war. Selbst das berühmte Gilsondenkmal, Mammon Hills Stolz und Ruhm, war nicht länger ein feststehender Vorwurf für das ›Natterngezücht‹; es war der unterhöhlenden Strömung erlegen und der ganzen Länge nach zu Boden gestürzt. Die leichenschänderische Flut hatte den armseligen, vermoderten Sarg aus Kiefernholz ausgegraben, und nun lag er halb frei, ein jämmerlicher Gegensatz zu dem prahlerischen Monolithen, der wie ein riesiges Ausrufezeichen die Entblößung betonte.

An diesen bedrückenden Ort, wohin ihn eine heimliche Gewalt gezogen hatte, der er sich nicht widersetzen wollte und um deren Deutung er sich nicht bemühte, kam Mr. Brentshaw. Er war ein anderer geworden, dieser Mr. Brentshaw. Fünf Jahre Plackerei, Sorge und Schlaflosigkeit hatten seine schwarzen Locken mit grauen Streifen und Flecken untermischt, seine stattliche Gestalt gebeugt, das Antlitz scharf und kantig gezeichnet und seinen stolzen Gang in ein schwankendes Watscheln verwandelt. Nicht weniger hatte dieses Lustrum leidenschaftlicher Streitereien auf Herz und Verstand eingewirkt. Seine unbeschwerte gute Laune, die ihn einst bewogen hatte, die Treuhandschaft über den Nachlaß des Toten zu übernehmen, war einer ständigen Neigung zum Trübsinn gewichen. Der klare, kraftvolle Verstand war brüchig geworden und in die milde Aufweichung der zweiten Kindheit eingegangen. Sein umfassender Geist bot nur noch einer einzigen Idee Raum, und an Stelle der gelassenen, zynischen Skepsis früherer Tage wurde er nun von einem beunruhigenden Glauben an das Übernatürliche gehetzt, der seine Seele dunkel und fledermausartig umflatterte und umwogte, ein unheilvoller Vorbote des Wahnsinns. Sein Geist, allem andern entrückt, klammerte sich mit der Starrheit eines zerstörten Intellekts an eine einzige Überzeugung. Das war der unerschütterliche Glaube an die völlige Unschuld des toten Gilson. Er hatte sie so oft vor Gericht beschworen und in privaten Unterhaltungen bekräftigt, sie so häufig und triumphierend durch Zeugenaussagen, die ihn viel Geld gekostet hatten, bewiesen – gerade an diesem Tage hatte er den letzten Dollar aus dem Gilsonvermögen an Mr. Jo. Bentley, den letzten Leumundszeugen für Gilson, gezahlt –, daß sie ihm zu einer Art religiösen Glaubensbekenntnisses geworden war. Sie schien ihm die eine Haupt- und Grundwahrheit des Lebens – die einzige ungetrübte Wahrheit in einer Welt voller Lüge.

Als er sich in jener Nacht trübsinnig auf das umgestürzte Denkmal niedersetzte und im unsteten Mondschein die Grabschrift zu entziffern suchte, die er fünf Jahre zuvor mit einem Kichern verfaßt hatte, von dem er jetzt nichts mehr wußte, traten ihm Reueträenen in die Augen bei dem Gedanken, daß er durch eine falsche Anschuldigung hauptsächlich zur Verurteilung dieses guten Menschen beigetragen hatte; denn in einem der Verfahren war Mr. Harper aufgetreten, natürlich gegen eine ebenfalls vergessene Entschädigung, und hatte gechworen, daß der Verstorbene bei dem kleinen Geschäft mit der braunen Stute in genauer Übereinstimmung mit den Harperschen Wünschen gehandelt hätte, die dem Verstorbenen vertraulich mitgeteilt und von diesem pflichttreu um den Preis seines Lebens verschwiegen worden wären. Alles, was Mr. Brentshaw seitdem für das Andenken des Toten getan hatte, erschien nun erbärmlich unzureichend – höchst bescheiden, knickrig und durch Selbstsucht herabgemindert!

Während er dort saß und sich mit nutzloser Reue peinigte, glitt ein schwacher Schatten über seine Augen. Als er zum Mond aufschaute, der tief im Westen hing, sah er etwas, das wie ein verschwommener, vorüberziehender Nebelstreif schien und das Mondlicht verschleierte; doch als es sich bewegte, so daß die Mondstrahlen eine Seite davon erhellten, bemerkte er den eindeutigen, scharfen Umriß einer menschlichen Gestalt. Die Erscheinung wurde immer deutlicher und wuchs sichtlich. Sie rückte näher. So verstört seine Sinne auch waren, vor Schreck halb betäubt und von furchtbaren Vorstellungen verwirrt, konnte Mr. Brentshaw doch in dieser unheimlichen Gestalt nichts anderes erkennen oder zu erkennen glauben als eine seltsame Ähnlichkeit mit dem, was am seligen Milton Gilson sterblich gewesen war und sich ihm gezeigt hatte, als der Mann vor fünf Jahren vom ›Baum‹ abgenommen worden war. Es bestand wirklich eine vollkommene Ähnlichkeit, die bis zu den herausgetretenen, starren Augen und einem gewissen undeutlichen Ring um den Hals reichte. Die Erscheinung war ohne Rock und Hut, genauso wie Gilson, als er von Zimmermann Petes nicht unsanften Händen – dem war dieser nachbarliche Liebesdienst schon lange von einem anderen erwiesen worden – in den dürftigen, billigen Sarg gelegt worden war. Das Gespenst, wenn es eins war, schien etwas in Händen zu halten, das Mr. Brentshaw nicht genau erkennen konnte. Es kam näher und blieb endlich neben dem Sarg stehen, der die sterblichen Überreste des seligen Mr. Gilson enthielt; der Sargdeckel lag schief und ließ den Blick auf das ungewisse Innere halb frei. Als es sich darüber beugte, schien das Phantom aus einer Schale etwas Dunkles von zweifelhafter Beschaffenheit hineinzuschütten und glitt dann verstohlen in den am tiefsten gelegenen Teil des Kirchhofs zurück. Hier hatte die zurückweichende Flut eine Anzahl offener Särge stranden lassen, um die sie mit leisem Schluchzen und Raunen gluckste. Über einen von diesen beugte sich die Erscheinung und schürfte seinen Inhalt sorgfältig in die Schale, und als sie darauf zu ihrem eigenen Sarg zurückkehrte, leerte sie das Gefäß wie zuvor dort aus. Diese geheimnisvolle Prozedur wiederholte sich an jedem offenen Sarg. Manchmal tauchte das Gespenst seine gefüllte Schale in das fließende Wasser und bewegte sie sanft hin und her, um den Inhalt vom unedleren Lehm zu säubern, und sammelte die Überreste immer wieder in seinem eigenen Sarg. Kurz gesagt, der unsterbliche Teil des seligen Milton Gilson wusch den Staub seiner Nachbarn aus und tat ihn sorgsam zu seinem eigenen.

Vielleicht war es das Hirngespinst eines zerrütteten Geistes in einem fieberkranken Körper. Vielleicht war es eine feierliche Posse, von gaukelnden Wesen aufgeführt, die sich um die an der Grenze einer anderen Welt schwebenden Schatten drängen. Gott allein weiß es; wir dürfen nur wissen, daß, als die Sonne am nächsten Tage mit goldener Pracht den verheerten Kirchhof von Mammon Hill übergoß, ihr liebevollster Strahl auf das weiße, ruhige Antlitz des Henry Brentshaw fiel, eines Toten unter den Toten.

DER BEWERBER

Ein stämmiger kleiner Junge, der Sohn des angesehensten Bürgers von Grayville, schob seine Beine abenteuerlustig durch den tiefen, über Nacht gefallenen Schnee und wurde in seinem Bemühen durch das fröhliche Jauchzen seiner kleinen Schwester noch bestärkt, die ihm in der gemachten Bahn folgte. Da stieß er gegen etwas, wovon an der Oberfläche des Schnees nichts zu sehen war. In dieser Geschichte soll berichtet werden, wie es dazu kam, daß es dort lag.

Niemandem, der einmal den Vorzug hatte, bei Tage durch Grayville zu kommen, kann das geräumige steinerne Bauwerk entgangen sein, das den niedrigen Hügel nördlich der Bahnstation, das heißt rechts vom Wege nach Great Mowbray, krönt. Es ist ein etwas langweilig aussehendes Gebäude, im früh-komatösen Stil erbaut und anscheinend von einem Architekten entworfen, der offenbar jedes Aufsehen scheute und, wenn er schon sein Werk nicht verbergen konnte, ja in diesem Falle es sogar unübersehbar auf eine Anhöhe setzen mußte, redlich bemüht war, den Bau davor zu behüten, daß man ihn ein zweites Mal anschaute. Was also die sichtbare äußere Erscheinung betrifft, so zieht das Abersush-Altmännerheim nicht gerade die Blicke der Menschen auf sich. Aber es ist ein Gebäude beträchtlichen Umfangs und hat seinen wohltätigen Stifter den Ertrag mancher Ladung Tee, Seidenwaren und Gewürze gekostet, die seine Schiffe von der anderen Erdhalbkugel einführten, als er in Boston Handel trieb; doch das meiste Geld verschlang die Stiftung. Insgesamt hatte dieser rücksichtslose Mensch seine rechtmäßigen Erben um nicht weniger als eine halbe Million Dollar beraubt, die er für zügellose Wohltätigkeit hinauswarf. Es geschah möglicherweise in der Absicht, diesem großen, schweigenden Zeugen seiner Verschwendungssucht aus den Augen zu gehen, daß Abersush kurz darauf seinen gesamten sonstigen Besitz in Grayville veräußerte, dem Schauplatz seiner zügellosen Freigebigkeit den Rücken kehrte und in einem seiner eigenen Schiffe übers Meer davonfuhr. Aber die Klatschbasen, die ihre Eingebungen immer direkt vom

Himmel bezogen, verkündeten, er wäre fortgefahren, um sich eine Frau zu suchen – eine Theorie, die mit der des Spaßvogels des Ortes nicht leicht in Einklang zu bringen war. Dieser versicherte nämlich allen Ernstes, der menschenfreundliche Junggeselle habe sich aus diesem Leben entfernt (nämlich Grayville verlassen), weil sich die heiratsfähigen Jungfrauen zu sehr um ihn bemüht hätten. Wie dem auch gewesen sein mag, er war nicht zurückgekehrt, und obwohl in längeren Zeitabständen vereinzelte, unbestimmte Gerüchte über seine Wanderschaft in fremden Landen nach Grayville gelangt waren, schien niemand Genaues über ihn zu wissen, und für die jüngere Generation war er schon nicht mehr als ein bloßer Name. Doch über dem Portal des Altmännerheims schrie eine steinerne Inschrift seinen Namen in die Welt hinaus.

Trotz des wenig ansprechenden Äußeren ist das Heim ein ganz behaglicher Zufluchtsort vor den Leiden dieser Welt, die für seine Insassen darin bestehen, daß sie arm, alt und männlichen Geschlechts sind. Zu der Zeit, die unsere kurze Chronik zusammenfaßt, waren sie an der Zahl etwa zwanzig, aber aus ihrer Grantigkeit, ihrer ewigen Quengelei und Undankbarkeit hätte man auf kaum weniger als ihrer hundert schließen können; wenigstens kam es dem Heimleiter, Mr. Silas Tilbody, so vor. Er war der festen Überzeugung, daß die Aufsichtsbehörde seinen Frieden stören und seine Geduld auf die Probe stellen wollte, wenn sie neuen alten Männern gestattete, den Platz jener einzunehmen, die in ein anderes, besseres Heim auf ewig eingegangen waren. Wahrhaftig, je länger die Anstalt mit ihm verbunden blieb, desto mehr verstärkte sich bei ihm der Eindruck, daß die Menschenfreundlichkeit des Gründers arg an Wert verlor, wenn man überhaupt Bewohner aufnahm. In seiner Phantasie, wovon er allerdings nicht allzuviel besaß, malte er sich die Umwandlung des Altmännerheims in eine Art ›Luftschloß‹ aus, in dem er als Kastellan fungierte und wo er etwa zwanzig wohlhabende und wohlwollende Herren mittleren Alters, die immer bei guter Laune und zuvorkommenderweise gewillt waren, für Kost und Logis zu zahlen, gastfreundlich beherbergte. Die Aufsichtsbehörde, der er sein Amt verdankte und der er für seine Amtsführung verantwortlich war, hatte

nicht den Vorzug, in diesem revidierten Projekt der Menschenfreundlichkeit in Erscheinung zu treten. Was sie nun betrifft, so
wurde vom vorerwähnten Spaßvogel des Ortes behauptet, in
ihre Verwaltung der segensreichen Stiftung hätte die Vorsehung wohlbedacht einen Wermutstropfen der Sparsamkeit ge-
mischt. Mit den Schlußfolgerungen, die seiner Meinung nach
aus dieser Auffassung zu ziehen waren, haben wir hier nichts
zu tun; die sicherlich am meisten davon betroffenen Heimbe-
wohner sagten dazu weder ja noch nein. Sie lebten den bescheidenen Rest ihrer Tage zu Ende, stiegen in ansehnlicher Zahl
ins Grab und wurden von anderen alten Männern abgelöst, die
ihnen so glichen, wie es der Teufel, der große Friedensstörer,
sich nur wünschen konnte. Wenn das Heim eine Stätte der Bestrafung für die Sünde der Verschwendung war, dann suchten
die alten Sünder die gerechte Vergeltung mit einer Beharrlichkeit, die für die Aufrichtigkeit ihrer Reue sprach. Der Leser
wird nun aufgefordert, seine Aufmerksamkeit einem dieser
Männer zu schenken.

Hinsichtlich der Kleidung nahm diese Person ganz und gar
nicht für sich ein. Zu einer anderen Jahreszeit – es war mitten
im Winter – hätte ihn ein flüchtiger Beobachter für die witzige
Erfindung eines Landmannes halten können, der abgeneigt ist,
die Früchte seiner Arbeit mit den Krähen zu teilen, von denen
es heißt, ›sie arbeiten nicht, auch spinnen sie nicht‹ – ein Irrtum, der ohne längeres und genaueres Hinsehen, wozu der
Mann allerdings nicht gerade einzuladen schien – kaum zerstreut worden wäre; denn er kam im Dunkel des Winterabends
auf seinem Weg zum Heim die Abersush Street sichtlich nicht
schneller hinauf, als man es von einer jungen, gesunden, wenn
auch mißvergnügten Vogelscheuche hätte erwarten können.
Der Mann war unbestreitbar schlecht gekleidet, wenn auch
nicht ohne gewisse Zweckmäßigkeit und angemessenen Geschmack, denn es sah aus, als wolle er sich um Aufnahme im
Heim bewerben, wo Armut ja eine Qualifikation bedeutete.
Die Uniform in der Armee der Bedürftigen besteht aus Lumpen; diese dienen dazu, die Mannschaften von den sie rekrutie-
renden Offizieren zu unterscheiden.

Als der alte Mann durch das Tor des Grundstücks trat und

den breiten Weg langsam dahinschlurfte, schon ganz weiß vom
herabwirbelnden Schnee, den er von Zeit zu Zeit von den am
dichtesten bedeckten Kleidungsteilen leicht abschüttelte, gelangte er in den Schein der großen Kugellaterne, die immer zur
Nachtzeit über dem Haupteingang des Gebäudes brannte. Als
wollte er sich nicht ihrem enthüllenden Licht aussetzen,
wandte er sich nach links und läutete, nachdem er eine beträchtliche Strecke an der Vorderfront des Hauses entlanggg-
gangen war, an einer kleineren Tür, von der ein trüberes Licht
ausstrahlte, das von innen durch das darüber befindliche Bo-
genfenster drang und sich lustlos droben verlor. Die Tür wurde
von keinem Geringeren als dem mächtigen Mr. Tilbody persönlich geöffnet. Als er seinen Besucher betrachtete, der sofort
den Hut abnahm und den ständigen Krümmungsradius seines
Rückens noch etwas verkürzte, ließ der hohe Herr weder ein
sichtbares Zeichen der Überraschung noch des Mißfallens erkennen. Mr. Tilbody befand sich in der Tat bei ungewöhnlich
guter Laune, ein Phänomen, das zweifellos dem freundlichen
Einfluß der Weihnachtszeit zuzuschreiben war; denn heute
war Heiligabend, und der folgende Tag würde jener gesegnete
dreihundertfünfundsechzigste Teil des Jahres sein, den sich
alle Christenmenschen für bedeutende Taten der Güte und des
Frohsinns vorbehalten. Mr. Tilbody war so vom Geist dieser
Festtage erfüllt, daß sein feistes Gesicht und die hellblauen
Augen – ihr schwaches Feuer diente dazu, den Kopf von einem
unzeitigen Sommerkürbis zu unterscheiden – ein äußerst bele-
bendes Glühen ausstrahlten. Es schien geradezu ein Jammer,
daß er sich nicht in diese Glut betten und im Bewußtsein des
eigenen Ich schmoren konnte. Er hatte Hut und Mantel an,
war gestiefelt und mit Regenschirm versehen wie jemand, der
im Begriff ist, sich auf einem Botengang der Mildtätigkeit
Nacht und Sturm auszusetzen; denn Mr. Tilbody hatte gerade
von Weib und Kindern Abschied genommen; er wollte ›in die
Stadt 'nunter‹ gehen und das Nötige einkaufen, um wieder einmal die alljährliche Unwahrheit über den dickbäuchigen Heiligen verbreiten zu können, der durch den Kamin kommen und
kleine Jungen und Mädchen belohnen soll, die artig und vor
allem ehrlich waren. Deshalb bat er den alten Mann nicht

herein, sondern begrüßte ihn fröhlich mit den Worten: »Hallo! Gerade noch mal Glück gehabt; einen Augenblick später, und Sie hätten mich nicht mehr angetroffen. Kommen Sie, ich habe keine Zeit zu verlieren. Wir gehen ein Stückchen gemeinsam.«

»Vielen Dank«, sagte der alte Mann, auf dessen hagerem, bleichem, aber nicht unedlem Gesicht der Lichtschein aus der offenen Tür einen Ausdruck zeigte, der möglicherweise Enttäuschung war. »Aber wenn nun die Aufsichtsbehörde – wenn mein Aufnahmegesuch etwa –«

»Die Aufsichtsbehörde«, sagte Mr. Tilbody, schlug damit mehr als eine Tür zu und zerstörte so zweierlei Lichtblicke, »ist darin einer Meinung, daß sie über Ihr Gesuch anderer Meinung ist.«

Gewisse Gefühle passen nicht in die Weihnachtszeit, aber dem Humor wie dem Tod stehen alle Jahreszeiten offen.

»Oh, mein Gott!« rief der alte Mann mit so dünner und heiserer Stimme, daß seine Anrufung alles andere als eindrucksvoll war und zumindest dem einen der beiden, an die sie sich richtete, tatsächlich etwas lächerlich klang. Dem ANDEREN – doch das ist etwas, was der Laie in seiner geistlichen Unbildung nicht ermessen kann.

»Ja«, fuhr Mr. Tilbody fort und paßte seine Gangart der seines Weggenossen an, der unwillkürlich und nicht sehr erfolgreich wieder die Fußspuren betrat, die er im Schnee hinterlassen hatte, »sie hat entschieden, daß es unter den Umständen – unter den ganz besonderen Umständen, verstehen Sie – nicht angebracht wäre, Sie aufzunehmen. Als Heimleiter und Sekretär des ehrenwerten Ausschusses ex officio, das heißt von Amts wegen« – während sich Mr. Tilbody mit seinem ›vollen Titel‹ bezeichnete, schien die Größe des mächtigen Gebäudes, das durch den Schleier des herabfallenden Schnees zu sehen war, im Vergleich dazu einzuschrumpfen – »ist es meine Pflicht, Sie darüber zu informieren, daß, nach den Worten des Diakonus Byram, des Vorsitzenden, Ihre Anwesenheit im Heim unter den obwaltenden Umständen uns in besondere Verlegenheit setzen würde. Ich sah es als meine Pflicht an, dem ehrenwerten Ausschuß die Ausführungen zu unterbreiten, die Sie mir gestern in Ihrem durchaus berechtigten Bestreben, Ihre Ansprüche persönlich vorzubringen, über Ihre Nöte, Ihren körperlichen Zustand und die Prüfungen gemacht haben, die es der Vorsehung gefallen hat, Ihnen aufzuerlegen; aber nach sorgfältiger, ja, ich möchte sagen andächtiger Erwägung Ihres Falles – ohne daß dabei, wie ich fest hoffe, die mildtätige Stimmung der Weihnachtszeit ganz außer acht gelassen wurde – kam man zu der Entscheidung, daß wir nicht berechtigt seien, irgend etwas zu tun, was geeignet sein könnte, die Nützlichkeit der – von der Vorsehung! – unserer Obhut anvertrauten Institution zu schmälern.«

Sie hatten nun das Grundstück verlassen; undeutlich konnte man durch das Schneegestöber die Straßenlampe gegenüber dem Eingangstor erkennen. Schon war die vormalige Fußspur des alten Mannes verschneit, und er schien unschlüssig, nach welcher Seite er sich wenden sollte. Mr. Tilbody hatte sich etwas von ihm entfernt, hielt aber inne und drehte sich halb um, offenbar abgeneigt, die sich noch immer bietende Gelegenheit zum Reden ungenutzt vorübergehen zu lassen.

»Unter diesen Umständen«, fuhr er fort, »ist die Entscheidung – «

Aber der alte Mann war für Tilbodys wortreiche Überredungskunst nicht mehr erreichbar; er hatte die Straße überquert, war in ein unbebautes Grundstück geraten und tappte vorwärts, blindlings, ohne besonderes Ziel, was gar nicht so unvernünftig war, wie es aussah, da er tatsächlich kein besonderes Ziel hatte.

Und so konnte es geschehen, daß am nächsten Morgen, als die Kirchenglocken in ganz Grayville mit vermehrter Inbrunst, wie es dem Tage angemessen war, läuteten, der stämmige kleine Sohn des Diakonus Byram, als er sich einen Weg durch den Schnee zum Gotteshaus bahnte, mit dem Fuß gegen den Leichnam des Menschenfreundes Amasa Abersush stieß.

EINE TOTENWACHE

I

In dem oberen Raum einer leerstehenden Wohnung jenes Teils von San Francisco, der als North Beach bekannt ist, lag unter einem Laken der Leichnam eines Mannes. Es war fast neun Uhr abends; der Raum wurde kümmerlich von einer einzigen Kerze erhellt. Obwohl es warm war, waren die beiden Fenster entgegen dem Brauch, Toten viel Luft zu verschaffen, geschlossen und die Rouleaus heruntergezogen. Das Mobiliar des Zimmers bestand aus nur drei Stücken – einem Armstuhl, einem kleinen Lesepult, auf dem eine Kerze stand, und einem langen Küchentisch, auf dem der Körper des Mannes ruhte. Sie alle schienen wie auch der Leichnam erst kürzlich hereingebracht worden zu sein, denn wäre ein Beobachter zugegen gewesen, so hätte er entdeckt, daß auf diesen Dingen kein Staub lag, wohingegen der ganze übrige Raum von einer dicken Staubschicht bedeckt war und in den Ecken Spinnweben hingen.

Unter dem Laken konnte man die Umrisse des Körpers erkennen, selbst die Gesichtszüge, da diese jene unnatürlich scharfen Konturen aufwiesen, die den Gesichtern von Toten anzuhaften scheinen; wenngleich dies in Wirklichkeit nur auf jene zutrifft, die von einer Krankheit ausgezehrt wurden. Aus der Stille des Raumes hätte man zu Recht schließen können, daß er nicht an der Vorderseite des Hauses lag, die der Straße zugewandt war. In der Tat blickte er auf nichts anderes denn eine hohe Felsenwand, da die Rückseite des Gebäudes in einen Berg gesetzt worden war.

Als die benachbarte Kirchturmuhr mit einer Unbekümmertheit neun schlug, die eine solche Gleichgültigkeit gegenüber dem Flug der Zeit zu bekunden schien, daß man kaum umhin konnte zu fragen, warum sie sich dann überhaupt die Mühe machte zu schlagen, wurde die einzige Tür des Raumes geöffnet, und ein Mann trat ein und näherte sich dem Toten. Während er dies tat, schloß sich die Tür anscheinend aus eigenem Willen; ein Knirschen erfolgte, als werde mit Mühe ein

Schlüssel im Schloß gedreht, dann rastete der Sperriegel schnappend in der Muffe ein. Darauf folgte das Geräusch sich entfernender Schritte auf dem Gang, und der Mann war allem Anschein nach ein Gefangener. Er trat zum Tisch und blickte eine Weile auf den Toten; alsdann ging er mit leichtem Schulterzucken zu einem der Fenster und zog das Rouleau hoch. Draußen herrschte völlige Dunkelheit, die Fensterscheiben waren mit Staub bedeckt, aber als er diesen wegwischte, konnte er sehen, daß das Fenster durch dicke Eisenstäbe gesichert war, die sich wenige Zoll vom Glas entfernt kreuzten und auf allen Seiten ins Mauerwerk eingelassen waren. Er untersuchte das andere Fenster. Es war das gleiche. Er wunderte sich nicht sonderlich darüber und hob nicht einmal das Schiebefenster. Falls er ein Gefangener war, so offensichtlich ein gefügiger. Als er den Raum zur Genüge untersucht hatte, setzte er sich in den Armstuhl, holte ein Buch aus seiner Tasche, rückte das Lesepult mit der Kerze neben sich und begann zu lesen.

Der Mann war jung – höchstens dreißig Jahre alt –, hatte eine dunkle Gesichtsfarbe, braunes Haar und war glattrasiert. Sein Gesicht war schmal und zeigte eine hohe Nase, eine breite Stirn und eine ›Festigkeit‹ von Kinn und Unterkiefer, die von denjenigen, welche sie besitzen, als Zeichen der Willensstärke gedeutet wird. Die grauen Augen blickten starr und bewegten sich nicht, außer zu einem bestimmten Zweck. Jetzt waren sie für den größeren Teil der Zeit auf das Buch gerichtet, aber ab und zu sah er auf und zu dem Toten auf dem Tisch, jedoch anscheinend nicht in jener gräßlichen Faszination, die ein solcher unter den obwaltenden Umständen vermutlich selbst auf eine beherzte Person ausüben könnte, auch nicht in bewußter Auflehnung wider den entgegengesetzten Einfluß, der eine furchtsame Natur beherrschen könnte. Er sah ihn an, als sei er bei seiner Lektüre auf etwas gestoßen, das in ihm das Gefühl für seine Umgebung wachgerufen hatte. Dieser Wächter bei dem Toten versah sein Amt mit einer Einsicht und Fassung, die ihm wohl anstand.

Nachdem er vielleicht eine halbe Stunde gelesen hatte, schien er gerade ein Kapitel beendet zu haben und legte das Buch gelassen beiseite. Dann stand er auf, hob das Lesepult hoch, trug es in eine Ecke des Raumes nahe bei einem der Fenster, nahm die Kerze herunter und kehrte zu dem leeren Platz vorm Kamin zurück, an dem er gesessen hatte.

Einen Augenblick später ging er zu dem Toten auf dem Tisch, hob das Laken auf und zog es vom Kopf zurück. Eine Masse dunkler Haare und ein dünnes Gesichtstuch waren zu sehen, unter dem die Gesichtszüge sogar noch schärfer umrissen hervortraten als zuvor. Er hielt die freie Hand zwischen seine Augen und die Kerze, um nicht geblendet zu werden, und musterte seinen reglosen Zimmergenossen mit ernstem und ruhigem Blick. Zufrieden mit seiner Untersuchung, zog er das Laken wieder über das Gesicht, kehrte zum Stuhl zurück, nahm einige Streichhölzer vom Kerzenständer, steckte sie in die Seitentasche seines Jacketts und setzte sich hin. Dann nahm er die Kerze aus dem Halter und musterte sie kritisch, als überlege er, wie lange sie reichen würde. Sie war kaum zwei Zoll lang; in einer Stunde würde er im Dunkeln sitzen. Er steckte sie wieder in den Halter und blies sie aus.

II

Im Sprechzimmer eines Arztes in der Kearny Street saßen drei Männer um einen Tisch, tranken Punsch und rauchten. Es war spät am Abend, in der Tat fast Mitternacht, und der Punsch war reichlich geflossen. Der gesetzteste der drei, Dr. Helberson, war der Gastgeber – in seinem Zimmer saßen sie beisammen. Er war etwa dreißig Jahre alt; die anderen waren sogar jünger; alle drei waren Ärzte.

»Die abergläubische Ehrfurcht, welche die Lebenden den Toten entgegenbringen, ist ererbt und unheilbar«, sagte Dr. Helberson. »Man braucht sich ihrer ebensowenig zu schämen wie der Tatsache, daß man zum Beispiel eine mangelnde Begabung für Mathematik geerbt hat oder eine Neigung zu lügen.«

Die anderen lachten. »Sollte ein Mensch sich nicht schämen zu lügen?« fragte der jüngste der drei, der eigentlich noch Medizinstudent ohne einen Abschluß war.

»Mein lieber Harper, ich habe nichts dergleichen gesagt. Die Neigung zu lügen ist eine Sache; das Lügen selbst eine andere.«

»Aber meinen Sie wirklich, daß dieses abergläubische Empfinden, diese Furcht vor Toten, so unbegründet sie ist, wie wir wissen, dennoch allgemein verbreitet ist?« fragte der dritte Mann. »Ich selbst bin mir dessen nicht bewußt.«

»Oho, gleichwohl steckt sie in Ihrem Organismus«, erwiderte Helberson. »Es bedarf nur der richtigen Bedingungen – dessen, was Shakespeare die ›gelegne Zeit‹ nennt –, und sie tritt in einer sehr unangenehmen Weise, die Ihnen die Augen öffnen wird, in Erscheinung. Ärzte und Soldaten sind natürlich noch am ehesten frei davon, mehr als andere.«

»Ärzte und Soldaten! Warum fügen Sie nicht Henker und Scharfrichter hinzu? Nehmen wir doch alle Mörderkasten.«

»Nein, mein lieber Mancher; die Geschworenen werden nicht zulassen, daß öffentliche Vollstrecker von Todesurteilen so vertraut mit dem Tod werden, daß sie völlig unberührt von ihm bleiben.«

Der junge Harper, der sich soeben eine neue Zigarre vom Buffett geholt hatte, ließ sich wieder auf seinem Platz nieder. »Was wären denn Ihrer Ansicht nach die Bedingungen, unter denen jeder Mensch, der je von einer Frau geboren wurde, sich seines Anteils an unserer diesbezüglichen gemeinsamen Schwäche unerträglich bewußt würde?« fragte er ziemlich wortreich.

»Nun, ich würde sagen: Wenn ein Mensch die ganze Nacht mit einer Leiche zusammengesperrt würde – allein – in einem dunklen Raum – eines leerstehenden Hauses – ohne Bettdekken, die er sich über den Kopf ziehen könnte – und es durchstünde, ohne völlig den Verstand zu verlieren, so könnte er sich mit Recht brüsten, nicht von einer Frau geboren und auch nicht, wie Macduff, Produkt eines Kaiserschnitts zu sein.«

»Ich dachte schon, Sie würden gar nicht mehr aufhören, Bedingungen aufzuzählen«, sagte Harper. »Ich kenne jedoch jemanden, der weder Arzt noch Soldat ist und sie alle akzeptieren wird, um jeden Einsatz, den Sie nur nennen würden.«

»Wer ist das?«

»Er heißt Jarette – ein Fremder hier; er kommt aus meiner Stadt im Staat New York. Ich besitze kein Geld, um es auf ihn zu setzen, aber er wird selbst Unmengen davon auf sich setzen.«

»Woher wissen Sie das?«

»Er würde lieber wetten als essen. Und was die Angst anbetrifft – ich wage zu behaupten, er hält sie für eine Hautkrankheit oder möglicherweise für eine besondere Art religiöser Ketzerei.«

»Wie sieht er aus?« Helbersons Interesse war offensichtlich geweckt.

»Wie Mancher hier – er könnte sein Zwillingsbruder sein.«

»Ich nehme die Herausforderung an«, sagte Helberson prompt.

»Ich danke Ihnen außerordentlich für das Kompliment, weiß Gott«, sagte Mancher gedehnt, da er langsam schläfrig wurde. » Kann ich da nicht mitmachen?«

»Nicht gegen mich«, sagte Helberson. »*Ihr* Geld brauche ich nicht.«

»In Ordnung«, sagte Mancher. »Dann will ich die Leiche sein.«

Die anderen lachten.

Das Ergebnis dieser verrückten Unterhaltung haben wir kennengelernt.

III

Nachdem Mr. Jarette den kümmerlichen Kerzenstummel gelöscht hatte, war er darauf bedacht, ihn für einen unvorhergesehenen Notfall aufzuheben. Vielleicht dachte er auch, zumindest im Unterbewußtsein, daß die Dunkelheit zu der einen Zeit nicht schlechter sei als zu einer anderen, und falls die Situation unerträglich würde, wäre es vielleicht besser, ein Mittel der Linderung oder sogar der Befreiung zur Hand zu haben. Jedenfalls war es klug, über einen kleinen Vorrat von Licht zu verfügen, und sei es nur, damit er auf die Uhr blicken konnte.

Kaum hatte er die Kerze ausgeblasen und sie auf den Fußboden neben sich gestellt, ließ er sich behaglich in dem Armstuhl nieder, lehnte sich zurück und schloß seine Augen in der Hoffnung und Erwartung, Schlaf zu finden. Darin wurde er enttäuscht; nie zuvor im Leben hatte er sich weniger müde gefühlt, und so gab er den Versuch nach wenigen Minuten auf. Aber was konnte er tun? Er konnte doch nicht in völliger Dunkelheit umhertasten – und das Wagnis eingehen, sich zu stoßen – und natürlich auch jenes, gegen den Tisch zu prallen und die Ruhe des Toten grob zu stören. Wir alle gestehen ihnen das Recht zu, in Frieden zu ruhen, wohl geschützt vor allem, was rauh und heftig ist. Es glückte Jarette beinahe, sich glauben zu machen, daß Erwägungen dieser Art ihn daran hinderten, einen Zusammenstoß zu riskieren, und ihn an seinen Stuhl gefesselt hielten.

Während er über diese Sache nachdachte, war ihm, als höre er einen schwachen Laut aus der Richtung des Tisches – welcher Art, hätte er schwerlich erklären können. Er wendete den Kopf nicht. Warum sollte er – in der Dunkelheit? Aber er lauschte – warum sollte er das nicht? Und wie er so lauschte, drehte sich alles um ihn, und er umklammerte die Lehnen des Armstuhls, um einen Halt zu finden. In seinen Ohren war ein seltsames Klingen; sein Schädel schien zu bersten; die Kleidung schien seine Brust einzuschnüren. Er grübelte, warum dem so war und ob dies etwa Anzeichen von Furcht seien. Dann schien seine Brust mit einem langen und kräftigen Ausatmen zusammenzufallen, und der Schwindelanfall verließ ihn mit dem tiefen, offenen Mundes vollzogenen Atemzug, mit dem er die erschöpften Lungen wieder füllte; er erkannte, daß er so angespannt und mit angehaltenem Atem gelauscht hatte, daß er fast erstickt wäre. Diese Entdeckung war beunruhigend; er stand auf, schob den Stuhl mit dem Fuß beiseite und trat in die Mitte des Raumes. Aber niemand macht im Dunkeln große Schritte; er begann zu tasten, fühlte die Wand, folgte ihr bis in eine Ecke, drehte sich seitlich, folgte ihr an den beiden Fenstern vorbei, prallte in einer anderen Ecke heftig gegen das Lesepult und warf es um. Es verursachte einen Krach, daß er zusammenfuhr. Wütend über sich selbst, murmelte er: »Wie zum Teufel habe ich nur vergessen können, wo es stand?« und tastete seinen Weg die dritte Wand entlang bis zum Kamin.

»Ich muß alles wieder richtig hinstellen«, sagte er und suchte auf dem Fußboden nach der Kerze.

Als er sie gefunden hatte, zündete er sie an und blickte sofort zum Tisch, wo natürlich alles unverändert war. Das Lesepult lag unbeachtet auf dem Fußboden. Er hatte vergessen, ›es wieder richtig hinzustellen‹. Er sah sich im Raum um, wobei er die dunkleren Schatten durch die Bewegung der Kerze in seiner Hand zerstreute, ging hinüber zur Tür und überprüfte sie, indem er mit aller Macht am Türknauf drehte und zog. Sie gab nicht nach, und das schien ihm gewisse Befriedigung zu geben; ja, er sicherte sie zusätzlich durch einen Riegel, den er vorher nicht bemerkt hatte. Als er zu seinem Stuhl zurückkehrte, sah er auf die Uhr. Es war halb zehn. Verblüfft hielt er sie an sein Ohr. Sie war nicht stehengeblieben. Die Kerze war jetzt sichtlich kleiner. Er löschte sie wieder und stellte sie wie zuvor neben sich auf den Fußboden.

Mr. Jarette war unbehaglich zumute; er war eindeutig unzufrieden mit seiner Lage und mit sich, eben weil er so empfand. ›Was habe ich zu fürchten?‹ überlegte er. ›Das ist lächerlich und schändlich. Ich werde doch kein so großer Narr sein.‹ – Aber Mut kommt nicht dadurch, daß man sich immer wieder sagt: ›Ich will mutig sein‹, oder anerkennt, daß er der Situation gegenüber angemessen wäre. Je mehr Jarette sich verurteilte, desto mehr Grund gab er sich für diese Verurteilung; je größer die Zahl der Variationen war, die er zu dem einfachen Thema der Harmlosigkeit des Toten entwickelte, desto unerträglicher wurde der Mißklang seiner Empfindungen. »Was denn!« rief er laut in seiner Herzensangst. »Was denn! Soll ich, der ich nicht die Spur von Aberglauben in mir trage – ich, der ich nicht an die Unsterblichkeit glaube – ich, der ich weiß (und niemals besser als jetzt), daß das Leben nach dem Tod ein Wunschtraum ist – soll ich mit einemmal meine Wette, meine Ehre und meine Selbstachtung, gar meinen Verstand verlieren, weil gewisse wilde Vorfahren, die in Höhlen und Gruben lebten, der absurden Vorstellung huldigten, daß Tote des Nachts umherwandern? Daß …« Deutlich und unverkennbar hörte Mr. Jarette leise, behutsame Schritte hinter sich, bedächtige, gleichmäßige, immer näher kommende!

Kurz vor Anbruch des nächsten Tages fuhren Dr. Helberson und sein junger Freund Harper in der Kutsche des Doktors langsam durch die Straßen von North Beach.

»Haben Sie noch immer das Vertrauen der Jugend in den Mut und die Standhaftigkeit Ihres Freundes?« fragte der ältere Mann. »Glauben Sie, daß ich diese Wette verloren habe?«

»Ich *weiß*, daß Sie verloren haben«, entgegnete der andere mit entwaffnender Sicherheit.

»Gut, bei meiner Seele, ich hoffe es so.«

Es klang ernst, fast feierlich. Einige Augenblicke herrschte Stille.

»Harper, ich habe ein höchst ungutes Gefühl bei dieser Sache«, hob der Doktor wieder an und sah im unsteten Halblicht, das in die Kutsche fiel, wann immer sie an einer Straßenlaterne vorbeifuhren, sehr nachdenklich aus. »Hätte Ihr Freund mich durch die geringschätzige Art nicht gereizt, in welcher er meine Zweifel an seiner Ausdauer – einer rein physischen Eigenschaft – behandelte, ferner durch die kühle Unhöflichkeit seiner Anregung, der Leichnam solle der eines Arztes sein, so hätte ich die Sache nicht weiter betrieben. Wenn irgend etwas passieren sollte, sind wir ruiniert, und ich fürchte, wir verdienen es auch.«

»Was kann schon passieren? Selbst falls die Geschichte eine ernste Wendung nehmen sollte, was ich durchaus nicht befürchte, so braucht Mancher doch nur ›wiederaufzuerstehen‹ und die Sache zu erklären. Mit einem echten ›Subjekt‹ aus dem Sezierraum oder mit einem Ihrer verstorbenen Patienten wäre es vielleicht etwas anderes.«

Dr. Mancher hatte also zu seinem Versprechen gestanden. Er war die ›Leiche‹.

Dr. Helberson schwieg lange Zeit, während die Kutsche im Schneckentempo dieselbe Straße dahinkroch, die sie bereits zwei- oder dreimal entlanggefahren war. Dann sagte er: »Gut, wir wollen hoffen, daß Mancher, sollte er von den Toten haben auferstehen müssen, dies unauffällig getan hat. Ein Fehler in dieser Hinsicht könnte die Dinge nur verschlimmern statt besser machen.«

»Ja«, sagte Harper, »Jarette würde ihn töten«, und mit einem Blick auf seine Uhr, als die Kutsche an einer Gaslaterne vorbeifuhr: »Aber Doktor, es ist ja endlich fast vier Uhr.«

Einen Augenblick später hatten die beiden das Gefährt verlassen und gingen schnell zu dem schon lange leerstehenden Haus, das dem Doktor gehörte und in welchem sie Mr. Jarette gemäß den Bedingungen der verrückten Wette eingeschlossen hatten. Als sie sich dem Haus näherten, kam ihnen ein Mann entgegengerannt, hielt plötzlich in seinem schnellen Lauf inne und rief: »Können Sie mir sagen, wo ich einen Arzt finden kann?«

»Was ist denn los?« fragte Helberson unverbindlich.

»Gehen Sie und sehen Sie selbst«, sagte der Mann und rannte weiter.

Sie beschleunigten ihre Schritte. Als sie an dem Haus anlangten, sahen sie mehrere Personen in Eile und Aufregung hineingehen. In einigen Wohnhäusern der Nachbarschaft und auf der anderen Straßenseite waren die Fenster weit geöffnet und voller Köpfe. Alle Köpfe stellten Fragen, und niemand achtete auf die der anderen. Einige Fenster mit herabgelassenen Rouleaus waren erleuchtet; die Bewohner jener Räume kleideten sich an, um herunterzukommen. Genau gegenüber der Eingangstür des Hauses, das sie suchten, goß eine Straßenlaterne gelbes, spärliches Licht auf den Schauplatz, als wolle sie andeuten, daß sie sehr viel mehr enthüllen könne, wenn sie es wünschte. Harper blieb an der Tür kurz stehen und legte die Hand auf den Arm seines Begleiters. »Jetzt sind wir alle erledigt, Doktor«, sagte er in höchster Aufregung, die in seltsamem Gegensatz zu seinem unbeschwerten Ton stand. »Das Spiel hat sich gegen uns gekehrt. Wir gehen besser nicht hinein, ich bin dafür, nicht aufzufallen.«

»Ich bin Arzt«, sagte Dr. Helberson ruhig. »Vielleicht wird dort einer gebraucht.«

Sie stiegen die Stufen hinauf und waren im Begriff einzutreten. Die Tür stand offen; die Straßenlaterne von gegenüber erleuchtete den Gang, in den sie führte. Er war voller Menschen.

Einige waren die Treppe hinaufgestiegen und warteten oben, da ihnen der Zutritt vorerst verweigert wurde, auf eine bessere Gelegenheit. Alle redeten, keiner hörte zu. Plötzlich herrschte großer Tumult auf dem oberen Treppenabsatz; ein Mann war aus der Tür gesprungen und versuchte denen zu entwischen, die ihn festhalten wollten. Er kam die Treppe herab und bahnte sich einen Weg durch die verängstigten Gaffer, stieß sie beiseite, so daß sie sich auf der einen Seite flach gegen die Wand drücken und auf der anderen am Geländer festhalten mußten. Er stieß sie beiseite, packte sie an der Kehle, schlug wild auf sie ein, schleuderte sie rücklings die Treppe hinab und stieg über die Gestürzten hinweg. Seine Kleidung war in Unordnung, er trug keinen Hut. Seine Augen blickten wild und unstet und flößten mehr Angst und Schrecken ein als seine offensichtlich übermenschliche Körperkraft. Jegliches Blut war aus seinem glattrasierten Gesicht gewichen, sein Haar war schlohweiß.

Als die Menge am Fuß der Treppe, die mehr Raum hatte, zurückwich, um ihn durchzulassen, sprang Harper vor. »Jarette! Jarette!« rief er.

Dr. Helberson packte ihn beim Kragen und zog ihn zurück. Der Mann blickte ihnen in die Gesichter, anscheinend ohne sie zu erkennen, sprang durch die Haustür die Stufen hinab auf die Straße und lief davon. Ein stämmiger Polizist, der bei dem Versuch, sich gleichfalls einen Weg die Treppe hinab zu bahnen, geringeren Erfolg gehabt hatte, folgte einen Augenblick später und setzte ihm nach, wobei die Köpfe in den Fenstern – jetzt die von Frauen und Kindern – ihm schreiend die Richtung wiesen.

Die Treppe war jetzt teilweise frei, da die meisten Leute herunter- und auf die Straße gerannt waren, um Flucht und Verfolgung mit anzusehen. Dr. Helberson stieg, gefolgt von Harper, zum Treppenabsatz hoch. An einer Tür im oberen Korridor wollte ein Beamter sie nicht weiterlassen. »Wir sind Ärzte«, sagte der Doktor, und sie traten ein. Der Raum war voller Menschen, die nur verschwommen zu sehen waren und sich alle um einen Tisch drängten. Die Neuankömmlinge schoben sich nach vorn durch und blickten den in der vordersten Reihe Stehenden über die Schulter. Auf dem Tisch lag, die unteren Gliedmaßen mit einem Laken bedeckt, der Körper eines Mannes, grell beleuchtet durch den Strahl einer Blendlaterne in der Hand eines Polizisten, der am Fußende stand. Alle anderen Personen außer denen, die nahe beim Kopfende standen – darunter der Beamte selbst – waren in Dunkel gehüllt. Das Gesicht des Leichnams sah gelb, abstoßend und schrecklich aus! Die Augen waren etwas geöffnet und nach oben gedreht, der Unterkiefer hing herab. Spuren von Schaum verunreinigten die Lippen, das Kinn und die Wangen. Ein großer Mann, offensichtlich ein Arzt, beugte sich über den Körper und steckte die Hand in den Hemdausschnitt. Dann zog er sie heraus und schob zwei Finger in den offenen Mund. »Dieser Mann ist etwa sechs Stunden tot«, sagte er. »Es ist ein Fall für den Leichenbeschauer.«

Er zog eine Visitenkarte aus der Tasche, händigte sie dem Beamten aus und ging zur Tür.

»Verlassen Sie den Raum – alle!« sagte der Beamte scharf, und der Leichnam verschwand wie weggezaubert, als der Polizist die Blendlaterne hin und her schwenkte, so daß ihr Strahl bald hier, bald dort auf die Gesichter der Leute fiel. Die Wirkung war verblüffend! Alle stürzten geblendet, verwirrt, fast verängstigt in wilder Hast zur Tür, stießen und drängten sich und fielen übereinander, während sie flohen wie die Geister der Nacht vor den Pfeilen Apolls. Der Beamte schüttete sein Licht mitleidlos und unaufhörlich über die sich stoßende und trampelnde Menge. Helberson und Harper wurden vom Menschenstrom erfaßt, aus dem Raum getragen und stürzten die Treppe hinab auf die Straße.

»Gütiger Gott, Doktor! Habe ich Ihnen nicht gesagt, daß Jarette ihn töten würde?« sagte Harper, sobald sie sich aus der Menge gelöst hatten.

»Ich glaube, so war's«, erwiderte der andere anscheinend völlig teilnahmslos.

Sie gingen schweigend weiter einen Häuserblock nach dem anderen entlang. Die Behausungen der Bewohner dieses Hügels hoben sich in ihren Umrissen gegen den grauen Osthimmel ab. Der vertraute Milchwagen rollte bereits geschäftig durch die Straßen; bald würde auch der Bäckerbursche auf der Bildfläche erscheinen; der Zeitungsträger war unterwegs.

»Ich habe den Eindruck, junger Mann, daß wir beide unlängst etwas zuviel Morgenluft gehabt haben«, sagte Helberson. »Sie ist ungesund; wir brauchen eine Veränderung. Was
sagen Sie zu einer Europareise?«

»Wann?«

»Da bin ich nicht so penibel. Ich würde meinen, heute nachmittag vier Uhr wäre zeitig genug.«

»Ich treffe Sie am Schiff«, sagte Harper.

V

Sieben Jahre später saßen diese beiden Männer auf einer Bank
im Madison Square, New York, in vertrautem Gespräch beisammen. Ein anderer Mann, der sie ein Zeitlang beobachtet
hatte, selbst jedoch unentdeckt geblieben war, trat zu ihnen,
lüftete höflich seinen Hut, so daß man sein schlohweißes Haar
sehen konnte, und sagte: »Entschuldigen Sie, meine Herren,
aber wenn man einen Menschen dadurch getötet hat, daß man
zum Leben erwacht ist, tauscht man wohl am besten mit ihm
die Kleidung und sucht bei der ersten besten Gelegenheit sein
Heil in der Flucht.«

Helberson und Harper wechselten bedeutsame Blicke. Sie
waren ganz offensichtlich belustigt. Ersterer blickte dem Fremden sodann freundlich ins Gesicht und erwiderte:

»So bin ich stets verfahren. Ich stimme Ihnen voll und ganz
zu, daß es seine Vortei ...«

Er brach plötzlich ab, stand auf und erbleichte. Offenen
Mundes starrte er den Mann an; er zitterte sichtlich.

»Oh!« sagte der Fremde. »Ich sehe, daß Ihnen nicht wohl
ist, Doktor, wenn Sie sich nicht selbst helfen können, so kann
doch ganz gewiß Dr. Harper etwas für Sie tun, dessen bin ich
sicher.«

»Wer zum Teufel sind Sie?« fragte Harper barsch.

Der Fremde trat näher, beugte sich zu ihnen und flüsterte:
»Manchmal nenne ich mich Jarette, aber es macht mir nichts
aus, Ihnen aus alter Freundschaft mitzuteilen, daß ich Dr. William Mancher bin.«

Diese Enthüllung ließ Harper aufspringen. »Mancher!« rief er, und Helberson fügte hinzu: »Es ist wahr, bei Gott!«

»Ja«, sagte der Fremde und lächelte schwach, »es ist ganz zweifellos wahr genug.«

Er zögerte und schien sich an etwas erinnern zu wollen, dann begann er, eine beliebte Melodie zu summen. Er hatte ihre Gegenwart offenbar vergessen.

»Hören Sie, Mancher«, sagte der ältere der beiden. »Sagen Sie uns, was in jener Nacht geschah – mit Jarette, Sie wissen schon.«

»Ach ja, das mit Jarette«, sagte der andere. »Seltsam, daß ich verabsäumt haben soll, es Ihnen zu erzählen – ich erzähle es so oft. Sehen Sie, da ich ihn Selbstgespräche führen hörte, war mir klar, daß er ziemlich verängstigt war. Da konnte ich der Versuchung nicht widerstehen, zum Leben zu erwachen und ein bißchen meine Späße mit ihm zu treiben – wirklich nicht. Das ging auch alles in Ordnung, obwohl ich gewiß nicht geglaubt hätte, er würde es so ernst nehmen; ich habe es wirklich nicht ernst genommen. Und danach – o ja, es war ein hartes Stück Arbeit, den Platz mit ihm zu tauschen, und dann – verdammt noch mal! Sie haben mich ja nicht rausgelassen!«

Nichts konnte die Wildheit übertreffen, mit der er diese letzten Worte hervorstieß. Beide Männer wichen erschrocken zurück.

»Wir? Warum ... warum ...«, stammelte Helberson völlig außer Fassung. »Wir hatten doch nichts damit zu tun.«

»Sagten Sie nicht, Sie wären Dr. Hellborn und Dr. Sharper?« fragte der Mann lachend zurück.

»Mein Name ist Helberson, jawohl, und dieser Gentleman hier ist Mr. Harper«, erwiderte ersterer, denn das Lachen des Mannes hatte ihm seine Sicherheit zurückgegeben. »Aber wir sind keine Ärzte mehr; wir sind – verdammt noch mal, wir sind Spieler, alter Mann.«

Und das war die Wahrheit.

»Ein sehr guter Beruf – wirklich sehr gut; und ganz nebenbei hoffe ich, der Sharper hier hat Ihnen als ehrlicher Wetter Jarettes Geld ausgehändigt. Ein sehr guter und ehrenwerter Beruf«, wiederholte er nachdenklich und ging sorglos davon. »Aber ich bleibe bei meinem alten. Ich bin Hoher Medizinischer Oberbeamter der Bloomingdale-Heilanstalt; es ist meine Pflicht, den Direktor zu heilen.«

DER MANN UND DIE SCHLANGE

Es wird wahrhaftiglich berichtet, und ist von so vielen bezeuget, daß es bis dato der Weisen und Gelehrten keinen giebt, der bestreite, daß der Schlange Auge eine magnetische Eigenschaft besitzet, dannenhero derjenige, so auch immer ihrem Bann verfallen, nach vorne gezogen wird trotz seinem Willen, und elendiglich zu Grunde gehet durch der Kreatur Biß.

I

Harker Brayton, bequem in Schlafrock und Pantoffeln auf einem Sofa ausgestreckt, mußte lächeln, als er diesen Satz in den ›Wundern der Natur‹ des alten Morryster las. »Das einzige Wunder bei der Sache«, sagte er zu sich selbst, »ist der Umstand, daß die Weisen und Gelehrten zu Morrysters Zeit solchen Unsinn geglaubt haben sollen, der heutzutage selbst von den meisten Ungebildeten zurückgewiesen wird.«

Er verfolgte den Gedanken weiter – Brayton war nämlich ein nachdenklicher Mensch –, und unbewußt ließ er das Buch sinken, ohne seine Blickrichtung zu ändern. Sobald der Band unterhalb der Blicklinie war, rief etwas in einer dunklen Zimmerecke seine Aufmerksamkeit für die Umgebung zurück. Was er im Schatten unter seinem Bett sah, waren zwei kleine Lichtpunkte, die etwa einen Zoll auseinanderzuliegen schienen. Es mochte die Gasflamme über ihm sein, die sich in Nagelköpfen widerspiegelte; so beachtete er es kaum und widmete sich von neuem seinem Buche. Einen Augenblick später trieb es ihn wieder – er kam nicht auf den Gedanken, den Grund dafür zu analysieren –, sein Buch etwas zu senken und das zu suchen, was er zuvor gesehen hatte. Die Lichtpunkte waren immer noch da. Sie schienen mehr als vorhin zu funkeln und glänzten in einem grünlichen Schimmer, den er zuerst nicht bemerkt hatte. Auch hatte er den Eindruck, daß sie sich ein wenig bewegt hätten – etwas näher gerückt wären. Noch befanden sie sich jedoch zu weit im Schatten, um ihre Beschaffenheit und ihren Ursprung einer gleichgültigen Beobachtung zu verraten, und er las abermals weiter. Plötzlich kam ihm an einer Stelle im Text ein Gedanke, bei dem er stutzte und das Buch zum dritten Mal neben der Sofalehne sinken ließ. Da entglitt es seiner Hand, öffnete sich ganz und fiel aufgeschlagen, mit dem Rücken nach oben, auf den Fußboden. Brayton hatte sich halb erhoben und starrte gespannt in die Dunkelheit unter dem Bett, wo die beiden Lichtpunkte, wie ihm schien, noch glühender leuchteten. Jetzt war seine Aufmerksamkeit hell wach, scharf und zwingend sein Blick. Er entdeckte, fast genau unter dem Fußteil des Bettes, die Windungen einer großen Schlange – die Lichtpunkte waren ihre Augen! Ihr scheußlicher Kopf, der, von der innersten Windung flach vorgeschoben, auf der äußersten ruhte, war genau auf ihn gerichtet, was aus der Stellung des weitgeöffneten wilden Rachens und der idiotenhaften Stirn, die die Richtung ihres böswilligen Blickes anzeigte, ohne weiteres zu erkennen war. Die Augen waren nicht mehr nur leuchtende Punkte, sie blickten mit einer bestimmten Absicht, einer unheilvollen Ausdruckskraft in die seinen.

II

Eine Schlange im Schlafzimmer einer der besseren modernen Stadtwohnungen ist glücklicherweise keine so alltägliche Erscheinung, als daß sie eine Erklärung völlig unnötig machte. Harker Brayton, fünfunddreißigjähriger Junggeselle, Gelehrter ohne festen Beruf und auch ein wenig Sportsmann, vermögend, beliebt und von guter Gesundheit, war aus allen mögli-

chen fernen, unbekannten Ländern nach San Francisco heimgekehrt. Seine immer etwas luxuriösen Neigungen waren
durch lange Entbehrung üppig ins Kraut geschossen, und da
sich zu ihrer vollkommenen Befriedigung sogar die Möglichkeiten des Schloß-Hotels als unzulänglich erwiesen, hatte er
gern die Gastfreundschaft seines Freundes Dr. Druring, des berühmten Wissenschaftlers, angenommen. Dr. Drurings geräu-
miges, altmodisches Haus, das in einem jetzt unbedeutenden
Stadtteil lag, war in seiner äußeren Ansicht von hochmütiger
Zurückhaltung. Offenbar wollte es sich nicht der benachbarten Sphäre seiner veränderten Umgebung einfügen und schien
einige jener Überspanntheiten kultiviert zu haben, die aus der
Isolierung herrühren. Da war zum Beispiel ein ›Flügel‹, der au-
genfällig keine Beziehung zur Gesamtarchitektur aufwies und
hinsichtlich des Verwendungszwecks nicht weniger aus dem
Rahmen fiel, denn in ihm vereinigten sich Laboratorium, Me-
nagerie und Museum. Hier frönte der Doktor dem naturwis-
senschaftlichen Teil seines Wesens, indem er sich dem Studium
jener Formen des Tierlebens widmete, denen sein Interesse
galt und die seinem Geschmack entsprachen, wobei – wie wir
einräumen müssen – ihm mehr die niederen Arten zusagten.
Denn wenn sich eine der höheren Tierarten seinen zarten Empfindungen freundlich empfehlen sollte, dann mußte sie zumindest gewisse rudimentäre Merkmale bewahren, durch die sie
solchen ›Drachen der Urzeit‹ wie Kröten und Schlangen verwandt war. Seine wissenschaftliche Sympathie gehörte eindeutig den Reptilien; er liebte den Plebs der Natur und bezeichnete
sich als den Zola der Zoologie. Da seine Frau und die Töchter
nicht den Vorzug hatten, seine erlauchte Wißbegier, mit der er
Leben und Weben unserer unglücklichen Mitgeschöpfe betrachtete, zu teilen, wurden sie mit unnötiger Strenge von dem,
was er die ›Schlangenei‹ nannte, ferngehalten und zur Gesellschaft mit ihresgleichen verurteilt, obwohl er, um die Härte
ihres Schicksals zu mildern, ihnen mit Hilfe seines ansehnlichen Vermögens gestattete, in prunkvollerer Umgebung als die
Reptilien zu wohnen und sie an äußerem Glanz zu übertreffen.

Sowohl architektonisch als auch hinsichtlich des ›Mobiliars‹
war die Schlangenei von einer strengen Schlichtheit, die den

bescheidenen Lebensumständen ihrer Bewohner angemessen war. Vielen von ihnen konnte allerdings nicht die Freiheit gewährt werden, die zum Vollgenuß des Wohllebens nötig ist, denn sie hatten die beunruhigende Eigenschaft, lebendig zu sein. In ihrem eigenen Logis waren sie jedoch so wenig persönlicher Beschränkung unterworfen, wie sich mit dem Schutz vor ihrer verderblichen Gewohnheit, einander zu verschlingen, vereinbaren ließ; und wie man Brayton rücksichtsvoll in Kenntnis gesetzt hatte, war es mehr als bloßes Gerede, daß man ihrer einige zu wiederholten Malen in Gebäudeteilen angetroffen hatte, wo es sie in Verlegenheit gebracht hätte, ihre Anwesenheit zu begründen. Trotz der ›Schlangenei‹ und der mit ihr verknüpften unheimlichen Vorstellungen, denen er jedoch wenig Aufmerksamkeit schenkte, fand Brayton das Leben in Drurings herrschaftlichem Hause ganz nach seinem Geschmack.

III

Außer einer ziemlichen Überraschung und einem Schauder, der jedoch nur von einem gewissen Widerwillen herrührte, war Mr. Brayton nicht sonderlich betroffen. Sein erster Gedanke war, zu läuten und einen Diener herbeizurufen; doch obwohl die Klingelschnur in nur geringer Reichweite baumelte, griff er nicht danach. Ihm war eingefallen, daß er sich mit dieser Handlungsweise dem Verdacht der Angst aussetzen könnte, die er bestimmt nicht hatte. Er empfand stärker die Widersinnigkeit seiner Lage, als daß er sich von ihren Gefahren beunruhigt gefühlt hätte. Die Situation war widerlich, aber im Grunde doch absurd.

Das Reptil gehörte zu einer Art, die Brayton unbekannt war. Über die Länge der Schlange konnte er nur Vermutungen anstellen; der Körper schien an der dicksten sichtbaren Stelle ungefähr so stark wie sein Unterarm. Auf welche Weise drohte Gefahr von ihr, wenn sie überhaupt gefährlich war? War die Schlange giftig? War es eine Boa? Sein Wissen um die Gefahrensignale der Natur reichte nicht aus, um das zu entscheiden. Diese Geheimschrift hatte er nie entziffert.

Wenn die Kreatur nicht gefährlich war, so war ihre Anwesenheit zum mindesten ungehörig. Sie war überflüssig, war ›fehl am Platze‹, kurz – eine Zumutung. Die Gemme verdiente nicht die Fassung. Nicht einmal der moderne barbarische Geschmack hierzulande, wonach die Zimmerwände mit Bildern, der Fußboden mit Möbeln und die Möbel mit Nippsachen überladen sein mußten, hatte den Ort für dieses Stück wilden Dschungellebens ganz passend gemacht. Außerdem – unerträglicher Gedanke! – vermengte sich ihr Atemdunst mit der Luft, die er selbst einatmete.

Diese Gedanken formten sich mehr oder weniger deutlich in Braytons Kopf und bestimmten sein Handeln. Wir bezeichnen diesen Vorgang mit Überlegung und Entscheidung. So beweisen wir Vernunft oder Unvernunft. Und so geschieht es, daß das welke Blatt im Herbstwind mehr oder weniger Verstand zeigt als seine Gefährten, wenn es auf die Erde niederfällt oder in den See. Über menschlichem Tun liegt kein Geheimnis, irgend etwas zieht unsere Muskeln zusammen. Kommt es darauf an, ob wir die vorbereitenden Molekularveränderungen mit ›Willen‹ bezeichnen?

Brayton stand auf und schickte sich an, vor der Schlange sacht durch die Tür zu entweichen und sie, wenn möglich, nicht zu beunruhigen. So zieht sich der Mensch vor der Gegenwart des Großen zurück, denn Größe ist Macht, und Macht ist Bedrohung. Er wußte, daß er rückwärts ausweichen konnte, ohne damit einen Fehler zu begehen. Sollte das Ungeheuer folgen, dann hatte die Mode, welche die Wände mit Gemälden bepflastert hatte, auch folgerichtig für ein Gestell mit orientalischen Mordwaffen gesorgt, von denen er eine an sich reißen konnte, um der Situation gewachsen zu sein. Inzwischen brannten die Augen der Schlange noch unbarmherziger und feindseliger als vorher.

Brayton hob seinen rechten Fuß hoch, um rückwärts zu treten. Doch im selben Augenblick spürte er eine starke Abneigung dagegen.

Man hält mich für mutig, dachte er. Ist denn Mut nicht mehr als Stolz? Nur weil niemand da ist, Zeuge meiner Schande zu sein, soll ich den Rückzug antreten?

Mit der rechten Hand stützte er sich auf eine Stuhllehne, der Fuß hing in der Schwebe.

»Unsinn!« rief er laut. »Ein solcher Feigling bin ich doch nicht, daß ich davor Angst haben sollte, vor mir selber als Feigling zu erscheinen.«

Er hob den Fuß ein wenig höher, indem er das Knie etwas beugte, und setzte ihn dann heftig auf – einen Zoll vor der anderen Fußspitze! Er wußte nicht, wie es kam. Ein Versuch mit dem linken Fuß hatte dasselbe Ergebnis: wieder stand er dicht vor dem rechten. Die Hand auf der Stuhllehne krampfte sich fest. Der Arm war ausgestreckt und etwas nach hinten gerichtet. Man hätte meinen mögen, er verlöre ungern seinen Halt. Der unheildrohende Schlangenkopf lag immer noch wie vorher von der inneren Windung aus waagerecht nach vorn gereckt da. Er hatte sich nicht bewegt, aber die Augen sprühten jetzt elektrische Funken und strahlten zahllose leuchtende Nadelspitzen aus.

Der Mann war aschfahl im Gesicht. Wieder trat er einen Schritt nach vorn, dann noch einen und schleifte den Stuhl halb hinter sich her, bis er mit Getöse zu Boden fiel, als er schließlich seinem Griff entglitt. Brayton stöhnte. Die Schlange gab keinen Laut von sich und bewegte sich auch nicht, doch ihre Augen waren zwei blendende Sonnen. Das Reptil selbst verschwand dahinter völlig. Die Augen strömten lebhaft leuchtende Farbkreise aus, die sich erweiterten und bei ihrer größten Ausdehnung nacheinander wie Seifenblasen vergingen. Sie schienen sogar bis an sein Gesicht heranzukommen und waren sogleich wieder unermeßlich weit weg. Er hörte irgendwo ununterbrochen eine mächtige Trommel schlagen, dazwischen zusammenhangloses Tönen einer fernen Musik, unausdenkbar süß, wie die Klänge einer Äolsharfe. Er erkannte sie als das Lied der bei Sonnenaufgang tönenden Memnonsäule und glaubte, er stände im Schilfrohr des Nilufers und hörte in Verzückung die unsterbliche Hymne durch das Schweigen der Jahrhunderte ertönen.

Die Musik verstummte; vielmehr ging sie ganz unmerklich in das ferne Rollen eines abziehenden Gewitters über. Vor ihm breitete sich eine in Sonnenschein und Regen glitzernde Land-

schaft aus, von einem farbenprächtigen Regenbogen über-
wölbt, der in seiner gewaltigen Krümmung hundert sichtbare
Städte einrahmte. Im Mittelgrund erhob eine mächtige ge-
krönte Schlange das Haupt aus ihren gewaltigen Windungen
und sah ihn mit den Augen seiner toten Mutter an. Plötzlich
schien die bezaubernde Landschaft wie ein bemalter Pausen-
vorhang im Theater rasch in die Höhe zu gehen und verschwand im Nichts. Etwas versetzte ihm einen harten Schlag
gegen Gesicht und Brust. Er war zu Boden gestürzt. Blut rann
aus der gebrochenen Nase und von den aufgeschlagenen Lippen. Einige Zeit lag er mit geschlossenen Augen starr und betäubt mit dem Gesicht nach unten. Kurz darauf hatte er sich
wieder erholt und erkannte, daß der Bann, unter dem er gestanden hatte, durch den Sturz gebrochen worden war, weil er
dabei seine Augen abgewandt hatte. Er fühlte, daß er nun,
wenn er den Blick zur Seite wandte, würde zurückweichen können. Aber der Gedanke an die nur wenige Fuß von seinem
Kopfe liegende Schlange, die er jetzt zwar nicht sah, die vielleicht aber gerade im Begriff war, ihn anzuspringen und mit
ihren Windungen seinen Hals zu umschlingen, war zu entsetzlich. Er hob den Kopf, starrte wieder in die unheilverkünden-
den Augen und war erneut in ihrem Bann.

Die Schlange hatte sich nicht bewegt und schien nicht mehr
so viel Macht auf seine Einbildungskraft auszuüben; die schimmernden Wahnbilder, die er eben erst gesehen, wiederholten
sich nicht. Unterhalb der flachen, hirnlosen Stirn funkelten die
schwarzen, knopfartigen Augen nur mit unsagbar feindseligem
Ausdruck, ganz wie zuerst. Es war, als hätte die Kreatur, ihres
Sieges gewiß, beschlossen, keine verführerischen Künste mehr
anzuwenden.

Nun folgte eine schreckliche Szene. Der Mann, mit dem Ge-
sicht auf dem Boden und weniger als ein Yard von seinem
Feind entfernt, stützte den Oberkörper auf die Ellbogen; der
Kopf war zurückgeworfen, die Beine lagen lang ausgestreckt.
Sein Gesicht war weiß zwischen den Blutflecken, die Augen rie-
sengroß aufgerissen. Schaum hatte sich vor seinem Mund ge-
bildet; in Flocken tropfte er herab. Sein Körper, von heftigen
Zuckungen geschüttelt, führte beinahe schlangenartige Bewe-

gungen aus. Er krümmte sich in den Hüften und verlagerte dabei die Beine von einer Seite auf die andere. Jede Bewegung brachte ihn der Schlange etwas näher. Er stemmte die Hände vorwärts, um sich nach hinten abzustoßen, rückte jedoch unablässig auf den Ellbogen vor.

IV

Dr. Druring und seine Gattin saßen in der Bibliothek. Der Gelehrte war bei selten guter Laune.

»Ich habe eben im Tausch von einem anderen Sammler ein prächtiges Exemplar der Ophiophagus-Schlange bekommen«, sagte er.

»Und was ist das für eine?« erkundigte sich die Dame mit etwas müder Anteilnahme.

»Ei, da hört doch alles auf! Welch erschütternde Unwissenheit! Wisse, meine Liebe: ein Mann, der nach der Hochzeit feststellt, daß seine Frau kein Griechisch versteht, hat einen Scheidungsgrund. Die Ophiophagus ist eine Schlange, die andere Schlangen frißt.«

»Hoffentlich frißt sie alle deine Schlangen auf«, sagte sie und schob zerstreut die Lampe weg. »Aber wie erwischt sie die andern Schlangen? Sie bezaubert sie wohl, wie?«

»Das sieht dir ähnlich, Liebling«, bemerkte der Doktor mit geheuchelter Heiterkeit. »Du weißt, wie sehr es mich aufbringt, wenn ich auch nur eine Anspielung auf den primitiven Aberglauben von der hypnotischen Kraft einer Schlange höre.«

Die Unterhaltung wurde durch einen entsetzlichen Schrei gestört, der wie die Stimme eines Dämons aus dem Grabe das stille Haus durchhallte. Immer wieder ertönte er mit schrecklicher Deutlichkeit. Sie sprangen auf, der Mann bestürzt, die Frau bleich und vor Entsetzen sprachlos. Noch ehe das Echo des letzten Schreies ganz verhallt war, stürzte Druring aus dem Zimmer und rannte nach oben, zwei Stufen auf einmal nehmend. Auf dem Korridor vor Braytons Zimmer stieß er auf einige Diener, die aus dem oberen Stockwerk herbeigeeilt waren. Alle stürzten sich zugleich auf die Tür, ohne anzuklopfen.

Sie war nicht verriegelt und ging auf. Brayton lag mit dem Bauch auf dem Fußboden, tot. Kopf und Arme waren zur Hälfte unter dem Fußteil der Bettstelle verborgen. Die Männer zogen den Leichnam hervor und drehten ihn auf den Rücken. Das Gesicht war von Blut und Schaum verschmiert, die Augen weit aufgerissen und starr – ein furchtbarer Anblick!

»Einem Anfall erlegen«, stellte der Gelehrte fest, als er niederkniete und die Hand auf das Herz des Toten legte. In dieser Haltung sah er zufällig unter das Bett. »Großer Gott«, setzte er hinzu, »wie ist denn das hier hereingekommen?«

Er langte unter das Bett, zog die Schlange hervor und schleuderte sie, die immer noch zusammengerollt war, mitten ins Zimmer, wo sie mit einem rauhen, schlurfenden Geräusch auf dem polierten Fußboden entlangglitt, bis sie durch die Wand aufgehalten wurde. Dort blieb sie regungslos liegen. Es war eine ausgestopfte Schlange; ihre Augen waren zwei Schuhknöpfe.

EIN AUSGESPROCHENES BIEST

I

Der neueste Ankömmling in Hurdy-Gurdy erregte nicht das geringste Aufsehen. Er wurde nicht einmal mit dem malerisch-anschaulichen Spitznamen bedacht, der in Goldgräberlagern so häufig dem neu Zugezogenen als Willkommensgruß verliehen wird. In fast jedem anderen Lager dort herum würde die einfache Tatsache seines Eintreffens ihm einen Beinamen wie ›Das blondhaarige Scherzrätsel‹ oder ›Kein Sarvi‹ eingetragen haben – ein Ausdruck, von dem man naiverweise annahm, er werde von Leuten mit rascher Auffassungsgabe als das spanische ›Quien sabe‹ erkannt werden. Er traf ein, ohne auch nur ein leichtes Wellengekräusel der Beachtung auf dem gesellschaftlichen Wasserspiegel von Hurdy-Gurdy zu erregen – einem Ort, der die in Kalifornien allgemein verbreitete Geringschätzung der persönlichen Geschichte der Menschen noch durch seine rein geographische Unwichtigkeit unterbot. Die Zeit war längst vorbei, in der es jemanden interessierte, wer dorthin kam oder ob überhaupt jemand hinkam. Es wohnte nämlich keiner mehr in Hurdy-Gurdy.

Noch vor zwei Jahren hatte das Lager eine rührige Bevölkerung von zwei- oder dreitausend männlichen und nicht weniger als einem Dutzend weiblichen Personen aufzuweisen gehabt. Die Mehrzahl der ersteren hatte sich zum Verdruß der letzteren ein paar Wochen ernster Arbeit der Aufgabe gewidmet, den einzigartig verlogenen Charakter des Mannes nachzuweisen, dessen phantasievolle Berichte über reiche Goldvorkommen sie dorthin gelockt hatten – einer Aufgabe übrigens, die ideell ebensowenig befriedigte, wie sie materiellen Profit abwarf; denn eine Kugel aus der Pistole eines um das Gemeinwohl besorgten Bürgers hatte schon am dritten Tag nach Gründung des Lagers jenen phantasievollen Gentleman dem Zugriff von Verleumdungen entzogen. Immerhin hatten seine Märchen auf einer gewissen realen Grundlage beruht, und viele Goldgräber hatten noch eine beträchtliche Zeit in und um Hurdy-Gurdy herumgelungert; aber jetzt war das alles längst vorbei.

Doch sie hatten reichliche Beweise für ihren Aufenthalt hinterlassen. Von der Stelle, wo der Injun Creek, der ›Indschanerbach‹, in den Rio San Juan Smith mündet, erstreckte sich an beiden Ufern des Baches bis in den Cañon hinein, aus dem er kommt, eine Doppelreihe elender Buden, die im Begriffe schienen, einander um den Hals zu fallen, um ihre Verlassenheit zu beweinen, während ungefähr ebenso viele auf beiden Seiten den Abhang hinaufgeklettert zu sein schienen und sich auf beherrschenden Vorsprüngen niedergelassen hatten, von wo aus sie die Hälse reckten, um von dem ergreifenden Anblick möglichst viel mitzubekommen. Die meisten dieser Behausungen waren wie durch eine Hungersnot zu bloßen Skeletten abgemagert, an denen unschöne Fetzen von etwas hingen, was die zugehörige Haut gewesen sein konnte, in Wirklichkeit aber Zeltleinwand war. Das kleine, von Hacke und Schaufel aufgerissene und zerschartete Tal selbst bot wenig Reizvolles mit seinen langen, gewundenen, verfallenen Wasserleitungen, die sich hier und da auf scharfe Felskanten stützten und auf unbehauenen Pfosten linkisch über die tiefer gelegenen Zwischenräume hinwegstelzten. Der ganze Ort bot jenen unfertigen und abstoßenden Anblick einer steckengebliebenen Entwicklung, mit dem ein junges Land die altehrwürdige Anmut eines durch die Zeit bewirkten Verfalls ersetzt. Wo noch ein Fleck des ursprünglichen Bodens übriggeblieben war, hatten ihn Unkraut und Brombeergesträuch in üppigem Wuchs überwuchert, und aus seinem muffigen, ungesunden Schatten hätte ein daran interessierter Besucher zahlreiche Erinnerungsstücke an die frühere Glanzzeit des Lagers aufklauben können – vereinsamte rechte oder linke Stiefel, mit grünem Schimmel überzogen und mit verfaulendem Laub vollgestopft; einen alten Filzhut; verstreute Überreste eine Flanellhemds; entsetzlich verstümmelte Sardinendosen und eine überraschende Fülle schwarzer Flaschen, die mit einer wahrhaft großzügigen Unparteilichkeit überallhin gleichmäßig verteilt worden waren.

II

Der Mann, der Hurdy-Gurdy jetzt wiederentdeckt hatte, war an dessen Archäologie offenbar wenig interessiert. Und er gab auch keinen empfindsamen Seufzer des Weltschmerzes von sich, als er sich umblickte und die trostlosen Zeugnisse vertaner Arbeit und gebrochener Hoffnung sah, deren niederdrückende Mahnung durch die billige Vergoldung, die ihnen die untergehende Sonne mit ironischer Prachtentfaltung verlieh, nur noch stärker betont wurde. Er lud lediglich vom Rücken seines müden kleinen Packesels eine Goldgräberausrüstung ab, die noch ein wenig umfangreicher war als das Tier selbst, pflockte das arme Vieh an, suchte aus seinem Werkzeug eine Axt heraus und machte sich sogleich durch das trockene Bett des Injun Creek nach dem Rücken eines niedrigen, kiesbedeckten Hügels auf der anderen Seite des Baches auf.

Als er über einen am Boden liegenden Wall aus Gestrüpp und Brettern stieg, hob er eins davon auf, spaltete es in fünf

Teile und spitzte sie am Ende zu. Dann begann er eine Art Suchaktion und beugte sich gelegentlich nieder, um etwas ganz genau zu betrachten. Endlich schienen seine geduldigen Nachforschungen von Erfolg belohnt zu werden, denn er richtete sich unvermittelt in voller Größe auf, zeigte durch eine Geste seine Zufriedenheit an, ließ das Wort »Schmissi« vernehmen und entfernte sich sogleich wieder von der Stelle mit langen, gleichmäßigen Schritten, die er zählte. Dann blieb er stehen und trieb einen von seinen Pfählen in die Erde. Darauf hielt er sorgfältig Ausschau, maß über besonders unebenem Boden wieder ein paar Schritte ab und schlug einen zweiten Pfahl ein. Nachdem er die doppelte Entfernung rechtwinkelig zur vorher markierten Strecke abgeschritten hatte, trieb er einen dritten Pfahl ein und dann, nach Wiederholung der Zeremonie, den vierten und endlich den fünften. Diesen spaltete er oben und klemmte einen alten, mit einem wirren System von Bleistiftlinien bedeckten Briefumschlag hinein. Kurz gesagt, er steckte unter strikter Einhaltung der in Hurdy-Gurdy geltenden Schürfbestimmungen den Hügel für sich ab und brachte die übliche Notiz an.

Es muß noch erläuternd erwähnt werden, daß eins der Anhängsel an Hurdy-Gurdy, und zwar dasjenige, zu dessen Anhängsel die Metropole später selber wurde, ein Friedhof war. Ein Bürgerkomitee hatte ihn schon in der ersten Woche nach Gründung des Lagers wohlüberlegt abgesteckt. Der darauffolgende Tag war durch eine Debatte zwischen zwei Komiteemitgliedern über einen günstigeren Platz für den Friedhof gekennzeichnet gewesen, und am dritten Tag war die Nekropolis durch ein Doppelbegräbnis eingeweiht worden. Im selben Verhältnis, in dem das Lager abnahm, nahm der Friedhof zu, und lange bevor der allerletzte Einwohner, der gleichermaßen die hinterhältige Malaria wie den ehrlich und offen kämpfenden Revolver siegreich bestanden hatte, den Schwanz seines Packesels dem Injun Creek zuwandte, war die vor dem Lager liegende Ansiedlung zu einer volkreichen, wenn auch nicht volkstümlichen Vorstadt angewachsen. Und nun, da die Stadt wie ein welkes, dürres Blatt in ein freudloses Greisenalter eingegangen war, konnte der Friedhof – wenn auch vom Zahn der Zeit leicht angenagt und von grammatischen Neuerungen wie auch von orthographischen Experimenten keineswegs verschont, von bösen Kojoten ganz zu schweigen – immerhin noch einigermaßen vollständig die bescheidenen Ansprüche seiner Bewohner befriedigen. Er umfaßte reichlich zwei Morgen eines Bodens, der mit anerkennenswertem Sinn für ökonomische Belange – wenn auch überflüssiger Sorge – wegen seiner mineralischen Unergiebigkeit ausgewählt worden war, enthielt zwei oder drei Baumskelette (eins davon hatte einen starken seitlichen Ast, von dem ein verwittertes Seil immer noch bedeutungsvoll herabbaumelte), ein halbes Hundert kiesbedeckter Grabhügel, ein paar Dutzend Holztafeln, deren Inschriften die obenerwähnten literarischen Eigentümlichkeiten aufwiesen, und eine ums Dasein ringende Kolonie von Feigenkakteen. Im ganzen gesehen, konnte ›Gottes Schürfstelle‹, wie sie mit bezeichnender Ehrfurcht genannt worden war, sich mit Recht einer zweifellos überlegenen Qualität der Trostlosigkeit rühmen. Und ausgerechnet in dem am dichtesten besiedelten Teil dieser interessanten Gottesdomäne steckte Mr. Jefferson Doman seine Schürfstelle ab. Wenn er es in Verfolg seiner Absicht für angebracht erachten sollte, etwelche Tote aus dem Wege zu schaffen, so würden diese einen unbestreitbaren rechtlichen Anspruch auf ein angemessenes neues Begräbnis haben.

III

Dieser Mr. Jefferson Doman stammte aus Elizabethtown in New Jersey, wo er sechs Jahre zuvor sein Herz in der Obhut einer goldhaarigen, zimperlichen jungen Dame namens Mary Matthews als zusätzliche Sicherheit dafür zurückgelassen hatte, daß er zurückkehren und um ihre Hand anhalten wolle.

»Ich *weiß* es einfach, daß du niemals lebendig zurückkehren wirst – dir gelingt ja nie etwas«, war die Bemerkung, die Miss Matthews' Auffassung vom Wesen des Erfolges kennzeichnete und nebenbei noch auf ihre Ansicht über das Wesen der Ermutigung schließen ließ. Sie bemerkte fernerhin: »Wenn du allein nichts schaffst, dann komme ich eben zu dir nach Kalifornien.

Ich kann die Münzen in kleine Säcke tun, wenn du sie ausgräbst.«

Diese typisch weibliche Theorie über Goldlagerstätten wollte seiner männlichen Intelligenz nicht eingehen: Mr. Doman glaubte vielmehr, daß Gold in flüssigem Zustand gefunden würde. Er lehnte ihre Absicht mit beachtlichem Nachdruck ab, stillte ihre Seufzer, indem er ihr leicht die Hand auf den Mund legte, lachte ihr in die Augen, als er ihr die Tränen fortküßte, und zog mit einem fröhlichen ›Adieu!‹ nach Kalifornien, um lange, liebeleere Jahre für sie zu schuften und dabei ein starkes Herz, eine wachsame Hoffnung und eine unerschütterliche Pflichttreue zu bewahren, die keinen Augenblick lang vergaß, worum es hier ging. In der Zwischenzeit hatte Miss Matthews das Monopol an ihrem bescheidenen Talent, Münzen einzusacken, Mr. Jo. Seeman aus New York, Spieler von Beruf, übertragen, der dafür mehr Verständnis zeigte als für ihre dominante Erbanlage, Geldsäcke zu leeren und ihren Inhalt seinen dortigen Nebenbuhlern zukommen zu lassen. Seine Mißbilligung ihrer zuletzt erwähnten Spezialbegabung tat er überdies durch eine Handlung kund, die ihm den Posten eines Wäschereiangestellten im Staatsgefängnis und ihr den Namen ›Molly mit der gespaltenen Fresse‹ eintrug. Ungefähr um diese Zeit schrieb sie an Mr. Doman einen Absagebrief voll rührender Entsagung, dem sie ihre Photographie beifügte zum Beweis dafür, daß sie nun nicht mehr ein Recht habe, davon zu träumen, einmal Mrs. Doman zu werden, und in dem sie ihren Sturz von einem Pferd so anschaulich beschrieb, daß der brave Klepper, auf dem Mr. Doman nach Red Dog geritten war, um den Brief zu holen, auf dem ganzen Rückweg ins Lager dafür unter seinen Sporen stellvertretend büßen mußte. Der Brief bewirkte natürlich genau das Gegenteil; die Treue, die für Mr. Doman zuvor eine Sache der Liebe und Pflicht gewesen war, wurde von nun an auch noch zur Ehrensache. Ihre Photographie, die ihr einst so hübsches Gesicht wie durch einen Messerschnitt traurig entstellt zeigte, wurde ordnungsgemäß zum Gegenstand seiner Zuneigung erhoben und ihre hübschere Vorgängerin mit schmählicher Nichtachtung behandelt. Als Miss Matthews dies mitgeteilt wurde, schien sie, das muß zu ihrer

Ehre gesagt werden, weit weniger überrascht zu sein, als man es aus ihrer offenbar niedrigen Einschätzung von Mr. Domans Großzügigkeit (wie sie aus dem Inhalt ihres vorhergehenden Briefes zu ersehen war) naturgemäß hätte erwarten können. Bald darauf wurden ihre Briefe jedoch seltener und hörten dann ganz auf.

Doch Mr. Doman hatte einen anderen Briefpartner gefunden, und zwar Mr. Barney Bree aus Hurdy-Gurdy, vormals aus Red Dog. Obwohl dieser Herr unter den Goldgräbern eine gewichtige Persönlichkeit darstellte, war er selbst kein Goldgräber. Seine Fachkenntnisse in der Goldgräberei bestanden hauptsächlich in der bewundernswürdigen Beherrschung ihrer Berufssprache, der er umfangreiche Beiträge lieferte und deren Wortschatz er mit einer Fülle ungewöhnlicher Ausdrücke bereicherte, die allerdings mehr durch Treffsicherheit als durch Vornehmheit hervorstachen und beim uneingeweihten ›Greenhorn‹ einen tiefen Eindruck von den Fertig- und Fähigkeiten ihres Erfinders hinterließen. Wenn er nicht gerade einen Kreis bewundernder Zuhörer aus San Francisco oder dem Osten um sich geschart hatte, konnte man ihn gewöhnlich bei der vergleichsweise niederen Beschäftigung beobachten, die verschiedenen Tanzböden auszufegen und die Spucknäpfe zu säubern.

Barney hatte augenscheinlich zwei Leidenschaften im Leben – die Liebe zu Jefferson Doman, der sich ihm einmal irgendwie nützlich erwiesen hatte, und die Liebe zum Whisky, von dem man das sicherlich nicht behaupten konnte. Er war unter den ersten, die sich am Ansturm auf Hurdy-Gurdy beteiligt hatten, war aber nicht vom Glück begünstigt gewesen und allmählich bis zur Stellung eines Totengräbers abgesunken. Dies war zwar kein fester Beruf, aber Barney machte ihm gelegentlich seine zitternde Hand dienstbar, wenn es einmal vorkam, daß ein kleines Mißverständnis am Spieltisch des Ortes und seine teilweise Genesung nach einem längeren Saufgelage zufällig auf dieselbe Zeit fielen. Eines Tages erhielt Mr. Doman in Red Dog einen Brief mit dem schlichten Poststempel ›Hurdy, Kal.‹, und da er gerade mit etwas anderem beschäftigt war, klemmte er ihn zur späteren Durchsicht sorglos in eine

Ritze seiner Hütte. Etwa zwei Jahre danach stöberte er ihn zufällig auf und las ihn. Er lautete:

Hurdy, 6. Juni

Freund Jeff: Ich habe sie auf dem Friedhof schwer angeschlagen. Sie ist blind und verlaust. Ich würd was von abgeben – von mir aus, und Maul halten is mein Schlager, bis Du tutest. Dein

Barney

P S – Ich hab sie mit ›Schmissi‹ zugedeckt.

Mit einiger Kenntnis der allgemein üblichen Goldgräbersprache und des von Mr. Barney Bree erfundenen privaten Systems der Gedankenübermittlung hatte Mr. Doman keine Schwierigkeiten, aus dieser ungewöhnlichen Epistel zu entnehmen, daß Barney in Ausübung seiner Totengräberpflichten eine Quarzader entdeckt hatte, deren Abzweigungen nicht an die Oberfläche traten; daß sie sichtlich reich an freiem Gold war; daß er aus freundschaftlichen Erwägungen bereit war, Mr. Doman als Partner anzunehmen und in Erwartung der Willenserklärung dieses Herrn seine Entdeckung vorsichtshalber vorläufig geheimhalten wolle. Aus dem Postskriptum ging klar hervor, daß er, um den Schatz zu verbergen, die sterbliche Hülle einer Person namens ›Schmissi‹ darüber beerdigt hatte.

Aus späteren Vorkommnissen, wie sie Mr. Doman in Red Dog berichtet wurden, konnte man den Schluß ziehen, daß Mr. Barney vor Ergreifung dieser Vorsichtsmaßnahme den ökonomisch bedingten Drang verspürt haben mußte, von dem Gold so viel abzuzweigen, daß es ihm ein bescheidenes Auskommen ermöglichte. Jedenfalls geschah es um diese Zeit, daß er jene denkwürdige Reihe von Zechgelagen und Freirunden gab, an die man noch heute im ganzen Gebiet um den Rio San Juan Smith mit Wonne denkt und die bis nach Ghost Rock und Lone Hand hinauf anerkennend erwähnt werden. Am Ende dieser fröhlichen Zeit mußten einige frühere Bürger von Hurdy-Gurdy, für die er auf dem Friedhof den letzten Liebesdienst verrichtet hatte, etwas zusammenrücken, um für ihn Platz zu machen, und er ruhte sanft.

Nachdem Mr. Doman seinen Schürfplatz abgesteckt hatte, begab er sich zurück in dessen Mitte und stand nun wieder an der
Stelle, wo er mit dem Ausruf ›Schmissi‹ seine Suchaktion zwischen den Gräbern erfolgreich abgeschlossen hatte. Er beugte
sich abermals über die Holztafel, die jenen Namen trug, und
als ob er seinen Gesichts- und Gehörsinn untermauern und bestätigen wollte, ließ er den Zeigefinger die grob eingeschnitzten
Buchstaben entланggleiten. Und als er sich wieder aufrichtete,
fügte er mündlich der einfachen Inschrift noch den haarsträu-
bend offenen Grabspruch »Sie war ein ausgesprochenes Biest«
hinzu.

Hätte man Mr. Doman ersucht, dieses Werturteil zu beweisen – was in Anbetracht seines leicht negativen Inhalts zweifelsohne zu erwarten gewesen wäre –, würde er durch das Nicht-
vorhandensein verläßlicher Zeugen in Verlegenheit geraten
sein und nur die Möglichkeit gehabt haben, sich allenfalls auf
das zu stützen, was er vom Hörensagen wußte. Damals, als
›Schmissi‹ in den ringsum liegenden Goldgräberlagern die erste Geige spielte, als sie, wie der Leitartikel des ›Hurdy Herald‹
sich auszudrücken beliebte, ›in der Fülle ihrer Macht‹ stand,
war in Mr. Domans Kasse Ebbe gewesen, und er hatte das
mühselige Leben eines umherziehenden Goldsuchers geführt,
einmal mit diesem, das andere Mal mit jenem Partner. Und
nach den Berichten dieser gelegentlichen, frisch aus den verschiedenen Lagern gekommenen Begleiter, die sich voller Bewunderung über sie ausließen, hatte er sich sein Urteil über
›Schmissi‹ gebildet. Ihm selbst war nie das zweifelhafte Vergnügen ihrer Bekanntschaft und die gefährliche Auszeichnung
ihrer Gunst zuteil geworden. Und als er schließlich am Ende
ihrer Hurdy-Gurdyer Laufbahn in einer ihm zufällig vor Augen
gekommenen Nummer des ›Herald‹ ihren spaltenlangen Nachruf las (vom Spaßmacher des Ortes dieses aufregenden Blattes
im erhabensten Stil, der ihm zur Verfügung stand, verfaßt),
hatte Doman ihrem Andenken und dem Genie ihres Biogra-
phen den Tribut eines Lächelns gewidmet und sie dann ritter-
lich vergessen. Als er nun am Grabhügel dieser Messalina

der Berge stand, ließ er die Hauptereignisse ihrer stürmischen Karriere nochmals an seinem geistigen Auge vorbeiziehen, so wie er sie an mehreren Lagerfeuern hatte verherrlichen hören, und wiederholte – vielleicht in einem unbewußten Versuch, sich vor sich selbst zu rechtfertigen –, sie sei ein ausgesprochenes Biest gewesen. Dann versenkte er seine Hacke bis zum Stiel in ihr Grab. In diesem Augenblick klappte ein Rabe, der ihm zu Häupten still auf einem Ast des verdorrten Baumes gesessen hatte, feierlich mit dem Schnabel und gab seine Meinung über die Angelegenheit mit einem wohlwollenden Krächzen kund.

In eifrigem Verfolg seiner Entdeckung von freiem Gold, den er wahrscheinlich seiner Gewissenhaftigkeit als Totengräber zugute rechnete, hatte Mr. Barney Bree ein ungewöhnlich tiefes Grab ausgehoben, und es wurde fast Abend, ehe Mr. Doman auf den Sarg stieß und ihn freilegte; denn er hatte mit der gelassenen Zielstrebigkeit eines Mannes gearbeitet, der ein ›todsicheres Ding dreht‹ und keine Angst zu haben braucht, daß ein Konkurrent ältere Rechtsansprüche geltend machen könnte. Als er damit fertig war, sah er sich einer neuen, unvorhergesehenen Schwierigkeit gegenüber: der Sarg – offenbar nur ein flaches, nicht besonders gut erhaltenes Gehäuse aus Rotholzbrettern – hatte keine Griffe und füllte den Boden der Ausschachtung völlig aus. Das Beste, was er tun konnte, ohne die hier gebotene Pietät zu verletzen, war, die Grube um so viel zu verlängern, daß er sich vor den Sarg stellen, seine kräftigen Hände darunterschieben und ihn auf seiner Schmalseite aufrichten konnte; und daran machte er sich nun. Das Nahen der Nacht beschleunigte seine Bemühungen. Ihm kam nicht der Gedanke, seine Arbeit in diesem Stadium abzubrechen und sie am folgenden Morgen unter günstigeren Bedingungen wiederaufzunehmen. Fieberhafte Gier und die Angst, es nicht zu schaffen, hielten ihn so in Bann, daß er von seiner gräßlichen Arbeit nicht lassen konnte. Jetzt trödelte er nicht mehr, sondern arbeitete mit geradezu schrecklicher Hingabe. Er hatte den Kopf entblößt, die Oberkleidung abgelegt, das Hemd am Hals geöffnet und über der Brust zurückgeschlagen, über die der Schweiß in Schlangenlinien rann. So schuftete dieser verwegene, abgebrühte Goldgräber und Grabräuber mit einer

Hingabe, die dem grausigen Zweck seiner Tätigkeit beinahe eine gewisse Würde verlieh; und als der letzte Lichtstreif der Sonne über der Kammlinie der westlichen Berge ausgebrannt und der Vollmond aus den Schatten der purpurroten Ebene herausgestiegen war, hatte er den Sarg auf das Fußende gestellt und gegen die Wand des offenen Grabes gelehnt. Dann richtete er sich auf und stand nun am entgegengesetzten Ende des Grabes bis zum Hals in der Erde. Als er nach dem Sarg blickte, auf den jetzt der volle Schein des Mondlichts fiel, überfiel ihn plötzlich Entsetzen: er erblickte darauf die erschreckende Erscheinung eines dunklen Menschenkopfes – es war der Schatten seines eigenen. Einen Augenblick lang lähmte ihn dieses einfache und ganz natürliche Phänomen. Das Geräusch seiner keuchenden Atemzüge flößte ihm Angst ein; er suchte sie zu beschwichtigen, doch seine fast zerspringende Lunge ließ sich nicht verleugnen. Dann lachte er halblaut idiotisch auf und begann, den Kopf seitlich hin und her zu werfen, um die Erscheinung zu zwingen, die Bewegungen mitzumachen. Er fand eine tröstliche Beruhigung darin, dem eigenen Schatten seinen Willen aufzwingen zu können. Mit alledem suchte er Zeit zu gewinnen, wollte er sich mit völlig unbewußter Schlauheit einer drohenden Katastrophe entgegenstemmen und ihren Ausbruch verzögern. Er fühlte, wie unsichtbare Kräfte des Bösen sich immer dichter um ihn zusammenzogen, und versuchte nun, mit dem Unabwendlichen um Zeit und Aufschub zu schachern.

Jetzt kamen ihm nacheinander mehrere ungewöhnliche Umstände zum Bewußtsein. Die Oberfläche des Sarges, auf den er wie gebannt blickte, war nicht eben; sie zeigte deutlich zwei Leisten, von denen die eine in der Längsrichtung, die andere quer über den Sarg verlief. Wo sie sich an dessen breitester Stelle überschnitten, war eine angefressene Metallplatte angebracht, die das Mondlicht mit trübem Glanz reflektierte. Den äußeren Sargrand entlang waren in weiten Abständen verrostete Nagelköpfe sichtbar. Dieses wenig dauerhafte Produkt der Zimmermannskunst war also, da es ihm den Deckel zuwandte, mit der verkehrten Seite nach oben ins Grab gesenkt worden!

Vielleicht war dies einer der Lagerspäße gewesen – die praktische Manifestation jener witzigen Veranlagung, die ihren literarischen Ausdruck in dem tollen Nachruf aus der Feder von Hurdy-Gurdys großem Humoristen gefunden hatte. Vielleicht hatte die Sache auch eine dunkle persönliche Bedeutung, die Leuten ohne gründliches Lokalwissen unverständlich bleiben mußte. Eine menschenfreundlichere Hypothese wäre die Annahme, daß alles auf ein Mißgeschick des Mr. Barney Bree zurückzuführen sei, der ja die Beerdigung ohne jeden Beistand allein durchführen mußte (entweder, weil er es selbst so wollte, um sein goldenes Geheimnis nicht preiszugeben, oder aber auf Grund einer allgemeinen Teilnahmslosigkeit) und dabei einen Fehler beging, den er hinterher nicht mehr gutmachen konnte oder wollte. Sei dem, wie ihm wolle, die arme ›Schmissi‹ war auf jeden Fall mit dem Gesicht nach unten in die Erde versenkt worden.

Wenn das Entsetzliche und das Alberne sich vereinen, ist die Wirkung schrecklich. Dieser mutige, verwegene Mann, der tollkühn unter den Toten seine Arbeit verrichtete und dem Dunkel wie der Einsamkeit herausfordernd Trotz geboten hatte, ließ sich von einer lächerlichen Entdeckung umwerfen. Ein Kälteschauer packte ihn – ließ ihn erbeben und mit den Schultern zucken, als wolle er eine eiskalte Hand abschütteln. Er atmete nicht mehr, und das Blut, das in seinen Adern weiterraste, wallte heiß unter seiner kalten Haut dahin. Ohne Sauerstoffanreicherung stieg es ihm in den Kopf und blähte das Gehirn auf. Seine physischen Funktionen waren zum Feind übergelaufen; sogar sein Herz hatte sich gegen ihn gewandt. Er regte sich nicht; er hätte nicht schreien können. Er brauchte nur noch einen Sarg, um tot zu sein – genauso tot wie der Tod, der ihm hier bedrohlich entgegentrat und von dem ihn nur die Länge eines offenen Grabes und die Dicke eines verfaulenden Brettes trennte.

Dann nahmen seine Sinneswerkzeuge nacheinander die Arbeit wieder auf; die Sturmflut des Schreckens, die seine Organe außer Kraft gesetzt hatte, begann zurückzuebben. Doch mit der Rückkehr seiner Sinneswahrnehmungen schwand ihm der Gegenstand seiner Angst in eigenartiger Weise aus dem Bewußtsein. Er sah das Mondlicht, das den Sarg anstrahlte, aber den angestrahlten Sarg selbst sah er nicht mehr. Als er die Augen nach oben richtete und den Kopf wandte, nahm er mit Überraschung und voller Neugier die dicken Äste des abgestorbenen Baumes wahr und versuchte, die Länge des verwitterten Seils abzuschätzen, das von seiner Geisterhand herabbaumelte. Das eintönige Bellen weit entfernter Kojoten berührte ihn wie etwas, das er schon vor Jahren in einem Traum gehört hatte. Eine Eule glitt mit lautlosem Flügelschlag schwerfällig über ihm dahin; er versuchte ihren Flugweg einzuschätzen und überlegte, wann sie auf die Felswand stoßen würde, die eine Meile von hier hell bestrahlt emporragte. Sein Gehörsinn nahm den verstohlenen Tritt des Ziesels im Kaktusschatten wahr. Er beobachtete scharf; alle Sinne waren hell wach; den Sarg aber sah er nicht. So wie man in die Sonne blicken kann, bis sie schwarz erscheint und dann ganz verschwindet, so konnte sein Geist sich keine Verkörperung von etwas Fürchterlichem mehr vorstellen, nachdem er in sich alle Furchtmöglichkeiten erschöpft hatte. Der Mörder verbarg sein Schwert unter dem Mantel.

Während dieser Gefechtspause nun wurde er sich eines schwachen, widerlichen Geruchs bewußt. Zuerst dachte er, er rühre von einer Klapperschlange her, und versuchte unwillkürlich, die Umgebung seiner Füße zu überblicken. Sie waren im Dunkel des Grabes fast unsichtbar. Ein rauher, gurgelnder Laut wie das Todesrasseln in einer menschlichen Kehle schien aus dem Himmel zu kommen, und einen Augenblick danach glitt, als hätte der eben vernommene Laut Gestalt angenommen, ein großer, schwarzer, eckiger Schatten vom obersten Ast des gespenstigen Baums in einer Kurve abwärts, flatterte einen Augenblick vor seinem Gesicht und stürzte sich dann wild in die Nebelschicht über dem Bach. Es war der Rabe. Der Vorfall machte ihm seine Lage wieder bewußt, und wieder suchten seine Augen nach dem aufrecht stehenden Sarg, der jetzt in halber Länge vom Mond angestrahlt wurde. Er sah die Metallplatte schimmern, und ohne sich zu bewegen, versuchte er, die Inschrift zu entziffern. Dann begann er sich auszumalen, was wohl dahinter wäre. Seine schöpferische Phantasie gaukelte ihm ein überdeutliches Bild vor. Die Bretter schienen seinem

Blick jetzt kein Hindernis mehr entgegenzusetzen, und er sah den aschfahlen Leichnam einer toten Frau, die in ihren Grabgewändern dort stand und ihn mit lidlosen, eingesunkenen Augen leer anstarrte. Der Unterkiefer war herabgefallen, die zurückgewichene Oberlippe gab den Blick auf die unbedeckten Zähne frei. Auf den hohlen Wangen konnte er ein fleckig getüpfeltes Muster erkennen – die Spuren der Verwesung. Durch irgendeinen geheimnisvollen Vorgang im Gehirn fiel ihm an jenem Tage zum erstenmal wieder die Photographie der Mary Matthews ein. Er stellte das Abbild ihrer blonden Schönheit dem abstoßenden Anblick dieses Leichengesichts entgegen – das Liebste, was er kannte, dem Abscheulichsten, was er sich vorstellen konnte.

Jetzt trat der Mörder vor, enthüllte seine Klinge und setzte sie seinem Opfer an die Kehle. Das heißt, dem Manne wurde zuerst dunkel, dann klar und deutlich eine auffällige Übereinstimmung – eine Beziehung – eine Parallele – zwischen dem Gesicht auf dem Photo und dem Namen auf der Grabinschrift bewußt: Jenes Gesicht war entstellt – dieser Name gab Kunde von einer Entstellung. Die Gedankenverbindung setzte sich in ihm fest und erschütterte ihn. Sie wandelte das Gesicht, das seine Phantasie hinter dem Sargdeckel erschaffen hatte, langsam um: aus dem Gegensatz wurde eine Ähnlichkeit; und die Ähnlichkeit wuchs sich bald zu völliger Gleichheit aus. Er dachte an die vielen Schilderungen von ›Schmissis‹ Äußerem, die er beim Klatsch am Lagerfeuer vernommen hatte, und versuchte nun, wenn auch ohne vollen Erfolg, sich die Art der Entstellung zu rekonstruieren, die jener Frau den häßlichen Beinamen verschafft hatte. Und wo seine Erinnerung versagte, half die Phantasie nach und schuf ein Bild, von dem Überzeugungskraft ausging. Bei dem irrsinnig machenden Versuch, die zufällig gehörten Bruchstücke aus der Lebensgeschichte jener Frau in sein Gedächtnis zurückzuzwingen, spannten sich die Muskeln seiner Arme und Hände schmerzhaft an, als ob er eine große Last zu heben hätte. Sein Körper wendete und krümmte sich unter der Anstrengung. An seinem Halse traten die Sehnen wie Peitschenschnüre hervor, und er atmete in kurzen, scharfen, keuchenden Stößen. Die Katastrophe durfte nun nicht länger auf sich warten lassen, wenn der vorweggenommene Todeskampf dem eigentlichen Gnadenstoß noch etwas zu tun übriglassen sollte. Das narbengezeichnete Gesicht hinter dem Deckel war drauf und dran, ihn durch das Holz hindurch zu vernichten.

Eine Bewegung des Sarges lenkte ihn von seinen Gedankengängen ab. Er rückte bis auf Fußweite an sein Gesicht heran und wurde sichtlich größer, je näher er kam. Die verrostete Metallplatte mit ihrer im Mondschein unleserlichen Inschrift starrte ihm unverwandt ins Auge. In der festen Absicht, nicht davor zu weichen, versuchte er die Schultern fester an die Hinterwand der Ausschachtung zu lehnen und wäre bei diesem Bemühen beinahe rückwärts hingefallen. Es war nämlich nichts da, an das er sich hätte lehnen können; er war unbewußt auf seinen Gegner losgegangen und hielt dabei das schwere Messer, das er aus seinem Gürtel gezogen hatte, fest umklammert. Der Sarg war nicht auf ihn zugekommen, und er lächelte beim Gedanken, daß dieses Ding ihm nun auch nicht ausreißen konnte. Er hob das Messer und schlug den schweren Griff mit aller Kraft gegen die Metallplatte. Es gab einen scharfen, tönenden Widerhall, und mit dumpfem Gepolter brach der ganze vermoderte Sargdeckel auseinander, löste sich los und häufte die Trümmer zu seinen Füßen auf. Die Lebendigen und die Toten standen sich von Angesicht zu Angesicht gegenüber – der wahnsinnige, schrill aufschreiende Mann – die in ihrem ewigen Schweigen gelassen dastehende Frau. Sie war wirklich ein ausgesprochenes Biest!

V

Einige Monate danach kam auf einer neu gewählten Reiseroute eine aus Männern und Frauen bestehende Gesellschaft, die zu den besseren Kreisen San Franciscos gehörten, auf dem Weg zum Yosemite Valley durch Hurdy-Gurdy. Sie machten halt, um ihre Mahlzeit hier einzunehmen, und unternahmen, während das Essen zubereitet wurde, einen Erkundungsausflug in das verlassene wüste Lager. Einer von ihnen hatte in

Hurdy-Gurdys Glanzzeit hier gewohnt. Er war sogar einer seiner hervorragendsten Bürger gewesen, und man hatte damals gemunkelt, daß in einer einzigen Nacht über seinen Pharotisch hinweg mehr Geld den Besitzer wechselte als über die seiner Konkurrenten in der ganzen Woche; doch da er jetzt Millionär und mit bedeutenderen Unternehmungen beschäftigt war, hielt er diese frühen Erfolge für nicht wichtig genug, um auch nur ein Wort darüber zu verlieren. Seine leidende Frau, eine Dame, die wegen ihrer kostspieligen Gesellschaften und ihrer hohen und strengen Anforderungen an die soziale Stellung und ›Vergangenheit‹ der zugelassenen Teilnehmer berühmt war, begleitete die Expedition. Als sie zwischen den Hütten des verlassenen Lagers umherschlenderten, machte Mr. Porfer seine Frau und seine Freunde auf einen abgestorbenen Baum aufmerksam, der auf einem niedrigen Hügel jenseits des Injun Creek stand.

»Wie ich schon erzählt habe«, sagte er, »bin ich 1852 durch dieses Lager gekommen, und damals hat man mir berichtet, daß im Laufe der Zeit nicht weniger als fünf Männer hier von der Lager-Hilfspolizei gehängt worden sind, und alle an dem Baum da drüben. Wenn ich mich nicht täusche, baumelt sogar der Strick noch immer daran. Wir wollen doch einmal hinübergehen und uns die Sache näher ansehen.«

Mr. Porfer verriet nicht, daß es sich bei dem fraglichen Seil vielleicht um noch genau dasselbe handelte, dessen verhängnisvoller Umarmung sein Hals einst so knapp entgangen war, daß es ihn wohl umspannt haben würde, wenn Porfer auch nur eine Stunde gezögert hätte, sich aus der Gegend davonzumachen.

Als die Gesellschaft gemächlich bachabwärts bis zu einem bequemen Übergang schritt, stießen sie auf das sauber abgenagte Skelett eines Tieres, das Mr. Porfer nach eingehender Untersuchung für das eines Esels erklärte. Zwar waren die bezeichnenden Ohren nicht mehr vorhanden, doch hatten die Raubtiere und Vögel von dem ungenießbaren Kopf eine ganze Menge übriggelassen, und der starke Roßhaarzaum war ebenso erhalten geblieben wie das aus ähnlichem Material bestehende Fangseil, das ihn mit einem noch fest in der Erde stekkenden Weidepflock verband. Die hölzernen und metallenen Bestandteile einer Goldgräberausrüstung lagen dicht daneben. Die üblichen Bemerkungen wurden gemacht; sie fielen bei den Männern zynisch und bei der Dame gefühlvoll und vornehm aus. Kurz darauf standen sie bei dem Baum im Friedhof, und Mr. Porfer legte von seiner würdevollen Haltung so viel ab, daß er sich unter das vermoderte Seil stellte und sich vertrauensvoll die Schlinge um den Hals legte – was ihm, wie es schien, eine gewisse Befriedigung gewährte, seine Frau jedoch, deren Zartgefühl dadurch einen ziemlichen Stoß erhielt, aufs äußerste entsetzte.

Ein Ausruf, den einer der Expeditionsteilnehmer ausstieß, ließ sie alle an ein offenes Grab treten, auf dessen Grunde sie eine wirre Masse menschlicher Gebeine und die zerbrochenen Überreste eines Sarges erblickten. Kojoten und Bussarde hatten für so ziemlich alles andere den letzten Liebesdienst besorgt. Zwei Schädel waren zu sehen, und um diesen ungewöhnlich reichlich erscheinenden Grabinhalt näher zu erforschen, sprang einer der jüngeren Männer kühn hinein und reichte sie einem anderen herauf, ehe Mrs. Porfer ihre ausdrückliche Mißbilligung einer so empörenden Handlungsweise zu erkennen geben konnte, was sie nichtsdestoweniger mit beachtlichem Gefühlsaufwand und in sehr gewählter Sprache dann doch noch tat. Im weiteren Verlauf seiner Nachforschungen unter den traurigen Überresten auf dem Grunde des Grabes reichte der junge Mann eine verrostete Sargplatte herauf, deren roh eingeschnittene Inschrift Mr. Porfer mit einiger Schwierigkeit entzifferte und dann in der ernstgemeinten und gar nicht einmal erfolglosen Bemühung, sie dramatisch so effektvoll zu bieten, wie es der Situation und seinen rhetorischen Fähigkeiten angemessen schien, laut vorlas:

»Manuelita Murphy
Geboren in der Missionsstation San Pedro –
Gestorben in Hurdy-Gurdy,
47 Jahre alt.
Die Hölle wimmelt von ihresgleichen.«

Mit Rücksicht auf die Pietät des Lesers und die überempfindlichen Nerven von Mrs. Porfers Leidensgefährten (männlichen und weiblichen Geschlechts) wollen wir von dem peinlichen Eindruck, den diese ungewöhnliche Inschrift hinterließ, nur soviel sagen, daß die rednerischen Fähigkeiten Mr. Porfers noch nie zuvor eine so spontane, überwältigende Würdigung gefunden hatten.

Das nächste Stück Ausbeute des Grabplünderers war ein langes, lehmverschmiertes Gewirr schwarzen Haares: doch das fiel an Wirkung gegenüber dem Vorausgegangenen so ab, daß es kaum noch beachtet wurde. Plötzlich stöberte der junge Mann mit einem kurzen Ausruf und allen Zeichen der Aufregung einen gräulichen Gesteinsbrocken auf und händigte ihn nach eiliger Besichtigung Mr. Porfer aus. Als das Sonnenlicht daraffiel, glitzerte er gelb auf – er war dicht mit schimmernden Punkten übersät. Mr. Porfer ergriff ihn hastig, beugte einen Augenblick lang sein Haupt darüber und warf ihn dann achtlos beiseite mit der schlichten Bemerkung: »Schwefelkies – Narrengold.«

Der junge Mann in der Schürfgrube war offensichtlich damit nicht ganz einverstanden.

Inzwischen war Mrs. Porfer, die das widerliche Unterfangen nicht länger ertragen konnte, zum Baum zurückgegangen und hatte sich an seiner Wurzel niedergelassen. Während sie eine locker gewordene Strähne ihres goldenen Haars wieder an Ort und Stelle befestigte, fiel ihr etwas auf, das wie der Überrest einer alten Jacke aussah und es auch war. Sie blickte um sich, um ganz sicher zu gehen, daß niemand sie bei einer so wenig damenhaften Handlungsweise beobachtete, fuhr mit ihrer juwelengeschmückten Hand in die nach außen liegende Brusttasche und zog eine verwitterte und verschimmelte Brieftasche heraus, die folgendes enthielt:

Ein Bündel Briefe mit dem Poststempel ›Elizabethtown, New Jersey‹.

Ein mit Band zusammengehaltenes kreisförmiges Büschel blonden Haars.

Eine Photographie eines schönen Mädchens.

Eine weitere Photographie desselben Mädchens, diesmal auffallend entstellt.

Einen Namen auf der Rückseite des Bildes – ›Jefferson Doman‹.

Wenige Augenblicke später umgab eine Gruppe besorgter Herren Mrs. Porfer, die mit vorgesunkenem Kopf reglos am Fuße des Baumes saß und deren Finger eine zerknitterte Photographie umklammerten. Ihr Gatte richtete ihren Kopf auf, so daß alle ihr totenblasses Gesicht erblicken konnten – geisterhaft weiß war es, mit Ausnahme der langen, entstellenden Narbe, die allen Freunden vertraut war und die keine Kunst hatte jemals verbergen können; sie durchzog die Blässe ihres Antlitzes wie ein sichtbarer Fluch.

Mary Matthews Porfer hatte das ausgesprochene Pech, nicht mehr am Leben zu sein.

DIE PASSENDE UMGEBUNG

Die Nacht

In einer Mittsommernacht folgte ein Farmerjunge, der etwa zehn Meilen von der Stadt Cincinnati entfernt wohnte, einem Reitweg durch einen dichten und dunklen Wald. Er hatte sich auf der Suche nach einigen abhanden gekommenen Kühen verirrt und befand sich gegen Mitternacht weit von zu Hause entfernt in einer Gegend, die er überhaupt nicht kannte. Indes war er ein beherzter Bursche, und da er ungefähr die Richtung seiner Heimstatt ahnte, drang er ohne Zögern in den Wald und ließ sich von den Sternen leiten. Als er auf den Reitweg stieß und feststellte, daß er genau in jene Richtung führte, folgte er ihm.

Die Nacht war klar, aber im Wald war es außerordentlich dunkel. Im Grunde verließ sich der Junge eher auf seinen Tastsinn, als daß er den Weg sehen konnte. Allerdings konnte er schwerlich allzusehr davon abweichen, das Unterholz zu beiden Seiten war so dicht, daß es fast undurchdringlich war. Er war etwa eine Meile oder etwas mehr in den Wald eingedrungen, als er zu seiner Überraschung einen schwachen Lichtschein durch das Blattwerk schimmern sah, das den Weg zu seiner Linken säumte. Der Anblick jagte ihm einen Schrecken durch die Glieder, und sein Herz schlug hörbar.

»Irgendwo hier steht das alte Breede-Haus«, sagte er sich. »Das muß das andere Ende des Weges sein, auf dem wir es von unserer Seite erreichen. Seltsam! Was soll das Licht dort bedeuten?«

Dessenungeachtet drängte er weiter. Einen Augenblick später trat er aus dem Wald auf eine kleine, offene, zumeist mit Brombeergebüsch bewachsene Fläche. Er sah auch Reste eines morschen Zaunes. Einige Yard vom Weg entfernt stand in der Mitte der ›Lichtung‹ das Haus, aus dem durch ein unverglastes Fenster der Lichtschein drang. Früher war es mit einer Scheibe versehen gewesen, aber diese und der sie haltende Rahmen waren längst Opfer der Schießkünste wagehalsiger Jungen geworden, die mit den Würfen ihren Mut und ihre Feindseligkeit gegenüber dem Übernatürlichen unter Beweis stellen wollten; denn das Breede-Haus stand in dem üblen Ruf, von Geistern besucht zu werden. Möglicherweise war dies gar nicht der Fall, aber selbst der eingefleischteste Skeptiker konnte nicht abstreiten, daß es verlassen stand – und das bedeutete in ländlichen Gegenden meist dasselbe.

Der Junge blickte auf das geheimnisvolle, trübe Licht, das aus dem zerstörten Fenster drang, und erinnerte sich mit Besorgnis, daß er mit eigener Hand an der Zerstörung mitgewirkt hatte. Seine Reue stand natürlich in krassem Gegensatz zu ihrer zeitlichen Verzögerung und Fruchtlosigkeit. Er erwartete halb, von all jenen überirdischen und körperlosen bösen Mächten heimgesucht zu werden, die er erzürnt hatte, als er mithalf, ihre Fenster und gleichermaßen ihren Frieden zu brechen. Dennoch wollte dieser hartnäckige Bursche nicht zurückweichen, obwohl er an allen Gliedern zitterte. In seinen Adern floß kräftig und reich das eisenhaltige Blut der Grenzlandsiedler. Nur zwei Generationen vor seiner Zeit hatte man die Indianer unterworfen. Er rang sich durch, an dem Haus vorbeizugehen.

Als er dies tat, warf er einen Blick durch die leere Fensterhöhle; wo sich ihm ein seltsamer und schrecklicher Anblick bot
– ein Mann saß in der Mitte des Raumes an einem Tisch, auf
dem einige Blatt Papier verstreut lagen. Die Ellenbogen ruhten
auf der Tischplatte, die Hände stützten den unbedeckten Kopf.
Die Finger beider Hände hatten sich im Haar verkrallt. Das
Gesicht sah im Schein der einzigen Kerze, die etwas seitlich
stand, totenbleich aus. Die Flamme beleuchtete nur seine eine
Seite, die andere lag in tiefem Schatten. Die Augen des Mannes
starrten auf die leere Fensterhöhle mit einem Blick, in dem ein
älterer und kaltblütigerer Beobachter so etwas wie Furcht
hätte erkennen können, der dem Burschen jedoch völlig unbe-
seelt erschien. Er glaubte, der Mann sei tot.

Die Situation war unheildrohend, aber nicht ohne Faszination. Der Junge blieb stehen, um sich alles anzusehen. Er fühlte
sich schwach und kraftlos und zitterte; er spürte deutlich, wie
das Blut aus seinem Gesicht wich; dessenungeachtet biß er die
Zähne zusammen und trat entschlossen an das Haus heran. Er
verfolgte keine bestimmte Absicht, es war der bloße Mut des
Schreckens. Er beugte den Kopf vor, und sein weißes Gesicht
tauchte in der beleuchteten Fensteröffnung auf. In diesem
Augenblick zerriß ein seltsamer, scharfer, gellender Schrei die
Stille der Nacht – es klang wie das Kreischen einer Eule. Der
Mann sprang auf, stieß dabei den Tisch um und löschte die
Kerze. Der Junge gab Fersengeld.

Tags zuvor

»Guten Morgen, Colston. Es scheint, ich habe eine Glücks-
strähne. Sie haben oft gesagt, meine Lobsprüche für Ihre literarische Arbeit seien nichts als Höflichkeit, und hier finden Sie
mich in Ihre neueste Erzählung im ›Messenger‹ vertieft – ich
bin wirklich gefesselt. Nichts weniger Erschreckendes als Ihre
Hand auf meiner Schulter hätte mich in die Wirklichkeit zu-
rückführen können.«

»Der Beweis ist stichhaltiger, als Sie zu wissen scheinen«, erwiderte der Angesprochene. »Ihre Begierde, meine Geschichte

zu lesen, ist so groß, daß Sie willens sind, selbstsüchtiger Erwägungen zu entsagen und so allen Vergnügens verlustig zu gehen, das Sie daraus schöpfen könnten.«

»Ich verstehe Sie nicht«, sagte der andere, faltete die Zeitung zusammen, die er gelesen hatte, und steckte sie in die Tasche. »Ihr Schriftsteller seid doch ein seltsames Völkchen. Kommen Sie, erzählen Sie mir, was ich in dieser Sache getan oder unterlassen habe. In welcher Hinsicht hängt das Vergnügen, das ich an Ihrer Arbeit habe oder haben könnte, von mir ab?«

»In vielerlei Hinsicht. Sagen Sie mir bitte, wie Sie Ihr Frühstück genießen würden, müßten Sie es in diesem Straßenbahnwagen einnehmen. Angenommen, der Phonograph würde so vervollkommnet, daß er Ihnen eine ganze Oper bieten kann – mit Gesang und Orchester und allem anderen; glauben Sie, Sie würden viel Freude daran haben, wenn Sie ihn während Ihrer Arbeit im Büro einschalten würden? Liegt Ihnen wirklich an einer Serenade von Schubert, wenn ein Italiener sie Ihnen zur Unzeit auf einer Fähre am Morgen vorfiedelt? Sind Sie stets auf Vergnügen eingestellt und dazu aufgelegt? Haben Sie jede Stimmung für jedes Erfordernis abrufbereit? Ich möchte Sie daran erinnern, Sir, daß die Geschichte, mit deren Lektüre Sie mir zur Ehre begonnen haben, und sei es als ein Mittel, um die Unbequemlichkeiten dieses Straßenbahnwagens zu vergessen, eine Geistergeschichte ist!«

»Na und?«

»Na und! Hat der Leser keine seinen Vorrechten entsprechenden Pflichten? Sie haben fünf Cent für diese Zeitung bezahlt. Sie gehört Ihnen. Sie haben das Recht, sie zu lesen, wann und wo Sie wollen. Vielem von dem, was darin steht, wird durch die Zeit, den Ort und die Stimmung weder Förderung zuteil noch Abbruch getan; einiges davon sollte man in der Tat auf einmal lesen – so wie die Spannung steigt. Aber meine Geschichte ist nicht von dieser Art. Sie stellt nicht ›den letzten Schrei‹ aus dem Geisterland dar. Man erwartet von Ihnen nicht, daß Sie *au courant* bleiben mit den Vorgängen im Reich des Spuks. Der Stoff wird sich halten, bis Sie Muße genug haben, sich in jene Stimmung zu versetzen, die der Atmosphäre des kleinen Werkes angemessen ist – wobei ich bei allem Respekt darauf hinweise, daß Sie dies nicht in einem Straßenbahnwagen tun können, selbst wenn Sie der einzige Fahrgast sind. Diese Einsamkeit ist nicht von der richtigen Sorte. Ein Autor hat Rechte, welche der Leser respektieren sollte.«

»Welche genau, zum Beispiel?«

»Das Recht auf die ungeteilte Aufmerksamkeit des Lesers. Sie ihm zu verweigern ist unmoralisch. Ihm zuzumuten, Ihre Aufmerksamkeit zu teilen mit dem Rasseln eines Straßenbahnwagens, dem sich bewegenden Panorama der Menge auf den Gehsteigen und den Gebäuden draußen – mit irgendeiner der tausend Zerstreuungen, die unsere gewohnte Umgebung ausmachen – bedeutet nichts anderes, als ihm grobe Ungerechtigkeit widerfahren zu lassen. Bei Gott, das ist infam!«

Der Sprecher war aufgestanden und hielt sich an einem der Halteriemen, die von der Decke des Wagens herabhingen. Der andere Mann blickte in plötzlicher Verwunderung zu ihm auf und fragte sich, ob ein so belangloses Kümmernis eine so kräftige Sprache zu rechtfertigen schien. Er sah, daß das Gesicht seines Freundes ungewöhnlich blaß war und daß seine Augen glühten wie brennende Kohlen.

»Sie wissen, was ich meine«, fuhr der Schriftsteller fort, die Worte ungestüm herausstoßend. »Sie wissen, was ich meine, Marsh. Mein Beitrag im ›Messenger‹ von heute morgen ist deutlich überschrieben ›Eine Geistergeschichte‹. Das ist Hinweis genug für alle. Jeder ehrenwerte Leser wird dies als stillschweigende Vorschrift für die Bedingungen auffassen, unter denen die Arbeit zu lesen ist.«

Der mit Marsh angesprochene Mann zuckte ein wenig zusammen und fragte dann lächelnd: »Unter was für Bedingungen? Sie wissen, daß ich nur ein schlichter Geschäftsmann bin, von dem man nicht erwarten kann, daß er sich in solchen Dingen auskennt. Wie, wann und wo sollte ich Ihre Geistergeschichte lesen?«

»In Einsamkeit – zur Nachtzeit – bei Kerzenschein. Es gibt gewisse Empfindungen, die ein Schriftsteller leicht genug auslösen kann – etwa die des Mitleids oder der Fröhlichkeit. Ich kann Sie unter fast allen Umständen zum Weinen oder zum

Lachen bringen. Aber wenn meine Geistergeschichte wirkungsvoll sein soll, müssen Sie dazu gebracht werden, Furcht zu empfinden – zumindest ein starkes Gefühl für das Übernatürliche –, und das ist eine schwierige Angelegenheit. Ich kann wohl mit Recht erwarten, daß Sie, wenn Sie mich überhaupt lesen, mir eine Chance geben; daß Sie sich bereitmachen für das Gefühl, das ich auszulösen versuche.«

Der Wagen hatte nun die Endstelle erreicht und hielt. Die soeben beendete Fahrt war die erste an jenem Tag, und die Unterhaltung der zwei frühen Fahrgäste war nicht unterbrochen worden. Die Straßen waren noch still und verlassen; die aufsteigende Sonne tippte gerade erst an die Dachfirste. Als sie ausgestiegen waren und gemeinsam weggingen, blickte Marsh seinen Begleiter, von dem es hieß, er sei wie die meisten Menschen von außergewöhnlichen literarischen Fähigkeiten auch verschiedenen zerstörerischen Lastern ergeben, gespannt an. Das ist die Rache, die stumpfsinnige Geister an erhabenen nehmen, weil sie ihnen ihre Überlegenheit neiden. Mr. Colston galt als ein Mann von Genie. Es gibt ehrenwerte Seelen, die glauben, daß Genie eine Art Ausschweifung ist. Allgemein war bekannt, daß Colston keine geistigen Getränke zu sich nahm, aber viele behaupteten, er esse Opium. Etwas in seiner Erscheinung an jenem Morgen – eine gewisse Wildheit im Blick, die ungewöhnliche Blässe, die undeutliche und überstürzte Redeweise – schienen Mr. Marsh diese Behauptung zu bestätigen. Dessenungeachtet besaß er nicht die Selbstverleugnung, einen Gegenstand fallen zu lassen, den er interessant fand, wie sehr er seinen Freund damit auch aufregen mochte.

»Wollen Sie damit sagen«, begann er, »daß Sie, sofern ich mir die Mühe mache, Ihre Hinweise zu beachten – mir genau jene Bedingungen auferlege, die Sie verlangen: Einsamkeit, Nacht und eine Talgkerze –, mit Ihrer gespenstischen Arbeit in mir ein unbehagliches Empfinden für das Übernatürliche, wie Sie es nennen, wachrufen können? Vermögen Sie meinen Pulsschlag zu beschleunigen, mich bei plötzlichen Geräuschen auffahren zu lassen, mir einen eisigen Schauer über den Rücken zu jagen und es so einzurichten, daß sich mein Haar sträubt?«

Colston wandte sich plötzlich zu ihm und sah ihm gerade in die Augen, während sie weitergingen. »Sie würden es nicht wagen... Sie haben nicht den Mut dazu«, sagte er. Er unterstrich diese Worte mit einer geringschätzigen Handbewegung. »Sie sind tapfer genug, mich in einem Straßenbahnwagen zu lesen, aber – in einem verlassenen Haus – allein – im Wald – nachts! Ha! Ich habe ein Manuskript in meiner Tasche, das Sie töten würde.«

Marsh war verärgert. Er wußte, daß er Mut genug besaß, und diese Worte kränkten ihn. »Wenn Sie einen solchen Ort kennen, dann bringen Sie mich heute abend hin und überlassen Sie mir Ihre Geschichte und eine Kerze. Suchen Sie mich wieder auf, nachdem ich Zeit genug gehabt habe, sie zu lesen, dann werde ich Ihnen die ganze Handlung wiedererzählen – und Sie zum Teufel jagen.«

So kam es, daß der Farmersjunge, als er durch die leere Fensterhöhle des Breede-Hauses blickte, einen Mann im Schein einer Kerze sitzen sah.

Am Tage danach

Am späten Nachmittag des nächsten Tages näherten sich drei Männer und ein Junge dem Breede-Haus aus jener Richtung des Kompasses, in die der Junge in der vergangenen Nacht geflohen war. Die Männer waren in bester Stimmung; sie unterhielten sich sehr laut und lachten. Sie machten sich mit nicht böse gemeinten Bemerkungen über den Jungen lustig, an dessen Abenteuer sie offensichtlich nicht glaubten. Der Junge verzog keine Miene bei diesen Spötteleien und erwiderte nichts. Er besaß ein Empfinden für die Angemessenheit der Dinge und wußte, daß jemand, der behauptete, er habe gesehen, wie ein Toter von seinem Platz aufstand und eine Kerze ausblies, kein glaubwürdiger Zeuge ist.

Am Haus angelangt, dessen Tür nicht verschlossen war, trat der Trupp der Nachforscher ohne große Umstände ein. Von dem Gang, der hinter dieser Tür lag, führte eine andere nach links und eine nach rechts. Sie betraten den Raum zur Linken

– denjenigen, wo das vordere Fenster eingeschlagen worden war. Hier lag der entseelte Körper eines Mannes.

Er lag teilweise auf der Seite, den Unterarm unter sich gezogen, die Wange auf dem Fußboden. Die Augen waren weit geöffnet, dem Blick zu begegnen war keine angenehme Sache. Der Unterkiefer war heruntergeklappt; eine kleine Speichellache hatte sich unter dem Mund gesammelt. Ein umgestürzter Tisch, eine ein Stück abgebrannte Kerze, ein Stuhl und einige beschriebene Blätter waren alles, was der Raum enthielt. Die Männer sahen sich den Toten an und berührten der Reihe nach sein Gesicht. Der Junge stand in feierlichem Ernst neben dessen Kopf, seine Miene spiegelte einen gewissen Besitzanspruch. Es war in der Tat der erhebendste Augenblick seines Lebens. Einer der Männer sagte zu ihm: »Bist in Ordnung!« – eine Bemerkung, der die beiden anderen mit ergebenem Kopfnicken beipflichteten. Der Skeptizismus bat die Wahrheit um Vergebung. Dann hob einer der Männer ein Blatt des Geschriebenen vom Boden auf und trat zum Fenster, denn schon verdunkelten die abendlichen Schatten den Wald. In der Ferne konnte man den Ziegenmelker rufen hören, und ein riesiger Käfer schwirrte laut brummend am Fenster vorbei und surrte außer Hörweite. Der Mann las:

Das Manuskript

»Ehe ich die Handlung begehe, zu welcher ich mich, ob zu Recht oder zu Unrecht, entschlossen habe, und vor meinen Schöpfer trete, das Urteil zu empfangen, halte ich, James R. Colston, es für meine Pflicht als Journalist, der Öffentlichkeit eine Erklärung abzugeben. Mein Name ist, wie ich glaube, den Leuten doch wohl hinlänglich bekannt als der eines Verfassers von tragischen Erzählungen, aber selbst die düsterste Vorstellungskraft hätte nie etwas so Tragisches wie mein Leben und meine Geschichte ersinnen können. Sie ist nicht reich an Ereignissen: Mein Leben entbehrt jeglichen Abenteuers oder aufregender Handlungen. Aber meine geistige Entwicklung wurde verdüstert durch Erfahrungen wie Töten und

Verdammen. Ich will sie hier nicht alle aufzählen – einige davon sind niedergeschrieben und anderenorts bereit zur Veröffentlichung. Ziel dieser Zeilen ist es, wem immer, der Interesse dafür bekundet, zu erklären, daß mein Tod freiwillig erfolgt – mein eigener Entschluß ist. Ich werde in der Nacht des fünfzehnten Juli um zwölf Uhr sterben – es ist ein bedeutsamer Jahrestag für mich, denn genau an jenem Tag und zu jener Stunde löste mein Freund in Zeit und Ewigkeit, Charles Breede, mir gegenüber sein Gelübde ein durch dieselbe Handlungsweise, die seine Treue zu unserem Schwur nun auch mir auferlegt. Er nahm sich in seinem kleinen Haus im Wald von Copeton das Leben. Das amtliche Untersuchungsergebnis lautete wie üblich: ›zeitweilige Geistesstörung‹. Wäre ich bei der Untersuchung als Zeuge aufgetreten, hätte ich alles erzählt, was ich wußte, so hätte man *mich* für geisteskrank erklärt!«

Hier folgte ein offensichtlich langer Abschnitt, den der Mann still für sich las. Den Rest trug er laut vor.

»Ich habe noch eine Woche zu leben, um meine weltlichen Angelegenheiten zu ordnen und mich auf die große Veränderung vorzubereiten. Das ist genug, denn ich habe nur wenige Angelegenheiten, und es sind jetzt vier Jahre her, seit der Tod für mich zur unausweichlichen Verpflichtung wurde.

Ich werde dieses Schriftstück an meinem Körper tragen; der Finder möge so gut sein, es dem Leichenbeschauer zu übergeben.

JAMES R. COLSTON

PS – Willard Marsh, an diesem unheilvollen Tag, dem fünfzehnten Juli, händige ich Ihnen dieses Manuskript aus, das unter den vereinbarten Bedingungen und an dem Ort, den ich festgelegt habe, zu öffnen und zu lesen ist. Ich verzichte auf meine Absicht, es an meinem Körper aufzubewahren, um die Art und Weise meines Todes zu erklären, weil das nicht so wichtig ist. Es wird eher dazu dienen, die Art und Weise des Ihren zu erklären. Ich werde Sie während der Nacht aufsuchen, um Gewißheit darüber zu erlangen, daß Sie das Manuskript gelesen haben. Sie kennen mich gut genug, um mich zu erwarten.

Aber, mein Freund, es *wird nach zwölf Uhr sein.* Möge Gott sich unserer Seelen erbarmen!

J. R. C.«

Bevor der Mann, der dieses Manuskript verlas, geendet hatte, war die Kerze aufgehoben und angezündet worden. Als der Leser fertig war, hielt er das Papier in aller Ruhe an die Flamme und beließ es dort ungeachtet der Proteste der anderen, bis es zu Asche verbrannt war. Der Mann, der dies tat und später einen ernsten Tadel seitens des Leichenbeschauers gelassen hinnahm, war ein Schwiegersohn des verstorbenen Charles Breede. Bei der Untersuchung konnte nichts einen einleuchtenden Bericht über den Inhalt des Papiers zutage fördern.

Aus der ›Times‹

›Gestern brachten die Beauftragten für Geisteskrankheiten Mr. James R. Colston, einen Schriftsteller von gewissem lokalem Ruf, der mit dem ‚Messenger‘ verbunden war, in die Heilanstalt. Man wird sich erinnern, daß Mr. Colston am Abend des fünfzehnten dieses Monats im Baine Haus von einem seiner Mitbewohner in öffentlichen Gewahrsam überantwortet wurde, nachdem dieser beobachtet hatte, daß Mr. Colston sich sehr verdächtig verhielt, seine Kehle bloßlegte und ein Rasiermesser wetzte – wobei er hin und wieder die Schärfe der Klinge erprobte, indem er tatsächlich die Haut seines Armes durchschnitt usw. Als der unglückliche Mann der Polizei übergeben wurde, leistete er verzweifelten Widerstand, und seither gebärdete er sich stets so unbändig, daß es notwendig wurde, ihm eine Zwangsjacke anzulegen. Die meisten Kollegen unseres geschätzten Zeitgenossen, die anderen Schriftsteller, laufen noch frei herum.‹

DAS VERNAGELTE FENSTER

Unweit der heutigen Großstadt Cincinnati dehnte sich im Jahre 1830 ein riesiger, fast unberührter Urwald. Die gesamte Gegend war spärlich von Menschen aus dem Grenzgebiet besiedelt, jenen ruhelosen Geistern, die – kaum daß sie aus der Wildnis leidlich bewohnbare Hütten gezimmert und eine Stufe des Wohlstandes erlangt hatten, die wir heute mit Armut bezeichnen würden – schon wieder, durch eine geheimnisvolle Unrast dazu angetrieben, alles im Stich ließen und weiter westwärts vordrangen, um auf neue Gefahren und Entbehrungen zu stoßen bei dem Bemühen, die dürftige Bequemlichkeit wiederzugewinnen, die sie freiwillig aufgegeben hatten. Viele von ihnen hatten bereits die Gegend verlassen, um sich in den entfernteren Niederlassungen anzusiedeln; zu den Bleibenden aber gehörte einer, der schon zuallererst dort mit angekommen war. Er lebte allein in einem Blockhaus, das der riesige Wald auf allen Seiten umgab. Von der Düsterheit und dem Schweigen des Waldes schien er ein Teil geworden zu sein, denn niemand hatte ihn je lächeln sehen oder ein überflüssiges Wort sprechen hören. Seine geringen Bedürfnisse befriedigte er, indem er in der Stadt am Fluß Raubtierfelle verkaufte oder tauschte; auf dem Land nämlich, auf das er nötigenfalls ein unbestreitbares Recht hätte geltend machen können, baute er überhaupt nichts an. Es gab Anzeichen dafür, daß er den Boden hatte kultivieren wollen – auf einigen Morgen in unmittelbarer Umgebung des Hauses waren einst alle Bäume gefällt worden; halb verborgen standen noch die vermoderten Stümpfe unter den nachwachsenden Pflanzen, denen es vergönnt war, die von der Axt angerichtete Verheerung wiedergutzumachen. Allem Anschein nach hatte die Begeisterung des Mannes für den Ackerbau mit immer schwächer werdender Flamme gebrannt und war schließlich in der Asche der Reue erloschen.

Das kleine Blockhaus mit seinem hölzernen Rauchfang, dem mit Querbalken beschwerten Dach aus verzogenen Schindeln und der ›Lehmfüllung‹ in den Ritzen besaß eine einzige Tür und dieser genau gegenüber ein Fenster. Dieses war jedoch mit Brettern vernagelt, und niemand konnte sich an eine Zeit erinnern, in der das nicht der Fall gewesen wäre. Auch wußte niemand, warum es dergestalt verschlossen war. Eine Abneigung des Besitzers gegen Luft und Sonne war gewiß nicht die Ursache; denn wenn ein Jäger an diesem einsamen Platz vorbeikam – was sich selten genug ereignete –, traf er den Einsiedler für gewöhnlich auf der Türschwelle an, wo er sich sonnte, vorausgesetzt, daß ihm am Himmel die Sonne lachte. Ich glaube, es gibt unter den heute Lebenden nur wenige, die je das Geheimnis dieses Fensters kennengelernt haben; aber ich gehöre zu ihnen, wie Sie sehen werden.

Der Mann soll Murlock geheißen haben. Seinem Aussehen nach mochte er siebzig Jahre alt sein; in Wirklichkeit aber war er um die Fünfzig. Er war nicht nur durch die Jahre gealtert; etwas anderes hatte dabei mitgespielt. Sein Haar und der lange Vollbart waren weiß, die grauen, glanzlosen Augen eingesunken, und das Gesicht war so eigentümlich von Falten gezeichnet, daß es aussah, als bestünden sie aus zwei sich kreuzenden Systemen. Murlock war groß und hager; die Schultern hielt er gebeugt, als trüge er eine schwere Last. Ich selbst habe ihn nie gesehen; alle diese Einzelheiten hat mir mein Großvater erzählt, von dem ich auch die Geschichte des Mannes erfahren habe, als ich noch ein Junge war. Großvater hatte ihn gekannt, als er in jenen vergangenen Tagen in seiner Nähe lebte.

Eines Tages war Murlock in seiner Hütte tot aufgefunden worden. Damals gab es dort noch keine Leichenbeschauer und Zeitungen, und ich vermute, man hat angenommen, daß er eines natürlichen Todes gestorben war; andernfalls wäre mir das erzählt worden, und ich würde mich daran erinnern. Ich weiß nur, daß sein Leichnam – wahrscheinlich in einem Gefühl für das einzig Richtige und Angemessene – neben der Hütte an der Seite seiner Frau beerdigt wurde, die ihm schon vor so vielen Jahren vorangegangen war, daß die örtliche Überlieferung kaum einen Fingerzeig für ihr Vorhandensein bewahrt hatte. Damit endet das letzte Kapitel dieser wahren Begebenheit. Allerdings wäre noch hinzuzufügen, daß ich mir viele Jahre danach in Begleitung eines ebenso beherzten Kerls einen Weg zu jener Stätte bahnte und mich so nahe an die verfallene Hütte heranwagte, daß ich einen Stein danach werfen konnte, worauf ich wegrannte, um dem Geist zu entrinnen, der – wie jeder einigermaßen beschlagene Junge dort herum wußte – an dem Ort spukte. Aber es gibt noch ein davorliegendes Kapitel – nämlich das, was mir mein Großvater erzählt hat.

Zu der Zeit, als Murlock seine Hütte baute und kräftig die Axt führte, um sich eine Farm auszuhauen – dabei sorgte er mit der Flinte für den Lebensunterhalt –, war er jung und stark und voller Hoffnung. In dem Lande des Ostens, aus dem er kam, hatte er, wie üblich, ein junges Mädchen geheiratet, das seiner aufrichtigen Verehrung in jeder Weise würdig war und bereitwillig und leichten Herzens die Gefahren und Entbehrungen seines Loses teilte. Ihr Name ist uns nicht überliefert; auch über die Vorzüge ihres Gemüts und ihrer Erscheinung schweigt sich die Tradition aus, und dem Zweifler bleibt es freigestellt, seine Zweifel zu hegen. Gott aber verhüte, daß ich mich daran beteiligte! Wie groß das Glück und die Zuneigung der beiden war, verbürgte vollauf jeder Tag, den der Witwer noch lebte; denn was hätte wohl seinen wagemutigen Geist an ein solches Leben fesseln können, wenn nicht die Anziehungskraft eines seligen Angedenkens?

Als Murlock eines Tages aus einem entlegenen Tal des Urwaldes von der Jagd zurückkehrte, lag seine Frau fiebernd danieder und phantasierte. Meilenweit gab es keinen Arzt, auch keinen Nachbarn. Überdies war sie nicht in einer Verfassung, in der er sie hätte allein lassen können, um Hilfe zu holen. Deshalb sah er sich vor die Aufgabe gestellt, sie selbst gesund zu pflegen, doch am Ende des dritten Tages wurde sie bewußtlos und starb, wahrscheinlich ohne auch nur eine Spur des Bewußtseins je wiedererlangt zu haben.

Durch das, war wir über eine Natur wie die Murlocks wissen, können wir es wagen, die skizzenhafte Darstellung meines Großvaters in einigen Einzelheiten zu ergänzen. Nachdem er sich von ihrem Tod überzeugt hatte, war Murlock noch vernünftig genug, sich zu erinnern, daß man für Tote Anstalten zu einem Begräbnis treffen muß. Bei der Erfüllung dieser heiligen Pflicht handelte er hier und da sinnlos, machte manches falsch, und anderes wiederum, bei dem ihm kein Fehler unterlief, tat er immer wieder. Sein gelegentliches Versagen bei der Verrichtung irgendeiner einfachen, herkömmlichen Tätigkeit erfüllte ihn mit dem Erstaunen eines Betrunkenen, der bemerkt, daß vertraute Naturgesetze plötzlich nicht mehr gelten. Er war auch überrascht, daß er keine Tränen vergoß, und schämte sich ein wenig deshalb; denn sicher ist es lieblos, wenn man Tote nicht beweint. »Morgen«, sprach er vor sich hin, »morgen muß ich den Sarg bauen und das Grab schaufeln; und dann werde ich sie vermissen, wenn ich sie nicht mehr sehe, aber jetzt – sie ist tot, natürlich, aber es ist schon in Ordnung – es *muß* wohl irgendwie seine Ordnung haben. Es kann ja nicht alles so schlimm sein, wie es aussieht.«

Er stand im schwindenden Dämmerlicht über ihren Körper gebeugt, ordnete ihr Haar und legte die letzte Hand an ihr bescheidenes Grabgewand. Er tat es ganz mechanisch, in seelenloser Achtsamkeit. Und immer war er im Unterbewußtsein davon überzeugt, daß alles in Ordnung wäre, daß sie nach wie vor bei ihm weilen würde und somit alles klar sei. Er hatte bislang keinen Kummer gekannt, und seine Leidensfähigkeit war noch nicht durch Erfahrung gewachsen. Sein Herz vermochte nicht alles zu erfassen, und seine Vorstellungskraft reichte nicht aus, um sich einen richtigen Begriff zu machen. Er erkannte nicht, daß er so hart getroffen war; *diese* Erkenntnis sollte ihm erst später kommen und ihn dann nie mehr verlassen. Der Schmerz ist ein Künstler, der viele Mittel zur Verfügung hat, so verschiedenartig wie die Instrumente, auf denen seine Totenlieder erklingen, und zaubert auf einigen die hellsten, schrillsten Töne hervor und auf anderen leise, tiefe Klänge, deren Schwingungen widerhallen wie langsamer, ferner Trommelschlag. Manche Menschen werden dadurch aufgerüttelt, andere betäubt. Den einen trifft er wie ein Pfeil und macht ihn doppelt empfindsam für alles, den anderen wie ein Keulenschlag, der beim Auftreffen sein Gefühl lähmt. Wir können annehmen, daß Murlock auf diese Weise betroffen wurde, denn – und hier befinden wir uns auf festerem Boden als dem der bloßen Vermutung – kaum hatte er sein frommes Werk getan, als er schon neben dem Tisch, auf dem der Leichnam lag, auf einen Stuhl niedersank. Er bemerkte, wie farblos ihr Profil gegen die zunehmende Dunkelheit abstach; er legte seine Arme auf den Tischrand und ließ den Kopf darauf sinken. Auch jetzt fand Murlock noch keine Tränen, er war nur unsagbar erschöpft. In dem Augenblick drang durch das offene Fenster ein langgezogener Klagelaut wie der Schrei eines Kindes, das sich in der Tiefe eines immer dunkler werdenden Waldes verirrt hat. Doch der Mann rührte sich nicht. Sein Wahrnehmungsvermögen schwand, als der unheimliche Schrei, diesmal näher, ein zweites Mal zu hören war. Vielleicht war es ein wildes Tier, vielleicht ein Traum; denn Murlock war eingeschlafen.

Der ungetreue Wächter erwachte, wie es ihm später scheinen wollte, nach einigen Stunden; er hob den Kopf und lauschte gespannt – warum, wußte er nicht. Ohne besondere Erschütterung erinnerte er sich an alles, was ihm widerfahren war, und nun strengte er seine Augen an, um in der undurchdringlichen Finsternis neben der Toten etwas zu sehen – was, wußte er auch nicht. Seine Sinne waren hell wach, er hielt den Atem an, das Blut stockte ihm, als wollte er die Stille nicht stören. Wer hatte ihn aufgeweckt, oder was, und wo steckte es?

Plötzlich erbebte der Tisch unter seinen Armen, und im selben Augenblick hörte er oder glaubte er einen leichten, leisen Tritt zu hören – da wieder –, als wenn jemand barfuß auf dem Fußboden lief!

Er war durch den Schreck außerstande zu schreien oder sich zu rühren. Notgedrungen wartete er ab, wartete eine scheinbare Ewigkeit da in der Finsternis, von einer Furcht gepackt, die man in ihrer ganzen Entsetzlichkeit erleben und doch überleben kann. Vergebens versuchte er den Namen der toten Frau zu rufen, vergebens die Hand über den Tisch auszustrecken, um sich zu vergewissern, daß sie da war. Der Hals war ihm wie zugeschnürt, Arme und Hände schwer wie Blei. Dann geschah etwas ganz Entsetzliches. Irgendein schwerer Körper schien sich mit solcher Gewalt gegen den Tisch zu werfen, daß dieser heftig gegen Murlocks Brust stieß und ihn beinahe nach hinten umgeworfen hätte, und im selben Augenblick hörte und fühlte er, wie etwas mit so umgestümem Aufprall zu Boden fiel, daß das ganze Haus erzitterte. Dann folgte ein Getümmel und ein unbeschreibliches Durcheinander von Geräuschen. Murlock war aufgesprungen. Durch ihr Übermaß hatte die Furcht die Herrschaft über ihn verloren. Er warf die Hände auf den Tisch. Es war nichts mehr da!

Hier war ein Punkt erreicht, bei dem Schrecken in Wahnsinn übergehen kann, und Wahnsinn treibt zum Handeln. Ohne bestimmte Absicht, nur aus dem unberechenbaren Einfall eines Verrückten heraus, stürzte Murlock zur Wand, tastete ein wenig umher, ergriff sein geladenes Gewehr und feuerte es ziellos ab. Im Licht des Mündungsblitzes, der den Raum hell erleuchtete, sah er, wie ein gewaltiger Puma die tote Frau zum Fenster schleifte, seine Zähne in ihren Hals verbissen! Dann herrschte noch schwärzere Dunkelheit als zuvor und Stille. Als er wieder zu Bewußtsein kam, stand die Sonne hoch am Himmel, und der Wald erscholl vom Gesang der Vögel.

Der Leichnam lag am Fenster, wo ihn die Bestie liegengelassen hatte, als sie von Abschuß und Mündungsfeuer des Gewehres verscheucht worden war. Die Kleidung war in Unordnung, das lange Haar aufgelöst, und die Gliedmaßen lagen verrenkt da. Von dem furchtbar zerfleischten Hals rührte eine Blutlache her, die noch nicht völlig geronnen war. Das Band, das er um die Handgelenke gebunden hatte, war zerrissen. Die Hände waren fest zu Fäusten geballt. Zwischen den Zähnen steckte ein Stück vom Ohr der Bestie.

EINE LADY AUS REDHORSE

Coronado, 20. Juni

Ich entdecke, daß ich mich immer mehr für ihn interessiere. Es ist, da bin ich sicher, nicht seine – kennst du ein gutes Substantiv zu dem Adjektiv ›hübsch‹? Man sagt nicht gern ›Schönheit‹, wenn man von einem Mann spricht. Er ist schön genug, weiß der Himmel. Ich würde ihn nicht einmal dir anvertrauen – der treuesten aller möglichen Ehegattinnen, die du bist –, wenn er besonders vorteilhaft aussieht, was immer der Fall ist. Auch glaube ich nicht, daß die Faszination seines Auftretens viel damit zu tun hat. Du entsinnst dich, daß der Zauber der Kunst in dem besteht, was unbestimmbar ist, und, liebe Irene, für dich und mich gibt es, glaube ich, eher weniger davon in jenem Kunstzweig, den wir jetzt betrachten, als für Mädchen in ihrer ersten Saison. Ich denke, ich weiß, wie mein eleganter Gentleman viel Wirkung erzielt, und könnte ihm vielleicht einen Hinweis geben, um diese zu erhöhen. Dessenungeachtet hat sein Auftreten etwas wirklich Bezauberndes an sich. Ich glaube, was mich am meisten interessiert, ist der Intellekt des Mannes. Seine Konversation ist die beste, die ich je gehört habe, und läßt sich mit keiner anderen vergleichen. Er scheint alles zu wissen, was er in der Tat sollte, denn er ist überall gewesen, hat alles gelesen, alles gesehen, was es zu sehen gibt – manchmal denke ich: vielleicht mehr, als gut für ihn ist –, und ist mit den *seltsamsten* Leuten zusammengekommen. Und dann seine Stimme – Irene, wenn ich sie höre, habe ich tatsächlich das Gefühl, ich hätte an der Tür Eintritt bezahlen müssen, obwohl es natürlich meine eigene Tür ist.

3. Juli

Ich fürchte, meine Bemerkungen über Dr. Barritz müssen, weil gedankenlos, sehr töricht gewesen sein, sonst hättest du wohl nicht mit solcher Leichtfertigkeit, um nicht zu sagen Mißachtung, über ihn geschrieben. Glaube mir, Liebste, er besitzt mehr Würde und Ernsthaftigkeit (von jener Art, meine ich, die mit einem zuweilen spielerischen und stets charmanten Auftreten nicht unvereinbar ist) als irgendeiner der Männer, denen du und ich je begegnet sind. Und der junge Raynor – du hast ihn in Monterey kennengelernt – erzählt mir, daß die Männer ihn alle mögen und er überall mit einer gewissen Art Ehrerbietung behandelt wird. Auch gibt es ein Geheimnis – etwas über seine Verbindung mit dem Blavatsky-Volk in Nordindien. Raynor wollte mir keine Einzelheiten erzählen oder konnte es auch nicht. Ich schlußfolgere, daß Dr. Barritz – untersteh dich bloß zu lachen – für einen Magier gehalten wird. Könnte etwas eleganter sein als das? Ein ganz gewöhnliches Geheimnis ist freilich nicht so gut wie ein Skandal, aber wenn es sich auf dunkle und schreckliche Praktiken bezieht – auf den Gebrauch überirdischer Kräfte –, könnte da irgend etwas prickelnder sein? Dies erklärt auch den einzigartigen Einfluß, den der Mann auf mich hat. Es ist das Ungewisse in seiner Kunst – der schwarzen Kunst. Im Ernst, meine Liebe, ich zittere, wenn er mir mit seinen unergründlichen Augen, welche dir zu beschreiben ich bereits vergeblich versucht habe, tief in die meinen sieht. Wie schrecklich, wenn er die Macht besäße, jemanden in sich verliebt zu machen! Weißt du, ob die Blavatsky-Leute diese Macht haben – außerhalb von Sepoy?

16. Juli

Eine höchst seltsame Sache! Als Tantchen gestern abend bei so einem Tanzvergnügen im Hotel (ich hasse sie!) war, sprach Dr. Barritz vor. Es war ungebührend spät – ich glaube wirklich, er hatte sich zuvor mit Tantchen im Tanzsaal unterhalten und von ihr erfahren, daß ich allein war. Ich hatte mir den ganzen Abend über den Kopf zerbrochen, wie ich aus ihm die Wahrheit über seine Verbindung zu den Thugs in Sepoy und über das ganze schwarze Gewerbe herausbringen könnte, doch in dem Augenblick, als er mich fest anblickte (denn ich hatte ihn eingelassen, ich schäme mich, es zu gestehen), war ich hilflos. Ich zitterte, ich wurde rot, ich – o Irene, Irene, ich liebe den Mann über alle Maßen, und du weißt selbst, wie das ist.

Stell dir vor! Ich, ein häßliches Entlein aus Redhorse – Tochter des alten ›Calamity‹-Jim (wie man sagt) –, ganz bestimmt seine Erbin, mit einer einzigen noch lebenden Verwandten in Gestalt einer närrischen alten Tante, die mich auf tausenderlei Arten verwöhnt – bar jeglicher Habe, abgesehen von einer Million Dollar und einer Hoffnung in Paris –, ich wage es, einen Gott wie ihn zu lieben! Meine Teure, wärest du hier, so könnte ich dir zur Kasteiung die Haare ausreißen.

Ich bin überzeugt, daß er sich meiner Empfindungen bewußt ist, denn er blieb nur wenige Augenblicke und sagte nichts mehr, als was ein anderer Mann halb so gut gesagt hätte. Dann gab er vor, er habe eine Verabredung, und ging. Ich erfuhr heute (ein kleiner Vogel hat es mir erzählt – der Glocken-vogel), daß er geradewegs zu Bett ging. Beeindruckt dich das nicht als Beweis beispielhafter Gewohnheiten?

17. Juli

Der kleine Unhold Raynor kam gestern vorbei, und sein Gefa-sel machte mich fast wild. Er ist unermüdlich – das soll heißen, wenn er den guten Ruf einer Menge von Leuten ruiniert, so macht er keine Pause zwischen dem einen guten Ruf und dem nächsten. (Übrigens erkundigte er sich auch nach dir, und sein zur Schau gestelltes Interesse an dir hatte, ich gebe es zu, ein gerüttelt Maß von *vraisemblance* an sich). Mr. Raynor hält sich nicht an die Spielregeln; wie dem Tod (den er herbeiführen würde, wären Verleumdungen tödlich) sind alle Jahreszeiten sein eigen. Aber ich mag ihn, denn wir lernten uns in Redhorse kennen, als wir jung waren. Er war in jenen Tagen als ›Giggles‹ bekannt, und ich – o Irene, kannst du mir je vergeben? – wurde ›Gunny‹ genannt. Gott mag wissen warum; vielleicht in An-spielung auf das Material meines Kinderschürzchens; viel-leicht wegen Alliteration des Namens mit ›Giggles‹, denn Gig und ich waren unzertrennliche Spielkameraden, und die Gold-gräber sahen es als eine feine Höflichkeit an, eine Art Bezie-hung zwischen uns anzuerkennen.

Später nahmen wir einen Dritten auf – noch einen von der Brut des Mißgeschicks, der, wie Garrick zwischen Tragödie und Komödie, chronisches Unvermögen zeigte, die widerstrei-tenden Ansprüche von Kälte und Hunger auszugleichen. Zwi-schen ihm und der Not gab es selten mehr als einen einzelnen Hosenträger und die Hoffnung auf eine Mahlzeit, die das Le-ben erhalten und zugleich unerträglich machen würde. Er wählte für sich und seine betagte Mutter einen buchstäblich unter den Füßen nachgebenden Lebensunterhalt, indem er ›die Abraumhalden chlorierte‹, das soll heißen, die Goldgräber gestatteten ihm, die Berge toten Gesteins nach winzigen Stük-ken von ›Zahlerz‹ zu durchsuchen, die übersehen worden wa-ren; diese sammelte er und verkaufte sie an das Syndikatswerk. Er wurde – durch meine Fürsprache – Mitglied unserer Firma – fortan ›Gunny, Giggles und Dumps‹–; denn ich konnte weder damals, noch kann ich heute gleichgültig bleiben gegenüber der Kühnheit und Tapferkeit, mit der er gegen Giggles das uralte Recht seines Geschlechts verteidigte, eine fremde und schutzlose Frauenperson – mich – zu beleidigen. Nachdem der alte Jim in der ›Calamity‹ die Segel gestrichen hatte und ich anfing, Schuhe zu tragen und zur Schule zu gehen, und nachdem Giggles nacheifernd daranging, sein Gesicht zu waschen und Jack Raynor, von ›Wells, Fargo & Co.‹, zu werden, und nachdem die alte Mrs. Barts zu ihren Vätern chloriert wurde, schwenkte Dumps hinüber zu San Juan Smith, wurde Kutscher, von Straßenräubern getötet und so weiter.

Warum erzähle ich dir das alles, meine Liebe? Weil es mein Herz schwer bedrückt. Weil ich durchs Tal der Demut schreite. Weil ich mir ständig vor Augen führe, daß ich unwürdig bin, Dr. Barritz' Schnürsenkel zu lösen. Weil, oh, du Liebe, du Liebe, ein Vetter von Dumps in diesem Hotel wohnt! Noch habe ich nicht mit ihm gesprochen. Ich kenne ihn überhaupt nur flüchtig – aber glaubst du, daß er mich erkannt hat? Bitte teile mir doch in deinem nächsten Brief deine ehrliche, felsenfeste Meinung darüber mit und sage, du denkst es nicht. Glaubst du, ER weiß schon über mich Bescheid und hat mich deshalb gestern abend verlassen, als ER mich unter SEINEN Blicken erröten und wie ein Dummchen zittern sah? Du weißt, ich kann nicht *alle* Zeitungen bestechen, und ich kann mir nicht jeden vornehmen, der in Redhorse einmal nett zu Gunny gewesen ist – nicht einmal, wenn ich aus der Gesellschaft ins Meer gestoßen würde. So rasselt das Skelett manchmal hinter der Tür. Früher habe ich mir niemals groß Gedanken darüber gemacht, wie du weißt, aber jetzt – *jetzt* ist es etwas anderes. Bei Jack Raynor bin ich mir sicher – er wird IHM nichts erzählen. Auch er scheint IHM in der Tat solche Hochachtung entgegenzubringen, daß er kaum wagt, auch nur mit IHM zu reden, und mir geht es im großen ganzen genauso. Meine Liebe, meine Liebe! Ich wünschte, ich hätte noch etwas anderes als eine Million Dollar! Wenn Jack nur drei Zoll größer wäre, würde ich ihn heiraten, so, wie er ist, nach Redhorse zurückgehen und bis ans Ende meiner elenden Tage wieder Sackleinen tragen.

Wir hatten gestern abend einen vollkommen prächtigen Sonnenuntergang, und ich muß dir alles darüber berichten. Ich lief Tantchen und allen anderen davon und ging allein am Strand spazieren. Ich hoffe, daß du mir glaubst, du Untreue!, daß ich vorher nicht aus meinem Fenster auf der Seeseite des Hotels geblickt und IHN dort allein am Strand habe spazierengehen sehen. Sofern dir nicht jegliches weibliche Feingefühl abgeht, wirst du meine Erklärung ohne Frage akzeptieren. Ich richtete mich schnell unter meinem Sonnenschirm ein und blickte geraume Zeit verträumt auf die See, als er sich näherte und dicht am Saum des Wassers entlangging – es war Ebbe. Ich versichere dir, der nasse Sand um SEINE Füße hellte sich fürwahr auf! Als er bei mir war, lüftete er seinen Hut und sagte: »Miss Dement, darf ich mich zu Ihnen setzen? – oder wollen Sie lieber mit mir spazierengehen?«

Die Möglichkeit, daß mir keines von beiden angenehm sein könnte, schien ihm überhaupt nicht in den Sinn gekommen zu sein. Hast du je solche Selbstsicherheit erlebt? Selbstsicherheit? Meine Liebe, es war eine Unverschämtheit, eine regelrechte *Unverschämtheit*! Nun, sie kränkte mich nicht, und so antwortete ich mit meinem unverbildeten Redhorse-Herz in der Kehle: »Ich – ich werde gern *alles* tun.« Könnte man sich dümmere Worte vorstellen? In mir klaffen Abgründe von Dummheit, o Freundin meiner Seele, die einfach bodenlos sind!

Er streckte lächelnd die Hand aus, und ich reichte ihm die meine, ohne auch nur einen Augenblick zu zögern, und als seine Finger sich um sie schlossen, um mir beim Aufstehen zu helfen, ließ mich das Bewußtsein, daß meine Hand zitterte, erröten, schlimmer als der rote Himmel im Westen. Ich stand jedoch auf, und als ich nach einer Weile bemerkte, daß er meine Hand nicht freigegeben hatte, zog ich ein wenig daran, aber ohne Erfolg. Er hielt sie einfach weiter fest, sagte nichts, sondern blickte herab in mein Gesicht mit einer gewissen Art von Lächeln – ich wußte nicht – wie hätte ich wissen können? – ob es zärtlich, spöttisch oder sonst was war, denn ich sah ihn nicht an. Wie schön er war! Die rote Glut des Sonnenuntergangs brannte in der Tiefe seiner Augen. Weißt du, Liebe, ob die

Thugs und die Experten aus dem Blavatsky-Reich vielleicht eine besondere Art von Augen haben? Ja, du hättest seine stolze Haltung sehen sollen, die gottgleiche Neigung des Kopfes, während er mich überragte, nachdem ich mich erhoben hatte! Es war ein edles Bild, aber ich zerstörte es bald, denn ich begann sofort wieder zu Boden zu sinken. Es gab für ihn nur eins zu tun, und er tat es: Er stützte mich, indem er mir den Arm um die Taille legte.

»Miss Dement, ist Ihnen nicht wohl?« fragte er.

Es war kein Ausruf; er bekundete weder Unruhe noch Fürsorge. Hätte er hinzugefügt: »Ich vermute, das ist ungefähr das, was zu sagen von mir erwartet wird!«, so hätte er sein Empfinden für die Situation schwerlich deutlicher ausdrücken können. Sein Verhalten erfüllte mich mit Scham und Entrüstung, denn ich litt entsetzlich. Ich entriß ihm meine Hand, ergriff den mich stützenden Arm, stieß mich frei, plumpste daraufhin in den Sand und saß hilflos da. Mein Hut war mir in dem Gerangel vom Kopf gerutscht, und das Haar fiel mir in der erniedrigendsten Weise über Gesicht und Schultern.

»Weichen Sie von mir«, stieß ich mühsam hervor. »O bitte, gehen Sie weg, Sie – Sie Thug! Wie können Sie so etwas denken, wenn mein Bein eingeschlafen ist?«

Das waren genau meine Worte! Und dann brach ich zusammen und schluchzte. Irene, ich flennte!

Schlagartig änderte sich sein Verhalten – soviel konnte ich durch meine Finger und mein Haar sehen. Er kniete sich neben mich, strich mir das wirre Haar aus dem Gesicht und sagte im zärtlichsten Ton: »Mein armes Mädchen, Gott weiß es, ich habe nicht beabsichtigt, Ihnen weh zu tun. Wie könnte ich? Ich, der ich Sie liebe – der ich Sie … seit vielen, vielen Jahren liebe!«

Er nahm meine tränennassen Hände von meinem Gesicht und bedeckte sie mit Küssen. Meine Wangen waren wie zwei glühende Kohlen, mein Gesicht loderte und dampfte, glaube ich. Was konnte ich tun? Ich barg es an seiner Schulter – einen anderen Platz gab es nicht. Oh, meine liebe Freundin, wie mein Bein zuckte und kribbelte, und wie es mich verlangte zuzustoßen!

Lange Zeit saßen wir so. Er hatte eine meiner Hände freigegeben, um wieder den Arm um mich zu legen, und ich langte nach meinem Taschentuch, trocknete meine Augen und putzte mir die Nase. Ich wollte nicht eher aufblicken, bis dies getan war; vergeblich versuchte er, mich ein wenig wegzuschieben und mir ins Gesicht zu blicken. Nach einer Weile, als alles wieder in Ordnung und es auch ein wenig dunkel geworden war, hob ich den Kopf, blickte ihm gerade in die Augen und lächelte, so gut ich konnte – es war mein bestes Lächeln, meine Liebe.

»Was meinen Sie damit, wenn Sie ›seit Jahren‹ sagen?«

»Liebste, die hohlen Wangen sind nicht mehr da, auch nicht die eingefallenen Augen, das dünne Haar, die gedrückte Haltung, die Lumpen, der Schmutz und die Jugend. Kannst du nicht – willst du nicht verstehen?« antwortete er sehr feierlich, sehr ernst. »Gunny, ich bin Dumps!«

Im Nu war ich aufgesprungen und er auch! Ich packte ihn bei den Rockaufschlägen und starrte in der zunehmenden Dunkelheit in sein hübsches Gesicht. Mir stockte der Atem vor Aufregung.

»Und du bist nicht tot?« fragte ich, kaum begreifend, was ich da sagte.

»Nur vor Liebe tot, meine Teure. Ich bin von der Kugel des Straßenräubers genesen, aber dies hier ist tödlich, fürchte ich.«

»Und was ist mit Jack – Mr. Raynor? Weißt du nicht …«

»Ich schäme mich, es zu sagen, Liebling, aber ich verdanke es der Anregung dieser unwürdigen Person, daß ich von Wien hierhergekommen bin.«

Irene, sie haben deine geliebte Freundin hereingelegt,

MARY JANE DEMENT

PS – Das schlimmste daran ist, daß es gar kein Geheimnis gibt; alles war die Erfindung von Jack Raynor, um meine Neugier zu wecken. James ist kein Thug. Er hat mir feierlich versichert, daß sein Fuß bei all seinen Reisen nie den Boden von Sepoy betreten hat.

PUMA-AUGEN

I

Man heiratet nicht immer, wenn man wahnsinnig ist

An einem späten Nachmittag saßen ein Mann und eine Frau
– der Naturtrieb hatte sie zusammengeführt – auf einer rohge-
zimmerten Bank. Der Mann war mittleren Alters, schlank, tief
gebräunt; das Gesicht ähnelte dem eines Seeräubers, obwohl
sein Ausdruck der eines Dichters war – ein Mann, nach dem
man sich noch einmal umdrehte. Die Frau war jung, blond und
zierlich, ihre Gestalt und ihre Bewegungen hatten etwas Ge-
schmeidiges an sich. Sie hatte ein graues, leicht braungemu-
stertes Kleid an. Vielleicht war sie eine Schönheit, doch konnte
man es nicht ohne weiteres behaupten, da ihre Augen alle Aufmerksamkeit auf sich lenkten und alles andere übersehen ließen. Es waren graugrüne, lange, schmale Augen mit einem
Ausdruck, der sich nicht ergründen ließ. Man konnte nur sagen, daß sie beunruhigend waren. Kleopatra mag solche
Augen gehabt haben.

Die beiden unterhielten sich.

»Ja«, sagte die Frau, »ich liebe dich, weiß Gott! Aber dich
heiraten, nein, das kann ich nicht, das will ich nicht.«

»Du hast mir das schon oft gesagt, Irene, doch nie einen
Grund dafür angeben wollen. Ich habe ein Recht, den Grund
zu erfahren, dich zu verstehen, mit dir zu fühlen und meine
Seelenstärke zu beweisen, wenn ich den Grund kenne. Sage ihn
mir.«

»Den Grund, warum ich dich liebe?«

Ihr bleiches Antlitz lächelte unter Tränen, doch ließ er sich
von seiner ernsten Miene nicht abbringen.

»Nein, das bedarf keiner Begründung. Dein Grund, weshalb
du mich nicht heiraten willst. Ich habe ein Recht, ihn zu erfahren. Ich muß es wissen, und ich will es endlich wissen!«

Er war aufgesprungen und stand vor ihr, die Hände geballt;
sein Gesicht zeigte Unwillen, fast Groll. Er sah aus, als wollte

er sie erwürgen, um es zu erfahren. Ihr Lächeln erstarb – sie sah nur fest und unbeweglich zu ihm auf mit einem Blick, der keinerlei Regung oder Gefühl verriet. Doch etwas lag in ihm, das seinen Zorn bezwang und ihn erschauern ließ.

»Du willst also unbedingt meinen Grund wissen?« fragte sie völlig mechanisch mit einer Stimme, die der hörbare Ausdruck ihres Blickes zu sein schien.

»Wenn ich bitten darf – wenn ich damit nicht zuviel verlange.«

Offenbar war dieser Herr der Schöpfung also bereit, einen Teil der Herrschaft über sein Mitgeschöpf aufzugeben.

»Nun gut, du sollst es wissen: Ich bin wahnsinnig.«

Er fuhr zusammen, sah dann ungläubig drein, wobei ihm bewußt wurde, daß er sich eigentlich belustigt zeigen müßte. Doch wiederum war ihm nicht zum Lachen zumute, auch wo es angebracht gewesen wäre, und trotz seines Unglaubens war er tief bestürzt über das, was er nicht für wahr halten konnte. Zwischen unseren Überzeugungen und Gefühlen besteht kein gutes Einvernehmen.

»So würden die Ärzte es bezeichnen«, fuhr sie fort, »wenn sie davon wüßten. Ich möchte es eher eine Art ›Besessenheit‹ nennen. Setz dich und hör mir zu.«

Schweigend setzte sich der Mann wieder neben ihr auf die Bank am Wegrand. Ihnen gegenüber auf der Ostseite des Tales erglühten die Hügel schon im Sonnenuntergang, und mit der Stille ringsum kündete sich bereits die Dämmerung an. Etwas von diesem rätselhaften, bedeutungsvollen Schweigen hatte sich der Stimmung des Mannes mitgeteilt. In der seelischen wie der materiellen Welt künden Merkmale und Vorzeichen die Nacht an. Jenner Brading lauschte schweigend der Geschichte, die ihm Irene Marlowe erzählte. Er blickte sie nur selten an; doch jedesmal, wenn er es tat, wurde er sich der unerklärlichen Furcht bewußt, die ihre Augen ihm trotz ihrer katzenartigen Schönheit immer wieder einflößten. Mit Rücksicht auf ein mögliches Vorurteil des Lesers gegen die kunstlose Darstellungsweise eines ungeübten Erzählers erlaubt sich der Autor, im folgenden seine eigene Version statt der ihren zu bieten.

244

II

Manchmal ist ein Raum für drei zu klein,
obwohl einer draußen ist

In einem spärlich und einfach möblierten Blockhaus, das nur
aus einem Raum bestand, hockte sich eine Frau auf dem Fußboden gegen eine der Wände und drückte ein Kind an ihre
Brust. Draußen erstreckte sich nach allen Seiten meilenweit
dichter, unberührter Wald. Es war Nacht und stockfinster im
Hause; kein menschliches Auge hätte die Frau mit dem Kinde
erkennen können. Und doch wurden sie beobachtet, ganz genau und wachsam, mit unverminderter, nicht einen Augenblick erlahmender Aufmerksamkeit; und damit sind wir beim
Kern dieser Geschichte angelangt.

Charles Marlowe war einer von den jetzt ausgestorbenen
Pionieren des nordamerikanischen Urwalds; sie fanden als Jäger die ihnen gemäße Umgebung in der Einsamkeit der Wälder, die sich den Ostabhang des Mississippi Valley entlang von
den Großen Seen bis hinunter zum Golf von Mexiko erstreckten. Länger als ein Jahrhundert waren aufeinanderfolgende
Generationen dieser Männer stetig, mit Büchse und Axt ausgerüstet, nach Westen vorgedrungen, um der Natur und ihren
wilden Kindern hier und da ein vereinzeltes Stück Land für
den Pflug abzuringen, das sie, kaum urbar gemacht, schon wieder Nachfolgern überließen, die zwar weniger waghalsig waren, aber leichter zu Wohlstand gelangten. Schließlich brachen
sie vom Waldrand aus in das offene Land ein und verschwanden darin wie vom Erdboden verschluckt. Den Pionier der
Wälder gibt es nicht mehr; der Pionier der weiten Ebenen, dessen leichte Aufgabe es war, sich in einer einzigen Generation
zwei Drittel des Bodens zu unterwerfen, ist andersgeartet und
steht weit unter ihm. In der Wildnis lebte Charles Marlowe mit
Frau und Kind zusammen, die er wie alle Pioniere des Waldes,
denen häusliche Tugenden heilig waren, leidenschaftlich
liebte; sie teilten alle Gefahren, Mühen und Entbehrungen dieses ungewöhnlichen, keinen Gewinn abwerfenden Lebens mit
ihm. Die Frau war noch jung genug, um als hübsch zu gelten,

und in der furchtbaren Abgeschlossenheit ihres Daseins unerfahren genug, um es noch frohen Mutes zu ertragen. Der Himmel hatte es gut mit ihr gemeint, als er ihr ein nur geringes Glücksbedürfnis verliehen hatte; denn den Wunsch nach dem Glück in seiner ganzen Fülle hätten die bescheidenen Annehmlichkeiten des Urwaldlebens keinesfalls befriedigen können. So fand sie in den geringen häuslichen Arbeiten, ihrem Kind und ihrem Mann sowie in ein paar läppischen Büchern völlige Befriedigung aller Wünsche.

Eines Morgens mitten im Sommer nahm Marlowe sein Gewehr von den Holzhaken an der Wand und deutete so seine Absicht an, auf die Jagd zu gehen.

»Wir haben genug Fleisch«, sagte seine Frau. »Ach, bitte, geh heute nicht fort! Ich habe in der Nacht so schrecklich geträumt. Ich weiß nicht mehr, was es war, doch bin ich fast sicher, daß es eintrifft, wenn du fortgehst.«

Wir müssen leider zugeben, daß Marlowe diese feierliche Eröffnung mit weniger Ernst aufnahm, als es dem geheimnisvollen Wesen des sich ankündigenden Unglücks zukam. Ja, er lachte sogar.

»Versuch doch mal, dich zu besinnen«, sagte er. »Vielleicht träumte dir, daß Baby die Sprache verloren hat.«

Diese Idee war ihm offenbar gekommen, weil soeben das Baby, das sich mit all seinen ungelenken dicken Fingerchen an den Fransen der Jagdjacke festklammerte, seine Einschätzung der Lage in einer Reihe von jauchzenden Gu-gu-gu-Rufen bekundete, die der Begeisterung über die Bärenfellmütze des Vaters entsprangen.

Die Frau ließ es dabei bewenden. Da ihr die Gabe des Humors fehlte, konnte sie seinem freundlichen Spaß nicht entsprechend entgegnen. Nachdem Marlowe Mutter und Kind geküßt hatte, verließ er das Haus und verschloß damit seinem Glück für immer die Tür.

Als die Nacht hereinbrach, war er noch nicht zurück. Die Frau bereitete das Abendessen und wartete. Dann legte sie Baby ins Bett und sang es leise in den Schlaf. Das Herdfeuer, auf dem sie das Essen gekocht hatte, war nun erloschen; eine einzige Kerze erhellte den Raum. Diese stellte sie später ins offene Fenster, dem Jäger zum Zeichen und Willkommensgruß, falls er sich von dieser Seite nähern sollte. Sorgsam hatte sie den Eingang gegen wilde Tiere geschlossen und verriegelt, die etwa die Tür einem offenen Fenster vorziehen könnten – über die Gewohnheiten der Raubtiere, ungebeten in ein Haus zu gelangen, wußte sie nicht Bescheid, obwohl sie mit echt weiblicher Vorsicht erwogen haben mochte, sie könnten möglicherweise auch durch den Rauchfang eindringen. Mit fortschreitender Nacht verlor sich ihre Angst zwar nicht, doch wurde sie immer schläfriger, und schließlich blieben ihre Arme auf dem Bettchen des Kindes liegen, und der Kopf sank darauf. Die Kerze im Fenster brannte nieder, zischte und flackerte kurz und ging unbemerkt aus; denn die Frau schlief und träumte.

Im Traum saß sie an der Wiege eines zweiten Kindes. Das erste war gestorben. Auch der Vater war tot. Die Heimstatt im Walde hatte sie verloren, und die Wohnung, in der sie jetzt lebte, war ihr fremd. Es gab da schwere, immer verschlossene Eichentüren, und außerhalb der Fenster waren eiserne Gitter an dicken Mauern angebracht, offenbar aus Vorsorge – wie sie dachte – gegen Indianer. Sie nahm das alles mit unendlichem Bedauern wahr, jedoch ohne Überraschung – ein in Träumen unbekanntes Gefühl. Das Kind in der Wiege war unter der Bettdecke nicht zu sehen, doch fühlte sie sich durch irgend etwas veranlaßt, die Decke zurückzuschlagen. Als sie dies tat, legte sie das Gesicht eines wilden Tieres frei. Durch den Schreck dieser entsetzlichen Entdeckung erwachte die Träumerin zitternd in der Dunkelheit ihrer Waldhütte.

Als ihr langsam das Gefühl für ihre wirkliche Umgebung wiederkehrte, tastete sie nach dem Kinde, das kein Traum war, und erkannte an seinem Atem, daß es sich wohl befand; doch konnte sie es sich nicht versagen, sacht mit der Hand über sein Gesicht zu streichen. Dann erhob sie sich, einem plötzlichen Drange folgend, den sie wahrscheinlich nicht hätte erklären können, schloß ihr schlafendes Kleines in die Arme und drückte es an die Brust. Das Kopfende des Kinderbetts stand an der Wand, an die sich die Frau nun im Stehen anlehnte. Als sie den Kopf hob, sah sie zwei leuchtende Punkte wie Sterne in der Finsternis rötlichgrün funkeln. Sie hielt sie für zwei Kohlen auf dem Herd, aber mit dem langsam wiederkehrenden Richtungssinn kam ihr die beunruhigende Gewißheit, daß sie nicht in jenem Teil des Raumes sein konnten; außerdem lagen sie zu hoch, beinahe in ihrer eigenen Augenhöhe. Es waren nämlich die Augen eines Pumas.

Die Bestie stand an dem offenen Fenster gegenüber, keine fünf Schritte entfernt. Nichts außer diesen schrecklichen Augen war sichtbar, doch in dem entsetzlichen Widerstreit ihrer Gefühle erkannte sie irgendwie, als sich die Situation ihrem Verständnis erschloß, daß das Tier auf den Hinterpfoten stand und sich mit seinen Tatzen auf den Fenstersims stützte. Das bedeutete übelwollendes Interesse und nicht bloße Befriedigung müßiger Neugier. Die Erkenntnis dieser Stellung des Tiers vermehrte ihr Entsetzen und ließ die Drohung der furchtbaren Augen, in deren stetem Feuer sich ihr Mut und ihre Kraft gleichermaßen verzehrten, noch unheilvoller erscheinen. Unter der stummen Folter erbebte sie, und ihr wurde ganz elend. Die Knie versagten, und allmählich sank sie zu Boden, wobei sie sich instinktiv bemühte, jede plötzliche Bewegung zu vermeiden, die die Bestie hätte zum Sprung nach ihr veranlassen können. Sie duckte sich an die Wand und versuchte, das Kind mit ihrem zitternden Körper zu schützen, ohne den Blick von den leuchtenden Sternen zu lassen, die sie überwältigten. In ihrer Seelenqual kam ihr keine Erinnerung an den Gatten, keine Hoffnung auf Rettung oder Flucht, ja nicht einmal der Gedanke daran. Ihre Fähigkeit zu denken oder zu fühlen hatte sich auf eine einzige Empfindung beschränkt – die Angst vor dem Sprung des Tieres, dem Anprall seines Körpers, den Schlägen seiner starken Tatzen, dem Biß der Zähne in ihre Kehle, dem Gedanken, daß ihr Kind zerfleischt werden könne. Bewegungslos und in völligem Schweigen erwartete sie ihr Schicksal; die Augenblicke wurden zu Stunden, zu Jahren, zur Ewigkeit; und immer noch belauerten sie diese teuflischen Augen.

Als Charles Marlowe spät in der Nacht mit einem Stück Wild auf den Schultern zu seiner Behausung heimkehrte, wollte er die Tür öffnen. Sie gab nicht nach. Er klopfte; niemand antwortete. Er legte das Wild nieder und ging zum Fenster herum. Als er um die Ecke der Hütte schritt, kam es ihm so vor, als hörte er das Geräusch leichter Tritte und ein Rascheln im Unterholz des Waldes, aber es war so leise, daß selbst sein geübtes Ohr nicht einwandfrei feststellen konnte, ob sich dort etwas geregt hatte. Er näherte sich dem Fenster, das er zu seiner Überraschung offen vorfand, schwang sich über das Fensterbrett und trat ein. Dunkelheit und Stille. Er tastete sich zum Kamin, rieb ein Streichholz an und entzündete eine Kerze. Dann sah er sich um. Auf dem Fußboden hockte gegen die Wand gelehnt seine Frau und umklammerte sein Kind. Als er zu ihr stürzte, sprang sie auf und brach in Gelächter aus, ein langes, lautes und mechanisches Lachen ohne Freude und Sinn – ein Gelächter, das an das Klirren einer Kette erinnerte. Er wußte kaum, was er tat, und streckte die Arme aus. Sie legte das Kind hinein. Es war tot – zu Tode gedrückt von der Umarmung der Mutter.

III

Versuch der Deutung

Das also geschah während einer Nacht in einem Walde, aber Irene Marlowe erzählte Jenner Brading nicht alles, denn nicht alles war ihr bekannt. Als sie geendet hatte, war die Sonne hinter dem Horizont verschwunden, und die lange Dämmerung des Sommers hatte begonnen, die Täler ringsum dunkler hervortreten zu lassen. Brading schwieg eine Weile, denn er erwartete, daß die Erzählung weitergeführt und in eindeutigen Zusammenhang mit dem Gespräch, das sie eingeleitet hatte, gebracht würde; aber auch die Erzählerin schwieg; sie wandte ihr Gesicht ab, und die in ihrem Schoß liegenden Hände umklammerten und lösten sich immer wieder, so daß es schien, als sei diese Tätigkeit nicht ihrem Willen untergeordnet.

»Es ist eine traurige, eine furchtbare Geschichte«, sagte Brading endlich, »aber mir ist etwas unklar. Du nennst Charles Marlowe Vater; das weiß ich. Und daß er vorzeitig gealtert ist, zerbrochen an einem Leid, habe ich gesehen oder glaubte es wenigstens. Aber, verzeih, du sagtest, daß du – daß du – «

»Daß ich wahnsinnig bin«, sagte das Mädchen, ohne den Kopf oder Körper zu bewegen.

»Aber, Irene, du sagst – bitte, Liebes, blick nicht von mir weg –, du sagst, daß das Kind tot war, nicht wahnsinnig.«

»Ja, das eine – ich bin das zweite. Ich wurde drei Monate nach jener Nacht geboren, wobei ein barmherziges Schicksal es meiner Mutter vergönnte, ihr Leben auszuhauchen, als sie mir meines schenkte.«

Wieder schwieg Brading; er war etwas benommen und kam nicht gleich auf eine passende Entgegnung. Ihr Gesicht war immer noch abgewandt. In seiner Verwirrung drängte es ihn, ihre Hände zu ergreifen, die sich noch immer in ihrem Schoß öffneten und schlossen, aber etwas – er konnte nicht sagen, was – hielt ihn zurück. Doch dann erinnerte er sich unklar, daß er eigentlich nie gern ihre Hand ergriffen hatte.

»Ist es wahrscheinlich«, fuhr sie fort, »daß ein Mensch, der unter solchen Umständen zur Welt kommt, so beschaffen ist wie andere – normal ist, wie man so sagt?«

Brading erwiderte nichts; er war mit einem neuen Gedanken beschäftigt, der in seinem Kopf Gestalt annahm. Es war das, was ein Gelehrter eine Hypothese genannt hätte; ein Detektiv eine Theorie. Dadurch ließ sich, wenn auch nur schemenhaft, die zweifelhafte Qualität ihres gesunden Menschenverstandes etwas besser klären, als ihre eigene Darstellung das vermocht hatte.

Die Gegend war noch neu und außerhalb der Dörfer dünn besiedelt. Der berufsmäßige Jäger war noch immer eine vertraute Gestalt, und unter seinen Trophäen fanden sich Köpfe und Felle auch größerer Tiere. Man erzählte sich mitunter Geschichten, deren Glaubwürdigkeiten nicht immer erwiesen war, über nächtliche Begegnungen mit wilden Tieren auf einsamen Landstraßen und vergaß sie wieder, nachdem sie, wie das üblich ist, nach und nach immer mehr aufgebauscht worden und dann langsam wieder abgeklungen waren. Diese volkstümlichen, zweifelhaften Überlieferungen hatten erst kürzlich neue Nahrung durch die Erzählung von einem Puma erhalten, die offenbar von verschiedenen Stellen gleichzeitig ausging; demnach hatte das Tier die Bewohner einiger Häuser dadurch erschreckt, daß es nachts durch die Fenster schaute. Das Gerücht hatte einige Wogen der Aufregung hervorgerufen, ja, sogar durch eine Spalte in der Lokalzeitung Bedeutung erlangt, war jedoch von Brading nicht weiter beachtet worden. Er erkannte darin jetzt eine mehr als zufällige Ähnlichkeit mit der Schilderung, der er gerade gelauscht hatte. War es nicht möglich, daß die eine Geschichte durch die andere entstanden war, daß sie sich beim Vorhandensein entsprechender Bedingungen in einem anfälligen Hirn und einer blühenden Phantasie zu der Tragödie entwickelt haben konnte, die er eben vernommen hatte?

Brading erinnerte sich gewisser Umstände in der Vergangenheit und Veranlagung des Mädchens, denen er bisher, gleichgültig wie alle Liebenden, keine Bedeutung beigemessen hatte – beispielsweise an das zurückgezogene Leben mit ihrem Vater, in dessen Hause offensichtlich niemand ein willkommener Besucher war, und an ihre sonderbare Furcht vor der Nacht, worauf diejenigen, die sie am besten kannten, die Tatsache zurückführten, daß sie sich nach Einbruch der Dunkelheit niemals blicken ließ. Sicher konnte in solchem Gemüt die einmal entzündete Einbildungskraft mit zügelloser Flamme auflodern und so den ganzen Organismus durchdringen und einhüllen. Daß sie nicht normal war, konnte er, obwohl ihm diese Überzeugung die heftigsten Schmerzen bereitete, nicht länger in Frage stellen; nur hatte sie eine Auswirkung ihrer geistigen Verwirrung für deren Ursache gehalten und die Hirngespinste der Gerüchtemacher aus der Umgegend mit ihrer eigenen Person in imaginäre Beziehung gebracht. In der unbestimmten Absicht, seine ›Theorie‹ zu prüfen, und der nicht sehr klaren Vorstellung, wie er dies anfangen sollte, sagte er eindringlich, aber zögernd: »Irene, Liebling, sage mir – ich bitte dich, nimm es mir nicht übel –, aber sage mir –«

»Ich habe es dir schon gesagt«, unterbrach sie ihn so leidenschaftlich, wie er sie noch nie gesehen hatte, »ich habe dir bereits gesagt, daß wir nicht heiraten können; langt denn das noch nicht?«

Bevor er sie halten konnte, war sie aufgesprungen, und ohne noch etwas zu sagen oder ihn anzublicken, eilte sie davon und

huschte zwischen den Bäumen auf ihr Vaterhaus zu. Brading
war aufgestanden, um sie zurückzuhalten; er stand da und
folgte ihr schweigend mit den Augen, bis sie im Dunkeln verschwunden war. Plötzlich fuhr er zusammen, als hätte ihn ein
Schuß getroffen; sein Gesicht nahm den Ausdruck höchster
Verwunderung und Bestürzung an: In einem der dunklen
Schatten, zwischen denen sie seinem Blick entschwunden war,
sah er flüchtig zwei leuchtende Augen! Im ersten Augenblick
war er verwirrt und unschlüssig; dann stürzte er in den Wald
hinter ihr her und rief: »Irene, Irene, paß auf! Der Puma! Der
Puma!«

Rasch war er vom Waldrand in eine Lichtung gelangt und
sah gerade noch, wie der graue Rock des Mädchens in der Tür
des Vaterhauses verschwand. Es war kein Puma zu sehen.

IV·

Appell an Gottes Gewissen

Rechtsanwalt Jenner Brading lebte in einem Landhaus am
Rande des Ortes. Gleich dahinter begann der Wald. Brading
war Junggeselle und versagte sich wegen der damals dort herrschenden strengen Moralauffassung die Dienste eines ›Lohn-
mädchens‹, der einzigen in der Gegend bekannten Art häuslicher Dienstkräfte. Er speiste vielmehr im Dorfgasthof, wo er
auch sein Büro hatte. Das am Waldrand gelegene Haus war
nur sein Wohnsitz, der – sicherlich ohne größere Kosten – als
ein Beweis für Wohlstand und Ansehen unterhalten wurde. Es
wäre für jemanden, auf den die Lokalzeitung mit Stolz als ›den
ersten Juristen seiner Zeit‹ hingewiesen hatte, kaum angängig
gewesen, ohne ein eigenes ›Heim‹ zu sein, obwohl er bisweilen
den Eindruck gehabt haben mag, daß die Wörter ›Heim‹ und
›Haus‹ nicht unbedingt bedeutungsgleich waren. Tatsächlich
war sein Gefühl, daß sie nicht zusammenstimmten, und der
Wille, sie harmonisch zu vereinen, für sein Handeln maßgebend geworden; denn es wurde überall erzählt, daß der Eigentümer, kurz nachdem das Häuschen gebaut worden war, einen

fruchtlosen Versuch unternommen hätte, sich zu verheiraten, ja, daß er sogar so weit gegangen war, sich bei der schönen, aber absonderlichen Tochter des alten Marlowe, des Einsiedlers, einen Korb zu holen. Davon waren alle überzeugt, da er selbst es erzählt hatte und nicht etwa sie – was eigentlich den normalen Gang der Dinge umkehrte und daher um so beweiskräftiger war.

Bradings Schlafzimmer lag auf der Rückseite des Hauses; das einzige Fenster ging zum Walde hinaus. Eines Nachts erwachte er durch ein Geräusch an jenem Fenster; er konnte schwer sagen, was es gewesen war. Etwas nervös setzte er sich im Bett auf und griff nach dem Revolver, den er in sehr lobenswerter Vorsicht unter das Kopfkissen gelegt hatte, da er gewohnt war, im Erdgeschoß bei offenem Fenster zu schlafen. Es war stockfinster im Zimmer, doch er war unerschrocken, wußte, wohin er zu blicken hatte, und harrte in schweigender Erwartung der kommenden Dinge. Jetzt konnte er schwach die Fensteröffnung erkennen – ein nicht ganz so dunkles Viereck. Kurz darauf erschienen am unteren Ende zwei leuchtende Augen, die mit boshaftem Schimmer unsäglich furchtbar glühten! Bradings Herz schlug heftig und schien dann stillzustehen. Ein Schauer rann ihm den Rücken hinauf und ließ sein Haar zu Berge stehn. Er merkte, wie ihm das Blut aus den Wangen wich. Er hätte nicht aufschreien können – selbst um den Preis seines Lebens; da er aber ein mutiger Mann war, hätte er es auch nicht getan, wenn er dazu imstande gewesen wäre. Mochte sein verzagter Körper auch etwas zittern, der Geist war aus härterem Holz geschnitzt. Langsam und stetig glitten die feurigen Augen immer höher, und es sah aus, als kämen sie auf ihn zu. Da hob sich langsam Bradings Rechte mit der Pistole. Er schoß!

Obwohl er vom Mündungsblitz geblendet und vom Abschußknall taub war, hörte er – oder glaubte es jedenfalls – den wilden hohen Schrei des Pumas, so menschlich im Klang wie teuflisch im Wesen. Er sprang aus dem Bett, kleidete sich hastig an und lief, die Pistole in der Hand, aus der Tür, wo er ein paar Männer traf, die von der Straße her gelaufen kamen. Nach einer kurzen Erklärung untersuchten sie gemeinsam mit ihm vorsichtig die nähere Umgebung des Hauses. Das Gras war feucht vom Tau; unter dem Fenster war es zertreten, ein größerer Fleck zum Teil völlig niedergewalzt; von da aus führte eine gewundene, im Schein der Laterne sichtbare Spur in die Büsche. Einer der Männer stolperte und fiel auf die Hände, die glitschig waren, als er aufstand und sie aneinanderrieb. Bei genauerem Hinsehen stellte sich heraus, daß sie rot von Blut waren.

Für ein Zusammentreffen mit einem verwundeten Puma hatten die unbewaffneten Männer nichts übrig; alle außer Brading kehrten wieder um. Mit Pistole und Laterne drang er beherzt in den Wald vor. Nachdem er durch dichtes Unterholz gedrungen war, gelangte er auf eine kleine Lichtung, und hier wurde sein Mut belohnt, denn er fand den Körper des Opfers. Aber ein Puma war es nicht. Was es war, berichtet noch heute ein verwitterter Grabstein auf dem Dorfkirchhof; und noch viele Jahre lang zeugte Tag für Tag am Grabe die gebeugte Gestalt und das vom Leid gezeichnete Gesicht des greisen Marlowe davon. Friede seiner Seele und der seines seltsamen, unglücklichen Kindes! Friede und ausgleichende Gerechtigkeit!

AUS ›CAN SUCH THINGS BE?‹

(IST DENN SO ETWAS MÖGLICH?)
UND ANDERE GEISTER- UND HORROR-
GESCHICHTEN

STÄRKER ALS MOXON

»Ist das Ihr Ernst? Glauben Sie tatsächlich, daß eine Maschine denken kann?«

Ich bekam nicht gleich Antwort. Moxon war offenbar ernsthaft mit den Kohlen auf dem Feuerrost beschäftigt, die er hier und da geschickt mit dem Kamineisen zurechtrückte, bis sie seine Mühe durch helleres Aufglühen belohnten. Schon seit mehreren Wochen hatte ich an ihm die immer stärker ausgeprägte Gewohnheit beobachtet, beim Beantworten selbst einfachster, alltäglichster Fragen zu zögern. Er schien jedoch mehr in Gedanken versunken und zerstreut als mit der gestellten Frage beschäftigt: es sah aus, als ›ließe ihn etwas nicht los‹.

Kurz darauf sagte er: »Was ist eigentlich eine ›Maschine‹? Das Wort ist auf verschiedene Weise definiert worden. Folgende Definition steht zum Beispiel in einem volkstümlichen Lexikon: ›Jede Vorrichtung oder Anlage, mit der Energie verwertet und in Arbeit verwandelt oder eine gewünschte Leistung erzielt wird.‹ Nun, ist der Mensch dann nicht auch eine Maschine? Und Sie werden zugeben, daß er denkt – oder jedenfalls denkt, daß er denkt.«

»Wenn Sie meine Frage nicht beantworten wollen«, sagte ich etwas ärgerlich, »dann sagen Sie es doch gleich. Mit dem, was Sie da vorbringen, weichen Sie der Frage nur aus. Sie wissen recht gut, daß ich nicht ›Mensch‹ meine, wenn ich ›Maschine‹

sage, sondern etwas, das der Mensch geschaffen hat und beherrscht.«

»Wenn es nicht ihn beherrscht«, meinte er, stand unvermittelt auf und sah aus dem Fenster, wo in der Dunkelheit einer stürmischen Nacht nichts zu sehen war. Gleich darauf wandte er sich um und sagte lächelnd: »Ich bitte um Verzeihung. Es lag mir fern, mich herausreden zu wollen. Ich hielt das, was der Verfasser des Lexikons ganz unbewußt bescheinigt, für anregend und geeignet, unsere Diskussion zu fördern. Natürlich kann ich Ihnen ohne Schwierigkeit eine klare Antwort geben: Ich bin tatsächlich überzeugt, daß eine Maschine über die Arbeit, die sie verrichtet, nachdenkt.«

Das war gewiß deutlich genug. Allerdings war ich nicht sehr erbaut davon, weil es geeignet war, die betrübliche Ahnung zu bestätigen, daß Moxons Hingabe an die Forschungen und Experimente in seiner Maschinenwerkstatt ihm nicht gutgetan hatten. Ich wußte beispielsweise, daß er an Schlaflosigkeit litt, und das ist gar nicht so leicht zu nehmen. Hatte auch sein Denkvermögen darunter gelitten? Damals schien mir seine Antwort auf meine Frage ein Beweis dafür; heute würde ich vielleicht anders darüber denken. Damals war ich jünger, und zu den Segnungen, die der Jugend nicht vorenthalten bleiben, gehört nun einmal die Unwissenheit, und dieses unwiderstehliche Anregungsmittel zum Streiten stachelte mich dazu an, ihm die folgende Frage zu stellen: »Und womit denkt sie denn, bitte schön – in Ermangelung eines Gehirns?«

Die Antwort kam mit geringerer Verzögerung als sonst und wurde, wie er es gern tat, als Gegenfrage gestellt: »Womit denkt denn eine Pflanze – in Ermangelung eines Gehirns?«

»Ach, Pflanzen gehören auch zur Klasse der Philosophen? Es würde mir ein Vergnügen sein, einige ihrer Schlußfolgerungen zu erfahren; die Prämissen können Sie weglassen.«

»Vielleicht«, erwiderte er und fühlte sich von meiner albernen Spöttelei offenbar nicht getroffen, »können Sie ihr Denken an ihrem Handeln erkennen. Ich möchte Ihnen die herkömmlichen Beispiele der empfindlichen Mimose, der verschiedenen insektenfressenden Pflanzen und jener Arten ersparen, deren Staubgefäße sich niederbeugen und den Blütenstaub auf die eindringende Biene schütteln, damit diese die fernen Artgenossen der Pflanze befruchten kann. Beachten Sie vielmehr folgendes: Auf einen freien Fleck meines Gartens pflanzte ich eine Weinranke. Als sie kaum über der Erde war, steckte ich im Abstand von etwa einem Yard ein Stützpfählchen in den Boden. Sofort wuchs der Wein in diese Richtung. Als er es aber nach mehreren Tagen beinahe erreicht hatte, versetzte ich das Holz um einige Fuß. Sogleich änderte der Wein seinen Weg, beschrieb einen spitzen Winkel und wuchs wieder zum Pfählchen hin. Diese Finte wiederholte ich mehrmals, doch schließlich gab der Wein – als hätte er den Mut verloren – die Verfolgung auf, ließ weitere Versuche, ihm eine andere Richtung zu geben, unbeachtet und trieb zu einem weiter weg stehenden kleinen Baum, den er dann emporkletterte.

Die Wurzeln des Eukalyptusbaumes können, wenn sie Feuchtigkeit suchen, unglaublich lang werden. Ein bekannter Gartengestalter berichtet, daß eine Wurzel in ein altes Entwässerungsrohr gelangte und diesem bis zu einer Öffnung folgte, wo ein Teil des Rohres entfernt worden war, um einer quer zum Rohr verlaufenden Mauer Platz zu machen. Die Wurzel verließ den Abfluß und folgte der Mauer, bis sie ein Loch fand, wo ein Stein herausgefallen war. Sie wuchs hindurch und ging auf der anderen Mauerseite wieder bis zum Abflußrohr zurück, drang in das noch unerforschte Stück ein und setzte ihre Reise fort.«

»Und was wollen Sie damit sagen?«

»Sie sehen darin keinen Sinn? Das läßt doch erkennen, daß Pflanzen ein Bewußtsein haben. Es beweist, daß sie denken.«

»Und wenn schon – was weiter? Wir sprachen nicht von Pflanzen, sondern von Maschinen. Sie können natürlich zum Teil aus Holz bestehen – aus Holz, in dem keine Lebenskraft mehr steckt –, oder sie sind gänzlich aus Metall. Ist das Denken auch eine Eigenschaft des Mineralreiches?«

»Wie wollen Sie sonst zum Beispiel die Erscheinung der Kristallbildung erklären?«

»Ich erkläre sie überhaupt nicht.«

»Weil Sie es nicht können, ohne damit zu bestätigen, was Sie in Abrede stellen wollen, nämlich das vernünftige Zusammenwirken der kristallinen Urstoffe. Wenn sich Soldaten in Linie oder zu einem Karree aufstellen, nennen Sie es Verstand. Wenn Wildgänse beim Flug ein V bilden, sagen Sie Instinkt. Wenn sich aber die frei in einer Lösung schwebenden homogenen Teilchen eines Minerals zu mathematisch genauen Formen anordnen oder die Partikel gefrorener Feuchtigkeit die symmetrischen und schönen Formen der Schneeflocken bilden, dann wissen Sie nichts zu sagen. Sie haben noch nicht einmal eine Bezeichnung gefunden, hinter der Sie Ihre grandiose Unwissenheit verbergen können.«

Moxon sprach mit ungewöhnlichem Eifer und Ernst. Als er innehielt, hörte ich in einem mir als seine ›Maschinenwerkstatt‹ bekannten Nebenraum, den außer ihm niemand betreten durfte, ein eigentümliches, hämmerndes Geräusch, als ob jemand mit der flachen Hand auf einen Tisch schlüge. Moxon vernahm es ebenfalls sofort, stand sichtlich erregt auf und stürzte in das Zimmer, aus dem das Geräusch gekommen war. Es kam mir merkwürdig vor, daß dort drinnen noch jemand sein sollte, und das Interesse, das ich an meinem Freunde nahm, verführte mich dazu – gewiß war auch eine Spur verwerflicher Neugier dabei –, gespannt zu lauschen, obwohl ich das nicht – zu meiner Ehre sei's gesagt – am Schlüsselloch tat. Es waren verworrene Geräusche zu hören wie bei einem Handgemenge oder Ringkampf, und der Fußboden erbebte. Ich hörte deutlich hastiges Atmen und wie jemand heiser »Der Teufel soll dich holen!« flüsterte. Dann herrschte völlige Ruhe. Kurz danach erschien Moxon wieder und sagte mit einem etwas kläglichen Lächeln: »Verzeihen Sie, bitte, daß ich Sie so plötzlich verlassen habe. Ich habe dort drinnen eine Maschine, die ihre Selbstbeherrschung verloren hat und gewalttätig geworden ist.«

Ich mußte ständig auf seine linke Wange sehen: Parallel über sie verliefen vier Kratzer, aus denen Blut trat. Ich sagte: »Wie wäre es, wenn Sie ihr die Nägel beschnitten?«

Ich hätte mir den Scherz sparen können; er beachtete ihn überhaupt nicht, sondern nahm wieder auf seinem Stuhle Platz und setzte danach den unterbrochenen Monolog fort, als wenn nichts vorgefallen wäre.

»Sie stimmen also nicht mit den Lehrmeinungen überein –

einem Manne von Ihrer Belesenheit brauche ich sie nicht näher zu bezeichnen –, die besagen, jeder Gegenstand habe ein Empfindungsvermögen, und jedes Atom sei ein lebendes, fühlendes Wesen mit Bewußtsein. Ich jedenfalls bin dieser Meinung. So etwas wie tote, empfindungslose Masse gibt es nicht: alles lebt, alles ist von wirkender und gespeicherter Kraft durchdrungen, alles ist für gleichgeartete Kräfte in seinem Umkreis und für die Berührung mit höheren, subtileren Kräften empfänglich, Kräften, die überlegeneren Organismen innewohnen und mit denen die niedere Organisationsform in Verbindung gebracht werden kann – wie die des Menschen, wenn er die niedere Form zum Werkzeug seines Willens macht. Die letztere nimmt dann etwas von seiner Intelligenz und seiner Zielstrebigkeit auf – und um so mehr, je komplizierter die daraus entstehende Maschine und ihre Arbeitsweise ist.

Erinnern Sie sich zufällig an Herbert Spencers Definition des Begriffs ›Leben‹? Ich habe sie vor dreißig Jahren gelesen. Soviel ich weiß, soll er sie nachträglich abgeändert haben, doch in all den Jahren habe ich nicht finden können, daß es von Vorteil wäre, auch nur ein einziges Wort abzuändern, hinzuzufügen oder wegzulassen. Sie scheint mir nicht nur die beste Definition, sondern die einzig mögliche zu sein.

›Leben‹, sagt Spencer, ›ist eine bestimmte Kombination heterogener Veränderungen, die sowohl gleichzeitig als auch aufeinanderfolgend in Übereinstimmung mit äußeren Koexistenzen und Sequenzen vor sich gehen.‹«

»Das erklärt das Phänomen«, warf ich ein, »gibt aber keinen Hinweis auf seine Ursache.«

»Das ist alles«, erwiderte er, »was eine Definition bringen kann. Wie Mill ausführt, wissen wir über die Ursache weiter nichts, als daß sie etwas Vorausgehendes ist, und von der Wirkung nichts anderes, als daß sie eine Folge ist. Bei gewissen ungleichartigen Erscheinungen tritt eine nie ohne die andere auf: auf die Zeit bezogen, nennen wir das erste Ursache, das zweite Wirkung. Jemand, der oft ein vom Hund verfolgtes Kaninchen gesehen hat, niemals aber Kaninchen und Hunde in anderer Bezogenheit sah, denkt, das Kaninchen sei die Ursache des Hundes.

Ich fürchte jedoch«, fügte er herzlich lachend hinzu, »daß mich mein Kaninchen zu weit von der Fährte meiner eigentlichen Beute abbringt: ich lasse mich verleiten, aus reiner Freude an der Sache die Jagd um ihrer selbst willen zu betreiben. Ich wollte Sie auf folgendes aufmerksam machen: Spencers Definition vom ›Leben‹ schließt die Tätigkeit einer Maschine mit ein – die Definition sagt nichts, was dem entgegenstände. Wenn der Mensch – gemäß diesem scharfsinnigsten aller Beobachter und tiefgründigsten aller Denker – in der Zeit seiner Wirksamkeit lebt, dann lebt auch eine Maschine, solange sie in Gang ist. Als Erfinder und Konstrukteur von Maschinen weiß ich, daß das wahr ist.«

Lange schwieg Moxon und starrte abwesend ins Feuer. Es wurde spät, und ich hatte den Eindruck, es sei Zeit zu gehen, aber irgendwie widerstrebte es mir, ihn in diesem abgelegenen Hause allein zu lassen, ganz allein mit einem Individuum, über dessen Wesen ich nichts anderes vermuten konnte, als daß es unfreundlich, vielleicht sogar bösartig war. Ich neigte mich zu ihm hin, sah ihm ernst in die Augen, wies mit einer Handbewegung auf die Tür zu seiner Werkstatt und sagte: »Moxon, wen haben Sie dort drinnen?«

Ich war etwas überrascht, als er unbeschwert auflachte und ohne zu zögern antwortete: »Niemanden; der Vorfall, an den Sie denken, war meiner Torheit zuzuschreiben: ich habe – während ich mich der unendlichen Mühe unterzog, Ihren Verstand zu erleuchten – eine Maschine laufen lassen, ohne ihr etwas zu tun zu geben. Wissen Sie zufällig, daß das Bewußtsein ein Geschöpf des Rhythmus ist?«

»Ach, zum Henker damit!« gab ich zur Antwort, stand auf und griff nach meinem Mantel. »Ich möchte Ihnen eine gute Nacht wünschen und noch die Hoffnung aussprechen, daß sich die Maschine, die Sie da unvorsichtigerweise laufen ließen, das nächste Mal Handschuhe anzieht, wenn Sie es für nötig erachten, sie anzuhalten.«

Ohne die Wirkung meiner boshaften Bemerkung abzuwarten, verließ ich das Haus.

Draußen herrschte völlige Finsternis, und es goß in Strömen. Über den Kamm eines Hügels, dem ich auf unsicheren

Fußwegen aus Bohlen über morastige, ungepflasterte Straßen tappend zustrebte, konnte ich am Himmel den schwachen Lichtschein der erhellten Stadt erkennen, doch war hinter mir nichts zu sehen außer einem einzigen Fenster in Moxons Haus. Es erstrahlte in einer, wie mir schien, mysteriösen, verhängnisvollen Vorbedeutung. Ich wußte, daß es ein unverhangenes Fenster in der ›Maschinenwerkstatt‹ meines Freundes war, und ich zweifelte kaum daran, daß er die Studien wieder aufgenommen hatte, in denen er durch seine Aufgabe, mich über Maschinendenken und die schöpferische Rolle des Rhythmus zu belehren, unterbrochen worden war. So befremdlich und bis zu einem gewissen Grade spaßig mir seine Überzeugungen zuerst auch erschienen waren, konnte ich mich nicht gänzlich von dem Gefühl frei machen, daß sie in einer tragischen Beziehung zu seinem Leben und Wesen, ja vielleicht auch zu seinem Schicksal standen, obwohl ich nicht mehr annahm, sie seien die Hirngespinste eines verwirrten Geistes. Was man auch über seine Ansichten denken mochte, die Art, in der er sie darlegte, war dafür nur zu logisch. Immer wieder gingen mir seine letzten Worte durch den Kopf: ›Das Bewußtsein ist ein Geschöpf des Rhythmus.‹ So kurz und bündig diese Feststellung war, fand ich sie jetzt ungeheuer verlockend. Jedesmal, wenn sie mir erneut in den Sinn kam, erweiterte sich ihre Bedeutung und verstärkte sich ihre Suggestivkraft. Hierauf, dachte ich, ließe sich doch wahrhaftig eine neue Philosophie aufbauen. Wenn das Bewußtsein das Produkt des Rhythmus ist, dann sind *alle* Dinge bewußt, denn in allen steckt Bewegung, und jede Bewegung ist rhythmisch. Ich hätte gern gewußt, ob Moxon Bedeutung und Umfang seines Gedankens erkannt hatte – den Wirkungsgrad dieser folgenschweren Verallgemeinerung. Oder war er zu seiner philosophischen Überzeugung etwa auf dem gewundenen, unsicheren Pfade der Beobachtung gelangt?

Zuerst war mir diese Philosophie neu gewesen, und keine von Moxons Erläuterungen hatte vermocht, mich zu bekehren. Jetzt aber schien es, als ob rings um mich ein gewaltiger Lichtschein erstrahlte, wie einst um den Saulus aus Tarsus, und dort draußen, inmitten von Unwetter, Finsternis und Einsamkeit erlebte ich, was Lewes ›die unendlichen Möglichkeiten und das

Erregende des philosophischen Denkens‹ nennt. Ich fühlte mich durch ein neues Bewußtsein des Erkennens, einen neuen Stolz der Vernunft beschwingt. Meine Füße schienen kaum die Erde zu berühren; mir war, als würde ich emporgehoben und von unsichtbaren Flügeln durch die Lüfte getragen.

Einem inneren Drang gehorchend, mehr Aufklärung von dem zu erheischen, den ich jetzt als meinen Lehrer und Meister anerkannte, war ich unwillkürlich umgekehrt, und ehe ich dessen richtig gewahr geworden, stand ich wieder vor Moxons Haustür. Ich war vom Regen durchnäßt, fühlte jedoch kein Unbehagen. In meiner Aufregung konnte ich die Klingel nicht finden und drehte instinktiv am Türknauf herum. Er bewegte sich, und ich trat ein. Dann stieg ich die Treppe hinauf zu dem Zimmer, das ich eben erst verlassen hatte. Alles war dunkel und still. Wie ich vermutet hatte, war Moxon im Nebenzimmer, der ›Maschinenwerkstatt‹. Ich tastete mich an der Wand entlang, bis ich die Verbindungstür fand, dann klopfte ich mehrmals laut an, vernahm aber keine Antwort, was ich auf das Unwetter draußen zurückführte, denn es tobte ein Orkan, der den Regen in Schwaden gegen die dünnen Mauern warf. Unaufhörlich trommelte er heftig gegen das Schindeldach, das über dem deckenlosen Raum lag.

Moxon hatte mir nie seine Maschinenwerkstatt gezeigt; wie allen anderen mit einer Ausnahme war mir der Zutritt sogar untersagt worden; die Ausnahme bildete ein geschickter Metallarbeiter, von dem niemand mehr wußte, als daß er Haley hieß und von Natur aus schweigsam war. Aber in meiner geistigen Verzückung ließ ich Zurückhaltung und Höflichkeit in gleicher Weise außer acht und öffnete die Tür. Was sich da meinen Augen bot, erstickte in mir sofort jede philosophische Spekulation.

Moxon saß an der mir gegenüberliegenden Seite eines kleinen Tisches, auf dem eine Kerze stand, die die einzige Lichtquelle im Raume war. Ihm gegenüber saß, mit dem Rücken zu mir, eine zweite Person. Auf dem Tisch zwischen den beiden stand ein Schachbrett; ein Spiel war im Gange. Ich verstehe nicht viel von Schach, aber da nur noch wenige Figuren auf dem Brett waren, ging das Spiel unverkennbar seinem Ende entgegen. Moxon war äußerst interessiert – nicht so sehr am Spiel, wie mir schien, als an seinem Gegner, auf den er seine Augen so aufmerksam geheftet hatte, daß er mich überhaupt nicht bemerkte, obwohl ich genau in seiner Blickrichtung stand. Sein Gesicht war totenblaß, und die Augen funkelten wie Diamanten. Von seinem Spielpartner bot sich mir nur die Rückansicht, doch die genügte; ich verspürte keine Lust, das Gesicht zu sehen.

Seine Körpergröße betrug wohl nicht mehr als fünf Fuß und wies Proportionen auf, die denen eines Gorillas ähnelten – ungeheuer breite Schultern, ein dicker, kurzer Hals und ein breiter, flacher Schädel, den ein wirrer, schwarzer Haarschopf bedeckte und auf dem ein roter Fes saß. Ein in der Taille gegürteter Umhang von der gleichen Farbe reichte bis zu seinem Sitz – anscheinend eine Kiste; Beine und Füße waren nicht zu sehen. Der linke Unterarm schien auf seinem Schoße zu ruhen. Die Schachfiguren setzte er mit der rechten Hand, die unverhältnismäßig lang schien.

Ich war zurückgeprallt und stand nun etwas seitlich des Türeingangs im Schatten. Wenn Moxon jetzt am Gesicht seines Gegners vorbeigesehen hätte, dann wäre ihm nichts Bemerkenswertes aufgefallen, außer daß die Tür offenstand. Etwas hielt mich davor zurück, einzutreten oder fortzugehen – ein mir unerklärliches Gefühl, daß ich Zeuge einer drohenden Tragödie wäre und durch meine Anwesenheit meinem Freunde vielleicht nützlich sein könnte. Mein taktloses Verhalten kam mir kaum zu Bewußtsein, und so blieb ich.

Es war ein schnelles Spiel. Moxon sah fast nicht auf das Brett, bevor er zog, und meinem unsachverständigen Urteil nach schien er immer die Figur zu setzen, die er mit der Hand gerade am bequemsten langen konnte; seine Bewegungen waren hastig, nervös und ließen Bestimmtheit vermissen. Die Gegenzüge seines Mitspielers erfolgten, obwohl sie nie auf sich warten ließen, mit einer langsamen, gleichförmigen, mechanischen und, wie mich dünkte, etwas theatralischen Bewegung des Armes, was meine Geduld auf eine harte Probe stellte. Das Ganze hatte etwas Unheimliches, und ich ertappte mich dabei, wie ich zitterte. Doch war ich ja durchnäßt, und mich fror.

Zwei- oder dreimal nach einem Zuge neigte der Fremde etwas seinen Kopf, und immer schob Moxon danach seinen König. Ganz plötzlich fiel mir ein, daß der Mann taub sein müsse, und dann kam mir der Gedanke, er könne eine Maschine sein – ein automatischer Schachspieler! Da erinnerte ich mich, daß Moxon mir gegenüber einmal erwähnt hatte, er habe einen derartigen Mechanismus konstruiert, obwohl ich damals nicht angenommen hatte, daß er tatsächlich gebaut worden sei. War all sein Gerede über Bewußtsein und Verstand der Maschinen nur das Vorspiel zur schließlichen Schaustellung seiner Erfindung gewesen – nur ein Trick, um bei mir die Wirkung der Mechanik, deren Geheimnis ich nicht kannte, zu erhöhen?

Das war ja ein schönes Ende meiner geistigen Verzückung – der ›unendlichen Möglichkeiten und des Erregenden eines philosophischen Denkens‹! Ich war im Begriff, mich voller Widerwillen zurückzuziehen, als etwas passierte, was meine Neugier reizte. Ich bemerkte ein Zucken der breiten Schultern des Geschöpfs, als wäre es aufgebracht, und das geschah so natürlich, so vollkommen menschlich, daß es mich bei meiner neuen Auffassung der Sache bestürzte. Doch das war noch nicht alles, denn im nächsten Augenblick schlug es heftig mit der Faust auf den Tisch. Über diese Gebärde schien Moxon noch bestürzter zu sein als ich: er schob wie in plötzlichem Schrecken den Stuhl ein wenig zurück.

Jetzt hob Moxon, der am Zuge war, seine Hand hoch über das Brett, schoß wie ein Raubvogel auf eine seiner Figuren herab, sprang mit dem Ruf »Schachmatt!« auf und trat hinter seinen Stuhl. Der Automat blieb unbewegt sitzen.

Der Wind hatte nun nachgelassen, doch hörte ich in immer kürzeren Abständen das Grollen und Rumpeln des von Mal zu Mal lauter werdenden Donners. In den dazwischenliegenden Pausen wurde ich eines tiefen Summens oder Brummens gewahr, das wie der Donner immer lauter und deutlicher wurde. Es schien aus dem Rumpf des Automaten zu kommen und war unverkennbar das Surren von Rädern. Es klang, als ob ein Mechanismus gestört sei, auf den eine hemmende und regulierende Vorrichtung plötzlich nicht mehr einwirkte – ungefähr so, als ob die Sperrklinke eines Zahnrads sich gelöst hätte. Bevor ich aber Zeit hatte, weitere Vermutungen über die Art des Geräuschs anzustellen, wurde meine Aufmerksamkeit durch die seltsamen Bewegungen des Automaten selbst in Anspruch genommen. Leichte, aber ständig andauernde Zuckungen schienen von ihm Besitz ergriffen zu haben. Körper und Kopf bebten wie bei einem Menschen, der von Gliederzittern oder Schüttelfrost befallen ist, und die Bewegung nahm mit jedem Augenblick zu, bis die ganze Gestalt von heftiger Erschütterung ergriffen war. Plötzlich sprang sie auf und schoß mit einem Satz, dem das Auge kaum zu folgen vermochte, vorwärts über Tisch und Stuhl, beide Arme in ganzer Länge vorgestreckt – in der Sprunghaltung eines Tauchers. Moxon versuchte durch einen Satz nach hinten ihrer Reichweite zu entgehen, aber es war zu spät! Ich mußte sehen, wie sich die Hände des Ungeheuers um Moxons Hals schlossen und er selbst dessen Handgelenke umklammerte. Dann stürzte der Tisch um, die Kerze fiel zu Boden und erlosch; es war stockfinster. Doch mit furchtbarer Deutlichkeit war der Lärm ihres Kampfes zu hören, und das schrecklichste von allem waren die heiseren, kreischenden Schreie, die der Erstickende bei seinen Anstrengungen, Atem zu holen, von sich gab. Ich stürzte hinein, um meinen Freund zu befreien – der höllische Tumult wies mir die Richtung –, doch kaum hatte ich einen Schritt in die Finsternis getan, als der ganze Raum in einem blendend hellen Licht aufflammte, das mir in Herz und Seele unauslöschlich ein deutliches Bild der am Boden Ringenden einbrannte: Moxon zuunterst, der Hals immer noch im Würgegriff der Eisenhände, der Kopf nach hinten gedrückt, die Augen heraustretend, weit geöffnet der Mund, die Zunge hervorgestreckt und – entsetzlicher Gegensatz! – auf dem gemalten Gesicht seines Mörders ein Ausdruck von Gelassenheit und tiefem Nachdenken, als wäre er bei der Lösung einer Schachaufgabe! Das war das letzte, was ich bemerkte, dann war alles schwarz und stumm.

Nach drei Tagen kam ich in einem Krankenhaus wieder zu Bewußtsein. Als in meinem schmerzenden Kopf langsam die Erinnerung an die unselige Nacht zurückkehrte, erkannte ich in meinem Betreuer Moxons vertrauten Gehilfen Haley. Auf meinen Blick hin trat er lächelnd näher.

»Erzählen Sie«, brachte ich hervor, »erzählen Sie alles.«

»Aber gewiß«, sagte er. »Sie wurden bewußtlos aus einem brennenden Hause getragen, aus Moxons Haus. Kein Mensch weiß, wieso Sie dort waren. Sie werden vielleicht etwas Licht in die Sache bringen müssen. Wie das Feuer entstanden ist, bleibt ebenfalls etwas rätselhaft. Nach meiner Ansicht ist das Haus von einem Blitz getroffen worden.«

»Und Moxon?«

»Wurde gestern beerdigt – was noch von ihm übrig war.«

Anscheinend konnte dieser schweigsame Mensch gelegentlich auch redselig werden. Wenn er einem Kranken unangenehme Neuigkeiten beizubringen hatte, war er jedenfalls gesprächig genug. Als ich nach meiner tiefen Erschütterung wieder Worte fand, wagte ich es, eine weitere Frage an ihn zu richten: »Wer hat mich gerettet?«

»Nun, wenn Sie es gern wissen wollen – ich.«

»Danke Ihnen, Mr. Haley, und Gottes Segen dafür. Haben Sie auch das reizende Produkt Ihrer Handfertigkeit, diesen Schachspielautomaten, gerettet, der seinen Erfinder umgebracht hat?«

Lange schwieg der Mann und mied meinen Blick. Dann wandte er sich mir wieder zu und sprach ernst: »Sie wissen davon?«

»Allerdings«, erwiderte ich; »ich habe gesehen, wie es passiert ist.«

Viele Jahre sind seitdem vergangen. Wenn man mich heute danach fragte, würde meine Auskunft weniger überzeugt ausfallen.

EIN HARTER KAMPF

In einer Herbstnacht des Jahres 1861 saß ein einzelner Mann mitten in einem Walde in Westvirginia. Es war eine der wildesten Regionen des Kontinents – das Gebiet des Cheat Mountain. Dennoch mangelte es gerade dort nicht an Menschen, denn nicht einmal eine Meile von der Stelle entfernt, wo der Mann saß, befand sich das augenblicklich in Schweigen gehüllte Lager einer ganzen Brigade der Unionsarmee. Irgendwo – es konnte sogar noch näher sein – lag hier auch eine feindliche Streitmacht, deren Stärke unbekannt war. Aus der Ungewißheit über Stärke und Stellung des Feindes erklärte sich die Anwesenheit des Mannes an dieser entlegenen Stelle. Er war ein junger Offizier der Unionsinfanterie, und seine Aufgabe bestand darin, den Schlaf seiner Kameraden im Lager vor einem Überraschungsangriff zu bewahren. Er befehligte ein Kommando, das eine Vorpostenabteilung bildete. Bei Einbruch der Dunkelheit hatte er seine Leute in einer unregelmäßigen, von der Beschaffenheit des Geländes bestimmten Linie mehrere hundert Yard vor seinem augenblicklichen Standort postiert. Die Kette verlief zwischen Felsen und Lorbeerdickicht durch den Wald, und den Männern, die gut getarnt fünfzehn bis zwanzig Schritt auseinanderlagen, war eingeschärft worden, äußerste Ruhe und unablässige Wachsamkeit walten zu lassen. Wenn nichts dazwischenkam, würden sie in vier Stunden von einem ausgeruhten Reservekommando, das jetzt unter Befehl ihres Captains in einiger Entfernung weiter links hinter ihnen in Ruhestellung lag, abgelöst werden. Ehe die Leute postiert worden waren, hatte der junge Offizier, von dem hier die Rede ist, seinen beiden Sergeants genau die Stelle bezeichnet, an der er zu finden war, falls es Rückfragen geben oder seine Anwesenheit in der vordersten Linie erforderlich werden sollte.

Es war ein friedliches Stückchen Erde – die Gabelung eines alten Waldwegs, an dessen beiden, im schwachen Mondlicht weiterlaufenden, gewundenen Abzweigungen die Sergeants wenige Schritte hinter der vordersten Linie aufgestellt waren. Wurden die Vorposten bei einem plötzlichen feindlichen Angriff schnell zurückgetrieben – denn von einer Feldwache erwartet man nicht, daß sie nach einem Feuerwechsel die Stellung hält –, konnten sie auf den zusammenlaufenden Wegen ohne Schwierigkeit bis zur Kreuzung gelangen, dort gesammelt und ›formiert‹ werden. Im kleinen hatte der Urheber dieser Anordnungen etwas von einem Strategen an sich; wäre Napoleon bei Waterloo ebenso klug zu Werke gegangen, so hätte er jene denkwürdige Schlacht gewonnen und wäre erst später niedergeworfen worden.

Second Lieutenant Brainerd Byring war ein mutiger und tüchtiger Offizier, so jung und noch verhältnismäßig unerfahren er auch in der Beschäftigung war, seine Mitmenschen umzubringen. Gleich in den ersten Kriegstagen hatte er sich als einfacher Soldat freiwillig gemeldet, war dann trotz des Fehlens militärischer Kenntnisse auf Grund seiner Schulbildung und seines gewinnenden Wesens zum First Sergeant der Kompanie ernannt worden und hatte das Glück gehabt, seinen Captain durch eine Kugel der Konföderierten zu verlieren und bei den darauffolgenden Beförderungen ein Offizierspatent zu erhalten. Er war an mehreren der Kampfhandlungen – etwa bei Philippi, Rich Mountain, Carrick's Ford und Greenbrier – beteiligt gewesen und hatte gerade so viel Unerschrockenheit an den Tag gelegt, um seinen vorgesetzten Offizieren nicht aufzufallen. Ihm war das Erlebnis der Schlacht nicht unangenehm, aber den Anblick der Toten mit ihren erdfarbenen Gesichtern, ausdruckslosen Augen und den steifen, unnatürlich aufgetriebenen oder unnatürlich zusammengeschrumpften Körpern hatte er nie ertragen können. Er empfand gegen sie eine Art unbegründeter Antipathie, die etwas mehr war als der uns allen eigene physische und psychische Widerwillen. Dieses Gefühl war zweifellos auf sein außergewöhnlich feines Empfindungsvermögen zurückzuführen, auf seinen ausgeprägten Sinn für das Schöne, den diese gräßlichen Dinge beleidigten. Was auch die Ursache gewesen sein mag, er konnte keine Leiche sehen, ohne Ekel und zugleich Abscheu zu empfinden. Was andere als Würde des Todes achten, existierte für ihn nicht – es war ihm völlig unbegreiflich. Der Tod war ihm hassenswert; er war nicht malerisch, hatte keine versöhnenden und erhabenen

Züge – war vielmehr etwas Trostloses, in all seinen Erscheinungsformen und Auswirkungen einfach häßlich. Lieutenant Byring war tapferer, als die anderen vermuten konnten, denn niemand wußte, wie ihn vor dem graute, das er immer wieder bereit war, auf sich zu nehmen.

Nachdem er seine Posten aufgestellt und seine Sergeants eingewiesen hatte, ging er wieder an seinen Platz, setzte sich auf einen Baumstamm und begann mit gespannter Aufmerksamkeit seine Wache. Um es sich bequemer zu machen, lockerte er das Degengehenk, nahm den schweren Revolver aus dem Halfter und legte ihn neben sich auf den Baum. Byring fühlte sich soweit ganz wohl, obgleich er diesem Umstand kaum einen Gedanken widmete, so angestrengt lauschte er auf jedes Geräusch von der Front, das möglicherweise Gefahr bedeutete – einen Ruf, einen Schuß oder das Stolpern eines seiner Sergeants, der etwa mit einer wichtigen Mitteilung zu ihm wollte. Hier und da fiel aus dem mächtigen, unsichtbaren Ozean des Mondlichts über ihm ein dünner, gebrochener Strahl, der auf die Zweige in seiner Bahn zu plätschern und zur Erde zu tröpfeln schien und kleine, helle Lachen zwischen den Lorbeerbüschen bildete. Doch nur spärlich sickerte es hindurch und unterstrich noch die Dunkelheit rings um Byring, die seine Einbildungskraft unschwer mit allen möglichen unbekannten, drohenden, unheimlichen oder auch nur grotesken Gestalten bevölkerte.

Wer einmal das unheildrohende Zusammenwirken von Nacht, Einsamkeit und Schweigen inmitten eines großen Waldes erfahren hat, dem braucht man nicht zu erzählen, was das für eine ganz andere Welt ist – wie sich sogar die alltäglichsten und allervertrautesten Gegenstände anders ausnehmen. Die Bäume gruppieren sich anders; sie rücken enger zusammen, als hätten sie Angst. Sogar das Schweigen ist von anderer Art als das Schweigen des Tages. Es ist angefüllt von halb vernommenem Geflüster – einem Geflüster, bei dem man zusammenfährt –, Spuren von Geräuschen, die lange erstorben sind. Auch lebendige Laute sind da, solche, wie man sie nie unter anderen Bedingungen vernimmt: die Rufe unbekannter Nachtvögel, den Aufschrei kleiner Tiere im Traume oder beim plötzlichen Zusammentreffen mit einem leise schleichenden Feind, ein Rascheln im trockenen Laub – vielleicht der Sprung einer Waldratte, vielleicht auch der Tritt eines Pumas. Was bewirkte eben das Knacken des Zweiges? Welche Ursache hatte das leise, aufgeregte Zwitschern der Vögel in jenem Gebüsch? Es gibt Geräusche ohne Namen, Gebilde ohne Körper, Ortsveränderungen von Gegenständen, denen man keine Bewegung ansieht, Bewegungen, die nicht mit wahrnehmbarem Ortswechsel verbunden sind. Ach, ihr Kinder der Sonne und der Gaslaterne, wie wenig wißt ihr doch von der Welt, in der ihr lebt!

Obwohl Byring in geringer Entfernung von bewaffneten und wachsamen Freunden umgeben war, kam er sich unendlich verlassen vor. Er gab sich dem feierlichen, geheimnisvollen Geist von Ort und Stunde so restlos hin, daß er völlig vergessen hatte, was ihn mit den sichtbaren und hörbaren Erscheinungen und Phasen der Nacht verband: Der Wald war endlos; Menschen oder menschliche Behausungen gab es nicht. Das Universum war ein urzeitliches Mysterium der Finsternis, gestaltlos und leer, und er der einzige, der stumm die Frage nach seinem ewigen Geheimnis stellte. Er war in die aus dieser Stimmung erwachsenen Gedanken so vertieft, daß er die Zeit unbewußt entgleiten ließ. Mittlerweile hatten sich die hier und da zwischen den Baumstämmen liegenden hellen Lichtflecke in Größe, Gestalt und Lage verändert, und in einem davon neben ihm – direkt an der Straße – fiel sein Auge auf etwas, das er vorher nicht bemerkt hatte. Es lag fast in der Blickrichtung, die er von seinem Sitz aus hatte, und er hätte beschwören können, daß es vorher nicht dagewesen war. Teilweise war es vom Schatten überdeckt, doch konnte er erkennen, daß es eine menschliche Gestalt war. Instinktiv hakte er das Degengehenk ein und ergriff seine Pistole – auf einmal war er wieder in einer Welt des Krieges und Mörder von Beruf.

Die Gestalt bewegte sich nicht. Er stand auf und näherte sich ihr mit der Pistole in der Hand. Sie lag auf dem Rücken – der Oberkörper im Schatten –, doch als Byring über ihr stand und auf das Gesicht hinabblickte, stellte er fest, daß es eine Leiche war. Es schauderte ihn; er wandte sich mit einem Gefühl der Übelkeit und des Ekels ab, nahm wieder seinen Platz auf dem Baumstamm ein, entzündete, alle militärische Vorsicht außer acht lassend, ein Streichholz und brannte sich eine Zigarre an. In der Dunkelheit unmittelbar nach Verlöschen der Flamme spürte er ein Gefühl der Erleichterung; nun konnte er den Gegenstand seiner Abneigung wenigstens nicht mehr sehen. Dennoch heftete er seine Augen auf jene Stelle, bis sich die Leiche mit wachsender Deutlichkeit wieder abzeichnete. Sie schien ein wenig näher gerückt zu sein.

»Verdammt noch mal!« murmelte er. »Was will sie denn?« Außer einer Seele schien ihr ja nichts zu fehlen.

Byring wandte die Augen ab und begann eine Melodie zu summen, aber mitten im Takt brach er ab und blickte wieder nach der Leiche. Ihre Gegenwart belästigte ihn, obwohl er kaum einen friedlicheren Nachbarn hätte haben können. Überdies wurde er sich eines unklaren, unbestimmbaren Gefühls bewußt, das ihm neu war. Furcht war es nicht, sondern eher eine Empfindung für das Übernatürliche, an das er jedoch keineswegs glaubte.

Ich habe es ererbt, sagte er sich. Die Menschheit wird wohl tausend Generationen brauchen – vielleicht auch zehntausend –, bis sie über dieses Gefühl hinausgewachsen ist. Wann und wo hatte es seinen Ursprung? Wahrscheinlich in grauer Vorzeit, dort, wo, wie man sagt, die Wiege der Menschheit stand – in den Ebenen Zentralasiens. Was als Aberglaube auf uns gekommen ist, müssen unsere barbarischen Vorfahren für eine begründete Wahrheit gehalten haben. Zweifellos hielten sie es durch Tatsachen erwiesen, über deren Natur wir nicht einmal Vermutungen anstellen können, wenn sie eine Leiche für etwas Bösartiges ansahen, das mit einer seltsamen Macht, Unheil zu wirken, ausgestattet ist, vielleicht sogar einen eigenen Willen hat und die Absicht, ihn zu gebrauchen. Möglicherweise besaßen sie eine erhabene Religion, in der dies eine der von ihrer Priesterschaft emsig verfochtenen Hauptlehren war, so wie die unsere die Unsterblichkeit der Seele lehrt. Als die Indogermanen langsam zum Kaukasus vorrückten, seine Pässe überschritten und sich über Europa verbreiteten, müssen die neuen Lebensbedingungen die Bildung neuer Religionen zur Folge gehabt haben. Der alte Glaube an die Feindseligkeit der Leiche verlor sich aus den religiösen Bekenntnissen und schwand sogar aus der Überlieferung, hinterließ aber sein Erbe des Schreckens, das von einer Generation an die andere weitergegeben wird und ein Teil unser selbst geworden ist wie Fleisch und Blut.

Beim Weiterverfolgen dieses Gedankengangs hatte er ganz dessen Ursache vergessen; doch jetzt fiel sein Auge wieder auf den Leichnam. Nun hatte ihn der Schatten völlig freigegeben. Byring sah das scharfe Profil mit dem emporragenden Kinn und das ganze, im Mondschein gespenstisch bleiche Antlitz des Toten. Seine Bekleidung war grau, die Uniform der Konföderierten. Rock und Wams – aufgeknöpft – waren zu beiden Seiten herabgefallen und gaben den Blick auf das weiße Hemd frei. Die Brust schien unnatürlich hochgewölbt, aber der Leib war eingesunken, wodurch sich der untere Rand des Brustkorbs scharf abzeichnete. Die Arme lagen ausgestreckt, und das linke Knie war nach oben angezogen. Die ganze Körperstellung machte auf Byring den Eindruck, als wäre sie einstudiert, um möglichst gräßlich zu wirken.

»Pah«, rief er aus, »das war bestimmt ein Schauspieler – der weiß, wie man tot zu sein hat.«

Er wandte die Augen ab, richtete sie entschlossen auf einen der beiden zur Front führenden Wege und nahm seine philosophischen Betrachtungen dort wieder auf, wo er sie abgebrochen hatte.

Es kann sein, daß unsere mittelasiatischen Vorfahren nicht gewohnt waren, ihre Toten zu beerdigen. In diesem Falle wäre ihre Furcht vor den Verstorbenen, die ja dann tatsächlich Gefahr und Unheil bedeuteten, leicht begreiflich. Sie verursachten Seuchen. Die Kinder wurden angehalten, jene Stätten zu meiden, an denen sie lagen, und fortzulaufen, falls sie einmal versehentlich in die Nähe einer Leiche kamen. Ich meine auch, es wär wirklich besser, wenn ich den Burschen hier allein ließe.

Er stand halb auf, um fortzugehen, doch dann fiel ihm ein, daß er seinen Männern an der Front und dem Offizier hinten, der ihn ablösen sollte, gesagt hatte, er sei jederzeit an dieser Stelle anzutreffen. Es war auch eine Frage der Selbstachtung. Er fürchtete, man könnte, wenn er seinen Posten verließe, annehmen, er habe Angst vor der Leiche. Er war kein Feigling und hatte keine Lust, sich lächerlich zu machen. Deshalb setzte er sich wieder hin und blickte, um seinen Mut zu beweisen, beherzt auf den Toten. Der von ihm abgewandte rechte Arm lag nun im Schatten. Er konnte kaum die Hand sehen, die, wie er zuvor bemerkt hatte, auf der Wurzel eines Lorbeerbusches lag. Verändert hatte sich nichts, ein Umstand, der ihm eine gewisse Beruhigung war, warum, hätte er nicht sagen können. Er wandte die Augen nicht sogleich wieder ab. Von dem, was wir nicht sehen wollen, geht ein seltsamer Zauber aus, der manchmal unwiderstehlich ist. Man kann wohl sagen, daß die Frau, die sich die Augen zuhält und dabei zwischen den Fingern hindurch schaut, etwas zu Unrecht zu einer Witzblattfigur gemacht worden ist.

Byring wurde sich plötzlich eines Schmerzes in der rechten Hand bewußt. Er blickte von seinem Feinde weg und sah nach. Er hatte das Heft seines gezogenen Degens so fest umfaßt, daß es ihm weh tat. Und dann wurde er gewahr, wie er sich in gespannter Haltung nach vorn neigte – sich niederduckte wie ein Gladiator, der seinem Widersacher an die Kehle will. Die Zähne hatte er aufeinandergepreßt und atmete schwer. Doch das war bald überwunden, und als seine Muskeln sich entspannten und er tief Atem schöpfte, spürte er deutlich genug, wie albern er sich aufgeführt hatte. Er mußte darüber lachen. Himmel! Was war das eben? Welcher dumme Teufel stieß da Laute vermessener Heiterkeit aus, um menschliches Lachen nachzuäffen? Er sprang auf und blickte um sich. Sein eigenes Lachen hatte er nicht erkannt.

Nun konnte er sich nicht mehr die beschämende Tatsache seiner Feigheit verhehlen; er hatte furchtbare Angst. Er wollte fortrennen, aber die Beine versagten den Dienst; sie knickten unter ihm ein, und er saß wieder auf dem Stamm und zitterte heftig. Sein Gesicht war feucht, der ganze Körper in kalten Schweiß gebadet. Nicht einmal schreien konnte er. Deutlich hörte er hinter sich einen verstohlenen Tritt wie den eines Raubtieres, wagte aber nicht, über die Schulter zu sehen. Hatte sich das seelenlose Leben mit dem seelenlosen Toten gegen ihn verbündet? War es ein Tier? Ach, wenn er das nur genau wüßte! Aber er vermochte jetzt mit keiner Willensanstrengung seinen starren Blick vom Gesicht des Toten zu lösen.

Ich muß noch einmal betonen, daß Lieutenant Byring ein tapferer, intelligenter Mann war. Aber was kann man schon verlangen? Soll es ein einzelner ganz allein mit der zusammengeballten Macht von Finsternis, Einsamkeit, Schweigen und Tod aufnehmen, wenn ihm die unmeßbaren Scharen seiner eigenen Vorfahren auch noch feigen Ratschlag ins Ohr kreischen, ihre klagenden Totenlieder in seinem Herz erklingen lassen und ihm das Mark aus den Knochen saugen? Die Übermacht ist zu groß – auf eine so harte Bewährungsprobe konnte man seinen Mut nicht stellen.

Wenigstens eine Überzeugung hatte der Mann nun gewonnen, die nämlich, daß der Körper sich bewegt hatte. Er war näher zum Rande des Lichtflecks gerückt, da gab es keinen Zweifel. Auch seine Arme hatte er bewegt, denn, siehe da, sie waren jetzt beide im Schatten. Ein kalter Luftzug fuhr Byring mitten ins Gesicht; das Astwerk der Bäume um ihn regte sich und ächzte. Ein genau abgegrenzter Schatten zog über das Antlitz des Toten, ließ es wieder aufglänzen, zuckte dann erneut darauf zurück und hüllte es halb in Dunkel. Sichtlich bewegte sich das schreckliche Wesen! In diesem Augenblick erklang ein Schuß in der Vorpostenlinie – einsamer und lauter, obwohl weiter weg –, als ihn je ein Sterblicher gehört hatte! Er brach den Zauber, von dem der Mann behext war; er zerschlug Schweigen und Einsamkeit, vertrieb die lähmende Heerschar aus Mittelasien und setzte in ihm die Mannhaftigkeit des modernen Menschen wieder frei. Mit einem Schrei wie dem eines großen Vogels, der sich auf seine Beute stürzt, sprang Byring auf; ihn dürstete nach Taten.

Schuß um Schuß hallte jetzt von der Front. Man hörte Geschrei und Durcheinander, Hufgetrappel und Fetzen von Hurrarufen. Weiter hinter ihm, im schlafenden Lager, schmetterten Signalhörner, dröhnten Trommeln. Zu beiden Seiten der Straßen drängten die eigenen Vorposten durch das Dickicht; sie waren in vollem Rückzuge und feuerten im Laufen blindlings zurück. Eine Streife, die sich wie vereinbart auf einem der Wege zurückgezogen hatte, sprang plötzlich seitwärts ins Gebüsch, als ein halbes Hundert Reiter an ihr vorüberdonnerte und dabei wild mit den Säbeln um sich schlugen. Hals über Kopf jagten diese Wilden zu Pferde dort vorbei, wo Byring saß, und verschwanden, brüllend und ihre Pistolen abfeuernd, hinter einer Straßenbiegung. Im nächsten Augenblick krachendes Gewehrfeuer, dann einzelne Schüsse – die Berittenen waren auf die Linie der Reserveposten gestoßen. Und da kamen die Reiter in wildem Durcheinander zurück – hier und da ein leerer Sattel, und manches von Schüssen verwundete Pferd wurde wild, schnaubte und ging vor Schmerzen durch. Dann war alles vorbei – ein ›Vorpostengefecht‹.

Die Front wurde mit ausgeruhten Mannschaften besetzt, die Namen wurden aufgerufen, die Versprengten wieder eingeordnet. Der Kommandeur erschien halb angezogen mit einem Teil seines Stabes auf dem Schauplatz, stellte ein paar Fragen, schaute außerordentlich weise drein und entfernte sich wieder. Nachdem die Brigade im Lager eine Stunde lang unter Waffen gestanden hatte, ›betete man etwas‹ und ging schlafen.

Früh am nächsten Morgen suchte ein Arbeitskommando unter Führung eines Captains, von einem Arzt begleitet, das Gelände nach Toten und Verwundeten ab. Seitlich der Weggabelung fanden sie dicht beieinander zwei Leichen – die eines Unionsoffiziers und die eines konföderierten Gemeinen. Dem Offizier war ein Degen durchs Herz gestoßen worden, aber offenbar erst, nachdem er seinem Gegner nicht weniger als fünf furchtbare Wunden zugefügt hatte. Der tote Offizier lag auf dem Gesicht in einer Blutlache, die Waffe stak noch in der Brust. Sie legten ihn auf den Rücken, und der Arzt zog sie heraus.

»Lieber Himmel!« sagte der Captain. »Das ist doch Byring!« und setzte mit einem Blick auf den andern hinzu: »Die haben sich einen harten Kampf geliefert.«

Der Arzt sah sich den Degen an. Es war der eines Linienoffiziers der Unionsinfanterie – genauso einer, wie ihn der Captain trug, ja, es war tatsächlich Byrings eigener. Die einzige andere Waffe, die man entdecken konnte, war ein geladener Revolver im Koppel des toten Offiziers.

Der Arzt legte den Degen hin und ging zur anderen Leiche.

Sie war furchtbar zerhauen und durchbohrt, aber es war kein Blut zu sehen. Er ergriff den linken Fuß und versuchte, das Bein zu strecken. Dabei verschob er den ganzen Körper. Die Toten wollen ihre Ruhe haben – dieser protestierte mit einem schwachen Geruch, der zum Erbrechen reizte. Wo er gelegen hatte, wanden sich in unsinniger Geschäftigkeit ein paar Maden.

Der Arzt blickte den Captain an. Der Captain blickte den Arzt an.

EIN ZWILLING

Ein Brief, der in den Papieren des verstorbenen
Mortimer Barr gefunden wurde

Sie fragen mich, ob ich bei meiner Erfahrung als Zwilling je etwas beobachtet hätte, das nach den uns bekannten Naturgesetzen nicht zu erklären sei. Diesbezüglich sollen Sie urteilen; vielleicht haben wir nicht alle Bekanntschaft mit denselben Naturgesetzen gemacht. Möglicherweise kennen Sie einige, die ich nicht kenne, und etwas für mich Unerklärliches ist Ihnen vielleicht völlig klar.

Sie haben meinen Bruder John gekannt – das heißt, Sie wußten, daß er es war, wenn Sie wußten, daß ich nicht zugegen war; indes konnten, glaube ich, weder Sie noch ein anderes menschliches Wesen uns unterscheiden, wenn wir es darauf anlegten, gleich zu erscheinen. Unsere Eltern vermochten es nicht; wir sind das einzige mit bekannte Beispiel einer so großen Ähnlichkeit wie dieser. Ich spreche von meinem Bruder John, aber ich bin nicht sicher, ob sein Name nicht vielmehr Henry lautete und der meine John. Wir sind ordnungsgemäß getauft worden, aber anschließend, gerade als man uns kleine Unterscheidungsmerkmale eintätowieren wollte, verlor der Tätowierer den Überblick; und obwohl ich am Unterarm ein kleines H trage und mein Bruder ein J trug, ist keineswegs sicher, ob die

Buchstaben nicht hätten ausgetauscht werden müssen. Während unserer Kindheit versuchten unsere Eltern, uns deutlicher durch die Kleidung und andere einfache Mittel zu unterscheiden, aber wir vertauschten so häufig unsere Anzüge und überlisteten den Feind anderweitig, daß sie dergleichen unwirksame Versuche aufgaben, und in all den Jahren, die wir gemeinsam zu Hause verbrachten, erkannte ein jeder die Schwierigkeit der Situation und machte das beste daraus, indem er uns beide ›Jehnry‹ nannte. Ich habe mich oft darüber gewundert, daß mein Vater unterlassen hat, uns deutlich genug auf unseren dreisten Stirnen zu brandmarken. Aber da wir doch recht gute Jungen waren und unsere Fähigkeit, Verwirrung und Verdruß zu stiften, mit löblicher Mäßigung anwandten, blieb uns das Eisen erspart. Mein Vater war wirklich ein einzigartig gütiger Mann, und ich glaube, im stillen amüsierte er sich über den praktischen Scherz der Natur.

Bald nachdem wir nach Kalifornien gekommen waren und uns in San José niedergelassen hatten (wo das einzige gnädige Geschick, das uns zuteil wurde, die Begegnung mit einem so gütigen Freund wie Ihnen war), brach die Familie, wie Sie wissen, durch den Tod beider Eltern in ein und derselben Woche auseinander. Als mein Vater starb, war er bankrott, und so wurde das Haus geopfert, um seine Schulden zu bezahlen. Meine Schwestern kehrten zu Verwandten im Osten zurück, aber dank Ihrer Freundlichkeit fanden John und ich, damals zweiundzwanzig Jahre alt, eine Beschäftigung in zwei verschiedenen Stadtteilen von San Francisco. Die Umstände erlaubten uns nicht, zusammen zu wohnen, und so sahen wir einander recht selten, manchmal nicht öfter als einmal die Woche. Da wir wenige gemeinsame Bekannte hatten, war die Tatsache unserer außerordentlichen Ähnlichkeit kaum bekannt. Nun komme ich zum Gegenstand Ihrer Anfrage.

Eines Tages, kurz nachdem wir in diese Stadt gekommen waren, ging ich am späten Nachmittag die Market Street hinunter, als mir ein gutgekleideter Mann mittleren Alters begegnete und nach einer herzlichen Begrüßung zu mir sagte: »Stevens, ich weiß natürlich, daß Sie nicht oft ausgehen, aber ich habe meiner Frau von Ihnen erzählt, und sie würde sich sehr freuen,

Sie einmal bei uns begrüßen zu können. Auch hege ich die Vorstellung, daß meine Mädchen des Kennenlernens wert sind. Wie wär's, wenn Sie morgen um sechs zu uns kämen und mit uns zu Abend äßen, *en famille*? Und falls die Damen Sie anschließend nicht sonderlich unterhalten können, stehe ich Ihnen mit einigen Runden Billard zur Verfügung.«

Er sagte es mit einem so strahlenden Lächeln und in so einnehmender Weise, daß ich es nicht über mich brachte abzulehnen, und obwohl ich diesen Mann noch nie im Leben gesehen hatte, antwortete ich sofort: »Sie sind sehr freundlich, mein Herr, und es wird mir eine große Freude sein, Ihre Einladung anzunehmen. Übermitteln Sie Mrs. Margovan bitte meine Grüße und sagen Sie ihr, daß sie mit meinem Besuch rechnen kann.«

Mit einem Händedruck und einem freundlichen Lebwohl ging der Mann weiter. Daß er mich für meinen Bruder gehalten hatte, war offenkundig genug. Das war ein Irrtum, an den ich gewöhnt war und den ich nie zu berichtigen pflegte, außer wenn es sich um eine wichtige Angelegenheit zu handeln schien. Aber woher wußte ich, daß dieser Mann Margovan hieß? Dies ist keineswegs ein Name, mit dem man jemanden auf gut Glück anredete, da er mit gewisser Wahrscheinlichkeit zutreffen wird. Tatsächlich war der Name mir ebenso fremd wie der Mann.

Am nächsten Morgen eilte ich zu dem Büro, wo mein Bruder beschäftigt war, und sah ihn mit einer Anzahl von Rechnungen, die er kassieren sollte, heraustreten. Ich erzählte ihm, wie ich ihn ›kompromittiert‹ hatte, und fügte hinzu, wenn ihm nicht besonders daran liege, der Einladung zu folgen, würde ich die Stellvertreterrolle mit Vergnügen weiter übernehmen.

»Das ist seltsam«, sagte er nachdenklich. »Margovan ist der einzige Mensch hier im Büro, den ich gut kenne und gern mag. Als er heute morgen hereinkam und wir die üblichen Begrüßungsworte gewechselt hatten, veranlaßte mich eine eigentümliche Regung zu sagen: ›Oh, entschuldigen Sie, bitte, Mr. Margovan, aber ich habe versäumt, Sie nach Ihrer Adresse zu fragen.‹ – Ich erhielt sie, aber was zum Teufel ich damit anfangen sollte, weiß ich erst jetzt. Es ist schön von dir, daß du die

Folgen deiner Keckheit auf dich nehmen willst, aber ich werde mir das Essen selbst zu Gemüte führen, wenn du gestattest.«

Er führte sich an selbigem Ort einige Essen zu Gemüte – mehr, als für ihn gut war, kann ich hinzufügen, ohne deren Qualität in Frage zu stellen; denn er verliebte sich in Miss Margovan und machte ihr einen Heiratsantrag, der herzloserweise angenommen wurde.

Einige Wochen, nachdem man mich von der Verlobung in Kenntnis gesetzt hatte, aber noch ehe ich Gelegenheit gehabt hatte, die Bekanntschaft der jungen Frau und ihrer Familie zu machen, begegnete ich eines Tages auf der Kearney Street einem gut aussehenden, aber etwas verlebt wirkenden jungen Mann. Irgend etwas veranlaßte mich, ihm zu folgen und ihn zu beobachten, was ich auch ohne die geringsten Skrupel tat. Er bog in die Geary Street und folgte ihr bis zum Union Square. Hier blickte er auf seine Uhr und ging dann in die dortigen Grünanlagen. Er schlenderte eine Weile auf den Wegen hin und her, offensichtlich wartete er auf jemanden. Bald darauf gesellte sich eine modisch gekleidete schöne, junge Frau zu ihm, und die beiden entfernten sich in Richtung Stockton Street, wohin ich ihnen folgte. Ich erachtete es nun für erforderlich, ganz besonders vorsichtig zu sein, denn obwohl mir das Mädchen fremd war, hatte ich doch den Eindruck, daß sie mich auf den ersten Blick erkennen würde. Sie bogen mehrmals aus der einen Straße in eine andere und betraten schließlich, nachdem sie sich hastig nach allen Seiten umgesehen hatten – welchselbigem Umstand ich gerade noch zuvorkommen konnte, indem ich in einen Torweg trat – ein Haus, dessen genauen Standort ich hier nicht nennen möchte. Er war besser als der Charakter des Hauses.

Ich beteure, daß meinem Verhalten, diesen zwei fremden Menschen nachzuspionieren, kein bestimmbares Motiv zugrundelag. Es war eine Entscheidung, deren ich mich schämen könnte oder auch nicht, je nach meiner Beurteilung des Charakters der Person, die es herausfindet. Als wesentlicher Teil eines Berichts, der durch Ihre Frage veranlaßt wurde, wird sie hier ohne Zögern oder Schamgefühl vermeldet.

Eine Woche später brachte mich John zum Haus seines zukünftigen Schwiegervaters, und dort erkannte ich in Miss Margovan, wie Sie bereits vermuten, gleichwohl zu meiner größten Verwunderung, die Heldin jenes fragwürdigen Abenteuers. Eine unbeschreiblich schöne Heldin eines fragwürdigen Abenteuers, das muß ich gerechterweise einräumen; aber diese Tatsache ist nur in einer Hinsicht bedeutsam: Ihre Schönheit war eine solche Überraschung für mich, daß in mir Zweifel wach wurden an ihrer Identität mit der jungen Frau, die ich damals gesehen hatte; wie hatte der zauberhafte Reiz ihres Gesichts mir zu jener Zeit nicht auffallen können? Aber nein – ein Irrtum war völlig ausgeschlossen; der Unterschied war auf ihre Kleidung zurückzuführen, auf die Beleuchtung und die allgemeine Umgebung.

John und ich verbrachten den Abend dort im Haus und ertrugen mit der Seelenstärke langer Erfahrung all die doch recht harmlosen Neckereien, zu denen unsere Ähnlichkeit naturgemäß anregte. Als die junge Dame und ich einmal einige Minuten allein waren, sah ich ihr gerade ins Gesicht und sagte plötzlich sehr ernst:

»Sie haben auch eine Doppelgängerin, Miss Margovan: Ich sah sie letzten Dienstagnachmittag auf dem Union Square.«

Sie richtete ihre großen, grauen Augen einen Moment auf mich, aber ihr Blick war nicht ganz so fest wie der meine, sie schaute zur Seite und betrachtete dann angelegentlich ihre Schuhspitze.

»Sah sie mir sehr ähnlich?« fragte sie mit einer Gleichgültigkeit, die mir ein wenig überzogen zu sein schien.

»Dermaßen, daß ich ihr große Bewunderung entgegenbrachte, und da ich nicht willens war, sie aus dem Auge zu verlieren, muß ich gestehen, daß ich ihr folgte bis – Miss Margovan, sind Sie sicher, daß Sie verstehen?« fragte ich.

Sie war nun sehr blaß, aber völlig ruhig. Dann sah sie mir wieder in die Augen, und diesmal war ihr Blick fest.

»Was wünschen Sie nun von mir?« fragte sie. »Haben Sie keine Bedenken, mir Ihre Bedingungen zu nennen. Ich nehme sie an.«

Selbst die kurze Zeit, die mir zum Überlegen gegeben war, genügte, um mich erkennen zu lassen, daß beim Umgang mit dieser Frau übliche Methoden nicht verfangen und übliche Erpressungsformen zwecklos sein würden.

»Miss Margovan, es ist unmöglich, Sie nicht für das Opfer irgendeiner schrecklichen Zwangslage zu halten«, sagte ich, zweifellos mit etwas von dem Mitleid in meiner Stimme, das ich in meinem Herzen trug. »Statt Sie in neue Verlegenheiten zu stürzen, möchte ich Ihnen lieber helfen, Ihre Freiheit wiederzuerlangen.«

Sie schüttelte bekümmert und resignierend den Kopf, und ich fuhr erregt fort:

»Ihre Schönheit entmutigt, Ihre Offenheit und Ihre Not entwaffnen mich. Falls Sie frei sind, zu handeln, wie das Gewissen es Ihnen befiehlt, so werden Sie, glaube ich, das tun, was Sie für das beste halten; wenn Sie es nicht sind – wohlan, mag der Himmel uns beistehen! Sie haben von mir nichts zu befürchten, außer daß ich mich dieser Heirat widersetzen werde, soweit ich dies aus – aus anderen Gründen zu rechtfertigen versuchen kann.«

Dies waren nicht genau meine Worte, aber sie geben den Sinn so genau wieder, wie meine plötzlichen und widerstreitenden Empfindungen mir erlaubten, ihm Ausdruck zu verleihen. Ich erhob mich, verließ sie, ohne sie noch einmal anzublicken, ging zu den anderen, die jetzt wieder ins Zimmer kamen, und sagte so ruhig, wie ich nur konnte: »Ich habe Miss Margovan soeben eine gute Nacht gewünscht; es ist später, als ich geglaubt hatte.«

John beschloß, mit mir zu gehen. Auf der Straße fragte er mich, ob ich in Julias Verhalten etwas Auffallendes entdeckt hätte.

»Sie schien mir krank zu sein, deshalb bin ich weggegangen«, erwiderte ich. Dann fiel kein Wort weiter.

Am nächsten Abend kehrte ich erst spät in meine Wohnung zurück. Die Ereignisse des vorherigen Abends hatten mich nervös und krank gemacht; ich hatte versucht, mir durch einen Spaziergang an der frischen Luft Linderung zu verschaffen und zu einem klaren Urteil zu gelangen, aber eine schreckliche Vorahnung des Bösen hatte sich meiner bemächtigt – eine Vorahnung, die ich nicht in Worte kleiden konnte. Es war eine kühle, neblige Nacht; meine Kleidung und mein Haar waren klamm, und ich schauerte vor Kälte. Im Morgenrock und leichten Pantoffeln vor dem lodernden Kohlefeuer fühlte ich mich sogar noch unbehaglicher. Ich schauerte nicht länger – ich erschauderte – da gibt es einen Unterschied. Die Furcht vor einem drohenden Unheil war so stark und entmutigend, daß ich versuchte, sie dadurch zu vertreiben, daß ich mir einen wirklichen Schmerz herbeirief – ich versuchte, die Vorstellung einer schreckerfüllten Zukunft durch die Erinnerung an etwas Schmerzliches in der Vergangenheit zu verdrängen. Ich erinnerte mich an den Tod meiner Eltern und trachtete, die letzten bedrückenden Augenblicke an ihren Sterbelagern und ihren Gräbern mir vor Augen zu führen. Alles erschien unklar und unwirklich, als sei es vor langer, langer Zeit geschehen und einer anderen Person widerfahren. Plötzlich hörte ich einen gellenden Schrei wie von jemandem in Todesqualen – er schien meine Gedanken zu durchbohren und zu zerreißen, wie ein straffgespanntes Seil durch einen Messerstrich zertrennt wird – ich kann mir keinen anderen Vergleich vorstellen! Es war die Stimme meines Bruders, und sie schien von der Straße vor meinem Fenster hereinzudringen. Ich sprang zum Fenster und riß es auf. Eine Straßenlaterne genau gegenüber warf ein bleiches und gespenstisches Licht auf das nasse Pflaster und die Vorderfront der Häuser. Ein einsamer Polizist lehnte mit hochgeschlagenem Kragen an einem Torpfosten und rauchte gelassen eine Zigarre. Niemand sonst war zu sehen. Ich schloß das Fenster, ließ die Jalousie herunter, setzte mich vors Kaminfeuer und versuchte, meine Gedanken auf meine Umgebung zu richten. Um dies zu erleichtern, um eine mir vertraute Handlung auszuführen, blickte ich auf die Uhr. Sie zeigte halb elf an. Abermals vernahm ich den entsetzlichen Schrei! Er schien aus dem Raum nebenan zu kommen. Ich war sehr erschrocken und eine Weile außerstande, mich zu bewegen. Einige Minuten später – ich habe an die dazwischenliegende Zeit keine Erinnerung mehr – fand ich mich so schnell, wie ich laufen konnte, eine unbekannte Straße entlangeilend. Ich wußte nicht, wo ich war oder wohin ich rannte, sprang jedoch sehr bald die Stufen zu einem Haus hoch, vor dem zwei oder drei Kutschen standen, in dem sich Lichter bewegten und aus dem gedämpftes Stimmengewirr drang. Es war das Haus von Mr. Margovan.

Sie wissen, guter Freund, was sich dort abgespielt hatte. In dem einen Zimmer lag Julia Margovan, seit Stunden vergiftet; in einem anderen John Stevens, er blutete aus einer Schußwunde in der Brust, die er sich mit einer Pistole selbst zugefügt hatte. Als ich in das Zimmer stürmte, die Ärzte beiseiteschob und meine Hand auf seine Stirn legte, öffnete er die Augen, starrte gleichsam durch mich hindurch, schloß sie langsam und starb ohne einen Seufzer.

Ich kam erst sechs Wochen später wieder zu mir, nachdem Ihre engelsgleiche Gattin mich durch ihre Pflege in Ihrem schönen Heim dem Leben zurückgegeben hatte. Das alles wissen Sie, aber was Sie nicht wissen, ist dies – es hat indes keinen Bezug auf den Gegenstand Ihrer psychologischen Forschungen – zumindest nicht auf jenes Spezialgebiet, auf dem Sie mich mit Feingefühl und der Ihnen eigenen Rücksichtnahme um weniger Unterstützung gebeten haben, als ich vermeine, Ihnen gegeben zu haben:

Einige Jahre danach überquerte ich in einer Mondscheinnacht den Union Square. Es war schon spät, und die Anlagen waren verlassen. Natürlich kamen mir gewisse Erinnerungen an die Vergangenheit in den Sinn, als ich mich der Stelle näherte, wo ich damals jenes verhängnisvolle Stelldichein mit angesehen hatte, und mit jener unerklärlichen Perversität, die uns veranlaßt, Gedanken höchst schmerzlicher Natur nachzuhängen, ließ ich mich auf einer der Bänke nieder, um dieser Wunderlichkeit zu frönen. Ein Mann bog in die Anlagen und kam den Weg entlang auf mich zu. Er hatte die Hände auf dem Rücken gefaltet und hielt den Kopf vorgebeugt; er schien nichts zu bemerken. Als er sich dem Schatten näherte, wo ich saß, erkannte ich in ihm den Mann, den ich Jahre zuvor beobachtet hatte, als er sich an dieser Stelle mit Julia Margovan getroffen hatte. Aber er sah schrecklich verändert aus – grau, erschöpft und abgehärmt. Ausschweifender Lebenswandel und Lasterhaftigkeit sprachen aus jedem seiner Blicke. Krankheit war nicht weniger augenscheinlich. Er war unordentlich gekleidet, das Haar fiel ihm als wirrer Schopf, der unheimlich und malerisch zugleich wirkte, in die Stirn. Der Mann sah aus, als gehöre er eher in Gewahrsam als in die Freiheit – in den Gewahrsam eines Krankenhauses.

Ich erhob mich ohne bestimmte Absicht und trat vor ihn. Er hob den Kopf und blickte mir voll ins Gesicht. Mir fehlen die Worte, die unheimliche Veränderung zu beschreiben, die über sein Antlitz lief; es war ein Bild unsäglichen Grausens – er glaubte sich Auge in Auge mit einem Gespenst. Aber er war ein mutiger Mann. »Verdammt sollst du sein, John Stevens!« rief er, hob zitternd den Arm, stieß die Faust schwach in Richtung meines Gesichts und schlug der Länge nach hin auf den Kies, während ich davonging.

Jemand fand ihn dort – mausetot. Sonst ist nichts weiter von ihm bekannt, nicht einmal sein Name. Von einem Menschen zu wissen, daß er tot ist, sollte genügen.

EIN KRUG SIRUP

Diese Erzählung beginnt mit dem Tod ihres Helden. Silas Deemer verschied am 16. Tage des Juli 1863, und zwei Tage später wurden seine sterblichen Reste begraben. Da jeder Mann, jede Frau und jedes wohlerzogene Kind im Dorf ihn persönlich kannte, fand die Beerdigung ›großen Zuspruch‹, wie die Lokalzeitung sich ausdrückte. In Beachtung eines durch Zeit und Ort bestimmten Brauches wurde der Sarg neben dem Grab noch einmal geöffnet, und die ganze Trauergemeinde von Freunden und Nachbarn ging einer nach dem anderen vorbei und warf einen letzten Blick auf das Antlitz des Toten. Dann wurde Silas Deemer vor aller Augen in die Erde gesenkt. Einige Anwesende hatten etwas glanzlose Augen, aber ganz allgemein kann gesagt werden, daß man es bei dieser Bestattung weder an Andacht noch an Aufmerksamkeit fehlen ließ. Silas war zweifellos tot, und niemand hätte auf eine rituelle Pflichtvergessenheit verweisen können, die ihn berechtigt hätte wiederaufzuerstehen. Wenn jedoch menschliches Zeugnis zu allem und jedem taugt (und gewiß setzte es einst der Hexenkunst in und um Salem ein Ende), kam er zurück.

Ich vergaß zu erwähnen, daß Silas Deemers Tod und Begräbnis in dem kleinen Dorf Hillbrook stattfanden, wo er einunddreißig Jahre gelebt hatte. Er war als das bekannt gewesen, was in einigen Teilen der Union (welche zugestandenermaßen ein freies Land ist) als ›Kaufmann‹ bezeichnet wird; das soll heißen, er betrieb einen Krämerladen für den Verkauf solcher Waren, wie sie gemeinhin in Läden dieser Art feilgeboten werden. Seine Redlichkeit ist nie bestritten worden, soweit mir bekannt ist, und er erfreute sich bei allen hoher Wertschätzung. Das einzige, was von besonders kritischen Naturen gegen ihn vorgebracht werden könnte, war ein allzu großer Geschäftssinn. Er wurde ihm jedoch nicht zum Vorwurf gemacht, obwohl manch anderer, der ihn in nicht größerem Maße zur Schau stellte, weniger nachsichtig beurteilt wurde. Die geschäftlichen Dinge, denen sich Silas zugetan fühlte, waren zumeist nur seine eigenen – möglicherweise machte dies den Unterschied aus.

Zum Zeitpunkt seines Todes konnte sich niemand auch nur eines einzigen Tages entsinnen, die Sonntage ausgenommen, den er nicht in seinem ›Geschäft‹ verbracht hätte, seit er es vor mehr als einem Vierteljahrhundert eröffnet hatte. Er hatte sich die ganze Zeit bester Gesundheit erfreut und war deshalb außerstande, irgendwelche Überzeugungskraft in allem zu entdecken, was jemals vorgebracht werden konnte oder hätte vorgebracht werden können, um ihn von seinem Ladentisch wegzulocken; so wird berichtet, daß er einmal in einem wichtigen Rechtsfall als Zeuge vor Gericht gerufen wurde und der Aufforderung nicht nachkam, worauf der Rechtsgelehrte, der die Kühnheit besaß zu beantragen, man müsse Deemer ›ermahnen‹, mit feierlichem Ernst darauf hingewiesen wurde, der Gerichtshof nehme diesen Antrag ›mit Verwunderung‹ zur Kenntnis. Da die Verwunderung von Richtern zu den Emotionen gehört, die wachzurufen Anwälte sich im allgemeinen nicht sonderlich angelegen sein lassen, wurde der Antrag eilig zurückgezogen und mit der anderen Seite eine Vereinbarung in

dem Sinne getroffen, was Mr. Deemer wohl gesagt hätte, wäre
er zugegen gewesen – wobei die andere Seite ihren Vorteil übermäßig ausnutzte und die vermutliche Zeugenaussagen eindeutig zuungunsten der Interessen ihrer Antragsteller auslegte.
Kurz gesagt, in der ganzen Gegend war man allgemein der Ansicht, daß Silas Deemer die einzige unverrückbare Wahrheit
von Hillbrook darstellte und daß seine Versetzung in die himmlischen Gefilde schreckliches allgemeines Übel oder ein großes
Unglück heraufbeschwören werde.

Mrs. Deemer bewohnte mit ihren zwei erwachsenen Töchtern die oberen Räume des Gebäudes, aber man hatte nie
gehört, daß Silas woanders geschlafen hätte als auf einem Feld-
bett hinter dem Ladentisch. Und dort wurde er auch rein zufällig eines Nachts mit dem Tode ringend gefunden, und er verschied kurz vor dem Zeitpunkt, da die Läden geöffnet werden
mußten. Obwohl er nicht sprach, schien er noch bei Bewußtsein zu sein, und diejenigen, die ihn am besten kannten, neigten zu der Ansicht: Wäre sein Ende unglücklicherweise erst
nach der üblichen Ladenöffnungszeit eingetreten, so wäre die
Wirkung auf ihn höchst beklagenswert gewesen.

So eine Natur war Silas Deemer gewesen – solcherart waren
auch die Unveränderlichkeit und Unwandelbarkeit seines Lebens und seiner Gewohnheiten gewesen, so daß sich der Humorist des Ortes (der einst ein College besucht hatte) veranlaßt
fühlte, ihm den Beinamen ›Old Ibidem‹ zu verpassen und in
der ersten Ausgabe der Lokalzeitung nach Silas' Tod zu erklären, dieser habe ›einen Tag frei genommen‹, ohne damit An-
stoß zu erwecken. Es war mehr als ein Tag, aber nach dem Bericht gewinnt man den Eindruck, daß Mr. Deemer noch vor
Ablauf eines Monats klipp und klar zu verstehen gab, er habe
nicht die Muße, tot zu sein.

Einer von Hillbrooks angesehensten Bürgern war Alvan
Creede, ein Bankier. Er bewohnte das eleganteste Haus in der
Stadt, hielt eine Kutsche und war ein in vielerlei Hinsicht
höchst schätzenswerter Mann. Auch wußte er über die Vorteile
des Reisens Bescheid, da er häufig in Boston gewesen war und
dem Vernehmen nach einmal auch in New York, obgleich er
diese glänzende Auszeichnung bescheiden in Abrede stellte.

Dieser Umstand wird hier nur als Beitrag zum besseren Verständnis von Mr. Creedes Verdiensten erwähnt, denn es spricht in jeglicher Weise für seine Klugheit, wenn er sich, und sei es nur zeitweise, um eine Berührung mit städtischer Kultur bemühte, oder für seine Aufrichtigkeit, sollte dies nicht der Fall gewesen sein.

An einem schönen Sommerabend trat Mr. Creede etwa in der zehnten Stunde durch sein Gartentor, kam den Kiesweg herauf, der im Mondlicht sehr weiß aussah, stieg die Steinstufen seines eleganten Hauses hinauf, blieb einen Augenblick stehen und steckte den Schlüssel ins Schnappschloß. Als er die Tür öffnete, erblickte er seine Gattin, die gerade den Flur vom Wohnzimmer zur Bibliothek überquerte. Sie begrüßte ihn freundlich, zog die Tür weiter auf und hielt sie, damit er eintreten konnte. Indes wandte er sich um, suchte den Boden vor der Schwelle um seine Füße herum ab und rief laut voller Überraschung:

»Wohin zum Teufel ist der Krug?« fragte er.

»Was für ein Krug, Alvan?« fragte seine Gattin teilnahmslos.

»Einen Krug mit Ahornsirup. Ich habe ihn im Laden gekauft und hier abgesetzt, um die Tür zu öffnen. Was zum ...«

»Halt ein, Alvan, bitte fluche nicht wieder«, fiel die Dame ihm ins Wort. Nebenbei bemerkt ist Hillbrook nicht der einzige Ort der Christenheit, wo ein rudimentärer Polytheismus es verbietet, den Namen des Bösen unnötig im Munde zu führen.

Der Krug mit Ahornsirup, den Hillbrooks vornehmster Bürger dank der ungezwungen dörflichen Lebensweise vom Laden hatte nach Hause tragen können, stand nicht mehr da.

»Bist du ganz sicher, Alvan?«

»Meine Liebe, glaubst du wirklich, ein Mann weiß nicht, wenn er einen Krug trägt? Ich habe den Honig in Deemers Laden gekauft, als ich vorbeikam. Er hat ihn selbst abgefüllt und mir den Krug geliehen, und ich ...«

Der Satz blieb bis zum heutigen Tag unvollendet. Mr. Creede taumelte ins Haus, trat ins Wohnzimmer und sank, an allen Gliedern zitternd, in einen Armstuhl. Ihm war plötzlich eingefallen, daß Silas Deemer nun schon drei Wochen tot war.

Mrs. Creede stand neben ihrem Gatten und musterte ihn erstaunt und beunruhigt.

»Um Himmels willen, was fehlt dir?« fragte sie.

Da Mr. Creedes Leiden keine klar ersichtliche Beziehung zu den Interessen des himmlischen Reichs hatte, hielt er es anscheinend nicht für erforderlich, es auf dessen Forderung näher zu erläutern. Er sagte nichts – starrte nur vor sich hin. Es war eine lange Zeit des Schweigens, durch nichts anderes unterbrochen als durch das gleichmäßige Ticken der Uhr, die etwas langsamer als gewöhnlich zu gehen schien, wohl um ihnen zuvorkommenderweise mehr Zeit zu gewähren, in der beide ihr klares Urteilsvermögen zurückerlangen konnten.

»Jane, ich bin verrückt geworden – das ist es.« Er sprach undeutlich und hastig. »Du hättest es mir sagen sollen; du mußt entsprechende Symptome bei mir beobachtet haben, ehe sie so ausgeprägt wurden, daß sie mir selbst auffallen mußten. Ich glaubte, an Deemers Laden vorbeizukommen; er war geöffnet, und Licht brannte – das ist es, was ich glaubte; natürlich ist er jetzt nicht mehr geöffnet. Silas Deemer stand an seinem Schreibpult hinter dem Ladentisch. Mein Gott, Jane, ich sah ihn so deutlich, wie ich dich jetzt sehe. Mir fiel ein, daß du gesagt hattest, du möchtest etwas Ahornsirup haben, also ging ich hinein und kaufte welchen – das ist alles –, ich kaufte zwei Quart Ahornsirup von Silas Deemer, der tot ist und unter der Erde liegt, dessenungeachtet jedoch diesen Honig aus einem Faß abfüllte und ihn mir in einem Krug gab. Er redete auch mit mir, ziemlich ernst, erinnere ich mich, ernster, als es sonst seine Art war, aber mir fällt jetzt kein einziges Wort mehr ein von dem, was er mir sagte. Dennoch sah ich ihn – gütiger Gott, ich sah ihn und sprach mit ihm – und er ist tot! So dachte ich jedenfalls, aber ich bin wahnsinnig, Jane, ich bin verrückt wie eine Küchenschabe, und du hast es mir verschwiegen.«

Dieser Monolog gab der Frau Zeit, zu sammeln, was sie an Geistesgaben besaß.

»Alvan, ich habe keine Anzeichen einer Geisteskrankheit bei dir entdeckt, glaube mir. Das war zweifellos eine Sinnestäuschung – wie sollte es anders sein? Das wäre zu schrecklich! Aber das ist keine Geisteskrankheit; du arbeitest zu viel in der

Bank. Du hättest nicht zu der Direktorenversammlung heute abend gehen sollen; jeder konnte sehen, daß du krank warst; mir war klar, daß etwas geschehen würde.«

Er hätte sich sagen können, daß diese Prophezeiung etwas verspätet erfolgte, erst nach dem Ereignis, aber er äußerte nichts dergleichen, da er mit seinem eigenen Zustand beschäftigt war. Er hatte seine Fassung wiedergewonnen und konnte zusammenhängend denken.

»Es handelt sich zweifellos um ein subjektives Phänomen«, sagte er mit einem etwas lächerlichen Übergang in den Sprachstil der Wissenschaft. »Selbst wenn man die Möglichkeit einer geistigen Erscheinung und sogar einer Materialisierung einräumt – die Erscheinung und Materialisierung eines braunen Tonkrugs mit einer halben Gallone Fassungsvermögen – eines Stücks groben, schweren Tongeschirrs, aus dem Nichts entstanden – das ist schwerlich vorstellbar.«

Kaum hatte er zu Ende gesprochen, kam ein Kind ins Zimmer gerannt, seine kleine Tochter. Sie hatte ein Nachthemd an, lief schnell zu ihrem Vater, legte ihm die Arme um den Hals und sagte: »Du böser Papa, hast ganz vergessen, hereinzukommen und mir einen Gutenachtkuß zu geben. Wir hörten dich das Tor aufmachen und sind aufgestanden und haben aus dem Fenster geguckt. Und weißt du, lieber Papa, Eddy fragt, ob er den kleinen Krug nicht bekommen kann, wenn er leer ist?«

Als sich die volle Bedeutung dieser Enthüllung Alvan Creedes Begriffsvermögen mitgeteilt hatte, erschauerte er sichtlich. Denn das Kind konnte kein Wort des Gesprächs mitgehört haben.

Da Silas Deemers Grundstück sich in den Händen eines Verwalters befand, der es für das beste hielt, sich das ›Geschäft‹ vom Halse zu schaffen, war der Laden seit dem Tod seines Besitzers geschlossen gewesen, nachdem die Waren von einem anderen ›Kaufmann‹ weggebracht worden waren, der sie *en bloc* gekauft hatte. Die Räume darüber standen gleichfalls leer, denn die Witwe war mit den Töchtern in eine andere Stadt gezogen.

Eines Abends kurz nach Alvan Creedes Abenteuer (das doch irgendwie ›herausgekommen‹ war), drängte sich eine Schar von Männern, Frauen und Kindern auf dem Gehsteig gegenüber dem Geschäft. Daß der Geist des verstorbenen Silas Deemer den Ort heimsuchte, war inzwischen jedem Einwohner von Hillbrook klar geworden, wenn auch viele Unglauben heuchelten. Die kecksten und im allgemeinen jüngsten von ihnen warfen Steine an die Vorderfront des Gebäudes, dem einzigen zugänglichen Teil, verfehlten aber wohlweislich die nicht durch Läden geschützten Fenster. Ungläubigkeit war nicht in Bosheit umgeschlagen. Einige verwegene Seelen überquerten die Straße und rüttelten an der Tür; sie zündeten Streichhölzer an und hielten sie ans Fenster in dem Bemühen, in das schwarze Innere zu blicken. Einige Schaulustige zogen durch witzige Einfälle die Aufmerksamkeit auf sich, indem sie schrien und stöhnten und den Geist zu einem Wettrennen herausforderten.

Nachdem eine beträchtliche Zeit verstrichen war, ohne daß etwas zu sehen gewesen wäre, und viele sich aus der Menge entfernt hatten, beobachtete alle jene, die geblieben waren, daß das Innere des Ladens von einem matten, gelben Lichtschein erfüllt war. Sofort hörten alle öffentlichen Bekundungen auf; die furchtlosen Seelen an der Tür und vor den Fenstern wichen auf die gegenüberliegende Straßenseite zurück und tauchten in der Menge unter; die kleinen Jungen ließen davon ab, Steine zu werfen. Niemand sprach laut, alle wisperten aufgeregt und wiesen auf das nun ständig zunehmende Licht. Wieviel Zeit verstrichen war, seitdem das erste schwache Aufleuchten bemerkt worden war, hätte keiner sagen können, aber schließlich war das ganze Innere des Ladens hell genug erleuchtet, um alles zu erkennen und dort, an seinem Schreibpult hinter dem Ladentisch stehend, war Silas Deemer deutlich zu erkennen!

Die Wirkung auf die Menge war unglaublich. Sie begann an beiden Seiten schnell dahinzuschmelzen, da die Furchtsamen den Ort verließen. Viele rannten weg, so schnell ihre Beine sie tragen konnten; andere entfernten sich mit größerer Würde und wandten dann und wann den Kopf, um über die Schulter nach hinten zu blicken. Schließlich blieb nur noch eine Gruppe von etwa zwanzig, zumeist Männern, zurück, sprachlos, staunend, aufgeregt. Die Erscheinung im Ladeninneren schenkte ihnen keine Beachtung; sie war offensichtlich mit einem Kontobuch beschäftigt.

Bald darauf verließen drei Männer die Gruppe auf dem Gehsteig, wie von ein und demselben Impuls getrieben, und überquerten die Straße. Einer von ihnen, ein athletischer Mann, war gerade im Begriff, seine Schulter gegen die Tür zu stemmen, als diese sich auftat, anscheinend ohne von Menschenhand geöffnet worden zu sein, und die mutigen Nachforscher traten ein. Kaum hatten sie die Schwelle überschritten, sahen die angsterfüllten Beobachter draußen, wie sie sich auf höchst unerklärliche Weise gebärdeten. Sie stießen die Hände nach vorn, bewegten sich in verschiedenen Richtungen und prallten heftig gegen den Ladentisch, gegen die Kisten und Fässer auf dem Fußboden und auch gegeneinander. Dann wandten sie sich unbeholfen hierhin und dorthin und schienen nach einem Fluchtweg zu suchen, ihre Schritte indes einfach nicht zurücklenken zu können. Auch hörte man sie laute Rufe und Flüche ausstoßen. Die Erscheinung von Silas Deemer bekundete jedoch keinerlei Interesse an all den Vorgängen.

Welch plötzliche Regung die Menge in Bewegung setzte, konnte später niemand richtig erklären, aber die ganze Schar – Männer, Frauen, Kinder und Hunde – stürmte mit einem Male zugleich lärmend auf den Eingang zu. Sie verstopften ihn und machten sich den Vortritt streitig – bis sie sich endlich dazu entschlossen, eine Reihe zu bilden und Schritt für Schritt einzutreten. Durch irgendeine abgefeimte geistige oder physische Alchimie hatte sich Beobachtung in Aktion verwandelt – die Gaffer waren zu Mitwirkenden an dem Schauspiel geworden –, die Zuschauer hatten die Bühne in Besitz genommen.

Für den einzigen Beobachter, der auf der anderen Straßenseite geblieben war – Alvan Creede, den Bankier –, blieb das Ladeninnere mit der hereindrängenden Menge weiterhin voll beleuchtet; er konnte all die seltsamen Dinge, die darin vorgingen, deutlich erkennen. Für jene darinnen war alles in pechschwarze Finsternis getaucht. Es war, als werde jede Person, kaum, daß sie zur Tür hereingestoßen worden war, mit Blindheit geschlagen und durch das Mißgeschick um den Verstand gebracht. Sie tappten ziellos umher, versuchten, sich gegen die

Hereinströmenden wieder einen Weg nach draußen zu erzwingen, stießen sich und rempelten sich an, schlugen aufs Geratewohl um sich, fielen und wurden getreten, erhoben sich und trampelten nun ihrerseits auf anderen herum. Sie packten sich gegenseitig an der Kleidung, den Haaren, den Bärten – kämpften wie Tiere, fluchten, brüllten und bedachten einander mit entehrenden und zotigen Namen. Als Alvan Creede schließlich die letzte Person der Reihe in dem wilden Getümmel hatte verschwinden sehen, erlosch das Licht plötzlich, das den Tumult beleuchtet hatte, und alles war für ihn ebenso schwarz wie für die darinnen. Er wandte sich ab und verließ den Ort.

Am frühen Morgen hatte sich eine neugierige Menge bei ›Deemers‹ versammelt. Sie bestand teilweise aus denen, die abends zuvor weggerannt waren, nun aber den Mut des Tageslichts hatten, teilweise aus rechtschaffenen Leuten, die ihrem Tagewerk zustrebten. Die Ladentür stand offen; der Raum war leer, aber an den Wänden, auf dem Fußboden und an den Möbeln waren Fetzen von Kleidungsstücken und Haarbüscheln zu erkennen. Das streitbare Hillbrook hatte es doch irgendwie fertiggebracht, hinauszugelangen, und war nach Hause geeilt, um seine Wunden zu behandeln und zu schwören, daß man die ganze Nacht im Bett verbracht hatte. Auf dem staubigen Pult hinter dem Ladentisch lag das Verkaufsbuch. Die in Deemers Handschrift ausgeführten Eintragungen endeten mit dem 16. Juli, dem letzten Tag seines Lebens. Nirgends stand etwas von einem späteren Verkauf an Alvan Creede.

Das ist die ganze Geschichte – abgesehen davon, daß sich die menschlichen Leidenschaften beruhigten, der Verstand seine uralte Macht wiedererlangte und man danach in Hillbrook einräumte, daß man dem verblichenen Silas Deemer eingedenk des harmlosen und ehrenwerten Charakters seiner ersten kommerziellen Transaktion unter den neuen Bedingungen eigentlich hätte erlauben müssen, seine Geschäftstätigkeit am alten Platz wieder aufzunehmen, ohne als lärmender Haufe aufzutreten. In bezug auf diese Beurteilung ließ der Ortschronist, aus dessen unveröffentlichtem Werk diese Fakten zusammengetragen wurden, es sich angelegen sein, seine Zustimmung zu verstehen zu geben.

DAS ZURÜCKGEKEHRTE
PERSÖNLICHKEITSBEWUSSTSEIN

I

Eine Heerschau als Willkommensgruß

In einer Sommernacht stand ein Mann auf einem niedrigen Hügel, der einen weiten Ausblick über Wald und Feld gewährte. Der tief im Westen hängende Vollmond sagte ihm, daß die Morgendämmerung nahte, was er sonst vielleicht nicht gewußt hätte. Dünner Nebel, der hier und da die tieferen Teile der Landschaft verhüllte, lag über dem Boden, aber die größeren Bäume ragten daraus hervor und hoben sich mit scharf umgrenzten Umrissen gegen den wolkenlosen Himmel ab. Zwei, drei Farmhäuser waren im Dunst erkennbar, doch Licht brannte natürlich in keinem. Tatsächlich war nirgends weder ein Anzeichen noch eine Andeutung von Leben zu entdecken, abgesehen von fernem Hundegebell, das jedoch mit seinem mechanisch regelmäßigen Ein- und Aussetzen eher geeignet war, die Einsamkeit der Szenerie zu unterstreichen, als sie zu beleben.

Neugierig schaute sich der Mann nach allen Seiten um wie jemand, der sich in einer vertrauten Umgebung nicht ganz zurechtfindet und nicht genau weiß, was er mit sich anfangen soll. So werden wir vielleicht dastehen, wenn wir – auferstanden von den Toten – den Ruf zum Jüngsten Gericht erwarten.

In knapp hundert Yard Entfernung verlief, hell im Mondschein glänzend, eine gerade Straße. Der Mann blickte langsam von einem Ende der Straße zum andern, um, wie das wohl bei Seefahrern und Landvermessern heißt, seine Position oder seinen Standort zu bestimmen. Dabei entdeckte er eine Viertelmeile südlich von sich undeutlich und grau im Dunst eine Reiterschar, die sich in nördlicher Richtung bewegte. Ihr folgten in Marschordnung Fußtruppen mit quer über die Schulter geworfenen Gewehren, deren Läufe schwach durch den Nebel schimmerten. Der Zug bewegte sich langsam und geräuschlos.

Dann kam wieder eine Reiterabteilung, danach ein weiteres Infanterieregiment, dann noch eines und wieder eins – alle in unaufhörlicher Bewegung auf den Standplatz des Mannes zu, daran vorüber und weiter. Es folgte eine Geschützbatterie, deren Kanoniere mit gekreuzten Armen auf Protzen und Munitionswagen saßen. Und immer noch kam der endlose Zug aus dem Dunkel im Süden und verschwand im Dunkel des Nordens, ohne daß auch nur einmal Stimmen oder Hufschlag oder Räderrollen zu hören gewesen wären.

Der Mann konnte das nicht ganz verstehen und hielt sich für taub, sprach's aus und hörte seine eigene Stimme, wenn sie ihm auch, was ihn fast erschreckte, ganz fremd vorkam; weder in der Färbung noch in der Klangfülle entsprach sie dem, was sein Ohr gewöhnt war. Doch taub war er jedenfalls nicht, und damit tröstete er sich vorläufig.

Dann fiel ihm ein, daß es natürliche Erscheinungen gibt, die jemand ›akustische Schatten‹ genannt hat. Es gibt, wenn man im akustischen ›toten Winkel‹ steht, eine Richtung, aus der man gar nichts hört. In der Schlacht von Gaine's Mill, einem der erbittertsten Kämpfe des Bürgerkrieges, hörten Augenzeugen anderthalb Meilen entfernt auf der anderen Seite des Chickahominy-Tales nichts von dem, was sie deutlich sehen konnten, obwohl aus hundert Kanonen geschossen wurde. Der Beschuß von Port Royal, den man in dem einhundertfünfzig Meilen südlich davon gelegenen St. Augustine hörte und spürte, war zwei Meilen nördlich des Schauplatzes bei ruhigem Wetter unhörbar. Vom donnernden Schlachtenlärm eines Gefechts zwischen den Streitkräften Sheridans und Picketts wenige Tage vor der Übergabe bei Appomattox nahm der letztgenannte Kommandeur eine Meile hinter seiner eigenen Front überhaupt nichts wahr.

Der Mann, von dem hier erzählt wird, kannte diese Beispiele zwar nicht, aber ähnliche, weniger bedeutende Vorkommnisse dieser Art waren seiner Beobachtung nicht entgangen. Er war zutiefst beunruhigt, wenn auch aus einem anderen Grunde als durch die nicht ganz geheure Schweigsamkeit dieses Vorbeimarsches im Mondschein.

»Großer Himmel«, sprach er vor sich hin – und wieder war

es ihm, als hätte es ein anderer gesagt –, »wenn diese Truppen das sind, wofür ich sie halte, haben wir die Schlacht verloren, und sie bewegen sich auf Nashville zu.«

Da dachte er plötzlich an sich selbst – eine Besorgnis, ein lebhaftes Gefühl persönlicher Gefährdung ergriff ihn, kurz das, was man bei einem anderen Menschen Angst nennen würde. Rasch trat er in den Schatten eines Baumes. Und immer noch zogen die schweigenden Bataillone langsam im Dunst vorüber.

Ein plötzlich aufkommender kalter Luftzug, der ihm von rückwärts über den Nacken strich, lenkte seine Aufmerksamkeit in diese Richtung, und als sich der Mann nach Osten umdrehte, sah er eine schwache graue Helligkeit über dem Horizont – das erste Zeichen des wiederkehrenden Tages. Das vermehrte seine Befürchtungen.

Ich muß hier weg, überlegte er, oder ich werde entdeckt und gefangengenommen.

Er trat aus dem Schatten und schritt rasch dem Morgengrauen entgegen. Von der besseren Deckung eines Zederngehölzes aus blickte er zurück. Die ganze Kolonne war von der Bildfläche verschwunden: kahl und verlassen lag die gerade helle Landstraße im Mondschein!

Stand er vorhin vor einem Rätsel, so war er nun über alle Maßen befremdet. So geschwind sollte eine derart langsam marschierende Armee vorüberziehen? Er konnte es nicht begreifen. Unbemerkt verrann Minute auf Minute; er hatte sein Zeitgefühl verloren. Verbissen suchte er nach des Rätsels Lösung, suchte aber vergeblich. Als er endlich von seiner Grübelei abließ, lugte der Rand der Sonne über die Berge, doch auch dann ging ihm kein anderes Licht auf als eben das Tageslicht; nach wie vor war er von Zweifeln erfüllt und tappte im dunkeln.

Ringsum erstreckten sich bebaute Felder, die keine Spuren von Krieg und Verwüstung aufwiesen. Dünne blaue Rauchfahnen aus den Schornsteinen der Farmhäuser zeigten die Vorbereitungen für ein friedsames Tagewerk an. Ein Wachhund hatte seine uralte Ansprache an den Mond beendet und beteiligte sich nun an den musikalischen Bemühungen eines Negers, der bei der Beschäftigung, ein Gespann Maulesel vor den

Pflug zu schirren, zufrieden in allen Tonlagen vor sich hin sang. Einfältig bestaunte der Held unserer Geschichte das ländliche Bild, als ob er dergleichen nie in seinem Leben gesehen hätte. Dann faßte er mit der Hand an den Kopf, fuhr damit durchs Haar, nahm sie wieder herab und betrachtete aufmerksam die Handfläche – ein etwas sonderbares Verhalten. Als ob ihn dies beruhigt hätte, machte er sich zuversichtlicher auf den Weg nach der Straße.

II

Wenn man sein Leben verloren hat, wird es Zeit,
einen Arzt zu konsultieren

Dr. Stilling Mason aus Murfreesboro hatte einen sechs oder sieben Meilen weit an der Landstraße nach Nashville wohnenden Patienten aufgesucht und war bei ihm die ganze Nacht geblieben. Bei Tagesanbruch begab er sich zu Pferde, wie das dort in jener Zeit bei den Ärzten üblich war, wieder nach Hause. Er war in die Nähe des Schlachtfelds von Stones River gelangt, als vom Straßenrand her ein Mann auf ihn zuschritt und ihn militärisch grüßte, indem er mit der rechten Hand eine Bewegung zum Hutrand vollführte. Es war dies aber keine militärische Kopfbedeckung, der Mann trug keine Uniform und machte keinen soldatischen Eindruck. Der Arzt nickte ihm höflich zu; er vermutete wohl, daß der andere vielleicht aus Achtung vor der historischen Stätte so ungewöhnlich grüßte. Da der Fremde offenbar mit ihm zu sprechen wünschte, zügelte er höflich sein Pferd und hielt an.

»Sir«, begann der Fremde, »Sie sind zwar Zivilist, aber vielleicht dennoch ein Feind.«

»Ich bin Arzt«, kam die unverbindliche Antwort.

»Danke«, sagte der andere, »ich bin Lieutenant im Stab von General Hazen«, – er hielt einen Augenblick inne, musterte sein Gegenüber scharf und fügte dann hinzu, »von der Unionsarmee.«

Der Arzt nickte nur.

»Können Sie mir bitte sagen«, fuhr er fort, »was hier geschehen ist? Wo sind die Armeen? Und welche hat die Schlacht gewonnen?«

Der Arzt betrachtete den Fragenden forschend mit halbverschlossenen Augen. Von Berufs wegen maß er ihn mit einem prüfenden Blick, den er bis an die Grenze der Höflichkeit ausdehnte, und sprach dann: »Verzeihen Sie, aber wenn jemand um Auskunft bittet, sollte er wohl auch bereit sein, selbst eine Frage zu beantworten.« Und lächelnd fuhr er fort: »Sind Sie verwundet?«

»Nicht ernsthaft – wenigstens scheint es so.«

Der Mann nahm seinen unmilitärischen Hut ab, griff mit der Hand an den Kopf, fuhr sich durchs Haar und schaute dann aufmerksam die Handfläche an.

»Ich bin von einer Kugel getroffen worden und war bewußtlos. Es muß ein leichter Streifschuß gewesen sein, denn ich sehe kein Blut und habe auch keine Schmerzen. Ich werde Ihnen nicht mit der Bitte um Behandlung lästig fallen, doch würden Sie mir freundlicherweise den Weg zu meiner Truppe zeigen – oder zu irgendeiner Einheit der Unionsarmee, wenn Sie wissen, wo eine liegt?«

Wieder antwortete der Arzt nicht sogleich. Er rief sich vieles in Erinnerung zurück, was in der medizinischen Fachliteratur über den Verlust des Persönlichkeitsbewußtseins und seine Wiedererlangung unter der Einwirkung vertrauter Verhältnisse zu finden ist. Endlich blickte er dem Mann ins Gesicht, lächelte und sagte: »Lieutenant, Sie tragen ja gar nicht die Uniform Ihres Ranges und Ihrer Armee.«

Jetzt sah der andere an seiner Zivilkleidung herab, hob den Kopf und sagte zögernd: »Sie haben recht. Ich – ich versteh es nur nicht ganz.«

Während er ihn scharf, aber nicht ohne Mitgefühl ansah, fragte der Mann der Wissenschaft ohne Umschweife: »Wie alt sind Sie?«

»Dreiundzwanzig – wenn das etwas damit zu tun haben soll.«

»Sie sehen nicht so aus; auf dieses Alter hätte ich Sie kaum geschätzt.«

Der Mann wurde ungeduldig. »Darüber brauchen wir nicht

zu sprechen«, sagte er. »Ich möchte etwas über die Armee erfahren. Vor weniger als zwei Stunden habe ich gesehen, wie sich auf dieser Straße ein Heerzug nach Norden bewegte. Sie müssen ihn doch getroffen haben. Seien Sie so gut und sagen Sie mir, von welcher Farbe die Uniform der Soldaten war – ich konnte das nicht erkennen –, und ich will Sie nicht weiter belästigen.«

»Sie haben ihn ganz bestimmt gesehen?«

»Bestimmt? Mein Gott, Sir, ich hätte sie zählen können.«

»Ja, also wirklich«, rief der Arzt aus, wobei er belustigt daran denken mußte, wie ähnlich er dem schwatzhaften Barbier aus ›Tausendundeiner Nacht‹ war, »das ist äußerst interessant. Mir sind keine Truppen begegnet.«

Der Mann sah ihn unfreundlich an, als hätte auch er die Ähnlichkeit mit dem Barbier bemerkt. »Es ist klar«, sagte er, »daß Sie mir gar nicht helfen wollen. Ach, gehen Sie doch zum Teufel, Sir!«

Er drehte sich um und schritt davon, ganz aufs Geratewohl, über die taubedeckten Felder, und der Mann, der ihn so gequält hatte und es halb bereute, blickte ihm aus seinem erhöhten Sitz im Sattel nach, bis er jenseits einer Baumreihe verschwunden war.

III

Der Blick in eine Pfütze kann gefährlich werden

Nachdem er die Straße verlassen hatte, verlangsamte der Mann seine Schritte und irrte nun mit einem spürbaren Müdigkeitsgefühl umher. Er konnte dies nicht verstehen, obwohl die grenzenlose Geschwätzigkeit des Landarztes eine hinreichende Erklärung dafür gewesen wäre. Er setzte sich auf einen Stein, legte eine Hand aufs Knie, und sein Blick fiel zufällig darauf. Sie war eingeschrumpft und welk. Dann führte er beide Hände zum Gesicht. Es war voller Falten und Furchen; er konnte die Linien mit den Fingerspitzen verfolgen. Wie seltsam – ein einfacher Streifschuß und eine kurze Bewußtlosigkeit können einen doch nicht zum physischen Wrack machen!

»Ich muß lange im Lazarett gelegen haben«, sagte er laut. »Ach, was bin ich doch für ein Narr! Die Schlacht war im Dezember, und jetzt ist Sommer!« Er mußte lachen. »Kein Wunder, daß mich der Bursche für einen entsprungenen Irren gehalten hat. Doch er hat sich geirrt: ich bin bloß ein entsprungener Patient.«

In geringer Entfernung erregte ein Stück Land, das von einer Steinmauer umgeben war, seine Aufmerksamkeit. Ohne genau zu wissen, warum, stand er auf und ging hin. In der Mitte erhob sich ein aus Stein gehauenes, viereckiges, massiges Denkmal. Es war mit den Jahren dunkel geworden, an den Kanten verwittert und stellenweise von Moos und Flechten bedeckt. Zwischen den massiven Blöcken war Gras gewachsen und hatte mit seinen Wurzeln die Steine auseinandergedrückt. Als Antwort auf die Herausforderung dieses anspruchsvollen Bauwerks hatte die Zeit ihr Zerstörungswerk begonnen, und bald würde es ›eins mit Ninive und Tyrus‹ sein. Auf der Inschrift an der einen Seite entdeckte er einen wohlbekannten Namen. Vor Aufregung bebend reckte er sich über die Mauer und las:

Zum Gedenken
an die am Stones River am 31.Dez. 1862
gefallenen Soldaten der
BRIGADE HAZEN.

Schwach und elend glitt der Mann von der Mauer herab. Keine Armlänge weit von ihm war eine kleine Vertiefung; eine Pfütze mit klarem Wasser hatte sich hier vom letzten Regen gesammelt. Er wollte sich erfrischen und kroch hin. Mit zitternden Armen stützte er den Oberkörper, streckte den Kopf nach vorn und sah sein Gesicht wie in einem Spiegel. Er stieß einen entsetzlichen Schrei aus. Die Arme sackten zusammen, er fiel mit dem Gesicht in die Pfütze und gab das Leben auf, mit dem er ein zweites Leben überbrückt hatte.

DIE NÄCHTLICHEN GESCHEHNISSE
IN DER SCHLUCHT DES ›TOTEN MANNES‹

Eine Geschichte, die nicht wahr ist

Die Nacht war schneidend kalt und klar wie das Herz eines Diamanten. Klare Nächte haben die Eigenheit, durch Mark und Bein zu gehen. In der Dunkelheit kann dir kalt sein, und du weißt es nicht; sobald du siehst, leidest du. Diese Nacht war hell genug, um wie eine Schlange zu beißen. Der Mond bewegte sich geheimnisvoll hinter den riesigen Kiefern entlang, die den South Mountain krönen, schlug ein kaltes Glitzern aus dem verharschten Schnee und ließ vor dem schwarzen Westhimmel die unheimlichen Konturen des Coast Range hervortreten, hinter dem unsichtbar der Pazifik lag. An den offenen Stellen auf der Sohle der Schlucht hatte sich der Schnee zu langen Wellen angehäuft, die zu wogen schienen, und zu Bergen, die den Eindruck erweckten, sie schüttelten sich und sprühten Gischt. Die Gischt war Sonnenlicht, zweifach widergespiegelt: versprüht einmal vom Mond und einmal vom Schnee.

Von diesem Schnee waren viele Hütten des verlassenen Goldgräberlagers zerstört worden (ein Seemann hätte gesagt, sie waren darin untergegangen), und in unregelmäßigen Abständen hatte er auch die großen Brückenbögen einstürzen lassen, die einst einen Fluß, der Flume genannt wurde, überspannt hatten; natürlich kommt Flume von *flumen*. Zu den Vorteilen, deren die Berge den Goldsucher nicht berauben können, gehört das Vorrecht, Lateinisch zu sprechen. Er sagt von seinem toten Nachbarn: ›Er ist den Flume hoch gegangen.‹ Das ist keine schlechte Art, zu sagen: ›Seine Seele ist zur Quelle des Lebens zurückgekehrt.‹

Während dieser Schnee gegen die Angriffe des Windes eine Rüstung anlegte, hatte er seine vorteilhafte Stellung darob nicht vernachlässigt. Vom Wind verfolgter Schnee ist einer sich zurückziehenden Armee nicht ganz unähnlich. In offenem Gelände ordnet er sich zu Reihen und Bataillonen; wo immer er sich festsetzen kann, bleibt er stehen; wo er Deckung findet, nutzt er sie. Man kann ganze Trupps von Schnee hinter einem Stück zerborstener Mauer hocken sehen. Die abgelegene, alte, aus dem Berg herausgehauene Straße war voll davon. Schwadron auf Schwadron hatten darum gekämpft, auf diesem Wege zu entrinnen, als die Verfolgung plötzlich aufgehört hatte. Einen trostloseren und öderen Fleck als die Schlucht des Toten Mannes in winterlicher Mitternacht kann man sich einfach nicht vorstellen. Gleichwohl zog Mr. Hiram Beeson es vor, hier zu leben, als einziger Bewohner.

Seine kleine, aus Kiefernstämmen errichtete Blockhütte schickte aus dem einzigen Fenster einen langen, dünnen Lichtstrahl über die Flanke des North Mountain und sah dadurch fast wie ein schwarzer Käfer aus, der mit einer blitzenden neuen Nadel an den Berghang geheftet war. Mr. Beeson selbst saß drinnen vor einem lodernden Feuer und starrte in den heißen Kern der Flamme, als habe er dergleichen noch nie im Leben gesehen. Er war kein gutaussehender Mann, sondern schon altersgrau; seine Kleidung war zerlumpt und schmutzig, sein Gesicht bleich und ausgezehrt, seine Augen glänzten zu hell. Was sein Alter anbetraf, so würde jemand, der versuchen wollte, es zu erraten, ihn für siebenundvierzig halten, sich dann korrigieren und vierundsiebzig sagen können. In Wirklichkeit war er achtundzwanzig Jahre alt. Abgehärmt war er; vielleicht gerade soviel, wie er es sich bei einem armseligen Leichenbestatter in Bentley's Flat und einem neuen und tüchtigen Leichenbeschauer in Sonora leisten konnte. Armut und Diensteifer sind wie Läufer und Boden eines Mahlwerks. Es ist gefährlich, einen dritten Mühlstein zu schaffen, so daß eine Art Sandwich entsteht.

Als Mr. Beeson so dort saß, die zerrissenen Ellenbogen auf den zerrissenen Knien, die hohlen Wangen zwischen den dürren Händen verborgen und offensichtlich ohne Absicht, zu Bett zu gehen, sah er aus, als werde die geringste Bewegung ihn in Stücke zerfallen lassen. In der letzten Stunde hatte er jedoch mindestens dreimal geblinzelt.

Da klopfte es laut an der Tür. Ein Klopfen zu dieser Nachtzeit und bei diesem Wetter hätte einen gewöhnlichen Sterblichen vielleicht verwundert, der zwei Jahre in der Schlucht gelebt hatte, ohne eine Menschenseele zu Gesicht zu bekommen und zwangsläufig wissen mußte, daß die Gegend draußen unpassierbar war, aber Mr. Beeson blickte nicht einmal von der Glut auf. Und selbst als die Tür aufgestoßen wurde, duckte er sich nur ein wenig mehr zusammen, gerade wie jemand, der etwas erwartet, was er lieber nicht sehen würde. Man kann diese Bewegung bei Frauen beobachten, wenn in einer Totenkapelle der Sarg hinter ihnen den Mittelgang entlanggetragen wird.

Aber als ein langaufgeschossener alter Mann in einem dicken Wollmantel, um den Kopf ein Tuch gewickelt und fast das ganze Gesicht durch einen Schal verhüllt, mit einer grünen Brille und von blendendweißer Gesichtsfarbe, wo immer diese zu sehen war, schweigend in den Raum trat und seine schwere, in einem Handschuh steckende Rechte auf Mr. Beesons Schulter legte, vergaß sich dieser so weit, um doch mit dem Anschein nicht geringer Überraschung aufzublicken; wen immer er auch erwartet haben mochte, er hatte offensichtlich nicht mit einer Begegnung dieser Art gerechnet. Gleichwohl löste der Anblick des unerwarteten Gastes bei Mr. Beeson die folgende Reihe von Empfindungen aus: ein Gefühl der Überraschung, das Empfinden von Befriedigung und eine Regung tief begründeten guten Willens. Er erhob sich von seinem Platz, nahm die schwielige Hand von seiner Schulter und schüttelte sie heftig mit einer ganz unerklärlichen Hingabe, denn das Äußere des alten Mannes war keineswegs anziehend, eher abstoßend. Indes ist Anziehung eine zu allgemeine Eigenschaft, als daß Abscheu nicht auch etwas davon enthalten könnte. Das anziehendste Objekt in der Welt ist das Gesicht, das wir instinktiv mit einem Tuch bedecken. Wird es noch anziehender – faszinierender –, so schütten wir sieben Fuß Erde darüber.

»Es ist eine äußerst unangenehme Nacht, Sir«, sagte Mr. Beeson und gab des alten Mannes Hand frei, die mit leichtem Klatschen schlaff gegen dessen Schenkel schlug. »Nehmen Sie bitte Platz; ich freue mich sehr, Sie zu sehen.«

Mr. Beesons Ton verriet eine ungekünstelte gute Erziehung, die man angesichts aller Umstände bei ihm schwerlich erwartet hätte. In der Tat war der Gegensatz zwischen seiner Erscheinung und seinem Benehmen erstaunlich genug, um eines der üblichsten sozialen Phänomene in den Goldminen darzustellen. Der alte Mann tat einen Schritt auf das Feuer zu, das in der grünen Brille wie in einer Höhle glühte. Mr. Beeson fuhr fort:

»Sie können Ihr Leben drauf verwetten, daß es so ist!«

Seine Ausdrucksweise war nicht allzu verfeinert; sie hatte dem lokalen Geschmack vernünftige Zugeständnisse gemacht. Er hielt einen Moment inne und ließ den Blick von dem vermummten Kopf seines Gastes über die Reihe modriger Knöpfe, die den dicken Mantel zuhielten, abwärtsschweifen bis zu den grünlichen Rindslederstiefeln, die mit Schnee gepudert waren. Dieser begann langsam zu schmelzen und lief in kleinen Rinnsalen über den Fußboden. Beeson hatte seinen Gast nun von Kopf bis Fuß in Augenschein genommen und schien befriedigt zu sein. Wer wäre es nicht gewesen? Dann fuhr er fort:

»Die Behaglichkeit, die ich Ihnen bieten kann, entspricht leider den Umständen meiner Umgebung; aber ich würde mich hochgeehrt fühlen, wenn es Ihnen angenehm wäre, daran teilzuhaben, statt Besseres in Bentley's Flat zu suchen.«

Mr. Beeson sagte dies mit besonders feiner gastlicher Bescheidenheit, als sei ein Aufenthalt in dieser warmen Hütte in solch einer Nacht, verglichen mit einem Vierzehnmeilen-Marsch bis zur Halskrause durch verharschten, schneidenden Schnee, eine unerträgliche Zumutung. Statt einer Antwort knöpfte der Gast den Mantel auf. Der Hausherr legte neue Scheite ins Feuer, fegte die Herdplatte mit dem Schweif eines Wolfes und fügte hinzu:

»*Ich* aber meine, Sie trollen sich besser.«

Der alte Mann nahm am Feuer Platz und hielt die dickbesohlten Stiefel in die Wärme, ohne den Hut abzunehmen. In den Goldminen wird der Hut selten abgenommen, nur, wenn auch das Schuhwerk ausgezogen wird. Mr. Beeson ließ sich ohne eine weitere Bemerkung ebenfalls auf einem Stuhl nieder, der einst ein Faß gewesen war und, da er viel von seiner ursprünglichen Gestalt bewahrt hatte, dazu gedacht zu sein schien, einmal Beesons Staub aufzunehmen, falls es diesem gefallen sollte, zu zerfallen. Eine Weile herrschte Stille, dann tönte von irgendwo aus den Kiefern das heisere Bellen eines Kojoten, und gleichzeitig erbebte die Tür in ihrem Rahmen. Es gab keine andere Verbindung zwischen den beiden Erscheinungen, als daß ein Kojote Abneigung gegen Stürme hat und der Wind stärker blies; dennoch schien eine Art übernatürlichen Einvernehmens zwischen beiden zu bestehen, und Mr. Beeson erschauerte mit einem unklaren Empfinden des Schreckens. Aber er gewann schnell seine Fassung wieder und wandte sich abermals an seinen Gast.

»Hier geschehen seltsame Dinge. Ich will Ihnen alles erzählen, und falls Sie sich entschließen sollten zu gehen, so werde ich Sie hoffentlich auf der schlimmsten Wegstrecke begleiten können; wenigstens bis dorthin, wo Baldy Peterson Ben Hike erschoß – ich wage zu behaupten, Sie kennen die Stelle.«

Der alte Mann nickte nachdrücklich, wohl um anzudeuten, daß er sie nicht nur kannte, sondern wirklich Bescheid wußte.

»Vor zwei Jahren zog ich mit zwei Gefährten in dieses Haus«, begann Mr. Beeson. »Aber als der große Ansturm auf Flat einsetzte, gingen wir mit den anderen fort. Binnen zehn Stunden war die Schlucht verlassen. An jenem Abend entdeckte ich jedoch, daß ich eine wertvolle Pistole zurückgelassen hatte (diese hier), kehrte um, sie zu holen, und verbrachte die Nacht hier allein, wie ich jede Nacht seither verbracht habe. Ich muß hinzufügen, daß unser chinesischer Diener wenige Tage vor unserem Aufbruch leider verstorben war, als der Boden so stark gefroren war, daß es unmöglich war, in der üblichen Weise ein Grab auszuheben. Deshalb brachen wir am Tag unseres übereilten Auszuges hier den Fußboden auf und gaben dem Chinesen ein Begräbnis, so gut wir konnten. Aber ehe wir ihn in die Grube senkten, überkam mich die äußerst geschmacklose Regung, ihm den Zopf abzuschneiden und über seinem Grab an jenen Balken zu nageln, wo Sie ihn in diesem Moment sehen können oder vorzugsweise, wenn die Wärme Ihnen Muße zur Beobachtung verliehen hat.

Ich hatte wohl schon erklärt, daß der Chinese aus natürlichem Grund zu Tode gekommen war, oder? Selbstverständlich hatte ich nichts damit zu tun, und es war keine unwiderstehliche Anziehung oder krankhafte Faszination, die mich zurückführte, sondern wirklich nur die Tatsache, daß ich eine Pistole vergessen hatte. Das ist Ihnen doch klar, Sir, oder?«

Der Besucher nickte ernst. Er schien sehr wortkarg zu sein, falls er überhaupt je etwas sagte. Mr. Beeson fuhr fort:

»Nach dem chinesischen Glauben ist ein Mensch wie ein Drachen; er kann nicht gen Himmel steigen ohne einen Schwanz. Nun gut, um diese langweilige Geschichte abzukürzen – welche darzulegen ich dennoch als meine Pflicht ansehe –, jedenfalls kam der Chinese in jener Nacht, als ich hier allein saß und an alles andere dachte, nur nicht an ihn, zurück, um seinen Zopf zu holen.

Er bekam ihn nicht.«

An dieser Stelle versank Mr. Beeson wieder in tiefes Stillschweigen. Wahrscheinlich hatte die ungewohnte Anstrengung des Redens ihn ermattet; vielleicht hatte er auch eine Erinnerung heraufbeschworen, die seine ungeteilte Aufmerksamkeit erforderte. Der Wind war nun ziemlich am Werke, und die Kiefern am Berghang rauschten besonders vernehmlich. Der Erzähler fuhr fort:

»Sie meinen, das hat nichts zu bedeuten, und ich muß gestehen, mir geht es genau so.

Aber er kommt immer wieder!«

Abermals herrschte langes Schweigen, während beide ins Feuer starrten, ohne ein Glied zu rühren. Dann stieß Mr. Beeson, wobei er seine Augen auf das heftete, was er von dem leidenschaftslosen Gesicht seines Zuhörers sehen konnte, fast wild hervor:

»Ihn ihm geben? Sir, in dieser Angelegenheit habe ich nicht die Absicht, jemanden anders um Rat zu bemühen. Sie werden mir verzeihen, dessen bin ich sicher« – hier sprach er besonders eindringlich – »aber ich habe gewagt, den Zopf fest anzunageln, und habe die einigermaßen beschwerliche Verpflichtung auf mich genommen, ihn zu bewachen. So ist es gänzlich unmöglich, gemäß Ihrer klugen Anregung zu handeln.

Halten Sie mich für einen Modokindianer?«

Nichts konnte die plötzliche Heftigkeit übertreffen, mit der er diese entrüstete Zurechtweisung seinem Gast ins Ohr schrie. Es war, als schlüge er ihn mit einem eisernen Handschuh ins

Gesicht. Es war nur ein Protest, glich jedoch einer Herausforderung. Für einen Feigling angesehen – für einen Modok gehalten zu werden: Das ist ein und dasselbe. Manchmal ist es ein
Chinese. Hältst du mich für einen Chinesen? ist eine Frage, die
häufig einem plötzlich Verstorbenen nachgerufen wird.

Mr. Beesons Schlag zeitigte keine Wirkung, und nach einer
Weile des Schweigens, während der Wind im Schornstein donnerte wie das Dröhnen von Erdklumpen auf einem Sarg, fuhr
er fort:

»Aber, wie Sie meinen, es macht mich müde. Ich spüre, daß
mein Leben in den letzten zwei Jahren ein Fehler war – ein Fehler, der sich selbst korrigiert, Sie sehen wie. Das Grab! Nein,
niemand ist da, es auszuheben. Außerdem ist der Boden gefroren. Aber Sie sind sehr willkommen. Sie können in Bentley sagen – aber das ist nicht wichtig. Er war sehr schwer abzuschneiden: Sie flechten Seide in ihre Zöpfe. Huch.«

Mr. Beeson sprach mit geschlossenen Augen und wanderte
umher. Sein letztes Wort war eher ein Schnarchen. Einen
Augenblick später atmete er tief ein, öffnete mühsam die
Augen, ließ eine kurze Bemerkung fallen und sank in tiefen
Schlaf. Was er gesagt hatte, war:

»Sie stehlen meinen Staub!«

Dann stand der betagte Fremde, der seit seinem Eintritt kein
einziges Wort hervorgebracht hatte, von seinem Platz auf und
legte bedächtig seine äußeren Kleidungsstücke ab, wobei er in
seinen Flanellsachen so steif aussah wie die verstorbene Signo-
rina Festorazzi, eine Irin, sechs Fuß groß und sechsundfünfzig
Pfund schwer, die sich dem Volk von San Francisco im Hemd
zur Schau zu stellen pflegte. Er kroch sodann in eine der ›Ko-
jen‹, nachdem er, der Landessitte entsprechend, zuvor einen
Revolver in Reichweite gelegt hatte. Er nahm ihn von einem
Regal, und es war derselbe, den Mr. Beeson als die Waffe erwähnt hatte, um derentwillen er vor zwei Jahren zur Schlucht
zurückgekehrt war.

Einige Augenblicke später erwachte Mr. Beeson, und als er
sah, daß sein Gast sich zurückgezogen hatte, tat er es ihm nach.
Zuvor trat er aber an das lange, geflochtene Bündel Heiden-
haar und zog kräftig daran, um sich zu vergewissern, daß es so-

lid genug befestigt war. Die zwei Betten – kahle Bretter, auf denen nicht gerade allzu saubere Decken lagen – standen an gegenüberliegenden Seiten des Raumes, und die kleine, quadratische Falltür, die den Zugang zum Grab des Chinesen erlaubt hatte, befand sich in der Mitte zwischen ihnen. Auf dieser waren übrigens zwei Doppelreihen von Nägeln so eingeschlagen, daß sie ein Kreuz bildeten. In seinem Widerwillen gegen das Übernatürliche hatte Mr. Beeson die Anwendung materieller Vorsichtsmaßregeln nicht außer acht gelassen.

Das Feuer war nun fast niedergebrannt, die Flammen züngelten bläulich und verdrossen mit gelegentlichem Aufflackern, das gespenstische Schatten an die Wände warf – Schatten, die sich geheimnisvoll umherbewegten, sich bald teilten, dann wieder verschmolzen. Der Schatten des herabhängenden Zopfes blieb jedoch mürrisch für sich nahe dem Dach am entfernteren Ende des Raumes und sah wie ein Ausrufungszeichen aus. Das Lied der Kiefern draußen hatte nun die Erhabenheit einer triumphalen Hymne erlangt. Die Stille in den Pausen war unheilvoll.

Während einer dieser Zwischenpausen geschah es, daß sich die Falltür im Fußboden zu heben begann. Sie öffnete sich langsam und stetig, und langsam und stetig hob sich auch der vermummte Kopf des alten Mannes auf der Bettstelle, um zuzuschauen. Dann wurde die Falltür mit einem Krach, der das Haus in seinen Grundfesten erschütterte, völlig zurückgeklappt, so daß die unansehnlichen Nagelspitzen drohend nach oben wiesen. Mr. Beeson erwachte, blieb jedoch liegen und drückte die Finger auf die Augen. Ihn schauderte, seine Zähne klapperten. Sein Gast stützte sich nun auf einen Ellenbogen und beobachtete die Vorgänge durch die Brillengläser, die wie Lampen glühten.

Plötzlich fauchte ein heulender Windstoß den Schornstein herab, blies Asche und Rauch in alle Richtungen und verdunkelte für einen Moment alles. Als das Kaminfeuer den Raum wieder erhellte, sah man einen kleinen, dunkelhäutigen, mit tadellosem Geschmack gekleideten Mann von einnehmendem Wesen artig auf der Kante eines Schemels neben dem Herd sitzen; er lächelte dem alten Mann freundlich und gewinnend zu.

Offensichtlich aus San Francisco, dachte Mr. Beeson, der sich einigermaßen von seinem Schreck erholt hatte und nun nach einer Erklärung für die Geschehnisse des Abends suchte.

Aber jetzt erschien ein anderer Akteur auf der Bildfläche. Aus dem quadratischen schwarzen Loch inmitten des Fußbodens tauchte der Kopf des verblichenen Chinesen auf. Seine glasigen Augen blickten aus ihren dreieckigen Schlitzen nach oben und blieben mit einem Ausdruck unsäglichen Verlangens an dem dort baumelnden Zopf haften. Mr. Beeson stöhnte und legte abermals die gespreizten Finger über sein Gesicht. Ein feiner Geruch nach Opium erfüllte den Raum. Das Phantom, das nur mit einem kurzen, blauen Rock aus gesteppter Seide bekleidet, jedoch mit dem Moder des Grabes behaftet war, erhob sich langsam, als würde es durch eine schwache Spiralfeder nach oben gedrückt. Seine Knie befanden sich in Höhe des Fußbodens, als es in einem schnellen Sprung gleich dem lautlosen Hochzüngeln einer Flamme den Zopf mit beiden Händen ergriff, seinen Körper daran hochzog und das Ende zwischen die schrecklichen gelben Zähne nahm. Es hielt sich in scheinbarer Raserei daran fest, schnitt unheimliche Grimassen und schaukelte und warf sich hin und her im Bemühen, sein Eigentum vom Balken zu lösen, gab aber keinen Laut von sich. Es war wie ein Leichnam, der mittels einer galvanischen Batterie in künstliche Zuckungen versetzt wurde. Der Gegensatz zwischen seiner übermenschlichen Betätigung und seinem Schweigen war nicht weniger furchteinflößend!

Mr. Beeson hockte in seinem Bett. Der dunkelhäutige kleine Gentleman nahm die übergeschlagenen Beine auseinander, klopfte ungeduldig mit der Stiefelspitze auf den Fußboden und blickte prüfend auf eine schwere, goldene Uhr. Der alte Mann saß aufrecht und langte gelassen nach dem Revolver.

Päng!

Wie ein vom Galgen geschnittener Körper plumpste der Chinese wieder in das schwarze Loch unter ihm, den Zopf zwischen den Zähnen. Die Falltür klappte zurück und schlug knallend zu. Der dunkelhäutige kleine Gentleman aus San Francisco sprang behend von seinem Sitz, fing mit dem Hut etwas in der Luft, wie ein Junge einen Schmetterling fängt, und verschwand im Schornstein, als werde er hineingesogen.

Von irgendwo aus der Dunkelheit draußen drang durch die offene Tür von weither ein schwacher Schrei – und langes, schluchzendes Klagen wie das eines Kindes inmitten der Wüste im Würgegriff des Todes, oder wie das einer verlorenen Seele, die vom Widersacher davongetragen wird. Vielleicht war es der Kojote.

In den ersten Tagen des folgenden Frühjahrs kam eine Gruppe von Goldgräbern auf ihrem Weg zu neuen Schürfstellen die Schlucht entlang, und als sie die verlassenen Blockhütten durchstöberten, entdeckten sie in einer davon den Körper von Hiram Beeson, ausgestreckt auf einer Bettstelle liegend, mit durchschossenem Herzen. Die Kugel war offensichtlich von der gegenüberliegenden Seite des Raumes abgefeuert worden, denn in einem der Eichenbalken an der Decke war eine flache, blaue Delle, wo sie gegen einen Astknorren geschlagen und nach unten auf die Brust des Opfers abgelenkt worden war. An demselben Balken war auf seltsame Weise etwas befestigt, was wie das Ende eines Taues aus geflochtenem Roßhaar aussah und von der Kugel auf ihrem Weg zum Astknorren durchschlagen worden war. Sonst wurde nichts Bemerkenswertes weiter festgestellt außer einer Anzahl modriger und nicht zueinander passender Kleidungsstücke, von denen einige später durch angesehene Zeugen als diejenigen identifiziert wurden, in denen bestimmte verstorbene Bewohner der Schlucht des Toten Mannes vor Jahren bestattet worden waren. So etwas ist aber nur schwer vorstellbar, es sei denn, diese Sachen wären tatsächlich vom Tod selbst als eine Art Verkleidung getragen worden – und das ist kaum anzunehmen.

Vor vielen Jahren, als ich auf dem Weg von Hongkong nach New York war, weilte ich eine Woche in San Francisco. Seit meinem letzten Aufenthalt in dieser Stadt war eine lange Zeit verstrichen, während der meine geschäftlichen Unternehmungen im Orient über alle Erwartungen gediehen waren; ich war reich und konnte es mir leisten, mein Vaterland noch einmal aufzusuchen, um die Freundschaft mit den Jugendgefährten zu erneuern, die noch lebten und mir in alter Zuneigung verbunden waren. Das erhoffte ich vor allem von Mohun Dampier, einem alten Schulkameraden. Ich hatte mit ihm eine Zeitlang brieflich in Verbindung gestanden, aber der Briefwechsel war lange eingeschlafen, wie das unter Männern so ist. Wohl jeder wird die Erfahrung gemacht haben, daß die Abneigung, eine persönliche Verbindung nur brieflich aufrechtzuerhalten, im Quadrat der Entfernung wächst, die zwischen einem selbst und dem Briefpartner liegt. Das ist eine mathematische Gesetzmäßigkeit.

Ich entsann mich Dampiers als eines stattlichen, kräftigen jungen Burschen. Er hatte Neigung zur Wissenschaft und Abneigung gegen Arbeit und war bemerkenswert gleichgültig gegenüber vielen Dingen, die aller Welt viel bedeuten, wie zum Beispiel Gut und Geld. Davon hatte er allerdings genügend geerbt, um vor Mangel und Armut sicher zu sein. In seiner Familie, einer der ältesten und vornehmsten des Landes, war es, glaube ich, eine Sache des Stolzes, daß sich kein Angehöriger je mit Handel oder Politik abgegeben oder Titel und Würden irgendwelcher Art erstrebt hatte. Mohun war ein bißchen sentimental und hatte einen eigentümlichen Hang zum Aberglauben, was ihn dazu führte, sich mit allen möglichen okkulten Dingen zu befassen, obgleich ihn sein gesunder Menschenverstand vor phantastischen und gefährlichen Irrwegen bewahrte. Er unternahm verwegene Streifzüge ins Reich des Unwirklichen, ohne auf ein Leben in jener teilweise überschaubaren, vorgezeichneten Sphäre zu verzichten, die wir gern Gewißheit nennen.

Ich besuchte ihn an einem stürmischen Abend. Es war mitten im kalifornischen Winter. Der Regen platschte unablässig auf die verlassenen Straßen oder peitschte in plötzlichen Windstößen mit unglaublicher Wut gegen die Häuser. Nicht ohne geringe Mühe fand mein Droschkenkutscher das Haus, das weit draußen nach dem Meer zu in einer dünn besiedelten Vorstadt lag. Es war offenbar ziemlich häßlich und stand mitten im Grundstück, auf dem – soweit ich dies in der Dunkelheit zu erkennen vermochte – weder Blumen noch Gras wuchsen. Drei oder vier Bäume, die sich unter dem Unwetter qualvoll krümmten und ächzten, schienen ihrer traurigen Umgebung entrinnen zu wollen, um bei dieser Gelegenheit eine bessere draußen auf dem Meer zu finden. Das Haus, ein zweistöckiger Ziegelbau, hatte an der einen Ecke einen Turm, der es um ein Stockwerk überragte. Das einzige Licht brannte hinter einem Fenster dieses Turms. Etwas beim Anblick dieser Stätte ließ mich schaudern, ein Gefühl, zu dem vielleicht der Regen beitrug, der mir den Rücken herunterlief, als ich eilends dem schützenden Eingang zustrebte.

Als Antwort auf meine Zeilen mit dem Wunsch, ihn zu besuchen, hatte Dampier geschrieben: ›Klingle nicht – mach die Tür auf und komme herauf.‹ Das tat ich denn auch. Eine einzelne Gasflamme auf dem obersten Podest beleuchtete schwach das Treppenhaus. Ich gelangte tatsächlich ohne Mißgeschick zum Treppenabsatz und betrat durch eine offene Tür die quadratische Turmstube, wo das Licht brannte. Dampier kam mir in Schlafrock und Pantoffeln entgegen, um mich zu empfangen; er begrüßte mich, wie ich es erwartet hatte, und wenn ich auch den Gedanken gehegt hatte, dergleichen wäre an der Haustür angemessener gewesen, so schwand jeder Zweifel an seiner Gastfreundschaft beim ersten Anblick.

Dampier war nicht mehr derselbe. Obwohl er die Mitte des Lebens kaum überschritten hatte, war er ergraut und ging merklich gebeugt. Seine Gestalt war hager und eckig, das Gesicht tief zerfurcht und totenblaß, ohne eine Spur von Farbe. Die unnatürlich großen Augen glühten in einem fast unheimlichen Feuer.

Er hieß mich setzen, bot mir eine Zigarre an und versicherte mit ernster, unverkennbarer Aufrichtigkeit, welches Vergnügen ihm die Begegnung mit mir bereitete. Eine belanglose Unterhaltung folgte, doch bedrückte mich die ganze Zeit ein melancholisches Gefühl darüber, wie sehr er sich verändert hatte. Das mußte er wohl bemerkt haben, denn plötzlich sagte er mit leisem Lächeln: »Du bist enttäuscht von mir – non sum qualis eram.«

Ich wußte nicht recht, was ich entgegnen sollte, brachte dann aber hervor: »Nun, was soll ich da sagen – dein Latein ist jedenfalls noch so ziemlich das gleiche.«

Seine Miene erheiterte sich wieder. »Nein«, meinte er, »es ist eine tote Sprache, und so kommt man ihr immer näher. Doch gedulde dich bitte ein wenig: wo ich hingehe, spricht man vielleicht eine bessere Sprache. Möchtest du in ihr eine Botschaft hören?«

Während er sprach, erstarb sein Lächeln, und als er geendet hatte, blickte er mir mit einem Ernst in die Augen, der mich beunruhigte. Doch ich wollte nicht auch seiner Stimmung verfallen oder ihn merken lassen, wie tief mich seine Todeserwartung bewegte.

»Ich glaube, es wird noch eine ganze Zeit dauern«, sagte ich, »bis die menschliche Sprache aufhört, unser Verständigungsmittel zu sein; und dann werden wir keinen Bedarf mehr haben, uns ihrer Möglichkeiten zu bedienen.«

Er erwiderte nichts, und auch ich schwieg, denn das Gespräch war recht bedrückend geworden, und mir fiel nicht ein, wie ich ihm eine erfreuliche Wendung hätte geben können. Plötzlich – der Sturm hatte vorübergehend nachgelassen, und die nun eintretende Stille war durch den Gegensatz zu dem früheren Tosen fast beunruhigend – vernahm ich ein leises Klopfen, das von der Wand hinter meinem Stuhl herzukommen schien. Das Geräusch mochte von einer Menschenhand herrühren, doch klang es nicht so sehr, als ob jemand an der Tür klopfte, um eingelassen zu werden, sondern meinem Empfinden nach eher wie ein verabredetes Zeichen, mit dem jemand seine Anwesenheit im Nebenzimmer bekunden wollte. Ich glaube, die meisten von uns haben mehr Erfahrung mit derartigen Verständigungsmitteln, als sie gern zugeben möchten. Ich sah Dampier an. Wenn in meinem Blick etwas Belustigung mitschwang, so bemerkte er es jedenfalls nicht. Er schien mich völlig vergessen zu haben und starrte auf die Wand mit einem Ausdruck in den Augen, den ich nicht beschreiben kann, obwohl er heute noch so lebhaft vor mir steht wie damals. Die Situation war etwas peinlich, und ich stand auf, um mich zu verabschieden. Das schien ihn wieder zu sich zu bringen.

»Ach, bleib doch sitzen«, sagte er, »es ist nichts – niemand ist da.«

Aber das Klopfen wiederholte sich mit der gleichen sanften, langsamen Beharrlichkeit wie zuvor.

»Entschuldige«, sagte ich, »es ist schon spät. Darf ich morgen kommen?«

Er lächelte – ein wenig abwesend, wie es mir vorkam. »Es ist sehr zartfühlend von dir«, sagte er, »aber dabei ganz unnötig. Dies hier ist wirklich das einzige Zimmer im Turm, und da drüben ist niemand. Wenigstens – « Er sprach den Satz nicht zu Ende, sondern stand auf und riß ein Fenster auf; es war die einzige Öffnung in der Wand, von der das Geräusch zu kommen schien. »Überzeuge dich!«

Ich wußte nicht recht, was ich sonst hätte tun sollen, deshalb folgte ich ihm zum Fenster und sah hinaus. Eine nahe Straßenlaterne leuchtete hell genug durch den wieder herabströmenden Regen, um den letzten Zweifel zu beseitigen, daß ›da drüben‹ wirklich niemand sein konnte. Es war tatsächlich weiter nichts da als die glatte Mauer des Turms.

Dampier schloß das Fenster, forderte mich mit einer Geste auf, wieder Platz zu nehmen, und setzte sich ebenfalls.

Der Vorfall selbst war nicht besonders geheimnisvoll; es mochte dafür ein Dutzend Erklärungen geben (obwohl mir nicht eine einfiel), doch beeindruckte er mich ungewöhnlich, vielleicht um so mehr, als mein Freund sich bemühte, mich zu beruhigen, was dem ganzen eine gewisse Bedeutung und mehr Gewicht zu verleihen schien. Er hatte bewiesen, daß niemand da war, aber gerade das war das Interessante dabei; und Dampier gab keine Erklärung. Sein Schweigen war beunruhigend und brachte mich auf.

»Mein lieber Freund«, hob ich an – ich fürchte, etwas ironisch –, »ich möchte nicht dein Recht in Frage stellen, so viele spukende Geister bei dir zu beherbergen, wie es deinem Geschmack entspricht und mit deinen Ansichten über Geselligkeit vereinbar ist; das geht mich nichts an. Da ich aber ein schlichter Mensch bin, der sich mit den Dingen dieser Welt beschäftigt, brauche ich für meine Ruhe und Bequemlichkeit nicht unbedingt Spukereien. Ich geh jetzt ins Hotel, wo meine Mitgäste noch im Fleische wandeln.«

Meine Worte waren nicht sehr höflich, aber er zeigte sich nicht davon berührt. »Sei so gut und bleib«, sagte er. »Ich bin dir für deine Anwesenheit dankbar. Was du heute abend gehört hast, glaube ich schon zweimal zuvor selbst gehört zu haben. Nun *weiß* ich, daß es keine Einbildung war. Das bedeutet mir viel – mehr, als du ahnst. Wappne dich noch mit einer Zigarre und genügend Geduld, ich will dir die Geschichte erzählen.«

Der Regen fiel nun gleichmäßiger, mit einem leisen, monotonen Plätschern, das in längeren Abständen unterbrochen wurde, wenn sich eine Bö erhob und die Bäume plötzlich rauschten. Die Nacht war schon weit vorgerückt, doch sowohl Zuneigung als auch Neugier ließen mich dem Monolog meines Freundes willig zuhören, und ich unterbrach ihn nicht ein einziges Mal bis zum Ende.

»Vor zehn Jahren besaß ich am andern Ende der Stadt auf dem Hügel, den wir heute Rincon Hill nennen, eine Parterrewohnung in einer Straße, deren Häuser sich glichen wie ein Ei dem andern. Es war einst das vornehmste Viertel in San Francisco gewesen, ist aber später vernachlässigt worden und in Verfall geraten, teils wegen des altmodischen Baustils, der den wachsenden Bedürfnissen unserer wohlhabenden Bürger nicht mehr entsprach, teils wegen gewisser öffentlicher Einrichtungen, die es in Verruf brachten. Die Häuserreihe, in der ich wohnte, stand ein wenig zurückgesetzt von der Straße. Jedes Einzelhaus hatte ein Gärtchen, das von den angrenzenden Grundstücken durch niedrige Eisenzäune abgegrenzt und mit mathematischer Genauigkeit durch einen Kiesweg mit Buchsbaumeinfassung vom Tor bis zur Haustür in zwei Hälften geteilt war.

Als ich eines Morgens meine Wohnung verließ, bemerkte ich

ein junges Mädchen, das den linken Nachbargarten betrat. Es war an einem warmen Junitage, und sie war in sommerliches Weiß gekleidet. Von ihren Schultern hing ein breiter und, wie es zu der Zeit Mode war, wunderhübsch und verschwenderisch mit Blumen und Bändern geschmückter Strohhut herab. Meine Aufmerksamkeit wurde nicht lange von der erlesenen Schlichtheit ihres Kleides gefesselt, denn niemand konnte ihr Antlitz schauen und dabei an etwas Irdisches denken. Sei unbesorgt, ich will es nicht durch eine Beschreibung entweihen; es war schöner als jedes andere. Was ich je an Lieblichkeit gesehen oder erträumt hatte, lag vereint in diesem unvergleichlichen, aus der Hand des göttlichen Künstlers hervorgegangenen lebenden Bild. Ja, es ergriff mich so tief, daß ich, ohne meine Handlungsweise als unpassend zu empfinden, unbewußt mein Haupt entblößte, wie das fromme Katholiken oder wohlerzogene Protestanten vor einem Bildnis der Heiligen Jungfrau tun. Das Mädchen zeigte kein Mißfallen; sie wandte mir ihre herrlichen dunklen Augen mit einem Blick zu, daß mir der Atem stockte, und ging vorbei ins Haus, ohne weiter von meinem Gruß Notiz zu nehmen. Ich blieb, den Hut noch in der Hand und meiner Unmanierlichkeit peinlich bewußt, einen Augenblick regungslos stehen, doch so von dem Gefühl beherrscht, das diese Erscheinung unvergleichlicher Schönheit mir einflößte, daß meine Reue mich nicht so quälte, wie es eigentlich hätte sein sollen. Dann ging ich meines Wegs, mein Herz ließ ich zurück. Normalerweise wäre ich wahrscheinlich bis zum Einbruch der Nacht ausgeblieben, aber um die Mitte des Nachmittags stand ich schon wieder in dem kleinen Garten und heuchelte Interesse an den paar albernen Blumen, die ich nie zuvor beachtet hatte. Ich hoffte vergeblich, sie kam nicht.

Einer Nacht der Unrast folgte ein Tag der Erwartung und Enttäuschung, doch am darauffolgenden Tage traf ich sie, als ich ziellos durch die Nachbarschaft schlenderte. Ich wiederholte natürlich nicht die Torheit, den Hut abzunehmen, auch wagte ich nicht einmal, etwa durch einen zu langen Blick ein Interesse an ihr zu bekunden, doch mein Herz schlug hörbar. Ich zitterte und merkte, wie ich errötete, als sie mir ihre großen schwarzen Augen mit einem Blick zuwandte, der deutlich ein Wiedererkennen verriet, doch bar jeder Keckheit und Koketterie war.

Ich möchte dich nicht mit Einzelheiten langweilen; ich traf das Mädchen noch oft danach, aber niemals sprach ich es an oder suchte seine Aufmerksamkeit zu erregen. Ich unternahm auch nichts, um ihre Bekanntschaft zu machen. Vielleicht ist dir meine Beherrschung, die einen so hohen Grad an Selbstverleugnung erfordert, nicht ganz verständlich. Daß ich mich Hals über Kopf verliebt hatte, stimmt, aber wer vermag es, seine Denkweise zu ändern oder aus seiner Haut zu schlüpfen?

Ich war Aristokrat – eine Bezeichnung, die von törichten Menschen gern und freigebig verliehen und von noch törichteren ebenso gern entgegengenommen wird; und trotz ihrer Schönheit, ihrem Zauber und Liebreiz gehörte das Mädchen nicht meiner Gesellschaftsklasse an. Ich hatte ihren Namen erfahren – es ist unnötig, ihn zu erwähnen – und etwas über ihre Familie. Sie war Waisenkind und als Nichte abhängig von der unmöglichen älteren dicken Frau, in deren Logierhaus sie wohnte. Ich hatte ein geringes Einkommen und außerdem kein Talent zum Heiraten; vielleicht ist auch das eine Gabe. Eine Verbindung mit jener Familie hätte mich zu ihrer Lebensweise verurteilt, mich von meinen Büchern und Studien getrennt und mich in sozialer Hinsicht in der großen Masse untergehen lassen. Es ist einfach, Erwägungen wie diese zu mißbilligen, und ich wüßte mich auch nicht zu rechtfertigen. Man kann mich ruhig verurteilen, aber wenn es ganz gerecht zugänge, müßten auch Generationen meiner Vorfahren mit auf der Anklagebank sitzen, und mir sollte zugestanden werden, den mächtigen Einfluß der Vererbung als strafmildernd geltend zu machen. Jedenfalls lehnte sich in mir jeder Blutstropfen meiner Vorfahren gegen eine solche Mißheirat auf. Kurzum, meine Neigungen und Gewohnheiten, mein Instinkt und was mir meine Liebe noch an Vernunft gelassen hatte – alles sträubte sich dagegen. Überdies war ich unverbesserlich sentimental und fand einen zarten Reiz in einer unpersönlichen, geistigen Verbindung, die durch näheren Umgang herabgewürdigt und durch Heirat sicherlich zerstört worden wäre. Es gibt keine Frau, sagte ich mir, die wirklich so ist, wie dieses liebliche Wesen zu sein scheint. Die Liebe ist ein wunderbarer Traum; warum sollte ich mich selbst aus diesem Traume reißen?

Bei diesen Gedanken und Gefühlen war klar, was ich zu tun hatte. Ehre, Stolz, Klugheit, die Bewahrung meiner Ideale – alles gebot mir fortzugehen, doch dazu war ich zu schwach. Das Äußerste, was ich mir mit gewaltiger Willenskraft zumuten konnte, war, das Mädchen nicht mehr zu treffen, und das brachte ich auch fertig. Ich vermied sogar die zufälligen Begegnungen im Garten und verließ meine Wohnung nur, wenn ich wußte, daß sie zu ihren Musikstunden gegangen war, und kehrte erst spätabends zurück. Doch die ganze Zeit war ich wie in einer Trance, gab mich den bezauberndsten Vorstellungen hin und brachte all mein Denken mit meinem Traum in Übereinstimmung. Ach, mein Freund, du als ein Mensch, der sich in seinem Tun so offensichtlich von der Vernunft leiten läßt, begreifst ja nicht, in welchem verhängnisvollen Wahn ich lebte.

Eines Abends gab mir der Teufel ein, wie ein unbeschreiblicher Dummkopf zu handeln. Als ich meine geschwätzige Wirtin scheinbar arglos und ohne Hintergedanken ausfragte, erfuhr ich von ihr, daß das Schlafzimmer des jungen Mädchens nur durch eine Zwischenmauer getrennt neben meinem lag. Einem jähen plumpen Einfall nachgebend, klopfte ich leise an die Wand. Es kam natürlich keine Antwort, aber ich war nicht in der Stimmung, mein Vorhaben aufzugeben. Ich war wie toll und beging noch einmal die Dummheit, die sie beleidigen mußte, doch wieder ohne Erfolg; dann erst bewies ich so viel Anstand, davon abzulassen.

Nach einer Stunde – ich war noch ganz vertieft in einige meiner verwünschten Studien – hörte ich, oder bildete es mir jedenfalls ein, wie mein Zeichen beantwortet wurde. Ich warf meine Bücher zu Boden, stürzte zur Wand und klopfte so behutsam, wie es mein wild schlagendes Herz zuließ, dreimal leise an. Diesmal kam die Antwort deutlich und unmißverständlich: eins, zwei, drei – genau die Wiederholung meines

Zeichens. Das war alles, was ich hervorlocken konnte, aber es genügte, war schon zuviel.

Am nächsten Abend wie noch an vielen Abenden danach ging der Unsinn weiter, wobei ich immer ›das letzte Wort‹ hatte. Während der ganzen Zeit war ich wahnsinnig glücklich, aber bei der Verdrehtheit meines Wesens beharrte ich bei meinem Entschluß, ihr aus dem Wege zu gehen. Dann bekam ich – wie wohl zu erwarten war – keine Antwort mehr. Sie ist verärgert über meine Schüchternheit, sagte ich mir, oder über das, was sie dafür hält, weil ich keine deutlicheren Annäherungsversuche mache. Und ich beschloß, sie aufzusuchen und ihre Bekanntschaft zu machen und – ja, was dann? Ich wußte es nicht, ich weiß auch heute nicht, was daraus geworden wäre. Ich weiß nur, daß ich tagelang versuchte, ihr zu begegnen, doch immer vergeblich; ich sah und hörte sie nicht mehr. Ich durchstreifte immer wieder die Straßen, in denen wir uns gesehen hatten, doch umsonst. Von meinem Fenster aus beobachtete ich den Garten vor ihrem Hause, aber sie kam weder herein noch heraus. Tiefe Niedergeschlagenheit erfaßte mich, als mir der Gedanke kam, sie könnte fortgezogen sein; doch machte ich keine Anstalten, mir durch eine Nachfrage bei meiner Wirtin Gewißheit zu verschaffen, denn ich hegte gegen sie eine unüberwindliche Abneigung, weil sie einmal von dem Mädchen mit weniger Hochachtung gesprochen hatte, als ich schicklich fand.

Dann kam eine verhängnisvolle Nacht. Ich war vor Erregung, Unschlüssigkeit und Verzweiflung ermüdet, hatte mich früh zurückgezogen und war in einen Schlaf gesunken, wie er mir damals immer noch möglich war. Mitten in der Nacht – eine böse Macht legte es darauf an, mir auf immer und ewig meinen Frieden zu nehmen – ließ mich etwas die Augen öffnen und hochfahren, hellwach werden und gespannt auf etwas lauschen, ich wußte nicht was. Dann meinte ich ein schwaches Klopfen an der Wand zu hören – nur die Andeutung des vertrauten Zeichens. Nach einigen Augenblicken wiederholte es sich – eins, zwei, drei –, nicht lauter als zuvor, aber deutlich für jemanden bestimmt, der angespannt lauschte und sich bemühte, die Botschaft zu empfangen. Ich war im Begriff zu antworten, als der Teufel sich wieder einmengte und mir gemeine Rachegedanken einflüsterte. Sie hatte mich lange und grausam unbeachtet gelassen, nun würde ich sie nicht beachten. Eine unglaubliche Dummheit – möge Gott sie mir vergeben! Die ganze Nacht lag ich wach, verschanzte meinen Starrsinn hinter schamlosen Rechtfertigungsgründen und – lauschte.

Als ich spät am nächsten Morgen das Haus verließ, traf ich meine Wirtin, die gerade hereinkam.

›Guten Morgen, Mr. Dampier‹, sagte sie. ›Wissen Sie schon das Neueste?‹

Durch Worte gab ich ihr zu verstehen, daß ich nichts gehört hätte, und durch die Art, wie ich es sagte, daß es mich nicht interessierte. Aber das entging ihrer Aufmerksamkeit.

›Über die kranke junge Dame nebenan‹, schwatzte sie drauflos. ›Was, Sie wissen nichts? Na, sie ist doch wochenlang krank gewesen, und jetzt –‹

Ich wäre beinahe auf sie zugestürzt. ›Und jetzt?‹ schrie ich, ›was jetzt?‹

›Sie ist tot.‹

Die Geschichte ist noch nicht zu Ende. Die Kranke hatte, wie ich später erfuhr, mitten in der Nacht, als sie aus einer langen Bewußtlosigkeit nach einer Woche des Deliriums erwacht war, darum gebeten, daß man ihr Bett auf die gegenüberliegende Seite des Zimmers stellte – das waren ihre letzten Worte gewesen. Diejenigen, die um sie waren, hatten die Bitte für einen Einfall ihres Fieberwahns gehalten, sie ihr aber erfüllt. Und da hatte die arme scheidende Seele mit letzter Willensanstrengung versucht, eine unterbrochene Verbindung wiederherzustellen – den goldenen Faden des Gefühls zu spinnen zwischen ihrer Unschuld und der maßlosen Niederträchtigkeit, die einer verblendeten, brutalen Selbstsucht entsprang.

Wie kann ich es wiedergutmachen? Kann man Messen lesen lassen für die Ruhe der Seelen, die in solchen Nächten draußen sind – ›Geister, von blind waltenden Winden umhergeweht‹ –, die in Nacht und Sturm Zeichen und Vorbedeutungen kundtun, auf Gewesenes anspielen und Zukünftiges prophezeien?

Dies ist der dritte Besuch. Das erste Mal war ich zu skeptisch, um mehr zu tun, als die Art der Erscheinung auf natürliche Weise zu erklären. Beim zweiten Mal antwortete ich auf das Klopfen, nachdem es mehrmals wiederholt worden war, aber ohne Erfolg. Und die heutige Wiederkehr vollendet die ›schicksalhafte Dreiheit‹, wie Parapelius Necromantius sie auslegt. Das ist alles.«

Als Dampier mit seinem Bericht zu Ende war, fiel mir nichts Passendes ein, das ich ihm hätte sagen können, und ihm Fragen zu stellen wäre eine grobe Taktlosigkeit gewesen. Ich stand auf und wünschte ihm eine gute Nacht in einer Art, die ihm mein Mitgefühl bekundete, und mit schweigendem Händedruck war er mir dafür dankbar. In dieser Nacht, allein mit seinem Gram und seinen Gewissensqualen, schied er hinüber ins Unbekannte.

DIE MITTLERE ZEHE
DES RECHTEN FUSSES

I

Jedermann weiß, daß es im alten Mantonhaus spukt. Keine vorurteilsfreie Person im gesamten ländlichen Distrikt der Umgebung, ja, nicht einmal in der eine Meile entfernten Stadt Marshall, hegt in dieser Hinsicht irgendwelche Zweifel; die Ungläubigkeit ist auf jene starrköpfigen Leute beschränkt, die man als ›Spinner‹ bezeichnen wird, sobald dieses nützliche Wort in die intellektuelle Domäne des Marshaller ›Advance‹ Eingang gefunden haben wird. Der Beweis, daß es in dem Haus spukt, ist zweifacher Natur: Da gibt es die Aussagen unparteiischer Zeugen, die alles mit eigenen Augen gesehen haben, und den des Hauses selbst. Erstere könnten außer acht gelassen und unter den verschiedensten Einwänden, die scharfsinnige Gemüter erheben mögen, als nicht rechtens abgetan werden; aber Tatsachen, die den Blicken aller unterliegen, sind materiell und beherrschend.

Zunächst einmal ist das Mantonhaus über zehn Jahre lang

nicht von Sterblichen bewohnt worden und verfällt langsam einschließlich seiner Nebengebäude – ein Umstand, den der Verständige zu ignorieren kaum wagen wird. Es steht ein Stück abseits des einsamsten Abschnitts der Straße von Marshall nach Harriston auf einem Stück freien Landes, das einstmals eine Farm war und noch immer entstellt wird von den Resten eines vermodernden Holzzaunes und halb von Dornengestrüpp überwuchert ist, das sich den steinigen, unfruchtbaren und lange nicht mit dem Pflug in Berührung gekommenen Boden untertan macht. Das Haus selbst befindet sich in erträglich gutem Zustand, obwohl es arg von der Witterung mitgenommen wurde und dringend der Aufmerksamkeit eines Glasers bedürfte, da die kleinere männliche Bevölkerung der Umgebung ihre Mißbilligung darüber, daß hier eine Behausung unbehaust geblieben ist, auf ihre Weise zum Ausdruck gebracht hat. Das Haus ist zweistöckig, fast quadratisch, und die Vorderfront weist eine einzige Tür auf, welche zu beiden Seiten von einem völlig vernagelten Fenster flankiert wird. Entsprechende ungeschützte Fenster darüber sorgen dafür, Licht und Regen in die Räumlichkeiten des Obergeschosses einzulassen. Gras und Unkraut wuchern üppig allerorten, und einige schattenspendende Bäume, die unter dem Wind gelitten haben und sich alle in eine Richtung neigen, scheinen gemeinsame Anstrengungen zu unternehmen, wegzulaufen. Kurzum, wie der Humorist von Marshall in den Spalten des ›Advance‹ erläuterte, ist ›die Annahme, daß das Mantonhaus arg von Geistern heimgesucht wird, die einzig logische Schlußfolgerung aus dem Zustand des Grundstücks‹. Die Tatsache, daß Mr. Manton es in dieser Behausung eines Nachts vor gut zehn Jahren als angebracht erschien, aufzustehen, seiner Frau und zwei kleinen Kindern die Kehlen durchzuschneiden und sich sofort in einen anderen Teil des Landes zu begeben, trug zweifellos wesentlich dazu bei, der öffentlichen Aufmerksamkeit die Tauglichkeit des Anwesens für übernatürliche Phänomene einleuchtend zu machen.

An einem Sommerabend kamen vier Männer in einem Einspänner zu eben diesem Haus gefahren. Drei davon stiegen sofort ab, und der Wagenlenker band das Gespann an den einzi-

gen noch verbliebenen Pfosten von dem, was einst ein Zaun gewesen war. Der vierte blieb im Wagen sitzen. »Komm«, sagte
einer seiner Freunde und trat zu ihm, während die anderen auf
das Wohnhaus zugingen. »Das ist der Ort.«

Der Angesprochene rührte sich nicht. »Verdammt noch mal,
das ist eine faule Sache, und mir kommt es ganz so vor, als würdest du da mitmachen«, sagte er grob.

»Vielleicht ist es so«, entgegnete der andere, blickte ihm gerade in die Augen und fuhr in einem Ton, der ein klein wenig
verächtlich klang, fort: »Du wirst dich jedoch wohl erinnern,
daß die Wahl des Ortes mit deiner Zustimmung der anderen
Seite überlassen wurde. Natürlich, wenn du Angst vor Gespen-
stern hast ...«

»Ich habe vor nichts Angst«, fiel der Mann ihm mit einem
weiteren Fluch ins Wort und sprang vom Wagen. Die beiden
schlossen sich nun den anderen an der Tür an, die einer von ihnen bereits mit einiger Beschwernis geöffnet hatte, da Schloß
und Angeln verrostet waren. Alle traten ein. Drinnen war es
dunkel, aber der Mann, der die Tür aufgeschlossen hatte, förderte eine Kerze und Streichhölzer zutage und sorgte für Licht.
Während sie im Flur standen, schloß er dann eine Tür zu ihrer
Rechten auf. Sie verschaffte ihnen Zutritt zu einem großen,
quadratischen Raum, den die Kerze nur dürftig erhellte. Der
Fußboden war von einer dicken Staubschicht bedeckt, die ihre
Schritte etwas dämpfte. Spinnweben überspannten die Ecken
der Wände und hingen von der Decke wie Streifen halbvermo-
derter Schnürbänder, die in der aufgestörten Luft wellenartige
Bewegungen vollführten. Der Raum hatte an zwei aneinander-
stoßenden Seiten Fenster, aber in beiden sah man nichts anderes als die rauhe Innenseite der Bretter einige Zoll vor den
Scheiben. Es gab weder einen Kaminplatz noch Möbel; es gab
nichts außer den Spinnweben und dem Staub, die vier Männer
waren die einzigen Wesen, die nicht Teil des Bauwerks waren.

Im gelben Lichtschein der Kerze sahen sie seltsam genug
aus. Der eine, der so widerstrebend abgestiegen war, fiel besonders auf – man hätte ihn als aufsehenerregend bezeichnen können. Er war mittleren Alters und athletisch gebaut mit gewölb-
ter Brust und breiten Schultern. Bei Betrachtung seiner Gestalt

hätte man vermutet, daß er die Kräfte eines Riesen habe; und bei einem Blick in seine Gesichtszüge, daß er sie auch wie ein Riese einsetzen würde. Er war glattrasiert, sein Haar kurz geschoren und grau. Seine niedrige Stirn war an den Augen von Falten zerfurcht, die über der Nase senkrecht verliefen. Die schweren, schwarzen Brauen folgten demselben Gesetz und wurden an einem Zusammentreffen nur durch einen Aufwärtsknick an der Stelle gehindert, wo sonst der Berührungspunkt gewesen wäre. Darunter glühten im matten Licht zwei tief eingesunkene Augen unbestimmbarer Farbe, aber offensichtlich allzu klein. In ihrem Ausdruck lag etwas Abstoßendes, das durch den grausamen Mund und den breiten Unterkiefer noch verstärkt wurde. Die Nase war so gut, wie Nasen nun einmal sind; man erwartet nicht viel von ihnen. All das, was in des Mannes Gesicht unheilvoll war, schien durch eine unnatürliche Blässe betont zu werden – er wirkte völlig blutleer.

Das Äußere der anderen Männer war ziemlich gewöhnlich; es waren Leute, die man sofort wieder vergißt, nachdem man ihnen einmal begegnet ist. Sie alle waren jünger als der beschriebene Mann, und zwischen ihm und dem ältesten der anderen, der etwas entfernt stand, herrschte offensichtlich kein gutes Verhältnis. Sie vermieden es, einander anzublicken.

»Gentlemen, ich glaube, es ist alles in Ordnung«, sagte der Mann, der die Kerze und die Schlüssel hielt. »Sind Sie bereit, Mr. Rosser?«

Der von der Gruppe etwas entfernt stehende Mann verbeugte sich und lächelte.

»Und Sie, Mr. Grossmith?«

Der athletische Mann verbeugte sich ebenfalls und blickte düster.

»Sie wollen jetzt die Güte haben, Ihre Oberbekleidung abzulegen.«

Hüte, Jacken, Westen und Krawatten wurden schnell abgelegt und vor die Tür auf den Flur geworfen. Der Mann mit der Kerze nickte, und der vierte – der Grossmith zugeredet hatte, den Wagen zu verlassen – förderte aus der Tasche seines Mantels zwei lange, mörderisch aussehende Bowiemesser, die er nun aus den Lederscheiden zog.

»Sie sind genau gleich«, erklärte er und hielt jedem der zwei Duellanten eins hin –, inzwischen wird wohl selbst der begriffsstutzigste Beobachter den Charakter dieser Begegnung verstanden haben. Es sollte ein Kampf auf Leben und Tod werden.

Jeder Gegner nahm ein Messer, prüfte es kritisch im Schein der Kerze und erprobte die Festigkeit von Klinge und Griff auf dem angehobenen Knie. Sodann mußten sich beide einer Leibesvisitation unterziehen, die jeweils vom Sekundanten des anderen vorgenommen wurde.

»Wenn es Ihnen recht ist, so stellen Sie sich dort in jener Ecke auf, Mr. Grossmith«, sagte der Mann, der die Kerze hielt.

Er wies in die Ecke des Raumes, die am weitesten von der Tür entfernt lag, wohin sich Grossmith zurückzog, nachdem sein Sekundant sich von ihm mit einem Handschlag ohne jede Herzlichkeit getrennt hatte. In der der Tür am nächsten gelegenen Ecke stellte sich Mr. Rosser auf, und nach einer flüsternd geführten Konsultation verließ ihn sein Sekundant und trat zu dem anderen in der Nähe der Tür. Gleich darauf wurde die Kerze plötzlich gelöscht, so daß alle von tiefer Dunkelheit umgeben waren. Vielleicht hatte ein Luftzug von der offenen Tür dieses verursacht; was auch immer der Grund gewesen sein mochte, die Wirkung war erschreckend.

»Gentlemen«, sagte eine Stimme, die in der veränderten Situation, welche die Beziehungen der Sinne zueinander beeinflußte, seltsam fremd klang, »Gentlemen, Sie werden sich erst bewegen, wenn Sie hören, wie die Außentür geschlossen wird.«

Dann folgte das Trampeln von Schritten, danach das Schließen der inneren Tür, und letztendlich fiel die Außentür mit einer Erschütterung zu, die das ganze Gebäude erbeben ließ.

Einige Minuten danach begegnete ein Farmersjunge, der sich verspätet hatte, einem leichten Wagen, der in wilder Fahrt Richtung Marshall preschte. Der Junge erklärte später, hinter den zwei Gestalten auf dem Vordersitz habe eine dritte gestanden, die Hände auf den gebeugten Schultern der anderen, die sich anscheinend vergebens bemühten, sich von dem Griff zu befreien. Diese Gestalt sei im Gegensatz zu den anderen weißgekleidet gewesen und habe den Wagen zweifellos bestiegen, als er an dem verwunschenen Haus vorbeigefahren war. Da der

Junge sich beträchtlicher früherer Erfahrung mit übernatürlichen Vorgängen daselbst rühmen konnte, besaß sein Wort ein Gewicht, das zu Recht dem Zeugnis eines Experten beigemessen wird. Diese Geschichte erschien (in Verbindung mit den Ereignissen des nächsten Tages) letztendlich auch im ›Advance‹, mit einigen unerheblichen literarischen Verbrämungen und einem abschließenden Hinweis, daß die hier erwähnten Gentlemen sich der Spalten der Zeitung bedienen könnten, um ihre Version des Abenteuers dieser Nacht zu liefern. Indes erhob niemand Anspruch auf dieses Vorrecht.

II

Die Ereignisse, die zu diesem ›Duell im Dunkeln‹ geführt hatten, waren ziemlich unbedeutend. Eines Abends saßen drei junge Männer aus Marshall in einer ruhigen Ecke der Halle des dortigen Hotels, rauchten und erörterten Dinge, die drei gebildete junge Männer eines Ortes im Süden natürlicherweise für interessant halten würden. Ihre Namen waren King, Sancher und Rosser. Etwas entfernt, gleichwohl durchaus noch in Hörweite saß ein vierter, der jedoch an der Unterhaltung nicht teilnahm. Er war den anderen fremd. Sie wußten nur, daß er sich bei seinem Eintreffen mit der Postkutsche an jenem Nachmittag im Gästebuch unter dem Namen Robert Grossmith eingetragen hatte. Niemand hatte gesehen, daß er mit irgend jemandem gesprochen hätte, außer mit dem Hotelangestellten. Ihm schien in der Tat besonders viel daran zu liegen, sich selbst überlassen zu bleiben – oder, wie die *Mitarbeiter* des ›Advance‹ es ausdrückten, ›sich weitestgehend bösen Gedanken hinzugeben‹. Um dem Fremden Gerechtigkeit widerfahren zu lassen, sollte hier jedoch auch festgestellt werden, daß die *Mitarbeiter* selbst von allzu gesellniger Disposition waren, um jemanden mit entgegengesetzter Neigung gerecht zu beurteilen, außerdem hatte man eine leichte Zurückweisung erfahren, als man sich um ein ›Interview‹ bemüht hatte.

»Ich hasse jede Art von Mißgestaltung bei einer Frau, ob angeboren oder erworben«, sagte King. »Ich folge einer Theorie, wonach jedem physischen Defekt ein geistiger und moralischer entspricht.«

»Ich schlußfolgere daraus, daß eine Dame, die des moralischen Vorteils einer Nase enträt, den Kampf, Mrs. King zu werden, als aussichtsloses Unterfangen kennenlernen wird«, sagte Rosser ernst.

»Natürlich kannst du es so darstellen«, war die Antwort. »Aber im Ernst, ich habe einmal einem äußerst reizvollen Mädchen den Laufpaß gegeben, nachdem ich ganz zufällig erfahren hatte, daß sie sich der Amputation einer Zehe hatte unterziehen müssen. Mein Verhalten war brutal, wenn du willst, aber wenn ich sie geheiratet hätte, wäre ich mein ganzes Leben lang unglücklich gewesen und hätte auch sie unglücklich gemacht.«

»Wohingegen sie durch die Verheiratung mit einem Gentleman von liberalerer Sinnesart mit einer durchschnittenen Kehle davonkam«, sagte Sancher und lachte flüchtig.

»Aha, du weißt, wen ich meine. Ja, sie heiratete Manton, aber über seine liberale Gesinnung weiß ich nichts; ich bin nicht sicher, ob er ihr nicht deshalb die Kehle durchschnitt, weil er entdeckte, daß sie jenes vorzüglichen weiblichen Körperteils, eben der mittleren Zehe des rechten Fußes, ermangelte.«

»Seht mal den Kerl dort!« sagte Rosser in gedämpftem Ton und wies mit dem Blick auf den Fremden.

Der Mann folgte offensichtlich gespannt ihrer Unterhaltung.

»So eine Unverschämtheit!« murmelte King. »Was sollen wir tun?«

»Das ist kein Problem«, entgegnete Rosser und erhob sich. »Mein Herr, ich glaube, es ist besser, wenn Sie sich mit Ihrem Stuhl ans andere Ende der Veranda zurückziehen«, fuhr er, an den Fremden gewandt, fort. »Die Gegenwart von Gentlemen ist Ihnen offensichtlich nicht vertraut.«

Der Mann sprang auf und trat mit geballten Fäusten vor, das Gesicht bleich vor Zorn. Alle standen nun. Sancher trat zwischen die Kampfwütigen.

»Du handelst übereilt und ungerecht«, sagte er zu Rosser.

»Dieser Gentleman hat nichts getan, was eine solche Sprache erforderte.«

Aber Rosser wollte kein Wort zurücknehmen. Dem Brauch des Landes und der Zeit gehorchend, gab es für diesen Streitfall nur eine Lösung.

»Ich fordere die Satisfaktion, die einem Gentleman zukommt«, sagte der Fremde, der nun ruhiger geworden war. »Ich kenne niemanden in dieser Gegend. Vielleicht wären Sie freundlich genug, mich in dieser Sache zu vertreten«, sagte er mit einer Verbeugung zu Sancher.

Dieser übernahm das Amt – etwas widerstrebend, das muß gesagt werden, denn Äußeres wie Auftreten des Mannes entsprachen überhaupt nicht seinem Geschmack. King, der dem Fremden während der Auseinandersetzung unverwandt ins Gesicht gesehen und kein Wort gesprochen hatte, gab mit einem Kopfnicken zu verstehen, er werde für Rosser eintreten, und das Ergebnis von allem war, daß, nachdem sich die Duellanten zurückgezogen hatten, für den nächsten Abend ein Treffen vereinbart wurde. Der Charakter dieser Vereinbarung ist bereits dargestellt worden. Ein Duell auf Messer in einem dunklen Raum war früher im Leben des Südwestens häufiger der Brauch, als es wahrscheinlich je wieder sein wird. Welch dünnes Mäntelchen von ›Ritterlichkeit‹ dem im Grunde höchst brutalen Kodex umgehängt wurde, nach welchem solche Begegnungen möglich waren, werden wir sehen.

III

In der Glut des Hochsommermittags entsprach das alte Mantonhaus schwerlich seinen Traditionen. Es war aus Erde, war erden. Der Sonnenschein liebkoste es warm und liebevoll unter offensichtlicher Mißachtung seines schlechten Rufes. Das Gras, welches auf der gesamten Fläche davor grünte, schien nicht üppig zu wachsen, sondern in natürlicher und freudiger Fülle, und das Unkraut blühte geradeso wie ein Blumenbeet. Die vernachlässigten Bäume waren erfüllt von reizvollen Licht- und Schattenspielen und dem munteren Gesang der Vögel und schienen nicht länger erpicht, davonzulaufen, sondern beugten sich ehrerbietig unter ihrer Bürde von Sonne und Gesang. Selbst den scheibenlosen oberen Fenstern haftete ein Ausdruck von Frieden und Zufriedenheit an, bewirkt durch das Licht im Inneren. Über den steinigen Feldern tanzte sichtbar die Hitze mit lebhaftem Flirren, das unvereinbar war mit jener ernsten Würde, welche ein Attribut des Übernatürlichen ist.

Solcherart Anblick bot diese Stätte Sheriff Adams und zwei anderen Männern, die aus Marshall hergekommen waren, um sie sich anzusehen. Einer dieser Männer war Mr. King, Stellvertreter des Sheriffs; der andere, der auf den Namen Brewer hörte, war ein Bruder der verstorbenen Mrs. Manton. Nach einem segensreichen Gesetz des Staates, Eigentum betreffend, das eine gewisse Zeit von seinem Besitzer, dessen Wohnort nicht festgestellt werden konnte, vernachlässigt wurde, war der Sheriff rechtmäßiger Hüter von Mantons Farm und der dazugehörigen Baulichkeiten. Mit seinem heutigen Besuch kam er rein routinemäßig einem Gerichtsbeschluß nach, den Mr. Brewer herbeigeführt hatte, um als Erbe seiner verstorbenen Schwester in den Besitz des Grundstücks zu gelangen. Durch bloßen Zufall fand der Besuch einen Tag nach jenem Abend statt, an dem der stellvertretende Sheriff King das Haus zu anderem und ganz unterschiedlichem Zwecke geöffnet hatte. Seine jetzige Anwesenheit entsprach nicht dem eigenen Wunsch; er hatte Befehl erhalten, seinen Vorgesetzten zu begleiten, und ihm war in dem Augenblick nichts Gescheiteres eingefallen als vorgetäuschte Bereitwilligkeit, der Anweisung Folge zu leisten.

Als der Sheriff unbekümmert die zu seiner Überraschung verschlossene Vordertür öffnete, war er sehr verwundert, auf dem Fußboden des Korridors gleich hinter der Tür einen wüsten Haufen von Kleidungsstücken zu finden. Die Untersuchung ergab, daß es sich um zwei Hüte und dieselbe Anzahl von Jacken, Westen und Krawatten handelte, alles in bemerkenswert gutem Zustand, obzwar etwas verunreinigt durch den Staub, in dem es lag. Mr. Brewer war gleichermaßen verwundert, aber Mr. Kings Empfinden ist nicht belegt. Mit neuem und nun lebhaftem Interesse an seinem eigenen Tun schloß der Sheriff eine Tür zur Rechten auf, öffnete sie, und die drei traten ein. Der Raum war anscheinend leer – nein; als ihre Augen sich allmählich an das trübe Licht gewöhnt hatten, sahen sie etwas im entferntesten Winkel des Raumes liegen. Es war eine menschliche Gestalt – die eines Mannes, der dort zusammengekrümmt in der Ecke hockte. Etwas in seiner Haltung ließ die Eindringlinge verharren, kaum daß sie die Schwelle überschritten hatten. Immer deutlicher zeichneten sich die Konturen der Gestalt ab. Der Mann hockte auf einem Knie, lehnte mit dem Rücken in der Ecke, die Schultern bis zur Höhe der Ohren emporgezogen und die Hände mit den Handflächen nach außen vors Gesicht gelegt, die Finger gespreizt und gekrümmt wie Krallen; der Kopf war zurückgebogen, das bleiche Gesicht mit einem Ausdruck unaussprechlichen Entsetzens nach oben gerichtet, der Mund halb geöffnet, und die Augen waren unglaublich geweitet. Er war mausetot. Dennoch befand sich kein anderer Gegenstand im Raum außer einem Bowiemesser, welches offensichtlich seiner Hand entfallen war.

Im dicken Staub, der den Fußboden bedeckte, sah man nahe der Tür und entlang der Wand auf einer Seite davon mehrere undeutliche Fußabdrücke. Eine der anstoßenden Wände entlang und an den vernagelten Fenstern vorbei führte eine weitere Spur, die der Mann selbst hinterlassen hatte, als er sich in seine Ecke zurückzog. Die drei Männer folgten ihr automatisch, als sie sich dem Körper näherten. Der Sheriff griff einen der ausgestreckten Arme; er war hart wie Eisen, und die Anwendung selbst geringer Kraft erschütterte den ganzen Körper, ohne die Haltung seiner einzelnen Teile zu verändern. Brewer starrte bleich vor Aufregung in das entstellte Gesicht. »Gütiger Gott«, rief er plötzlich. »Das ist Manton!«

»Sie haben recht«, sagte King, der sich offensichtlich bemühte, gelassen zu erscheinen. »Ich habe ihn gekannt. Damals trug er einen Vollbart und das Haar lang, aber das hier ist er.«

Er hätte hinzufügen können: ›Ich erkannte ihn gleich, als er Rosser forderte, und teilte diesem und Sancher mit, wer er war, noch ehe wir ihm den schrecklichen Streich spielten. Als Rosser den stockdunklen Raum verließ, uns auf dem Fuße folgend und in der Aufregung seine Oberbekleidung vergessend, und als er mit uns in Hemdsärmeln davon fuhr – während der ganzen schändlichen Vorgänge wußten wir genau, mit wem wir es zu tun hatten, Mörder und Feigling, der er war!«

Aber Mr. King sagte kein Wort von alledem. Mittels seiner besseren Einsicht versuchte er, das Geheimnis des Todes dieses Mannes zu ergründen. Daß er sich nicht ein einziges Mal aus der Ecke fortbewegt hatte, wohin er sich zu Beginn zurückgezogen hatte; daß seine Haltung weder von Angriff noch von Verteidigung zeugte; daß er seine Waffe hatte fallen lassen; daß er offensichtlich aus purem Entsetzen vor etwas umgekommen war, was er *gesehen* hatte – dies alles waren Umstände, die Mr. Kings gestörtes Auffassungsvermögen nicht richtig zu deuten vermochte.

Während er in geistiger Finsternis nach einem Ariadnefaden für seinen Irrgarten des Zweifels suchte, fiel sein Blick, der ganz unbewußt zu Boden gesenkt war wie eben bei jemandem, der über folgenschwere Dinge nachsinnt, auf etwas, das ihn hier bei Tageslicht und in Anwesenheit seiner quicklebendigen Begleiter mit eisigem Schrecken erfüllte. Im Staub der Jahre, der dick auf dem Fußboden lag – führten von der Tür, durch welche sie eingetreten waren, geradenwegs quer durch den Raum bis auf einen Yard von Mantons zusammengekrümmten Leichnam entfernt drei parallele Fußspuren – leichte, aber deutliche Eindrücke bloßer Füße, die äußeren die von kleinen Kindern, die inneren die einer Frau. Sie kehrten von dem Punkt, an dem sie endeten, nicht wieder zurück und wiesen alle in eine Richtung. Brewer, der sie im gleichen Moment entdeckt hatte, beugte sich totenbleich und in höchst konzentrierter Aufmerksamkeit vor.

»Seht euch das an!« rief er und wies mit beiden Händen auf den am nächsten sichtbaren Abdruck des rechten Fußes der Frau, wo sie offensichtlich stehengeblieben war. »Die mittlere Zehe fehlt – es war Gertrude!«

Gertrude war die verstorbene Mrs. Manton, Mr. Brewers Schwester.

DAS REICH DES UNWIRKLICHEN

I

Die Straße von Auburn nach Newcastle verläuft einen Teil der Wegstrecke zunächst auf der einen Seite eines Flusses, wechselt dann auf die andere und nimmt den ganzen Grund einer Schlucht ein; sie wurde teils aus der steilen Bergwand herausgehauen, teils von Grubenarbeitern mit aufgeschichteten Geröllsteinen dem Flußbett abgerungen. Die Schlucht schlängelt sich durch bewaldete Berge. In einer dunklen Nacht muß man sehr vorsichtig fahren, wenn man nicht ins Wasser stürzen will. Die Nacht, an die ich mich erinnere, war dunkel und der Fluß durch ein kurz zuvor niedergegangenes Unwetter zum reißenden Strom angeschwollen. Ich kam mit dem Fuhrwerk von Newcastle und befand mich ungefähr eine Meile vor Auburn im dunkelsten und engsten Abschnitt der Schlucht. Gespannt blickte ich an meinem Pferd vorbei auf den Fahrweg. Plötzlich sah ich unmittelbar vor dem Pferd einen Mann und zügelte das Tier mit einem Ruck, daß es beinahe auf die Keulen zu sitzen kam.

»Ich bitte um Entschuldigung, Sir«, sagte ich; »ich habe Sie nicht gesehen.«

»Das konnte man von Ihnen auch kaum verlangen«, erwiderte der Mann höflich, während er an mein Gefährt trat; »und ich konnte Sie durch das Rauschen des Flusses nicht hören.«

Ich erkannte sogleich die Stimme wieder, obwohl fünf Jahre vergangen waren, seit ich sie gehört hatte. Sie jetzt zu vernehmen, war ich nicht sonderlich erbaut.

»Ich glaube, Sie sind Dr. Dorrimore«, sagte ich.

»Ja, und Sie sind mein lieber Freund Mr. Manrich. Ich bin mehr als erfreut, Sie zu treffen – vor allem deshalb«, fügte er mit leisem Lachen hinzu, »weil ich denselben Weg wie Sie habe und deshalb mit einer Aufforderung zur Mitfahrt rechne.«

»Was hiermit von ganzem Herzen geschieht.«

Aber das stimmte durchaus nicht.

Dr. Dorrimore bedankte sich, während er neben mir Platz

nahm, und ich fuhr weiter, behutsam wie zuvor. Zweifellos ist es nur Einbildung, aber mir scheint jetzt noch, daß wir den restlichen Weg in einem frostigen Nebel zurücklegten und daß die Stadt bei unserer Ankunft unfreundlich, öde und verlassen war. Es muß früh am Abend gewesen sein, aber ich entsinne mich nicht, in irgendeinem Hause Licht oder jemanden auf den Straßen gesehen zu haben. Dorrimore berichtete ziemlich umständlich, welcher Zufall ihn hergeführt und wo er sich in den Jahren seit unserer Begegnung aufgehalten hatte. Ich entsinne mich, daß er mir etwas erzählt hat, nicht aber darauf, was es eigentlich war. Er hatte fremde Länder besucht und war zurückgekehrt – das ist alles, was ich im Gedächtnis behielt, und das hatte ich ohnehin schon gewußt. Was mich betrifft, so erinnere ich mich nicht, daß ich überhaupt etwas sagte, obwohl ich mich bestimmt mit ihm unterhalten habe. Eines ist mir aber noch deutlich bewußt: wie seltsam mich die Anwesenheit des Mannes an meiner Seite abstieß und beunruhigte, in einem Maße, daß ich das Gefühl hatte, der übersinnlichen Gefährdung durch ein besonders widerwärtiges Wesen entronnen zu sein, als ich schließlich unter der Lampe des Putnam-Hotels anhielt. Dieses Gefühl der Erleichterung schwand wieder etwas bei der Feststellung, daß auch Dr. Dorrimore dort wohnte.

II

Um wenigstens teilweise meine Gefühle gegenüber Dr. Dorrimore zu erklären, möchte ich kurz die Umstände schildern, unter denen ich ein paar Jahre zuvor mit ihm bekannt geworden war. Eines Abends saß ein halbes Dutzend Männer, zu denen auch ich gehörte, in der Bibliothek des Künstlerklubs in San Francisco. Die Unterhaltung ging um Tricks und Fertigkeiten von Taschenspielern wie desjenigen, der gerade damals in einem dortigen Theater auftrat.

»Diese Burschen machen uns in zweifacher Hinsicht etwas vor«, sagte einer aus der Runde; »sie bringen doch nichts zustande, wovon man sich begeistert hinters Licht führen ließe. Der bescheidenste indische Straßenzauberer könnte ihnen blauen Dunst vormachen, bis sie fast den Verstand verlieren.«

»Wie denn, zum Beispiel?« fragte ein anderer und brannte sich eine Zigarre an.

»Zum Beispiel mit den üblichen und ganz alltäglichen Vorführungen: größere Gegenstände in die Luft zu werfen, die niemals wieder herunterkommen; auf kahlem Boden, den die Zuschauer aussuchen, Pflanzen hervorzubringen, die sichtbar wachsen und blühen; einen Mann in einen Weidenkorb zu stekken, der von allen Seiten mit einem Degen durchstochen wird, wobei er schreit und blutet, und dann – wenn der Korb aufgemacht wird – ist gar nichts drin; oder sie werfen das Ende einer seidenen Strickleiter in die Luft, klettern hinauf und verschwinden.«

»Unsinn!« rief ich, ziemlich unhöflich, fürchte ich. »Sie glauben doch nicht etwa an solche Dinge?«

»Natürlich nicht, denn ich habe sie zu oft gesehen.«

»Aber ich glaub's«, sagte ein Journalist, der in der Stadt einen ausgezeichneten Ruf als glänzender Reporter genoß. »Ich habe darüber so oft berichtet, daß meine Überzeugung nur durch persönliche Beobachtung ins Wanken gebracht werden könnte. Ja, meine Herren, ich stehe mit meinem eigenen Wort dazu.«

Niemand lachte – alle sahen auf etwas hinter mir. Ich drehte mich auf dem Stuhl um und bemerkte einen Mann im Abendanzug, der gerade den Raum betreten hatte. Er war ungewöhnlich dunkelhäutig, fast wie ein Farbiger, hatte ein hageres Gesicht und einen schwarzen Bart rings um den Mund; sein fülliges Haar, schwarz und derb, war etwas unordentlich; er hatte eine große Nase und Augen, die mit so seelenlosem Ausdruck glänzten wie die einer Kobra. Einer der Sitzenden erhob sich und machte ihn als Dr. Dorrimore aus Kalkutta bekannt. Als wir der Reihe nach vorgestellt wurden, quittierte er das mit einer tiefen Verbeugung in orientalischer Art, aber ganz ohne den orientalischen Ernst. Ich hatte den Eindruck, als wäre sein Lächeln zynisch und ein wenig verächtlich. Von seinem ganzen Auftreten kann ich nur sagen, daß es in unangenehmer Weise fesselnd wirkte.

Seine Anwesenheit brachte die Unterhaltung in andere Bahnen. Er sprach kaum – ich erinnere mich an überhaupt nichts, was er dennoch sagte. Ich fand seine Stimme seltsam klangvoll und melodiös, doch berührte sie mich ebenso wie die Augen und das Lächeln. Nach einigen Minuten stand ich auf, um zu gehen. Auch er erhob sich und zog seinen Mantel an.

»Mr. Manrich«, sagte er, »ich habe denselben Weg wie Sie.«

›Denselben – das ginge mit dem Teufel zu!‹ dachte ich. ›Wie kannst du denn wissen, wohin ich gehe?‹ Dann sagte ich: »Ihre Begleitung wird mir sehr angenehm sein.«

Gemeinsam verließen wir das Gebäude. Keine Droschke war zu sehen, die Straßenbahnen hatten sich zur Ruhe begeben. Es war Vollmond, und die kühle Nachtluft war köstlich. Wir gingen die California Street hinauf. Ich hatte diese Richtung eingeschlagen in der Annahme, er würde eine andere, zu den Hotels hin, gehen.

»Sie glauben nicht an das, was man über die Hindugaukler erzählt«, sagte er unvermittelt.

»Woher wissen Sie das?« fragte ich.

Ohne zu antworten, legte er seine Hand leicht auf meinen Arm und wies mit der andern auf den gepflasterten Bürgersteig genau vor uns. Dort lag, fast vor unseren Füßen, die Leiche eines Mannes, das im Mondschein weißleuchtende Gesicht nach oben! Senkrecht stak ihm ein Degen – der Griff mit funkelnden Edelsteinen besetzt – fest in der Brust. Auf dem Pflaster des Bürgersteigs hatte sich eine Blutlache gesammelt.

Ich war bestürzt und erschrocken – nicht nur durch das, was ich sah, sondern durch die Umstände, unter denen ich es sah. Ich sagte mir, daß ich doch mehrmals, solange wir die ansteigende Straße gegangen waren, den ganzen Bürgersteig auf dieser Seite entlanggesehen hatte, von einer Querstraße bis zur nächsten. Wie konnte ich diesen furchtbaren Gegenstand, der sich uns jetzt so deutlich im hellen Mondschein bot, nicht wahrgenommen haben?

Als sich meine Verstörtheit wieder gelegt hatte, bemerkte ich, daß die Leiche im Abendanzug war: der weit offene Mantel ließ den Frack, die weiße Schleife und die breite, vom Degen durchbohrte Hemdbrust erkennen. Und – welch gräßliche

Entdeckung! – das Gesicht war das meines Begleiters, nur daß es bleich war! Das war bis ins kleinste Detail in Kleidung und Aussehen Dr. Dorrimore in Person. Verblüfft und entsetzt drehte ich mich nach dem lebenden Manne um. Er war nirgendwo zu sehen, und in noch größerem Schrecken suchte ich das Weite, rannte die Straße bergab in die Richtung, aus der ich gekommen war. Kaum hatte ich ein paar Sätze gemacht, als mich ein fester Griff an der Schulter zum Stehen brachte. Ich hätte beinahe vor Entsetzen aufgeschrien: neben mir stand, immer noch mit dem Degen in der Brust, der Tote! Mit seiner freien Hand zog er die Waffe heraus und schleuderte sie von sich – im Mondschein glitzerten die Edelsteine am Griff und der fleckenlose Stahl der Klinge. Klirrend fiel der Degen weiter oben auf den Bürgersteig und – verschwand! Der Mann, wieder dunkelgesichtig, lockerte den Griff an meiner Schulter und sah mich mit dem gleichen zynischen Ausdruck an, den ich bei der ersten Begegnung an ihm bemerkt hatte. Tote haben nicht so einen Blick – ich kam wieder etwas zu mir, drehte mich um und sah die weite, glatte Strecke des Gehsteigs, von einer Querstraße zur andern durch nichts unterbrochen.

»Was soll dieser Unsinnn bedeuten, Sie Satan?« begehrte ich ziemlich wütend auf, obwohl ich mich elend fühlte und an allen Gliedern zitterte.

»Das, was manche belieben, Gaukelei zu nennen«, gab er mit hellem, hartem Auflachen zur Antwort.

Er ging die Dupont Street hinunter, und ich habe ihn nicht mehr gesehen, bis wir uns in der Bergschlucht von Auburn trafen.

III

Am Tage nach diesem zweiten Zusammentreffen mit Dr. Dorrimore sah ich ihn nicht: er müsse wegen einer leichten Unpäßlichkeit auf seinen Zimmern bleiben, erklärte der Portier des Putnam-Hotels. Am Nachmittag wurde ich auf dem Bahnhof durch die unerwartete Ankunft von Miss Margaret Corray und ihrer Mutter aus Oakland freudig überrascht.

Dies ist keine Liebesgeschichte. Ich bin kein Unterhaltungsschriftsteller, und Liebe, wie sie wirklich ist, kann nicht in einer Modeliteratur geschildert werden, die unter der entwürdigenden Herrschaft und Tyrannei des ›unschuldigen jungen Mädchens‹ steht, in dessen Namen über die ›Schöne Literatur‹ der Stab gebrochen wird. Unter dem verderblichen Regiment des ›unschuldigen jungen Mädchens‹ oder, besser gesagt, unter der Herrschaft jener falschen ›Diener der Kritik‹, die sich selbst zu Wächtern über das Seelenheil dieses Mädchens ernannt haben.

> verhüllt die Liebe ihre heil'gen Flammen,
> und unbemerkt bricht die Moral zusammen.

– verhungert die Liebe bei sterilem Essen und destilliertem Wasser einer zimperlichen Ernährung.

So begnüge ich mich mit der Feststellung, daß Miss Corray und ich verlobt waren. Sie stieg mit ihrer Mutter in dem Hotel ab, in dem ich wohnte, und zwei Wochen lang sah ich sie jeden Tag. Überflüssig zu sagen, daß ich glücklich war; das einzige Hindernis zu meiner völligen Glückseligkeit in diesen schönen Tagen war die Anwesenheit Dr. Dorrimores, den ich den Damen leider hatte vorstellen müssen.

Es stand außer Zweifel, daß er sich ihrer Gunst erfreute. Was konnte ich gegen ihn vorbringen? Ich wußte absolut nichts Ungünstiges über ihn. Seine Manieren waren die eines kultivierten, rücksichtsvollen Gentleman, und Frauen fällen das Urteil über einen Mann nun einmal nach seinen Umgangsformen. Als ich sah, wie Miss Corray ein paar Mal mit ihm spazierenging, war ich wütend, und in einem Falle war ich so unbesonnen, dagegen zu protestieren. Nach Gründen befragt, wußte ich nichts zu erwidern und glaubte in ihrem Gesichtsausdruck eine Spur von Verachtung für die Launen meiner Eifersucht zu sehen. Ich wurde mit der Zeit mürrisch und bewußt unliebenswürdig und beschloß in meiner seelischen Verwirrung, den darauffolgenden Tag nach San Francisco zurückzukehren. Darüber ließ ich jedoch nichts verlauten.

IV

Es gab in Auburn einen alten, nicht mehr benutzten Friedhof. Er lag fast mitten in der Stadt, doch bei Nacht war es ein so grausiger Ort, wie ihn sich nur die düsterste menschliche Phantasie ausmalen kann. Die Gitter um die Grabstellen lagen am Boden, rosteten oder waren schon gänzlich verschwunden. Viele Gräber waren eingesunken, aus anderen wuchsen stämmige Fichten, deren Wurzeln eine unsägliche Sünde begangen hatten. Die Grabsteine waren umgefallen und zerbrochen, und überall breitete sich Dornengestrüpp aus. Die Umzäunung bestand nur noch teilweise, und Kühe und Schweine streiften darin umher, wie es ihnen beliebte: die Stätte war eine Schande für die Lebenden, eine Mißachtung der Toten und eine Lästerung Gottes.

Der Abend des Tages, an dem ich den wahnsinnigen Entschluß gefaßt hatte, im Zorn von all dem zu scheiden, was mir teuer war, sah mich an diesem wesensverwandten Ort. Geisterhaft fiel der Schein des Halbmondes hier und dort durchs Blätterwerk und enthüllte vieles Häßliche, und hinter den schwarzen Schatten schienen Gefahren zu lauern, deren noch dunklere Bedeutung sich zeitig genug offenbaren würde. Als ich einen Weg entlangschritt, der einst mit Kies bestreut gewesen war, sah ich die Gestalt Dr. Dorrimores aus dem Schatten auftauchen. Ich selbst war im Schatten, stand still mit geballten Fäusten und zusammengebissenen Zähnen da und versuchte des Dranges Herr zu werden, mich auf ihn zu stürzen und ihn zu erwürgen. Im nächsten Augenblick trat eine zweite Gestalt zu ihm und hängte sich an seinen Arm. Es war Margaret Corray!

Ich kann nicht genau sagen, was dann geschah. Ich weiß, daß ich vorstürzte, entschlossen, ihn umzubringen. Ich weiß auch, daß ich im Morgengrauen zerschunden und blutig aufgefunden wurde und Würgemale am Halse hatte. Ich wurde ins Putnam-Hotel gebracht, wo ich tagelang im Fieberwahn lag. Das alles weiß ich, denn es ist mir erzählt worden, und aus der eigenen Erinnerung ist mir bekannt, daß ich, als mit der Genesung das Bewußtsein wiederkehrte, nach dem Portier des Hotels schickte.

»Sind Mrs. Corray und ihre Tochter noch hier?« fragte ich.

»Welchen Namen sagten Sie?«

»Corray.«

»Unter diesem Namen ist niemand hier gewesen.«

»Ich möchte Sie bitten, nicht mit mir zu scherzen«, sagte ich ärgerlich. »Sie sehen, daß es mir jetzt wieder gut geht. Sagen Sie mir die Wahrheit.«

»Ich gebe Ihnen mein Wort«, erwiderte er mit unverkennbarer Aufrichtigkeit, »wir haben keine Gäste dieses Namens gehabt.«

Ich war wie vor den Kopf geschlagen. Einige Augenblicke schwieg ich, dann fragte ich: »Wo ist Dr. Dorrimore?«

»Er ist am Morgen nach Ihrer Schlägerei abgereist, seitdem haben wir nichts mehr von ihm gehört. Sie haben ordentlich von ihm einstecken müssen.«

V

Soweit die Darstellung des Tatbestandes. Margaret Corray ist nun meine Frau. Sie ist niemals in Auburn gewesen und hielt sich während der Wochen, deren Ablauf ich so zu schildern suchte, wie das Geschehen in meinem Geiste Gestalt annahm, in ihrem Hause in Oakland auf und wunderte sich, wo ihr Geliebter war und warum er nicht schrieb. Neulich las ich in der ›Baltimore Sun‹ folgenden Artikel:

›Gestern abend hatte Professor Valentine Dorrimore, der Hypnotiseur, eine große Zuhörerschaft. Der Vortragende, der größtenteils in Indien gelebt hat, gab einige hervorragende Proben seiner Kunst und hypnotisierte jeden, der sich ihm für ein Experiment zur Verfügung stellte, indem er ihn lediglich ansah. Er versetzte tatsächlich zweimal sämtliche Anwesende (mit alleiniger Ausnahme der Reporter) in Hypnose und vermittelte dabei allen die ungewöhnlichsten Illusionen. Das Hauptereignis des Abends war die Aufdeckung der Methoden, deren sich die Hindugaukler bei ihren berühmten Vorführungen bedienen, wie wir sie aus dem Munde von Weltreisenden kennen. Der Professor erläuterte, daß diese Wundertäter solche Fertigkeit in der Kunst – er hat sie bei ihnen erlernt – erworben haben, daß sie ihre Wunder vollbringen, indem sie die ‚Zuschauer' einfach in einen Zustand der Hypnose versetzen und ihnen einreden, was sie hören und sehen sollen. Seine Versicherung, daß man eine besonders empfängliche Person Wochen, Monate, ja sogar Jahre ins Reich des Unwirklichen versetzen kann, wo sie unter dem Einfluß von allen möglichen, ab und zu durch den Hypnotiseur suggerierten Sinnestäuschungen und Illusionen steht, ist etwas beunruhigend.‹

DAS VERFLUCHTE DING

I

Man ißt nicht immer, was man auf dem Tische findet

Im Schein eines Talglichtes, das auf dem einen Ende eines roh gearbeiteten Tisches stand, las ein Mann Eintragungen in einem Buche. Es war ein altes, sehr abgenutztes Kontobuch, und die Schrift war anscheinend nicht gut leserlich; denn manchmal führte der Mann die Seite nahe an die Kerze, damit mehr Licht aufs Papier fiel. Dann tauchte der Schatten des Buches jedesmal den halben Raum ins Dunkel und bedeckte eine Anzahl Gesichter und Gestalten; denn außer dem Lesenden waren noch acht Männer anwesend. Sieben davon saßen schweigend und reglos an den aus Baumstämmen roh gezimmerten Wänden, die unweit des Tisches verliefen, da der Raum klein war. Streckte einer von ihnen den Arm aus, so konnte er den achten Mann berühren, der mit angelegten Armen auf dem Tisch lag. Das Gesicht der teilweise mit einem Laken verdeckten Gestalt blickte nach oben. Der Mann war tot.

Der Mann mit dem Buch las schweigend, auch die andern sprachen nicht; alle schienen darauf zu warten, daß etwas passierte, nur der Tote erwartete nichts mehr. Aus der rabenschwarzen Dunkelheit draußen drangen durch die Öffnung, die als Fenster diente, die nie ganz vertrauten Geräusche einer Nacht in der Wildnis: der langgedehnte, nicht zu beschreibende Laut eines Steppenwolfs, das gleichmäßig vibrierende Summen unermüdlicher Insekten in den Bäumen, die ungewohnten Schreie der Nachtvögel – so ganz anders als die der Tagvögel –, das Brummen großer, umherirrender Käfer und der ganze geheimnisvolle Chor unauffälliger Laute, die man nur halb gehört zu haben meint, wenn sie plötzlich verstummen, als würden sie sich einer vorlauten Aufdringlichkeit bewußt. Doch von alledem nahm die Gesellschaft keine Notiz; das Interesse der Männer war nicht gerade auf Dinge gerichtet, die keine praktische Bedeutung hatten. Das war jedem Zug ihrer rauhen Gesichter anzusehen, sogar beim trüben Schein einer einzigen Kerze. Die Männer waren sicher aus der Nachbarschaft – Farmer und Waldbewohner.

Der Lesende unterschied sich ein wenig von ihnen; man hätte meinen können, er käme von weiterher, spürte ihm den Hauch der großen Welt an, obgleich er durch seine Kleidung eine gewisse Verbundenheit mit seiner Umgebung bekundete. In San Francisco hätte er sich mit seinem Anzug kaum sehen lassen können; die Fußbekleidung war nicht städtischen Ursprungs, und hätte jemand den neben ihm auf der Erde liegenden Hut – der Mann war der einzige, der barhäuptig dasaß – als ein der persönlichen Verschönerung dienendes Kleidungsstück angesehen, würde er sich gründlich geirrt haben. Das Gesicht des Mannes, das einen Anflug von Strenge zeigte, nahm für ihn ein, und er hatte sich diesen Ausdruck wahrscheinlich nur zugelegt, weil er ihn für eine Amtsperson angemessen hielt. Er war nämlich Untersuchungsrichter. So hatte er kraft seines Amtes von dem Buche, in welchem er las, Besitz ergriffen. Es war unter der Habe des Toten in dessen Blockhütte vorgefunden worden, wo jetzt die amtliche Leichenschau stattfand.

Als der Richter fertiggelesen hatte, steckte er das Buch in seine Brusttasche. Im selben Augenblick wurde die Tür aufgestoßen, und ein junger Mann trat ein. Er war bestimmt nicht in den Bergen geboren und aufgewachsen, denn seine Kleidung verriet den Städter. Sie war jedoch staubig, als hätte er eine

Reise hinter sich. Er war tatsächlich schnell geritten, damit er der Leichenschau beiwohnen konnte.

Der Richter nickte; sonst grüßte ihn keiner.

»Wir haben auf Sie gewartet«, sagte der Richter. »Diese Angelegenheit muß heute abend noch geklärt werden.«

Der junge Mann lächelte. »Es tut mir leid, daß ich Sie warten ließ«, sagte er; »ich bin nicht fortgegangen, um mich Ihrer Vorladung zu entziehen, sondern um meiner Zeitung einen Bericht von dem abzuliefern, was ich hier vermutlich wiedergeben soll.«

Nun lächelte der Richter.

»Die Darlegung, die Sie Ihrer Zeitung gegeben haben«, meinte er, »wird wahrscheinlich von der abweichen, die Sie hier unter Eid aussagen.«

»Das können Sie halten, wie Sie wollen«, erwiderte der andere ziemlich heftig und errötete sichtlich. »Ich habe Durchschreibepapier benutzt und besitze eine Zweitschrift von dem, was ich abgeschickt habe. Es ist nicht als Zeitungsnachricht gefaßt, denn kein Mensch würde es glauben, sondern wie eine erfundene Kurzgeschichte gestaltet. Sie können es als einen Teil meiner Aussage mit unter Eid nehmen.«

»Aber Sie sagen selbst, daß es unglaubwürdig sei.«

»Das muß Ihnen gleichgültig sein, Sir, wenn ich zugleich beschwöre, daß es wahr ist.«

Der Richter schwieg eine Weile und blickte zu Boden. Die Männer an den Wänden der Blockhütte sprachen im Flüstertone miteinander, wandten dabei aber selten ihren Blick vom Gesicht der Leiche ab. Nach kurzer Zeit hob der Richter den Kopf und sagte: »Wir wollen die Untersuchung fortsetzen.«

Die Männer nahmen die Hüte ab. Der Zeuge wurde vereidigt.

»Wie heißen Sie?« begann der Richter.

»William Harker.«

»Alter?«

»Siebenundzwanzig.«

»Sie kannten den verstorbenen Hugh Morgan?«

»Ja.«

»Sie waren bei ihm, als er starb?«

»In seiner Nähe.«

»Wie kam das – ich meine, daß Sie da waren?«

»Ich habe ihn hier besucht, um mit ihm auf die Jagd zu gehen und zu angeln. Doch ich hatte auch die Absicht, ihn und seine sonderbare, zurückgezogene Lebensweise kennenzulernen. Er schien mir ein geeignetes Vorbild für eine Person in einer meiner Erzählungen. Ich verfasse nämlich manchmal Geschichten.«

»Und ich lese manchmal welche.«

»Vielen Dank.«

»Ich meine überhaupt so Erzählungen – nicht gerade Ihre.«

Ein paar der Beisitzer lachten. Vor dem düsteren Hintergrund hebt sich der Humor besonders grell ab. Leicht lacht der Soldat in einer Schlachtenpause, und ein Scherz in einem Totenzimmer verfehlt nie seine Wirkung, weil ihn da keiner erwartet.

»Berichten Sie über die Todesumstände dieses Mannes«, sagte der Richter. »Sie können dabei alle Ihre Notizen oder Aufzeichnungen nach Gutdünken benutzen.«

Der Zeuge verstand den Wink. Er zog ein Manuskript aus der Brusttasche, hielt es neben die Kerze und blätterte darin, bis er die gewünschte Stelle fand. Dann begann er zu lesen.

II

Was auf einem wilden Haferfeld passieren kann

»…Die Sonne war gerade aufgegangen, als wir die Blockhütte verließen. Wir wollten Wachteln schießen; jeder war mit einer Schrotflinte ausgerüstet, doch hatten wir zusammen nur einen Hund. Morgan meinte, die günstigste Gegend dafür liege jenseits einer bestimmten Erhebung, in deren Richtung er wies. Auf einem Pfad durch das Dornendickicht gelangten wir dorthin. Auf der anderen Seite des Hügelrückens lag ziemlich ebenes, dicht mit wildem Hafer bestandenes Gelände. Als wir aus dem Dickicht traten, ging Morgan nur wenige Schritte vor mir.

Plötzlich hörten wir halbrechts vor uns ein Geräusch wie von einem Tier, das sich im Gebüsch unruhig bewegt; wir konnten sehen, wie die Zweige heftig hin und her schwankten. ›Wir haben Wild aufgescheucht‹, sagte ich. ›Schade, daß wir keine Büchse bei uns haben.‹

Morgan, der stehengeblieben war und gespannt das hin und her wogende Dickicht beobachtete, sagte nichts, doch hatte er beide Läufe seines Gewehrs gespannt und hielt die Waffe schußbereit. Ich fand, daß er ein wenig aufgeregt war, was mich überraschte, da er im Rufe ungewöhnlicher Kaltblütigkeit stand, sogar in Augenblicken plötzlich drohender Gefahr.

›Ach kommen Sie‹, sagte ich, ›Sie wollen doch nicht etwa mit der Vogelflinte ein großes Tier erlegen – oder doch?‹

Noch immer sagte er nichts, aber als er sich etwas zu mir umwandte und ich flüchtig sein Gesicht sehen konnte, war ich von der angespannten Festigkeit seines Blicks betroffen. Da begriff ich, daß wir uns in einer ernsten Lage befanden, und mein erster Gedanke war, wir hätten einen Grizzlybären aufgestöbert. Ich trat neben Morgan und spannte währenddessen den Hahn meiner Flinte.

Jetzt bewegte sich das Gebüsch nicht mehr, auch das Rascheln hatte aufgehört, aber Morgan musterte den Fleck noch genauso aufmerksam wie zuvor.

›Was ist es?‹ fragte ich ihn. ›Was zum Teufel ist denn das?‹

›Dieses verfluchte Ding!‹ antwortete er, ohne sich umzudrehen. Seine Stimme klang heiser und unnatürlich. Ich sah, daß er zitterte.

Ich wollte gerade weitersprechen, als mir auffiel, wie sich der Wildhafer neben der vorhin bemerkten Stelle auf höchst unerklärliche Weise bewegte. Ich kann das kaum beschreiben. Der Hafer schien wie von einem Windstoß bewegt, der ihn aber nicht nur herunterbog, sondern niederdrückte und zu Boden walzte, so daß er sich nicht mehr aufrichtete. Und diese Bewegung pflanzte sich langsam fort und kam direkt auf uns zu.

Nichts hat mich je so seltsam berührt wie diese ungewöhnliche und unerklärbare Erscheinung, doch erinnere ich mich dabei keiner Spur von Furcht. Ich entsinne mich – und ich erzähle das hier, weil es mir eigentümlicherweise gerade da eingefallen war –, wie ich einmal, als ich zufällig aus einem Fenster schaute, einen Augenblick lang dachte, ein kleiner Baum vor mir gehöre zu einer Gruppe größerer, weiter weg stehender Bäume. Er sah genauso groß wie die anderen aus, aber weil Stamm und Äste deutlichere Konturen aufwiesen, schien er nicht zu ihnen zu passen. Es war eine reine optische Täuschung, doch ich stutzte und erschrak fast. Wir verlassen uns ja so fest auf das gewohnte Walten vertrauter Naturgesetze, daß wir jede scheinbare Aufhebung dieser Gesetzmäßigkeit als Bedrohung unserer Sicherheit und Anzeichen unvorstellbaren Unheils empfinden. So wirkten jetzt die anscheinend grundlose Bewegung der Halme und das langsame, unentwegte Herannahen der Spur wirklich beunruhigend. Mein Gefährte schien tatsächlich verstört, und ich konnte kaum meinen Augen trauen, als ich ihn plötzlich das Gewehr an die Schulter reißen und beide Läufe in das sich bewegende Getreide abfeuern sah! Bevor sich der Rauch der Schüsse verzogen hatte, hörte ich einen lauten, wilden Schrei – wie der Schrei eines Raubtieres klang es –, und Morgan warf sein Gewehr hin, sprang beiseite und verließ fluchtartig diese Stelle. Im selben Augenblick wurde ich durch etwas, das im Rauch nicht zu sehen war, gewaltsam zu Boden geworfen – durch den Anprall einer weichen, schweren Masse, die sich anscheinend mit großer Kraft gegen mich warf.

Bevor ich wieder aufstehen und mein Gewehr ergreifen konnte, das mir wohl aus den Händen geschlagen worden war, hörte ich Morgan wie im Todeskampf aufstöhnen, und heisere, wilde Laute wie von kämpfenden Hunden vermischten sich mit seinen Schreien. Ich war maßlos erschrocken, kam mühsam auf die Beine und blickte in die Richtung, wohin Morgan zurückgewichen war. Der Himmel möge mir gnädig sein und mich so etwas nicht noch einmal sehen lassen! In einer Entfernung von weniger als dreißig Yard sah ich meinen Freund auf einem Bein kniend, den Kopf gräßlich zurückgestoßen, barhaupt und das lange Haar durcheinander, wie sein ganzer Körper von einer Seite zur andern, vor und zurück ungestüm hin und her bewegt wurde. Der rechte Arm war emporgehoben, die Hand schien zu fehlen – jedenfalls konnte ich sie nicht sehen. Der andere Arm war unsichtbar. Von Zeit zu Zeit – so sehe ich diese ungewöhnliche Szene jetzt vor meinem geistigen Auge – konnte ich nur einen Teil seines Körpers wahrnehmen; ich hatte den Eindruck, als wäre ein Teil von ihm ausgelöscht, anders kann ich es nicht beschreiben, doch eine Veränderung seiner Körperhaltung brachte ihn dann wieder völlig zum Vorschein.

Das alles muß sich innerhalb weniger Sekunden abgespielt haben, obwohl Morgan in dieser Zeit alle Stellungen eines schwer Ringenden vollführte, der von etwas Schwererem, Stärkerem überwältigt wird. Außer ihm war nichts zu sehen, und er manchmal nur undeutlich. Während des ganzen Vorfalls hörte ich seine Schreie und Flüche durch ein Gebrüll von Wut und Raserei hindurch – Laute, wie ich sie aus menschlicher Kehle oder von einem Tier noch niemals vernommen hatte.

Einen Augenblick lang stand ich unentschlossen da, dann warf ich mein Gewehr weg und stürzte meinem Freund zu Hilfe. Ich hatte den unbestimmten Eindruck, daß er von einem Anfall oder eine Art von Krämpfen befallen war. Bevor ich ihn erreichen konnte, lag er am Boden und war verstummt. Kein Geräusch war mehr zu hören, aber jetzt sah ich mit einem Gefühl des Entsetzens, das mir nicht einmal das schreckliche Geschehen eingeflößt hatte, abermals die mysteriöse Bewegung des wilden Hafers, die sich von dem niedergetretenen Fleck um den am Boden Liegenden aus in Richtung auf den Waldrand hinzog. Erst als sie den Wald erreicht hatte, war ich imstande, meine Augen davon abzuwenden und auf meinen Gefährten zu sehen. Er war tot.«

III

Auch ein Nackter kann in Fetzen sein

Der Richter erhob sich und stand neben dem Toten. Er nahm das Laken am Rande hoch, zog es beiseite und entblößte so den ganzen Körper, der völlig nackt war und im Schein der Kerze die Farbe eines lehmigen Gelbs zeigte. Er wies jedoch große bläulichschwarze Flecke auf, die unverkennbar von Prellungen verursachte Blutergüsse waren. Brust und Seiten sahen aus, als wären sie mit einer Keule geschlagen worden. Die furchtbar zerfleischte Haut war in Streifen und Fetzen gerissen.

Der Richter ging um das Tischende und löste ein seidenes Tuch, das unter das Kinn gebunden und auf dem Kopf verknotet worden war. Das weggezogene Tuch enthüllte, was einmal die Gurgel gewesen war. Einige der Geschworenen, die, um besser sehen zu können, aufgestanden waren, bereuten ihre Neugier und wandten sich ab. Der Zeuge Harker ging zum offenen Fenster und beugte sich über das Fensterbrett, weil ihm schwach und übel wurde. Der Richter ließ das Tuch wieder auf den Hals des Toten fallen, trat in einen Winkel des Raumes, zog aus einem Kleiderhaufen ein Stück nach dem anderen hervor und hielt jedes einen Augenblick zur Ansicht hoch. Alle waren zerrissen und steif von Blut. Die Beisitzer verzichteten auf eine genauere Prüfung und schienen ziemlich uninteressiert. Das alles hatten sie ja schon vorher gesehen; das einzige Neue für sie war Harkers Aussage.

»Meine Herren«, ließ sich der Richter vernehmen, »das ist, glaube ich, unser gesamtes Beweismaterial. Ihre Aufgabe ist Ihnen bereits erläutert worden. Wenn Sie keinerlei Fragen stellen wollen, können Sie nach draußen gehen und über Ihren Spruch beraten.«

Der Obmann, ein hochgewachsener, bärtiger Sechziger in bäuerlicher Kleidung, erhob sich.

»Ich hätte mal eine Frage, Herr Richter«, sagte er. »Aus welchem Irrenhaus is'n der Zeuge, den Se hier haben, ausgekniffen?«

»Mr. Harker«, sprach der Richter ernst und ruhig, »aus welchem Irrenhaus sind Sie denn zuletzt entsprungen?«

Harker errötete wieder bis über beide Ohren, sagte aber nichts, und die sieben Beisitzer erhoben sich und gingen feierlich hintereinander aus der Blockhütte hinaus.

»Wenn Sie keine weiteren Beleidigungen auf Lager haben, Sir«, sagte Harker, sobald er und der Beamte mit dem Toten allein waren, »kann ich mir wohl die Freiheit nehmen, wieder zu gehen?«

»Ja.«

Harker wollte aufbrechen, doch blieb er, eine Hand auf der Türklinke, stehen. Seine beruflichen Neigungen waren stark ausgeprägt – stärker jedenfalls als sein Sinn für persönliche Würde. Er drehte sich um und sprach: »Das Buch, das Sie da haben – ich erkenne es als Morgans Tagebuch. Sie schienen sich sehr dafür zu interessieren; während ich meine Aussage machte, haben Sie darin gelesen. Dürfte ich es mal sehen? Die Öffentlichkeit würde sehr…«

»Das Buch spielt bei dieser Angelegenheit überhaupt keine Rolle«, unterbrach ihn der Beamte und ließ es in seine Rocktasche gleiten; »sämtliche Eintragungen wurden ja vor dem Tode des Verfassers gemacht.«

Als Harker das Haus verließ, kamen die Geschworenen wieder herein und stellten sich um den Tisch, auf dem sich der wieder verhüllte Leichnam scharf unter dem Laken abzeichnete. Der Obmann setzte sich neben die Kerze, zog Bleistift und ein Stück Papier aus der Brusttasche und schrieb ziemlich mühsam den folgenden Urteilsspruch auf, den die anderen mit unterschiedlicher Anstrengung unterzeichneten:

»Wir, die Geschworenen, befinden, daß die irdischen Überreste zum Tode gekommen sind durch die Hand von ein Puma, aber manche von uns denken trotzdem, der Mann hat Krämpfe in seinen Gliedern gehabt.«

IV

Eine Erklärung aus dem Grabe

Im Tagebuch des verstorbenen Hugh Morgan finden sich gewisse interessante Eintragungen, die als Hinweise vielleicht von wissenschaftlichem Wert sind. Bei der gerichtlichen Untersuchung wurde das Buch nicht als Beweismaterial herangezogen; möglicherweise hielt es der Richter nicht für der Mühe wert, die Geschworenen damit zu belasten. Das Datum der ersten Eintragungen kann nicht ermittelt werden, da der obere Teil der Seite abgerissen ist. Der übrige Text hat folgenden Wortlaut:

›...rannte im Halbkreis, hielt den Kopf immer zur Mitte gewandt und blieb dann wieder mit wütendem Gebell stehen. Schließlich rannte er so schnell er konnte ins Dickicht davon. Ich dachte zuerst, er wäre toll geworden, aber als ich nach Hause kam, fand ich, daß er sich wie sonst gebärdete, außer daß ihm die Angst vor Strafe anzusehen war.

Kann ein Hund mit der Nase sehen? Kann durch Geruch im Gehirnzentrum ein Bild des Gegenstandes entstehen, von dem der Geruch ausströmt?...

2. Sept. – Als ich gestern abend sah, wie die Sterne über dem Hügelkamm östlich des Hauses aufgingen, bemerkte ich, wie sie nacheinander verschwanden, von links nach rechts. Jeder war nur einen Augenblick verdeckt, und nur wenige auf einmal, aber alle, die in einem Streifen von ein oder zwei Grad über der ganzen Länge des Hügels standen, wurden ausgelöscht. Es war, als ob etwas zwischen mir und den Sternen vorübergezogen wäre, aber ich konnte es nicht sehen, und um seinen Umriß festzustellen, waren die Sterne nicht dicht genug beieinander. Nein, das will mir gar nicht gefallen!‹...

Dann fehlen die Eintragungen mehrerer Wochen, da drei Blätter herausgerissen sind.

›27. Sept. – Es ist wieder hier gewesen, jeden Tag finde ich Beweise, daß es da war. Ich habe die ganze vergangene Nacht von der gleichen Deckung aus mit schußbereitem Gewehr – zweimal mit Rehposten geladen – beobachtet. Am Morgen waren wieder frische Fußspuren da. Doch ich kann beschwören, daß ich nicht geschlafen habe – wirklich, ich schlafe überhaupt kaum noch. Es ist furchtbar, unerträglich! Wenn diese schrecklichen Anzeichen auf Tatsachen beruhen, werde ich noch wirklich verrückt; und wenn ich sie mir nur einbilde, dann bin ich es schon.

3. Okt. – Nein, ich gehe nicht – ich lasse mich nicht vertreiben. Das hier ist mein Haus, mein Grund und Boden. Gott macht sich nichts aus einem Feigling...

5. Okt. – Ich ertrage es nicht mehr. Ich habe mir Harker für ein paar Wochen eingeladen; der Junge ist ein kluger Kopf. Aus seinem Verhalten werde ich sehen, ob er mich für verrückt hält.

7. Okt. – Ich habe die Lösung des Rätsels; gestern abend fiel

sie mir ein, ganz plötzlich, wie eine Offenbarung. Wie einfach, wie furchtbar einfach!

Es gibt Geräusche, die wir nicht hören können. Es gibt an jedem Ende der Skala Töne, die keine Saite dieses unvollkommenen Instruments, des menschlichen Ohrs, berühren. Sie liegen zu hoch oder zu tief. Ich habe einen Schwarm Amseln beobachtet, die eine ganze Baumkrone besetzt hatten – mehrere Bäume – und alle laut sangen. Plötzlich, im Nu, erheben sich alle in die Luft, in genau demselben Augenblick, und fliegen fort. Wie kommt das? Sie konnten sich nicht alle sehen – ganze Baumwipfel lagen dazwischen. An keinem Punkte hätte ein Anführer allen sichtbar sein können. Es muß ein Warn- oder Befehlssignal gewesen sein, das hoch und schrill über ihrem Gezwitscher lag, von mir aber nicht wahrgenommen werden konnte. Dasselbe gleichzeitige Auffliegen habe ich auch beobachtet, wenn sie alle still waren, und nicht nur bei Amseln, sondern auch bei anderen Vögeln, wie zum Beispiel Wachteln, die durch Gebüsch weit voneinander getrennt waren, ja sogar auf beiden Abhängen eines Hügels saßen.

Seeleute wissen, daß Walfische, die sich an der Oberfläche des Ozeans tummeln und sonnen, manchmal im selben Augenblick tauchen und im Nu den Blicken entschwinden, obwohl sie Meilen voneinander getrennt sind und die Erdkrümmung zwischen ihnen liegt. Das Signal ist gegeben worden – zu tief, als daß es das Ohr des Seemanns im Mastkorb und das seiner Kameraden auf Deck vernehmen kann, aber man spürt dennoch das Vibrieren des Schiffes, so wie die Steine einer Kathedrale beim Ertönen des Orgelbasses mitschwingen.

Wie bei den Tönen, ist es auch bei den Farben. An jedem Ende des Sonnenspektrums kann der Naturforscher das Vorhandensein von Strahlen, die man ‚aktinisch‘ nennt, feststellen. Sie geben Farben wieder – im Licht enthaltene Farbtöne –, die wir nicht zu erkennen vermögen. Das menschliche Auge ist ein unvollkommenes Organ: es umfaßt nur wenige Oktaven der tatsächlichen ‚chromatischen Leiter‘. Ich bin nicht verrückt, es gibt Farben, die wir nicht sehen können.

Und, Gott steh mir bei!, das ‚verfluchte Ding‘ hat solch eine Farbe!«

HAÏTA DER SCHAFHIRT

In Haïtas Herz waren die Träume der Jugend nicht von denen
des Alters und der Erfahrung verdrängt worden. Seine Gedanken waren lauter und leutselig, denn sein Leben war einfach,
und seine Seele kannte keinen Ehrgeiz. Er erhob sich mit der
Sonne und verrichtete sein Gebet vor dem Schrein von Hastur,
dem Gott der Schafhirten, der ihn anhörte und es zufrieden
war. Nach Vollzug dieses frommen Brauchs entriegelte Haïta
das Gatter des Pferchs und trieb seine Herde frohgemut ins
Freie, während er seine Morgenmahlzeit aus Schafskäse und
Brotfladen aß und gelegentlich innehielt, um einige Beeren,
kalt vom Tau, hinzuzufügen oder aus dem Bächlein zu trinken,
das von den Bergen herabkam, in der Mitte des Tales in den
Fluß mündete und von ihm hinweggetragen wurde, er wußte
nicht wohin.

Während des langen Sommertages weideten seine Schafe
das gute Gras, das die Götter für sie hatten wachsen lassen,
oder lagen, die Vorderläufe unter die Brust gezogen, und käu-
ten wieder, während Haïta im Schatten eines Baumes ruhte
oder auf einem Felsen saß und seiner Rohrflöte so schöne, süße
Melodien entlockte, daß er zuweilen flüchtig der kleineren
Waldgöttinnen ansichtig wurde, die aus dem Unterholz lugten,
um den Klängen zu lauschen. Aber sobald er sie direkt ansah,
verschwanden sie. Er zog daraus die ernste Schlußfolgerung –
denn er mußte nachdenken, wollte er sich nicht in eines seiner
eigenen Schafe verwandeln –, daß das Glück vielleicht kommen werde, falls man nicht danach suchte; daß man es jedoch
niemals erblicken würde, wenn man danach Ausschau hielt;
denn nächst der Gunst von Hastur, der sich niemals offenbarte,
schätzte Haïta am meisten die freundliche Aufmerksamkeit seiner Nachbarn, der scheuen Unsterblichen des Waldes und
Flusses. Bei Anbruch der Nacht trieb er seine Herde zurück in
den Pferch, vergewisserte sich, daß das Gatter richtig geschlossen war, und zog sich zum Erholen und Träumen in seine
Höhle zurück.

So verging sein Leben, ein Tag wie der andere, außer wenn

Gewitter den Zorn einer beleidigten Gottheit verkündeten. Dann hockte Haïta in seiner Höhle, die Hände vorm Gesicht, und betete, daß er allein für seine Sünden bestraft, die Welt aber von der Vernichtung verschont bleiben möge. Wenn zuweilen starker Regen fiel, der Fluß über die Ufer trat und ihn zwang, die verängstigte Herde ins Hochland zu treiben, legte er Fürsprache ein für die Menschen in den Städten, die, wie er vernommen hatte, in der Ebene zwischen den zwei blauen Bergen lagen, welche den Eingang zu seinem Tal bildeten.

»Es ist freundlich von dir, o Hastur«, betete er, »mir so nahe meiner Behausung und meines Pferchs Berge zu geben, so daß ich mit meinen Schafen den wilden Gebirgsbächen entrinnen kann; aber die übrige Welt mußt du selbst auf irgendeine Weise erretten, von der ich keine Kenntnis habe, oder ich werde dich nicht länger verehren.«

Und Hastur verschonte die Städte und lenkte die Wasser in die See, denn er wußte, daß Haïta ein Jüngling war, der sein Wort hielt.

So lebte er, seit er denken konnte. Er vermochte sich eine andere Art zu leben einfach nicht recht vorzustellen. Der heilige Eremit, der am Ende des Tales hauste, eine volle Wegstunde entfernt, und von dem er den Bericht über die großen Städte vernommen hatte, wo Menschen lebten – arme Seelen! –, die keine Schafe besaßen, hatte ihm keine Kenntnis über jene frühe Zeit vermittelt, als er, so sagte er sich, klein und hilflos wie ein Lamm gewesen sein mußte.

Das Nachdenken über diese Geheimnisse und Wunder und über jene schreckliche Verwandlung in Stille und Verfall, welche, das fühlte er, ihn gewißlich eines Tages ereilen würde, da er sie über so viele Tiere seiner Herde hatte hereinbrechen sehen – wie es allen Lebewesen widerfuhr, außer den Vögeln –, war auch die Ursache dafür, daß er sich erstmals bewußt wurde, wie erbärmlich und aussichtslos sein Schicksal doch war.

»Ich muß unbedingt erfahren«, sagte er, »woher ich komme und wie ich entstanden bin; denn wie kann jemand seine Pflichten versehen, wenn er nicht nach der Art und Weise, in der er mit ihnen betraut wurde, entscheiden kann, welcher Natur sie sind? Und wie könnte ich mich zufriedengeben, wenn ich nicht weiß, wie lange dies noch dauern wird? Vielleicht werde ich verwandelt, bevor die Sonne wieder aufsteigt, und was wird dann aus den Schafen? Was wird in der Tat aus mir geworden sein?«

Bei Erwägung dieser Dinge wurde Haïta ganz betrübt und verdrossen. Er sprach nicht länger fröhlich zu seiner Herde und eilte auch nicht bereitwillig zum Schrein von Hastur. Bei jedem Lufthauch hörte er böse Gottheiten wispern, deren Existenz er nun zum ersten Mal wahrnahm. Jede Wolke war ein Unheil ankündigendes Vorzeichen, und die Dunkelheit war voller Schrecken. Seine Rohrflöte gab keine Melodie von sich, wenn er sie an die Lippen setzte, nur ein häßliches Klagen; die Wald- und Flußwesen bevölkerten nicht länger das dichte Unterholz, um zu lauschen, sondern flüchteten vor den Klängen, wie er an den aufgewühlten Blättern und niedergedrückten Blumen erkannte. Er ließ in seiner Wachsamkeit nach, und viele seiner Schafe liefen davon in die Berge und gingen verloren. Die verbliebenen Tiere magerten ab und wurden krank aus Mangel an guten Weidegründen, denn er wollte sie nicht für sie suchen, sondern führte sie Tag für Tag an dieselbe Stelle, einfach aus Zerstreutheit, während er ständig über den Tod und das Leben nachsann – von Unsterblichkeit wußte er nichts.

Eines Tages, als er wieder den düstersten Überlegungen nachhing, sprang er plötzlich von dem Felsen, auf dem er saß, hob entschlossen die rechte Hand und rief: »Ich will nicht länger demütig um Wissen bitten, das die Götter vorenthalten. Sollen sie lieber darauf sehen, daß sie mir kein Unrecht tun. Ich will meiner Pflicht genügen, so gut ich nur kann, und falls ich fehlgehe, so komme dies über ihre Häupter!«

Plötzlich war eine große Helligkeit um ihn, während er so sprach, er blickte nach oben, des Glaubens, die Sonne strahle durch einen Spalt in den Wolken, aber es gab gar keine Wolken. Keine Armeslänge von ihm entfernt stand eine schöne Jungfrau. Sie war so schön, daß die Blumen zu ihren Füßen ihre Blütenblätter voller Verzweiflung einrollten und zum Zeichen der Unterwerfung die Köpfchen neigten; ihr Anblick war so süß, daß die zwitschernden Vögel sich um ihre Augen drängten und

fast ihre dürstenden Schnäbel hineintauchten, und die wilden
Bienen umschwirrten ihre Lippen. Und ihre Helligkeit war solcherart, daß die Schatten aller Gegenstände vor ihren Füßen
auseinanderliefen und sich drehten, wenn sie sich bewegte.

Haïta war wie gebannt. Er richtete sich auf und kniete be-
wundernd vor ihr, und sie legte ihre Hand auf seinen Kopf.

»Komm«, sagte sie mit einer Stimme, die die Musik aller
Glöckchen dieser Herde enthielt, »komm, du sollst mich, die
ich keine Göttin bin, nicht anbeten, aber so du wahrheitsliebend und pflichtgetreu bist, will ich bei dir bleiben.«

Haïta ergriff ihre Hand, bekundete stammelnd seine Freude
und Dankbarkeit und erhob sich, und Hand in Hand stehend
blickten sie nun einander lächelnd in die Augen. Er betrachtete
sie voller Ehrerbietung und Hingabe und sprach: »Ich bitte
dich, liebliche Maid, sage mir deinen Namen und von wannen
und warum du kamest.«

Da legte sie warnend den Finger auf ihre Lippen und begann
sich zurückzuziehen. Ihre Schönheit unterlag einer deutlichen
Veränderung, die ihn erschaudern ließ, er wußte nicht warum,
denn sie war noch immer schön. Die Landschaft wurde durch
einen riesigen Schatten verdunkelt, der sich mit der Geschwindigkeit eines Geiers über das Tal legte. In der Dunkelheit verlor
die Gestalt der Jungfrau an Klarheit und Deutlichkeit, und
ihre Stimme schien aus weiter Ferne herüberzuklingen, als sie
im Ton bekümmerten Vorwurfs sagte: »Anmaßender und un-
dankbarer Jüngling! Muß ich dich alsdann schon verlassen?
Genügte es nicht, mußtest du den ewigen Pakt auf der Stelle
brechen?«

Haïta war unsäglich traurig, fiel auf die Knie und flehte sie
an, zu bleiben – erhob sich sodann und suchte sie in der zunehmenden Dunkelheit, er lief im Kreis, rief laut nach ihr, aber
alles vergebens. Sie war nicht länger zu sehen, doch aus der
Düsternis vernahm er deutlich ihre Stimme: »Nein, du sollst
mich nicht durch Suchen gewinnen. Versieh deine Pflichten, un-
getreuer Schafhirt, oder wir werden uns nie wieder begegnen!«

Die Nacht war angebrochen, die Wölfe heulten in den Bergen, und die verängstigten Schafe drängten sich um Haïtas
Füße. Angesichts der Forderungen der Stunde vergaß er seine

Enttäuschung, trieb seine Schafe in den Pferch, begab sich wieder an die Stätte der Andacht und schüttete Hastur, der ihm gestattet hatte, seine Herde zu retten, voller Dankbarkeit sein Herz aus; dann zog er sich in seine Höhle zurück und schlief.

Als er erwachte, stand die Sonne schon hoch, schien auch in die Höhle und erfüllte sie mit einem hellen Glanz. Und dort neben ihm saß die Jungfrau. Sie lächelte ihm zu mit einem Lächeln, das die sichtbare Musik aus seiner Rohrflöte zu sein schien. Er wagte nicht zu reden aus Angst, sie zu verletzen wie zuvor, denn er wußte nicht, was zu sagen er sich erkühnen könne.

»Da du bei der Herde deine Pflicht getan und nicht vergessen hast, Hastur dafür zu danken, daß er die Wölfe der Nacht fernhielt, bin ich wieder zu dir gekommen. Willst du mich zur Gefährtin haben?«

»Wer würde dich nicht für immer haben wollen?« entgegnete Haïta. »Oh, verlaß mich nie mehr, bis ich ... bis ich mich verwandeln und still und bewegungslos werde.«

Haïta kannte kein Wort für Tod.

»Ich wünsche mir wirklich, du wärst von meinem Geschlecht«, fuhr er fort, »so daß wir ringen und um die Wette laufen könnten und so nie müde würden, zusammenzusein.«

Bei diesen Worten erhob sich die Jungfrau und verließ die Höhle, Haïta aber sprang von seiner Lagerstatt aus wohlduftenden Zweigen, um ihr zuvorzukommen und sie zurückzuhalten, aber er gewahrte zu seiner Überraschung, daß es regnete und der Fluß inmitten des Tales über die Ufer getreten war. Die Schafe blökten entsetzt, denn das steigende Wasser strömte in ihren Pferch. Und es bestand auch Gefahr für die unbekannten Städte in der entfernten Ebene.

Es dauerte viele Tage, ehe Haïta die Jungfrau wiedersah. Eines Tages kehrte er vom Ende des Tales zurück, wo er den heiligen Eremiten aufgesucht hatte, um ihm Schafsmilch, Brotfladen und Beeren zu bringen, denn dieser war zu alt und schwach, um sich selbst mit Nahrung zu versorgen.

»Der arme alte Mann!« sagte Haïta laut zu sich, als er schon wieder auf dem Heimweg war. »Ich werde morgen abermals hingehen und ihn auf dem Rücken zu meiner Behausung tragen, wo ich für ihn sorgen kann. Zweifellos hat Hastur mich zu eben diesem Zwecke all die vielen Jahre aufgerichtet und verleiht mir Gesundheit und Stärke.«

Als er so sprach, trat die Jungfrau, in glitzernde Gewänder gekleidet, ihm in den Weg mit einem Lächeln, das ihm den Atem benahm.

»Ich bin wiedergekommen, um bei dir zu wohnen, so du mich haben willst, denn kein anderer will mich sonst. Vielleicht hast du Weisheit erlangt und bist willens, mich zu nehmen, wie ich bin, und trachtest nicht danach, zu wissen.«

Haïta warf sich ihr zu Füßen. »Schönes Wesen«, rief er, »willst du nur geruhen, alle Ergebenheit meines Herzens und meiner Seele zu empfangen – nachdem Hastur bedacht worden ist – so ist sie dein für immer. Aber, o weh! du bist launenhaft und wetterwendisch! Noch ehe die Sonne morgen aufgeht, habe ich dich vielleicht wieder verloren. Versprich mir, ich flehe dich an, daß du, wie sehr meine Unwissenheit dich auch kränken mag, mir vergeben und immer bei mir bleiben wirst!«

Kaum hatte er geendet, brach eine Horde Bären mit roten Rachen und glühenden Augen aus den Bergen hervor und stürmte auf ihn zu. Die Jungfrau verschwand wieder, und er wandte sich um und rannte um sein Leben. Er hielt nicht inne, ehe er bei der Hütte des heiligen Eremiten anlangte, von wannen er aufgebrochen war. Eiligst verriegelte er die Tür vor den Bären, warf sich zu Boden und weinte.

»Mein Sohn«, sprach der Eremit von seiner Lagerstatt aus Stroh, welches Haïta an jenem Morgen erst mit eigenen Händen gesammelt hatte. »Es sieht dir nicht ähnlich, um der Bären willen zu weinen – sage mir, welcher Kummer dich ereilt hat, auf daß das Alter den Wunden der Jugend mit solchem Balsam dienlich sei, wie er seiner Weisheit zu entnehmen ist.«

Und Haïta erzählte ihm alles: Wie er dreimal der strahlenden Jungfrau begegnet war und sie ihn dreimal in seiner Verzweiflung allein gelassen hatte. Er berichtete genauestens alles, was zwischen ihnen vorgefallen war, und ließ kein Wort aus von dem, was gesagt worden war.

Als er geendet hatte, schwieg der heilige Eremit einen Augenblick und sprach sodann: »Mein Sohn, ich habe deine Geschichte vernommen, und ich kenne die Jungfrau. Ich habe sie selbst gesehen, wie so viele andere auch. Wisse denn, daß ihr Name, welchen sie dich nicht einmal ergründen lassen wollte, Glückseligkeit lautet. Du hast ihr die Wahrheit gesagt, nämlich, daß sie launenhaft ist, dieweil sie Bedingungen auferlegt, die der Mensch nicht erfüllen kann, und Pflichtvergessenheit dadurch bestraft, daß sie den Betreffenden verläßt. Sie erscheint nur, wenn man sie nicht sucht, und man darf ihr keine Fragen stellen. Ein Anzeichen von Neugier, eine Andeutung von Zweifel, ein Ausdruck der Besorgnis, und sie ist von hinnen! Wie lange hattest du sie jeweils bei dir, ehe sie floh?«

»Nur einen einzigen Augenblick«, antwortete Haïta und errötete vor Scham ob dieses Bekenntnisses. »Jedesmal habe ich sie nach einem winzigen Augenblick wieder vertrieben.«

»Unglücklicher Jüngling!« sprach der heilige Eremit. »Wärest du nicht so unbesonnen gewesen, so hättest du sie zwei Augenblicke lang haben können.«

EIN BEWOHNER VON CARCOSA

Denn es gibt verschiedene Arten des
Todes – einige, bei denen der Körper
bleibet; und bei einigen verschwindet
er gänzlich mit dem Geiste. Dies wi-
derfähret gemeinhin nur in Einsamkeit (solcherart ist Gottes Wille) und,
alldieweil keiner das Ende siehet, sagen wir, der Mensch sei verschollen
oder auf eine lange Reise gegangen –
welchselbiges er in der Tat gethan hat;
so manches Mal aber hat es sich vor
vieler Augen zugetragen, wie zahlrei-
ches Zeugnis uns kündet. Bei der
einen Art des Todes stirbt der Geist
gleichfalls, und man weiß, daß er dies
zuweilen gethan hat, während der
Körper noch viele Jahre lang bei Kräften war. Manchmal stirbt er mit dem
Körper, wie glaubhaft bezeuget ward,
aber nach einiger Zeit wird er an jener
Stelle wiedererweckt, woselbst der
Körper verweste.

Diese Worte von Hali (dem Gott Frieden schenken möge) erwä-
gend und ihre volle Bedeutung ergründend wie jemand, der
über einen Hinweis verfügt, indes zweifelt, ob nicht wirklich
noch etwas anderes dahinter steckt als das, was er erkannt hat,
war ich überhaupt nicht gewahr geworden, wohin ich meine
Schritte gelenkt hatte, bis mir plötzlich ein kühler Wind ins Gesicht schlug und in mir wieder ein Empfinden für meine Umgebung wachrief. Ich bemerkte mit Verwunderung, daß mir alles
fremd erschien. Links und rechts von mir erstreckte sich eine
freudlose und öde Ebene, die dicht von hohem, welkem Gras
überwuchert war, das im Herbstwind raschelte und säuselte
und mag der Himmel wissen was für geheimnisvolle und beun-

ruhigende Dinge raunte. Seltsam gestaltete und düster getönte Felsen, die in geheimem Einvernehmen zu stehen und Blicke unerfreulicher Bedeutung zu wechseln schienen, ragten in weiten Abständen aus dem Gras, als reckten sie ihre Häupter, um den Ausgang eines voraussehbaren Ereignisses zu beobachten. Einige verdorrte Bäume hier und dort wirkten wie Führer bei dieser feindseligen Verschwörung schweigender Erwartung.

Der Tag mußte meiner Meinung nach weit fortgeschritten sein, wiewohl die Sonne nicht zu sehen war; und obzwar ich spürte, daß die Luft rauh und kühl war, erfaßte ich diese Tatsache eher geistig als physisch – ich hatte kein unbehagliches Gefühl. Über dieser ganzen bedrückenden Landschaft hing ein Himmel von niedrigen, bleigrauen Wolken wie ein sichtbarer Fluch. In all dem lag eine Drohung und ein unheilvolles Vorzeichen – ein Hinweis auf Böses, eine Ankündigung des Todes. Nirgends waren Vögel, Tiere oder Insekten zu sehen. Der Wind seufzte in den kahlen Zweigen der toten Bäume, und das graue Gras beugte sich, der Erde wispernd ein schreckliches Geheimnis mitzuteilen; aber kein anderer Laut, keine andere Bewegung störten die schreckliche Ruhe dieses traurigen Ortes.

Ich entdeckte im Gras eine Anzahl verwitterter Steine, die offensichtlich mit Werkzeugen bearbeitet worden waren. Sie waren zerborsten, mit Moos bedeckt und halb im Boden versunken. Einige lagen wie dahingeworfen, andere ragten in verschiedenen Winkeln hervor, keiner stand senkrecht. Offenbar waren es Grabsteine, wiewohl die Gräber selbst längst nicht mehr existierten, weder als Hügel noch als Mulden; die Jahre hatten alles eingeebnet. Hier und dort verstreut zeigten massivere Blöcke, wo dereinst ein prachtvolles Grabmal oder ein ehrgeiziges Monument dem Vergessen kraftlos Trotz geboten hatte. Diese Relikte, diese Spuren der Eitelkeit und Gedenksteine der Zuneigung und Frömmigkeit schienen so alt, so abgeschliffen, verwittert und fleckig – der Ort selbst so vernachlässigt, verlassen und vergessen, daß ich nicht umhin konnte, mich für den Entdecker der Begräbnisstätte einer vorgeschichtlichen Menschenrasse zu halten, deren Name längst erloschen war.

Erfüllt von diesen Überlegungen, bekümmerte mich eine

Zeitlang gar nicht die Reihenfolge meiner eigenen Erfahrungen, alsbald aber fragte ich mich: ›Wie bin ich hierhergekommen?‹ – Ein kurzer Moment der Besinnung schien mir dies alles verständlich zu machen und zugleich, wenn auch in beunruhigender Weise, den eigenartigen Charakter zu erklären, den meine Vorstellungskraft allem, was ich sah oder hörte, vermittelt hatte. Ich war krank. Ich entsann mich nun, daß ein plötzliches Fieber mich niedergeworfen und daß meine Familie mir erzählt hatte, in den Perioden des Deliriums hätte ich ständig nach Freiheit und Luft gerufen, und daß man mich im Bett behalten hatte, um zu verhindern, daß ich aus dem Haus flüchtete. Nun war ich der Wachsamkeit meiner Krankenwärter offensichtlich entronnen und hierher gewandert, – ja, wohin eigentlich? Ich vermochte es nicht zu erraten. Zweifellos befand ich mich in beträchtlicher Entfernung von der Stadt, in der ich wohnte – der alten und berühmten Stadt Carcosa.

Nirgends war ein Anzeichen für menschliches Leben zu sehen oder zu hören; kein Rauch stieg auf, kein Wachhund bellte, keine Rinder brüllten, keine Kinder riefen im Spiel – nichts war da außer dieser bedrückenden Begräbnisstätte mit ihrer Atmosphäre von Geheimnis und Schrecken, dem Produkt meines wirren Verstandes. Würde ich nicht wieder ins Delirium versinken, hier weit außer Reichweite menschlicher Hilfe? War nicht in der Tat *alles* ein Gaukelspiel meines Fieberwahns? Ich rief laut die Namen meiner Frau und meiner Söhne und streckte suchend die Hände nach den ihren aus, selbst als ich zwischen den zerfallenen Steinen im welken Gras umherwanderte.

Ein Geräusch hinter mir ließ mich zurückblicken. Ein wildes Tier – ein Luchs – näherte sich mir. Ein Gedanke bemächtigte sich meiner: Wenn ich hier in der Einöde zusammenbreche – wenn das Fieber zurückkehrt und ich in Ohnmacht falle, wird die Bestie an meiner Kehle sitzen. Ich sprang laut schreiend auf ihn zu. Er trottete gelassen etwa eine Handbreit an mir vorbei und verschwand hinter einem Felsen.

Einen Augenblick später schien sich ein kleines Stück von mir entfernt der Kopf eines Mannes aus dem Boden zu heben.

Er stieg den jenseitigen Hang eines niedrigen Hügels empor, dessen Scheitelpunkt sich kaum von dem allgemeinen Niveau abhob. Bald wurde vor dem Hintergrund einer grauen Wolke seine ganze Gestalt sichtbar. Er war halb nackt, halb mit Fellen bekleidet. Sein Haar war ungekämmt, sein Bart lang und zersaust. In der einen Hand hielt er Pfeil und Bogen, in der anderen eine brennende Fackel, die einen langen Schweif schwarzen Rauches nach sich zog. Er ging langsam und vorsichtig, als fürchte er, in ein offenes Grab zu fallen, das durch hohes Gras verborgen wurde. Die seltsame Erscheinung überraschte, beunruhigte mich aber nicht; ich schlug eine Richtung ein, die seinen Weg kreuzen mußte, stand ihm bald fast von Angesicht zu Angesicht gegenüber und begrüßte ihn mit den vertrauten Worten: »Gott behüte dich!«

Er achtete meiner nicht, auch setzte er seinen Weg unbeirrt fort.

»Guter Fremder, ich bin krank und allein«, fuhr ich fort. »Weis mir den Weg nach Carcosa, ich flehe dich an.«

Der Mann stimmte in einer mir unbekannten Sprache einen barbarischen Gesang an, ging weiter und entschwand meinem Blick.

Vom Ast eines toten Baumes ließ eine Eule ihren unheilvollen Ruf erklingen, und eine andere antwortete ihr aus der Ferne. Ich blickte nach oben und sah durch einen sich plötzlich auftuenden Riß in den Wolken den Aldebaran und den Hyades! All dies – der Luchs, der Mann mit der Fackel, die Eule – deutete darauf hin, daß es Nacht war. Dennoch sah ich – sah ich sogar die Sterne, obwohl keine Dunkelheit herrschte. Ich nahm wahr, wurde aber augenscheinlich weder gesehen noch gehört. Welch beklemmender Zauber lag wohl auf mir?

Ich ließ mich am Fuße eines mächtigen Baumes nieder, um gewissenhaft zu überlegen, was ich am besten tun sollte. Daß ich wahnsinnig war, konnte ich nicht länger bezweifeln, gleichwohl hatte ich einen Grund, an dieser Überzeugung zu zweifeln. Ich zeigte keine Spur von Fieber. Zudem erfüllte mich eine Unbeschwertheit und Kraft, wie ich sie nie zuvor gekannt hatte – ein Empfinden geistiger und physischer Erhebung. All meine Sinne schienen hellwach: Ich konnte die Luft als wägbare Substanz fühlen; ich konnte die Stille erhören.

Eine große Wurzel des riesigen Baumes, an dessen Stamm ich mich im Sitzen lehnte, hielt eine Steinplatte in ihrem Griff, von der ein Stück in eine Vertiefung ragte, welche von einer anderen Wurzel gebildet wurde. Der Stein wurde so teilweise gegen Witterungseinflüsse geschützt, obwohl er arg zerfallen war. Seine Kanten waren abgeschliffen, die Ecken weggefressen, die Oberfläche war tief zerfurcht und zerschrammt. Glitzernde Teilchen von Glimmer waren in der Erde ringsum zu sehen – Spuren seines Zerfalls. Dieser Stein hatte offensichtlich das Grab gekennzeichnet, aus dem der Baum vor langer Zeit emporgewachsen war. Die sich ausbreitenden Wurzeln hatten das Grab geplündert und den Stein zum Gefangenen gemacht.

Ein plötzlicher Windstoß trieb einige trockene Blätter und Zweige von der Oberfläche des Steines. Ich sah die als Halbrelief gestalteten Buchstaben einer Inschrift und beugte mich vor, sie zu lesen. Gott im Himmel! Mein Name, voll ausgeschrieben, dazu – der Tag *meiner* Geburt und der *meines* Ablebens.

Ein horizontaler Lichtstrahl beleuchtete zur Gänze die Seite des Baumes, als ich entsetzt aufsprang. Die Sonne stieg im rosaroten Osten auf. Ich stand zwischen dem Baum und ihrer breiten, roten Scheibe – kein Schatten fiel auf den Stamm!

Ein Chor heulender Wölfe begrüßte den neuen Tag. Ich sah sie auf ihren Hinterläufen sitzend, einzeln und in Gruppen, auf den Gipfeln der unregelmäßigen Grabhügel und Erhebungen, welche die öde Aussicht vor mir zur Hälfte füllten und sich bis zum Horizont reihten. Und mit eins wußte ich, daß das Ruinen der alten und berühmten Stadt Carcosa waren.

———————

Solcherart sind die Fakten, die dem Medium Bayrolles durch den Geist Hoseib Alar Robardin mitgeteilt wurden.

EINE UNNÜTZE ANWEISUNG

Henry Saylor, der in Covington bei einem Streit mit Antonio Finch getötet wurde, war Reporter für den Cincinnatier ›Commercial‹. Im Jahre 1859 rückte ein leerstehendes Gebäude in der Vine Street von Cincinnati in den Mittelpunkt allgemeiner Aufregung ob der seltsamen Gesichte und Geräusche, die angeblich nächtens dort zu beobachten waren. Gemäß dem Zeugnis vieler angesehener Bewohner der Umgebung waren diese mit keiner anderen Hypothese zu begründen als jener, daß das Haus verwunschen sei. Gestalten, die etwas ganz besonders Ungewöhnliches an sich hatten, konnte man in Scharen vom Gehsteig hineingehen und wieder herauskommen sehen. Niemand vermochte indes genau zu sagen, an welcher Stelle der freien Rasenfläche sie auf ihrem Weg zur Vordertür, durch die sie eintraten, auftauchten oder an welchem Punkt sie verschwanden, nachdem sie wieder herausgekommen waren; oder vielmehr hatte jeder Zuschauer, während er sich in dieser Sache selbst sicher war, eine andere Meinung. Gleichermaßen zeigten alle große Vielfalt bei den Beschreibungen der Gestalten. Einige Beherztere aus der neugierigen Menge erdreisteten sich an mehreren Abenden, sich auf die Türstufen zu stellen, um sie abzufangen oder, falls ihnen dies mißlänge, sie sich aus größerer Nähe zu betrachten. Diese mutigen Männer waren dem Vernehmen nach jedoch außerstande, die Tür mit vereinten Kräften zu öffnen, und wurden durch eine unsichtbare Kraft immer wieder von den Stufen geschleudert und ernsthaft verletzt; unmittelbar danach tat sich die Tür auf, anscheinend aus eigenem Willen, um einen unheimlichen Gast ein- oder auszulassen. Das Gebäude war als das Roscoe-Haus bekannt, da eine Familie dieses Namens einige Jahre dort gewohnt hatte und dann einer nach dem anderen verschwunden waren, zuletzt eine alte Frau. Geschichten von üblen Machenschaften und einer Reihe von Morden waren schon immer im Schwange gewesen, erwiesen sich jedoch nie als der Wahrheit entsprechend.

Eines Tages, während diese Aufregung herrschte, fand sich

Saylor im Auftragsbüro des ›Commercial‹ ein. Er erhielt eine Anweisung des Stadtredakteurs, die wie folgt lautete: Gehen Sie hin zu dem verwunschenen Haus in der Vine Street, verbringen Sie die Nacht dort allein und schreiben Sie uns, falls sich etwas Bemerkenswertes ereignen sollte, zwei Spalten. – Saylor gehorchte seinem Dienstherren; er konnte es sich nicht leisten, seine Stellung bei der Zeitung zu verlieren.

Nachdem er die Polizei von seinem Vorhaben in Kenntnis gesetzt hatte, brachte er es zuwege, noch vor Einbruch der Dunkelheit durch ein Fenster an der Rückfront einzudringen. Er ging durch die verlassenen Räume, die unmöbliert, staubig und trostlos waren, setzte sich schließlich im Wohnzimmer auf ein altes Sofa, das er aus einem anderen Raum herausgeschleppt hatte, und beobachtete, wie sich die Dunkelheit mit Anbruch der Nacht immer mehr verstärkte. Ehe es völlig finster geworden war, hatte sich auf der Straße die neugierige Menge versammelt, die sich in der Regel still verhielt und wartete, wobei dann und wann ein Spötter seinem Unglauben oder seinem Mut durch verächtliche Bemerkungen oder gemeine Rufe Ausdruck verlieh. Niemand wußte etwas von dem bangen Beobachter darinnen. Er fürchtete sich, Licht anzuzünden, die unverhangenen Fenster hätten seine Anwesenheit preisgegeben und ihn Beleidigungen, möglicherweise Schlägen ausgesetzt. Mehr noch war er zu gewissenhaft, etwas zu tun, was seine Eindrücke abschwächen konnte, und nicht willens, irgendeine der sonst hier herrschenden Bedingungen abzuändern, unter denen die Erscheinungen angeblich auftreten sollten.

Draußen war es nun völlig dunkel, aber von der Straße hereindringendes Licht erhellte schwach den Teil des Raumes, in dem er sich befand. Er hatte sämtliche Türen im Haus oben und unten geöffnet, die Außentüren jedoch waren alle verschlossen und verriegelt. Plötzliche Schreie der Menge veranlaßten ihn, zum Fenster zu springen und hinauszublicken. Er sah eine männliche Gestalt schnell über den Rasen auf das Haus zukommen – sah sie auch die Stufen emporsteigen; dann verschwand sie hinter einem Mauervorsprung. Es folgte ein Geräusch wie das Öffnen und Schließen der Flurtür; er hörte schwere, schnelle Schritte den Flur entlang, hörte sie die

Treppe emporsteigen – hörte sie, von keinem Teppich gedämpft, auf dem Fußboden des Schlafzimmers unmittelbar über sich.

Saylor zog daraufhin sofort die Pistole, tastete sich die Treppe hinauf und betrat das Zimmer, das von der Straße schwach erleuchtet wurde. Niemand war dort. Er vernahm Schritte in einem Nebenzimmer und betrat dieses. Es war dunkel und still. Sein Fuß stieß gegen einen Gegenstand auf dem Fußboden, er kniete sich hin und strich mit der Hand darüber. Es war ein menschlicher Kopf – der einer Frau. Der mit eisernen Nerven ausgestattete Mann hob ihn an den Haaren hoch, kehrte in den halb erleuchteten Raum unten zurück, trug ihn nahe ans Fenster und betrachtete ihn genau. Während er damit befaßt war, registrierte er im Unterbewußtsein wieder das rasche Öffnen und Schließen der Haustür und Schritte rings um sich. Er wandte den Blick von dem unheimlichen Objekt seiner Aufmerksamkeit und sah sich von einer großen Schar Männer und Frauen umgeben, die er nur undeutlich erkennen konnte; sie drängten sich im ganzen Raum. Er glaubte, die Leute von draußen wären eingedrungen.

»Meine Damen und Herren«, sagte er gelassen. »Sie sehen mich in einer verdächtigen Situation, aber …« Seine Stimme ging unter in schallendem Gelächter – einem solchen Gelächter, wie man es in Irrenanstalten hört. Die Gestalten um ihn herum wiesen auf den Gegenstand in seiner Hand, und ihre Fröhlichkeit steigerte sich, als er den Kopf fallen ließ und dieser zwischen ihre Füße rollte. Sie tanzten mit grotesken Gesten und unbeschreibbaren, anstößigen Bewegungen um ihn, bearbeiteten ihn mit Fußtritten und trieben ihn von Wand zu Wand im Raum umher; sie stießen einander und rannten sich im Bemühen, dem Kopf einen Tritt zu versetzen, über den Haufen; sie fluchten und kreischten und sangen Bruchstücke unzüchtiger Lieder, während der malträtierte Kopf wie vor Schreck im Zimmer umhersprang und scheinbar zu entkommen versuchte. Schließlich schoß er aus der Tür in den Flur, worauf alle in ungestümer Hast nachstürzten. In dem Augenblick fiel die Tür mit einem lauten Krach zu. Saylor war allein, umgeben von Totenstille.

Er verwahrte seine Pistole wieder, die er die ganze Zeit über in der Hand gehalten hatte, trat an ein Fenster und blickte hinaus. Die Straße lag menschenleer und still; die Lampen waren gelöscht; die Dächer und Schornsteine der Häuser hoben sich deutlich vor dem Dämmerlicht im Osten ab. Er verließ das Haus, wobei die Tür seinem Druck leicht nachgab, und ging zum Büro des ›Commercial‹. Der Lokalredakteur war noch in seinem Zimmer – und schlief. Saylor weckte ihn und sagte: »Ich war in dem verwunschenen Haus.«

Der Redakteur starrte ihn benommen an, als sei er noch nicht ganz wach. »Gott der Gerechte!« rief er. »Sind Sie Saylor?«

»Ja, warum nicht?«

Der Redakteur gab keine Antwort, sondern starrte ihn nur weiter an.

»Ich glaube, ich habe die ganze Nacht dort verbracht«, sagte Saylor.

»Man sagt, dort sei alles ungewöhnlich ruhig«, erklärte der Redakteur und spielte mit einem Briefbeschwerer, auf den er beiläufig geblickt hatte. »Ist irgend etwas passiert?«

»Nicht das geringste.«

DAS SPUKHAUS

An der Straße, die von Manchester im östlichen Kentucky nordwärts zu dem zwanzig Meilen entfernten Booneville führt, stand 1862 ein hölzernes Plantagenhaus von etwas besserer Beschaffenheit als die meisten Gebäude in dieser Gegend. Das Haus wurde im darauffolgenden Jahr durch ein Feuer zerstört – wahrscheinlich von einigen Marodeuren der zurückweichenden Kolonne General George W. Morgans gelegt, den General Kirby Smith von Cumberland Gap zum Ohio River trieb. Zum Zeitpunkt seiner Zerstörung hatte es bereits vier oder fünf Jahre leergestanden. Die Felder ringsum waren von Dornengestrüpp überwuchert, der Zaun war verschwunden, selbst die wenigen Negerbehausungen und überhaupt alle Nebengebäude waren durch Vernachlässigung und Plünderung teilweise dem Ruin anheimgefallen; denn die Neger und die armen Weißen der Umgebung hatten in dem Gebäude und den Zäunen einen reichlichen Brennstoffvorrat gefunden, dessen sie sich ohne Zaudern ganz offen und am hellichten Tag bemächtigten. Ausschließlich bei Tage; nach Einbruch der Nacht näherte sich kein menschliches Wesen je dem Ort, vorbeireisende Fremde ausgenommen.

Es war als das ›Spukhaus‹ bekannt. Daß es von bösen Geistern bewohnt war, sichtbaren, hörbaren und tätigen, bezweifelte man in der ganzen Umgebung ebensowenig, wie man anzweifelte, was einem sonntags vom Wanderprediger erzählt wurde. Die Ansicht des Hausbesitzers über die Sache war nicht bekannt; er und seine Familie waren eines Nachts verschwunden, und nie wieder hatte man etwas von ihnen gehört. Sie hatten alles so gelassen, wie es war – Hausgerät, Kleidung, Lebensmittelvorräte, die Pferde im Stall, die Kühe auf der Weide, die Neger in den Hütten; nichts fehlte – außer einem Mann, einer Frau, drei Mädchen, einem Jungen und einem Baby! So war es keineswegs überraschend, daß eine Plantage, wo sieben menschliche Wesen auf einmal ausgelöscht werden konnten und niemand eine Erklärung dafür hatte, Verdacht erwecken würde.

An einem Juniabend des Jahres 1859 fuhren zwei Bürger aus Frankfort, Colonel J. C. McArdle, ein Rechtsanwalt, und Richter Myron Veigh von der Staatsmiliz, von Booneville nach Manchester. Ihr Geschäft war so wichtig, daß sie beschlossen, weiterzufahren, ungeachtet der Dunkelheit und des dumpfen Grollens eines aufziehenden Gewitters, welches schließlich auch genau in dem Moment losbrach, als sie am ›Spukhaus‹ vorbeikamen. Die Blitze folgten dichtauf, so daß sie leicht den Weg durchs Tor und zu einem Schuppen fanden, wo sie ihr Gespann anbanden und abzäumten. Darauf gingen sie durch den Regen zum Haus und klopften an allen Türen, ohne daß sie eine Antwort erhielten. Da sie dies dem ununterbrochenen Getöse des Donners zuschrieben, stießen sie gegen eine der Türen, die auch nachgab. Sie traten ohne weitere Umstände ein und schlossen die Tür. Im Nu waren sie von völliger Dunkelheit und Stille umgeben. Kein Lichtschein der unaufhörlich zuckenden Blitze durchdrang die Fenster oder Ritzen; kein dumpfes Grollen des schrecklichen Getöses draußen erreichte sie hier. Es war, als seien sie plötzlich mit Blindheit und Taubheit geschlagen, und McArdle erklärte später, er habe einen Augenblick geglaubt, beim Überschreiten der Schwelle von einem Blitzschlag getötet worden zu sein. Der Rest dieses Abenteuers kann genausogut mit seinen eigenen Worten wiedergegeben werden, nachzulesen im Frankforter ›Advocate‹ vom 6. August 1876.

›Nachdem ich mich etwas von der verwirrenden Auswirkung des Übergangs aus dem Getöse in die Stille erholt hatte, war meine erste Regung, die Tür wieder zu öffnen, die ich geschlossen hatte und deren Knauf ich meines Erachtens noch in der Hand hielt; jedenfalls fühlte ich ihn noch deutlich zwischen meinen Fingern. Meine Vorstellung war, mich zu vergewissern, ob ich das Seh- und Hörvermögen wirklich verloren hatte, indem ich wieder in das Gewitter hinaustrat. Ich drehte den Knauf und zog die Tür auf. Sie führte in einen ganz anderen Raum!

Dieses Gemach wurde von einem schwachen, grünlichen Lichtschein erhellt, dessen Quelle ich nicht feststellen konnte, der jedoch alles deutlich sichtbar machte, obwohl nichts scharf umrissen war. Alles, sage ich, aber in Wirklichkeit waren die einzigen Dinge innerhalb der kahlen Mauern des Raumes menschliche Leichen. Es waren vielleicht acht oder zehn an der Zahl – man wird gewiß einsehen, daß ich sie nicht genau zählte. Sie waren verschiedenen Alters oder vielmehr von verschiedener Größe, vom Kleinkind an aufwärts, und beiderlei Geschlechts. Alle lagen ausgestreckt auf dem Fußboden außer einer offensichtlich jungen Frau, die aufrecht saß, mit dem Rücken in einer Ecke lehnend und so rechts und links gestützt. Eine andere, ältere Frau hatte ein Kind im Arm. Ein halbwüchsiger Bursche lag mit dem Gesicht zum Boden quer über den Beinen eines Mannes mit Vollbart. Ein oder zwei waren fast nackt, und ein junges Mädchen hielt ein Stück ihres Gewands in der Hand, welches sie über der Brust aufgerissen hatte. Die

Körper befanden sich in verschiedenen Stufen der Zersetzung, und Gesichter und Rümpfe waren alle beträchtlich geschrumpft. Einige waren kaum mehr denn Skelette.

Während ich angesichts dieses unheimlichen Anblicks vor Entsetzen wie gelähmt dastand und die Tür noch offen hielt, wurde meine Aufmerksamkeit kraft einer unerklärlichen Abartigkeit von der grauenhaften Szenerie abgelenkt und wandte sich Belanglosigkeiten und Einzelheiten zu. Vielleicht suchte mein Geist auch dank seines Selbsterhaltungstriebs Befreiung in Dingen, welche seine gefährliche Spannung mindern konnten. So bemerkte ich, daß die Tür, die ich offen hielt, aus schweren Eisenplatten gefertigt und mit Nieten beschlagen war. In gleichen Abständen voneinander wie von der Ober- und Unterkante traten aus dem abgeschrägten Rand drei starke Bolzen hervor. Ich drehte den Knauf, und sie glitten zurück, bis sie mit der Kante bündig waren. Ließ ich den Knauf los, so schossen sie heraus. Es war ein Federschloß. Auf der Innenseite gab es weder einen Knauf noch irgendeine Art Vorsprung – nur eine glatte Eisenfläche.

Während ich diese Dinge mit einem Interesse und einer Aufmerksamkeit registrierte, die mich jetzt in der Rückschau erstaunen lassen, spürte ich, wie ich beiseite geschoben wurde und Richter Veigh, den ich angesichts der Intensität und Wechselhaftigkeit meiner Empfindungen völlig vergessen hatte, mich in den Raum stieß. ‚Um Gottes willen‘, rief ich, ‚gehen Sie nicht dort hinein! Wir wollen diesen schrecklichen Ort verlassen!‘

Er beachtete mein inständiges Flehen jedoch überhaupt nicht, sondern ging (ein so furchtloser Gentleman, wie er je im ganzen Süden gelebt hat) schnell zur Mitte des Raumes, kniete neben einer der Leichen nieder, um sie genauer zu untersuchen, und hob behutsam mit beiden Händen ihren schwarz gewordenen und zusammengeschrumpften Kopf hoch. Ein starker, unangenehmer Geruch strömte durch die Tür, der mich völlig überwältigte. Meine Sinne schwanden; ich spürte, wie ich fiel, und als ich mich an der Tür festhielt, um mich zu stützen, stieß ich sie mit einem scharfen Klicken zu!

An mehr kann ich mich nicht erinnern; sechs Wochen später

erlangte ich in einem Hotel in Manchester, wohin mich fremde Leute am nächsten Tag gebracht hatten, meine Verstandeskraft wieder. Die ganzen Wochen hatte ich unter einem Nervenfieber gelitten, das ein ständiges Delirium mit sich brachte. Man hatte mich auf der Straße liegend gefunden, mehrere Meilen von dem Haus entfernt; aber wie ich diesem entronnen war, um dorthin zu gelangen, habe ich nie in Erfahrung bringen können. Bei meiner Genesung, oder sobald die Ärzte mir gestatteten zu reden, erkundigte ich mich nach dem Schicksal von Richter Veigh, den sie mir als wohlauf und daheim befindlich versicherten (um mich zu beruhigen, wie mir jetzt klar ist).

Niemand glaubte ein Wort von meiner Geschichte, und wen sollte das verwundern? Und wer vermag sich meinen Schmerz vorzustellen, als ich zwei Monate später bei meiner Ankunft daheim in Frankfort erfuhr, man habe seit jener Nacht nie wieder etwas von Richter Veigh gehört? Damals bereute ich bitterlich den Stolz, der es mir seit den ersten Tagen nach Wiedererlangung meines Verstandes verwehrt hatte, meine unglaubliche Geschichte zu wiederholen und auf ihrer Wahrhaftigkeit zu bestehen.

Mit allem, was danach geschah – der genauen Durchsuchung des Hauses; der Unmöglichkeit, irgendeinen Raum zu finden, der dem von mir beschriebenen entsprach; dem Versuch, mich für geisteskrank erklären zu lassen, und meinem Triumph über meine Ankläger –, sind die Leser des ‚Advocate‘ vertraut. Nach all diesen Jahren bin ich noch immer überzeugt davon, daß Ausgrabungen (welche durchzuführen ich weder das legale Recht noch das Vermögen habe) das Geheimnis des Verschwindens meines unglücklichen Freundes und möglicherweise auch das der früheren Besitzer und Bewohner des verlassenen und nun zerstörten Hauses preisgeben würden. Ich verliere den Glauben nicht, eines Tages eine solche Nachforschung zustandezubringen, und es ist mir ein Born tiefen Schmerzes, daß sie durch die unverdiente Feindseligkeit und törichte Ungläubigkeit der Familie und Freunde des verstorbenen Richters Veigh verzögert worden ist.‹

Colonel McArdle starb am dreizehnten Dezember des Jahres 1879 in Frankfort.

EIN GRAB OHNE BODEN

Mein Name ist John Brenwalter; mein Vater, ein Trunkenbold, besaß ein Patent für eine Erfindung, nach der man Kaffeebeeren aus Lehm herstellen konnte; aber er war ein ehrlicher Mann und wollte die Produktion nicht selbst übernehmen. Als Folge davon gelangte er nur zu bescheidenem Wohlstand, die Einkünfte aus seiner wirklich wertvollen Erfindung brachten ihm kaum genug, um die Kosten eines Rechtsstreits mit Spitzbuben zu bestreiten, die sich der Vertragsverletzung schuldig gemacht hatten. So ging ich vieler Vorteile verlustig, deren sich Kinder gewissenloser und unehrenhafter Eltern erfreuen, und hätte ich nicht eine feinsinnige und liebevolle Mutter gehabt, die alle meine Brüder und Schwestern vernachlässigte und meine Bildung persönlich beaufsichtigte, so wäre ich in Unwissenheit aufgewachsen und gezwungen gewesen, an einer Schule zu unterrichten. Einer guten Frau Lieblingskind zu sein ist mehr als Goldes wert.

Als ich neunzehn Jahre alt war, widerfuhr meinem Vater das Unglück zu sterben. Er hatte sich stets bester Gesundheit erfreut, und sein Tod, der ohne jegliche Vorwarnung am Mittagstisch erfolgte, überraschte niemanden mehr als ihn selbst. War ihm doch am gleichen Morgen Nachricht zugekommen, wonach ihm ein Patent zuerkannt worden war für ein Gerät, mit dem man Safes mittels hydraulischem Druck geräuschlos aufsprengen konnte. Der Patentkommissar hatte dies für die sinnreichste, wirksamste und ganz allgemein verdienstvollste Erfindung bezeichnet, die ihm je vorgelegt worden war, und mein Vater hatte natürlich auf ein hohes Alter in Wohlstand und Achtung gehofft. Sein plötzlicher Tod war deshalb eine tiefe Enttäuschung für ihn; indes schien meine Mutter, deren Frömmigkeit und Ergebenheit gegenüber dem Willen des Himmels sichtbare Tugenden ihres Charakters waren, davon weniger berührt zu sein. Am Ende der Mahlzeit, nachdem meines armen Vaters Körper vom Fußboden entfernt worden war, rief sie uns alle ins Nebenzimmer und wandte sich mit folgenden Worten an uns:

»Meine Kinder, das ungewöhnliche Geschehen, dessen ihr soeben Zeuge geworden seid, ist eines der unangenehmsten Ereignisse im Leben eines guten Mannes, dazu eines, das mir wenig Vergnügen bereitet, das versichere ich euch. So bitte ich euch, mir zu glauben, daß meine Hand nicht mit im Spiel war, es herbeizuführen. – Natürlich«, fügte sie nach einer Pause hinzu, während ihr Blick in tiefem Nachsinnen zu Boden gesenkt war, »natürlich ist es besser, daß er tot ist!«

Sie äußerte dies mit einem so offensichtlichen Bewußtsein, daß es nicht anders denn als augenfällige Wahrheit verstanden werden konnte, daß niemand von uns den Mut hatte, ihre Überraschung herauszufordern, indem er um eine Erklärung bat. Die Art und Weise, in der meine Mutter ihre Überraschung bekundete, wenn jemand von uns in irgendeiner Weise falsch gehandelt hatte, war nämlich sehr schrecklich für uns. Als ich mir eines Tages in einem Anfall von Griesgrämigkeit die Freiheit genommen hatte, dem Baby ein Ohr abzuschneiden, erschienen mir die einfachen Worte: »John, du überraschst mich!« als ein so schwerer Vorwurf, daß ich nach einer schlaflosen Nacht zu ihr ging, mich ihr zu Füßen warf und ausrief: »Mutter, vergib mir, daß ich dich überrascht habe.« So fühlten wir jetzt alle – einschließlich des einohrigen Babys –, daß die Dinge glatter verlaufen würden, wenn wir die Feststellung, es sei für unseren lieben Vater in gewisser Weise doch besser, tot zu sein, ohne weitere Fragen akzeptierten. Meine Mutter fuhr fort:

»Nun muß ich euch sagen, liebe Kinder, daß das Gesetz im Falle eines plötzlichen und rätselhaften Todes verlangt, daß der Leichenbeschauer kommt, den Körper in Stücke schneidet und diese dann einer Anzahl von Leuten übergibt, welche, nachdem sie sie untersucht haben, die Person für tot erklären. Dafür bekommt der Leichenbeschauer eine große Summe Geldes. Ich möchte diese schmerzliche Formalität im vorliegenden Fall vermeiden; sie gehört zu denen, die niemals die Billigung der – der Hinterbliebenen fanden. John«, hier wandte meine Mutter ihr engelsgleiches Antlitz mir zu, »du bist ein gebildeter Junge und sehr verständig. Jetzt bietet sich dir eine Gelegenheit, deine Dankbarkeit für all die Opfer zu bekunden, die deine Bildung den anderen von uns auferlegte. John, gehe hin und beseitige den Leichenbeschauer.«

Maßlos entzückt über diesen Vertrauensbeweis seitens meiner Mutter und über die Gelegenheit, mich durch eine Handlung auszuzeichnen, die meiner natürlichen Neigung entsprach, kniete ich vor ihr nieder, führte ihre Hand an meine Lippen und netzte sie mit Tränen der Rührung. Noch vor fünf Uhr hatte ich den Leichenbeschauer an jenem Nachmittag beseitigt.

Ich wurde sofort verhaftet und ins Gefängnis geworfen, wo ich eine höchst unbehagliche Nacht verbrachte, weil ich ob der Gottlosigkeit meiner Mitgefangenen, zweier Geistlicher, nicht schlafen konnte; denn ihre theologische Ausbildung hatte ihnen eine Fülle sündhafter Ideen und eine Meisterschaft in gotteslästerlicher Redekunst vermittelt, die ihresgleichen suchte. Aber gegen Morgen betrat der Kerkermeister, der in einem Nebenraum schlief und gleichermaßen gestört worden war, die Zelle und verwarnte die ehrwürdigen Herren mit einer schrecklichen Verwünschung, ihr geistliches Amt werde ihn, sofern er weiteres Fluchen vernehmen würde, nicht daran hindern, sie auf die Straße zu setzen. Danach mäßigten sie ihre fragwürdige Unterhaltung, die eine Handharmonika ersetzte, ein wenig, und ich schlief den friedlichen und erquickenden Schlaf der Jugend und Unschuld.

Am nächsten Morgen wurde ich vor den Obersten Richter gebracht, der als beauftragter Haftrichter tätig war und mich einem ersten Verhör unterzog. Ich erklärte mich für nicht schuldig und fügte hinzu, der von mir Ermordete sei ein höchst berüchtigter Demokrat gewesen. (Meine gute Mutter war Republikanerin und hatte mich seit frühester Kindheit gewissenhaft über die Prinzipien einer redlichen Regierung und die Notwendigkeit unterwiesen, eigensüchtige Opposition zu unterdrücken.) Der Richter, mittels einer republikanischen Wahlurne mit falschem Boden zu Amt und Würden gelangt, war von der überzeugenden Kraft meiner Verteidigung sichtlich beeindruckt und bot mir eine Zigarette an.

»Wenn es Euer Ehren beliebt, so würde ich es in diesem Falle nicht für notwendig erachten, irgendwelches Beweismaterial zu liefern«, begann der Staatsanwalt. »Nach dem Gesetz des Landes sitzen Sie hier als beauftragter Haftrichter. Es ist deshalb Ihre Pflicht, ihn in Gewahrsam zu nehmen. Zeugenaussagen wie Beweisführung könnten Zweifel erwecken, ob Euer Ehren beabsichtigen, Ihrer eingeschworenen Pflicht zu genügen. Das hier ist mein Fall.«

Mein Rechtsbeistand, ein Bruder des verstorbenen Leichenbeschauers, erhob sich und sagte: »Wenn es dem Gerichtshof beliebt, so hat mein gelehrter Freund von der anderen Seite das in diesem Fall zutreffende Gesetz so gut und so beredt dargelegt, daß mir nur übrigbleibt zu fragen, in welchem Maße man ihm bereits nachgekommen ist. Es stimmt, Euer Ehren sind Haftrichter, und als solcher ist es Ihre Pflicht, in Gewahrsam zu nehmen – was? Das ist eine Sache, die das Gesetz sehr weise und zu Recht Ihrer Besonnenheit anheimgestellt hat, und Sie haben weise bereits jede Pflicht erfüllt, die das Gesetz Ihnen auferlegt. Seit ich Euer Ehren kenne, haben Sie nichts anderes getan, als in Gewahrsam zu nehmen, Sie haben wegen Bestechung in Gewahrsam genommen, wegen Diebstahl, Brandstiftung, Meineid, Ehebruch, Mord – wegen jeglichen Verbrechens im Verzeichnis und wegen jeglicher Ausschweifung, die dem Wollüstigen und moralisch Verderbten einschließlich meines gelehrten Freundes, des Staatsanwaltes, bekannt ist. Sie haben als Haftrichter voll und ganz Ihre Pflicht erfüllt, und da es keinen Beweis gegen diesen trefflichen jungen Mann, meinen Klienten, gibt, beantrage ich, daß er freigelassen wird.«

Eine beeindruckende Stille folgte. Der Richter erhob sich, setzte seine schwarze Kappe auf und verurteilte mich mit vor Rührung bebender Stimme zu Leben und Freiheit. Sodann wandte er sich an meinen Rechtsbeistand und sagte kühl, aber bedeutungsvoll:

»Wir sehen uns später.«

Am nächsten Morgen war der Anwalt, der mich so gewissenhaft gegen eine Anklage wegen Ermordung seines Bruders – mit dem er wegen eines Stückes Land im Streit lag – verteidigt hatte, verschwunden, und sein Schicksal ist bis zum heutigen Tag ungeklärt.

In der Zwischenzeit war meines armen Vaters Leichnam

still und unauffällig um Mitternacht im Hinterhof seiner vormaligen Wohnstatt beerdigt worden, ohne daß wir ihm die vormals getragenen Stiefel ausgezogen hatten oder der Inhalt seines vormaligen Magens analysiert worden wäre. »Er war gegen jede Zurschaustellung«, sagte meine liebe Mutter, als sie damit fertig war, die Erde über ihm festzutreten, und den Kindern half, die Stelle mit Stroh zu bestreuen. »Er war von häuslicher Natur und schätzte ein ruhiges Leben.«

Meine Mutter begründete ihren Antrag auf Vollmacht für die Testamentsvollstreckung dahingehend, sie habe guten Grund zu glauben, daß der Verschwundene tot sei, denn er sei mehrere Tage nicht zu den Mahlzeiten nach Hause gekommen; der Richter des Aas-Gerichtshofs – wie sie ihn später jedesmal verächtlich nannte – entschied jedoch, der Nachweis über den Tod sei unzureichend, und gab das Grundstück in die Hände des Öffentlichen Verwalters, der sein Schwiegersohn war. Man fand heraus, daß die Verbindlichkeiten durch die Vermögenswerte genau ausgeglichen wurden; nur das Patent für das Gerät zum geräuschlosen Aufsprengen von Safes mittels hydraulischem Druck war übriggeblieben, und das war in den Besitz des Erbbestätigungsrichters und Öffentlichen Verwaltuntreuers – wie meine liebe Mutter sich auszudrücken pflegte – übergegangen. So war eine redliche und angesehene Familie binnen weniger kurzer Monate vom Wohlstand zum Verbrechen gelangt; die Not zwang uns, arbeiten zu gehen.

Bei Auswahl der Beschäftigung ließen wir uns von einer Vielzahl von Erwägungen leiten wie persönlicher Tauglichkeit, Neigung und so weiter. Meine Mutter eröffnete eine exklusive Privatschule zur Unterweisung in der Kunst, die Flecke auf Bettvorlegern aus Leopardenfell zu verändern; mein ältester Bruder George Henry, der eine Neigung zur Musik hatte, wurde Trompeter in einem benachbarten Taubstummenasyl; meine Schwester Mary Maria nahm Bestellungen für Professor Pumpernickels Hausschlüsselessenz entgegen, um Mineralquellen Duftnoten zu verleihen, und ich richtete mich als Justierer und Vergolder von Kreuzbalken an Galgen ein. Die anderen, für richtige Arbeit noch zu jungen Kinder fuhren fort, wie man sie gelehrt hatte, vor Geschäften ausgestellte Artikel zu stehlen.

In unseren Mußestunden lockten wir Reisende in unser Haus und verscharrten die Leichen im Keller.

In einem Teil dieses Kellers bewahrten wir Wein, geistige Getränke und Lebensmittel auf. Aus der Schnelligkeit ihres Verschwindens erlangten wir die abergläubische Überzeugung, die Geister der hier begrabenen Personen kämen um Mitternacht heraus und hielten Gelage ab. Zumindest war gewiß, daß wir des Morgens häufig Reste von Pökelfleisch, Konserven und dergleichen Überbleibsel am Ort verstreut vorfanden, obwohl er sicher verschlossen und gegen das Eindringen von Menschen gesichert worden war. Der Vorschlag wurde gemacht, die Lebensmittel zu entfernen und anderswo unterzubringen, aber unsere liebe Mutter, die stets großzügig und gastfreundlich war, meinte, es sei besser, den Verlust auf sich zu nehmen, als eine Aufdeckung zu riskieren: Falls den Geistern diese geringfügige Zuwendung verweigert werde, würden sie vielleicht eine Untersuchung auslösen, die unser gesamtes System der Arbeitsteilung umstürzen werde, was die Energien der gesamten Familie in das eine von mir betriebene Gewerbe abfließen lassen würde – wir würden vielleicht alle die Kreuzbalken von Galgen zieren. Wir fügten uns ihrer Entscheidung mit kindlicher Ergebenheit, die unserer Achtung für ihre Weltklugheit und die Lauterkeit ihres Charakters entsprang.

Eines Nachts, als wir uns alle im Keller befanden – niemand wagte, ihn allein zu betreten – und damit beschäftigt waren, dem Bürgermeister einer benachbarten Stadt die feierlichen Verrichtungen eines christlichen Begräbnisses zuteil werden zu lassen, wobei meine Mutter und die jüngeren Kinder jeder eine Kerze hielten, während George Henry und ich uns mit Spaten und Spitzhacke mühten, stieß meine Schwester Mary Maria einen Schrei aus und hielt die Hände vor die Augen. Wir erschraken alle ganz fürchterlich, und die Trauerfeierlichkeiten für den Bürgermeister wurden augenblicklich unterbrochen, während wir sie mit bleichen Gesichtern und zitternden Stimmen anflehten, uns doch mitzuteilen, was sie so beunruhigt habe. Die jüngeren Kinder waren so aufgeregt, daß sie ihre

Kerzen nicht ruhig hielten, und die schwankenden Schatten unserer Gestalten tanzten mit seltsamen und grotesken Bewegungen an den Wänden und nahmen die unheimlichsten Haltungen ein. Das Antlitz des toten Mannes, das bald grausig im Lichtschein aufleuchtete, bald wieder durch einen huschenden Schatten ausgelöscht wurde, schien bei jedem erneuten Auftauchen einen anderen und widerwärtigeren Ausdruck zu tragen, eine unheilvollere Drohung zu bekunden. Ratten, durch den Schrei des Mädchens noch mehr verängstigt als wir, wimmelten scharenweise im Raum umher, kreischten schrill oder sprenkelten die schwarze Dunkelheit irgendeiner entfernten Ecke mit starren Augen, bloßen Punkten grünen Lichts gleich, das dem schwachen Phosphoreszieren der Verwesung entsprach, welches das halb ausgehobene Grab füllte und wie die sichtbare Darstellung jenes schwachen Geruchs der Sterblichkeit wirkte, der die unzuträgliche Luft verpestete. Die Kinder schluchzten nun, klammerten sich an die Arme und Beine ihrer älteren Geschwister und ließen die Kerzen fallen, so daß wir nahe daran waren, in völlige Dunkelheit zu stürzen, wäre nicht jenes unheilkündende Licht gewesen, welches langsam aus der aufgerissenen Erde hervorquoll und sich wie ein Springbrunnen über die Ränder des Grabes ergoß.

Inzwischen hatte meine Schwester, die auf der Erde hockte, welche aus dem Grab herausbefördert worden war, die Hände vom Gesicht genommen und starrte mit geweiteten Augen auf einen dunklen Raum zwischen zwei Weinfässern.

»Dort ist sie! Dort ist sie!« schrie sie und wies hin. »Gott im Himmel! Könnt ihr sie nicht sehen?«

Und in der Tat, dort war sie! – eine menschliche Gestalt, kaum erkennbar in der Dunkelheit – eine Gestalt, die von einer Seite zur anderen taumelte, gerade so, als werde sie jeden Moment fallen, und die sich, Halt suchend, an den Weinfässern festhielt, war unsicheren Schrittes hervorgetreten und stand einen Augenblick deutlich sichtbar im Licht der verbliebenen Kerzen; dann schwankte sie schwerfällig und schlug der Länge nach hin. In diesem Augenblick erkannten wir alle die Gestalt, das Gesicht und die Haltung unseres Vaters – der seit zehn Monaten tot war und den wir mit eigenen Händen begraben hatten! – unseres Vaters, der zweifellos wiederauferstanden und gräßlich betrunken war!

Bei den Umständen unserer überstürzten Flucht von diesem schrecklichen Ort – bei dem Erlöschen jeglichen menschlichen Gefühls während jenes ungestümen, wahnwitzigen Hinaufstürmens über die feuchten und modrigen Treppen – ausgleitend, fallend, einander wieder herunterziehend oder über den Rücken des anderen erneut nach oben klimmend – wobei die Kerzen erloschen, die Babys ihren kräftigen Brüdern unter die Füße gerieten, zertrampelt und von einer Mutter Arm zurück und in den Tod geschleudert wurden! – bei all diesen Dingen wage ich nicht zu verweilen. Meine Mutter, mein ältester Bruder, meine älteste Schwester und ich entkamen; die anderen blieben unten, um an ihren Wunden oder vor Entsetzen zugrunde zu gehen – einige vielleicht auch durch Feuer. Denn binnen einer Stunde hatten wir vier hastig zusammengerafft, was wir an Geld und Wertsachen besaßen und an Kleidung tragen konnten, die Behausung in Brand gesteckt, und flohen nun in ihrem Feuerschein ins Gebirge. Wir hielten nicht einmal inne, um die Versicherung zu kassieren, und meine liebe Mutter sagte Jahre später auf ihrem Totenbett in einem fernen Land, daß dies die einzige Unterlassungssünde sei, die ihr Gewissen belaste. Ihr Beichtvater, ein frommer Mann, versicherte ihr, daß der Himmel ihr unter den Umständen diese Verabsäumung vergeben werde.

Etwa zehn Jahre nachdem wir die Schauplätze meiner Kindheit verlassen hatten, kehrte ich, nun schon ein wohlhabender Erfinder, verkleidet an den Ort zurück mit der Absicht, wenn möglich einen Schatz an mich zu nehmen, der uns gehörte und im Keller vergraben worden war. Ich kann sagen, daß mir kein Erfolg beschieden war: Die Entdeckung so vieler menschlicher Gebeine in den Ruinen hatte die Behörden veranlaßt, weiter zu graben. Sie hatten den Schatz gefunden und ihrer Redlichkeit halber an sich genommen. Das Haus war nicht wieder aufgebaut worden; die ganze Vorstadt war in der Tat eine Wüstenei. Man hatte von so vielen unirdischen Gesichten und Geräuschen daselbst berichtet, daß kein Mensch dort wohnen wollte. Da ich niemanden fragen oder belästigen konnte, beschloß ich, meine kindliche Ergebenheit dadurch zu befriedigen, daß ich noch einmal einen Blick auf das Gesicht meines geliebten Vaters warf, falls unsere Augen uns wirklich getäuscht hatten und er noch in seinem Grabe lag. Auch entsann ich mich, daß er stets einen ungeheuer großen Diamantring getragen hatte, und da ich diesen seit seinem Tod nie wiedergesehen und auch nicht von ihm gehört hatte, bestand Grund zu der Annahme, daß er vielleicht damit begraben worden war. Ich beschaffte mir einen Spaten und hatte bald das Grab an einer Stelle im einstigen Hinterhof gefunden, wo ich begann, das Erdreich auszuheben. Als ich etwa vier Fuß tief geschachtet hatte, fiel der ganze Boden aus dem Grab, und ich wurde durch ein großes, ovales Loch in das zerfallende Gewölbe eines Kanalisationsrohres hinabgerissen. Da war kein Leichnam, nicht die geringste Spur eines solchen.

Außerstande, aus der Höhle herauszuklettern, kroch ich das Rohr entlang, und nachdem ich mit einiger Mühe Unmengen verkohlten Unrats, rußgeschwärzten Mauerwerks entfernt hatte, die es verstopften, gelangte ich in jenen schicksalsträchtigen Keller.

Nun war alles klar. Mein Vater war, was immer auch die Ursache gewesen sein mochte, daß ihm bei der Mahlzeit ›schlecht geworden war‹ (und ich denke, meine selige Mutter könnte einiges Licht in die Angelegenheit bringen), zweifellos lebendig begraben worden. Das Grab war zufällig über dem vergessenen Kanalisationsrohr und fast bis zum Scheitelpunkt seines Gewölbes ausgehoben worden, und da kein Sarg verwendet worden war, hatten seine heftigen Bewegungen, als er wieder zu sich kam, das verrottete Mauerwerk einstürzen lassen. Er war hinuntergerutscht und schließlich in den Keller entronnen. Als er spürte, daß er in seinem eigenen Haus nicht willkommen war, jedoch kein anderes besaß, hatte er in dem unterirdischen Verließ gewohnt, als Zeuge unseres Gedeihens und Kostgänger unserer vorsorglichen Wirtschaftsführung. Er war es gewesen, der unsere Lebensmittel vertilgt hatte; er war es gewesen, der unseren Wein getrunken hatte – er war nicht mehr als ein Dieb! In stark berauschtem Zustand und als er zweifellos jenes Bedürfnis nach Geselligkeit empfand, welches das

eine vermittelnde Bindeglied zwischen einem Betrunkenen
und seinen Mitmenschen darstellt, hatte er sein Versteck zu
einem ausgesprochen ungünstigen Zeitpunkt verlassen und so
die beklagenswertesten Folgen über diejenigen heraufbeschworen, die ihm am nächsten standen und am teuersten waren –
ein Versehen, welches fast den Rang eines Verbrechens hatte.

DIE STADT DER DAHINGEGANGENEN

Ich war das Kind armer, weil ehrlicher Eltern und hatte bis zu
meinem dreiundzwanzigsten Lebensjahr keine Ahnung von
den Möglichkeiten des Glücks, die in der Münze anderer verborgen lagen. Zu jener Zeit versenkte mich die Vorsehung
in einen tiefen Schlaf und enthüllte mir in einem Traum die
Torheit der Arbeit. »Siehe die Armut und den Schmutz deines
Loses und lausche den Lehren der Natur«, sprach das Traum-
gesicht eines heiligen Eremiten zu mir. »Du erhebst dich am
Morgen von deinem Lager aus Stroh und begibst dich zu deinem Tagewerk auf die Felder. Die Blumen neigen ihre Köpfchen in freundlichem Gruß, wenn du vorüberschreitest. Die
Lerche grüßt dich mit schmetterndem Gesang. Die frühe
Sonne schickt wohlig-warme Strahlen auf dich herab, und aus
dem taubenetzten Gras atmest du eine kühle, die Lungen er-
quickende Luft ein. Die ganze Natur scheint dich mit der
Freude eines munteren Dieners zu grüßen, der einen getreuen
Herren willkommen heißt. Du befindest dich im Einklang mit
ihrer sanftesten Stimmung, und deine Seele singt in dir. Du
beginnst dein Tagewerk mit dem Pflug, voller Hoffnung, daß
der Mittag das Versprechen des Morgens einlösen, den Zauber
der Landschaft reifen lassen und ihr Segnen deiner Seele bekräftigen würde. Du folgst dem Pflug, bis die Müdigkeit dich
zum Verweilen nötigt, läßt dich am Ende der Furche auf der
Erde nieder und erwartest, dich in Fülle jener Wonnen zu erfreuen, von denen du vorerst nur gekostet hast.

Aber o weh! Die Sonne ist in einen bronzenen Himmel emporgestiegen, und ihre Strahlen sind zu einem Gießbach geworden. Die Blumen haben ihre Blüten geschlossen, ihren Duft eingesperrt und verweigern dem Auge ihre Farben. Das Gras strömt nicht länger Kühle aus, der Tau ist verschwunden, und die Oberfläche der Felder wirft die sengende Hitze des Äthers zurück. Die Vögel des Himmels grüßen dich nicht mehr mit ihrem Gesang, nur der Eichelhäher schilt dich barsch vom Saum des Dickichts. Unglücklicher Mensch! Alle die edlen und segenspendenden Dienste der Natur werden dir verweigert als Strafe für deine Sünde. Du hast das Erste der Zehn Gebote der Natur gebrochen: Du hast gearbeitet!«

Als ich aus meinem Traum erwachte, sammelte ich meine wenigen Habseligkeiten, sagte meinen irregeleiteten Eltern Lebewohl und verließ das Land, nachdem ich kurz am Grab meines Großvaters verweilt hatte, der ein Geistlicher gewesen war, um den Schwur zu leisten, daß ich, so der Himmel mir beistehe, niemals wieder einen Penny ehrlich verdienen würde.

Wie lange ich wanderte, weiß ich nicht mehr, aber ich gelangte schließlich in eine große Stadt an der Küste, wo ich mich als Wundarzt niederließ. Des Namens jenes Ortes entsinne ich mich nicht mehr, denn mein Wirken in dem neuen Beruf und mein Ruhm waren solcherart, daß die Ältesten der Stadt ihn unter dem Druck der öffentlichen Meinung änderten, und hinfort war der Ort bekannt als die Stadt der Dahingegangenen. Es braucht hier wohl nicht erwähnt zu werden, daß ich keine Kenntnis von Medizin besaß, doch indem ich mich der Dienste eines bedeutenden Urkundenfälschers versicherte, erhielt ich ein Diplom, welches mir angeblich von der Königlichen Quacksalberei des Scharlatanischen Empirizismus zu Hoodos verliehen worden war und, mittels eines Stückes *crêpe* und umrahmt von Immortellen an einer Weide vor meinem Sprechzimmer angebracht, die Leidenden in hellen Scharen herbeiströmen ließ. In Verbindung mit meiner Ambulanz für Unbemittelte betrieb ich eines der größten Bestattungsunternehmen, das die Welt je gesehen hat, und sobald meine Mittel es ermöglichten, erwarb ich ein beträchtliches Stück Land und verwandelte es in einen Friedhof. Auch besaß ich mehrere sehr gewinnbringende Steinmetzwerkstätten auf der einen Seite des Friedhoftores und auf der anderen einen ausgedehnten Blumengarten. Mein Großes Trauer- und Bestattungsemporium wurde durch die Schönheit, die Eleganz und das Leid der Stadt gefördert. Kurzum, meine Geschäftstätigkeit nahm eine sehr gedeihliche Entwicklung, und binnen eines Jahres war ich in der Lage, meine Eltern nachkommen zu lassen und meinem alten Vater eine sehr angenehme Stelle als Empfänger gestohlener Waren zu verschaffen – eine Handlungsweise, die, das möchte ich gestehen, mir nur deshalb den Vorwurf kindlicher Dankbarkeit ersparte, weil ich allen Gewinn selbst einsteckte.

Aber die Wechselfälle des Geschicks sind nur vermeidbar, wenn man sich ernsthaftester Bedürftigkeit befleißigt: Menschliche Voraussicht bietet keinen Schutz gegen den Neid der Götter und die unermüdlichen Machenschaften des Schicksals. Der sich erweiternde Kreis des Wohlstands schwächt sich im Maße seiner Ausbreitung ab, bis die antagonistischen Kräfte, die er beiseite gedrückt hat, durch Kompression an Kraft gewinnen, um zu widerstehen und letztendlich zu obsiegen. Der Ruhm meiner Fertigkeit auf dem Gebiet der Medizin wuchs dermaßen, daß aus aller Herren Länder Patienten zu mir gebracht wurden. Lästige Gebrechliche, deren Saumseligkeit im Sterben zur ständigen Kümmernis für ihre Freunde geworden war; vermögende Erblasser, deren Nachkommen erpicht waren, ihr Erbe anzutreten; überflüssige Kinder reuevoller Eltern sowie Eltern, die von sparsam wirtschaftenden Kindern abhängig waren; Frauen von Gatten, die begierig waren, erneut zu heiraten, und Gatten von Frauen, die nicht vor den Scheidungsrichter wollten – diese und alle erdenklichen Klassen der Überbevölkerung wurden in meine Ambulanz in der Stadt der Dahingegangenen gebracht. Sie kamen in unüberschaubarer Zahl.

Regierungsbeamte brachten mir Karawanen von Waisen, Armen, Geisteskranken und allen jenen, die zu einer öffentlichen Plage geworden waren. Meine Fertigkeit im Auskurieren des Waisentums und des Pauperismus wurden von einem dankbaren Parlament besonders gewürdigt.

Natürlich förderte all dies das öffentliche Wohlergehen,

denn wenngleich ich den größeren Teil des Geldes einstrich, das die Fremden in der Stadt ausgaben, wanderte der Rest doch in die Kanäle des Handels; auch war ich selbst ein liberaler Geldanleger, Käufer, Dienstherr und Mäzen der Künste und Wissenschaften. Die Stadt der Dahingegangenen wuchs so schnell, daß sie meinen Friedhof binnen weniger Jahre trotz seines eigenen ständigen Wachstums eingeschlossen hatte. Diese Tatsache sollte mir zum Verhängnis werden.

Die Ältesten der Stadt erklärten meinen Friedhof zu einem öffentlichen Ärgernis und entschieden, ihn mir wegzunehmen, die dort Liegenden umzubetten und einen Park daraus zu machen. Ich sollte dafür entschädigt werden und hätte die Schätzer mühelos bestechen können, damit sie einen hohen Preis festlegten, aber aus einem Grund, der einleuchten wird, bereitete mir diese Entscheidung wenig Freude. Vergeblich protestierte ich gegen das frevelhafte Ansinnen, den Frieden der heiligen Toten zu stören. Dabei war dies ein stichhaltiger Appell, denn man bringt den Verblichenen in jenem Land tiefe religiöse Verehrung entgegen. Ihnen zu Ehren werden Tempel errichtet und öffentliche Mittel zum Unterhalt einer besonderen Priesterschaft aufgebracht, deren einzige Pflicht darin besteht, ausnehmend feierliche und zu Herzen gehende Gedenkgottesdienste abzuhalten. An vier Tagen des Jahres wird ein sogenanntes Fest der Guten veranstaltet, bei dem alle Leute ihre Arbeit oder ihr Geschäft sein lassen und, von den Priestern angeführt, in einer Prozession über die Friedhöfe ziehen, die Gräber schmücken und in den Tempeln beten. Wie unglücklich auch immer das Leben eines Menschen verlaufen sein mag, man ist fest überzeugt, daß er nach seinem Tod in einen Zustand ewiger und unaussprechlicher Glückseligkeit übergehen wird. Daran auch nur zu zweifeln gilt als ein Verbrechen, das mit dem Tod bestraft wird. Dem Toten ein Begräbnis zu verweigern oder einen schon Beerdigten wieder auszugraben, es sei denn mit gesetzlicher Genehmigung durch eine besondere Verfügung und in einer feierlichen Zeremonie, ist ein Verbrechen, für das noch kein Strafmaß festgelegt worden ist, weil bislang niemand so vermessen war, es zu begehen.

Alle diese Erwägungen sprachen zu meinen Gunsten, gleichwohl waren die Leute und ihre städtischen Beamten dermaßen überzeugt, daß mein Friedhof der öffentlichen Gesundheit abträglich sei, daß er zur Auflösung verdammt und geschätzt wurde; mit bangem Herzen nahm ich das Dreifache seines Wertes in Empfang und begann, meine Unternehmen in aller Eile zu liquidieren.

Eine Woche später kam der Tag, an dem mit der feierlichen Zeremonie des Umbettens der sterblichen Reste formal begonnen werden sollte. Es war ein schöner Tag, und die ganze Bevölkerung der Stadt und des umliegenden Landes war bei den beeindruckenden religiösen Kulthandlungen zugegen. Diese wurden von der Begräbnispriesterschaft in vollem Ornat durchgeführt. In den Tempeln der Ehemaligen wurde ein Sühneopfer dargebracht, dann folgte eine prunkvolle Schauprozession, die am Friedhof endete. Der Oberbürgermeister in Amtsrobe führte sie persönlich an. Er war mit einem goldenen Spaten ausgestattet und wurde von einhundert Sängern und Sängerinnen begleitet, die alle weißgekleidet waren und die Hymne der Dahingegangenen sangen. Dahinter kamen die niedere Priesterschaft der Tempel und alle Beamten der Stadt in offiziellem Gewand, von denen jeder ein lebendes Schwein trug als Opfergabe für die Götter der Toten. Die Bevölkerung bildete die letzte der vielen Abteilungen des Zuges; sie trug keine Kopfbedeckung und streute sich Staub aufs Haupt zum Zeichen der Demut. Vor der Totenkapelle in der Mitte der Begräbnisstätte stand prachtvoll gekleidet der Oberpriester, rechts und links flankiert von einer Reihe Bischöfe und anderer hoher Würdenträger seiner Prälatur, und alle blickten düster und äußerst streng drein. Als der Oberbürgermeister in der Empfangshalle stehenblieb, schlossen die niedere Geistlichkeit, die städtischen Behörden, der Chor und die Bevölkerung auf und umringten den Ort. Der Oberbürgermeister legte dem Oberpriester den goldenen Spaten zu Füßen und kniete schweigend nieder.

»Warum kommest du hierher, vermessener Sterblicher?« fragte der Oberpriester in klarem, gemessenem Ton. »Ist es deine gottlose Absicht, mit diesem Werkzeug die Geheimnisse des Todes zu erschließen und den Frieden der Guten zu stören?«

Der Oberbürgermeister zog, noch immer kniend, ein Dokument mit gewichtigen Siegeln aus seiner Robe: »Betrachte, o Unaussprechlicher, deinen Diener, der einen Auftrag seines Volkes besitzet und von deinen heiligen Händen die Verwahrung der Guten erflehet, zu dem Zweck und Behufe, daß sie in tauglicherer Erde ruhen mögen, welche durch Weihe gebührend auf ihr Kommen vorbereitet ist.«

Mit diesen Worten legte er den Auftrag des Ältestenrats, der die Umbettung anordnete, in die priesterlichen Hände. Der Oberpriester berührte das Pergament nur und übergab es dem Obernekropoliten an seiner Seite, sodann hob er die Hände, die Düsternis schwand ein wenig von seinem Antlitz, und er rief laut: »Die Götter willigen ein.«

Die Prälaten zur Rechten und zur Linken von ihm folgten nacheinander seinem Beispiel, ahmten seine Geste und den Gesichtsausdruck nach und wiederholten die Worte. Der Oberbürgermeister stand wieder auf, der Chor stimmte einen feierlichen Gesang an, und genau im richtigen Moment rollte ein Leichenwagen durchs Tor, der von zehn mit schwarzen Federn geschmückten Schimmeln gezogen wurde, und bahnte sich einen Weg durch die sich teilende Menge zu dem Grab, das für diesen Anlaß vorgesehen war – das eines hohen Beamten, den ich wegen chronischer Belastung durch Pfründenbesitz behandelt hatte. Der Oberbürgermeister berührte das Grab mit seinem goldenen Spaten (welchen er zuvor dem Oberpriester dargeboten hatte) – und sogleich machten sich zwei kräftige Totengräber mit eisernen Spaten an die Arbeit.

In diesem Augenblick konnte man mich den Friedhof und das Land eilends verlassen sehen; für den Bericht über die nachfolgenden Ereignisse bin ich meinem seligen Vater verpflichtet, der ihn einem Brief an mich anvertraute, welchen er in jener Nacht, ehe ihm das nicht wiedergutzumachende Unglück widerfuhr, den Strick eines Galgens straffzuziehen, in dessen Schlinge sein Kopf steckte, im Gefängnis verfaßte.

Während die Arbeitsleute mit Graben fortfuhren, stellten sich vier Bischöfe an den Ecken des Grabes auf und wiederholten in der nun eingetretenen tiefen Stille, die nur durch das mißtönende Scharren der Spaten gestört wurde, fortwährend einer nach dem anderen die feierlichen Anrufungen und Erwiderungen vom Ritual des Gestörten, wobei sie den seligen Bruder anflehten, ihnen zu vergeben. Aber der selige Bruder war nicht da. Volle zwei Faden gruben sie vergeblich nach ihm, dann gaben sie es auf. Die Priester waren sichtlich beunruhigt und das Volk höchst entsetzt, denn das Grab war eindeutig leer.

Nach kurzer Beratung mit dem Oberpriester gebot der Oberbürgermeister den Arbeitsleuten, ein anderes Grab zu öffnen. Diesmal wurde die rituelle Kulthandlung verschoben, bis der Sarg sichtbar sein würde. Es gab weder einen Sarg noch einen Leichnam.

Der Friedhof wurde nun Schauplatz des wildesten Aufruhrs und Entsetzens. Die Leute schrien, rannten hierhin und dorthin, gestikulierten, wehklagten laut, redeten alle auf einmal, und niemand hörte zu. Einige rannten, um Spaten, Feuerschaufeln, Hacken, Stöcke und alles Mögliche zu holen. Andere brachten Zimmermannsäxte, sogar Meißel von den Steinmetzwerkstätten herbei und gingen mit diesen unzulänglichen Hilfsmitteln gleich bei den ersten Gräbern zu Werke, an die sie kamen. Andere fielen mit bloßen Händen über die Grabhügel her und scharrten die Erde so begierig weg wie Hunde, die nach Zieselmäusen graben. Noch vor Einbruch der Nacht war der größte Teil des Friedhofes völlig umgewühlt; jede Grabstätte war bis auf den Grund erforscht, und Tausende von Menschen tobten auf den Zwischenräumen in so wütender Raserei, wie die Erschöpfung ihnen gestattete. Als die Nacht hereinbrach, wurden Fackeln angezündet, und in ihrem unheilvollen Schein setzten diese tollwütigen Sterblichen, die wie eine Legion Unholde bei Ausübung eines unheiligen Ritus aussahen, ihr enttäuschendes Werk fort, bis sie das ganze Gelände verwüstet hatten. Aber sie fanden keinen Leichnam – nicht einmal einen Sarg.

Die Erklärung ist höchst einfach. Ich hatte einen bedeutenden Teil meines Einkommens aus dem Verkauf der *cadavres* an medizinische Schulen erworben, welche nie zuvor so gut beliefert wurden und mich zudem in Anerkennung meiner Dienste an der Wissenschaft allesamt mit zahllosen Diplomen, wissenschaftlichen Graden und Forschungskrediten bedacht hatten. Aber die Nachfrage nach *cadavres* war wesentlich geringer als mein Angebot: Selbst die verschwenderischsten Extravaganzen versetzten sie nicht in die Lage, auch nur die Hälfte der Produkte meiner Fähigkeiten als Wundarzt abzunehmen. Was den Rest anbetraf, so war ich im Besitz der größten und bestens eingerichteten Seifensiedereien des ganzen Landes gewesen. Die Qualität meiner ›Toilet Homoline‹ war mir durch Zeugnisse unzähliger höchst gottesfürchtiger Theologen bestätigt worden; eines davon hatte mir Badelina Fatti, die berühmteste lebende Seifenopernsängerin, eigenhändig ausgefertigt.

MR. SWIDDLERS ÜBERSCHLAG

Jerome Bowles sollte (einem Gentleman namens Swiddler zufolge) am Freitag, dem neunten November, um fünf Uhr nachmittags gehängt werden. Dies sollte in Flatbroke geschehen, einer Stadt, in deren Gefängnis er sich damals befand. Jerome war mein Freund, und natürlich war ich über das Ausmaß der Schuld, die in der eingestandenen Tatsache lag, daß er ohne direkte Herausforderung einen Indianer erschossen hatte, anderer Meinung als die Geschworenen, die ihn abgeurteilt hatten. Seit Beginn des Prozesses hatte ich alles darangesetzt, den Gouverneur des Staates zu beeinflussen, daß er ihn begnadigen möge; aber die öffentliche Meinung war gegen mich, eine Tatsache, die ich einerseits der angeborenen Dickköpfigkeit der Leute zuschrieb und andererseits der kürzlichen Errichtung von Kirchen und Schulen, welche die ursprünglichen Vorstellungen einer Grenzergemeinschaft verdorben hatten. Gleichwohl mühte ich mich mit Eifer und ohne Unterlaß unter Anwendung jeglicher direkter und indirekter Mittel während der ganzen Zeit, in welcher das Todesurteil auf Jerome lastete; und genau am Morgen des für die Hinrichtung festgelegten Tages ließ der Gouverneur mich kommen, erklärte, er ›gedenke

nicht, sich den ganzen Winter hindurch durch meine Zudring-
lichkeiten belästigen zu lassen‹, und händigte mir das Dokument aus, das er mir so oft verweigert hatte.

Ausgerüstet mit dem kostbaren Papier, eilte ich flugs zum Te-
legraphenamt, um dem Sheriff in Flatbroke eine Depesche zu
schicken. Ich traf den Telegraphenbeamten an, wie er gerade
die Tür seines Amtes verschloß und die Fensterläden ein-
hängte. Vergeblich flehte ich ihn an; er sagte, er sei im Begriff,
sich das Hängen anzusehen, und habe wirklich keine Zeit,
meine Botschaft durchzugeben. Hier muß ich erklären, daß
Flatbroke fünfzehn Meilen entfernt lag; ich befand mich damals in Swan Creek, der Hauptstadt des Staates.

Da der Beamte sich nicht erweichen ließ, rannte ich zum
Bahnhof, um nachzusehen, ob in Kürze ein Zug nach Flatbroke gehen würde. Der Stationsvorsteher unterrichtete mich
mit kühler und höflicher Boshaftigkeit, allen Eisenbahnange-
stellten sei ein freier Tag gewährt worden, damit sie Jerome
Bowles hängen sehen könnten. Sie seien schon mit dem Früh-
zug abgefahren; und an diesem Tag werde kein weiterer Zug
fahren.

Nun war ich wütend, aber der Stationsvorsteher expedierte
mich gelassen hinaus und schloß das Tor. Ich stürmte zur nächsten Pferdevermietung und wollte ein Pferd haben. Warum die
Aufzählung meiner Enttäuschungen verlängern? Ich konnte in
dieser Stadt kein Mietpferd auftreiben; alle waren bereits Wochen zuvor bestellt worden, um Leute zu der Hinrichtung zu
bringen. Jedenfalls versicherte mir dies ein jeder, obwohl ich
nun weiß, daß eine schurkische Verschwörung im Gange war,
um den Endzweck der Vergebung zunichte zu machen, denn
die Geschichte von der Begnadigung war schon in aller
Munde.

Es war nun zehn Uhr. Ich hatte nur noch sieben Stunden
Zeit, in denen ich die fünfzehn Meilen zu Fuß zurücklegen
mußte; aber ich war ein ausgezeichneter Wanderer und hatte
genug Wut im Bauch; es bestand kein Zweifel an meiner Fähigkeit, die Strecke in einer Zeit zurückzulegen, daß ich noch eine
Stunde Reserve hatte. Der Schienenweg bot die beste Möglichkeit. Er verlief schnurgerade über eine flache, baumlose Ebene,

wohingegen die Straße in einem großen Umweg noch über eine andere Stadt führte.

So machte ich mich auf den Weg wie ein Modokindianer auf den Kriegspfad. Noch ehe ich eine halbe Meile zurückgelegt hatte, wurde ich von ›Jenem Jim Peasley‹ überholt, wie er in Swan Creek allgemein genannt wurde, einem unverbesserlichen Possenreißer, von allen, die ihn kannten, geliebt und gemieden. Als er mich einholte, fragte er, ob ich auch ›zu der Schau‹ wolle. Ich hielt es für das beste zu heucheln und bestätigte seine Mutmaßung, sagte jedoch nichts von meiner Absicht, die Darbietung zu unterbinden; ich dachte, es würde Jenem Jim eine Lehre sein, ihn fünfzehn Meilen für nichts und wieder nichts marschieren zu lassen, denn es war eindeutig, daß auch er dorthin wollte. Gleichwohl wünschte ich, er würde vorausgehen oder etwas zurückfallen. Aber ersteres konnte er und letzteres wollte er nicht; so stapften wir gemeinsam weiter.

Der Tag war wolkig und für die Jahreszeit sehr schwül. Der Schienenweg streckte sich vor uns in starrer Eintönigkeit inmitten der Doppelreihe von Telegraphenmasten und endete an einem Punkt am Horizont. Die entmutigende Monotonie der Prärie zu beiden Seiten blieb ungebrochen.

Indes verweilte ich kaum bei diesen Dingen, denn durch meinen geistigen Höhenflug war ich gefeit gegen den beklemmenden Einfluß der Umgebung. Ich war im Begriff, das Leben meines Freundes zu retten – einen Meisterschützen wieder in die Gesellschaft zurückzuführen. In der Tat dachte ich kaum an Jenen Jim, dessen Hacken den harten Schotter dicht hinter mir knirschen ließen, außer wenn er es gelegentlich für angemessen hielt, die knappe und, wie mir schien, höhnische Frage zu stellen: »Müde?« Natürlich war ich müde, aber eher wäre ich gestorben, als daß ich es zugegeben hätte.

Wir hatten auf diese Weise etwa die halbe Strecke in wahrscheinlich viel kürzerer Zeit als der Hälfte der sieben Stunden zurückgelegt, und ich bekam meinen zweiten Atem, als Jener Jim abermals das Schweigen brach.

»Du bist mal im Zirkus rumgesprungen, stimmt's?«

Das entsprach der Wahrheit! In einer Zeit finanziellen Niedergangs hatte ich meinen Bauch mit den Beinen gefüllt –

meine athletischen Fähigkeiten zu finanziellem Ertrag genutzt. Es war kein angenehmes Thema, und ich sagte nichts dazu. Jener Jim aber war hartnäckig.

»Du könntest wohl nich mal 'nem Kumpl 'nen Salto vorführen, he?«

Der spöttische Ton seiner Worte war unerträglich; dieser Bursche hielt mich ganz offensichtlich für ›fertig‹, so nahm ich einen kurzen Anlauf, schlug meine Hände gegen die Oberschenkel und vollführte einen so prächtigen Überschlag, wie er je ohne ein Sprungbrett gemacht wurde! In dem Augenblick, als ich wieder aufrecht stand und sich in meinem Kopf alles noch drehte, spürte ich, daß Jener Jim sich an mir vorbeidrängte und mich dabei so herumwirbelte, daß es mich fast aus der Bahn warf. Einen Augenblick später war er in unheimlichem Tempo nach vorn geschossen und lachte spöttisch über die Schulter, als habe er mit einem bemerkenswert klugen Einfall die Führung übernommen.

In weniger als zehn Minuten hatte ich mich ihm an die Fersen geheftet, obwohl ich gestehen muß, daß der Bursche verblüffend schnell laufen konnte. Binnen einer halben Stunde hatte ich ihn überholt, und nach einer Stunde war er nur mehr ein schwarzer Punkt weit hinter mir und schien auf einer der Schienen zu sitzen, wahrscheinlich völlig ermattet, so schneidig war mein Gang.

Nachdem ich Mr. Peasley endlich losgeworden war, begann ich natürlich wieder, an meinen armen Freund im Gefängnis von Flatbroke zu denken, und mir kam der Gedanke, daß vielleicht etwas einträte, das die Hinrichtung beschleunigen könnte. Ich kannte die Stimmung des Landes gegen ihn und wußte, daß viele von weither gekommen waren, die vor Einbruch der Nacht natürlich gern wieder daheim sein würden. Auch konnte ich nicht umhin, mir einzugestehen, daß fünf Uhr eine unvernünftig späte Stunde fürs Aufknüpfen war. Gepeinigt von diesen Befürchtungen, beschleunigte ich unbewußt mit jedem Schritt mein Tempo, bis ich fast rannte. Ich zog meinen Rock aus und warf ihn weg, ich öffnete den Kragen und knöpfte die Weste auf. Und schließlich brach ich schnaufend und dampfend wie eine Lokomotive in eine kümmerliche Schar von Müßiggängern vor der Stadt, schwenkte wie von Sinnen die Begnadigung über meinem Kopf und rief: »Schneidet ihn ab! Schneidet ihn ab!«

Als mich jedermann daraufhin völlig verblüfft und verwirrt anstarrte und keiner ein Wort sagte, fand ich Zeit, um mich zu blicken, und wunderte mich über das seltsam vertraute Aussehen der Stadt. Noch während ich mich umschaute, schienen Häuser, Straßen und alles ringsum einen plötzlichen und geheimnisvollen Ortswechsel in bezug auf die Punkte des Kompasses vorzunehmen, als schwängen sie um einen Drehpunkt; und wie jemand, der aus einem Traum erwacht, fand ich mich in vertrauter Umgebung. Um es einfach und klar auszudrükken: Ich war wieder in Swan Creek, so wahr Jerome Bowles mein Freund war!

Das war alles das Werk Jenes Jim Peasley! Dieser hinter listige Schurke hatte mich herausgefordert, einen schwindelerregenden Überschlag zu vollführen, mich dann angestoßen, dabei halb herumgedreht und sich auf den Rückweg gemacht, wodurch er mich anstachelte, in dieselbe Richtung zu schießen. Der wolkige Tag, die zwei Reihen Telegraphenmasten beiderseits der Strecke, die völlige Gleichheit der Landschaft rechts und links – sie alle hatten sich verschworen, um zu verhindern, daß ich mir über den Richtungswechsel klar wurde.

Als der Zug mit den Ausflüglern am Abend aus Flatbroke zurückkehrte, wurde den Passagieren auf meine Kosten eine kleine Geschichte zu Gehör gebracht. Es war genau das, was sie brauchten, um sich nach allem, was sie gesehen hatten, etwas aufzuheitern, denn mein Überschlag hatte Jerome Bowles sieben Meilen entfernt das Genick gebrochen!

MEIN LIEBLINGSMORD

Nachdem ich meine Mutter unter einzigartig gräßlichen Umständen ermordet hatte, wurde ich festgenommen, und es wurde über mich verhandelt, was sieben Jahre dauerte. An die Geschworenen gewandt, bemerkte der Vorsitzende des Gerichtshofs für Freisprüche, dies sei eines der abscheulichsten Verbrechen gewesen, welches wegzuerklären er je aufgerufen worden sei.

Daraufhin erhob sich mein Anwalt und sagte:

»Wenn Sie gestatten, Euer Ehren: Verbrechen sind nur durch Vergleich abscheulich oder annehmbar. Wären Sie mit den Einzelheiten des vorigen Mordes meines Klienten an seinem Onkel vertraut, so würden Sie in seinem jüngsten Vergehen (wenn man es überhaupt als solches bezeichnen kann) so etwas wie eine Art liebevoller Nachsicht oder kindlicher Rücksichtnahme auf die Empfindungen des Opfers entdecken. Die erschreckende Bestialität jenes früheren Meuchelmords ließ sich in der Tat mit keiner anderen Hypothese außer der der Schuld vereinbaren; und wäre nicht der Umstand zu verzeichnen gewesen, daß der ehrenwerte Richter von damals, der ihn aburteilte, Präsident einer Lebensversicherungsgesellschaft war, die gegen Tod durch den Strang versicherte und von der mein Klient eine Police besaß, ist schwer zu begreifen, wie er mit Anstand hat freigesprochen werden können. Falls Euer Ehren gern etwas darüber hören möchten, um zu Sachkenntnis und Orientierung für Euer Ehren Ansicht zu gelangen, wird dieser unglückliche Mann, mein Klient, gern einwilligen, sich der Mühe eines Berichts unter Eid zu unterziehen.«

Der Staatsanwalt erklärte: »Ich erhebe Einspruch, Euer Ehren. Solch eine Darlegung hätte den Charakter einer Beweisführung, aber die Beweisaufnahme ist in diesem Fall abgeschlossen. Aussagen des Inhaftierten hätten vor drei Jahren, im Frühjahr 1881, eingeholt werden müssen.«

»Nach dem Gesetz haben Sie recht«, sagte der Richter, »und vor einem Gerichtshof für Einsprüche und Verfahrensfragen würden Sie einen Entscheid zu Ihren Gunsten erlangen. Nicht jedoch vor einem Gericht für Freisprüche. Der Einspruch wird abgelehnt.«

»Ich protestiere«, sagte der Staatsanwalt.

»Das können Sie nicht tun«, antwortete der Richter. »Ich muß Sie daran erinnern, daß Sie, um zu protestieren, diesen Fall erst auf Grund eines formalen Antrags, der in gebührender Weise durch schriftliche Eideserklärungen gestützt wird, eine Zeitlang vor einen Gerichtshof für Einwände bringen müssen. Einen entsprechenden Antrag durch Ihren Vorgänger im Amt habe ich bereits im ersten Jahr dieses Prozesses abgelehnt. Schreiber, vereidigen Sie den Gefangenen.«

Nachdem ich die übliche Eidesformel gesprochen hatte, machte ich folgende Aussage, die dem Richter ein so starkes Empfinden für die vergleichsweise Unerheblichkeit des Vergehens vermittelte, dessentwegen ich vor Gericht stand, daß er jegliche weitere Suche nach mildernden Umständen einstellte, die Geschworenen vielmehr einfach anwies, mich freizusprechen, und so verließ ich mit einem Ruf ohne jeden Makel den Gerichtssaal.

»Ich wurde 1856 in Kalamakee, Michigan, als Sohn ehrlicher und angesehener Eltern geboren, wobei der Himmel es einem Elternteil gnädigerweise ersparte, mich in meinen späteren Jahren zu trösten; 1867 kam die Familie nach Kalifornien und ließ sich in der Nähe von Nigger Head nieder, wo mein Vater eine Wegelagerei eröffnete und über die Träume der Habsucht hinaus gut vorankam. Er war ein wortkarger, mürrischer Mann, wenngleich fortschreitendes Alter die Strenge seiner Natur inzwischen etwas gemildert hat, und ich glaube, lediglich die Erinnerung an jenes traurige Ereignis, weswegen ich jetzt vor Gericht stehe, hält ihn davon ab, echten Frohsinn zu bekunden.

Vier Jahre nachdem wir die Wegelagerei errichtet hatten, kam ein Wanderprediger des Wegs, und da er keine andere Möglichkeit sah, für die Übernachtung zu bezahlen, die wir ihm gewährten, beschenkte er uns mit einer geistlichen Ermahnung von solcher Kraft, daß wir, Gott sei gepriesen, alle zur Religion fanden. Mein Vater schickte sofort nach seinem Bruder, dem ehrenwerten William Ridley aus Stockton, und überschrieb ihm bei seinem Eintreffen die ganze Agentur, wobei er ihm weder für die Konzession noch für das Inventar etwas berechnete – letzteres bestand aus einer Winchesterbüchse, einer abgesägten Schrotflinte und einem Sortiment an Kapuzen, die aus Mehlsäcken angefertigt worden waren. Die Familie zog sodann nach Ghost Rock und eröffnete dort ein Tanzlokal. Es wurde ›Drehorgel zur Ruhe des Heiligen‹ genannt, und die Veranstaltungen begannen allabendlich mit einem Gebet. Dort war es auch, daß meine selige Mutter dank der Grazie ihres Tanzes das *sobriquet* ›Das bockende Walroß‹ erwarb.

Im Herbst '75 hatte ich Gelegenheit, das an der Straße nach Mahala gelegene Coyote zu besuchen, und so bestieg ich in Ghost Rock die Kutsche. Außer mir fuhren noch vier andere Passagiere mit. Etwa drei Meilen hinter Nigger Head wurde die Kutsche von Leuten aufgehalten, die ich als meinen Onkel William und seine zwei Söhne identifizierte. Da sie in der Frachtkiste nichts fanden, durchsuchten sie die Fahrgäste. Ich spielte bei der ganzen Sache eine höchst ehrenhafte Rolle, stellte mich neben die anderen, hielt die Hände hoch und ließ zu, daß man mir vierzig Dollar und eine goldene Uhr abnahm. Niemand hätte aus meinem Verhalten argwöhnen können, daß ich die Gentlemen kannte, die diese Vorstellung gaben. Einige Tage später begab ich mich nach Nigger Head und bat um Rückgabe meines Geldes und der Uhr, doch mein Onkel und meine Vettern schworen, sie wüßten nichts von der Sache, und äußerten sogar die heuchlerische Vermutung, mein Vater und ich hätten den Coup in unehrenhafter Verletzung kommerzieller Gutgläubigkeit selbst durchgeführt. Onkel William drohte gar, Gleiches mit Gleichem zu vergelten und in Ghost Rock ein konkurrierendes Tanzlokal zu eröffnen. Da die ›Ruhe des Heiligen‹ beträchtlich an Beliebtheit eingebüßt hatte, wurde mir klar, daß das andere Unternehmen sie gewiß in den Ruin treiben und sich als ein höchst gewinnträchtiges Vorhaben erweisen würde; deshalb erklärte ich meinem Onkel, ich sei willens, das Vergangene zu vergessen, wenn er mich in sein Vorhaben einweihen und unsere Partnerschaft vor meinem Vater geheimhalten würde. Er lehnte dieses faire Angebot jedoch ab, und da dämmerte mir, daß es besser und befriedigender sein würde, wenn er tot wäre.

Meine dahingehenden Pläne waren rasch weit genug gediehen, und als ich sie meinen lieben Eltern mitteilte, hatte ich die große Genugtuung, ihrer Billigung teilhaft zu werden. Mein Vater sagte, er sei stolz auf mich, und meine Mutter versprach, ich würde, wenngleich ihre Religion es ihr verbiete, beim Auslöschen eines Menschenlebens mitzuwirken, dennoch den Vorteil haben, daß sie für meinen Erfolg beten werde. Um für den Fall einer Aufdeckung abgesichert zu sein, bewarb ich mich vorbeugend um Aufnahme in den machtvollen Orden der Ritter des Mords und wurde zum angemessenen Zeitpunkt Mitglied der Ghost Rock Loge. An dem Tag, da meine Probezeit zu Ende war, wurde mir zum ersten Mal gestattet, das Mitgliederverzeichnis einzusehen und zu erfahren, wer alles dazu gehörte – denn alle Aufnahmeriten waren maskiert durchgeführt worden. Man stelle sich meine Begeisterung vor, als ich bei Durchsicht der Mitgliederliste an dritter Stelle den Namen meines Onkels las, der in der Tat zweiter Vizekanzler des Ordens war! Hier ergab sich eine Gelegenheit, die meine kühnsten Erwartungen übertraf – nun konnte ich dem Mord noch Insubordination und Verrat hinzufügen. Es war das, was meine gute Mutter eine ›besondere Fügung‹ genannt hätte.

Zu diesem Zeitpunkt geschah etwas, was meinen bereits randvoll gefüllten Becher der Freude auf allen Seiten zum Überlaufen brachte, gleich einem kreisrunden Sturzbach der Seligkeit. Drei Männer, Fremde in dieser Gegend, wurden wegen des Überfalls auf die Kutsche, bei dem ich mein Geld und meine Uhr verloren hatte, verhaftet, vor Gericht gestellt und trotz meiner Bemühungen, sie reinzuwaschen und die Schuld dreien der angesehensten und würdigsten Bürger von Ghost Rock anzulasten, auf Grund eindeutigster Beweise verurteilt. Mein Mord würde nun ebenso mutwillig und grundlos sein, wie ich mir nur wünschen konnte.

Eines Morgens schulterte ich meine Winchesterbüchse, ging zu meines Onkels Haus unweit von Nigger Head, fragte meine Tante Mary, seine Frau, ob er zu Hause sei, und fügte hinzu, ich sei gekommen, ihn zu töten. Meine Tante erwiderte mit dem ihr eigenen Lächeln, so mancher Gentleman habe zu diesem Behufe schon hier vorgesprochen und sei danach weggetragen worden, ohne sein Ziel erreicht zu haben, so daß ich schon entschuldigen müsse, wenn sie meine feste Zuversicht in dieser Sache nicht teile. Sie sagte, ich sähe nicht aus, als ob ich jemanden töten könnte, und so legte ich zum Beweis meiner festen Zuversicht das Gewehr an und verwundete einen Chinesen, der zufällig am Haus vorbeiging. Sie sagte, sie kenne ganze Familien, die derlei Dinge tun könnten, aber Bill Ridley sei ein ganz anderer Fall. Indes sagte sie auch noch, daß ich ihn jenseits des Baches bei den Schafen finden würde, und fügte hinzu, sie hoffe, der Beste werde gewinnen.

Meine Tante Mary war eine der lautersten Frauen, denen ich je begegnet bin.

Ich fand meinen Onkel am Boden kniend und mit dem Häuten eines Schafes beschäftigt. Als ich sah, daß er weder ein Gewehr noch ein Pistole zur Hand hatte, fehlte es mir doch an Mut, ihn zu erschießen. Deshalb trat ich zu ihm, begrüßte ihn freundlich und versetzte ihm mit dem Gewehrkolben einen heftigen Schlag auf den Kopf. Ich verstehe mich sehr gut auf so etwas, und so legte sich Onkel William auf die Seite, rollte sodann auf den Rücken, spreizte die Finger und erbebte. Noch ehe er seine Gliedmaßen wieder gebrauchen konnte, ergriff ich das Messer, das er benutzt hatte, und zerschnitt ihm die Knieflechsen. Sie wissen zweifellos: Wenn man den *tendo Achillis* verletzt, kann der Patient sein Bein nicht mehr gebrauchen; es ist just dasselbe, als ob er kein Bein hätte. Nun, ich durchtrennte beide, und als er wieder zu sich kam, stand er mir zur Verfügung. Sobald er seine Lage erkannt hatte, sprach er:

»Samuel, du bist mir zuvorgekommen und kannst dir leisten, großzügig zu sein. Ich möchte dich nur um eins bitten, und das wäre, daß du mich zum Haus trägst und mich am Busen meiner Familie erledigst.«

Ich sagte ihm, ich hielte dies für eine recht vernünftige Bitte und würde ihr auch gern nachkommen, wenn er mir gestatten würde, ihn in einen Weizensack zu stecken; er wäre dann leichter zu tragen, und es würde weniger Gerede verursachen, wenn die Nachbarn uns *en route* sähen. Er war's zufrieden, und ich holte einen Sack aus der Scheune. Dieser paßte jedoch nicht für ihn; er war zu kurz und viel zu weit. Also knickte ich seine Beine, drückte die Knie gegen seine Brust, stopfte ihn auf diese Weise hinein und band den Sack über seinem Kopf zu. Er war ein schwerer Mann, und ich hatte die größte Mühe, ihn auf den Rücken zu bekommen. Aber ich schleppte mich ein Stück des Weges, bis ich zu einer Schaukel kam, welche Kinder am Ast einer Eiche befestigt hatten. Hier legte ich ihn hin und setzte mich auf ihn, um auszuruhen, und der Anblick des Seiles verhalf mir zu einer glücklichen Eingebung. Zwanzig Minuten später schaukelte mein Onkel, noch im Sack steckend, fröhlich hin und her, ganz nach Laune des Windes.

Ich hatte das Seil abgenommen, das eine Ende fest um die Öffnung des Sackes gebunden, das andere über den Ast geworfen und ihn etwa fünf Fuß über den Boden aufgeheißt. Nachdem ich das andere Ende des Seils gleichfalls um die Öffnung des Sackes gewickelt hatte, empfand ich die Beglückung, meinen Onkel in ein schönes, großes Pendel verwandelt zu sehen. Ich muß hinzufügen, daß er sich der Natur der Veränderung, die er in seinem Verhältnis zur Außenwelt erfahren hatte, nicht völlig bewußt war, obwohl ich, um der Erinnerung an einen guten Menschen Gerechtigkeit widerfahren zu lassen, doch sagen sollte, daß ich nicht glaube, er hätte unbedingt viel von meiner Zeit für vergebliches Zureden in Anspruch genommen.

Onkel William besaß einen Widder, der in der ganzen Gegend für seine Angriffslust berühmt war. Er befand sich in einem Zustand chronischer konstitutioneller Entrüstung. Irgendeine tiefe Enttäuschung in seiner Jugend hatte ihn verbittert, und er hatte der ganzen Welt den Krieg erklärt. Die Feststellung, er ginge auf alles ihm Erreichbare los, drückt das Wesen und Ausmaß seiner kämpferischen Aktivität nur unzulänglich aus. Sein Widersacher war das Universum; seine Wirkung die eines Geschosses. Er kämpfte wie die Engel und Teufel hoch in der Luft, durchschnitt die Atmosphäre wie ein Vogel, beschrieb eine parabolische Kurve und stieß auf sein Opfer in genau dem richtigen Einfallswinkel herab, um aus seiner Schnelligkeit und seinem Gewicht das meiste herauszuholen. Seine Triebkraft, in Tonnen pro Fuß berechnet, war einfach unglaublich. Man hatte beobachtet, wie er einen vier Jahre alten Bullen durch einen einzigen Stoß gegen die knorrige Stirn des Tiers vernichtete. Auch ist nicht bekannt, daß eine Mauer je seinem Abwärtsstoß standgehalten hätte; kein Baum war stark genug, um zu überleben, er verarbeitete sie alle zu Kleinholz und trat den stolzen Schmuck ihres Blattwerks in den Staub. Ich hatte dieses reizbare und unerbittliche Untier – diesen Fleisch gewordenen Donnerschlag – dieses Monstrum der höheren Unterwelt, im Schatten eines nahen Baumes ruhen und Träumen von Siegen und Ruhm nachhängen sehen. Mit dem Ziel, es aufs Feld der Ehre zu rufen, hatte ich seinen Besitzer auch in der oben beschriebenen Weise aufgehängt.

Nachdem ich meine Vorbereitungen getroffen hatte, versetzte ich den in ein Pendel verwandelten Oheim in sanfte Schwingungen, trat hinter einen in der Nähe befindlichen Felsbrocken und erhob meine Stimme zu einem langen, heiseren Schrei, der immer schwächer wurde und in einem Laut wie dem einer fluchenden Katze unterging, welcher aus dem Sack kam. Im Nu stand das schreckliche Schaf auf den Beinen und hatte die militärische Lage mit einem Blick erfaßt. Binnen weniger Sekunden hatte es sich dem hin und her schwingenden Gegner, der, sich bald zurückziehend, bald wieder vorstoßend, einen Kampf nachgerade herauszufordern schien, stampfend auf etwa fünfzig Meter genähert. Plötzlich sah ich den Kopf des Tieres zu Boden sinken, als ob er vom Gewicht seiner enormen Hörner niedergedrückt würde; dann verlängerte sich ein verschwommener, weißer, gewellter Strich von Schaf von jener Stelle in einer allgemein horizontalen Richtung zu einer anderen etwa vier Meter vor einem Punkt unmittelbar unter dem Feind. Hier stieß es scharf nach oben, und noch bevor mein Blick ihm von der Stelle hatte folgen können, von wo es aufgestiegen war, hörte ich einen schrecklichen Zusammenprall und einen durchdringenden Schrei, und mein armer Onkel schoß aufwärts, höher als der Ast, an dem er mit dem nun schlaffen Seil befestigt war. Dann spannte sich das Seil mit einem Ruck, gebot dem Flug Einhalt, und nun schwang er in atemberaubender Kurve zum anderen Ende des Bogens zurück. Der Widder war gestürzt, ein Haufen nicht zu unterscheidender Beine,

Wolle und Hörner, aber er rappelte sich auf, wich dem nieder-
stoßenden Gegner aus und zog sich blindlings zurück, wobei er
abwechselnd den Kopf schüttelte und mit den Vorderhufen
aufstampfte. Als er sich wieder bis etwa zu derselben Stelle zurückgezogen hatte, von wo aus er seinen Angriff begonnen
hatte, hielt er abermals inne, beugte sein Haupt wie zum Gebet
für den Sieg und schoß abermals vorwärts, wie zuvor nur verschwommen erkennbar – ein sich verlängernder weißer Streifen mit gewaltigen Wellenbewegungen, die mit einem jähen
Anstieg endeten. Diesmal lief er im rechten Winkel zu seinem
vorigen Angriff an, und seine Ungeduld war so groß, daß er den
Feind traf, bevor dieser in etwa den niedrigsten Punkt seines
Bogens erreicht hatte. Als Folge flog mein Onkel in einem horizontalen Kreis herum, dessen Radius ungefähr gleich der halben Länge des Seils war, welches, was ich vergessen habe zu
sagen, etwa zwanzig Fuß maß. Seine Schreie, *crescendo* in der
Annäherung und *diminuendo* im Zurückweichen, verdeutlich-
ten die Geschwindigkeit dieser Umdrehungen dem Ohr besser
als dem Auge. Er war offensichtlich noch nicht an einer lebens-
wichtigen Stelle getroffen worden. Seine Körperlage im Sack
und der Abstand, in dem er über dem Boden hing, zwangen
den Widder, gegen seine unteren Extremitäten und das Ende
des Rückens zu operieren. Wie eine Pflanze, die ihre Wurzeln in
ein giftiges Mineral geschlagen hat, starb mein armer Oheim
langsam von unten nach oben.

Nachdem der Widder seinen zweiten Stoß verabfolgt hatte,
war er diesmal nicht zurückgewichen. Sein Herz loderte heiß
im Kampfesfieber, sein Hirn war trunken vom Wein des Strei-
tes. Gleich einem Faustkämpfer, der in seiner Wut alle Fertigkeiten vergißt und wirkungslos auf halbe Armlänge kämpft,
trachtete das zornige Tier, seinen vorbeitreibenden Gegner
durch ungeschickte Aufwärtssprünge zu erreichen, wenn dieser über seinem Kopf vorbeifuhr, wobei es ihm in der Tat
manchmal glückte, ihm schwache Stöße zu verabreichen, häufiger jedoch wurde es durch die eigene fehlgeleitete Begierde
über den Haufen geworfen. Als aber die Bewegungsenergie abnahm, die Kreise des Mannes enger wurden und auch die Geschwindigkeit sich verringerte, so daß er dem Erdboden näher

kam, zeitigte diese Taktik bessere Ergebnisse und löste eine wesentlich höhere Qualität von Gejammer aus, die ich in hohem Maße genoß.

Als hätten die Trompeten zur Waffenruhe geblasen, stellte der Widder plötzlich die Feindseligkeiten ein und trabte davon, während er gedankenschwer die große Hakennase rümpfte und glättete und gelegentlich ein Büschel Gras ausriß und langsam zerkaute. Er schien des Kampfgetöses müde geworden und entschlossen zu sein, das Schwert in eine Pflugschar zu verwandeln und die Künste des Friedens zu pflegen. Das Tier schlug unbeirrt eine Richtung ein, die vom Feld der Ehre wegführte, bis es eine Entfernung von fast einer Viertelmeile zurückgelegt hatte. Hier hielt es inne, das Hinterteil dem Feind zugekehrt, käute wieder und schien halb zu schlafen. Indes beobachtete ich, wie es gelegentlich leicht den Kopf wendete, als sei seine Gleichgültigkeit eher vorgetäuscht denn echt.

Inzwischen hatten Onkel Williams Schreie und seine Bewegungen nachgelassen, und nichts anderes war mehr von ihm zu hören als ein langgezogenes Stöhnen und in großen Zeitabständen mein Name, hervorgestoßen in bittendem Ton, der meinem Ohr außerordentlich wohltat. Offensichtlich hatte der Mann nicht die geringste Ahnung, was ihm hier widerfuhr, und war unsagbar verängstigt. Naht der Tod im Gewand des Rätselhaften, ist er in der Tat entsetzlich. Allmählich wurden die Schwingungen meines Oheims geringer, bis er schließlich bewegungslos hing. Ich ging hin und war im Begriff, ihm den *coup de grâce* zu versetzen, als ich eine Folge von heftigen Erschütterungen hörte und spürte, die den Boden erbeben ließen wie eine Reihe leichter Erdstöße, und als ich mich zu dem Widder umwandte, sah ich eine lange Staubwolke von höchst beängstigendem Aussehen mit unfaßbarer Geschwindigkeit auf mich zukommen. In einer Entfernung von etwa dreißig Metern hielt sie kurz inne, dann stieg von ihrem vorderen Ende etwas in die Luft, was ich zunächst für einen großen, weißen Vogel hielt. Sein Anstieg war so fließend, leicht und gleichmäßig, daß ich seine außerordentliche Geschwindigkeit zunächst gar nicht erfassen konnte, vielmehr ganz in Bewunderung seiner Grazie aufging. Bis zum heutigen Tag ist mein Eindruck, daß es sich um eine langsame, bedächtige Bewegung handelte und daß der Widder – denn es war dieses Tier – durch eine ganz andere Kraft als den eigenen Antrieb nach oben getragen und mit unendlicher Sanftheit und Sorgsamkeit durch die nachfolgenden Stufen seines Fluges geführt wurde. Meine Augen folgten seiner Bahn durch die Lüfte mit unaussprechlicher Begeisterung, die um so größer war, weil sie ganz im Gegensatz zu meiner vorangegangenen Angst stand angesichts seiner Annäherung auf der Erde. Das edle Tier segelte weiter aufwärts, den Kopf fast zwischen die Knie gezogen, die Vorderläufe nach hinten gestreckt, die Hinterläufe nachziehend wie die Beine eines aufsteigenden Reihers.

Wie die liebevolle Erinnerung es mir jetzt darstellt, erreichte es in einer Höhe von vierzig oder fünfzig Fuß den Gipfelpunkt und schien für einen Moment zu verharren; dann neigte es sich plötzlich vorwärts, ohne die relative Stellung der einzelnen Körperteile zu verändern, kam in immer steilerer Bahn mit zunehmender Geschwindigkeit herabgestürzt, schoß mit einem Geräusch wie dem Brausen einer Kanonenkugel unmittelbar über mich weg und stieß meinem armen Oheim fast genau im rechten Winkel auf den Kopf. Der Aufprall war so gewaltig, daß nicht nur das Genick des Mannes gebrochen wurde, sondern auch das Seil riß; der Körper des Verblichenen wurde auf die Erde geschmettert und von dem schrecklichen Schädel dieses meteorgleichen Schafes zu Brei zermalmt! Die Erschütterung ließ alle Uhren zwischen Lone Hand und Dutch Dan's stehenbleiben, und Professor Davidson, eine anerkannte Autorität in seismischen Dingen, der sich zufällig in der Nähe befand, erklärte eilends, die Erschütterungen seien von Nord nach Südwest verlaufen.

Alles in allem kann ich nicht umhin anzunehmen, daß mein Mord an Onkel William hinsichtlich der künstlerischen Abscheulichkeit nur selten übertroffen wurde.«

EINE UNVOLLKOMMENE FEUERSBRUNST

An einem frühen Junimorgen des Jahres 1872 ermordete ich meinen Vater – eine Tat, die zu jener Zeit einen tiefen Eindruck bei mir hinterließ. Das geschah vor meiner Verehelichung, als ich noch bei meinen Eltern in Wisconsin lebte. Mein Vater befand sich mit mir in der Bibliothek unseres Hauses, wo wir den Ertrag eines Einbruchs teilten, den wir die Nacht zuvor verübt hatten. Er bestand größtenteils aus Hausgerät, und dies gleich zu verteilen war keine leichte Aufgabe. Bei den Servietten, Handtüchern und dergleichen kamen wir gut voran, auch das Silberzeug wurde ziemlich gleich verteilt, aber Sie können sich selbst vorstellen, daß man bei dem Versuch, eine einzelne Spieldose durch zwei zu teilen, ohne daß ein Rest bleibt, auf Schwierigkeiten stößt. Diese Spieldose war es auch, die Unheil und Unglimpf über unsere Familie brachte. Hätten wir sie stehengelassen, so wäre mein armer Vater vielleicht jetzt noch am Leben.

Es war ein höchst erlesenes und schönes Stück Handwerksarbeit – mit kostbaren Hölzern furniert und sehr sorgsam geschnitzt. Sie konnte nicht nur eine große Zahl von Melodien zu Gehör bringen, sondern auch noch wie eine Wachtel pfeifen, wie ein Hund bellen, jeden Morgen bei Tagesanbruch krähen, ob sie aufgezogen war oder nicht, und dazu noch die Zehn Gebote aufsagen. Diese zuletzt erwähnte Fähigkeit war es auch, die meinem Vater den Kopf verdrehte und ihn veranlaßte, die einzige unehrenhafte Handlung seines Lebens zu begehen, wenngleich er möglicherweise noch mehr begangen hätte, wäre er vom Tod verschont worden: Er versuchte, die Spieldose vor mir zu verstecken, und erklärte bei seiner Ehre, er habe sie nicht genommen, obwohl ich sehr gut wußte, daß der Einbruch, soweit er meinen Vater betraf, hauptsächlich zu dem Zweck unternommen worden war, ihrer habhaft zu werden.

Wir hatten zur Verkleidung Umhänge getragen, und mein Vater hatte die Spieldose unter seinem verborgen. Er hatte mir feierlich versichert, daß er sie nicht an sich genommen habe.

Ich wußte, daß dem nicht so war, und wußte darüber hinaus etwas, von dem er offensichtlich keine Kenntnis besaß: nämlich, daß die Dose am Morgen krähen und ihn verraten würde, falls ich die Teilung des Gewinns solange würde hinziehen können. Alles verlief nach Wunsch: Als das Gaslicht in der Bibliothek blasser wurde und die Konturen der Fenster verschwommen hinter den Vorhängen zu sehen waren, drang unter dem Umhang des alten Gentlemans ein langgezogenes Kikeriki hervor, gefolgt von einigen Takten einer Arie aus ›Tannhäuser‹ und mit einem lauten Klick endend. Ich ergriff das kleine Handbeil, das wir beim Eindringen in das unselige Haus benutzt hatten und das zwischen uns auf dem Tisch lag. Der alte Mann sah, daß jegliches weitere Versteckspiel nutzlos war, holte die Dose unter seinem Umhang hervor und stellte sie auf den Tisch. »Hack sie in zwei Stücke, wenn dir das lieber ist«, sagte er. »Ich habe versucht, sie vor der Zerstörung zu retten.«

Er war ein leidenschaftlicher Musikliebhaber und vermochte die Konzertina mit viel Gefühl und Ausdruck zu spielen.

Ich sagte: »Ich bestreite keineswegs die Lauterkeit deines Motivs; es wäre anmaßend von mir, über meinen Vater Gericht zu halten. Aber Geschäft ist Geschäft, und mit diesem Beil werde ich jetzt die Auflösung unserer Partnerschaft herbeiführen, es sei denn, du willigst ein, bei allen weiteren Einbrüchen einen Glockenschlegel zu tragen.«

»Nein«, sagte er nach einigem Überlegen. »Nein, das könnte ich nie tun, es würde wie ein Schuldgeständnis aussehen. Die Leute würden sagen, du traust mir nicht.«

Ich konnte nicht umhin, diese Geisteshaltung und Feinfühligkeit zu bewundern; einen Augenblick lang war ich stolz auf ihn und geneigt, ihm sein Fehlverhalten durchgehen zu lassen, aber ein Blick auf die reich mit Juwelen besetzte Spieldose verlieh mir Entschlußkraft, und so beförderte ich, wie gesagt, den alten Mann aus diesem irdischen Jammertal. Danach fühlte ich mich ein wenig unbehaglich. Er war schließlich nicht nur mein Vater gewesen – ihm verdankte ich, daß es mich gab –, sondern man würde auch bestimmt den Leichnam entdecken. Es war inzwischen schon heller Tag geworden, und jeden Moment mußte meine Mutter in die Bibliothek treten. Unter diesen Umständen hielt ich es für angebracht, sie ebenfalls zu beseitigen, was ich auch tat. Sodann entlohnte ich alle Diener und entließ sie.

Selbigen Nachmittags begab ich mich zum Chef der Polizei, erzählte ihm, was ich getan hatte, und erbat seinen Rat. Schließlich wäre es für mich sehr schmerzlich gewesen, wenn die Tatsachen allgemein bekannt geworden wären. Mein Vorgehen würde allgemein verurteilt werden; die Zeitungen würden es gegen mich vorbringen, falls ich mich je um ein öffentliches Amt bewerben würde. Der Polizeichef erkannte das Gewicht dieser Erwägungen; er war selbst ein Mörder mit großer Erfahrung. Nachdem er sich mit dem Vorsitzenden des Gerichtshofs für Variable Rechtsprechung beraten hatte, empfahl er mir, die Leichen in einem der Bücherschränke zu verstauen, das Haus hoch zu versichern und sodann niederzubrennen. Ich schickte mich an, so zu verfahren.

In der Bibliothek stand ein Bücherschrank, den mein Vater vor kurzem von irgendeinem verrückten Erfinder gekauft und noch nicht gefüllt hatte. Er entsprach in Form und Größe etwa den altmodischen ›Kleiderschränken‹, die man noch in Schlafzimmern ohne Wandschrank sehen kann, ließ sich aber bis unten öffnen wie ein Damennachthemd und hatte Glastüren. Ich hatte meine Eltern vorher aufgebahrt, und sie waren jetzt steif genug, um aufrecht zu stehen; so stellte ich sie in diesen Bücherschrank, aus dem ich die Regale entfernt hatte. Ich schloß sie ein und spannte Vorhänge über die Glastüren. Der Inspektor der Versicherungsgesellschaft ging ein halbes dutzendmal an dem Schrank vorbei, ohne Verdacht zu schöpfen.

Nachdem ich meine Police erhalten hatte, steckte ich das Haus noch in derselben Nacht in Brand und begab mich durch die Wälder zu der etwa zwei Meilen entfernten Stadt, wo ich es fertigbrachte, etwa zu der Zeit ausfindig gemacht zu werden, als die Aufregung ihren Höhepunkt erreicht hatte. Meinen Befürchtungen über das Schicksal meiner Eltern laut Ausdruck verleihend, schloß ich mich der dorthin eilenden Menge an und traf zwei Stunden, nachdem ich das Feuer entfacht hatte, an der Brandstätte ein. Die ganze Stadt war versammelt, als ich angerannt kam. Das Haus war völlig niedergebrannt, aber an einem Ende des breiten, ebenen Glutbettes stand kerzengerade und völlig unbeschädigt – der Bücherschrank! Die Vorhänge waren verbrannt und gaben die Glastüren frei, durch welche der schreckliche, rote Lichtschein das Innere erhellte. Da stand mein lieber Vater ›in leibhaftiger Gestalt‹ und an seiner Seite die Gefährtin in Freud und Leid. Kein Haar von ihnen war versengt, die Kleidung völlig unversehrt. An ihren Köpfen und Hälsen waren deutlich die Verletzungen zu erkennen, die ich in Ausführung meines Vorhabens ihnen beizubringen genötigt gewesen war. Als würden sie eines Wunders teilhaft, standen die Menschen schweigend; Furcht und Schrecken lähmten jede Zunge. Ich war selbst tief bewegt.

Etwa drei Jahre später, als ich die hier geschilderten Ereignisse fast aus meiner Erinnerung getilgt hatte, ging ich nach New York, um behilflich zu sein, einige gefälschte Pfandbriefe der Vereinigten Staaten unter die Leute zu bringen. Als ich eines Tages rein zufällig in ein Möbelgeschäft blickte, sah ich das genaue Gegenstück jenes Bücherschranks. »Ich habe ihn für ein Spottgeld von einem bekehrten Erfinder gekauft«, erklärte mir der Händler. »Er sagte, er sei feuersicher, da die Poren des Holzes unter hydraulischem Druck mit Alaun gefüllt worden und die Glasscheiben aus Asbest hergestellt seien. Ich glaube nicht, daß er wirklich feuerfest ist. – Sie können ihn für den Preis eines normalen Bücherschranks haben.«

»Nein«, sagte ich, »wenn Sie mir die Feuersicherheit nicht garantieren können, nehme ich ihn nicht«, entgegnete ich und wünschte ihm einen guten Morgen.

Um keinen Preis hätte ich ihn haben wollen. Rief er doch Erinnerungen in mir wach, die mir überaus unangenehm waren.

AUS DEM
›WÖRTERBUCH DES TEUFELS‹

AMBROSE BIERCE:
SARDONISCHES VORWORT
ZUM WÖRTERBUCH DES TEUFELS
AUS DEM JAHR 1911

›Das Wörterbuch des Teufels‹ wurde 1881 in einer Wochenschrift begonnen und auf recht sporadische Weise und in langen Zeitabständen bis 1906 weitergeführt. In jenem Jahr wurde ein großer Teil davon in Buchform unter dem Titel ›Des Zynikers Wörterbuch‹ veröffentlicht, einem Namen, welchen abzulehnen der Verfasser nicht die Macht, den billigen zu können er aber auch nicht die Freude hatte. Um die Herausgeber des vorliegenden Werkes zu zitieren:

›Dieser achtunggebietendere Titel war ihm zuvor durch die religiösen Skrupel der letzten Zeitung aufgedrängt worden, in welcher ein Teil des Werkes veröffentlicht wurde, was die nur natürliche Folge hatte, daß das Land, als das Werk in Buchform erschien, bereits von einer Fülle von Nachahmungen in Gestalt ‚zynischer‘ Bücher überflutet war – ‚Dies vom Zyniker‘, ‚Das vom Zyniker‘ und ‚Anderes vom Zyniker‘. Die meisten dieser Bände waren schlichtweg albern, wiewohl sich einige noch durch ihre Dummheit auszeichneten. Sie brachten das Wort ‚Zyniker‘ so arg in Mißkredit, daß jegliches Werk, welches dieses in sich schloß, in Verruf geriet, noch ehe es veröffentlicht wurde.‹

Auch haben sich inzwischen einige tüchtige Humoristen des Landes diejenigen Teile der Arbeit zunutze gemacht, die ihren Wünschen entgegenkamen, und viele seiner Definitionen, Anekdoten, Redensarten und so fort sind inzwischen im allgemeinen Sprachgebrauch mehr oder weniger gang und gäbe geworden. Diese Erklärung entspringt keinem stolzen Prioritätsanspruch auf Belanglosigkeiten, sondern der schlichten Zurückweisung eines möglichen Vorwurfs des Plagiatentums, welches keine Belanglosigkeit ist. Wenn der Verfasser seine eigene Arbeit lediglich wieder aufnimmt, hofft er, daß diejenigen ihn als unschuldig betrachten, für die sein Werk bestimmt ist – erleuchtete Seelen, die trockne Weine den süßen vorziehen, praktische Vernunft der Schwärmerei, Witz dem derben Spaß und reines Englisch dem Straßenjargon.

Ein augenscheinlicher und hoffentlich nicht unangenehmer Wesenszug des Buches sind die zahlreichen bildhaften Zitate hervorragender Dichter, deren bedeutendster jener gelehrte und geistreiche Kleriker Pater Gassalasca Jape, S. J., ist, dessen Zeilen die Initialen tragen. Pater Japes freundlicher Ermutigung und Unterstützung ist der Verfasser des Prosatextes in höchstem Maße verpflichtet.

A. B.

A

ABNORM, Adj.: Keinem Standard entsprechend. In bezug auf Denken und Verhalten bedeutet unabhängig zu sein abnorm zu sein, und abnorm zu sein ist verabscheuungswürdig. Wohingegen der Lexikograph den Rath erteilet, nach einer genaueren Ähnlichkeit zum Durchschnittsmenschen als zu seiner selbst zu trachten. Welchselbiger aber dahingelanget, dem wird Frieden beschieden, Aussicht auf den Tod und Hoffnung auf die Hölle.

ABRAKADABRA:

> Auf *Abrakadabra* ist immer Verlaß,
>   Das Wort Ungezähltes umschlingt.
> 's ist die Antwort auf Wie? und Warum? und Was?
> Und Woher? und Wohin? – ein Wort, durch das
>   Die Wahrheit (und der Trost, den sie bringt)
> Offenbar wird für die, die im Finstern gehn
> Und der Weisheit heiliges Licht erflehn.

> Zu ergründen, ob Verb oder Nomen das Wort,
>   Ist freilich nicht meine Sache.
> Ich weiß nur dies eine: es erbt sich fort
>   Von alters schon
>   Vom Ahn zum Sohn –
> Ein unsterblicher Teil der Sprache!

> Von einem Greise geht die Mär:
> An die tausend Jahre bewohnte der
>   Am Berghang ein felsiges Loch.
>   (Am Ende starb er denn doch.)

> Der Ruhm seiner Weisheit erfüllte das Land,
> Denn sein Kopf war kahl und sein Bart imposant –
>   Sehr lang und weiß, und es war
>   Sein Auge ganz ungemein klar.

Philosophen erschienen von fern und nah
Und lauschten und lauschten und saßen da,
    Hörten fort und fort
    Kein anderes Wort
  Als »*Abrakadabra, abrakadab,*
    Abrakada, abrakad,
  Abraka, abrak, abra, ab!«
    Von früh bis spat.
Mehr wollten sie gar nicht, und übergenug
Schrieb jeder sich auf zu dem mystischen Spruch,
    Bis ein Buch draus erwächst –
    Ein Tröpfelchen Text
In einer Steppe von Kommentar.
    Wälzer gar dick und schwer,
    Zahllos wie Sand am Meer;
An Gelehrtheit beachtlich fürwahr!

    Er verblich,
    Sagte ich,
Und verscholln sind die Bücher der Alten;
Seine Weisheit wird heilig gehalten.
In *Abrakadabra* sie feierlich schwingt,
Eine uralte Glocke, die immerdar klingt.
    O das Wort mir gefällt,
    Denn im Dunkel der Welt
Es Licht in den Urgrund der Dinge bringt.

Jamrach Holobom

ABSCHEULICH, Adj.: Ohne Einkommen, besitzlos, guter Kleidung ermangelnd.

ABSICHT, Subst.: Des Geistes Empfinden für das Übergewicht einer Gruppe von Einflüssen über eine andere; eine Wirkung, deren Ursache darin liegt, daß in Bälde oder in einiger Zeit jene Handlung ausgeführt wird, welche die Person beabsichtigt, die sich mit der Absicht trägt.

Wenn man sich dies klar vor Augen führt und genau erfaßt, wird man entdecken, daß dies eine der tiefschürfendsten und folgenschwersten Definitionen in diesem ganzen Wörterbuch darstellt. Sie hat auf drei Jahrmärkten den ersten Preis gewonnen und wird von allen angesehenen Ärzten als ein tödliches Mittel gegen Würmer verschrieben. Sie steigerte die Getreideerträge von Illinois in einem einzigen Jahr um eine Million Bushel, entdeckte die Quelle des Nils und sicherte den Sieg bei Shiloh.

ABSOLUT, Adj.: Existiert in der Philosophie ohne Bezug auf irgend etwas und zu reinem Selbstzweck. Absolute Gewißheit ist eine der möglichen Stufen der Wahrscheinlichkeit. Absolute Monarchie ist eine Regierungsform, bei der die oberste Gewalt in den Händen eines Gentleman liegt, dessen Ende naht.

ABSTAND, Subst.: Das einzige, was die Reichen als unbestreitbaren Besitz der Armen anzuerkennen bereit sind und bewahren.

ABSTINENZLER, Subst.: Einer, der sich starker Getränke enthält, manchmal völlig, manchmal erträglich völlig.

ABSURDITÄT, Subst.: Das Argument eines Gegners. Eine Überzeugung, von der man glücklicherweise nicht unterrichtet wurde.

ABWESEND, Adj.: Den Angriffen von Freunden und Bekannten ausgesetzt; diffamiert, verleumdet.

ABWESENHEIT, Subst.: Etwas, was ›das Herz froher stimmt‹ – über jemandes Abwesenheit. Geistesabwesenheit ist jener Zustand des Gehirns, der für den Erfolg öffentlicher Predigten maßgebend ist. Sie wird zuweilen auch als Mangel an Verstand bezeichnet.

ADAMSAPFEL, Subst.: Ein Vorsprung an der Kehle des Menschen, von der Natur mit Vorbedacht angebracht, damit der Strick gut sitzt.

ADJUTANT, Subst.: In militärischen Angelegenheiten ein geschäftiger Offizier niederen Ranges, dessen Aufgabe darin besteht, die Aufmerksamkeit vom Kommandeur abzulenken.

ADMINISTRATION, Subst.: Eine sinnreiche Einrichtung in der Politik, um Schläge und Knüffe einzustecken, die dem Premierminister oder dem Präsidenten zugedacht sind. Ein Strohmann, unempfindlich gegen heftige, böswillige Kritik und grobe Beleidigungen.

ADMIRAL, Subst.: Jener Teil eines Kriegsschiffes, der das Reden übernimmt, während die Gallionsfigur mit dem Denken befaßt ist.

AGITATOR, Subst.: Ein Staatsmann, der die Obstbäume seiner Nachbarn schüttelt – um die Würmer aufzuscheuchen.

AKADEMIE, Subst.: Ursprünglich ein Hain, in dem die Philosophen nach einem Sinn in der Natur suchten; jetzt eine Schule, in der Naturburschen nach einem Sinn in der Philosophie forschen.

AKROBAT, Subst.: (Grch., *α* Verneinungspartikel und engl., *crow-bait,* ein hageres Geschöpf). Ein muskulöser, wohlbeschaffener Bursche. Ein Mann, der sich den Hals bricht, um seinen Bauch zu füllen.

ALKOHOL, Subst.: (Arabisch *al kohl,* eine Tusche für die Augen). Wesentliches Element all jener Flüssigkeiten, die dem Menschen zu einem blauen Auge verhelfen.

ALLIANZ, Subst.: In der internationalen Politik das Bündnis zweier Diebe, die ihre Hände so tief in des anderen Taschen haben, daß sie allein keinen Dritten ausrauben können.

ALTER, Subst.: Jener Lebensabschnitt, in welchem wir unsere Verpflichtungen einlösen für die Laster, denen wir noch zugetan sind, indem wir jene schmähen, denen zu frönen wir nicht länger den Mut haben.

AMATEUR, Subst.: Ein öffentliches Ärgernis, das Neigung für Fertigkeit nimmt und seinen Ehrgeiz mit seinen Fähigkeiten verwechselt.

AMAZONE, Subst.: Angehörige einer früheren Rasse, die sich über die Rechte der Frauen und die Gleichheit der Geschlechter anscheinend nicht allzu großes Kopfzerbrechen machten. Die kurzsichtige Angewohnheit, Männern den Hals umzudrehen, endete unglücklicherweise mit dem Aussterben ihrer Art.

AMNESTIE, Subst.: Großmut des Staates jenen Missetätern gegenüber, deren Bestrafung für ihn zu kostspielig wäre.

ANDERS, Adv.: Nicht besser.

ANERKENNEN, Verb: Zugestehen. Das Anerkennen der Fehler eines anderen ist die höchste Pflicht, welche die Wahrheitsliebe uns auferlegt.

ANGEBOREN, Adj.: Natürlich, wesenseigen – wie angeborene Ideen, das soll heißen, Ideen, mit denen wir geboren wurden, nachdem sie uns zuvor zugeteilt worden waren. Die Lehre von den angeborenen Ideen ist eine der bewundernswertesten Glaubensbekenntnisse der Philosophie, wobei sie selbst eine angeborene Idee ist und sich deshalb jeglicher Widerlegung entzieht, obwohl Locke sich törichterweise anmaßte, ihr ›ein blaues Auge‹ verpaßt zu haben. Zu den angeborenen Ideen könnte man den Glauben eines Menschen an seine Fähigkeit zählen, eine Zeitung leiten zu können, oder den an die Größe des eigenen Landes, an die Überlegenheit der eigenen Zivilisation, an das Gewicht der eigenen Angelegenheiten und an die interessanten Wesenszüge der eigenen Krankheiten.

ÄNGSTLICH, Adj.: Demütig wünschend, die Dinge mögen anders sein, als sie scheinen.

ANHÄNGER, Subst.: Ein Mitläufer, der noch nicht alles erhalten hat, was er erhofft.

ANHÄNGLICH, Adj.: Die Neigung, lästig zu sein. Das anhänglichste Geschöpf auf der Welt ist ein nasser Hund.

ANKLAGEN, Verb: Eines anderen Schuld oder Unwürdigkeit bezeugen; meist zur Rechtfertigung für das Unrecht, das wir ihm zugefügt haben.

ANTAGONIST, Subst.: Elender Schurke, der uns etwas nicht tun lassen will.

ANWALT, Subst.: Eine Person, laut Gesetz dazu befugt, jemandes Angelegenheiten schlecht zu verwalten, dem die Geschicklichkeit abgeht, sie selbst wahrhaft schlecht zu verwalten.

APATHISCH, Adj.: Sechs Wochen verheiratet.

APOTHEKER, Subst.: Komplice des Arztes, Wohltäter des Leichenbestatters und Ernährer der Grabwürmer.

> Als einst Merkur in einem irdnen Krug
> Jupiters Gaben zu den Menschen trug,
> Hat er klammheimlich Krankheit mitgebracht
> Und so den Apotheker reich gemacht.
> »Mein schlimmstes Gift«, rief der, von Dank bewegt,
> »In Zukunft meines Gönners Namen trägt!«
>
> *G. J.*

APPLAUS, Subst.: Echo auf eine Platitüde.

ARMEE, Subst.: Eine Klasse von Nichtproduzenten, welche

die Nation verteidigen, indem sie alles vertilgen, was einen Feind möglicherweise zu einem Überfall verleiten könnte.

ARRETIEREN, Verb: Einen der Ungewöhnlichkeit Angeklagten formal aufhalten.

Gott schuf die Welt in sechs Tagen und wurde am siebenten aufgehalten. *Die unautorisierte Version*

ÄSTHETIK, Subst.: Die unangenehmsten Zecken, die eine Rasse peinigen können. Übler als Holzböcke.

AUFRUHR, Subst.: Eine erfolglose Revolution. Das Unvermögen der Unzufriedenheit, schlechtes Regieren durch Unordnung zu ersetzen.

(IM)AUSLAND, Subst.: Im Krieg mit Wilden und Idioten. Als Franzose im Ausland zu sein bedeutet, unglücklich zu sein; als Amerikaner im Ausland zu sein bedeutet, andere unglücklich zu machen.

AUSLÄNDISCH, Adj.: Einem anderen und unterentwickelten Land zugehörig.

AUSTRALIEN, Subst.: Ein Land in der Südsee, dessen industrielle und kommerzielle Entwicklung durch einen unheilvollen Streit unter Geographen, ob es ein Kontinent oder eine Insel sei, unsäglich verzögert wurde.

AUTOKRAT, Subst.: Ein diktatorischer Herr, den nichts anderes zügeln kann als die Hand eines Meuchelmörders. Der Begründer und Förderer einer großartigen politischen Institution, des Dynamit-Bomben-Systems.

B

BACCHUS, Subst.: Eine nützliche Gottheit, von den Alten erfunden als Vorwand dafür, sich zu besaufen.

> Ist's Sünde denn, dem Gott zu dienen?
> Wie dürfen, wenn wir Bacchus ehren,
> Frech die Liktoren sich erkühnen,
> Uns zu verbleun und einzusperren?
> *Jorace*

BANDIT, Subst.: Eine Person, die A mit Gewalt abnimmt, was A mittels Arglist dem B abgenommen hat.

BANKKONTO, Subst.: Wohltätige Spende zur Unterstützung einer Bank.

BARDE, Subst.: Eine Person, die Verse schmiedet. Das Wort ist eines der zahlreichen *aliases*, hinter denen der Dichter seine Identität zu verschleiern und der Schmach zu entrinnen sucht.

BARMHERZIGKEIT, Subst.: Eine liebenswerte Eigenschaft des Herzens, die uns veranlaßt, anderen die Laster und Sünden nachzusehen, denen wir selbst frönen.

BAROMETER, Subst.: Ein sinnreiches Instrument, das anzeigt, was für Wetter wir haben.

BAUCH, Subst.: Schrein für den Gegenstand aufrichtigster Ergebenheit des Menschen.

BAUFÄLLIG, Adj.: Einem bestimmten architektonischen Stil zugehörig, der anderenorts als der Normal-amerikanische bekannt ist. Die meisten öffentlichen Gebäude der Vereinigten Staaten gehören in die Stilrichtung ›Baufällig‹, obwohl einige unserer früheren Architekten die Ironische bevorzugten. Kürzliche Anbauten ans Weiße Haus in Washington sind Theo-Dorisch nach dem kirchlichen Orden der Dorianer. Sie sind ausnehmend elegant und kosten einhundert Dollar der Ziegel.

BEDAUERN, Subst.: Der Satz in der Tasse des Lebens.

BEGABUNG, Subst.: Das natürliche Rüstzeug, um einen kleinen Teil der niedrigeren Ambitionen zu befriedigen, die begabte Menschen von toten unterscheiden. In letztendlicher Analyse wird man feststellen, daß Begabung für gewöhnlich in einem hohen Grad aus feierlichem Ernst besteht. Gleichwohl wird diese beeindruckende Eigenschaft vielleicht zu Recht geschätzt; es ist kein leichtes Unterfangen, feierlich-ernst zu sein.

BEGÜNSTIGEN, Verb: Sich jemanden verpflichten; die Basis für eine künftige Erpressung schaffen.

BEICHTE, Subst.: Ein Platz, wo der Priester sitzt, um die großen Sünden zu vergeben und mit Vergnügen von den kleinen zu hören.

BEIFALLKLATSCHEN, Subst.: Währungseinheit, mit der das gemeine Volk denjenigen bezahlt, der es kitzelt und verschlingt.

BEKANNTSCHAFT, Subst.: Jemand, den wir gut genug kennen, um von ihm zu borgen, aber nicht gut genug, um ihm zu leihen. Ein als flüchtig zu bezeichnender Grad von Freundschaft, wenn die Zielperson arm oder unbedeutend ist, und als eng, wenn sie reich oder berühmt ist.

BELLADONNA, Subst.: Im Italienischen eine schöne Dame; im Englischen ein tödliches Gift. Treffendes Beispiel für die wesentliche Identität der zwei Sprachen.

BEMERKENSWERT, Adj.: Die Art und Weise, mit der dieser dumme Jones da vorankommt, während wir, die wir so viel begabter sind, kaltgestellt werden.

BENEHMEN, Subst.: Eine Erfindung des Teufels, um seinen Anhängern Zugang zur guten Gesellschaft zu verschaffen.

BENENNEN, Verb: Für den gewichtigsten politischen Posten ausersehen. Eine geeignete Person vorschlagen, die sich den Schlammwürfen und beleidigenden Ausfällen der Opposition aussetzt.

BEREDTSAMKEIT (I), Subst.: Eine Methode, Narren zu überzeugen. Diese Kunst wird für gewöhnlich in Gestalt eines kleinen, glatzköpfigen Mannes dargestellt, der über einem Wasserglas gestikuliert.

BEREDTSAMKEIT (II), Subst.: Die Kunst, Narren vermittels des gesprochenen Wortes davon zu überzeugen, daß Weiß die Farbe ist, die es zu sein scheint. Sie schließt auch die Gabe ein, jegliche Farbe weiß erscheinen zu lassen.

BESCHULDIGEN, Verb: Einem anderen boshafterweise die verderbten Handlungen zuschreiben, die selbst zu begehen man keine Versuchung oder keine Gelegenheit hatte.

BESITZ, Subst.: Ein Vorteil, der A erwächst, indem er B das Recht verweigert, das Eigentum von C zu nehmen.

BESTECHUNG, Subst.: Das, was ein Mitglied der kalifornischen Legislative befähigt, ohne jegliches unehrliche Wirtschaften von seinem Gehalt zu leben.

BETEN, Verb: Darum bitten, daß die Gesetze des Universums zugunsten eines einzelnen Bittstellers für nichtig erklärt werden, der dessen offenbar unwürdig ist.

BETRUG, Subst.: Lebensinhalt des Handels, Seele der Religion, Lockmittel beim Liebeswerben und Grundlage politischer Macht.

BETRÜGER, Subst.: Ein konkurrierender Bewerber um öffentliche Ehrungen.

BETRUNKEN, Adj.: blau, besoffen, zu, beschwipst, angesäuselt, stinkbesoffen, voll, bezecht, beduselt, schiefgeladen, berauscht, trunken, stockbesoffen, gehoben, duhn, grau, halb drüben, sternhagelvoll, angeheitert, benebelt, bierselig, angetüdelt, weggetreten, ausgerastet, angegast usw.

BETTLER, Subst.: Eine Pest, die den leidenden Reichen auf unangenehme Weise befällt.

BEVORSTEHEND, Adj.: Das Chaos.

BEVORZUGUNG, Subst.: Ein Empfinden oder Geisteszustand, der auf der irrigen Annahme fußt, daß ein Ding besser sei als ein anderes.

Ein alter Philosoph, der die Überzeugung vertrat, das Leben sei nicht besser als der Tod, wurde von einem Schüler gefragt, warum er dann nicht stürbe. »Weil der Tod nicht besser als das Leben ist«, erwiderte er. »Dieses ist länger.«

BEWEGUNG, Subst.: Eine Eigenschaft, Bedingung oder ein Zustand der Materie. Die Existenz und Möglichkeit der Bewegung wird von vielen Philosophen bestritten. Sie weisen darauf hin, daß ein Ding sich nicht dort bewegen kann, wo es ist, und auch nicht da, wo es nicht ist. Andere sagen mit Galileo: ›Und sie bewegt sich doch.‹ Es ist nicht Sache des Lexikographen, hier zu entscheiden.

›Wie bezaubernd ist göttliche Philosophie!‹

Milton

BEWEIS, Subst.: Ein Tatumstand, der eine Spur plausibler ist als der der Unwahrscheinlichkeit. Die Aussage zweier glaubwürdiger Zeugen im Gegensatz zu der nur eines einzelnen.

BEWUNDERUNG, Subst.: Unser höfliches Eingeständnis der Übereinstimmung eines anderen mit uns selbst.

BIBEL, Subst.: Die heilige Schrift unserer heiligen Religion im Unterschied zu den unwahren und gottlosen Werken, auf die sich alle anderen Glaubenslehren gründen.

BIBELZITAT, Subst.: Auf der Kanzel veraltet, jetzt von der Politik verdrängt.

BIGAMIE, Subst.: Eine Geschmacksverirrung, für welche die

Weisheit der Zukunft eine Strafe namens Trigamie zumessen wird.

BILDUNG, Subst.: Das, was dem Weisen seinen Mangel an Erkenntnis offenbart und dem Törichten verbirgt.

BIOGRAPHIE, Subst.: Der literarische Tribut, den ein kleiner Mann einem großen zollt.

BOTSCHAFTER, Subst.: Ein hochrangiger Gesandter, von einer Regierung in die Hauptstadt einer anderen geschickt, um den Willen seiner Gattin auszuführen.

BRANNTWEIN, Subst.: Ein Stärkungsmittel fürs Herz, bestehend aus einem Teil Blitz und Donner, einem Teil Reue, zwei Teilen blutigen Mordes, einem Teil Tod-Hölle-und-Grab, zwei Teilen gereinigten Satans und vier Teilen heiligen Moses'! Dosierung: ständig einen Kopfvoll. Branntwein soll, nach Emerson, wie ich glaube, das Getränk der Helden sein. Ich würde anderen gewiß nicht raten, ihn anzutasten. Nebenbei bemerkt schmeckt er recht gut.

BRECHMITTEL, Subst.: Eine Substanz, die den Magen veranlaßt, ein jähes und enthusiastisches Interesse an äußeren Angelegenheiten zu bekunden.

BUDDHISMUS, Subst.: Eine widersinnige Form religiösen Irrtums, die boshafterweise von etwa drei Vierteln der menschlichen Rasse bevorzugt wird. Nach Rev. Dr. Stebbins ist sie der Religion, welche auszulegen er die Ehre hat, unendlich überlegen. Deshalb gibt es sie.

BUSSFERTIG, Adj.: Bestrafung erleidend oder erwartend.

C

CHOR, Subst.: In der Oper eine Bande heulender Derwische, die den Zuhörern Angst einjagen, während die Sänger Luft holen.

D

DADO, Subst.: Etwas Dekoratives, für das die Ästheten keine bessere Bezeichnung wissen.

DAME, Subst.: So bezeichnen Menschen von niedriger Gesinnung eine Frauensperson. Ein Vizegouverneur von Kalifornien und Direktor des Staatsgefängnisses meldete einst die Zahl der in seiner Obhut befindlichen Gefangenen: ›931 Männer und 27 Damen.‹

DANKBARKEIT, Subst.: Ein Gefühl, das zwischen empfangener und erwarteter Wohltat liegt.

DEGRADIERUNG, Subst.: Eine der Stufen moralischen und sozialen Fortschritts von privater Stellung zu politischer Beförderung.

DEJEUNER, Subst.: Das Frühstück eines Amerikaners, der in Paris gewesen ist. Aussprache unterschiedlich.

DEMAGOGE, Subst.: Ein politischer Gegner.

DEMUT, Subst.: Schickliche und allgemein übliche Geisteshaltung angesichts von Reichtum oder Macht. Besonders einem Angestellten zu empfehlen, wenn er sich an seinen Dienstherrn wendet.

DEUTSCHER, Subst.: Ein Kerl, der mächtig stolz war (und mächtig fade dazu), von Deutschland ›rüberzukomm‹. Is's nich so?

DIAGNOSE, Subst.: Die Vorhersage eines Arztes über den Verlauf einer Krankheit anhand des Pulsschlags und der Geldbörse des Patienten.

DIPLOMATIE, Subst.: Die patriotische Kunst, fürs Heimatland zu lügen.

DISKUSSION, Subst.: Eine Methode, andere in ihren Irrtümern zu bestärken.

DOKTOR, Subst.: Ein Herr, der durch Krankheit gedeiht und an Gesundheit stirbt.

DOLMETSCHER, Subst.: Jemand, der zwei verschiedene Sprachen sprechende Personen in die Lage versetzt, einander zu verstehen, indem er ihre Worte jeweils so wiedergibt, daß sie ihm zum Vorteil gereichen.

DRUCKTYPE, Subst.: Lästige Metallstücke, von denen man annimmt, daß sie Zivilisation und Aufklärung zerstören, ungeachtet ihres offensichtlichen Mitwirkens an diesem unvergleichlichen Wörterbuch.

DUMMKOPF, Subst.: Ein Mitglied der herrschenden Dynastie, in der Literatur und im Leben. Die Dummköpfe kamen mit Adam auf die Welt, und da sie sowohl zahlreich als auch robust waren, haben sie den bewohnbaren Teil der Erde überflutet. Das Geheimnis ihrer Macht liegt in ihrer Unempfindlichkeit für Schläge; man kitzelt sie mit einem Knüttel, und sie lachen mit einer nichtssagenden Bemerkung. Die Dummköpfe stammen ursprünglich aus Böotien, von wo die Gefahr sie vertrieb, Hungers zu sterben, da ihre Stumpfsinnigkeit die Ernten im Keime erstickte. Einige Jahrhunderte lang suchten sie Philistia heim, und viele von ihnen werden noch heute als Philister bezeichnet. In den stürmischen Zeiten der Kreuzzüge zogen sie sich von dort zurück und breiteten sich allmählich über ganz Europa aus, wobei sie bald die meisten hohen Posten in der Politik, Kunst, Literatur, Wissenschaft und Theologie innehatten. Da ein Kommando Dummköpfe mit den Pilgern auf der ›Mayflower‹ herüberkam und einen vorteilhaften Bericht über das Land lieferte, gestaltete sich ihr Zuwachs durch Geburt, Einwanderung und Bekehrung schnell und stetig. Den zuverlässigsten Statistiken nach beträgt die Zahl erwachsener Dummköpfe in den Vereinigten Staaten nur wenig unter dreißig Millionen, die Statistiker eingeschlossen. Das intellektuelle Zentrum dieser Rasse liegt etwa in der Gegend von Peoria, Illinois, aber der Neuengland-Dummkopf ist das haarsträubendste Gegenstück.

E

EGAL, Adj.: Ebenso schlecht wie etwas anderes.

EHELICH, Adj.: (lat. *con* gegenseitig, und *jugum* das Joch). Bezieht sich auf eine volkstümliche Art von Zuchthausstrafe – das Zusammenkoppeln von zwei Narren durch einen Pfaffen.

EHRENRÜHRIG, Adj.: Etwas in der Art einer Exkommunizierung ohne jede Privilegien.

EHRGEIZ, Subst.: Ein überwältigendes Verlangen, zu Lebzeiten von den Feinden geschmäht und nach dem Tod von den Freunden lächerlich gemacht zu werden.

EHRLICH, Adj.: In seinem Handeln durch eine Hemmschwelle behindert.

EID, Subst.: Im Gerichtswesen die feierliche Berufung auf eine Gottheit, für das Gewissen verbindlich durch eine Strafe für Meineid.

EIGENDÜNKEL, Subst.: Selbstachtung bei jemandem, der uns nicht gewogen ist.

EINDRINGLING, Subst.: Eine Person, die man nicht allzu überstürzt rausschmeißen sollte – es könnte ein Reporter sein.

EINMAL, Adv.: Genug.

EINWANDERER, Subst.: Eine unaufgeklärte Person, die glaubt, ein Land sei besser als ein anderes.

ELFENBEIN, Subst.: Ein von der Natur freundlicherweise zur Verfügung gestelltes Material zur Herstellung von Billardkugeln; es wird zumeist den Mäulern von Elefanten entnommen.

ELSTER, Subst.: Ein Vogel, dessen Neigung zu stehlen gewisse Leute auf den Gedanken brachte, man könne ihn das Sprechen lehren.

ELYSIUM, Subst.: Der Himmel der Alten. Nichts kann mehr belustigen als diese primitive Vorstellung: anstatt goldener Wolken, Harfen, Kronen und eines großen weißen Thrones gab es Felder, Haine, Flüsse, Blumen und Tempel. Im alten Elysium haben wir ein einzigartiges Beispiel für die Minderwertigkeit heidnischer Vorstellungen gegenüber christlichem Wissen.

EMOTION, Subst.: Eine kräftezehrende Krankheit, hervorgerufen durch die Anweisung des Herzens an den Kopf. Sie wird zuweilen von einem reichlichen Ausfluß Chlornatriumhydrats aus den Augen begleitet.

EMPFEHLUNG, Subst.: Der Tribut, den wir Leistungen zollen, die den unseren ähneln, ihnen indes nicht gleichkommen.

ENTSCHLOSSEN, Adj.: Beharrlich auf eine Art und Weise, die wir billigen.

(SICH) ENTSCHULDIGEN, Verb: Die Grundlage für eine künftige Kränkung legen.

EPIDEMIE, Subst.: Eine Krankheit von geselligem Wesen und mit wenig Vorurteilen.

EPIDERMIS, Subst.: Jene dünne Hülle, die unmittelbar

außerhalb der Haut und unmittelbar innerhalb des Schmutzes liegt.

ERBÄRMLICH, Adj.: Der Zustand eines Feindes oder Gegners nach einer imaginären Auseinandersetzung mit unsereinem.

EREMIT, Subst.: Eine Person, deren Laster und Torheiten von ungeselliger Natur sind.

ERFINDER, Subst.: Eine Person, die Räder, Hebel und Federn in sinnreicher Weise anordnet und glaubt, das sei Zivilisation.

ERFOLG, Subst.: Die einzige unverzeihliche Sünde wider seinen Nächsten. In der Literatur, insbesondere in der Dichtkunst, sind die Elemente des Erfolgs höchst einfach und werden in den folgenden Zeilen des ehrwürdigen Pater Gassalasca Jape, die aus rätselhaftem Grund ›John A. Joyce‹ betitelt sind, auf bewundernswerte Weise dargelegt.

Was macht einen Dichter und führt ihn zum Glück?
Prosaischen Geist er bewahre,
Ein Buch, rotes Halstuch, entrückten Blick
     Und hexameterlange Haare.
Dein mageres Denken bekommt dem Leib gut;
Trägst lang du die Haare, dann sparst du den Hut.

ERFRISCHEND, Adj.: Einem Menschen zu begegnen, der alles glaubt, was er in der Zeitung liest.

(SICH) ERKENNTLICH ZEIGEN, Verb: Von der ›begabten Feder‹ eines Menschen zu schreiben, wenn dieser deine ›kühne Vorstellungskraft‹ erwähnt hat.

ERMÜDUNG, Subst.: Zustand eines Philosophen, nachdem er über menschliche Weisheit und Tugend nachgedacht hat.

ERMUTIGEN, Verb: Einen Toren in einer Torheit bestärken, die ihm allmählich Schmerz bereitet.

ERNST, Adj.: Die kritischen Bemerkungen eines neiderfüllten Greises über die Torheiten der Jugend.

ERREGUNG, Subst.: In der Moral ein Gefühl, in der Medizin eine Krankheit. Für eine junge Frau bedeutet eine Erregung des Herzens Liebe, für einen Arzt kann sie ein Anzeichen von Herzverfettung sein. Der Unterschied liegt lediglich in der Terminologie.

ERRÖTEN, Subst.: Ein früher besonders bei Frauen äußerst beliebtes Verfahren. In jüngerer Zeit jedoch als verlorene Kunst außer Gebrauch gekommen, wiewohl das moderne Fräulein durch fleißiges Üben noch immer imstande sein wird, es zuwege zu bringen, auf die Gefahr hin, in Gewahrsam genommen und wegen Schlagfluß behandelt zu werden.

ERRUNGENSCHAFT, Subst.: Ende einer Bemühung und Geburt des Abscheus.

ERSTAUNLICH, Adj.: Nicht verstanden.

ERWARTUNG, Subst.: Jene Haltung oder Verfassung des Geistes, welcher in der Kette menschlicher Emotionen die Hoffnung vorausgeht und die Verzweiflung folgt.

ESSBAR, Adj.: Angenehm zu verspeisen und gut zu verdauen, wie ein Wurm für die Kröte, die Kröte für eine Schlange, die Schlange für ein Schwein, das Schwein für einen Menschen und der Mensch für einen Wurm.

EVOLUTION, Subst.: Der Prozeß, nach dem die höheren Organismen sich allmählich aus den niederen entwickelt haben, wie der Mensch aus dem hilfebedürftigen Einwanderer, der Staatsbeamte aus dem Gefängnisaufseher, der Dieb aus dem Staatsbeamten usw.

EVANGELIST, Subst.: Überbringer guter Nachricht, besonders (im religiösen Sinne) solcher, die uns des eigenen Heils und der Verdammnis unserer Nachbarn versichern.

EXZENTRIZITÄT, Subst.: Ein so billiges Verfahren, sich hervorzuheben, daß Narren es anwenden, um ihre Unfähigkeit zu betonen.

F

FABEL, Subst.: Eine kurze Lüge, ersonnen, um irgendeine bedeutsame Wahrheit zu illustrieren.

Auf einem Plakat näherte sich ein Flußpferd einer Statue von Eva mit dem Apfel.

»Laß mich von deinem Apfel beißen und sieh mich lächeln«, sprach das Flußpferd.

»Ich würde ja gern«, entgegnete Eva und überschlug grob die wahrscheinlichen Ausmaße dieses Lächelns, »aber ich habe schon der Mammuthöhle einen Bissen versprochen, einen anderen dem Vesuvkrater und einen dritten dem Raum zwischen dem niedersten anthropoiden Methodisten und dem am höchsten organisierten Holzindianer. Ich muß gerecht sein, bevor ich großzügig sein kann.«

Diese Fabel lehrt, daß Gerechtigkeit und Großzügigkeit nicht Hand in Hand gehen, da die Hand der Großzügigkeit gemeinhin in der Tasche der Gerechtigkeit steckt.

FAMILIE, Subst.: Eine Gemeinschaft von Einzelwesen, die einen Haushalt bilden, welcher sich aus Mann, Frau, jungen Leuten, Bediensteten, Hund, Katze, Piepmatz, Küchenschaben, Wanzen und Flöhen zusammensetzt – die ›Grundeinheit‹ der modernen zivilisierten Gesellschaft.

FAULHEIT, Subst.: Unerlaubt müßige Lebensweise bei einer Person niederen Standes.

FAUNA, Subst.: Allgemeine Bezeichnung für die verschiedenen Tiere, die jegliche Örtlichkeit heimsuchen, ausgenommen Haustiere, Wandertierschauen und demokratische Politiker.

FEHLER, Subst.: Eines meiner Versehen, im Unterschied zu einem der Ihrigen, welchselbige ein Verbrechen darstellen.

FEIGLING, Subst.: Jemand, der in gefährlicher Notlage mit den Beinen denkt.

FEIND, Subst.: Eine Person, die durch ihr boshaftes Wesen getrieben wird, die Verdienste unsereiner zu leugnen oder überlegene eigene Verdienste zur Schau zu stellen.

FINANZWESEN, Subst.: Die Kunst oder Wissenschaft, Einkünfte und Geldmittel zum besten Vorteil des sie Handhabenden zu handhaben. Die Aussprache des Wortes mit langem i und der Betonung auf der ersten Silbe ist eine der wertvollsten Entdeckungen und Errungenschaften Amerikas.

FLAGGE, Subst.: Ein farbiger Stoffetzen, der vor den Truppen hergetragen und über Festungen und Schiffen gehißt wird. Er scheint demselben Zweck zu dienen wie gewisse Schilder, wie man sie vor Ödlandflächen in London sieht – ›Hier darf Müll abgekippt werden!‹

FORTSETZUNGSROMAN, Subst.: Ein literarisches Werk,

für gewöhnlich eine Geschichte, die nicht wahr ist und die sich durch verschiedene Ausgaben einer Zeitung oder Zeitschrift schleicht. Häufig wird jeder Fortsetzung für diejenigen, die sie nicht gelesen haben, eine ›Zusammenfassung der bisherigen Kapitel‹ vorangestellt, aber weit angebrachter wäre eine Zusammenfassung der folgenden Kapitel für jene, die nicht beabsichtigen, *diese* zu lesen. Eine Zusammenfassung des gesamten Werkes wäre indes noch besser.

Der verstorbene James F. Bowman verfaßte in Zusammenarbeit mit einem Genie, dessen Name uns nicht überliefert wurde, eine Fortsetzungserzählung für eine Wochenschrift. Sie schrieben nicht gemeinsam, sondern abwechselnd. Dabei lieferte Bowman die Fortsetzung für die eine Woche, sein Freund die für die nächste und so weiter, eine Welt ohne Ende, wie sie hofften. Unglücklicherweise gerieten sie in Streit, und als Bowman eines Montags morgens die Zeitung las, um sich auf seine Aufgabe vorzubereiten, entdeckte er, daß seine Arbeit auf eine ihn überraschende und schmerzhafte Weise unterbunden worden war. Sein Mitarbeiter hatte jede Person der Erzählung auf ein Schiff verfrachtet und sie allesamt im tiefsten Teil des Atlantiks untergehen lassen.

FREIGEBIGKEIT, Subst.: Die Großherzigkeit von einem, der viel hat, zu gestatten, daß jemand, der nichts hat, alles erhält, was er bekommen kann.

Eine einzige Schwalbe soll jährlich zehn Millionen Insekten vertilgen. Ich erblicke im Vorhandensein dieser Kerbtiere ein hervorstechendes Beispiel der Freigebigkeit des Schöpfers, für den Lebensunterhalt seiner Geschöpfe zu sorgen.

Henry Ward Beecher

FREIGEIST, Subst.: In der Theologie ein elender Wicht, der sein Denken zu Hause verrichtet, statt es öffentlich darzulegen. Priesterschaft und Klerus betrachten ihn mit demselben Widerwillen, den ein Barbier dem Manne entgegenbringt, welcher sich selbst rasiert.

FREMDER, Subst.: Ein Schurke, den man mit einem unterschiedlichen und veränderlichen Maße von Nachsicht betrachtet, je nach seiner Anpassung an den ewigen Standard unseres Eigendünkels und dem der Verschiebung unserer Interessen.

Bei den Römern wurden alle Fremden als Barbaren bezeichnet, weil die meisten Stämme, mit denen sie Bekanntschaft machten, bärtig waren. Dieser Begriff war rein beschreibender Natur und enthielt keinerlei Vorwurf; römische Geringschätzung ward im allgemeinen offener vermittels eines Speers zum Ausdruck gebracht. Die Abkömmlinge der Barbaren – die heutigen Barbiere – haben es indes als tunlicher erachtet, sich mit dem sägezähnigen Rasiermesser zu revanchieren.

FREUDLOS, Adj.: Außerstande, irgendwelche Gunstbeweise zu liefern. Glücklos. Äußerungen der Wahrheit und des gesunden Menschenverstands zugetan.

FRIEDEN, Subst.: In internationalen Angelegenheiten eine Periode des Betrügens zwischen zwei Perioden des Kämpfens.

> Wie soll ich den Aufruhr verstehen,
>   Den wilden Choral?
> Den Schrecken des Friedens erflehen
>   Die Hoffenden all.
>
> O Friede auf Erden! – gepriesen
>   Und niemals erreicht.
> O wäre der Weg nur gewiesen –
>   Zu gehn wär er leicht.
>
> Bei Tag und bei Nacht sie sich quälen,
>   Wie Maulwürfe blind.
> Erbarm dich, o Himmel, der Seelen,
>   Die fürwitzig sind!
>
> *Ro Amil*

FRIEDENSRICHTER, Subst.: Ein Gerichtsbeamter mit begrenzter Rechtsprechung und unbegrenzter Unbedarftheit.

FRÜHREIF, Adj.: Ein Vierjähriger, der mit der Puppe seiner Schwester durchbrennt.

G

GABEL, Subst.: Ein Werkzeug, hauptsächlich zu dem Zweck verwendet, tote Tiere in den Mund zu befördern. Früher wurde dazu das Messer benutzt, und viele ehrenwerte Leute glauben noch heute, dieses sei dem anderen Werkzeug vorzuziehen, welches sie jedoch nicht völlig ablehnen, vielmehr als fürs Beladen des Messers hilfreich finden. Daß diese Personen gegen einen jähen und schrecklichen Tod gefeit sind, ist einer der beeindruckendsten Beweise für Gottes Gnade gegenüber denjenigen, die ihn hassen.

GASTLICHKEIT, Subst.: Eine Tugend, welche uns veranlaßt, gewissen Personen Nahrung und Obdach zu gewähren, denen es nicht an Nahrung und Obdach mangelt.

GEBRAUCH, Subst.: Die Erste Person der Literarischen Dreifaltigkeit, wobei die Zweite und Dritte durch Gewohnheit und Konvention dargestellt werden. Erfüllt von gebührender Hochachtung für diese Heilige Triade, mag ein fleißiger Schreiber hoffen, Bücher zu schaffen, die so lange wie die Mode leben werden.

GEBURT, Subst.: Das erste und schrecklichste aller Unglücke. Hinsichtlich seines Wesens scheint keine Einheitlichkeit vorzuherrschen. Kastor und Pollux wurden aus einem Ei geboren. Pallas entsprang einem Schädel. Galatea war einst ein Steinblock, Peresilis, der im zehnten Jahrhundert schrieb, behauptet, an der Stelle dem Boden entwachsen zu sein, wo ein Priester Weihwasser vergossen hatte. Man weiß, daß Arimaxus einem Loch in der Erde entsproß, das von einem Blitzschlag herrührte. Leucomedon war Sohn einer Höhle im Ätna, und ich habe mich stets als einen Menschen betrachtet, der einem Weinkeller entstieg.

GEDULD, Subst.: Eine niedere Form der Verzweiflung, als Tugend verkleidet.

GEGENWART, Subst.: Jener Teil der Ewigkeit, welcher die Herrschaft der Enttäuschung vom Reich der Hoffnung trennt.

GEHIRN, Subst.: Ein Apparat, mit welchem wir denken, daß wir denken. Das, was den Menschen, der zufrieden ist, etwas zu *sein*, von demjenigen unterscheidet, der etwas *tun* will. Ein

Mensch mit großem Vermögen oder jemand, der in eine hohe Position hinaufkatapultiert wurde, verfügt gewöhnlich über einen solchen Kopfvoll Gehirn, daß seine Nachbarn den Hut nicht aufbehalten können. In unserer Zivilisation und unter unserer republikanischen Regierungsform wird das Gehirn so hoch verehrt, daß es durch Befreiung von den Sorgen eines Amtes belohnt wird.

GEIST, Subst.: Eine mysteriöse Form der Materie, vom Gehirn wohlverborgen gehalten. Seine Haupttätigkeit besteht in dem Bemühen, sich über die eigene Natur Gewißheit zu verschaffen, ein Versuch, dessen Vergeblichkeit auf die Tatsache zurückzuführen ist, daß er nur sich selbst hat, um sich kennenzulernen. Vom Lateinischen *mens*, eine Tatsache, die jenem ehrenhaften Schuhverkäufer nicht bekannt war, welcher, als er bemerkte, daß sein gebildeter Konkurrent auf der anderen Straßenseite den Leitspruch ›*Mens conscia recti*‹ ausgehängt hatte, die Vorderfront seines Ladens mit den Worten zierte: ›Herren, Damen und Kinder conscia recti‹.

GEISTESKRANK, Adj.: Die melancholische Geistesverfassung eines Menschen, dessen Argumenten wir nichts entgegensetzen können.

GEISTESSCHWÄCHE, Subst.: Eine Art göttlicher Eingebung oder ein heiliges Feuer, das tadelsüchtige Kritiker dieses Wörterbuchs beseelt.

GELEHRTHEIT, Subst.: Jene Art Ignoranz, die zivilisierte Rassen so begehren (und die sie befällt), im Unterschied zur UNWISSENHEIT, jener Art Gelehrsamkeit, der sich die Wilden aussetzen. Siehe NONSENS.

GEMEINWOHL, Subst.: Ein administratives Gebilde, in Gang gehalten von einer unüberschaubaren Vielzahl politischer Parasiten, die unbestreitbar aktiv, aber nur selten effektiv sind.

Des Gemeinwohls Schmarotzer – sieh, wie sie sich drängen
Im Kapitol auf den Fluren und Gängen! –
Kanzlisten und Boten und alle Bestallten,
Von Schurken ernannten, vom Pöbel bezahlten;
So dicht, daß kein Kater durchs Beindickicht fände,
Noch in dem Gelärme sein Jaulen verstände.

Kanzlisten und Boten und Pförtner, sie alle
Ein Unstern begleite, ein Unheil befalle!
Das Leben sei ihnen ein Reigen von Plagen;
Von Flöhen bevölkert sein Hemden und Kragen!
Solln Schmerzen und Krankheit hinfort sie regieren,
Tuberkeln die Lungen und Steine die Nieren –
Mikroben, Bazillen den Körper verpesten
Und Bandwürmer an ihren Därmen sich mästen;
In Maiskolben möge ihr Haar sich verheddern,
Das Pfählen soll ihnen das Lachen zerschmettern.
Vergällt sei ihr Träumen vom Grabesgeflüster
Geräuschvoller Sofas, so heiser und düster,
Von wackelnden Stühlen und schwankenden Dielen –
Matratzen, die stoßen, und kratzenden Pfühlen!
Söhne der Habsucht, gehätschelt in Sünde!
Wenn doch der Tod eure Reihen verdünnnte,
Rächend den Freund, dem ich gönnte die Pfründe.

K. Q.

GENAUIGKEIT, Subst.: Eine gewisse langweilige Eigenschaft, die von menschlichen Darlegungen sorgsam ferngehalten wird.

GERECHTIGKEIT, Subst.: Eine Ware, welche der Staat in mehr oder weniger verfälschtem Zustand an seine Bürger verkauft als Belohnung für deren Untertanentreue, Steuern und persönlichen Dienste.

GESCHICKLICHKEIT, Subst.: Ersatz eines Dummkopfs für Verstand.

GLAUBE, Subst.: Das Vertrauen in unbewiesene Dinge, für die es keine Parallelen gibt und die jemand erzählt, der keine Kenntnis davon besitzt.

GLEICHHEIT, Subst.: In der Politik ein imaginärer Zustand, bei dem Schädel gezählt werden statt Hirnmasse; wo Verdienst durchs Los und Bestrafung durch Beförderung entschieden wird. Auf seinen logischen Schluß zurückgeführt, erfordert dieses Prinzip ein Rotationssystem im Amt und im Strafvollzug. Alle Menschen, die auf eine Stimme Anspruch erheben können, sind gleichermaßen für ein Amt berechtigt und gleichermaßen dem Schuldspruch unterworfen.

GOTTLOSIGKEIT, Subst.: Ihre Unehrerbietung gegenüber meiner Gottheit.

GÖTZENBILD, Subst.: Symbolische Darstellung eines Gegenstands der Verehrung. Daß das Bild selbst angebetet wird, findet sich wohl bei kaum irgendeinem Volk auf Erden, obwohl einige Götzenbilder häßlich genug sind, um als göttlich gelten zu können. Die den Götzenbildern erwiesenen Ehren werden zu Recht von dem wahren Gläubigen verabscheut, denn er weiß, daß nichts, was einen Kopf hat, allwissend sein kann, nichts, was eine Hand hat, allmächtig, und nichts, was einen Körper hat, allgegenwärtig. Keine Gottheit könnte eines unserer Bedürfnisse befriedigen, wäre sie mit dem Makel der Existenz belastet.

GRAB, Subst.: Das Haus der Unterschiedslosigkeit. Gräbern wird heutzutage in allgemeinem Einverständnis eine gewisse Ehrfurcht entgegengebracht, indes wenn sie lange genug bewohnt wurden, betrachtet man es nicht als Sünde, sie aufzubrechen und auszurauben, hat doch der berühmte Ägyptologe Dr. Huggyns erklärt, daß ein Grab in aller Unschuld ›gereinigt‹ werden könne, sobald sein Besitzer nicht mehr ›rieche‹, seine Seele also dann völlig ausgehaucht sei. Diese vernünftige Ansicht wird jetzt allgemein von den Archäologen geteilt, wobei man der edlen Wissenschaft der Neugier hohe Ehre angedeihen läßt.

GRAMMATIK, Subst.: Ein System von Fallgruben, sinnreich auf dem Weg angelegt, auf welchem der Fuß des Selfmademan zu Rang und Würden voranschreitet.

GRANATE, Subst.: Das Argument eines Belagerers zugunsten der Kapitulation, geschickt dem Auffassungsvermögen von Frauen und Kindern angepaßt.

GRATULATION, Subst.: Die Höflichkeit des Neides.

GRAZIEN, Subst.: Drei schöne Göttinnen, Aglaia, Thalia und Euphrosyne, die Venus aufwarteten und sie ohne Entlohnung bedienten. Sie bedurften keiner Ausgaben für Unterkunft und Kleidung, da sie nichts Erwähnenswertes aßen und sich entsprechend dem Wetter kleideten, indem sie die Brise trugen, welche gerade wehte.

GRENZE, Subst.: In der Politik die imaginäre Linie zwischen zwei Nationen, welche die imaginären Rechte der einen von den imaginären Rechten der anderen trennt. Bei den Alten war Terminus der Gott der Grenzen, und es war Brauch, Büsten von ihm *(Termini)* als Grenzsteine aufzustellen. Dies kann deutlich vor Augen führen, wie der unwissende Strolch und der vornehme Ignoramus dazukommen, sich der gelehrten Sprache zu bedienen.

GROSSARTIG, Adj.: Von Größe oder Glanz, die allem überlegen sind, woran der Betrachter gewöhnt ist, wie die Eselsohren für ein Kaninchen oder die Herrlichkeit des Glühwürmchens für eine Made.

H

HAFEN, Subst.: Ein Platz, wo Schiffe, die vor Stürmen Schutz suchen, dem Ingrimm der Zollbehörden ausgesetzt sind.

HALBMOND, Subst.: Der Mond im frühen Stadium seines monatlichen Wachstums, wenn er für Einbrecher ein wenig zu hell und für Liebhaber ein wenig zu dunkel ist. Ein von Renatus von Anjou gestifteter Orden heißt Orden des Halbmonds, weil seine Mitglieder mondsüchtig sind. Die Dienste dieses Ordens für das politische Leben San Franciscos bestanden im Auslösen einer großen Untersuchung, um das Besoldungsgesetz durchzubringen.

HÄLFTE, Subst.: Einer von zwei gleichen Teilen, in die ein Ding geteilt oder als geteilt betrachtet werden kann. Im vierzehnten Jahrhundert kam es unter den Theologen und Philosophen zu einer erbitterten Auseinandersetzung darüber, ob Allwissenheit einen Gegenstand in drei Hälften teilen könne, und der fromme Pater Aldrovinus betete in der Kathedrale von Rouen öffentlich zu Gott, er möge die Richtigkeit dieser Annahme in außerordentlicher und unmißverständlicher Weise bezeugen, und insbesondere, (sofern es Ihm gefalle), an der Person des dreisten Gotteslästerers Manutius Procinus, welcher die Sache bestritt. Procinus blieb es jedoch erspart, am Biß einer Viper zu sterben.

HALSSTARRIG, Adj.: Eigensinniges Widerstreben, einen Weg einzuschlagen, von dem uns nichts abbringen kann.

HAMMER, Subst.: Werkzeug zum Zertrümmern des menschlichen Daumens – ein *malleus*, wie der Lateiner ihn besaß. Einer der alten Frankenkönige hieß Karl Martell, oder Karl der Hammer, weil er einschlug.

HAND, Subst.: Ein einzigartiges Werkzeug, das am Ende des menschlichen Armes getragen und gemeinhin in eines anderen Menschen Tasche gesteckt wird.

HANDLESEKUNST, Subst.: Die 947. Methode (nach Mimbleshaws Klassifizierung) des Gelderwerbs unter Vorspiegelung falscher Tatsachen. Sie besteht darin, in den Linien, die durch das Schließen der Hand erzeugt werden, den ›Charakter zu lesen‹. Die Vorspiegelung ist so ganz unrichtig nicht; tatsächlich kann der Charakter auf diese Weise sehr genau entschlüsselt werden, denn die Linien einer jeden sich darbietenden Hand ergeben schlicht das Wort ›Leichtgläubiger‹. Der Betrug besteht darin, daß es nicht laut gelesen wird.

HARMONITEN, Subst.: Eine inzwischen ausgestorbene Sekte von Protestanten, die zu Beginn des vergangenen Jahrhunderts aus Europa herüberkamen und durch die Verbitterung ihrer inneren Auseinandersetzungen und Meinungsverschiedenheiten von sich reden machten.

HASH, X.: Es gibt keine Erklärung für dieses Wort – niemand weiß, was Hash ist.

HÄSSLICHKEIT, Subst.: Ein Geschenk der Götter an bestimmte Frauen, das Demut ohne Erniedrigung nach sich zieht.

HAUPTSTADT, Subst.: Eine Bastion des Provinzialismus.

HAUS, Subst.: Ein hohles, dem Menschen, der Ratte, der Maus, dem Käfer, der Küchenschabe, der Fliege, dem Moskito, dem Floh, dem Bazillus und der Mikrobe als Wohnstatt errichtetes Bauwerk. *Besserungshaus,* eine Anstalt der Belohnung für politische und persönliche Dienste und zur Verwahrung von Missetätern und Geldzuwendungen. *Gotteshaus.* Ein Gebäude mit einem Turm und einer Hypothek. *Haushund,* eine lästige Kreatur, auf Grundstücken gehalten, um Passanten zu behelligen und dem beherzten Besucher Angst einzujagen. *Hausmädchen,* eine jüngere Person des anderen Geschlechts, die damit befaßt ist, an der Stätte, an der sie einzusetzen Gott gefallen hat, auf verschiedenartige Weise lästig und auf schlaue Art unsauber zu sein.

HEILIG, Adj.: Einem religiösen Zwecke gewidmet; göttlichen Charakter besitzend; feierliche Gedanken oder Emotionen erweckend wie der Dalai Lama von Tibet, der Moogum von M'bwango; der Affentempel auf Ceylon, die Kuh in Indien, das Krokodil, die Katze und die Zwiebel des alten Ägyptens, der Mufti von Moosh, das Haar jenes Hundes, der Noah biß usw.

> Jed' Ding ist heilig oder ist profan –
> An Heiligem verdient der Kirchenmann,
> Profanes ist dem Teufel untertan.
>
> *Dumbo Omohundro*

HEILIGER, Subst.: Ein toter Sünder, der neu durchgesehen und wieder herausgegeben wurde.

Die Herzogin von Orléans berichtet, daß der respektlose alte Verleumder, Marschall Villeroi, der in seiner Jugend mit St. François de Sales bekannt gewesen war, bei der Nachricht, man habe diesen heilig gesprochen, erklärte: »Ich bin entzückt zu hören, daß Monsieur de Sales ein Heiliger ist. Er sagte gern unziemliche Dinge und pflegte beim Kartenspiel zu betrügen. In anderer Hinsicht war er ein vollendeter Edelmann, obzwar ein Dummkopf.«

HEIM, Subst.: Stätte letzter Zuflucht – die ganze Nacht geöffnet.

HEIMWEHKRANK, Adj.: Im Ausland total pleite.

(SICH) HERAUSREDEN, Verb.: Zu sagen: ›Sie hat ausdrucksvolle Augen‹, wenn ein Freund fragt, ob man sein Mädchen für hübsch hält.

HERZ, Subst.: Eine automatische, muskulöse Blutpumpe. Bildlich gesprochen soll dieses nützliche Organ der Sitz von Empfindungen und Gefühlen sein – eine sehr hübsche Vorstellung, die indes weiter nichts ist als ein Überbleibsel einer einst weitverbreiteten Überzeugung. Inzwischen weiß man, daß Gefühle und Empfindungen ihren Sitz im Magen haben und durch chemische Einwirkung der Magensäfte der Nahrung entnommen werden. Der genaue Prozeß, durch den ein Beefsteak zu einem Gefühl wird – ob zart oder nicht, je nach Alter des Tieres, aus dem es herausgeschnitten wurde; die aufeinanderfolgenden Stufen der Verarbeitung, durch welche ein Kaviarsandwich in eine seltsame Vorstellung umgewandelt wird und als ein beißendes Epigramm wieder in Erscheinung tritt; die wundersamen funktionellen Methoden, ein hartgekochtes Ei in religiöse Bußfertigkeit zu verwandeln oder einen Sahnewindbeutel in einen Seufzer der Empfindsamkeit – alle diese Dinge sind beharrlich durch M. Pasteur ergründet und mit überzeugender Klarheit dargelegt worden. (Man vergleiche auch meine Monographie ›Die Wesensidentität geistiger Zuneigungen und gewisser Darmgase, die bei der Verdauung freigesetzt werden‹ – 4. Aufl., 687 S.). In einer meines Erachtens ›Delectatio Demonorum‹ betitelten wissenschaftlichen Abhandlung (John Camden Hotton, London 1873) wird diese Ansicht treffend beleuchtet; behufs weiterer Erleuchtung konsultiere man Professor Dams berühmtes Traktat über ›Liebe als Ergebnis ernährungsmäßiger Aufschließungsprozesse‹.

HEXEREI, Subst.: Der alte Prototyp und Vorläufer politischen Einflusses. Gleichwohl hielt man sie für weniger ehrenhaft und bestrafte sie zuweilen mit Folter und Tod. Augustine Nicholas berichtet, daß ein armer, der Hexerei bezichtigter Bauer der Folter unterworfen wurde, um ein Geständnis zu erzwingen. Nachdem er einige sanftere Qualen ertragen mußte, gestand der gepeinigte Tropf seine Schuld, fragte die Folterknechte jedoch voller Einfalt, ob es nicht möglich wäre, ein Hexenmeister zu sein, ohne es zu wissen.

HIMMEL, Subst.: Ein Ort, wo die Bösen dich nicht mehr mit Geschwätz über ihre persönlichen Angelegenheiten belästigen und die Guten aufmerksam lauschen, wenn du ihnen deine eigenen unterbreitest.

HISTORIKER, Subst.: Ein breit-ausuferndes Tratschmaul.

HOCHMÜTIG, Adj.: Arrogant und hochnäsig wie ein Kellner.

HOCHZEIT, Subst.: Eine Zeremonie, bei der zwei Personen versprechen, eine zu werden, eine verspricht, nichts zu werden, und Nichts verspricht, erträglich zu werden.

HÖFLICHKEIT, Subst.: Die annehmbarste Heuchelei.

HÖLLE, Subst.: Wohnsitz des verstorbenen Dr. Noah Webster, Wörterbuchverfasser.

HOMÖOPATH, Subst.: Der Humorist des medizinischen Gewerbes.

HUNGER, Subst.: Eine eigentümliche Krankheit, die Angehörige aller Stände befällt und gemeinhin durch Diät behandelt wird. Man hat beobachtet, daß sie bei denjenigen, die in schönen Häusern wohnen, in der harmlosesten Form auftritt. Diese Information mag für chronisch Leidende nützlich sein.

HYPOTHEK, Subst.: Etwas, das Eigentum wertlos macht, ohne seine Bezeichnung anzutasten. Das Recht eines anderen Kerls auf die Füllung deiner Pastete.

I

ICH, Pron.: Die wichtigste Person des Universums. (siehe UNS).

IDIOT, Subst.: Ein Mitglied eines großen und mächtigen Stammes, dessen Einfluß auf die Angelegenheiten der Menschen stets vorherrschend und richtungsweisend war. Die Aktivität des Idioten ist nicht auf irgendein spezielles Gebiet oder einen Bereich des Denkens oder Handelns begrenzt, sondern ›durchdringt und reguliert das Ganze‹.
Er hat in allen Dingen das letzte Wort; seine Entscheidung ist unanfechtbar. Er bestimmt die gängigen Meinungen und den Geschmack, diktiert die Grenzen öffentlicher Rede und schreibt die äußersten Grenzen für das Benehmen vor.

INTELLEKTUELL, Adj.: Beim ›Bulletin‹ in der Abteilung Kunst, Literatur und Landwirtschaft beschäftigt; wohnhaft in Boston; kurzsichtig.

INTERVIEW, Subst.: Im Journalismus ein Beichtstuhl, wo offenkundige Schamlosigkeit den Torheiten von Eitelkeit und Ehrgeiz ihr Ohr leiht.

INVASION, Subst.: Des Patrioten bewährteste Methode, seine Vaterlandsliebe zu bekunden.

IRREN, Verb: In einer Art und Weise denken oder handeln, die meinem Glauben und Tun zuwiderläuft.

IRRGLAUBE, Subst.: Die bedeutendste der großen Glaubenslehren der Welt.

J

JAHR, Subst.: Ein Zeitraum von dreihundertfünfundsechzig Enttäuschungen.

JAHRTAUSEND, Subst.: Ein Zeitraum von tausend Jahren, wenn der Deckel zugeschraubt werden soll, mit allen Reformern auf der Unterseite.

JOCH, Subst.: Ein Werkzeug, Madam, dessen lateinischem Ursprung, *jugum*, wir eines der erleuchtendsten Worte unserer Sprache verdanken – ein Wort, das den Zustand der Ehe mit Exaktheit, Präzision und Schärfe wiedergibt. Bitte tausendmal um Vergebung dafür, daß ich es vorenthalte.

JUGEND, Subst.: Die Zeit, da es möglich ist, daß Archimedes einen Hebepunkt findet, Kassandra eine Gefolgschaft hat und sieben Städte um die Ehre wetteifern, einen lebenden Homer zu fördern.

> Die Jugend ist die wahrhaft goldne Zeit, die
> Spanne unbegrenzter Möglichkeit, auf Disteln
> Feigen reifen, die Schweine tragen Pfeifen,
> Statt Borsten Seidenschleifen; von Gold ist
> Ihr Koben. Kommen Kühe geflogen und bringen
> Milch an jedes Dach. Und die Justiz ist immer
> Wach; der Meuchelmörder wird zum Geist, den
> Man ins tiefe Wasser schmeißt!
>
> *Polydore Smith*

JUPITER, Subst.: Ein mythisches Wesen, in dem Griechen und Römer lächerlicherweise den obersten Herrscher des Universums sahen – in Unkenntnis unserer heiligen Religion.

K

KAABA, Subst.: Ein großer Stein, den der Erzengel Gabriel dem Erzvater Abraham schenkte und der jetzt in Mekka aufbewahrt wird. Vielleicht hatte der Patriarch den Erzengel um Brot gebeten.

KABINETT, Subst.: Die Hauptpersonen, denen die Mißwirtschaft einer Regierung übertragen wird, wobei der Auftrag für gewöhnlich wohlbegründet ist.

KADETT, Subst.: Ein junger Gentleman beim Militär, der in zehn Jahren womöglich die Welt erschüttern und Nationen die Kehle durchschneiden wird.

KAHL, Adj.: Mangel an Haaren infolge Vererbung oder zufälliger Ursachen – niemals altersbedingt.

KALAMITÄT, Subst.: Ein höchst einfacher und unmißverständlicher Hinweis, daß die Dinge dieses Lebens nicht unserer eigenen Gewalt unterliegen. Es gibt zwei Arten von Kalamitäten: Unglück für uns und Glück für andere.

KAMEL, Subst.: Ein Vierbeiner (*Splaypes humpidorsus*) von großem Wert fürs Schaustellergewerbe. Es gibt zwei Arten von Kamelen – das eigentliche und das uneigentliche. Es ist stets das letztere, welches vorgeführt wird.

KÄNGURUH, Subst.: Eine unkonventionelle Tierart, die in ihrer Gestalt weiter als jede andere vom Quadrat ihrer Basis entfernt ist. Beim Springen bedient es sich seines Schwanzes (der eine sehr gute Suppe abgibt), und wenn es rein zufällig einmal über einen verdutzten Australier hergefallen ist, wird gewöhnlich festgestellt, daß dessen Haut vom Hals abwärts aufgeknöpft ist und er seine Därme in den Händen hält.

KARTESISCH, Adj.: Bezogen auf Descartes, einen namhaften Philosophen und Verfasser des berühmten Ausspruchs *Cogito ergo sum* – wobei er sich sehr darin gefiel, anzunehmen, er habe die Realität der menschlichen Existenz bewiesen. Der Ausspruch könnte jedoch auf folgende Weise berichtigt werden: *Cogito cogito ergo cogito sum* – ›Ich denke, daß ich denke, also denke ich, daß ich bin!‹, womit er sich der Gewißheit so weit nähert, wie dies ein Philosoph je getan hat.

KATECHISMUS, Subst.: Eine Art theologischer Rätsel, bei

denen universelle und ewige Zweifel durch begrenzte und vergängliche Antworten beseitigt werden.

KENNER, Subst.: Ein Spezialist, der alles über etwas weiß und nichts über alles andere.

Bei einem Eisenbahnunglück wurde ein alter Weinsüffel schwer verletzt. Man flößte ihm etwas Wein ein, um ihn wiederzubeleben. »Pauillac 1873«, murmelte er und starb.

KIND, Subst.: Ein zufälliges Ereignis, auf dessen Eintritt alle Kräfte und Vorkehrungen der Natur besonders eingerichtet und genauestens angepaßt sind.

KINDHEIT, Subst.: Jene Phase menschlichen Lebens, zwischen der Unwissenheit des Säuglings und der Torheit der Jugend – zwei Stufen von der Sünde des Erwachsenen und drei von der Reue des Alters entfernt.

KIRCHGEMEINDE, Subst.: Objekte eines Hypnoseexperiments.

KLIENT, Subst.: Eine Person, die zwischen den zwei Methoden, legal ausgeraubt zu werden, die übliche Wahl getroffen hat.

KLUB, Subst.: Eine Vereinigung von Männern zum Zwecke von Trinkgelagen, Völlerei, gottloser Fröhlichkeit, des Mordens, der Gotteslästerung und der Verleumdung von Müttern, Ehefrauen und Schwestern.

Für diese Definition bin ich mehreren schätzenswerten Damen verpflichtet, welche über beste Informationsquellen verfügen, da ihre Ehegatten Mitglieder verschiedener Klubs sind.

KOHL, Subst.: Ein wohlbekanntes Küchengemüse, etwa so groß und weise wie der Kopf eines Menschen.

Kohl, engl. *cabbage*, wird nach Cabagius benannt, einem Prinzen, welcher bei seiner Thronbesteigung einen Edikt erließ, wonach ein Hoher Reichsrat einzusetzen sei, bestehend aus den Mitgliedern des Ministeriums seines Vorgängers und den Kohlköpfen im königlichen Garten. Wann immer eine staatspolitische Maßnahme Seiner Majestät gründlich fehlschlug, wurde feierlich verkündet, einige Mitglieder des Hohen Rates seien enthauptet worden; so beschwichtigte er die murrenden Untertanen.

KOMMERZ, Subst.: Eine Art Transaktion, bei der A dem B

die Waren von C stiehlt, worauf B zum Ausgleich die Tasche des D um das Geld erleichtert, das E gehört.

KOMPLICE, Subst.: Dein Geschäftspartner.

KOMPLIMENT, Subst.: Eine Anleihe, die Zinsen bringt.

KOMPROMISS, Subst.: Ein solcher Ausgleich widerstreitender Interessen, der jedem Gegner die Befriedigung verschafft zu glauben, daß er bekommen hat, was er nicht haben sollte, und daß ihm nichts anderes genommen wurde als das, was ihm rechtermaßen zusteht.

KONKURRENT, Subst.: Ein Schurke, der auf dasselbe erpicht ist, worauf *wir* erpicht sind.

KONSERVATIVER, Subst.: Ein Staatsmann, der in die bestehenden Übel vernarrt ist, im Gegensatz zum Liberalen, welcher diese durch andere ersetzen will.

KONSULTIEREN, Verb: Die Zustimmung eines anderen zu einer Vorgehensweise erstreben, über die schon entschieden wurde.

KONVERSATION, Subst.: Eine Messe zum Ausstellen minderer geistiger Waren, wobei jeder Aussteller viel zu erpicht ist, die eigenen Waren feilzubieten, als daß er die seines Nachbarn wahrnehmen könnte.

KONZERT, Subst.: Eine Unterhaltung zur Einschüchterung des Babys durch stärkeres Geheul.

KORAN, Subst.: Ein Buch, nach der törichten Ansicht der Muselmanen kraft göttlicher Eingebung geschrieben, von dem die Christen indes wissen, daß es ein übler Schwindel ist und der Heiligen Schrift widerspricht.

KÖRPERSCHAFT, Subst.: Eine sinnreiche Einrichtung zur Erzielung persönlichen Vorteils ohne persönliche Verantwortung.

KÖRPERSCHAFTSBILDUNG, Subst.: Der Zusammenschluß mehrerer Personen zu einer Fiktion, genannt Körperschaft, damit sie nicht länger für ihre Handlungsweise verantwortlich sind. A, B und C stellen eine Körperschaft dar. A raubt, B stiehlt und C (es ist notwendig, daß wenigstens ein Gentleman an dem Geschäft beteiligt ist) betrügt. Es ist eine plündernde, stehlende und betrügende Vereinigung. Aber A, B und C, die jegliche Missetat dieser Körperschaft gemeinsam beschlossen und mehrfach ausgeführt haben, sind über jeden Tadel erhaben. Es ist falsch, sie beim Namen zu nennen, wenn man ihre Handlungsweise als Körperschaft verurteilt, richtig jedoch, wenn man sie lobpreist. Eine Körperschaft ist so etwas wie der Ring des Gyges, der den Segen der Unsichtbarkeit verleiht – sehr bequem für Schurken. Der Halunke, der die Körperschaft erfunden hat, ist tot – er hat sich aufgelöst.

KRANKENHAUS, Subst.: Ein Ort, wo dem Kranken gemeinhin zwei Formen der Behandlung zuteil werden – eine medizinische durch den Arzt und eine unmenschliche durch die Anstaltsleitung.

KRANKHEIT, Subst.: Stiftung der Natur für medizinische Schulen. Eine freigebige Einrichtung für den Lebensunterhalt von Leichenbestattern. Ein Mittel, die ehrwürdigen Grabwürmer mit Fleisch zu versorgen, das nicht zu trocken und zäh ist fürs Tunnelbohren und -stopfen.

KRIEG, Subst.: Nebenprodukt der Kunst des Friedens. Die bedrohlichste politische Lage ist eine Zeitspanne internationaler Freundschaft. Der Geschichtsstudent, den man nicht gelehrt hat, das Unerwartete zu erwarten, könnte sich mit Recht brüsten, für Erleuchtung unzugänglich zu sein. ›In Friedenszeiten rüste dich für den Krieg‹ hat eine tiefere Bedeutung, als gemeinhin angenommen wird; es bedeutet nicht nur, daß alle irdischen Dinge ein Ende haben – daß die Veränderung das einzige unveränderliche und ewige Gesetz ist –, sondern daß der Boden des Friedens reich bestellt ist mit der Saat des Krieges und für ihr Keimen und Wachstum ausnehmend gut geeignet. Als Kubla Khan sein ›stolzes Freudenschloß‹ geschaffen hatte – also zu Zeiten des Friedens und üppiger Gelage in Xanadu

> drang an Kublas Ohr
> Krieg prophezeiend seiner Ahnen Chor.

Einer der größten Dichter, Coleridge, war auch einer der weisesten Männer, und es geschah nicht ohne Grund, daß er uns dieses Gleichnis lehrte. Laßt uns etwas weniger ›die Hände reichen über das Meer‹ und ein wenig mehr von jenem elementaren Mißtrauen bewahren, welches die Sicherheit der Nationen verkörpert. Der Krieg kommt gern wie ein Dieb bei Nacht; Beteuerungen ewiger Freundschaft schaffen diese Nacht.

KÜHNHEIT, Subst.: Eine der augenfälligsten Eigenschaften eines Menschen außerhalb jeder Gefahr.

KUMMER, Subst.: Ein Akklimatisierungsprozeß, der die Seele auf eine andere und bessere Welt vorbereitet.

KÜRZUNG, Subst.: Knappe Zusammenfassung des literarischen Werkes einer Person, wobei jene Teile, die den Überzeugungen des Kürzenden zuwiderlaufen, aus Raummangel ausgespart werden.

KUTSCHE, Subst.: Fahrbares Folterinstrument, in dem man von einem Piraten auf Umwegen an den falschen Ort gebracht wird, um dort von ihm ausgeraubt zu werden.

L

LAND, Subst.: Ein Teil der Erdoberfläche, der als Eigentum betrachtet wird. Die Theorie, Land sei dem privaten Besitz und privater Kontrolle unterliegendes Eigentum, stellt die Grundlage der modernen Gesellschaft dar und ist ihres Überbaus ganz besonders würdig. Logischerweise ergibt sich daraus, daß einige das Recht haben, andere am Leben zu hindern; denn das Recht zu besitzen schließt das ausschließliche Recht zu besetzen ein; und in der Tat sind Gesetze gegen widerrechtliches Betreten überall dort wirksam, wo Eigentum an Land anerkannt wird. Daraus folgt, daß, falls das ganze Gebiet der *terra firma* sich im Besitz von A, B und C befindet, es für D, E, F und G keinen Platz gibt, um geboren zu werden oder, falls sie als Gesetzesbrecher auf die Welt kommen, zu existieren.

> Ein Leben auf weiten Meeren,
>   Ein Heim überm brodelnden Grab!
> Hier kann keiner das Recht mir verwehren
>   Auf den Funken, den Gott mir gab.
>
> Wann immer an Land ich geh,
>   Macht die neunschwänzge Katze mir Qual.
> Oha denn! blitzende See –
>   Hier bin ich ein Großadmiral!
>
>   *Dodle*

LANGLEBIGKEIT, Subst.: Die ungewöhnlich lange Ausdehnung der Furcht vor dem Tode.

LANGWEILER, Subst.: Eine Person, die redet, wenn man sie lieber zuhören sähe.

LAOKOON, Subst.: Eine berühmte antike Skulptur, die einen Priester dieses Namens und seine zwei Söhne in den Schlingen zweier riesiger Schlangen darstellt. Das Geschick und die emsige Sorgfalt, mit der der alte Mann und die zwei Burschen die Schlangen unterstützen und ihnen bei ihrem Geschäft behilflich sind, werden zu Recht als eine der erhabensten künstlerischen Darstellungen der Überlegenheit menschlicher Intelligenz über tierische Trägheit angesehen.

LÄRM, Subst.: Ein übler Geruch im Ohr. Ungezähmte Musik. Das Hauptprodukt und Beglaubigungsmerkmal der Zivilisation.

LEICHENBESCHAUER, Subst.: (lat. *corona* – die Krone; die engl. Aussprache von *crowner* ist deshalb legitim). Ein kommunaler Beamter, dem es obliegt, die Unglückseligen aufzuschneiden, um nachzusehen, ob sie tot sind. Sie sind es immer.

LEXIKOGRAPH, Subst.: Ein lästiger Bursche, der unter dem Vorwand, eine bestimmte Entwicklungsstufe einer Sprache festhalten zu wollen, nach Kräften bemüht ist, ihre Entwicklung zu hemmen, ihre Flexibilität zu beseitigen und ihre Methoden zu mechanisieren. So ein Lexikograph, der sein Wörterbuch geschrieben hat, gilt allgemein als ›Autorität‹, während seine Funktion nur darin besteht, eine Bestandsaufnahme zu liefern, und nicht, ein Gesetz zu erlassen. Die natürliche Knechtsgesinnung menschlicher Geisteshaltung, die ihn mit Gesetzeskraft ausgestattet hat, entäußert sich ihres Rechts auf Verstand und unterwirft sich einer Chronik, als wäre sie ein Götzenbild. Laßt das Wörterbuch (zum Beispiel) ein gutes Wort als ›veraltet‹ oder ›veraltend‹ bezeichnen, und fortan werden es nur noch wenige Leute zu benutzen wagen, sosehr sie seiner auch bedürften und so wünschenswert es wäre, seine Wiederbelebung zu fördern – wodurch der Prozeß der Verarmung beschleunigt wird und die Sprache verfällt. Im Gegenteil, der mutige und scharfsichtige Schreiber, der in Erkenntnis der Wahrheit, daß eine Sprache, wenn überhaupt, nur durch

Erneuerung wachsen kann, neue Worte prägt und die alten in einem ungewöhnlichen Sinn gebraucht, findet keine Mitstreiter und wird streng darauf hingewiesen, daß ›es nicht im Wörterbuch steht‹ – obwohl seit der Zeit des ersten Lexikographen (Der Himmel vergebe ihm!) kein Autor jemals ein Wort benutzt hat, das *nicht* im Wörterbuch stand. In der Blütezeit und auf dem Höhepunkt der englischen Sprache, als von den Lippen der großen Elisabethaner Wörter kamen, die ihren eigenen Sinn mitbrachten und schon mit dem bloßen Klang vermittelten; als ein Shakespeare und ein Bacon möglich waren und dieselbe Sprache, die jetzt an einem Ende so schnell verfällt und sich am anderen nur mählich erneuert, ein kraftvolles Wachstum zeigte und kühne Überlebensfähigkeit – süßer als Honig und stärker als eine Löwe –, war der Lexikograph unbekannt und das Wörterbuch eine Schöpfung, die zu schaffen sein Schöpfer ihn nicht geschaffen hatte.

Gott sprach: »So laßt die Form den Geist ersticken!«
Lexikographen schwärmten aus wie Mücken!
Das Denken floh, nur seine Kleider blieben
Und wurden alle in ein Buch geschrieben.
Des Flüchtlings Ruf tönt hoch vom Baum hernieder:
»Gebt mir die Kleider, und ich komme wieder.«
Sie sehn die Liste durch und sagen dreist:
»Fast alle aus der Mode – du verzeihst.«

Sigismund Smith

LIEBESWERBEN, Subst.: Das zaghafte Nippen zweier durstiger Seelen an einem Pokal, den beide leicht leeren, jedoch nicht wieder füllen können.

LIEBLING, Subst.: Lästiger Mensch des jeweils anderen Geschlechts im frühen Entwicklungsstadium.

LIGA, Subst.: Eine Vereinigung von zwei oder mehreren Parteien, Fraktionen oder Gesellschaften, um einem bestimmten, für gewöhnlich ruchlosen Zweck förderlich zu sein.

LINGUIST, Subst.: Jemand, der in den Sprachen anderer bewanderter ist als verständig in der eigenen.

LOBPREISUNG, Subst.: Das Rühmen einer Person, die entweder die Vorzüge von Reichtum und Macht genießt oder so rücksichtsvoll ist, schon tot zu sein.

LOGIK, Subst.: Die Kunst, in strikter Übereinstimmung mit den Grenzen und Mängeln menschlichen Mißverstehens zu denken und zu urteilen. Die Grundlage der Logik ist der Syllogismus, der aus einem Ober- und Untersatz und einem Schluß besteht, wie:

Obersatz: Sechzig Männer können eine bestimmte Arbeit sechzigmal so schnell verrichten wie ein Mann.

Untersatz: Ein Mann kann ein Loch für einen Pfosten in sechzig Sekunden graben, deshalb –

Schluß: Sechzig Männer können ein Loch für einen Pfosten in einer Sekunde graben.

Dies wäre als arithmetischer Syllogismus zu bezeichnen, bei dem wir durch Verbindung von Logik und Mathematik doppelte Gewißheit erlangen und zweifach gesegnet sind.

LORBEER, Subst.: Der *laurus*, eine dem Apollon gewidmete Pflanze, früher der Blätter beraubt, um damit die Stirn von Siegern und solchen Dichtern zu umkränzen, die Einfluß bei Hofe hatten. (*Vide Supra*).

LORBEERGEKRÖNT, Adj.: Umkränzt mit Lorbeerblättern. In England ist der *Poeta laureatus* ein Beamter am Hof des Souveräns und tritt bei jeder königlichen Festlichkeit als tanzendes Skelett und bei jeglicher königlichen Bestattung als singender Statist auf. Von allen Inhabern jenes hohen Amtes beherrschte Robert Southey am meisterhaftesten den berühmten Trick, den Samson mittels öffentlicher Fröhlichkeit zu betäuben und ihm das Haar bis auf die Haut abzuschneiden; auch besaß er ein künstlerisches Farbempfinden, das ihn befähigte, ein öffentliches Malheur so schwarz zu malen, daß er ihm den Anschein eines nationalen Verbrechens verlieh.

LUFT, Subst.: Nahrungsmittel, das von der Vorsehung zum Mästen der Armen großzügig zur Verfügung gestellt wird.

LÜGE, Subst.: Eine Wahrheit, der die Fakten so frei angepaßt sind, daß sich eine unvollkommene Übereinstimmung ergibt.

LÜGNER, Subst.: Ein Rechtsbeistand mit unsteter Berufsausübung; ein Journalist jeglichen Betätigungsbereichs, Standes oder Gewerbes. Siehe PREDIGER.

M

MÄANDER, Subst.: Gewunden und ziellos vorgehen. Das Wort ist der alte Name eines Flusses etwa einhundertundfünfzig Meilen südlich von Troja, der sich wand und schlängelte im Bemühen, außer Hörweite zu gelangen, als Griechen und Trojaner sich mit ihrer Tapferkeit brüsteten.

MAGIE, Subst.: Die Kunst, Aberglauben in gutes Geld umzumünzen. Es gibt andere Künste, die demselben erhabenen Ziel dienen, aber der diskrete Lexikograph nennt sie nicht.

MAGNET, Subst.: Etwas, auf das Magnetismus einwirkt.

MAGNETISMUS, Subst.: Etwas, das auf einen Magneten einwirkt.

MAKKARONI, Subst.: Ein italienisches Nahrungsmittel in Form einer dünnen, hohlen Röhre. Diese besteht aus zwei Teilen – der Rohrhülle und dem Loch, wobei letzteres der Teil ist, der verdaut.

MALEREI, Subst.: Die Kunst, leere Flächen gegen Witterungseinflüsse zu schützen und sie der Kritik auszusetzen.
Früher verbanden sich Malerei und Bildhauerei zu ein und demselben Werk. Die Alten bemalten ihre Statuen. Heutzutage besteht die einzige Verbindung zwischen den beiden Künsten darin, daß der moderne Maler seinen Auftraggeber übers Ohr haut.

MALTHUSIANISCH, Adj.: Malthus und seinen Lehren anhängend. Malthus glaubte an die künstliche Begrenzung der Bevölkerung, erkannte jedoch, daß diese nicht durch Reden zu erreichen sei. Einer der praktischsten Verfechter malthusianischer Ideen war Herodes von Judäa, gleichwohl sind all die berühmten Soldaten von gleicher Sinnesart gewesen.

MAMMON, Subst.: Der Gott der führenden Weltreligion. Sein Haupttempel befindet sich in der heiligen Stadt New York.

> Religionen, so schwor er, sein Märchen von Ammen,
> Und verschliß seine Knie im Kulte des Mammon.
>
> *Jared Oopf*

MÄNNCHEN, Subst.: Angehöriger des unbeachteten oder vernachlässigungswerten Geschlechts. Das Männchen der menschlichen Rasse ist (dem Weibchen) gemeinhin bloß als Mann bekannt. Die Gattung tritt in zwei Varianten auf: als gute Ernährer und als schlechte.

MÄRTYRER, Subst.: Jemand, der dem Weg des geringsten Widerstandes folgend dem ersehnten Tod entgegengeht.

MASSE, Subst.: Eine Menschenmenge; die Quelle politischer Weisheit und Tugend. In einer Republik Objekt der Anbetung des Staatsmannes. ›Die Weisheit liegt in einer Masse von Ratgebern‹, lautet ein Sprichwort. Wenn viele Menschen gleicher individueller Weisheit weiser sind als jeder einzelne von ihnen, dann muß es so sein, daß sie allein durch den Akt des Sichzusammenscharens ein Übermaß an Weisheit erlangen. Woher kommt sie dann? Offensichtlich von nirgendwo – ebensogut könnte man sagen, daß eine Bergkette höher ist als die einzelnen Berge, aus denen sie besteht. Eine Masse ist so weise wie das weiseste ihrer Mitglieder, sofern sie ihm Gehör schenkt; wenn nicht, ist sie nicht weiser als ihr törichtestes.

MAULESEL, Subst.: Nachträglicher Einfall der Vorsehung; ein Tier, das Adam nicht mit Namen versah.

MAUSOLEUM, Subst.: Die allerletzte und drolligste Narretei der Reichen.

MAYONNAISE, Subst.: Eine der Soßen, die den Franzosen als Staatsreligion dienen.

MEDAILLE, Subst.: Eine kleine Metallscheibe, die als Belohnung für mehr oder weniger verbürgte Tugenden, Leistungen oder Dienste verliehen wird.

Bismarck wird nachgesagt, er erhielt einst eine Medaille, weil er todesmutig einen Ertrinkenden gerettet hatte, und soll auf die Frage nach der Bedeutung der Auszeichnung geantwortet haben: »Ich rette manchmal Menschenleben.« Manchmal tat er's auch nicht.

MEIN, Poss.pron.: Mir gehörig, sofern ich es festhalten oder ergreifen kann.

MENSCH, Subst.: Ein Lebewesen, dermaßen verloren in verzückte Betrachtungen dessen, was es zu sein glaubt, daß es völlig übersieht, was es zweifellos sein sollte. Seine Hauptbeschäftigung ist die Ausrottung anderer Lebewesen und seinesgleichen, indes sich seine Art mit solch hartnäckiger

Schnelligkeit vermehrt, daß sie die gesamte bewohnbare Erde
und Kanada unsicher macht.

> Als Welt und Mensch noch neu und jung
>   Und alles eitel Freude,
> Lief durch die Schöpfung noch kein Sprung,
>   Gleich waren alle Leute.
>   Wie anders ist das heute.
> In unserer Republik jedoch
>   Gilt noch der alte Brauch:
> Nur Könige! – ist auch manch Loch
>   Im Kleid und leer der Bauch.
> Doch gleichermaßen jede Stimme zählt,
> Wenn die Gefolgschaft den Tyrannen wählt.
>
> Ein Bürger, den's zur Wahl nicht zog,
>   Der kam in Acht und Bann;
> Es zog ihm den geteerten Rock
>   (Mit vielen Federn) an
>   Der Patriotenclan.
> Es schrie der Mob: »Du hast die Pflicht,
>   Die Stimme abzugeben
> Für den Mann deiner Wahl. »Er verbeugte sich
>   schlicht:
>   »Das ist mein Dilemma eben:
> Ich hätte ihn mit Freuden ja gewählt,
> Doch grade der war gar nicht aufgestellt.«

Apperton Duke

(freier) MITARBEITER, Subst.: Im Zeitungswesen ein Förderer des Papierkorbs, der die Verleger ständig mit einem Vorrat an Briefmarken versieht, welche er fürsorglich zum Zurück-
senden seiner abgewiesenen Gunstbezeugungen beifügt.

MÖGLICH, Adv.: Alles für den, der Geduld hat – und Geld.

MOLEKÜL, Subst.: Die letzte, unteilbare Einheit der Materie. Sie unterscheidet sich von dem Elementarteilchen, ebenfalls der letzten, unteilbaren Einheit der Materie, dadurch,
daß sie mehr dem Atom ähnelt, gleichfalls der letzten, un-

teilbaren Einheit der Materie. Die drei großen wissenschaftlichen Theorien von der Struktur des Universums sind die Molekular-, die Elementarteilchen- und die Atomtheorie. Eine vierte verkündet nach Haeckel die Verdichtung oder den Niederschlag der Materie aus Äther – dessen Existenz bewiesen wird durch Verdichtung oder Niederschlag. Der gegenwärtige Trend wissenschaftlichen Denkens geht in Richtung der Ionentheorie. Das Ion unterscheidet sich von dem Molekül, dem Elementarteilchen und dem Atom dadurch, daß es ein Ion ist. Idioten halten an einer fünften Theorie fest, aber es ist zweifelhaft, ob sie mehr von der Materie verstehen als die anderen.

MONADE, Subst.: Die letzte, unteilbare Einheit der Materie (siehe MOLEKÜL). Nach Leibniz hat die Monade so genau, wie er willens zu sein scheint, sich uns verständlich zu machen, einen Körper ohne Masse und einen Geist, der sich nicht darstellt – Leibniz kennt ihn durch die angeborene Kraft der Betrachtung. Er hat eine Theorie des Universums darauf begründet, welche dieses Geschöpf ohne Widerstreben trägt, denn die Monade ist ein Gentleman. So klein sie auch ist, sie enthält alle Kräfte und Möglichkeiten, die sie für ihre Entwicklung zu einem erstklassigen deutschen Philosophen braucht – sie ist allgemein ein sehr fähiger kleiner Bursche. Man sollte sie nicht mit der Mikrobe oder dem Bazillus verwechseln; ein gutes Mikroskop zeigt sie infolge seiner Unfähigkeit, sie kenntlich zu machen, als einer ganz anderen Gattung zugehörig.

MONARCH, Subst.: Eine Person, die mit dem Regieren befaßt ist. Früher herrschte der Monarch, wie die Ableitung des Wortes bezeugt und wie viele Untertanen Gelegenheit hatten zu erfahren. In Rußland und im Orient hat der Monarch noch beträchtlichen Einfluß bei öffentlichen Angelegenheiten und hinsichtlich der Befindlichkeit des menschlichen Kopfes, aber in Westeuropa liegt die politische Administration meist in den Händen seiner Minister, da der Monarch in gewisser Weise völlig mit Überlegungen hinsichtlich des Status des eigenen Kopfes beschäftigt ist.

MORALISCH, Adj.: Mit den örtlichen und veränderlichen Rechtsbegriffen übereinstimmend. Die Eigenschaft allgemeiner Zweckdienlichkeit besitzend.

MORGANATISCH, Adj.: Eine Art Ehe zwischen einem Mann in bedeutender Position und einer Frau niederen Standes, wobei die Ehefrau lediglich einen Gatten erhält und nicht einmal viel davon. Von Morgan (J.P.), ein Finanzwesen, bei Transaktionen mit welchem niemand etwas bekommt.

MORGEN, Subst.: Der Tag der guten Taten und eines erneuerten Lebens. Der Beginn der Glückseligkeit (siehe MORGEN, wenn wir dorthin kommen).

MORGENGRAUEN, Subst.: Die Zeit, in der vernünftige Leute zu Bett gehen. Gewisse alte Männer ziehen es vor, zu dieser Zeit aufzustehen, ein kaltes Bad zu nehmen und sich mit leerem Magen auf einen langen Spaziergang zu begeben oder das Fleisch auf andere Weise zu kasteien. Sie verweisen später stolz auf diese Praktiken als die Ursache ihrer kernigen Gesundheit und hohen Alters; die Wahrheit jedoch ist, daß sie nicht wegen ihrer Gewohnheiten so gesund und alt sind, sondern trotz derer. Der Grund, daß wir nur robuste Personen dergleichen Dinge tun sehen, ist, daß alle anderen schon dahingerafft wurden, die es versucht haben.

MOTIV, Subst.: Ein geistiger Wolf in moralischem Pelz.

MULATTE, Subst.: Ein Kind zweier Rassen, das sich beider schämt.

MUND, Subst.: Beim Mann die Pforte zur Seele; bei der Frau das Ventil des Herzens.

MÜSSIGGANG, Subst.: Eine Modellfarm, wo der Teufel mit den Samen neuer Sünden experimentiert und das Wachstum marktgängiger Laster fördert.

MUSTANG, Subst.: Ein ungelehriges Pferd aus den Prärien im Westen. In der englischen Gesellschaft die amerikanische Gattin eines englischen Edelmannes.

MYTHOLOGIE, Subst.: Kernstück des Glaubens eines primitiven Volkes hinsichtlich seines Ursprungs, seiner frühen Geschichte, seiner Helden, Gottheiten und so weiter, im Unterschied zu den wahren Berichten, die es später erfindet.

N

NACHRICHTEN, Subst.: Eine vollständige Aufzählung aller Morde, Gewalttaten und anderer abscheulicher Verbrechen, die allerorten stattfinden und täglich zur Besserung der Welt im allgemeinen durch eine Associated Press verbreitet werden.

NÄCHSTE, Subst.: Einer, den man uns lieben heißt wie uns selbst und der es nur darauf anlegt, uns diesem Gebot zuwiderhandeln zu lassen.

NACHWELT, Subst.: Eine Rasse, die den Hafer ernten wird, der die Welt jetzt sticht.

NARR, Subst.: Eine Person, die in den Herrschaftsbereich intellektueller Überlegung eindringt und sich über Kanäle moralischer Aktivität verbreitet. Der Narr vermag alles, erscheint in allen Gestalten, nimmt alles wahr, weiß alles und ist allmächtig. Er war es, der die Buchstaben, den Buchdruck, die Eisenbahn, das Dampfschiff, den Telegraphen, die Platitüde und den Kreis der Wissenschaften erfand. Er schuf den Patriotismus und lehrte die Nationen den Krieg, er begründete die Theologie, die Philosophie, die Jurisprudenz, die Medizin und Chicago. Er errichtete monarchistische und republikanische Staatswesen. Er währet seit Urzeiten bis in alle Ewigkeit – wie er der Schöpfung Anbeginn jetzt närret. In der Morgenstunde der Zeit sang er auf Hügeln von Urgestein, und zur Mittagszeit alles Bestehenden führte er die Prozession allen Seins an. Seine großmütterliche Hand hat die untergegangene Sonne der Zivilisation liebevoll eingehüllt, und in der Dämmerstunde bereitet er des Menschen Abendmahl aus Milch und Moral und senkt die Deckel auf das universelle Grab. Und wenn der Rest von uns sich zur Nacht des ewigen Vergessens zurückgezogen hat, wird er sich niedersetzen, um eine Geschichte der menschlichen Zivilisation zu schreiben.

NASE, Subst.: Ein Vorsprung im menschlichen Gesicht, der zwischen den Augen beginnt und zumeist in den Angelegenheiten eines anderen endet.

NEGLIGÉ, Subst.: Empfangsbekleidung für intime Freunde, je nach geographischer Lage verschieden. In Borrioboola Gha

z. B. ist es ein rotgelber Farbstrich über den Brustkorb. In San Francisco sind es perlenbesetzte Ohrringe und ein Lächeln.

NEUGIER, Subst.: Eine tadelnswerte Eigenschaft des weiblichen Herzens. Der Wunsch, herauszufinden, ob eine Frau von Neugier geplagt wird oder nicht, stellt eine der brennendsten und unersättlichsten Leidenschaften der maskulinen Seele dar.

NEWTONISCH, Adj.: Der von Newton erfundenen Philosophie über das Universum verfallen. Dieser entdeckte, daß ein Apfel zu Boden fällt, konnte aber nicht erklären, warum. Seine Nachfolger und Schüler sind so weit fortgeschritten, daß sie sagen können, wann.

NIEDERTRÄCHTIG, Adj.: Typischer Charakter des Motivs eines Rivalen.

NONSENS, Subst.: Die Einwände, die gegen dieses ausgezeichnete Wörterbuch erhoben werden.

NOTSTAND, Subst.: Des Weisen Gelegenheit und des Toren Waterloo. Ein Zustand der Dinge, der von einem erfordert, wie ein Mühlbach zu denken, wie ein Idiot dreinzuschaun und wie ein Erdbeben zu handeln.

NOUMENON, Subst.: Das, was existiert, im Unterschied zu dem, was nur zu existieren scheint. Letzteres ist ein Phänomen. Das Noumenon ist ein bißchen schwierig einzuordnen; es kann nur durch einen Prozeß des Überlegens begriffen werden – was wiederum ein Phänomen darstellt. Dessenungeachtet bietet die Entdeckung und Erklärung von Noumena ein weites Feld für das, was Lewes die ›endlose Vielfalt und den Reiz des philosophischen Gedankens‹ nennt. Ein Hurra (deshalb) dem Noumenon!

NOVEMBER, Subst.: Das elfte Zwölftel einer Ermüdung.

O

OBSERVATORIUM, Subst.: Ein Ort, wo die Astronomen die Vermutungen ihrer Vorgänger hinwegbeschwören.

OBSZÖNITÄT, Subst.: Eine gewisse literarische Qualität, wie sie häufig in populären Romanen zu finden ist, besonders in solchen, die von Frauen und jungen Mädchen verfaßt werden, welche ihr einen anderen Namen geben und glauben, durch Einführung der Obszönität ein vernachlässigtes Gebiet der Literatur in Besitz zu nehmen und eine bislang übersehene Ernte einzubringen. Wenn sie das Unglück ereilen sollte, lange genug zu leben, quält sie der Wunsch, ihre Papierbündel zu verbrennen.

OFFENBARUNG, Subst.: Ein berühmtes Buch, in dem der heilige Johannes alles verbarg, was er wußte. Das Offenbaren wird von Kommentatoren übernommen, die von nichts wissen.

ÖFFENTLICHKEIT, Subst.: Der zu vernachlässigende Faktor bei Fragen der Gesetzgebung.

OKZIDENT, Subst.: Jener Teil der Welt, der westlich (oder östlich) des Orients liegt. Er wird hauptsächlich von Christen bevölkert, einem mächtigen Unterstamm der Heuchler, deren Hauptbeschäftigung im Morden und Betrügen besteht, wobei sie sich darin gefallen, diese als ›Krieg‹ und ›Handel‹ zu bezeichnen. Beides sind auch die Hauptbeschäftigungen des Orients.

OLYMPISCH, Adj.: Bezieht sich auf einen Berg in Thessalien, einst von Göttern bewohnt, nun eine Ruhestätte für vergilbtes Zeitungspapier, Bierflaschen und zerbeulte Sardinenbüchsen was die Anwesenheit des Touristen und seines Appetits bezeugt.

> Touristen kritzeln auf die Wand,
> Wo einst Minervas Tempel stand;
> Ihr Ungeschmack den Ort markiert,
> Wo donnernd Vater Zeus regiert'.
>
> *Averil Joop*

OMEN, Subst.: *Ein Zeichen, daß etwas geschehen wird, falls nichts geschieht.*

OPER, Subst.: Ein Bühnenstück, welches das Leben in einer anderen Welt darstellt, deren Bewohner sich nicht der Sprache bedienen, sondern des Gesangs, nicht der Bewegung, sondern der Gestik, und die keine bestimmte Haltung einnehmen, sondern sich in Positur stellen. Alles Schauspielen ist Simulieren, und das Wort *simulieren* kommt von *simia*, einer Affenart; der Operndarsteller nimmt sich jedoch *Simia audibilis* (oder *Pithecanthropos stentor*) zum Vorbild – den Affen, der heult.

Im Schauspiel werden Menschen nachgeschaffen;
Der Opersänger simuliert den Affen.

OPTIMISMUS, Subst.: Die Doktrin oder der Glaube, daß
alles schön ist, einschließlich dessen, was häßlich ist; daß alles
gut ist, besonders das Böse, und daß alles richtig ist, was falsch
ist. Am hartnäckigsten halten diejenigen daran fest, die am besten an das Mißgeschick gewöhnt sind, in Trübsal zu verfallen,
und er wird üblicherweise mit dem Grinsen dargetan, welches
die Affen ziert. Da es sich um einen blinden Glauben handelt,
ist er unempfänglich für das Licht der Widerlegung – eine intellektuelle Krankheit, auf die keine Behandlung anschlägt außer
dem Tod. Er ist vererbbar, glücklicherweise jedoch nicht ansteckend.

OPTIMIST, Subst.: Vertreter der Lehre, daß Schwarz Weiß
ist.

Ein Pessimist wandte sich hilfeheischend an Gott.

»Aha, du möchtest also, daß ich dir wieder zu Hoffnung und
Fröhlichkeit verhelfe«, sagte Gott.

»Nein«, erwiderte der Bittsteller. »Ich wünschte, du
schüfest etwas, daß sie rechtfertigen würde.«

»Die Welt ist schon vollständig erschaffen«, sagte Gott.

»Aber du hast etwas übersehen: die Sterblichkeit des
Optimisten.«

ORTHODOXER, Subst.: Ein Ochse, der das volkstümliche
religiöse Joch trägt.

OZEAN, Subst.: Eine Wassermenge, etwa zwei Drittel der
Welt bedeckend, die für den Menschen geschaffen wurde – der
keine Kiemen besitzt.

P

PALAST, Subst.: Die schöne und prunkvolle Residenz insbesondere eines hochrangigen Beamten. Die Residenz eines hohen
Würdenträgers der christlichen Kirche wird als Palast bezeichnet; die des Begründers seiner Religion war bekanntermaßen
ein Feld oder ein Straßenrand. Darin liegt der Fortschritt.

PANDÄMONIUM, Subst.: Wortwörtlich der Ort aller Dämonen. Die meisten haben sich in die Politik und ins Finanzwesen zurückgezogen, so daß dieser Ort jetzt dem Hörbaren Reformer als Hörsaal dient. Wenn seine Stimme die alten Echos aufstört, schreien sie angemessene Antworten, die seine erhabene Würde in höchstem Maße zufriedenstellen.

PANTHEISMUS, Subst.: Die Lehre, wonach alles Gott ist, im Gegensatz zu der Lehre, wonach Gott alles ist.

PANTOMIME, Subst.: Ein Spiel, bei dem eine Geschichte erzählt wird, ohne der Sprache Gewalt anzutun. Die am wenigsten unangenehme Form dramatischer Handlung.

PAPS, Subst.: Ein Vater, den seine mißratenen Kinder nicht achten.

PATRIOT, Subst.: Jemand, für den die Interessen eines Teils die des Ganzen zu überwiegen scheinen. Die Schimäre der Staatsmänner und das Werkzeug der Eroberer.

PATRIOTISMUS, Subst.: Brennbarer Plunder, geeignet für die Fackel eines jeden, der darauf erpicht ist, seinen Namen zu beleuchten.

In Dr. Johnsons berühmten Wörterbuch wird der Patriotismus als die letzte Zuflucht eines Schurken definiert. Bei allem schuldigen Respekt für einen aufgeklärten, aber unbedeutenderen Lexikographen bitte ich einzuräumen, daß es die erste ist.

PERIPATETISCH, Adj.: Bezieht sich auf die Philosophie Aristoteles', der während ihrer Darlegung ständig von einer Stelle zur anderen wanderte, um Einwände seiner Schüler zu umgehen. Eine unnötige Vorsichtsmaßnahme – sie wußten von dieser Sache nicht mehr als er.

PESSIMISMUS, Subst.: Eine Philosophie, die den Überzeugungen des Beobachters aufgezwungen wird durch die entmutigende Vorherrschaft des Optimisten mit seiner schrecklichen Hoffnung und seinem häßlichen Grinsen.

PFLUG, Subst.: Ein Werkzeug, das laut nach Händen schreit, die an die Feder gewöhnt sind.

PHILOSOPHIE, Subst.: Ein Weg, den viele Straßen nehmen, die aus dem Nirgends ins Nichts führen.

PIANO, Subst.: Ein Wohnzimmerutensil zur Besänftigung des unbotmäßigen Besuchers. Es wird betätigt, indem man die Tasten seines Mechanismus niederdrückt und die Stimmung der Zuhörer.

PIRATERIE, Subst.: Der Handel seiner albernen Hüllen entledigt, geradeso, wie Gott ihn schuf.

PLAGIATENTUM, Subst.: Ein zufälliges literarisches Zusammentreffen, bestehend aus einem fragwürdigen Vorangehen und einer rühmenswerten Nachfolge.

PLANEN, Verb: Sich den Kopf zerbrechen über die beste Methode, ein zufälliges Ergebnis zu erzielen.

PLUNDER, Subst.: Wertlose Dinge wie die Religionen, Philosophien, Literaturen, Künste und Wissenschaften der Stämme, welche die genau südlich von Boreablas liegenden Gebiete unsicher machen.

PLUTOKRATIE, Subst.: Eine republikanische Regierungsform, die ihre Stärke aus der Einbildung der Regierten ableitet – welche da glauben, daß sie regieren.

POLITIK (I), Subst.: Eine vom heruntergekommeneren Teil unserer kriminellen Schichten bevorzugte Methode zur Sicherung des Lebensunterhalts.

POLITIK (II), Subst.: Ein Streit von Interessen, der sich als ein Wettkampf von Prinzipien maskiert. Die Leitung öffentlicher Angelegenheiten zu privatem Vorteil.

POLITIKER, Subst.: Ein Aal im Bodenschlamm, aus dem sich der Überbau der organisierten Gesellschaft erhebt. Wenn er sich windet, hält er die Bewegung seines Schwanzes für das Beben des Gebäudes. Im Vergleich zum Staatsmann leidet er unter dem Nachteil, lebendig zu sein.

POLYGAMIE, Subst.: Zuviel von einer guten Sache.

POSITIVISMUS, Subst.: Eine Philosophie, die unsere Kenntnis der Wirklichkeit leugnet und unsere Unkenntnis des Scheinbaren bekräftigt. Ihr längster Vertreter ist Comte, ihr breitester Mill und ihr dickster Spencer.

PRÄADAMIT, Subst.: Angehöriger einer versuchsweise geschaffenen und offensichtlich unzulänglichen Rasse, die vor der Schöpfung kam und unter nicht leicht zu enträtselnden Bedingungen lebte. Melsius glaubte, daß sie ›die Leere‹ bewohnte und ein Mittelding zwischen Fisch und Vogel darstellte. Wir wissen nur wenig über sie außer der Tatsache, daß sie Kain mit einem Weibe versah und die Theologen mit einem Widerspruch.

PRÄSIDENT, Subst.: Ein zeitweiliger Häuptling, von den Führern einer Partei politischer Banditen zu dem alleinigen Zweck gewählt, die Beute unter ihnen zu verteilen.

PRESSE, Subst.: Eine gewaltige Vergrößerungsmaschine, die mittels ›wir‹ und Druckerschwärze das Piepsen einer Maus in das Gebrüll eines Leitartikellöwen verwandelt, an dessen Lippen die Nation (vermutlich) mit angehaltenem Atem hängt.

PREUSSEN, Subst.: Ein Land, das Würstchen, Bier und Kanonenfutter erzeugt.

PRIMITIV, Adj.: Leute, die glauben, daß ›Ehrlichkeit die beste Politik ist‹.

PRINZ, Subst.: Ein junger Mann, der im Roman seine Zuneigung an ein Bauernmädchen verschenkt und im wirklichen Leben an die Gattinnen seiner Freunde.

PRIVILEG, Subst.: Atmen zu dürfen, ohne vorher jemanden zu bestechen.

PROPHETISCH, Adj.: In der Nacht vor seiner Verehelichung vom Teufel träumen.

PROTEST, Subst.: Eine der vielen Methoden, welche Narren bevorzugen, ihre Freunde zu verlieren.

PROVOKATION, Subst.: Jemandem sagen, sein Vater sei ein Politiker.

PÜNKTLICHKEIT, Subst.: Eine Tugend, die bei Gläubigern anormal entwickelt zu sein scheint.

PURITANER, Subst.: Ein frommer Mann, der daran glaubte, alle Menschen handeln zu lassen, wie es – ihm – gefiel.

PYGMÄE, Subst.: Angehöriger eines Stammes sehr kleiner Menschen, von früheren Reisenden in vielen Teilen der Welt vorgefunden, von zeitgenössischen indes ausschließlich in Zentralafrika. Die Pygmäen werden so genannt, um sie von den massigeren Kaukasiern zu unterscheiden, diese sind Hogmäen.

Q

QUALIFIKATION, Subst.: Ein Vetter vom Schneider des Präsidenten zu sein.

R

RACHE, Subst.: Der natürliche Fels, auf dem der Tempel des Gesetzes errichtet wird.

RADIKALISMUS, Subst.: Der Konservatismus von morgen, eingebracht in die Angelegenheiten von heute.

RATIONAL, Adj.: Frei von jeglichem Irrtum außer dem der Beobachtung, Erfahrung und Überlegung.

RÄTSEL, Subst.: Wer wählt unsere Regierenden?

RAUSCH, Subst.: Geistesverfassung, die sich vor dem nächsten Morgen verflüchtigt.

REALISMUS, Subst.: Die Kunst, die Natur so zu schildern, wie sie aus der Krötenperspektive erscheint. Der Zauber, wie ihn eine Landschaft umgibt, die von einem Maulwurf gemalt wurde, oder eine Geschichte, die von einer Schmetterlingslarve geschrieben wurde.

REALITÄT, Subst.: Der Traum eines verrückten Philosophen. Das, was im Schmelztiegel zurückbleiben würde, wollte man ein Phantom chemisch untersuchen. Der Kern eines Vakuums.

REBELL, Subst.: Vertreter einer neuen Mißregierung, der es bis jetzt mißlang, sich zu etablieren.

RECHTSGÜLTIG, Adj.: Mit dem Willen eines Richters vereinbar, der die Rechtsprechung betreibt.

RECHTSSEITIGE LAGE, Komp.: Der Zustand, sich stets auf der rechten Seite zu befinden. Siehe POLITIKER.
›Sie werden mich stets auf der rechten Seite finden, Sir; immer! Ich kann es mir einfach nicht leisten, links liegengelassen zu werden!‹   *Gen. McComb*

REGIERUNG, Subst.: Ein moderner Kronos, der seine eigenen Kinder verschlingt. Der Priesterschaft wurde das Amt übertragen, sie für sein Gebiß zuzubereiten.

REICH, Adj.: Jemand, der das Eigentum des Trägen, Unfähigen, Verschwenderischen, Neidischen und Glücklosen verwaltet und einer genauen Buchführung unterzieht. So die in der Unterwelt vorherrschende Ansicht, wo die Bruderschaft der Menschen ihre logischste Entwicklung und lauterste Befürwortung erblickt. Für die Bürger der Mittelwelt bedeutet das Wort ›gut und weise‹.

REICHTÜMER, Subst.: Ein Geschenk des Himmels, das bekundet: Dies ist mein geliebter Sohn, an welchem ich Wohlgefallen habe!

John D. Rockefeller

Der Lohn für Mühsal und Tugend.

J. P. Morgan

Die Ersparnisse vieler in den Händen eines einzelnen.

Eugene Debs

Der entzückte Lexikograph spürt, daß er diesen ausgezeichneten Definitionen nichts Wertvolles hinzufügen kann.

REINIGUNG, Subst.: Ein Verfahren, bei dem wir uns hoffentlich außer Reichweite befinden, wenn es auf die amerikanische Politik angewandt wird.

REPORTER, Subst.: Ein Schriftsteller, der den Weg zur Wahrheit mutmaßt und ihn unter einem Schwall von Worten verschwinden läßt.

> »O Teure, deine Lippen sind versiegelt,
> Und was du anders weißt, wird nie entriegelt!«
> So sang sich munter der Reporter zu,
> Und ellenlang gedieh sein ›Interview‹.

Barson Maith

REPUBLIK (I), Subst.: Eine Regierungsform, in der gleiches Recht für all jene gesprochen wird, die es sich leisten können, dafür zu zahlen.

REPUBLIK (II), Subst.: Eine Nation, in welcher das, was regiert und das, was regiert wird, identisch sind, da es nur eine anerkannte Autorität gibt, um einen der freien Wahl überlassenen Gehorsam zu erzwingen. In einer Republik ist die Grundlage der öffentlichen Ordnung die immer mehr schwindende Gewohnheit sich zu unterwerfen, wie wir sie von Vorfahren ererbt haben, die wahrhaftig regiert wurden und sich fügten, weil sie es mußten. Es gibt ebenso viele Arten von Republiken, wie es Abstufungen zwischen dem Despotismus gibt, aus dem sie herrühren, und der Anarchie, in die sie führen.

REVOLUTION, Subst.: Ein Bersten von Kesseln, das zumeist stattfindet, wenn das Sicherheitsventil der öffentlichen Diskussion geschlossen wird.

REZEPT, Subst.: Die Mutmaßung eines Arztes darüber, wie man am günstigsten den Zustand eines Patienten mit dem geringsten Schaden für ihn beibehalten könnte.

RHEIM, Subst.: Übereinstimmende Lautung am Ende von Verszeilen, zumeist schlechten. Die Verse selbst, im Unterschied zur Prosa, zumeist holprig. Gewöhnlich (und boshafterweise) ›Reim‹ geschrieben.

ROMAN, Subst.: Eine aufgebauschte Kurzgeschichte. Eine Art Komposition, die in derselben Beziehung zur Literatur steht wie das Panorama zur Kunst. Da der Roman zu lang ist, um auf einmal gelesen zu werden, schwinden sukzessive die von den sukzessive folgenden Teilen erzeugten Eindrücke, wie es beim Panorama der Fall ist. Eine Einheit, eine Ganzheit der Wirkung ist ausgeschlossen; denn abgesehen von den wenigen zuletzt gelesenen Seiten, ist die Fabel dessen, was vorher abgelaufen ist, das einzige, was man im Kopf behält. Der Roman verhält sich zur Romanze wie die Photographie zur Malerei. Sein Unterscheidungsmerkmal, die Wahrscheinlichkeit, entspricht der buchstäblichen Wirklichkeitstreue der Photographie und stellt ihn eindeutig in die Kategorie der Berichterstattung; wohingegen der freie Flügelschlag den Romancier befähigt, sich zu jenen Höhen aufzuschwingen, die zu erreichen ihm dienlich erscheinen mag; dabei sind die drei wichtigsten Charakteristika der literarischen Kunst Imagination, Imagination und Imagination. Die Kunst des Romaneschreibens, wie es sie einmal gegeben hat, ist längst überall tot, außer in Rußland, wo sie neu ist. Friede ihrer Asche – von der einige breiten Absatz findet.

RÜCKSICHTSLOS, Adj.: Nicht aufmerksam genug für das Wohlergehen, das Glück, die Behaglichkeit oder die Wünsche von anderen, wie Cholera, Pocken, Klapperschlangen und die satirische Zeitung.

RUNDKOPF, Subst.: Mitglied der Parlamentspartei im englischen Bürgerkrieg – so genannt ob seiner Gewohnheit, das Haar kurzgeschnitten zu tragen, während sein Gegner, der Royalist, es lang trug. Es gab auch noch andere Unterscheidungsmerkmale zwischen ihnen, aber die Haarmode war die Hauptursache des Streits. Die Royalisten waren Anhänger des Königtums, weil der König, ein fauler Bursche, es bequemer fand, sein Haar wachsen zu lassen, als sich den Hals zu waschen. Die Rundköpfe, die zumeist Barbiere und Seifensieder waren, sahen darin eine Schädigung ihres Gewerbes, und so war der königliche Hals Ziel ihrer ganz besonderen Empörung. Die Nachfahren der kriegführenden Seiten tragen heutzutage ihr Haar alle gleich, aber die Glut der Feindschaft, die in jenem früheren Hader aufloderte, glimmt bis zum heutigen Tag unter den Schneemassen britischer Höflichkeit.

S

SATAN, Subst.: Eine der beklagenswerten Fehlleistungen des Schöpfers, inzwischen in Sack und Asche bereut. Ursprünglich als Erzengel eingesetzt, gab Satan mehrfach Anlaß zu Tadel und wurde letztendlich aus dem Himmel vertrieben. Auf halbem Wege hielt er in seinem Abstieg inne, neigte sein Haupt, überlegte einen Augenblick und kehrte schließlich zurück. »Um eine Gefälligkeit würde ich gern noch bitten«, sagte er. »Und die wäre?«
»Wie ich sehe, soll demnächst der Mensch geschaffen werden. Er wird Gesetze brauchen.«
»Wie, Unglückseliger! Du, der du zu seinem Widersacher bestimmt bist, seit Anbeginn der Ewigkeit beladen mit dem Haß seiner Seele – du bittest um das Recht, seine Gesetze zu machen?«
»Entschuldigung! Worum ich bitten wollte, ist, daß ihm gestattet werde, sie selbst zu machen.«
So wurde es angeordnet.
SATIRE, Subst.: Eine veraltete Form literarischen Schaffens, bei der die Laster und Torheiten der Gegner des Autors mit unzureichendem Feingefühl dargestellt wurden. Hierzulande hat

die Satire stets nur ein kümmerliches und ungewisses Dasein gefristet, denn ihre Seele ist der Geist, woran es uns empfindlich mangelt, und der Humor, den wir für Satire halten, ist wie jeglicher Humor tolerant und mitfühlend. Darüber hinaus wissen die Amerikaner, obwohl ›durch ihren Schöpfer gesegnet‹ mit reichlich viel Lastern und Torheiten, im allgemeinen nicht, daß dies tadelnswerte Eigenschaften sind, weshalb der Satiriker gemeinhin als sauertöpfischer Schurke angesehen wird und jeder Schrei seines Opfers nach Mitstreitern nationale Zustimmung hervorruft.

Heil dir, Satire! Lob sei dir gesungen
In toter Sprache, wie mit Mumienzungen,
Bist du doch selber tot, verdammt zur Hölle –
(Und nützlich ist dein Geist an dieser Stelle).
Kein heiliger Geist! – wie in der Schrift zu lesen,
Sonst wär Verleumdung nicht dein Tod gewesen.

Barney Stims

SAUFEN, Verb: picheln, zechen, einen kippen, sich vollaufen lassen, einen heben, bechern, einen hinter die Binde gießen, einen zur Brust nehmen.

Bei einer Einzelperson wird Trunksucht mit Mißbilligung registriert, indes stehen saufende Nationen in der vordersten Linie von Zivilisation und Macht. Stellt man den enthaltsamen Mohammedaner den übermäßig trinkenden Christen gegenüber, so sinken erstere zu Boden wie Gras vor der Sichel. In Indien halten einhunderttausend Rindfleisch essende und Brandy mit Soda glucksende Briten zweihundertundfünfzig Millionen vegetarische Abstinenzler derselben arischen Rasse in Botmäßigkeit. Mit welch lässiger Grazie der dem Whisky holde Amerikaner doch den gemäßigten Spanier aus seinen Besitzungen verdrängte! Seit der Zeit, als die Berserker alle Küsten Westeuropas heimsuchten und betrunken in jedem eroberten Hafen herumlagen, ist es immer dasselbe gewesen. Überall kann man beobachten, wie Nationen, die zuviel trinken, recht gut und nicht allzu redlich kämpfen. Weswegen sich die schätzenswerten alten Damen, welche die Kantine aus der amerikanischen Armee verbannten, zu Recht brüsten können, die militärische Macht der Nation materiell vermehrt zu haben.

SCHARFRICHTER, Subst.: Eine Person, die tut, was sie kann, um die Mißhelligkeiten des Alters zu mindern und die Möglichkeit, ertränkt zu werden, zu verringern.

SCHAUSPIELER, Subst.: Jemand, der mit gebrauchsfertigen Gefühlen hausieren geht und ob seiner ungesunden Ernährungsweise von uns verachtet wird, da er uns der Eigenschaften wegen verachtet, von denen er sich ernährt.

SCHAUSPIELERIN, Subst.: Eine Frau, deren guter Name gewöhnlich beschmutzt wird, weil wir ihn so oft im Munde führen.

SCHICKSAL, Subst.: Der Autoritätsanspruch eines Tyrannen auf Verbrechen und die Entschuldigung eines Narren fürs Versagen.

SCHLACHT, Subst.: Methode, einen politischen Knoten, der der Zunge nicht nachgeben würde, mit den Zähnen zu lösen.

SCHLAFMITTEL, Subst.: Eine unverschlossene Tür im Gefängnis der Identität. Sie führt in den Gefängnishof.

SCHLEMMER, Subst.: Eine Person, die den üblen Erscheinungen der Mäßigung entrinnt, indem sie sich gestörter Verdauung widmet.

SCHLOSS-UND-RIEGEL, Komp.: Die charakteristische Erfindung von Zivilisation und Aufklärung.

SCHMERZ, Subst.: Eine unbehagliche Geistesverfassung, deren physische Ursache darin liegen kann, daß dem Körper etwas zugefügt wird, die aber auch rein psychischer Natur sein kann, hervorgerufen durch das große Glück eines anderen.

SCHMUTZ, Subst.: Eine eigentümliche, in der ganzen Natur weitverbreitete Substanz, jedoch am reichlichsten an den Händen bedeutender amerikanischer Staatsmänner zu finden. Unlöslich in öffentlichen Geldern.

SCHNEID, Subst.: Eingeständnis, daß man ein Feigling ist.

SCHÖNHEIT, Subst.: Die Macht, durch die eine Frau einen Liebhaber bezaubert und einen Gatten in Schrecken hält.

SCHOSS, Subst.: Eines der wichtigsten Organe des weiblichen Körpers – eine bewundernswerte Vorrichtung der Natur als Ruhestatt des Kindes, ganz besonders nützlich jedoch bei ländlichen Festivitäten, um darauf Teller mit kaltem Hühnchen und Köpfe von Männern zu betten. Der männliche Teil unserer Gattung hat einen rudimentären Schoß, unvollkommen entwickelt, der in keiner Weise zum wesentlichen Wohlergehen des Lebewesens beiträgt.

SCHULDGEFÜHL, Subst.: Der Zustand eines Menschen, von dem man weiß, daß er sich eine Unbedachtheit geleistet hat, im Unterschied zum Zustand desjenigen, der seine Spuren verwischt hat.

SCHURKE, Subst.: Eine im höchsten Maße unwürdige Person. Etymologisch betrachtet bedeutet das Wort ›Ungläubiger‹, und seine heutige Bedeutung kann als der vornehmste Beitrag der Theologie zur Entwicklung unserer Sprache angesehen werden.

SCHWEIN, Subst.: Ein Tier (*Porcus omnivorus*), das der menschlichen Rasse eng verbunden ist durch die Herzlichkeit und Lebhaftigkeit seines Appetits, der jedoch im Ausmaß geringer ist, denn es schreckt vor Schweinefleisch zurück.

SCHWERKRAFT, Subst.: Die Neigung aller Körper, sich einander mit einer Kraft zu nähern, die der Quantität der Materie entspricht, welche sie enthalten – wobei die Quantität der Materie, die sie enthalten, bestimmt wird durch die Kraft ihrer Neigung, sich einander zu nähern. Dies ist ein reizendes und lehrreiches Beispiel dafür, wie die Wissenschaft B zum Beweis von A macht, nachdem sie A zum Beweis von B gemacht hat.

SCHWERMUT, Subst.: Eine Geistesverfassung, wie sie durch einen Minnesänger hervorgerufen wird, durch eine lustige Zeitungskolumne, durch die Hoffnung auf den Himmel und durch ein Wörterbuch des Teufels.

SCHWERSTARBEIT, Subst.: Eines der Verfahren, durch das A Vermögen für B erwirbt.

SCHWINDEL, Subst.: Die Bekenntnisse der Politiker, die Wissenschaft der Ärzte, die Sachkenntnis der Kritiker, die Religion von Sensationspredigern, und, mit einem Wort – die Welt.

Die ganze Welt ist ein Schwindel.
Der Weise der ›Wasp‹

SEERÄUBER, Subst.: Ein Eroberer in begrenzten Dimensionen, dessen Annexionen des heiligsprechenden Verdienstes der Größe entraten.

SEICHTHEIT, Subst.: Das grundlegende Element und der

besondere Glanz volkstümlicher Literatur. Ein Gedanke, der in Worten schnarcht, die rauchen. Die Weisheit einer Million Narren in der Diktion eines Dummkopfs. Ein fossiles Empfinden in künstlichem Felsgestein. Eine Moral ohne Fabel. Alles, was von einer dahingegangenen Wahrheit sterblich ist. Eine Mokkatasse moralisierter Milch. Der Bürzel eines gerupften Pfaus. Eine Qualle, die am Gestade der See des Denkens eintrocknet. Das Gegacker, welches das Ei überlebt. Ein verdorrtes Epigramm.

SELBSTSÜCHTIG, Adj.: Bar jeglicher Rücksichtnahme auf die Selbstsucht von anderen.

SELBSTVERSTÄNDLICH, Adj.: Nur einem selbst verständlich, niemandem sonst.

SENATOR, Subst.: Der glückliche Bieter bei einer Versteigerung von Stimmen.

SIRENE, Subst.: Eines von verschiedenen musikalischen Ungeheuern, die für ihren vergeblichen Versuch berühmt sind, Odysseus von einem Leben auf See abzuraten. Im übertragenen Sinne jede Dame, die Glanzvolles verheißt, Absichten vortäuscht und in der Erfüllung enttäuscht.

SKRUPEL, Subst.: Ein Wort, das immer mehr außer Gebrauch kommt, da es etwas bezeichnet, das nicht länger existiert.

SPRACHE, Subst.: Die Musik, mit der wir die Schlangen beschwören, welche die Schätze eines anderen bewachen.

SPRICHWORT (I), Subst.: Eine abgedroschene volkstümliche Spruchweisheit oder Redensart. (Bildlich und umgangssprachlich). Der Säge ähnlich, schneidet sie sich einen Weg in den Holzkopf. Im folgenden werden Beispiele alter Sägen angeführt, denen neue Zähne eingesetzt wurden:

Ein Penny gespart ist einer mehr zum Verschwenden.
Man lernt den Menschen kennen durch die Kumpanei, die er sich schafft.
Ein schlechter Arbeiter streitet mit dem, der ihn so bezeichnet.
Ein Spatz in der Hand ist das wert, was er bringen wird.
Besser spät, als ehe dich jemand eingeladen hat.
Ein Beispiel ist besser, als ihm zu folgen.

Ein halbes Brot ist besser als ein ganzes, wenn es noch viel dazugibt.

Überleg dir's zweimal, ehe du zu einem Freund sprichst, der in Not ist.

Was der Mühe wert ist, getan zu werden, ist auch der Mühe wert, jemanden darum zu bitten, es zu tun.

Das am wenigsten Gesagte wird am ehesten geleugnet.

Wer am wenigsten lacht, lacht am besten.

Rede vom Teufel und er wird es hören.

Sei das kleinere von zwei Übeln.

Streike, wenn dein Dienstherr einen guten Vertrag hat.

Wo ein Wille ist, ist jemand, der nicht will.

SPRICHWORT (II), Subst.: Eine vom Alter ergraute Platitüde, die jahrhundertelang mit Fußtritten bedacht wurde, bis nichts mehr davon übrigblieb als die äußere Hülle. Eine ›Säge‹, die sich am menschlichen Verständnis die Zähne abgestumpft hat.

STAMMBAUM, Subst.: Die Darstellung der Herkunft eines Menschen von Vorfahren, denen nicht sonderlich daran gelegen war, die eigenen zu ermitteln.

STERBLICHKEIT, Subst.: Jener Teil der Unsterblichkeit, über den wir Bescheid wissen.

T

TADEL, Subst.: Satire, wie sie von Dummköpfen und all jenen verstanden wird, die unter einer Funktionsstörung des Verstandes leiden.

TAG, Subst.: Ein Zeitraum von vierundzwanzig Stunden, zumeist vergeudet. Diese Zeitspanne zerfällt in zwei Teile, den eigentlichen Tag und die Nacht, oder den uneigentlichen Tag – wobei ersterer den Sünden des Geschäfts gewidmet ist, letzterer denen der anderen Gattung vorbehalten bleibt. Diese zwei Arten gesellschaftlicher Aktivität fallen teilweise zusammen.

TANZEN, Verb: Zu den Klängen einer kichernden Musik umherhüpfen, zumeist mit den Armen um deines Nachbarn Weib oder Tochter. Es gibt viele Arten von Tänzen, aber alle, welche die Beteiligung der beiden Geschlechter erfordern, haben zwei Charaktermerkmale gemein: Sie sind eindeutig unschuldig und unter den Lasterhaften heiß begehrt.

TAPFERKEIT, Subst.: Eine soldatische Mischung aus Eitelkeit, Pflicht und glücksspielerischer Zuversicht.

»Warum sind Sie stehengeblieben?« brüllte der Divisionskommandeur bei Chickamauga, da er doch einen Angriff befohlen hatte. »Rücken Sie sofort weiter vor, Sir.«

»General«, sagte der Kommandeur der pflichtvergessenen Brigade, »ich bin überzeugt, daß jeglicher weitere Beweis von Tapferkeit seitens meiner Truppen sie in Kollision mit dem Feind bringen wird.«

TATSÄCHLICH, Adv.: vielleicht, möglicherweise.

TELEFON, Subst.: Eine Erfindung des Teufels, die einige der günstigen Gelegenheiten, sich eine unangenehme Person vom Leibe zu halten, in gewissem Maße zunichte macht.

THEOSOPHIE, Subst.: Eine alte Glaubensrichtung, welche die ganze Gewißheit der Religion und alles Geheimnisvolle der Wissenschaft in sich birgt. Der moderne Theosoph ist gleich dem Buddhisten der Meinung, daß wir unbestimmbar viele Male auf dieser Erde weilen, in ebenso vielen verschiedenen Körpern, weil ein Leben für unsere völlige geistige Entwicklung nicht lang genug ist; das heißt, eine einzige Lebenszeit genügt uns nicht, so weise und gut zu werden, wie wir es gern möchten. Absolut weise und gut zu sein – das ist Vollkommenheit, und der Theosoph ist so scharfsichtig, daß er beobachtet hat, wie alles Verbesserungswürdige letztendlich Vollkommenheit erlangt. Weniger kompetente Beobachter sind geneigt, Katzen auszunehmen, die weder verständiger noch besser zu sein scheinen, als sie vergangenes Jahr waren. Die größte und fetteste der Theosophinnen jüngster Zeit war die selige Madame Blavatsky, die keine Katze besaß.

TIER, Subst.: Ein Organismus, der, da er eine große Anzahl anderer Tiere für seinen Unterhalt benötigt, in augenfälliger Weise die Freigebigkeit der Vorsehung demonstriert, wenn sie Geschöpfe seinesgleichen am Leben erhält.

TINTE, Subst.: Eine schurkische Mischung von Eisensalzen, Gummiarabikum und Wasser, hauptsächlich benutzt, um die

Ausbreitung von Idiotie zu erleichtern und intellektuelles Verbrechertum zu fördern. Die Eigenschaften der Tinte sind seltsam und widersprüchlich: Sie kann benutzt werden, um einen Ruf zu begründen und ihn zu zerstören; um Leute anzuschwärzen und reinzuwaschen; aber sie wird zumeist als höchst willkommener Mörtel verwandt, um bei der Errichtung einer Ruhmeshalle die Steine zusammenzuhalten, und als Tünche, um später die armselige Qualität des Materials zu verbergen. Es gibt Leute, Journalisten geheißen, die Tintenbäder eingerichtet haben, für welche einige Leute Geld bezahlen, um hineinzukommen, und andere, um wieder herauszugelangen. Nicht selten tritt auch der Fall ein, daß eine Person, die bezahlt hat, um hineinzukommen, das Doppelte entrichtet, um wieder herauszugelangen. Zur ewigen Ehre mancher Journalisten sei gesagt, daß sie nur eine Art Bad bereithalten – eine Heilstätte für wohlhabende Dummköpfe, gefallene Mädchen und Menschen, die sich keiner besonderen Form sozialer Gesundheit erfreuen.

> Es ist ein Quell, der Tinte führt,
> Aus Schmeichlerhirn gewonnen,
> Und rein des Gauners Weste wird,
> Taucht er in diesen Bronnen.

TOD, Subst.: Jenes Rohmaterial, aus dem die Theologie das zukünftige Leben schuf.

TÖTEN, Verb: Eine freie Stelle schaffen, ohne einen Nachfolger zu benennen.

TREUE, Subst.: Eine Tugend, die besonders jenen anhaftet, welche bald verraten werden.

TROST, Subst.: Die Kunde, daß ein besserer Mensch unglücklicher ist als man selbst.

TSETSEFLIEGE, Subst.: Ein afrikanisches Insekt (*Glossina morsitans*), dessen Biß gemeinhin als das wirksamste Mittel der Natur gegen Schlaflosigkeit angesehen wird, obwohl einige Patienten das der amerikanischen Romanciers bevorzugen (*Mendax interminabilis*).

U

ÜBERARBEITUNG, Subst.: Eine gefährliche Krankheit, die Inhaber hoher öffentlicher Ämter befällt, welche gern angeln gehen wollen.

ÜBERDENKEN, Verb: Die Rechtfertigung für eine bereits gefällte Entscheidung suchen.

ÜBERDOSIS, Subst.: Eine tödliche Dosis Medizin, sofern sie von jemandem anders als einem Arzt verabreicht wird.

ÜBERLEGEN, Verb: Auf der Waage der Wünsche Wahrscheinlichkeiten abwägen.

ÜBERLEGUNG, Subst.: Eine geistige Tätigkeit, durch die wir eine klarere Sicht auf unser Verhältnis zu den Angelegenheiten von gestern erlangen und so in der Lage sind, Gefahren zu vermeiden, denen wir nie wieder begegnen werden.

ÜBERREDUNG, Subst.: Eine bestimmte Form der Hypnose, bei welcher der mündlich dargelegte Vorschlag die hemmende Gestalt eines Arguments oder Appells annimmt. In der Legislative der Zukunft werden Stimmen wie jetzt durch hypnotische Suggestion gewonnen, aber es wird kein Verwirren der Meinungen und keine Behinderung der öffentlichen Angelegenheiten durch Debattieren geben; bloßes Anstarren wird die Opposition zum Zustimmen bringen.

ULTIMATUM, Subst.: In der Diplomatie die letzte Forderung, ehe man zu Zugeständnissen greift.

Als die türkische Regierung ein Ultimatum von Österreich erhielt, trat sie zu seiner Erörterung zusammen.

»O Diener des Propheten«, sagte der Scheich des imperialen Tschibuk zum Mamusch der Unbesiegbaren Armee. »Wie viele unschlagbare Soldaten stehen bei uns unter Waffen?«

»Bewahrer des Glaubens«, antwortete der angesprochene Würdenträger nach Studium seiner Unterlagen. »Sie sind an Zahl wie die Blätter des Waldes!«

»Und wieviel unzerstörbare Schlachtschiffe erfüllen die Herzen aller christlichen Schweine mit Schrecken?« fragte er den Imaum der Immer Siegreichen Kriegsflotte.

»Onkel des Vollmonds«, lautete die Antwort. »Geruhe zu wissen, daß sie sind wie die Wogen des Ozeans, der Sand der Wüste und die Sterne des Himmels!«

Acht Stunden lang runzelte der Scheich des Imperialen Tschibuk die breite Stirn zum Beweis tiefen Nachdenkens; er wog die Risiken des Krieges ab. Dann sprach er: »Söhne der Engel, die Würfel sind gefallen! Ich werde dem Ulema des Imperialen Ohrs vorschlagen, er möge zur Untätigkeit raten. Im Namen Allahs, die Beratung wird vertagt!«

UMSCHLAG, Subst.: Der Sarg eines Dokuments; die Scheide einer Rechnung; die Hülle einer Geldsendung; das Nachtgewand eines Liebesbriefes.

UNAMERIKANISCH, Adj.: Niederträchtig, unerträglich, heidnisch.

UNBEGREIFLICHKEIT, Subst.: Eines der Hauptattribute Gottes und des Dichters Welcker.

UNBEKÜMMERTHEIT, Subst.: Das Laster, sich heute an etwas zu erfreuen, das wir morgen vielleicht nicht haben.

UNBESCHOLTEN, Adj.: Für die Polizei noch nicht verdächtig.

UNDANKBARKEIT, Subst.: Eine Form der Selbstachtung, die mit der Annahme von Gunstbezeugungen nicht unvereinbar ist.

UNENTSCHLOSSENHEIT, Subst.: Der Hauptbestandteil des Erfolgs; »denn während es nur einen Weg gibt, nichts zu tun, indes deren mehrere, etwas zu tun, von denen gewißlich nur einer der richtige ist«, saget Sir Thomas Brewbold, »so folget daraus, daß derjenige, welcher aus Unentschlossenheit stille verharret, nicht so viele Möglichkeiten besitzet, fehlzugehen, wie derjenige, welchselbiger vorwärts strebet« – eine äußerst klare und befriedigende Darlegung der Sachlage.

»Ihr schneller Entschluß anzugreifen war bewundernswert«, sagte General Grant einmal bei einem bestimmten Anlaß zu General Gordon Granger. »Sie hatten nur fünf Minuten, um sich zu entscheiden«.

»Jawohl, Sir«, antwortete der siegreiche Untergebene. »Es ist eine große Sache, genau zu wissen, was im Notfall zu tun ist. Wenn ich im Zweifel bin, ob ich angreifen oder mich zurückziehen soll, zögere ich niemals auch nur einen Augenblick – ich werfe eine Münze.«

»Wollen Sie damit sagen, daß Sie das auch diesmal getan haben?«

»Jawohl, General, aber machen Sie mir um Himmels willen keine Vorwürfe. Ich habe der Münze nicht gehorcht!«

UNFEHLBAR, Adj.: Keiner Entlarvung unterworfen.

UNGERECHTIGKEIT, Subst.: Eine Bürde, welche von all denjenigen, die wir anderen aufladen und auch selbst schleppen, am leichtesten mit den Händen und am schwersten auf dem Rücken zu tragen ist.

UNGLÄUBIG, Adj.: In New York ist es jemand, der nicht an die christliche Religion glaubt; in Konstantinopel jemand, der dies tut. (Siehe GIAUR). Eine Art Schurke, der es an Ehrerbietung und, in knickriger Weise, an Geldspenden fehlen läßt für Geistliche, Ekklesiasten, Päpste, Pfarrer, Stiftsherren, Mönche, Mullahs, Wuduzauberer, Hierophanten, Oberpriester, Prälaten, Obikultzauberer, Abbés, Nonnen, Missionare, geistliche Ermahner, Diakone, Ordensbrüder, Hadschis, Hohepriester, Muezzins, Brahmanen, Medizinmänner, Bekenner, Eminenzen, Kirchenälteste, Primasse, Präbendare, Pilger, Propheten, Imams, Benefiziare, Kirchenbeamte, Meßsänger, Erzbischöfe, Bischöfe, Äbte, Prioren, Prediger, Padres, Äbtissinnen, Kalugger, Wallfahrer, Kuraten, Patriarchen, Bonzen, Santons, Fürbitter, Stiftsdamen, Residenzkanoniker, Diözesane, Dechanten, Unterdechanten, Landdechanten, Abdalen, Amulettverkäufer, Erzdiakone, Hierarche, Klassenführer, Pfründenbesitzer, Kapitulare, Scheichs, Talapoine, Postulanten, Schriftgelehrte, Gurus, Kantoren, Kirchendiener, Fakire, Küster, Ehrwürden, Evangelisten, Zönobiten, ständige Unterpfarrer, Kapläne, Mudèjares, Vorleser, Novizen, Vikare, Pastoren, Rabbis, Ulemas, Lamas, Sakristane, Schweizer, Derwische, Lektoren, Kirchenvorsteher, Kardinäle, Priorinnen, Suffraganbischöfe, Meßdiener, Rektoren, Curés, Sufis, Muftis und Pumpums.

UNMENSCHLICHKEIT, Subst.: Eine der hervorstechendsten und charakteristischen Eigenschaften der Menschheit.

UNMORALISCH, Adj.: Unzweckmäßig. Alles, was die Menschen auf lange Sicht und in Hinblick auf die Mehrzahl der Beispiele allgemein für ungeeignet erachten, wird als falsch, böse oder unmoralisch bezeichnet. Wenn den Vorstellungen des Menschen von Recht und Unrecht etwas anderes zugrunde liegt als die Zweckmäßigkeit; wenn sie ihren Ursprung auf irgendeine andere Weise nahmen oder hätten nehmen können; wenn Handlungsweisen ein moralischer Charakterzug innewohnt, der von ihren Konsequenzen getrennt und in keiner Weise davon abhängig ist – dann ist die ganze Philosophie eine Lüge und die Vernunft eine Geistesstörung.

UNNATÜRLICH, Adj.: Das Wiederauftauchen eines verborgten Schirmes.

UNPARTEIISCH, Adj.: Außerstande, irgendeine Verheißung persönlichen Vorteils zu erkennen, falls man sich bei einer Auseinandersetzung einer Seite anschlösse oder sich bei zwei widerstreitenden Ansichten eine zu eigen macht.

UNTERSCHEIDEN, Verb: Jene Eigentümlichkeiten hervorheben, wonach ein Mensch oder ein Gegenstand möglicherweise unangenehmer ist als ein anderer.

UNTERWÜRFIGKEIT, Subst.: Eine verdrehte Zuneigung, die sich zur eigenen Gattin verirrt hat.

UNVERSÖHNLICH, Adj.: Nicht ohne eine große Geldsumme zu beschwichtigen.

UNZULÄSSIG, Adj.: Nicht der Beachtung wert. So werden gewisse Arten von Zeugenaussagen bezeichnet, bei denen die Geschworenen für zu untauglich erachtet werden, als daß man sie damit betrauen könnte, weshalb die Richter sie nicht zulassen, selbst bei Verfahren vor ihnen allein. Beweis vom Hörensagen ist unzulässig, weil die zitierte Person nicht vereidigt wurde und nicht zur Befragung vor Gericht steht; gleichwohl werden die folgenschwersten Handlungen, militärische, kommerzielle und jedweder anderer Art, täglich auf Grund des Hörensagens vollzogen. Es gibt keine Religion in der Welt, die eine andere Beweisgrundlage hätte als das Hörensagen. Die Offenbarung ist Beweis vom Hörensagen; daß die Heilige Schrift das Wort Gottes sei, wissen wir nur durch das Zeugnis von Menschen, die längst tot sind, deren Identität nicht genau festgestellt werden kann und von denen nicht bekannt ist, daß sie in irgendeiner Weise vereidigt wurden. Nach den in unserem Land gültigen Gesetzen für die Beweisführung kann heutzutage keine einzige Behauptung in der Bibel vor einem Gerichtshof durch einen zulässigen Beweis bekräftigt werden. Auch ist nicht zu belegen, daß die Schlacht von Blenheim je geschlagen wurde; daß es einen Mann wie Julius Cäsar gab und ein Weltreich wie Assyrien.

Aber da die Akten der Gerichtsprozesse zulässig sind, ist es ein leichtes zu beweisen, daß einst mächtige und böswillige Magier lebten und eine Geißel der Menschheit darstellten. Der Beweis (einschließlich des Geständnisses), auf Grund dessen gewisse Frauen der Hexerei überführt und hingerichtet wurden, war schlüssig und ist noch immer unanfechtbar. Die darauf begründeten richterlichen Entscheidungen waren vernünftig in ihrer Logik wie auch vor dem Gesetz. Nichts wurde in einem jemals existierenden Gerichtshof gründlicher betrieben als die Anklage wegen Hexerei und Zauberei, für die so viele den Tod erlitten. Gäbe es keine Hexen, so besäßen menschliches Zeugnis wie menschlicher Verstand keinerlei Wert.

UREINWOHNER, Subst.: Personen von geringem Wert, welche man die Erde eines neu entdeckten Landes belastend vorfand. Sie hören bald auf zu belasten und düngen dann.

V

VERACHTUNG, Subst.: Das Empfinden eines klugen Mannes für einen Feind, der zu mächtig ist, als daß man ihm ungestraft entgegentreten könnte.

VERANTWORTUNG, Subst.: Eine absetzbare Bürde, die bequem den Schultern von Gott, dem Schicksal, dem Los, dem Glück oder dem Nächsten auferlegt werden kann. In den Tagen der Astrologie war es üblich, sie einem Stern aufzupacken.

> Ach, anders ging' es heute zu,
> Ließ Eva nur den Baum in Ruh!
> Gar mancher, der um alle Welt
> Nicht grade viel vom Denken hält
> Und allenfalls Soldaten spielt

Und unbelohnt nach Lorbeer schielt,
An seinem Mißgeschick verzagt
Und jammert: »Hab ich's nicht gesagt!«
›Der störrische Bettler‹

VERBOTEN, Part.: Mit einem neuen, unwiderstehlichen Zauber behaftet.

VERDIENST, Subst.: Das Recht, auf etwas Anspruch zu haben, was ein anderer bekommt.

VERFLUCHEN, Verb: Ein früher von den Paphlagoniern oft gebrauchtes Wort, dessen Bedeutung verlorengegangen ist. Nach dem gelehrten Dr. Dolabelly Gak wird angenommen, es sei ein Ausdruck der Befriedigung gewesen, welcher den höchstmöglichen Grad geistigen Friedens darstellt. Professor Groke hingegen glaubt, er bekunde ein Gefühl stürmischen Entzückens, weil er so häufig in Verbindung mit dem Wort *jod* oder *god* auftritt, was im Englischen *joy*, ›Freude‹ bedeutet. Nur unter größten Vorbehalten würde ich eine Meinung äußern, die zu einer dieser gewaltigen Autoritäten im Widerspruch stünde.

VERGANGENHEIT, Subst.: Jener Teil der Ewigkeit, von dem wir einen winzigen Bruchteil flüchtig und unter bedauerlichen Umständen kennengelernt haben. Eine bewegliche Linie, Gegenwart genannt, trennt sie von einer imaginären Zeitspanne, die als Zukunft bekannt ist. Diese zwei großen Teile der Ewigkeit, von welcher der eine den anderen ständig auslöscht, sind sich völlig unähnlich. Der eine wird verdüstert von Sorgen und Enttäuschungen, der andere erhellt von Wohlergehen und Freude. Die Vergangenheit ist das Land der Seufzer, die Zukunft das Reich des Gesangs. In dem einen hockt die Erinnerung, in Sack und Asche gekleidet und Bußgebete stammelnd; im Sonnenschein der anderen schwebt mit freien Schwingen die Hoffnung und lockt zu den Tempeln des Erfolgs und den erquickenden Schatten der Behaglichkeit. Gleichwohl ist die Vergangenheit die Zukunft von gestern und die Zukunft die Vergangenheit von morgen. Sie sind eins – das Wissen und der Traum.

VERGESSENHEIT, Subst.: Jener Zustand oder jene Lage, wo das Böse dem Kampf entsagt und die Traurigkeit ruht. Des

Ruhmes ewiger Müllabladeplatz. Der kalte Speicher für hohe Hoffnungen. Ein Ort, wo ehrgeizige Autoren ihren Werken ohne Stolz begegnen und besseren als ihresgleichen ohne Neid. Ein Schlafraum ohne Wecker.

VERGESSLICHKEIT, Subst.: Eine Gabe der Götter, die Schuldnern verliehen wurde als Ersatz für ihren Mangel an Gewissen.

VERGNÜGEN, Subst.: Ein Empfinden, das aus etwas Vorteilhaftem für einen selbst oder etwas Unheilvollem für andere herrührt. Im Plural bezeichnet dieses Wort jene höchst kunstvollen Hilfsmittel gegen Melancholie, welche die allgemeine Düsternis der Existenz durch eine besondere Schwermut vertiefen.

VERLEUMDEN, Verb: Sagen, wie man jemanden findet, wenn er einen nicht finden kann.

VERLOBT, Part.: Das Verhältnis eines Mannes und einer Frau, die zur gegenseitigen Freude und zum tadelnswerten Befund seitens der Freunde darauf sinnen, sich die Gesellschaft geneigt zu machen, indem sie einander unerträglich werden.

VERMÖGEN, Subst.: Der Unterschied zwischen einem Whisky trinkenden Landstreicher und einem Champagner schlürfenden Millionär.

VERRÜCKT, Adj.: Zu der Überzeugung neigend, daß andere verrückt sind.

VERSPOTTEN, Subst.: Unwirksames Argument, mit dem ein Narr glaubt, der Verachtung des Weisen entgegnet zu haben.

VERSPRECHEN, Subst.: Dies und ein guter Rat stellen eine hervorragende Gabe dar, welche dem Armen zu überreichen wir alle uns leisten können.

VERTRAUTER, Subst.: Jemand, den A in die Geheimnisse von B eingeweiht hat, die *ihm* wiederum von C anvertraut wurden.

VERTREIBUNG, Subst.: Ein bewährtes Heilmittel gegen Geschwätzigkeit. Es wird auch oft in Fällen äußerster Armut angewandt.

VERWANDTE, Subst.: Leute, an die man sich wendet oder die sich an einen wenden, je nachdem, ob sie arm oder reich sind.

VOLKSENTSCHEID, Subst.: Eine Abstimmung des Volkes, um den Willen des Souveräns zu bekräftigen.

VORAUSSICHT, Subst.: Jene ganz besonders wertvolle Eigenschaft, die einen Politiker befähigt, immer zu wissen, daß seine Partei Erfolg haben wird – im Unterschied zur Rückschau, die ihm zuweilen zeigt, daß sie in höchst beklagenswerter Weise Prügel bezog.

VORGEFÜHL, Subst.: Die Vorahnung, daß etwas passieren wird, wenn man um drei Uhr morgens heimkommt und im Zimmer der Frau noch Licht sieht.

VORMITTAG, Subst.: Der letzte Teil der Nacht. Gemein.

VORSTELLUNG, Subst.: Eine gesellschaftliche Zeremonie, die der Teufel zur Vergnügung seiner Diener und zur Plage für seine Feinde erfunden hat. Die Vorstellung nimmt hierzulande eine höchst böswillige Entwicklung, weil sie in der Tat eng mit unserem politischen System verbunden ist. Da jeder Amerikaner jedem anderen Amerikaner gleich ist, folgt daraus, daß jeder das Recht hat, jeden anderen zu kennen, was wiederum das Recht einschließt, sich ohne Aufforderung oder Erlaubnis vorzustellen. Die Unabhängigkeitserklärung hätte folgendermaßen lauten sollen:

›Wir halten es für selbstverständliche Wahrheiten, daß alle Menschen gleich geschaffen sind; daß sie von ihrem Schöpfer mit bestimmten unveräußerlichen Rechten ausgestattet wurden, zu denen das Leben gehört und das Recht, das eines anderen unglücklich zu machen, indem man ihm eine unüberschaubare Menge von Bekanntschaften aufzwingt; zu denen die Freiheit gehört, insbesondere jene, Personen einander vorzustellen, ohne sich vorher zu vergewissern, ob sie sich nicht bereits als Feinde kennen; und die Verfolgung des Glücks eines anderen durch eine ständige Schar von Fremden.‹

VORSTELLUNGSKRAFT, Subst.: Ein Speicher voll Fakten, der sich im gemeinsamen Besitz von Dichter und Lügner befindet.

W

WÄCHTER, Subst.: Jemand, der sich damit befaßt, vor anderen zu schützen, was für sich selbst zu erlangen er nicht willens ist.

WAHL, Subst.: Ein einfaches Verfahren, bei dem eine Mehrheit einer Minderheit das Törichte jeglichen Widerstands beweist. Viele ehrenwerte, mit einem unvollkommenen Denkapparat ausgestattete Personen glauben, daß Mehrheiten durch irgendwelche ihnen von Natur verliehenen Rechte regieren und die Minderheiten sich fügten, nicht weil sie müssen, sondern weil sie es sollten.

WAHLSTIMME, Subst.: Das Instrument und Symbol für die Macht eines freien Bürgers, sich zum Narren und zum Verderben für sein Land zu machen.

WAHNSINNIG, Adj.: Befallen von einem hohen Grad intellektueller Unabhängigkeit; nicht jenen Normen des Denkens, Redens und Handelns angepaßt, wie sie von den Konformisten aus dem Studium ihresgleichen abgeleitet werden; uneins mit der Mehrheit; kurzum, ungewöhnlich. Bemerkenswert ist, daß manche Leute von Amtspersonen für wahnsinnig erklärt werden, welche selbst des Beweises ermangeln, daß sie bei Verstande sind. Zur Illustration: Der hier präsente (und ausgezeichnete) Lexikograph ist nicht fester vom Glauben an die eigene geistige Gesundheit überzeugt als jeder Insasse eines Irrenhauses im Land; aber soweit ihm Gegenteiliges bekannt ist, könnte er statt der erhabenen Beschäftigung, die seine Kräfte so in Anspruch zu nehmen scheint, in der Tat mit Fäusten gegen das Fenstergitter einer Anstalt hämmern und sich als Noah Webster bezeichnen, zum unschuldigen Entzücken so vieler gedankenloser Zuschauer.

WAHRHEIT, Subst.: Eine sinnreiche Mischung von Wünschenswertem und Scheinbarem. Die Aufdeckung der Wahrheit ist der alleinige Zweck der Philosophie, welche die älteste Beschäftigung des menschlichen Geistes darstellt und beste Aussichten hat, mit zunehmender Geschäftigkeit bis ans Ende aller Zeiten zu existieren.

WAHRHEITSLIEBEND, Adj.: Blöd und ungebildet.

476

WAHRSCHEINLICH, Adj.: Bei unserem Eintreffen im Himmel festzustellen, daß einige Leute bereits die besten Flächen als ›Ödland‹ an sich gerissen haben.

WALL STREET, Subst.: Ein Symbol der Sünde, welches jedes Teufels spottet. Daß Wall Street ein Diebesnest sei, ist eine Ansicht, die jedem erfolglosen Dieb die Hoffnung auf einen Platz im Himmel ersetzt. Selbst der große und gütige Andrew Carnegie hat in dieser Sache ein Glaubensbekenntnis abgelegt.

Carnegie verkündete streitbar und frank:
»Die Makler Schmarotzer sind, quer durch die Bank!«
Carnegie, Carnegie, nicht gut wird das gehn;
Spar die Atemluft lieber, dein Segel zu blähn,
Kehr heim zu dem Eiland, das Nebel umwallen,
Dein Pibroch verstumme, den Tartan laß fallen:
Ben Lomond ruft fort aus dem Streite den Sohn –
Flieh, fliehe der Wall Street unsel'ge Region!
Solang dir ein Penny noch bleibt in der Hand
(Ich wollte, ich hätte das kostbare Pfand),
Sei klug, stiehl dich weg aus den Kriegen um Geld,
Solang mit dem Wert dein Kredit nicht zerfällt.
Halb König des Mammon, halb König der See:
Zu frei ist dein Denken, Carnegie, drum geh!

Anonymus Bink

WANKELMUT, Subst.: Das wiederholte Stillen einer verwegenen Neigung.

WEG, Subst.: Ein Streifen Land, den man entlanggehen kann von einem Ort, wo zu verweilen zu langweilig ist, dahin, wo hinzugehen nicht lohnt.

Nach Rom führn viel Wege, so wirr auch und kraus;
gottlob führt doch einer auch wieder nach Haus.

Borey der Kahle

WEHRLOS, Adj.: Nicht in der Lage anzugreifen.

WERBESCHRIFT, Subst.: Eine Schüssel heißer Lügen, gewürzt mit einigen kalten Fakten.

WETTER, Subst.: Das Klima einer Stunde. Ständiges Konversationsthema zwischen Leuten, die es gar nicht interessiert, die aber das Verlangen, darüber zu schwatzen, von ihren nackten, auf Bäumen lebenden Vorfahren geerbt haben, welche unmittelbar davon betroffen waren. Die Errichtung offizieller Wetterdienststellen und die Beibehaltung ihrer Lügenhaftigkeit beweist, daß sogar Regierungen den Überredungskünsten ihrer rohen Vorväter aus dem Dschungel zugänglich sind.

Einmal sah ich in der Zukunft, grade noch vom Aug
erschaut,
Mausetot den Chefpropheten, dem das Wetter anvertraut –
Als ein Lügner von Geburt an: tot, verdammt und in der
Hölle;
Das Register seiner Torheit kennt kaum eine Parallele.
Feierlich erhob, weißglühend, sich der Strolch, indes ich
schaute,
Von den Kohlen, die er vorzog, weil er nicht auf Wahrheit
baute.
Seine Augen ließ er schweifen rings umher, bis seine Rechte
Auf ein Täfelchen Asbest schrieb, was ich hier zitieren
möchte –
Denn ich las es in dem rosgen Schimmer jener ewgen
Brände:
›Wolkig; windig; örtlich Schauer; kälter; Schnee; noch
keine Wende‹.
Halcyon Jones

WIDERWÄRTIG, Adj.: Eigenschaft der Ansichten eines anderen.

WIEGE, Subst.: Ein Trog, in dem das Menschenjunge hin und her bewegt wird, damit es seinen Liebreiz behält.

WIRKUNG, Subst.: Das zweite der beiden Phänomene, die stets zusammen in der gleichen Reihenfolge auftreten. Das erste wird die Ursache genannt und soll das zweite nach sich ziehen – was keineswegs vernünftiger ist als jemandem, der noch nie einen Hund gesehen hat, es sei denn beim Verfolgen eines Kaninchens, das Kaninchen als die Ursache des Hundes darzustellen.

WITZ, Subst.: Das Salz, mit dem der amerikanische Humorist seine intellektuellen Speisen verdirbt, indem er es wegläßt.

WOHLTÄTIGKEIT, Subst.: Dem Armenhaus fünf Dollar zur Unterstützung seines betagten Großvaters zu überweisen und dies in der Zeitung kundzutun.

WÖRTERBUCH, Subst.: Eine böswillige literarische Einrichtung, um das Wachstum einer Sprache zu hemmen und sie starr und unbeweglich zu machen. Hingegen ist das vorliegende Wörterbuch eines der nützlichsten Werke, die sein Verfasser, Dr. John Satan, je geschaffen hat. Es ist als ein Kompendium von all dem gedacht, was bis zum Zeitpunkt seiner Vollendung bekannt war, und vermag eine Schraube einzudrehen, einen roten Wagen instandzusetzen und eine Scheidung einzureichen. Es ist ein gutes Ersatzmittel für Masern und wird Ratten dazu bringen, aus ihren Löchern zu kommen, um zu sterben. Es ist ein todsicheres Mittel gegen Würmer, und Kinder verlangen danach.

WORTKLAUBEREI, Subst.: Ein Krieg, bei dem Wörter die Waffen und winzige Löcher in der Schwimmblase der Selbstachtung die Wunden sind – eine Art Wettstreit, bei dem der Unterlegene sich seiner Niederlage nicht bewußt und dem Sieger der Lohn für den Erfolg verweigert wird.

> Gelehrte Männer kamen zu dem Schluß:
> An Miltons Feder starb Salmasius.
> Doch leider! unbewiesen bleibt die Kunde:
> Lies Miltons Witz – dann gingst auch du zugrunde.

WÜSTE, Subst.: Bei der Werbung von Ansiedlern ein ausgedehnter und fruchtbarer Landstrich, der ergiebige Weizen- und Weinernten hervorbringt.

X

X: Ein in unserem Alphabet entbehrlicher Buchstabe, der sich den Angriffen der Rechtschreibereformer gegenüber als besonders widerstandsfähig erweist und gleich ihnen zweifellos ebenso lange existieren wird wie die Sprache. X ist das heilige Symbol für zehn Dollar und findet sich in Worten wie *Xmas, Xn* usw., in Christus, nicht weil es, wie gemeinhin angenommen wird, ein Kreuz darstellt, sondern weil der entsprechende Buchstabe im griechischen Alphabet der Anfangsbuchstabe seines Namens – *Χριστός* – ist. Stellte er ein Kreuz dar, so würde dies für St. Andreas stehen, der auf einem Kreuz dieser

Form ›Zeugnis ablegte‹. In der Algebra der Psychologie steht x für die Sinnesart des Weibes. Wörter, die mit X beginnen, kommen aus dem Griechischen und werden in diesem englischen Standardwörterbuch nicht definiert.

Y

YANKEE, Subst.: In Europa ein Amerikaner. In den Nordstaaten der Union ein Neuengländer. In den Südstaaten ist das Wort unbekannt. (Siehe DAMYANK)

Z

ZAHLUNGSUNFÄHIG, Adj.: Bar jeglichen Vermögens, um auch nur die Schulden zu bezahlen. Fehlender Wille, sie zu begleichen, ist keine Zahlungsunfähigkeit, vielmehr kommerzielle Weisheit.

ZAHNARZT, Subst.: Taschenspieler, der einem Metall in den Mund stopft und Münzen aus den Taschen zieht.

ZECHEN, Verb: Unter angemessenen Riten die Geburt eines edlen Kopfschmerzes feiern.

ZENIT, Subst.: Ein Punkt am Himmel direkt über dem Kopf eines stehenden Menschen oder eines wachsenden Kohlkopfs. Von einem Mann im Bett oder einem Kohlkopf im Topf wird nicht angenommen, daß sie einen Zenit haben, obwohl es aus dieser Sicht der Dinge einmal unter den Gelehrten zu beträchtlichen Meinungsverschiedenheiten kam, weil einige behaupteten, die Körperhaltung sei unwesentlich. Diese Leute wurden als Horizontalisten bezeichnet, ihre Gegner als Vertikalisten. Die horizontalistische Ketzerei wurde schließlich durch Xanobus ausgerottet, den König und Philosophen von Abara, einem eifrigen Vertikalisten. Er betrat dereinst eine Versammlung von Philosophen, welche sich über diese Angelegenheit stritten, und warf seinen Gegnern einen abgetrennten Menschenkopf vor die Füße mit der Aufforderung, seinen Zenit zu bestimmen, wobei er erklärte, der dazugehörige Körper sei draußen an den Füßen aufgehängt. Als die Horizontalisten entdeckten, daß es der Kopf ihres Anführers war, erklärten sie eiligst, sich jeder Überzeugung anzuschließen, an der es der Krone gefalle festzuhalten, und so nahm der Horizontalismus seinen Platz unter *fides defuncti* ein.

ZENSOR, Subst.: Ein von gewissen Regierungen beauftragter Beamter, der die Werke des Genius unterdrücken soll. Bei den Römern überwachte der Zensor die öffentliche Moral. Die Moral der heutigen Nationen würde indes einer solchen Überwachung nicht standhalten.

ZENTAUR, Subst.: Angehöriger einer Menschenrasse, die lebte, bevor die Arbeitsteilung solch hohen Grad der Unterscheidung wie heutzutage erreicht hatte, und die dem primitiven ökonomischen Grundsatz huldigte: ›Jedem Manne sein eigenes Pferd‹. Der Beste von dieser Schar war Chiron, welcher der Weisheit und Tugend des Pferdes die Flüchtigkeit des Menschen hinzufügte. Die biblische Geschichte vom Kopf Johannes des Täufers auf einem Tablett beweist, daß heidnische Mythen die heilige Geschichte etwas verfälscht haben.

ZERBERUS, Subst.: Der Wachhund des Hades, dessen Amt es war, den Eingang zu bewachen – gegen wen oder was, wird nicht ganz deutlich; jeder mußte früher oder später dort auftauchen, und niemand wollte den Eingang wegtragen. Zerberus soll drei Köpfe gehabt haben, und einige Dichter haben ihn sogar mit einhundert ausgestattet. Professor Graybill, dessen tiefschürfende Gelehrsamkeit und gründliche Kenntnis des Griechischen seiner Ansicht großes Gewicht verleihen, hat aus allen Schätzungen den Mittelwert gezogen und gibt die Zahl mit siebenundzwanzig an – ein Ergebnis, das völlig schlüssig wäre, hätte Professor Graybill a) etwas über Hunde und b) etwas über Arithmetik gewußt.

ZEUS, Subst.: Chef der griechischen Götter, von den Römern als Jupiter und von den heutigen Amerikanern als Gott, Gold, Mob und Windhund verehrt. Einige Entdecker, die ihren Fuß am Gestade von Amerika an Land setzten, besonders einer, der eingesteht, eine beträchtliche Strecke ins Landesinnere vorgestoßen zu sein, glaubten, diese vier Namen stünden für ebenso viele unterschiedliche Gottheiten, jedoch versichert Frumpp in seinem monumentalen Werk über überlebende Glaubensrichtungen, daß die Eingeborenen Monotheisten seien, wobei niemand einen anderen Gott denn sich selbst habe und diesen unter vielen heiligen Namen verehre.

IM ZICKZACK GEHEN, Verb: Sich auf unsichere Weise, von einer Seite zur anderen taumelnd, vorwärtsbewegen wie jemand, der des weißen Mannes Last trägt (von *zed,* z und *jag,* einem isländischen Wort unbekannter Bedeutung).

> Sein Zickzackgang war so bizarr,
> Daß nicht vorbeizukommen war.
> Um durchzuschlüpfen, wähl ich strack
> Die Mitte zwischen Zick und Zack.
>
> *Munwele*

ZOOLOGIE, Subst.: Die Wissenschaft und Geschichte vom Reich der Tiere einschließlich seines Königs, der Hausfliege (*Musca maledicta*). Der Vater der Zoologie war Aristoteles, wie allgemein anerkannt wird, aber der Name ihrer Mutter ist uns nicht überliefert worden. Zwei höchst berühmte Vertreter dieser Wissenschaft waren Buffon und Oliver Goldsmith, von denen wir erfahren (L'Histoire générale des animaux und A History of Animated Nature), daß das Hausrind alle zwei Jahre seine Hörner abstößt.

ZUFALL, Subst.: Unvermeidliches Ereignis, hervorgerufen durch das Wirken unveränderlicher Naturgesetze.

ZUKUNFT, Subst.: Jene Zeit, in der unsere Geschäfte gedeihen, unsere Freunde treu sind und unser Glück gesichert ist.

ZWISCHENHERRSCHAFT, Subst.: Jene Periode, in welcher eine Monarchie von einer warmen Stelle auf dem Thronkissen regiert wird. Der Versuch, diese Stelle abkühlen zu lassen, hat zumeist äußerst unglückselige Folgen gezeitigt ob des Eifers so vieler ehrenwerter Personen, sie wieder zu erwärmen.

ZYNIKER, Subst.: Ein Schurke, dessen beeinträchtigtes Sehvermögen die Dinge sieht, wie sie sind, und nicht, wie sie sein sollten. Daher der Brauch unter den Skythen, einem Zyniker die Augen auszureißen, um sein Sehvermögen zu verbessern.

GEDICHTE

AVALON

Mir träumte, ich träume – es war früher Tag –
    Im Garten ein Blumenmeer schäumte –
Am Dämmergestad einer Insel ich lag
    In dem Traum, den zu träumen ich träumte.

Ob her mir gefolgt war ein Schatten von Duft
    Von dem Ort, wo ich wirklich gelegen?
Er füllte wie Lobsang die Hallen der Luft,
    Bezeugend, daß Rosen zugegen.

Doch im Traum, den zu träumen ich träumt, fiel mir ein,
    Daß der Ort ganz von Rosen verlassen –
Daß alles nur Schein; und der Ort müsse sein
    Die Insel genasführter Nasen.

Gar mancher Matrose gab Kunde davon,
    Wie alle, die kamen, verdarben;
Sie suchten an Land (und Tod war ihr Lohn)
    Der Sirenen Rosen und starben.

Die Sirenen warn tot – und nur Wogengedröhn
    Und kein Sang mehr für ewig und immer;
Doch die Rosen schön, die auf Gräbern stehn
    Der Verdammten: man findet sie nimmer.

Ich dachte im Traum, es sei eine Mär,
    Ein Trugbild, das Seefahrer nährten –
Daß der Duft, der kam mit dem Sturm daher,
    Sei der Spuk längst verschwundener Gärten.

Ich sagte: »Ich flieh diesen Unglücksort«
    Und handelte unverdrossen;
Wie von Rosen umflort führt’ die Nase mich fort –
    Ja, Elysium hielt mich umschlossen.

Ich lief wie von Sinnen, zu sehn, wo entstand
  Die duftende Flut – und erreichte,
Geführt von unirdischer, tückischer Hand,
  Eines Waldes durchgeistete Feuchte.

Und wie ich mich wand über Stock und Stein
  (In dem Traum, der im Traum mir gekommen),
Da war um mich ein Schrein und der jähe Schein
  Von Augen, die geisterhaft glommen.

Naß waren die Blätter von scheußlichem Tau,
  Wo des Monds rote Sichel sich malte;
Alle Formen ein düster gespenstisches Blau
  Mit zuckendem Schwelen umwallte.

Doch der göttliche Duft strömte frei; und fest
  Suchte weiter ich, ohne zu wanken,
Bis ich sah – welches Fest! – eines Baumes Geäst:
  Meine Feinde, sie hingen und stanken!

EIN NACHRUFVERFASSER

Ein Zeitungs-Totenpoet saß am Tisch,
  In schicklichen Trübsinn verstrickt;
Er trug sich elegisch und malerisch,
  Wie ein Rabe ein Totenmal schmückt.

Eintrat ein Kunde; der Kelch, den er schlürft',
  War Kummers und Harmes gar voll:
»Was Ergreifendes, Herr, wenn ich bitten dürft,
  Und ganz in der Tonart o-Moll.

Meine Alte, die holten die Engel weg
  Aus dem ewgen Gezänke und Streit.

Einen Nickel die Zeile? Die Kosten ein Dreck!
  Denn Geld gilt mir wenig ab heut.«

Der Sterblichkeit Barde durchbohrenden Blicks
  Maß den Kunden vom Kopf bis zum Zeh:
»Mir bedeutet das viel, wenn auch Ihnen nichts –
  Ich *nahm* heut ein Weib zur Eh.«

Also zog er am Schwanz seiner Seelenkuh,
  Bis daß sich ein Sturzbach ergoß.
Der Schmerz jenes Barden kam gar nicht zur Ruh –
  In Strömen des Grames Rahm floß.

Der Mann, der sein Ehweib begraben hatt,
  Wuchs höher von Maß zu Maß,
Denn sie dreht' sich im Grab – neu ins Leben sie trat!
  Und die Rechnung er grausam vergaß.

Da öffneten weit sich Türen und Tor,
  Daß Kummer wie Harm entquoll,
Und des Barden Gesang, für das innere Ohr,
  Erklang in der Tonart o-Moll.

GRUND ZUM DANKEN

> Vor allem sollten wir dankbar sein,
> daß wir dem Wüten der gelben Geißel
> entgangen sind, von der unsere Nach-
> barn so schlimm heimgesucht wur-
> den. – *Gouverneur Stonemans Danksa-*
> *gungsproklamation*

Laß eines Volkes Dank, o Herr, Dir sagen,
Daß *uns* nicht hat Dein rächend Schwert geschlagen –
Daß unsern Lippen Du den Kelch entrungen

Und ihn der Nachbarn Lippen aufgezwungen.
Barmherzger Vater, reuig danken wir,
Daß Du im Süden strafest und nicht hier,
Daß Du verschonest San Franciscos Lenden,
Um Hermosillo Blut und Tod zu senden –
Daß uns Dein Schreckensengel als ein Freund
Beschirmte und statt unser Guaymas weint.
Lob sei Dir, Gott, daß nicht das Fieber hier
Entfaltete sein grausiges Panier,
Daß nicht der Schwindsucht Richtermacht gebrochen
Vom Dolch, der jede zweite Brust durchstochen!
Katarrhe, Asthma, Kongestion enthüllen
Uns Deine Milde, tun nach Deinem Willen.
Du gibst den Landesboten die Signale –
Sie laden einzeln, doch sie laden alle.
Nicht wie in Mexikos verseuchten Breiten
Schwelgt hier der Gelbe Jack in Schändlichkeiten.
Dank sei Dir, daß Du tötest alle Zeiten.

Nie enden, Vater, Deine Gnadengüter:
Auf alle Häupter träuft Dein Segen nieder,
Nur wechselt die Gestalt. Hier sind die Saaten
Zu leuchtend gelbem Überfluß geraten –
Dort steht das Korn verhagelt auf der Flur,
Geiz erntet Stroh – Not findet Öde nur.
Hier preist der feiste Pfaffe das Gelingen:
Der König freut sich, und die Leute singen –
Dort essen Mütter ihren Nachwuchs auf.
Nun, Nachwuchs gabst Du immerhin zuhauf.
Hier rollt ein Beben harmlos durch das Land,
Und Du bist gut: die Schlote halten stand –
Dort sinken Tempelstädte in das Meer;
Wer überlebte, stürmt mit Schrein daher,
Um auf den Bergen feiernd Deinen weisen,
So wohlerwognen Urteilsspruch zu preisen.

O Gott, vergib: Stoneman und all den Leuten,
Die Deinen Ingrimm und Dein Lächeln deuten

Und die mit frommer Miene niederfallen,
Wenn Du nur niest, um ihren Dank zu lallen.

ASRAEL

Der Mond überm weiten durchpflügten Meer
   Besah sich die steigende Flut;
Ein leuchtender Landmann kutschierte daher,
   Meine Seele zum Mitfahrn er lud.

Doch ich nährte ein unermeßliches Weh,
   Und ich faßte ihn fest in den Blick.
»O Landmann«, so sang ich ersterbend, »geh!
   Laß mich singend und sterbend zurück.«

Das Wasser mir wild um die Füße schwoll,
   Wie ich lag am Gestade der See.
Mein Totensang laut und süß erscholl:
   »Kiudel, iudel, ohe!«

Da hört ich ein Schwirrn, wie von Ohren, gespitzt,
   Zu lauschen dem zaubrischen Ton.
Der Ozean schwoll, und von Tränen er blitzt',
   Die dem schimmernden Jüngling entflohn.

»O Dichter« – er stürzt' zum durchtränkten Strand –
   »Dein Sang einen Heiligenschein
Noch dem Teufel verlieh!« Er reicht' mir die Hand
   Und sagte voll Würde: »Schlag ein!«

Ich tat's. »Ich fordre ein Opfer, versteh«,
   So sprach er – »Du kamst, um zu sterben.«
Der Engel des Todes, er war's! o weh!
   Mich wollt er als Opfer erwerben!

Grad mich, den Barden, Fred Emerson Brooks;
    Und er zog meinem Kopf eins über.
O Gott! Das war eine harte Crux,
    Denn mir war das Leben doch lieber.

»Du singst drum nicht schlechter«, sprach er, und gleich
    Fuhr er weg – meine Seele, ade!
O Totensang-Sänger, ich warne euch,
    Kiudel, iudel, ohe!

MISS LARKINS FALL

Hört mein Lied von Sally Larkin, die, das geb ich hier
                                  bekannt,
Spielt' Akkordeon so gut wie irgendeine hierzuland;
Und ich hörte oft behaupten, daß sie überaus geschickt,
Und Professor Schweinenhauer sei von ihrem Spiel entzückt;
Tiere selbst sein so ergriffen, wenn ihr Apparat erklang,
Daß sie, auf den Keulen sitzend, sängen voller Überschwang.
Alles dies weiß ich von Zeugen, doch dem Kritiker gebührt
Ganz gewiß ein Ohr, das anders als das meine konstruiert.
Singen konnt sie wie ein Häher, und man sagt, daß alle
                                    weinten,
Wenn die Sally und der Ranchhund sich zum Duett vereinten –
Einem Liede, das, so glaub ich, fordert so viel Atemkraft,
Daß es eine Menschenlunge schwerlich ganz alleine schafft.
Das verrät uns die Geschichte, die ich nun erzählen will,
Nämlich, wie (aus Höhn des Ruhmes) Sally Larkin
                                schließlich fiel.

Einst kam zu Sallys Dad als Gast ein Bursche rank und
                                schlank,
Wie je nur einer von weither in diese Gegend drang.
Wenn er auch durchaus verhehlte seine Bildung und sein Blut,

Wurde doch ringsum getuschelt, dieses sei ein echter Dude.
Sei dem, wie man immer wolle, die Erkenntnis fiel nicht
                                                      schwer,
Daß er ein ganz ungewöhnlich, exemplarisch feiner Herr.
Daß dieses Musterexemplar alsbald bei Sally fand
Wohlgefalln und zarte Neigung, lag natürlich auf der Hand;
Doch er schien es nicht zu merken und war unbegreiflich
                                                      blind
Für das reich mit Reiz geschmückte, hochbegabte schöne Kind
Und zog vor, ich sag's mit Schmerzen, ein Spiel Poker mit
                                                  dem Dad,
und er zeigte ein Benehmen, das nun ganz und gar nicht nett.

Eines Abends – es war Sommer – hielt die Maid auf ihrem
                                                      Schoß
Ihr Akkordeon, und daneben lehnt' der trübe Dudensproß;
Mit dem Grogglas an den Lippen er an einer Säule stand,
Dachte wohl des altehrwürdgen Lands, wo er zum Lichte fand.
Nun summte Sally, gleichfalls trüben Sinnes, eine Weise,
Sie zog an der Harmonika und präludierte leise.
Dann stiegen Liebesseufzer auf, es klang so sterbensmatt,
Und es klagte voller Mitleid ihr traktierter Apparat.
»In der Dämmrung! O my Darling!« klang's in wilder
                                              Leidenschaft,
Und ihr Aug, auf seins gerichtet, sprach von ihres Kummers
                                                      Kraft,
Bis der Ranchhund seine Hütte an dem hintern Tor verließ
Und, den Wohlklang zu vermehren, auch zu der Versammlung
                                                      stieß.
Und er geriet in Feuer, bis die Dämmrung widerklang
Von dem Liede, das er *seinem* Darling voller Inbrunst sang!
Da rief der verträumte Jüngling jäh zurück sein ganzes
                                                    Sinnen
Aus dem Land, wo seine Ahnen Dudes gewesen und Dudinen,
Und sprach höflich – kaum entfernte er den Becher Grog vom
                                                    Mund –
»Bitte sein Sie still, Miss Larkin: denn Sie stören bloß
                                              den Hund.«

FINIS AETERNITATIS

Ich strich am Abend durch mein Heimatland,
Das voller Früchte, voller Blumen stand –
   Da quert ich einen Schatten überm Weg,
Und Öde war um mich aus Fels und Sand.

»Die Äpfel sind verschwunden«, sagte ich,
»Verdorrt die Rosen, und ihr Duft entwich.
   Ich will zurückgehn.« Eine Stimme rief:
»Erstanden ist, der tot war ewiglich!«

Mich wendend, sah ich einen Engel stehn,
Herabgestiegen aus des Himmels Höhn
   Mit blankem Schwert und goldener Posaune;
Von süßem Mitleid war sein Antlitz schön.

»Der Schatten überm Weg war nicht der Tod«,
Sagt ich, »ein Frosthauch nur hat mich bedroht.
   Er ließ mich keuchen, doch nach kurzer Frist
Kam ich zu Atem noch mit knapper Not.«

Dasselbe Land! Die Berge wie von je
Erhoben grau ihr Haupt, und jede Bö
   In aschnen Tälern, wo die Söhne schnitten,
Fegt' Staub aus leerem Flußbett in die Höh.

Wo droben einst der Wanderer erschaut
Der Städte jüngste, stolz und hochgebaut,
   Da ragte kahler Fels ins fahle Licht –
Getürmter Stein, verlassen, bleich, ergraut.

Wo an des Vaters Grab ich betend stand
Im heilgen Dämmer an der Tempelwand,
   Strich ein Schakal am nackten Fels dahin,
Von nahendem Verhängnis scheu gebannt.

Von Menschen nicht ein Zeugnis weit und breit;
Am Berg nur blieb verschont vom Künstler Zeit
  Ein ehern Mausoleum (mir vertraut)
Und unterstrich rings die Verlassenheit.

Ins starre Meer die trübe Sonne sank,
Durchmaß Karmingewölke, Bank um Bank.
  »Die Ewigkeit bricht an!« So rief ich laut.
Der Engel sprach: »Die ist vorbei schon lang.

Tot ist der Mensch seit ewgen Zeiten schon;
Tot sind die Engel, nur ich kam davon;
  Die Teufel auch sind endlich kalt genug,
Und Gott liegt tot vor seinem weißen Thron!

Ich soll, wenn diese Erde gänzlich leer,
Erscheinen hier (wie Gabriel vorher,
  Als ich den letzten Lebenden erwürgt)
Und schwörn: »Es gibt die Ewigkeit nicht mehr.«

»O Todesfürst!« rief ich, »erklär mir nur,
Warum mir solche Wohltat widerfuhr,
  Dank welcher Tugend ich das Grab besiegt.«
»Du lebst«, sprach er, »zu hören meinen Schwur.«

»Dann laß mich wieder kriechen unters Gras,
Und klopf an jenes ehrne Prunkgelaß.
  Da du auf Ohren aus, Charles Crockers Ohren –
Des größten Esels – kommen dir zupaß.«

Er pochte, und beim hohlen Echohall
Entsprang eine Hyäne dem Portal!
  Sprach Asrael: »Entflohn ist seine Seele!«
Und schloß die erzne Tür mit dumpfem Schall.

EINE INTERPRETATION

Die Bühne nunmehr Lonergan gehört,
Wahrheit und Irrtum stecken ein ihr Schwert.
Kommentatoren, statt sich anzuwettern,
Verneigen sich befriedet vor den Brettern,
Und Bücherwürmer, ewig militant,
Bekennen endlich ihren Unverstand
Und lesen Shakespeare neu und zweifeln nicht:
Glasklar sei alles in dem neuern Licht.
Denn ewig war's ein heißumstrittner Fall:
War Hamlet irre? – war er doch normal?
Nun Lonergan! – sein Können offenbart
Die Wahrheit in dem vielbesprochnen Part,
Und allen Kritikern wird sonnenklar,
Daß Hamlet ein Idiot von Haus aus war.

DAS VERDERBTE DORF

nach Goldsmith

Mein Auburn! Dorf, wo Leben üppig sprießt,
Wo Klatsch und Strotzen jeden Fremden grüßt,
Wo Unschuld, hat sie den Tribut entrichtet,
Erschreckt, versehrt, verstört von hinnen flüchtet –
Du Heimstatt, wo Geschwätz und Tücke schwelen,
Dein Klima heilt, doch deine Weiber quälen;
Wie oft hab ich auf deinem Grün gekniet
Und Tod erfleht, damit ihr Zorn verglüht!
Wie oft hab ich bei jedem Reiz verweilt,
Von Staunen und Bestürzung zwiegeteilt:
Dem Bach, wo manche Lästermühle steht,
Der Kirche, deren Hirt auf Feuer brät,

Dem Kuhdornbusch, wo an den Schattenplätzen
An Herzen, Namen sie die Schnäbel wetzen.
Wenn doch die Klatschen meinen Wunsch erfüllten
Und lieber Whist anstatt den Teufel spielten!

Unseliger Ort! dich möcht ich enden sehn,
Eh ich, des Rufmords Opfer, selbst muß gehn.
Wie glücklich sie, die deine Schatten meidet
Und sich mit einem Wolfsbau still bescheidet;
Den Platz verläßt, wo längst die Wahrheit fehlt,
Und statt der Rückkehr lieber Sterben wählt!
Für sie sinnt nicht mehr Eifersucht zur Nacht
Auf arge Bosheit, die sie weinen macht;
Nicht schmäht sie mehr der harten Weiber Chor
Und stößt ihr Gnadeflehen fort vom Tor;
In Frieden endet ihre Erdenspur,
Denn Tiere schmähen nicht, sie reißen nur –
Willfährig sinkt sie stückweis in die Bäuche,
Und ihr Entsagen schmiert die engen Schläuche,
Doch lichter nimmt sich denn ihr Ende aus:
Den Wölfen, nicht den Fraun, ein Festtagsschmaus.

VERZWEIFLUNG

Vergebens durchkämpf ich die Tage,
    Zieh gegen das Schicksal zu Feld;
Nachts bin ich von Reue und Plage,
    Gespenstern des Hasses umstellt.

»Hätt ich Ruh! Hätt ich Frieden!« Wild schrei ich –
    »Laßt mich fallen, der Kampf mich zerreibt.
Was immer ich hab, gäb ich freudig
    Um den Tod – wenn nur Leben mir bleibt.«

ADAIR WELCKER, POET

Der Schwan von Avon starb – nicht lang,
Dann wird auch seinen Schwanensang
Der Schwan von Sacramento flöten.
Gib acht, er wird auch dich sonst töten.

RATIONALHYMNE

Mein holdes Heimatland,
Heimstatt von Schmach und Schand,
   Von dir ich sing –
Land, wo der Ahne schritt
Und junge Hexen briet,
Der Quäker blutend litt
   Auf deinen Wink.

Du Hort der Gaunerei,
Land, wo der Räuber frei,
   Dein Recht ist mild;
Es spricht dem Volke Hohn
Und trägt sein Geld davon;
Fest steht des Pöbels Thron:
   Sein Wille gilt.

Laßt Staat und Cliquen doch
Stopfen das eigne Loch
   Mit jedem Griff.
Laßt alle Richter fülln
Ihr Portemonnaie und stilln
Die Gier. Um Jesu willn
   Geh *alles* schief.

EINE FUNDGRUBE
FÜR WELTVERBESSERER

Als Gott die Schöpfung Welt beschloß,
   War Chaos; darin fand er
Materie, die da stob und floß
   In wüstem Durcheinander.

Er separierte hier und da,
   Und jede Art von Dingen
Mit Schild und Namen er versah,
   Soweit es wollt gelingen.

Doch fehlte die Gelehrsamkeit
   Zu seinem hohen Streben;
So konnt er vielem weit und breit
   Doch keinen Namen geben.

Das liegt (seit Gottes Werk getan)
   Ganz wüst und unverbunden
und bietet Ideale an
   Für künftge Schöpfungsstunden.

JUDEX JUDICATUS

Als, Richter Armstrong, dich die Armen baten,
Zu lösen sie von Schwüren, die sie taten,
Unüberlegt, und die sie längst bereuten,
War taub dein Ohr, und deine Blicke dräuten.
Mit Rhadamanthys' (Minos', Aiakos') Strenge
Triebst du sie ohne Gnade in die Enge!
Spießrutenlaufen zum Gespött der Massen
Hast du mit Eisenmiene zugelassen –

497

Vandalen, Hunnen durften freiweg schmieren,
In Zeitungen Privates publizieren
Und laut geheime Händel präsentieren.
Wenn aber Reichtum bittend vor dir steht,
Spitzt du das Ohr und peng! die Türe geht!
Zu sind die Läden, schwaches Licht nur brennt,
Damit auch ja kein dreister Blick erkennt,
Daß Gold ein Eheleben nicht versüßt
Und läutert, wo nur Streit und Roheit ist –
Daß Laster abstößt, mag's auch golden schmücken
Die Krümmung auf dem richterlichen Rücken.
Vermummter Kläger zischelndes Bekenntnis,
Absprache und geheimes Einverständnis,
Versiegelter Beweis, Vertraulichkeit,
Unsichtbar, ungeschrieben der Entscheid,
Die nächtge Unterschrift und – *klick! klick! klick!* –
Verzeihung, Richter, einen Augenblick
Glaubt ich zu hörn, was jeden Braven schreckt;
Gewiß war Ihre Feder nur defekt.

O Kalifornien, schwergeprüftes Land,
Wo Richter kriechen vor der Goldnen Hand
Und sich in Schurkendiensten überschlagen,
Die Sklaven einem König selbst versagen –
Rechtsprecher ohne Rechtsgefühl und Herz,
Bewußt nur des Gewissens durch den Schmerz
Vom Rückprall (den ein Warnruf unterstreicht),
Wenn sie das Schmiergeld unzureichend deucht –
Und dennoch fiedeln sie ihr ›Sixpence-Lied‹,
Das weiter Geld aus prallen Taschen zieht –
O Kalifornien, diesen stummen Sang
Spieln deine Richter schon ihr Leben lang,
Katzbuckelnd vor den Reichen um die Batzen,
Und ärger juckt sie's nur, je mehr sie kratzen.

EINE ÜBEREILTE SCHLUSSFOLGERUNG

Der Teufel, vom Ruße und Schweiß ganz verschmiert,
    Erschien eines Tags an der Pforte
Des Himmels; bei Petrus er antichambriert':
    Es brauche nur weniger Worte.

Der Heilige führt' ihn zum Herrn, dessen Thron
    die Menge der Bitter umdrängte;
Beide grüßten, und gleich kam der Böse auch schon
    Zu sprechen auf das, was ihn kränkte:

»Millionen von Jahren schon röstest du mich,
    Weil du anrüchig fandst meine Faibles;
Zwar denk wie von alters her ich über dich,
    Doch du sitzt am längeren Hebel.

Nun wag ich zu hoffen für meine Person,
    Der uralte Bruch könnte heilen
Und du, Sir, und ich, Sir, wir könnten den Thron
    Und die Herrschaft uns brüderlich teilen.«

»Nanu!« sprach der Herr (doch die Schrift reicht nicht
                                                                    aus,
    Den Unterton wiederzugeben),
»Wer sollte dich heißen, im himmlischen Haus
    Nach solchen Prämissen zu leben?«

»Das kann doch nicht wahr sein!« sprach Satan, »ich sah
    Hier Stanford und Crocker bei Tische,
Und Huntington – Himmel! die drei stehn nun da
    Wie mächtige schattende Büsche.

Sie sind fett, und sie schwimmen in Gold, ihre Hand
    Gebietet den Quellen und Minen;
Du gabst ihnen Häuser, du gabst ihnen Land –
    Die Redlichen kuschen vor ihnen.«

»Na und?« sprach der Herr. Darauf Satan: »Es reicht!
    Weil du übersehen noch eben
Verbrechen wie ihre, da dacht ich, vielleicht
    Hast du *meinem* Prinzip dich ergeben.«

EIN VERHEISSENER SCHNELLZUG

Der Zukunft Rolle war vor mir enthüllt,
Verheißnes sah ich vor mir, Bild um Bild.

Ich sah den lebenträchtgen Zauberzug,
Der Glanz und Glorie durch Nevada trug.

Ich sah ihn mühelos den Berg gewinnen
und rief: »Wie glücklich jeder Gast dort drinnen!«

Maschinenlärm ertrank in Lust und Singen,
Und Hoffnung flog voraus auf Freudenschwingen.

Dann ging's bergab, gen Sonnenuntergang –
Fort war die Hoffnung und verstummt der Sang.

Von Krach und Schrein war der Ruin begleitet,
Den Habsucht jenem Eisenweg bereitet.

Rost fraß die Schienen, morsche Schwellen trogen,
Und Eisenbolzen durch die Lüfte flogen.

Zag floh mein Blick, verstört von der Vision;
Gen Westen spähte ich, zur Endstation,

Wo bald, zu künden von dem Trauerspiel,
Ein schwankes blutges Rad zu Boden fiel.

TAG DES BAUMES

Hurtig, Kinder, schwarz und weiß –
Festtag ist, drum pflanzt ein Reis,
Jeder Schüler einen Baum:
Groß wird der – ihr glaubt es kaum,
Riesengroß und stark – und dann
Hängt ein Schuldirektor dran.

EIN SPATEN

> Der Spaten, der benutzt wurde, um
> beim Bau der Central Pacific Railroad
> das erste Rasenstück abzustechen, soll
> auf der New-Orleans-Ausstellung ge-
> zeigt werden. – *Pressetelegramm*

Berühmtes Werkzeug zu unseliger Tat,
Welch gräßlich Zeugnis brennt auf deinem Blatt!
Ich sehe, daß dich noch die grausen Flecken
Vom Blut und Hirn der Reisenden bedecken.
Dem roten Rost der Witwe Fluch entsteigt,
Dein blinder Glanz von Waisentränen zeugt.
Blutrot die Spur auf deinem Griff sich malt,
Wo dich des Trägers harte Hand umkrallt,
Als kühn und kraftvoll er das Zeichen gab:
Ein Spatenstich – zu eines Volkes Grab! –
Tot sind sie, die da buhlten um Gewinn,
Geb Gott, sie schwänden aus Gesicht und Sinn.
Doch zeigt dein Blatt mir einen Zauberspuk,
Zu sehen schein ich einen eklen Zug:
Die Richter – Hermelin schleift durch den Kot,
Unschuldig Blut färbt ihre Roben rot;

Gesetzeshüter, Schmiergeld in den Taschen;
Skribenten, die den Judaslohn vernaschen;
Und Lügner, Räuber, die nach Beute haschen!
Sie schwinden, ehe sich das Dunkel mehrt,
Und vor mir geisterst du als Teufelsschwert,
Dein Blatt glimmt unheilkündend durch die Nacht,
Gell schrein der Tugend Geister, schuldlos umgebracht!

FABELN

MORALISCHES BEWUSSTSEIN
UND MATERIELLES INTERESSE

Auf einer Brücke, nicht breit genug für beide, begegneten sich das moralische Bewußtsein und das materielle Interesse.

»Nieder mit dir, du verächtliche Sache«, donnerte das Bewußtsein, »und laß mich über dich hinwegschreiten!«

Das Interesse blickte dem anderen nur in die Augen und sagte kein Wort.

»Ach, wollen wir doch das Los ziehen«, meinte das Bewußtsein zögernd, »und sehen, wer von uns zurückgehen soll, bis der andere drüben ist.«

Das Interesse schwieg unerschütterlich und wandte kein Auge von seinem Gegenüber.

»Um einen Konflickt zu vermeiden«, nahm das Bewußtsein, ein wenig unbehaglich, seine Rede wieder auf, »werde ich mich hinlegen, damit du über mich hinwegschreiten kannst!«

Da rückte das Interesse endlich mit der Sprache heraus. »Ich glaube nicht, daß es sich sehr gut auf dir läuft«, sagte es. »Ich bin etwas wählerisch bei dem, was ich unter den Füßen habe. Ich denke, du wirst wohl ins Wasser steigen müssen.«

Und so geschah es denn auch.

DER ERFINDERISCHE PATRIOT

Ein erfinderischer Patriot hatte beim König eine Audienz erhalten, zog ein Blatt Papier aus der Tasche und sprach: »Möge Eure Majestät geruhen, ich habe hier eine Konstruktionsformel für Panzerplatten, die jedem Geschoß widerstehen. Wenn diese Platten bei der Königlichen Kriegsmarine eingeführt werden, sind unsere Schiffe unverwundbar und somit unbesiegbar. Hier sind auch die Gutachten der Minister Euer Majestät, die den Wert der Erfindungen bescheinigen. Ich will meine Rechte darauf für eine Million Ping-Ping verkaufen!«

Nachdem der König die Papiere geprüft hatte, legte er sie beiseite und versprach ihm, dem Oberschatzmeister des Erpressungsministeriums eine Anweisung über eine Million Ping-Ping zu geben.

»Und hier«, sagte der erfinderische Patriot und zog ein weiteres Papier aus einer anderen Tasche, »hier sind die Konstruktionszeichnungen einer Kanone, die ich erfunden habe und die jene Panzer durchschlägt. Euer Majestät königlicher Bruder, der Kaiser von Bang, möchte sie sehr gern erwerben, doch veranlaßte mich die Treue zu Euer Majestät Thron und Person, sie zuerst Euer Majestät anzubieten. Der Preis beträgt eine Million Ping-Ping.«

Nachdem ihm ein weiterer Scheck versprochen worden war, faßte er wieder in eine Tasche und sagte dabei: »Der Preis der Wunderkanone wäre weitaus höher gewesen, Majestät, wenn nicht die Tatsache bestünde, daß ihre Geschosse außerordentlich sicher abgelenkt werden können durch meine geniale Spezialbehandlungsmethode der erwähnten Panzerplatten mit einer neuen ...«

Der König bedeutete dem Großhauptfaktotum, sich zu nähern.

»Durchsucht diesen Mann«, sprach er, »und meldet mir, wieviel Taschen er hat.«

»Dreiundvierzig, allergnädigster Herr«, sagte das Großhauptfaktotum.

»Möge Eure Majestät geruhen«, jammerte der erfinderische Patriot schreckensbleich, »aber in der einen Tasche ist nur Tabak.«

»Haltet ihn an den Füßen hoch und schüttelt ihn durch«, sagte der König; »dann gebt ihm einen Scheck über zweiundvierzig Millionen Ping-Ping und richtet ihn hin. Es möge ein Gesetz erlassen werden, das Erfindungsgeist zu einem Kapitalverbrechen erklärt.«

DIE POLITIKER

Ein Alter Politiker und ein Junger Politiker reisten auf der staubigen Landstraße, welche zur Stadt der Glücklichen Verborgenheit führt, durch ein schönes Land. Angelockt von den Blumen und Schatten und entzückt über den Gesang der Vögel, die zu Waldwegen und grünen Feldern einluden, sagte der Junge Politiker, dessen Vorstellungskraft entflammt wurde durch flüchtige Bilder von goldenen Tempeln und glitzernden Palästen in der Ferne beiderseits des Weges:

»Laß uns, ich flehe dich an, unsere Schritte von diesem trostlosen Weg wenden, von dem du wohl weißt, wohin er führet, nicht jedoch ich. Laß uns der Pflicht den Rücken kehren und uns ganz den Freuden und Vorteilen hingeben, die von jedem Hain winken und uns von jedem leuchtenden Hügel zurufen. Laß uns, so du willst, diesem wunderschönen Pfade folgen, welchselbiger, wie du siehst, einen Wegweiser hat, kündend: Möget ihr alle euch hierher wenden, die ihr den Palast der Öffentlichen Aufmerksamkeit sucht!«

»Es ist ein schöner Weg, mein Sohn«, sprach der Alte Politiker, ohne deshalb weniger schnell auszuschreiten oder den Kopf zu wenden, »und er führet zu angenehmen Schauplätzen. Indes birgt die Suche nach dem Palast der Öffentlichen Aufmerksamkeit eine ungeheure Gefahr in sich.«

»Welche ist das?« fragte der Junge Politiker.

»Die Gefahr, ihn zu finden«, entgegnete der Alte Politiker und strebte weiter.

DIE KRITIKER

Antinous wurde beim Baden von Minerva beobachtet. Sie war von seiner Schönheit so bezaubert, daß sie in der vollen Rüstung, die sie gerade trug, vom Olymp herunterstieg, um ihn für sich zu gewinnen. Da sie sich aber unglücklicherweise mit dem Schild zeigte, der den Kopf der Medusa trug, wollte es ihr Mißgeschick, daß der schöne Sterbliche zu Stein erstarrte, als er einen Blick darauf warf. Sogleich stieg Minerva wieder empor, um Jupiter zu bitten, ihn wieder ins Leben zurückzurufen. Doch ehe das geschehen konnte, kamen ein Bildhauer und ein Kritiker des Wegs und erspähten ihn.

»Das ist ein sehr schlechter Apoll«, meinte der Bildhauer, »die Brust ist zu schmal, und der eine Arm ist mindestens einen halben Zoll kürzer als der andere. Die Haltung ist unnatürlich, ja, ich möchte sagen, unmöglich. Ha! Da sollten Sie mal meine Statue des Antinous sehen.«

»Meines Erachtens«, sprach der Kritiker, »ist die Figur leidlich gut, wenn sie auch starken etrurischen Einfluß verrät, aber der Gesichtsausdruck ist fraglos toskanisch und somit nicht naturgetreu. Nebenbei bemerkt, haben sie meine Abhandlung ›Perspektivische Fehlerquellen in der Kunst‹ gelesen?«

DER FLUGAPPARAT

Ein findiger Kopf hatte einen Flugapparat gebaut und eine große Menschenmenge zum ersten Start eingeladen. Zur festgesetzten Zeit, als alles bereit war, bestieg er die Maschine und gab Dampf. Sogleich durchbrach sie das massive Fundament, auf dem sie montiert war, versank in der Erde und ward nicht mehr gesehen: der Flieger konnte gerade noch rechtzeitig herausspringen, um sich zu retten.

»Nun«, sagte er, »das wird wohl genügen, um die Richtigkeit meiner Konstruktion zu beweisen. Die Mängel«, fügte er mit einem Blick auf das zerstrümmerte Mauerwerk hinzu, »sind doch lediglich untergeordneter, elementarer Art.«

Auf Grund dieser Versicherung eröffneten die Leute von sich aus eine Subskription für den Bau einer zweiten Maschine.

DER UNVERÄNDERTE DIPLOMAT

Die Republik von Madagonien wurde am Hofe des Königs von Patagascar lange schon durch einen Beamten wohl vertreten, der den Rang eines Dazie bekleidete. Aber eines Tages verlieh ihm das Madagonische Parlament den höheren Rang eines Dandee. Am Tage, nachdem man ihn von dieser neuen Würde in Kenntnis gesetzt hatte, eilte er, den König von Patagascar zu unterrichten.

»Aha, ja, ich verstehe«, sprach der König. »Sie sind befördert worden und bekommen nun ein höheres Gehalt sowie Vergütungen. Gab es eine Geldzuwendung?«

»Jawohl, Euer Majestät.«

»Und jetzt haben Sie zwei Köpfe, stimmt's?«

»O nein, Euer Majestät – nur einen. Ich versichere Sie.«

»Wirklich? Und wieviel Arme und Beine?«

»Jeweils zwei, Sire – nur zwei von jedem.«

»Und nur einen Körper?«

»Genau einen einzigen Körper, wie Sie sehen.«

Der Monarch nahm gedankenversunken die Krone ab, kratzte sich das königliche Haupt, saß eine Weile schweigend und bemerkte dann:

»Ich glaube, die Geldzuwendung war fehl am Platz. Sie scheinen so ungefähr derselbe Typ von verdammtem Narren zu sein, der Sie schon vorher waren.«

DER STEINSETZER

Ein Autor sah einen Arbeiter Steine ins Pflaster einer Straße hämmern, trat zu ihm und sagte:

»Mein Freund, du scheinst ermüdet. Ehrgeiz ist ein harter Schinder.«

»Ich arbeite für Mr. Jones, Sir«, entgegnete der Arbeiter.

»Schön, dann freue dich«, setzte der Autor das Gespräch fort. »Ruhm kommt im unerwartetsten Augenblick. Heute bist du arm, unbekannt und verzagt, morgen aber führt vielleicht alle Welt deinen Namen im Mund.«

»Was erzählen Sie mir da?« sagte der Arbeiter. »Kann ein ehrlicher Steinsetzer nicht in Frieden seiner Arbeit nachgehen, sein Geld dafür bekommen und seinen Lebensunterhalt damit bestreiten, ohne daß andere ihm solchen Unsinn verzapfen über Ehrgeiz und die Hoffnung auf Ruhm?«

»Kann dies denn nicht ein ehrlicher Schriftsteller?« fragte der Autor.

ZWEI DICHTER

Zwei Dichter stritten sich um den Apfel der Zwietracht und den Knochen des Haders, denn beide waren sehr hungrig.

»Ihr meine Söhne«, sprach Apollo, »ich will die Preise zwischen euch verteilen. Du«, sagte er zu dem Ersten Dichter, »zeichnest dich durch deine Kunst aus. So nimm denn den Apfel. Und du«, sagte er zum Zweiten Dichter, »zeichnest dich durch deine Einbildungskraft aus – so nimm den Knochen.«

»Der Kunst der beste Preis!« sagte der Erste Dichter triumphierend und brach sich, als er anhob, seine Belohnung zu verzehren, alle Zähne aus. Der Apfel war ein Kunstwerk.

»Das zeigt unseres Meisters Verachtung für die bloße Kunst«, sagte der Zweite Dichter grinsend.

Sodann versuchte er, seinen Knochen abzunagen, aber seine Zähne durchdrangen ihn, ohne auf Widerstand zu stoßen. Es war ein imaginärer Knochen.

DER BUMBO VON JIAM

Der Pahdour von Patagascar und der Gookul von Madagonien stritten um eine Insel, welche von beiden beansprucht wurde. Schließlich entschieden sie auf Anraten der Internationalen Liga der Kanonengießer, die in beiden Ländern bedeutende Niederlassungen unterhielt, ihre Ansprüche dem Bumbo von Jiam vorzutragen und sich seinem Urteilsspruch zu unterwerfen. Noch während der Vorbereitungen für das Schiedsspruchverfahren kam es jedoch zwischen ihnen unglücklicherweise zu einer Meinungsverschiedenheit, und sie griffen zu den Waffen. Am Ende eines langen und unheilvollen Krieges, als beide Seiten erschöpft und mittellos waren, intervenierte der Bumbo von Jiam im Interesse des Friedens.

»Meine großartigen und guten Freunde«, sprach er zu seinen erhabenen Brüdern im Amt, »es wird für euch von Nutzen sein zu hören, daß einige Fragen verworrener und gefahrvoller sind als andere, da sie eine größere Zahl von Punkten aufweisen, über die man möglicherweise geteilter Meinung sein könnte. Vier Generationen lang haben eure königlichen Vorgänger über den Besitz dieser Insel debattiert, ohne sich zu überwerfen. Hütet euch, o hütet euch vor den Gefahren eines internationalen Schiedsspruchs! – gegen welchen euch zu schützen ich hinfort als meine Pflicht ansehen werde.«

Sprach's, annektierte beide Länder und wurde nach einer langen, friedvollen und glücklichen Regierungszeit von seinem Premierminister vergiftet.

EIN KNÜPPELDAMM

Eine reiche Frau – gerade aus dem Ausland heimgekehrt – verließ am unteren Ende der Kneedeep Street ihr Schiff und war im Begriff, durch den Morast in ihr Hotel zu waten.

»Gnädige Frau«, sagte ein Polizist, »das kann ich nicht zulassen; Sie würden sich Schuhe und Strümpfe schmutzig machen.«

»Oh, das ist wirklich nicht so schlimm«, erwiderte heiter lächelnd die reiche Frau.

»Aber das ist doch nicht notwendig, gnädige Frau; wie Sie sehen, liegt vom Kai bis zum Hotel eine ununterbrochene Reihe von Journalisten, die um die Ehre flehen, Ihnen als Knüppeldamm zu dienen.«

»In diesem Falle«, sagte sie, setzte sich auf die Stufe eines Hauseingangs und öffnete ihre Tasche, »muß ich mir wohl meine Gummiüberschuhe anziehen.«

FURCHT UND STOLZ

»Guten Morgen, mein Freund«, sagte die Furcht zum Stolz. »Wie geht es dir heute morgen?«

»Ich bin sehr müde«, antwortete der Stolz, setzte sich auf einen Stein am Wegrand und wischte sich die dampfende Stirn ab. »Die Politiker rauben mir die letzten Kräfte, weil sie mit *mir* auf ihre schmutzige Vergangenheit weisen, wo sie doch ebensogut einen Stock nehmen könnten.«

Die Furcht seufzte mitfühlend und sagte:

»Mir ergeht es in vieler Weise ähnlich. Statt ein Opernglas zu benutzen, beobachten sie die Handlungen ihrer Gegner mit *mir!*«

Während diese geduldigen Arbeitstiere gemeinsame Tränen vergossen, wurde ihnen Nachricht gegeben, sie müßten wieder ihren Pflichten nachkommen, da eine der politischen Parteien einen Dieb nominiert hatte und im Begriff war, eine Freudenversammlung abzuhalten.

EINE RADIKALE PARALLELE

Einige weiße Christen, die damit beschäftigt waren, chinesische Heiden aus einer amerikanischen Stadt zu vertreiben, fanden eine in Peking in chinesischer Sprache erschienene Zeitung und zwangen eines ihrer Opfer, den Leitartikel zu übersetzen. Dieser erwies sich als ein Aufruf an die Bevölkerung der Provinz Pangki, die ausländischen Teufel aus dem Lande zu jagen und ihre Wohnhäuser und Kirchen niederzubrennen. Angesichts dieses Aktes mongolischer Barbarei waren die weißen Christen in solch hohem Maße ergrimmt, daß sie ihr ursprüngliches Vorhaben zu Ende führten.

KÄNGURUH UND ZEBRA

Ein Känguruh, das mit einem sperrigen Gegenstand im Beutel unbeholfen dahinhüpfte, begegnete einem Zebra, und da ihm daran lag, daß dessen Aufmerksamkeit auf sich selbst gerichtet blieb, sagte es:

»Dein Anzug sieht aus, als ob du gerade aus dem Zuchthaus kommst.«

»Der Schein trügt«, erwiderte das Zebra und lächelte im Bewußtsein eines noch empfindlicheren Scherzes, »oder ich müßte glauben, du kämst gerade aus der gesetzgebenden Körperschaft.«

RELIGIÖSE IRRWEGE

Ein Christ im Orient hörte Kampfeslärm und fragte seinen Dragoman nach der Ursache.

»Die Buddhisten schneiden den Mohammedanern die Hälse ab«, sagte dieser mit orientalischer Gelassenheit.

»Ich wußte noch gar nicht«, bemerkte der Christ mit wissenschaftlichem Interesse, »daß dies so viel Lärm macht.«

»Die Mohammedaner schneiden den Buddhisten die Hälse ab«, fügte der Dragoman hinzu.

»Es ist erstaunlich«, verwunderte sich der Christ, »wie gewalttätig es bei religiösen Zwistigkeiten zugeht und wie verbreitet sie sind.«

Sprach's, setzte eine auffallend überhebliche Miene auf und entfernte sich, um nach einem Trupp Halsabschneidern zum Schutze der christlichen Interessen zu telegrafieren.

DER GENÜGSAME BAUER

Ein Postenjäger, vom Präsidenten aus Washington gewiesen, bewässerte auf dem Heimwege die Landstraße mit seinen Tränen.

»Ach, wie unselig ist doch der Ehrgeiz«, sagte er, »wie unbefriedigend sein Lohn und wie schrecklich seine Enttäuschungen! Man sehe jenen Bauern dort, der ruhig und zufrieden seinen Acker bestellt! Er steht mit den Hühnern auf, verbringt den Tag bei gesunder Arbeit und legt sich des Abends nieder, um heiter zu träumen. Er kennt nicht den verrückten Kampf um Stellung und Macht; das Schlachtengedröhn erreicht sein Ohr nur wie fernes Meeresrauschen. Glücklicher, dreimal glücklicher Mensch! Ich will zu ihm gehen und mich an seiner bescheidenen Glückseligkeit erwärmen. Sei gegrüßt, Bauer!«

Der Landmann stützte sich auf den Rechen und erwiderte den Gruß mit einem Kopfnicken, sagte aber nichts.

»Mein Freund«, sprach der Postenjäger, »was Sie vor sich sehen, ist das Wrack eines ehrgeizigen Mannes – vernichtet von der Jagd nach Stellung und Macht. Heute morgen, als ich von unserer Hauptstadt aufbrach –«

»Fremder«, unterbrach ihn der Bauer, »wenn Ihr bald wieder dort hinkommt, dann seid Ihr vielleicht so gut und macht Euren Einfluß geltend, daß ich Postmeister von Smith's Corner werde.«

Da zog der Wanderer weiter.

POLITIKER UND PLÜNDERGUT

Einige Politische Wesen teilten die Beute.

»Ich werde die Verwaltung der Gefängnisse übernehmen«, sagte eine Mäßige Achtung der Öffentlichen Meinung, »und radikale Veränderungen herbeiführen.«

»Und ich«, sagte die Befleckte Ehre, »werde meine gegenwärtige allgemeine Verbindung mit Affären beibehalten, während mein Freund hier, der Beschmutzte Hermelin, im Gerichtswesen verbleiben wird.«

Der Politische Topf sagte, er werde nichts mehr kochen, es sei denn, man fülle ihn immer wieder aus dem Pfuhl.

Die Kohäsivkraft des Öffentlichen Diebstahls bemerkte gelassen, sie gehe von der Annahme aus, daß die zwei Führer natürlich ihr Anteil sein würden.

»Nein«, sagte die Unterste Tiefe der Entwürdigung. »Sie sind bereits mir zugefallen.«

EIN VERWIRKTES RECHT

Da der Leiter der Wetterdienststelle einen schönen Tag vorhergesagt hatte, eilte eine Vorsorgliche Person, sich mit einem großen Vorrat an Schirmen zu versehen, den sie am Gehsteig zum Verkauf feilbot; aber das Wetter blieb klar, und niemand wollte kaufen. Darauf erhob die Vorsorgliche Person Klage gegen den Leiter der Wetterdienststelle und forderte Kostenerstattung für die Schirme.

»Euer Ehren«, sagte der Anwalt des Beklagten, als der Fall aufgerufen wurde, »ich beantrage, daß diese erstaunliche Klage abgewiesen wird. Mein Klient ist nicht nur in keiner Weise für den Verlust verantwortlich, er hat vielmehr exakt das schöne Wetter vorhergesagt, welches diesen verursachte.«

»Genau das ist es, Euer Ehren«, erwiderte der Anwalt des Klägers. »Dadurch, daß der Beklagte eine richtige Vorhersage lieferte, hielt er meinen Klienten in einzigartiger Weise zum Narren. Er hat so oft und so notorisch gelogen, daß er kein Recht hat, die Wahrheit zu sagen.«

Der Kläger erhielt Recht.

EINE WERTVOLLE ANREGUNG

Eine Große Nation, die einen Streit mit einer Kleinen Nation hatte, beschloß, ihren Widersacher durch eine gewaltige Flottendemonstration vor dessen Haupthafen einzuschüchtern. Also sammelte die Große Nation all ihre Kriegsschiffe aus der ganzen Welt und war im Begriff, sie dreihundertfünfzigtausend Meilen zur Stätte des Treffens zu schicken, als der Präsident der Großen Nation vom Präsidenten der Kleinen Nation folgende Note erhielt:

›Mein großartiger und guter Freund, ich höre, Ihr wollt uns Eure Flotte vorführen, um uns einen Begriff von Eurer Macht zu vermitteln! Schade um die Kosten! Um Euch zu beweisen, daß wir schon alles darüber wissen, füge ich eine Liste und Beschreibung aller Schiffe und Kanonen bei, die du besitzt.‹

Der großartige und gute Freund war so betroffen von der schmerzlichen Bedeutung dieses Briefes, daß er seine Flotte daheim ließ und viele Millionen Dollar sparte. Diese Einsparung befähigte ihn, eine befriedigende Entscheidung zu erkaufen, als der Rechtsstreit vor ein Schiedsgericht gebracht wurde.

DER PHILOSOPHEN DREI

Ein Bär, ein Fuchs und ein Opossum wurden von einer Überschwemmung bedroht.

»Der Tod liebt den Feigling«, sagte der Bär und brach auf, um gegen die Fluten anzukämpfen.

»Welch ein Narr!« sagte der Fuchs. »Ich kenne einen Trick, der ist das Doppelte wert.« Und er schlüpfte in einen hohlen Baumstumpf.

»Es gibt böse Kräfte, denen der Weise weder entgegentreten noch ausweichen wird«, sagte das Opossum. »Das Problem besteht darin, das Wesen seines Gegners zu kennen.«

Sprach's, legte sich nieder und stellte sich tot.

EIN STAATSMANN

Ein Staatsmann, welcher der Tagung einer Handelskammer beiwohnte, erhob sich, um das Wort zu ergreifen, was man ihm aber mit der Begründung verweigerte, daß er nichts mit Handel zu tun habe.

»Herr Vorsitzender«, sagte ein Betagtes Mitglied und erhob

sich. »Ich bin der Meinung, daß der Einwand nicht gut war. Die Verbindung dieses Gentlemans mit dem Handel ist eng und innig. Er ist ein Handelsartikel.«

DER ALTEHRWÜRDIGE ORDEN

Kaum hatte der Große Blitzende Unzugängliche den altehrwürdigen Orden Sultane der Außerordentlichen Herrlichkeit gegründet, da erhob sich die Frage, wie sich die Mitglieder untereinander anreden sollten. Einige wünschten sich einfach ›Mein Herr‹, andere waren mehr für ›Eure Herzoglichkeit‹, und wieder andere bevorzugten ›Mein oberster Lehnsherr‹. Schließlich führte das prächtige Diadem des Ordens, das auf der Brust jedes Mitglieds funkelte, zu ›Euer Medaillität‹, was auch angenommen wurde, und so erlangte der Orden bald allgemeinere Verbreitung als der der Könige von Katarrh.

RÄUBER UND WANDERER

Ein Räuber vertrat einem Wanderer den Weg, hielt ihm ein Schießeisen vor die Nase und rief: »Geld oder Leben!«

»Mein lieber Freund«, sprach daraufhin der Wanderer. »Nach den Bedingungen deiner Forderung wird mein Geld mein Leben oder mein Leben mein Geld retten. Du weist darauf hin, daß du das eine oder das andere nehmen willst, nicht aber beides. Wenn dies deine Absicht ist, dann sei bitte so gut und nimm mir das Leben.«

»Das ist nicht meine Absicht«, sagte der Räuber. »Du kannst dein Geld nicht retten, indem du mir dein Leben überläßt.«

»So nimm es dennoch«, sagte der Wanderer, »wenn es mein Geld nicht retten kann, taugt es zu nichts.«

Dem Räuber gefiel die Philosophie und der Scharfsinn des Wanderers so gut, daß er ihn zu seinem Kompagnon machte, und diese prachtvolle Verschmelzung von Talent gründete eine Zeitung.

AUS DEM PROTOKOLL

Ein Redner, der unter Schwund des Organs für gesunden Menschenverstand litt, erhob sich von seinem Platz in der Halle der Gesetzgebung und wies stolz auf seine Unbefleckte Ehre. Als diese sah, daß etwas, was sie für den Finger der Verachtung hielt, auf sie gerichtet war, wurde sie schwarz vor Zorn. Als der Redner sah, daß die Unbefleckte Ehre schwarz wurde von etwas, was er für die Liste seiner Missetaten hielt, die unter der Tünche hervortraten, fiel er vor Verdruß tot um. Als seine Kollegen den Redner tot umfallen sahen infolge von etwas, was sie für den Schwund des Organs für gesunden Menschenverstand hielten, beschlossen sie, wann immer sie sich vertagen sollten, weil sie müde waren, dies zu Ehren der Erinnerung an ihn zu tun, der sie so häufig in jenen Zustand versetzt hatte.

DAS VERZWEIFELTE OBJEKT

Ein Unredlicher Gewinn fuhr in seiner prachtvollen Karosse durch seinen privaten Park, als er etwas erblickte, das in dem Bestreben, sich den Schädel einzuschlagen, wie von Sinnen immer wieder gegen eine Mauer anrannte.

»Halt ein! Halt ein! Du verzweifeltes Objekt«, rief der Unredliche Gewinn. »Dieser herrliche Privatgrund ist kein Platz für ein Gebaren wie das deine.«

»Richtig«, sagte das Objekt und hielt inne. »Ich habe andere und bessere Gründe dafür.«

»Dann seid Ihr ein glücklicher Mensch«, sagte der Unredliche Gewinn, »und dein blutendes Haupt ist nur Vortäuschung. Wer seid Ihr, großer Schauspieler?«

»Man kennt mich als das Bewußtsein rechtschaffener Pflichterfüllung«, sagte das Objekt und stürmte wieder gegen die Mauer.

EIN KNAUSRIGES ANGEBOT

Zwei Soldaten lagen tot auf dem Feld der Ehre.

»Was würdest du geben, um wieder lebendig zu sein?« fragte der eine den anderen.

»Dem Feind den Sieg«, war die Antwort, »und meinem Vaterland ein langes Leben selbstlosen Dienstes als Zivilist. Was würdest du geben?«

»Den Beifall meiner Landsleute.«

»Du bist ein recht geiziger Händler«, sagte der andere.

ZWEI PAPAGEIEN

Ein Autor, der sich dadurch ein Vermögen erworben hatte, daß er im Slang schrieb, besaß einen Papagei.

»Warum habe ich keinen goldenen Käfig?« fragte der Vogel.

»Weil du ein besserer Denker denn Nachahmer bist, wie deine Frage zeigt«, antwortete sein Herr. »Und wir haben nicht dieselbe Zuhörerschaft.«

EIN ZERSTREUTER PHILOSOPH

Der König von Remotia besaß einen Lieblingsphilosophen, zu dem er sagte:

»Du bist mir ein so treuer Sklave gewesen, daß ich dich gern belohnen möchte. Erbitte von mir, was du haben willst.«

»Gib mir ein Haar vom Kopf eines Menschen, der dir niemals geschmeichelt hat«, sagte der Philosoph.

Der König versprach es und entließ ihn. Am nächsten Tag rief er ihn wieder vor den Thron und übergab ihm ein Haar.

»Du versuchst, mich zu täuschen«, sagte der Philosoph, während er das Geschenk aufmerksam betrachtete. »Dieses Haar stammt vom Kopf eines Schmeichlers, der dir versicherte, er werde es als eine Ehre ansehen, dir auch seinen Kopf zu geben.«

»Du bist nicht so schlau, wie du glaubst«, erwiderte der König. »Dieses Haar stammt vom Kopf des einzigen Taubstummen in meinem Königreich.«

WIE GEWÖHNLICH

Verärgert durch eine Belanglose Erwägung, befahl ein Streitgegenstand, sie solle sich aus seiner Hörweite scheren, aber die Belanglose Erwägung raffte die Rockschöße, stampfte ihn in den Kot und ging ihres Weges unter dem Beifallsklatschen des Pöbels.

FARMER UND SÖHNE

Ein Farmer war im Begriff zu sterben, und da er wußte, daß seine Söhne den Weinberg während seiner Krankheit hatten von Unkraut überwuchern lassen, während sie mit dem Doktor dem Glücksspiel frönten, sagte er zu ihnen:

»Meine Jungen, im Weinberg ist ein großer Schatz vergraben. Durchsucht das Erdreich, bis ihr ihn findet.«

Da gruben die Söhne alles Unkraut um und alle Weinstöcke dazu und verabsäumten sogar, den alten Mann zu beerdigen.

KÖNIG KLOTZ UND KÖNIG STORCH

Das Volk, welches mit einer Demokratischen Regierung unzufrieden war, die nicht mehr stahl, als die Leute besaßen, wählte daher eine Republikanische, die nicht nur alles stahl, was sie besaßen, sondern sogar noch einen Schuldschein für einen noch ausstehenden Betrag abverlangte, gesichert durch eine Pfandverschreibung auf ihre Todeserwartung.

GESCHICHTSPHILOSOPHISCHE
ARBEITEN

DER SCHATTEN AUF DEM ZIFFERBLATT

I

Beim Gebrauch der Wörter ›Sozialist‹, ›Anarchist‹ und ›Nihilist‹ gibt es ziemlich viel Verwirrung und Unsicherheit. Der -ist selbst weiß im allgemeinen ebensowenig exakt, was er ist, wie wir alle, warum er es ist. Der Sozialist glaubt, daß die meisten menschlichen Angelegenheiten vom Staat gelenkt und geleitet werden sollten – von der Regierung –, das heißt von der Mehrheit. Unser eigenes System hat viele sozialistische Züge, und das republikanische Regierungssystem tendiert ganz in diese Richtung. Der Anarchist befürwortet die Abschaffung jeglicher Ordnung und gehört oft einer Organisation an, die sich seiner Treue durch feierliche Eide und schreckliche Strafen versichert. ›Nihilismus‹ ist eine Bezeichnung, die Turgenjew der allgemein in Rußland herrschenden Unzufriedenheit gab, die im Kampf gegen die Obrigkeit und in Attentaten auf hohe Persönlichkeiten Ausdruck findet. Konstruktive Politik scheint bisher den Verstand des Nihilisten zu überfordern, er ist im wesentlichen ein Umstürzler. Er ist so emsig damit beschäftigt, Unkraut zu vertilgen, daß er sich noch gar keine Gedanken darüber gemacht hat, was er auf dem gejäteten Boden anbauen will. Den Nihilismus kann man bezeichnen als eine Politik des Attentats, gemäßigt durch Reflexionen über Sibirien. Die amerikanische Sympathie mit ihm entspringt einer unheiligen Verbindung zwischen der Zunge eines Lügners und dem Ohr eines Esels.

Bei näherer Betrachtung wird deutlich, daß politischer Nonkonformismus – wenn er eine klarere Form annimmt als die bloße Unzufriedenheit eines Geistes, der nicht weiß, was er wollen soll – in einer der beiden Gestalten erscheint: als Sozialismus oder als Anarchismus. Welche Methoden man auch für am besten geeignet hält, ein System, das sich allmählich aus unseren Bedürfnissen und unserer Natur entwickelt hat, durch ein System zu ersetzen, das nur im Kopf von Träumern existiert – zwischen diesen beiden Träumen ist man zu wählen gezwungen. Doch so sträflich verwirrt im Geiste sind viele, die unser System heftig kritisieren, daß wir nicht selten denselben Mann dabei ertappen, wie er in einem Moment den Sozialismus vertritt und im nächsten den Anarchismus. Wenige von diesen Söhnen der Finsternis wissen tatsächlich, daß beide selbst als Träume unvereinbar sind. Wenn die Anarchie triumphierte, befände sich der Sozialist tausend Jahre weiter von seiner Hoffnung entfernt, als er es heute ist. Wenn man den Sozialismus an einem Montag errichtete, dann würde sich das Land am Dienstag ein Fest daraus machen, eine muntere Jagd auf Anarchisten zu veranstalten. Schwierigkeiten, sie aufzuspüren, hätte man kaum, denn sie besitzen so wenig Verstand wie ein Reh, das mit dem Wind läuft und seinen verräterischen Geruch vor sich her schickt.

Sozialismus und Anarchismus sind Teile einer Sache in dem Sinn, wie die entgegengesetzten Enden einer Straße Teile derselben Straße sind. Ungefähr auf halber Strecke zwischen ihnen befindet sich das System, das wir das Glück haben zu ertragen. Es ist ein ›Verschnitt‹ von Sozialismus und Anarchismus zu etwa gleichen Teilen: alles, was nicht zu dem einen gehört, gehört zu dem anderen. Kooperation ist Sozialismus; Wettbewerb ist Anarchismus. Führte man den Wettbewerb zu seinem logischen Schluß (was nur Kooperation verhindert oder verhindern kann), würde kein Gesetz in Kraft bleiben, kein Privateigentum möglich und kein Leben sicher sein.

Natürlich sind die Wörter ›Kooperation‹ und ›Wettbewerb‹ hier nicht im rein industriellen oder ökonomischen Sinn gebraucht; sie sollen das gesamte Spektrum menschlicher Betätigung umfassen. Zwei Stimmen, die ein Duett singen – das ist Kooperation – Sozialismus. Zwei Stimmen, die jede eine andere Melodie singen und einander zu übertönen versuchen – das ist Wettbewerb – Anarchismus. Jede der beiden Stimmen hat ihr eigenes Gesetz – das heißt, es gibt kein Gesetz. Alles, was getan werden muß, hofft der Sozialist durch gemeinsame Anstrengungen zu erreichen, wie eine Armee Schlachten gewinnt; Anarchismus ist nur den Mitteln nach sozialistisch: Durch Kooperation versucht er, Kooperation unmöglich zu machen – er vereint, um Vereinigungen zu beseitigen. Seine Methode sagt zu seinem Ziel: ›Du Narr!‹

II

Alles sagt den Untergang der Autorität voraus. Der Königs-
mord ist kein neues Geschäft; er ist so alt wie die Menschheit.
Zu allen Zeiten und überall sind hochgestellte Persönlichkeiten dem Attentäter zum Opfer gefallen. Wir selbst haben drei
Präsidenten durch Mord verloren und werden zweifellos noch
viele mehr verlieren, bevor das Buch der amerikanischen Geschichte geschlossen wird. Wenn irgend etwas neu an dieser
Aktivität des Königsmordes ist, dann ist es die Wahl der Opfer.
Der heutige ›Rächer‹ erschlägt nicht einfach den ›Hochstehen-
den‹, sondern den Guten und den Harmlosen – einen amerikanischen Präsidenten, der die Ketten von Millionen Sklaven zer-
brach; einen russischen Zaren, der gegen den Willen und wider
die Machenschaften seiner eigenen mächtigen Adligen ihre
Leibeigenen befreite; einen französischen Präsidenten, von
dem das französische Volk nur Gutes empfangen hatte; eine
machtlose österreichische Kaiserin, deren Sorgenlast die Welt
zu Tränen gerührt hatte; einen untadeligen, von seinem Volk
geliebten italienischen König; so sieht ein Teil der Bilanz der
Königsmörder unserer Tage aus, und jeder einzelne Posten dieser Bilanz berichtet von einer gemeinen Tat, die von keinem
Fünkchen Gerechtigkeit, Anstand oder guter Absicht aufge-
hellt wird.

Diese Einhelligkeit der bösen Absicht, die seit kurzem bei
der Wahl der Opfer waltet, ist neu und nicht ohne Bedeutung.
Sie weist unverkennbar auf zwei Tatsachen hin: erstens, daß
nicht die Attentäter selbst die Opfer auswählen, sondern eine
zentrale Macht, die sich von individuellen Meinungen nicht
beeinflussen läßt und die vom Schicksal ihrer Werkzeuge unberührt bleibt; zweitens, daß man ständig bestrebt ist, Feindseligkeit zu dokumentieren, nicht gegenüber einem bestimmten Regenten, sondern gegenüber allen Regenten; nicht gegenüber
einer Regierungsform, sondern gegenüber jeglicher Regierung.
Das Problem steht, die Richtung ist gewiesen, der Kampf hat
begonnen: Chaos gegen Ordnung, Anarchie gegen Gesetzlich-
keit.

Monsieur Vaillant, der französische Herr, der ›gar nichts vom Gesetz hielt‹, aber den felsenfesten Glauben hatte, daß die Menschheit durch Pulver und fliegende Nägel in eine innigere Beziehung zu Vernunft, Rechtschaffenheit und dem Willen Gottes gebracht werden könnte, soll fast nasenlos gewesen sein. Von diesem Mangel redete Monsieur Vaillant nicht viel, was nur zu verständlich, da er wußte, daß er selbst das bißchen Nase, das ihm geblieben war, nur noch für eine kurze Zeit benötigte. Doch vor ihrer Entfernung durch die vorzeitige Explosion seiner eigenen Petarde mußte sie einen gewissen Wert für ihn besessen haben – er hätte nicht freiwillig auf sie verzichtet; und hätte er ihre Beseitigung durch die Bombe vorausgesehen, wäre den eisernen Meinungen jenes streitbaren Apparates vielleicht verwehrt geblieben, sich kundzutun. Obwohl die Nase dazu verurteilt ist (so sagen die Wissenschaftler), schließlich von der Bildfläche zu verschwinden, und obwohl sie für den Anarchisten immer noch so etwas wie die Stimme des Gewissens darstellt, ist sie doch unzweifelhaft ein hervorragendes Ding beim Menschen.

Wir haben uns so an das Vorhandensein dieses Details gewöhnt, daß wir es für selbstverständlich halten; sein Fehlen ist eines der auffälligsten Phänomene unserer Wahrnehmung – der Anblick eines nasenlosen Menschen ist ›ein Ereignis, an das man sich lange erinnern wird‹, um mit dem Reporter der Gesellschaftsspalte zu reden. Doch ›reichlich Zeugnis kündet‹, daß noch vor ein paar Jahrhunderten in ganz Europa nasenlose Männer und Frauen so häufig waren, daß sie kaum zu Bemerkungen Anlaß gaben, wenn sie sich blicken und (in ihrer unerfreulichen Art) hören ließen. Ihrer gab es in allen Schichten zur Genüge: es gab verehrte Bürgermeister ohne Nasen, reiche Kaufleute, große Gelehrte, Künstler, Lehrer. In den unteren Klassen war Nasenmangel fast so verbreitet wie Geldmangel – in der untersten der verbreitetste Mangel. Ein Chronist des 13. Jahrhunderts erwähnt, daß die Gefolgsleute und Diener von gewissen schwäbischen Edelleuten kaum ein ganzes Ohr besaßen – denn bis vor vergleichsweise kurzer Zeit war der Besitzanspruch eines Mannes auf seine Ohren noch gefährdeter als der auf seine Nase. Als 1436 eine bayrische Frau, Agnes Bernauer, die Frau des Herzogs Albert des Frommen, von der Prager Brücke gestürzt wurde, kam sie immer wieder an die Oberfläche und versuchte zu entkommen; daher machte sich der Henker die Mühe, sie mit einer langen Stange bei den Haaren unter Wasser zu halten. Ein zeitgenössischer Bericht deutet an, daß ihr ungebührliches Benehmen in einem so feierlichen Augenblick durch die Schmerzen veranlaßt wurde, die ihr das Abschneiden der Nase verursacht hatte; aber da ihre Hinrichtung von ihrem eigenen Vater befohlen worden war, ist es wahrscheinlicher, daß diese ›äußerste Strafe des Gesetzes‹ nicht verhängt wurde. Ohne Zweifel war jedoch der Besitz einer Nase in jenen Tagen eine ungewöhnliche (und ziemlich wertlose) Auszeichnung bei ›Personen, die dazu bestimmt waren, mit dem Henker zusammenzuarbeiten‹, wie die Verurteilten höflich genannt wurden. Und sie war auch bei Personen, die noch nicht diesem Dienst geweiht waren, nicht allzu häufig: ›Nur wenige haben zwei Nasen‹, sagt der Chronist, ›und viele haben keine‹.

Daß die Nase beim Menschen unserer Zeit und Generation fester sitzt, ist nicht nur der Erfindung des Taschentuches zuzuschreiben. Die Herausbildung und Entwicklung des Anrechts jedes Menschen auf seine Nase wurde begleitet von ähnlichen Fortschritten bei den Eigentumsrechten an allen anderen Besitztümern – seinen Ohren, seinen Fingern und Zehen, seiner Haut, seinen Knochen, seiner Frau und ihrer Nachkommen, seiner Kleider und seiner Arbeit – an allem, was sein ist (und es einst nicht war). In Europa und Amerika können diese Dinge heutzutage nicht einmal den Niedrigsten und Ärmsten weggenommen werden, ohne daß jemand ›den Grund dafür wissen‹ will. In jedem Jahrzehnt vergeudet die jeweils mächtigste Seenation freiwillig viel Geld und Blut, um den Sklavenhandel zu unterbinden, der doch in keiner Weise ihren Interessen widerspricht, noch denen anderer, ausgenommen die Sklaven.

Heutzutage hat sogar der letzte Kümmerling eine Nase, die er sein eigen zu nennen wagt und über die er nach Belieben verfügen kann. Unglücklicherweise lassen wir es mit gedankenloser Dummheit zu, daß man ihm weismacht, er könne mit Erfolg ein von Gott verliehenes und uraltes Recht auf die Nasen der anderen geltend machen, ausgenommen die Instanz, die ihn damit ausgestattet hat. Gegenwärtig ist die ehrliche Haut hauptsächlich damit beschäftigt, sich mit Hilfe seiner eigenen Nase zu erfrischen, indem er ein beliebtes Genußmittel gierig und regelmäßig zu sich nimmt; aber die Vaillants, Ravachols, Mosts und Hearsts richten seinen Appetit auf fremde Riecher und erfüllen ihn mit rhinophagischen Gelüsten. Inzwischen benutzten wir anderen diese gefährdeten Organe, um damit zu schnarchen.

Es ist ein schönes, volltönendes und melodisches Schnarchen, aber es wird nicht anhalten: Es wird ein böses Erwachen geben. Eines Tages werden uns darüber die Augen geöffnet werden, daß es nicht wenige Bösewichter wie Vaillant gibt und nicht fern von uns. Wir werden begreifen, daß unser blindes Vertrauen auf die Macht des Wortes ein törichter Fehler ist; daß die zufällige Kombination von Konsonanten und Vokalen, die wir als ›Freiheit‹ verehren, nur von begrenzter Wirksamkeit ist, wenn es darum geht, den bombenschwingenden Wahnsinnigen zu entwaffnen. Schöne Freiheit! Der mörderische Schurke liebt sie inniger als wir und will noch mehr davon. Freiheit! Man kann das Wort schon fast nicht mehr hören, so schnell und glatt geht es jedem von der Zunge – so sinnentleert ist es geworden.

Abstrakte Freiheit gibt es nicht; sie läßt sich nicht einmal vorstellen. Wenn man mich fragt: »Sind Sie für die Freiheit?«, dann antworte ich: »Freiheit für wen und wozu?« Im Moment bin ich ganz entschieden für die Freiheit des Gesetzes, Anarchisten, die man auf frischer Tat oder bei frischem Wort ertappt, die Nase abzuschneiden. Wenn sie auf Verstümmelung aus sind, so sollen sie diese am eigenen Leibe spüren. Wenn sie nicht damit zufrieden sind, wie sich die Dinge entwickelt haben, seit die Frau des Herzogs Albert des Frommen mit einer Stange unter Wasser gedrückt wurde und seit die Gefolgsleute des schwäbischen Adligen ihre rudimentären Ohren in Ehren hielten, dann ist zu vermuten, daß sie für die Rückkehr dieser glücklichen Zeiten sind. Dagegen gibt es ernsthafte Einwände, aber wenn es sein muß, werden wir uns fügen. Beginnen wir (maßvoll) damit, diese Zeiten für *sie* zurückzubringen.

Ich bin für die Verstümmelung von Anarchisten, die des Mordes oder der Anstiftung zum Mord überführt wurden – Verstümmelung mit anschließender Hinrichtung; und für die, welche lediglich die Rechtmäßigkeit und Zweckmäßigkeit der Gesetze leugnen, einfache Verstümmelung – wobei sich das Herausschneiden der Zunge als sehr vorteilhaft erweisen könnte. Wieso nicht? Worin besteht die Ungerechtigkeit? Bestimmt wird einer, der das Recht der Menschen bestreitet, Gesetze zu erlassen, nicht die Gesetze zu Hilfe rufen, die sie verwerflicherweise gemacht haben! Das würde ja heißen, daß die Menschen sich selbst nicht schützen dürften, aber verpflichtet wären, ihn zu beschützen. Wie! Wenn ich ihn schlage, wird er dann die überflüssige und bösartige Polizei rufen? Wenn ich seine Zunge ausreiße, wird er dann (in Zeichensprache) sie zurückfordern, und wenn die Rückerstattung nicht gelingt (denn ich würde sie bestimmt radikal entfernen), wird er dann das Gesetz gegen mich zu Hilfe rufen – das häßliche Gesetz, Instrument des Unterdrückers? Nun, das wäre kein schlechter Witz!

IV

Zwei Menschen können nicht ohne Gesetze – viele Gesetze – in Frieden zusammenleben. Alles, was einer von beiden aus Rücksicht auf den Wunsch oder das Wohlergehen des anderen unterläßt, wird durch Gesetze, stillschweigend oder ausdrücklich, vorgeschrieben. Wenn auf der ganzen weiten Welt nur die beiden existierten – wenn keiner von den beiden eine Verpflichtung gegenüber dem anderen verspürte, beide reine Produkte der Schöpfung wären und nichts als ihren Verstand hätten, um ihr Verhalten zu leiten – dann würde jede Stunde eine Absprache mit sich bringen, das heißt, ein Gesetz; jede Handlung würde das nahelegen. Sie müßten sich einigen, einander weder zu töten, noch ein Leid zuzufügen. Sie müßten ihre Arbeit und ihre sonstigen Betätigungen so organisieren, daß der größtmögliche Erfolg gesichert ist. Diese Übereinkünfte, Verträge,

Absprachen – was sind sie anderes als Gesetze? Ohne Gesetz zu leben heißt allein zu leben. Jede Familie ist ein Miniaturstaat mit einem komplizierten System von Gesetzen, einer obersten Autorität und untergeordneten Autoritäten bis hinunter zum kleinsten Kind. Und da, wer am lautesten Freiheit für sich selbst fordert, sie anderen am striktesten verweigert, kann man getrost die Maison Vaillant oder das Mosthaus besuchen, wenn man ein klassisches Beispiel für ein Regiment der eisernen Faust erleben möchte.

Gesetze des Staates sind genauso unvollkommen und werden genauso fehlerhaft angewendet wie Familiengesetze. Die meisten von ihnen müssen sehr bald und wiederholt ›abgeändert oder ergänzt‹ werden, viele abgeschafft, und von denen, die bestehen bleiben, kommt der größere Teil außer Gebrauch und wird vergessen. Die mit der Rechtsprechung betraut sind, haben dieselben geistigen Grenzen und charakterlichen Schwächen, durch die auch wir anderen uns von den Engeln unterscheiden. Der weise Gouverneur, der gerechte Richter, der ehrliche Sheriff oder der geduldige Konstabler sind ein ebenso seltenes Phänomen wie der unfehlbare Vater. Der liebe Gott hat uns keine besondere Menschengattung gegeben, der wir die Pflicht übertragen können, die Einhaltung von Übereinkünften, die wir Gesetze nennen, zu überwachen. Wie alles andere, was Menschen tun, wird diese Arbeit schlecht getan. Das Beste, was wir erhoffen können – trotz aller Irrtümer und Ungerechtigkeiten, trotz der deprimierenden Tatsache, daß Rechte und Interessen des einzelnen immer wieder mißachtet werden –, ist ein erträgliches Endergebnis, das uns ermöglicht, uns ohne Furcht unter unseren Mitmenschen zu bewegen oder sogar einen benachbarten Stamm zu besuchen, ohne unmittelbare Gefahr, den Schädel eingeschlagen zu bekommen oder verstümmelt zu werden. Dieser kleinen Sicherheit würde uns der Anarchismus berauben. Aber ohne sie ist alles ohne Wert, und wir werden bereit sein, den Anarchisten zu ächten.

Unsere Zivilisation erwächst ganz natürlich aus unserer sittlichen und geistigen Verfassung. Sie ist offen für Kritik und Korrekturen unterworfen. Da unsere Gesetze von Menschen gemacht werden, sind sie unvollkommen, und ihre Anwendung kann nicht befriedigen. Nonkonformismus, Unzufriedenheit, Opposition, Vorschläge für ein besseres System, das von besseren Gesetzen gestützt wird, die klüger angewendet werden – all das ist erlaubt und sollte uns willkommen sein. Der anständige Sozialist (wenn er nicht zum Eiferer wird und mit dem Anarchisten gemeinsame Sache macht) hat uns vielleicht etwas zu sagen, was wir mit Gewinn hören mögen. Hätte er auch in jeder anderen Beziehung unrecht, so hat er vielleicht doch recht, wenn er uns zeigt, worin wir unrecht haben. Jedenfalls strebt er nach Veränderung, und so lange er in Frieden wandelt, hat er das Recht, seinen Weg zu verfolgen und uns dabei zu ermahnen. Dem französischen Kommunisten, der uns nicht mit Brandbomben gewaltsam bekehren will, sollte mehr als ein amüsiertes Lächeln, mehr als Mitleid entgegengebracht werden. Für ihn und sein Steckenpferd ist Platz da; seine Behauptung, daß Jesus Christus Kommunist gewesen wäre, wenn es damals Kommunen gegeben hätte, findet offene Ohren. Man ›wußte wirklich noch nicht alles, damals in Judäa‹. Aber was den Anarchisten betrifft, dessen Ziel nicht Verbesserung ist, sondern Zerstörung – nicht Wohlergehen für die Menschheit, sondern Unheil für einen Teil von ihr – nicht Glück für die Zukunft, sondern Rache für die Vergangenheit –, so sollte es für dieses Tier keine Schonzeit und für diesen Wilden kein Reservat geben. Die Gesellschaft hat nicht das Recht, jemandem das Leben zu schenken, der das Recht auf Leben leugnet. Wer die Rückkehr zum Regime der fehlenden Nasen propagiert, sollte selbst keine Nase haben.

V

Von allen wilden Eseln, die über die Prärie streifen, ist der allerwildeste ganz bestimmt derjenige, der ›aus Prinzip‹ seine Stimme und seinen Hinterhuf gegen den Sozialismus erhebt, den man als ›gemeinsamen Besitz gemeinnütziger Einrichtungen‹ kennt. Dagegen mag es ehrlich gemeinte, und bis zu einem gewissen Grad auch vernünftige, Opposition aus Nützlichkeitserwägungen heraus geben. Viele Leute, die man mit Vergnügen respektiert, glauben, daß zum Beispiel eine staatliche Eisenbahn weniger effektiv verwaltet würde, als wenn dieselbe Bahn in privaten Händen wäre, und daß politische Gefahren in dem Vorschlag lauern, der die Zahl der Bundesbeamten so enorm anwachsen ließe, wie das bei einer Verstaatlichung der Eisenbahnen der Fall wäre. Mit anderen Worten, sie glauben, daß diese Politik nicht ratsam wäre. Mit ihnen zu diskutieren ist Pflicht, und man kann das in der Regel tun, ohne daß man beschimpft wird. Wer aber den Vorschlag mit verächtlichem Geheul als ›Sozialismus!‹ begrüßt, der ist kein anständiger Gegner. Er hat Augen, doch er sieht nichts; er hat Ohren – und was für große Ohren –, aber er hört nicht die leise Stimme der Geschichte oder die noch leisere Stimme der Vernunft.

Offenbar ist für die, die sehen, weil sie Augen haben, jede Verstaatlichung ein Schritt in die Richtung des Sozialismus, denn vollkommener Sozialismus heißt, daß alles Gemeineigentum ist. Aber das hat nichts mit ›Prinzip‹ zu tun. Das Prinzip des Gemeineigentums ist schon akzeptiert und eingeführt worden. Es hat keine sichtbaren Gegner außer im Lager der Anarchisten, und von denen sind weniger sichtbar, als Wasser und Seife offenbaren würden. Die Gegner des sozialistischen Prinzips verloren ihren Kampf, als die erste menschliche Regierung eine Höhle der Gesetzgebung einweihte. Seither steht nur noch zur Debatte, wie weit der Sozialismus sinnvollerweise gehen soll. Einige würden die Grenze hier ziehen, andere da; doch nur ein Narr glaubt, daß man ohne ihn regieren kann oder eine gute Regierung ohne eine große Portion Sozialismus auskommt. (Die Tatsache, daß wir immer recht viel davon gehabt haben, aber nie eine gute Regierung hatten, beweist nichts, was der Beachtung wert wäre.) Das vielzitierte Exempel unseres Postwesens ist nur eines von tausend Beispielen von unverfälschtem Sozialismus. Hätten wir es nicht, wie bitter wäre dann die Opposition von Gegnern der Roten Fahne, die ein Vorschlag, es zu schaffen, hervorrufen würde! Die Regierung baut und unterhält mit allgemeiner Zustimmung Brücken; doch wie der verstorbene General Walker einmal sagte, kann es unter gewissen Umständen ökonomischer oder aus anderen Gründen vorteilhafter sein, eine Fähre zu bauen und zu betreiben, die ja eine schwimmende Brücke ist. Doch dagegen wendet man sich, da es regelrechter Sozialismus sei.

In Wahrheit sind die ›prinzipienfesten‹ Menschen eine ziemlich gefährliche Kaste, allgemein gesprochen – und sie sprechen im allgemeinen immer. Sie behindern uns in jedem Krieg. Sie sind es, die dadurch, daß sie die Begrenzung und Regulierung von Mißständen, die nicht gänzlich abzuschaffen sind, verhindern, ihre Ausbreitung begünstigen. Moralische Prinzipien sind schön und gut – für Kinder und labile Menschen. Wenn jemand geistig behindert ist oder in anderer Weise mit auftretenden Notlagen nicht fertig wird, ist es für ihn am sichersten, im voraus mit einer Entscheidungshilfe versehen zu sein, auf die er sich beziehen kann, ohne nachzudenken. Aber hellere Geister entscheiden lieber jede Frage, wenn sie aktuell wird, und handeln nach der Sachlage, ungebunden und nicht im voraus festgelegt. Wenn man eine schnelle Auffassungsgabe und ein intaktes Gewissen hat und gewohnt ist, instinktiv das Rechte zu tun, braucht man Geist und Gedächtnis nicht mit einer Reihe feierlicher Prinzipien zu belasten, die von eulenhaften Philosophen formuliert werden, die nicht zu wissen scheinen, daß das Rechte, letzten Endes und in der Mehrzahl der Fälle, einfach das Zweckmäßige ist. Ein Prinzip ist nicht immer ein untrüglicher Leitstern. Zum Beispiel ist es nicht immer zweckmäßig – das heißt, nicht zum besten aller Beteiligten –, die Wahrheit zu sagen, ganz gerecht oder barmherzig zu sein oder eine Schuld zu bezahlen. Ich kann mir einen Fall vorstellen, in dem es rechtens wäre, seinen Nachbarn umzubringen. Man stelle sich vor, er ist ein zum äußersten entschlossener, ruchloser Chemiker, der eine Möglichkeit ersonnen hat, die Atmosphäre zu entzünden. Der Mann, der von starren Lebensmaximen geleitet durchs Leben ginge, würde seinen Pfad mit zerstörtem menschlichem Glück säumen.

Was man für vollkommen hält, erscheint einem nicht immer wünschenswert. Mit ›vollkommen‹ meint man vielleicht nur voll entwickelt, und in diesem Sinn habe ich es in bezug auf den Sozialismus gebraucht. Ich bin selbst kein Befürworter des ›vollkommenen Sozialismus‹, aber was die Verstaatlichung der Eisenbahnen angeht, gilt es zweifellos Pro und Kontra gegeneinander abzuwägen. Ein Argument dafür scheint zwingend: In einem staatlich kontrollierten System würde verhindert, daß das Gravitationsgesetz häufig als Mittel eingesetzt wird, um persönliches Eigentum aus dem Gepäckwagen verschwinden zu lassen.

VI

Als Monsieur Casimir-Perier als französischer Präsident zurücktrat, gab es Leute, die das für schwach, feige, pflichtvergessen und in noch anderem Sinne kritikwürdig hielten. Mir erscheint das nicht die Tat eines schwachen, sondern eines starken Mannes – nicht die eines Feiglings, sondern eines Ehrenmannes. Ich weiß wahrhaftig nicht, wo ich in der Geschichte nach einer Handlung suchen soll, die meinen Sinn für ›Zweckmäßigkeit‹ so völlig befriedigt wie dieser Respekt heischende Akt, der der Menschheit kundtun soll, daß man mit der Bereitschaft, seinem Land zu dienen, nicht das Recht auf anständige Behandlung preisgibt – das Recht auf Schutz vor Beleidigung und Opposition aus Parteigeist heraus –, auf wenigstens soviel Höflichkeit, wie sie selbst die Kirche dem Teufel schuldet.

Monsieur Casimir-Perier hat sich nicht um das Amt des französischen Präsidenten beworben; es wurde ihm trotz seiner Einwände durch ein offenbar einmütiges Mandat des französischen Volkes in einer schwierigen Situation aufgedrängt, der zu begegnen er am besten geeignet schien. Daß er das mit Anstand und Mut tat, wurde ihm ausnahmslos bestätigt. Daß er sich später etwas zuschulden kommen ließ, womit er das Vertrauen und den Respekt von damals verscherzte, ist nicht wahr, und keiner hält das für möglich. Doch in seiner Rücktrittserklärung führte er an, und das zu Recht:

›Während der vergangenen sechs Monate ist eine Verleumdungs- und Beleidigungskampagne gegen die Armee, die leitende Beamtenschaft, das Parlament und das Staatsoberhaupt geführt worden, und diese zügellose Freiheit, gesellschaftlichen Haß zu säen, wird immer noch ‚Gedankenfreiheit‘ genannt.‹

Und es ist schon schwer vorstellbar, daß irgend jemand unempfänglich sein sollte für die Würde, mit der er hinzufügte:

›Aus Achtung und Ehrgefühl, die ich für mein Land hege, kann ich nicht hinnehmen, daß die Diener des Landes und sein Repräsentant gegenüber anderen Nationen tagtäglich beleidigt werden dürfen.‹

Das sind mannhafte Worte. Sind wir denn berechtigt zu fordern oder zu erwarten, daß Männer von einwandfreiem Lebenswandel und Charakter sich zum Besten von Undankbaren verwenden, die ihnen das vergelten, indem sie sie mit Schmutz bewerfen oder solches zulassen? Es ist kaum anzunehmen, daß selbst Personen, die von ihren Verdiensten außerordentlich überzeugt sind, da sie ihnen von Speichelleckern gepriesen werden, mit der ›Gedankenfreiheit‹ so weit gehen wollen. Daß der Staat das Recht hat, vom Bürger das Opfer seines Lebens zu fordern, ist eine Doktrin, so alt wie der Patriotismus, der sie anerkennt, aber das Recht, von ihm den Verzicht auf seinen guten Namen zu verlangen – das ist etwas Neues unter der Sonne.

›Mit meinem Rücktritt‹, so Monsieur Casimir-Perier, ›habe ich vielleicht denen einen Pfad der Pflicht gewiesen, die auf die Würde, die Macht und das Ansehen Frankreichs in der Welt bedacht sind.‹

Es mag uns die Hoffnung gestattet sein, daß die Lektion nicht nur in Frankreich verstanden wird und die Französische Republik überdauert. Nicht nur Frankreich, sondern auch alle anderen Länder mit ›Volksinstitutionen‹ sollten lernen, daß sie, wenn sie über den Dienst ehrenhafter Männer verfügen wollen, ihnen ehrenhafte Behandlung zubilligen müssen; es ist jetzt die Regel, daß die Partei, der sie angehören, sie halbherzig unterstützt, während man duldet, daß alle anderen Parteien sie verleumden und beleidigen. Unter diesen abstoßenden Umständen ist die Handlungsweise des Präsidenten der Französischen Republik außergewöhnlich nur im Hinblick auf seinen Mut, mit dem er sich ausdrücklich über die ihm zugefügte Kränkung beschwerte. Überall hört man das unsinnige Klagelied, daß keine fähigen Männer ›in die Politik gehen‹; überall haben die unwissende und böswillige Masse und ihre nicht weniger böswilligen und kaum weniger unwissenden Führer und

Sprecher den Wind sinnloser Obstruktion und parteiischer Verleumdung gesät und ernten nun den Sturm der schlechten Regierung. Was den Staatsdienst betrifft, so streiken Männer von Ehre meist gegen die Einführung der Schlammschleuder. Dieser hochgesinnte politische Arbeiter, Casimir-Perier, hat sich nie in vorteilhafterem Licht und vornehmer gezeigt als in dem Moment, da er sein Werkzeug zusammenpackte und die Arbeit niederlegte.

Es kann nur immer wieder betont werden: Wenn Männer mit Verstand und Charakter sich von der Politik fernhalten, bleibt das Regierungsgeschäft in den Händen von Unfähigen und Charakterlosen. In wessen Hände, frage ich, gehört es denn logischerweise in einer Republik? Was bestätigt denn die Theorie von der ›repräsentativen Regierung‹? Was lehrt uns jede Erweiterung des Wahlrechtes nach unten? Was beabsichtigen wir damit, daß wir es ›nach unten allmählich immer breiter‹ werden und sich auf geistig und moralisch immer tiefer stehende Elemente erstrecken lassen? – Was anderes, als daß Dummheit und Verbrechen genauso wie Tugend und Weisheit ein Mitspracherecht in politischen Angelegenheiten haben?

Einer, der würdig ist zu wählen, ist auch würdig, gewählt zu werden. Einer, der die wichtige und schwierige Aufgabe übernehmen kann, einen Vertreter des Staates auszuwählen, kann selbst als Vertreter des Staates dienen. Ihm dieses Recht zu verweigern ist unlogisch und ungerecht. Die Mitarbeit in der Regierung kann nicht gleichzeitig ein Privileg und eine Pflicht sein, und wer behauptet, sie sei ein Privileg, darf nicht gleichzeitig den Rücktritt eines anderen (durch den er ja begünstigt wird) als ›Drückebergerei‹ bezeichnen. Mit jedem Rückzug aus der Politik wächst die Macht der noch Verbliebenen. Sollen sie nun protestieren? Wer sonst? Eine Beschwerde über ›mangelnden Bürgersinn‹ wäre angebrachter, wenn es jemanden gäbe, der sie vernünftigerweise vorbringen könnte.

Die Staatsbeamten dieses begünstigten Landes werden, Gott sei Dank, nur selten von übler Nachrede betroffen: Sie sind in der Regel so schlecht, daß Verleumdung ein Kompliment bedeutet. Unsere besten Leute sind, von wenigen Ausnahmen abgesehen, aus dem Staatsdienst getrieben worden, wenn sie nicht vorher schon abgeschreckt wurden. Sogar unsere anfallartigen Reformbestrebungen scheitern kläglich, da uns führende Männer fehlen, die mit ›der zu reformierenden Sache‹ nicht eng verbunden sind. Wenn ihn das Gehalt nicht reizt, warum sollte dann ein Ehrenmann nach dem Posten des Präsidenten der Vereinigten Staaten streben? Während des Wahlkampfes (und es wird erwartet, daß er wirklich ›kämpft‹) erhält er von seiner eigenen Partei eine Unterstützung, die ihn erröten läßt, und bei allen anderen stößt er auf eine Opposition, die vor nichts zurückschreckt, um ihn hinreichend zu diffamieren. Nach seiner Wahl wird ihm die Auf- und Verteilung der Brote und Fische eine wichtige und hinfort unversöhnliche Fraktion seiner Gefolgschaft entfremden, ohne daß er aus dem gegnerischen Lager Unterstützung zu gewinnen vermag. Am Ende seiner Amtszeit kann er als höchste Belohnung, die nicht in der Landeswährung angegeben werden kann, erwarten, daß nicht viel mehr als die Hälfte seiner Landsleute ihn bis ans Ende ihrer Tage für einen Schurken hält.

VII

Die Tendenz des politischen Denkens und Handelns in allen hochentwickelten Ländern zum absoluten Sozialismus ist ein so auffallendes Phänomen, daß es nicht nur jenen seltenen und verabscheuten Geist, den unparteiischen Beobachter, ›den Zuschauer beim Spiel‹, beeindruckt, sondern auch mehr oder weniger klar von der unzähligen Menge der Mitspieler gesehen wird. Ein politischer Glauben ist eine Art Geistesgestörtheit, der Patient nimmt undeutlich einige der besonders ins Auge fallenden ›Gegendarstellungen‹ wahr, aber was seinen Wahn stützt, überragt wirklich alles. Die Behauptung, daß die etablierte Ordnung in Gefahr ist, bekommt daher sowohl stammelnd als auch lauthals Zustimmung und bedarf keines Beweises. Ob das gut oder schlecht ist, kann nicht in einem Epigramm beantwortet werden und auch nicht in einem Absatz, aber vom Standpunkt des Zuschauers, der lediglich das Interesse eines Beobachters hat, ist wenig zu entdecken, was einen Optimisten ermutigen kann – wenig selbst von dem wenigen, das ein Optimist braucht.

Bis zum heutigen Tag ist die Welt noch nie gut regiert worden. Seit Beginn der Geschichte haben sich Narren um Staatsformen gestritten, aber keine Form hat eine gute und weise Regierung garantiert. Mit der Regierung ist es wie mit der Arznei: Wer sie verschreibt, ist im allgemeinen klüger als der, dem sie verschrieben wird, wenn auch nicht viel. Auf Ehre und Gewissen, es gibt zwischen beiden nicht viel zu wählen.

Es gibt eigentlich nur zwei Staatsformen: die absolute Monarchie und die absolute Demokratie; alle anderen sind Mischformen und zeugen vom Scheitern der genannten Formen und sind selbst zum Scheitern verurteilt. Die Ursache für das Scheitern liegt darin, daß die Natur des Menschen von Grund auf töricht und böse ist. Aus einem dummen und egoistischen Volk kann man kaum einen klugen und gewissenhaften Herrscher bekommen. Selbst wenn das Wunder vollbracht wurde, ist dabei noch keine gute Regierung zustande gekommen, denn der Herrscher – wie absolut er theoretisch sein mag und wie gerecht und weise er tatsächlich ist – muß doch durch oberflächliche und selbstsüchtige Beamte regieren. Die Demokratie hat dieselbe Unzulänglichkeit und zusätzlich noch den Nachteil eines Herrschers, der nie weise und nie gerecht ist.

Was nun konstitutionelle Monarchien und konstitutionelle Demokratien angeht, sind sie ähnlich und gleichermaßen wirkungslos. Geteilte Herrschaft ist geteilte Verantwortung. Eine Beschränkung der Macht, Böses zu tun, bedeutet eine Beschränkung der Macht, Gutes zu tun. Unter dem ›Einmannregime‹ (diese Bezeichnung wählten übrigens unsere guten Ahnen seltsamerweise für das britische Regierungssystem von Kabinett und Parlament) ist wenigstens bekannt, wer die Schuld an Regierungssünden trägt und wem man für das Dankenswerte zu danken hat. Der Alleinherrscher kann sich nicht hinter seinem eigenen Rücken verstecken.

Bei all den verschiedenen und vergeblichen Regierungsversuchen ist die eine Ursache des Scheiterns stets klar: die allgemeine moralische und intellektuelle Pflichtvergessenheit, die das Regieren notwendig macht – die Dummheit und Verderbtheit der menschlichen Natur.

Glauben die Sozialisten, daß sie das ändern können? – Glauben sie, daß nach all den Jahrhunderten an gedanklichen und praktischen Experimenten mit Regierungsformen unter allen möglichen Bedingungen es gerade ihnen überlassen bleibt, ein System zu ersinnen, das mächtig genug ist, die bisher unbezwingbare und nie erlahmende Selbstsucht an die Kette zu legen, und überzeugend genug, um sie zu bannen, obwohl die Menschheit eben dieser Selbstsucht, wie furchtbare Ausmaße sie auch angenommen haben mag, ihr Überleben verdankt? Glauben sie, daß die Gesetze sich unter dem Sozialismus ohne menschliches Zutun selbst durchsetzen werden; daß der Staat keinen so riesigen und komplexen Verwaltungsapparat wie heute benötigen wird, obwohl die gleichen und größere Versuchungen und Gelegenheiten für ehrgeiziges Streben und für Habgier vorhanden sein werden?

In jedem nur denkbaren System werden die Männer, die besonders clever, tatendurstig und skrupellos sind, die führenden Positionen einnehmen, und zwar nicht, weil es ›für ihre Gesundheit‹ gut ist. Man kann sie nicht unten halten und die anderen nicht oben. Wenn der Sozialist glaubt, man könne das, muß er seine Hoffnung auf ein besseres Wahlverfahren setzen als das, was ihm heute so viel zu schaffen macht, oder auf eine ganz neue Zuverlässigkeit bei der Stimmabgabe.

VIII

Eine Regierung, die nicht das Leben schützt, ist ganz und gar fehl am Platz, was sie sonst auch tun mag. Das Leben wird fast universell als der kostbarste Besitz angesehen, sein Schutz ist die erste und höchste Pflicht – nicht das Leben dessen, der Leben nimmt, soll geschützt werden, sondern das Leben, das seiner verhaßten Hand wehrlos ausgeliefert ist. In keinem anderen Land auf der Welt, zivilisiert oder unzivilisiert, ist das Leben so unsicher wie in unserem. In keinem anderen Land der Welt wird Mord so milde bestraft. Keine Schlacht der Neuzeit hat so viele Menschenleben gekostet, wie jährlich in den Vereinigten Staaten zu beklagen sind – durch die Gleichgültigkeit der Öffentlichkeit gegenüber dem Verbrechen des Mordes, durch Mißachtung der Gesetze, durch schlechte Regierung. Wenn die amerikanische Selbstregierung mit ihren zehntausend Morden im Jahr eine gute Regierung ist, dann weiß ich nicht, was schlecht bedeutet. Selbstregierung? Was für ein entsetzlicher Unsinn! Wer sich selbst regiert, braucht keine Regierung, hat keinen Regenten, wird nicht regiert. Wenn Regierung überhaupt etwas bedeutet, dann die Beherrschung der vielen durch die wenigen – die Unterordnung der Menge unter den Geist. Es bedeutet, daß der Masse das Recht verweigert wird, sich oder uns die Kehle durchzuschneiden. Es bedeutet Beherrschung und Kontrolle aller sozialen und materiellen Kräfte – eine wachsame Pressezensur, eine feste Hand für die Kirchen, scharfe Überwachung öffentlicher Versammlungen und Vergnügungen, die Kontrolle über die Eisenbahnen, die Telegraphie und alle Kommunikationsmittel. Kurz, es bedeutet, daß man alle segensreichen Einflüsse der Aufklärung für das allgemeine Wohl nutzen und alle Kräfte der Zivilisation gegen ihren natürlichen Feind sammeln kann – gegen ›die Masse‹. Eine solche Regierung hat tausend Schwächen, aber sie hat einen Vorzug: Es ist eine Regierung.

Das sei Despotismus? Ganz recht. Die Despotien der Welt sind die Erhalter der Zivilisation gewesen. Nur der Despot, der gewaltige Macht hat, Böses zu bewirken, hat auch die Macht zum Guten. Man gibt zu, daß eine Regierung nötig ist – sogar die ›strengen Demokratien‹, die sich heftig dagegen sträuben, tun das. Aber wenn eine Regierung nicht despotisch ist, dann ist es keine Regierung. In Europa hat sich in den letzten hundert Jahren ein Trend zur Liberalisierung des Regierungssystems herausgebildet. Ein Monarch nach dem anderen hat Vorrecht um Vorrecht aufgegeben und der Adel ein Privileg nach dem anderen. Man sehe sich das Ergebnis an: Die Gesellschaft ist von Hochverrat zerfressen; das Eigentum ist bedroht von Aufteilung; der Meuchelmord wird als Wissenschaft studiert und als Kunst ausgeübt; überall haben sich mächtige Geheimbünde verschworen, das soziale Gefüge einzureißen, das die langsamen Jahrhunderte eben erst geschaffen haben – ohne daran zu denken, daß sie selbst unter den Trümmern begraben werden. Kein Herz kann ruhig unter sauberem Leinen schlagen. Von solcher Art ist die Dankbarkeit, die Weisheit, die Tugend ›der Masse‹.

Jene alte und vielgestaltige Regierungsform, ›die Republik‹, scheint für alle Völker der Erde zu gut zu sein, bis auf eines. In der Schweiz ist sie teilweise erfolgreich; in Frankreich und Amerika, wo die Mehrheit der Bevölkerung sich aus Elementen mit verworrenem Geist und kriminellen Neigungen zusammensetzt, hat sie versagt. In unserem wie in jedem anderen Fall hat uns der Schwung der erfolgreichen Revolution zu weit getragen. Wir rebellierten gegen die Tyrannei, und als wir sie gestürzt hatten, stürzten wir auch die Regierungsform, in der sie sich zufällig gezeigt hatte. In ihrem Zorn und ihrem Siegesrausch handelten unsere guten Großväter ein wenig im Geiste des Iren, der auf die tote Schlange einprügelte, bis nichts von ihr übriggeblieben war, damit sie ›auch wirklich merkt, daß sie tot ist‹. Es war ihnen auch Ernst damit, den guten Seelen! Noch lange Zeit nach ihrer Errichtung war die Republik gleichbedeutend mit aktivem Haß auf Könige, Adlige und Aristokraten. Man war der Meinung, und das zu Recht, daß ein Adliger in Amerika nicht atmen könne – daß er seinen Titel und seine Privilegien auf dem Schiff ließ, das ihn herüberbrachte. Können wir etwas Ähnliches von unserer Generation sagen? Vollführen wir nicht bei der Landung eines ausländischen Königs, Fürsten oder Adligen – selbst eines erbärmlichen ›Ritters‹ – servile Kniefälle? Sind unsere Zeitungen dann nicht voll protziger Beschreibungen und ekelhafter Lobhudeleien? Ja, begrüßt und bewirtet nicht unser Präsident selbst – der Nachfolger Washingtons und Jeffersons – ›den Gast der Nation‹? Ist nicht die junge Amerikanerin verrückt danach, einen Mann von Adel zu heiraten? Bedeutet das alles keinen Rückschritt? – Ist es nicht die rückläufige Bewegung des Schattens auf dem Zifferblatt? Ohne Zweifel ist die republikanische Idee im Boden der beiden Amerika tief verwurzelt, aber wer den Gang der Dinge richtig betrachtet, die zugrunde liegenden Ursachen und die sich daraus ergebenden Konsequenzen, wird nicht vorschnell den ewigen Bestand der republikanischen Institutionen auf der westlichen Hemisphäre beschwören. Zwischen ihrer Geburtsstunde und der heutigen Entwicklungsstufe ist kaum ein Pendelschlag vergangen; und schon haben sich, durch Korruption und Gesetzlosigkeit, auf beiden Kontinenten die Menschen trotz all ihrer rassischen und charakterlichen Verschiedenheiten als gleich unfähig erwiesen. Um eine Nation von Schurken zu werden, braucht ein Volk lediglich die Gelegenheit dazu; und was wir so gern mit dem unmöglichen Namen ›Selbstregierung‹ bezeichnen, schafft diese Gelegenheit.

Der Kapitalfehler der republikanischen Regierung ist die Unfähigkeit, innere Kräfte niederzuhalten, die zersetzend wirken. Ein ›selbstregiertes‹ Volk braucht nicht lang, um zu spüren, daß es nicht wirklich regiert wird – daß ein Abkommen, dessen Einhaltung von keinem anderen als den Vertragspartnern kontrolliert wird, nicht bindend ist. Wir lernen das sehr rasch: Wir setzen unsere Gesetze außer Kraft, wann es uns paßt. Die höchste Macht – der oberste Gerichtshof – ist ein Mob. Wenn der Mob groß genug ist (er braucht nicht sehr groß zu sein), kann er machen, was er will, selbst, wenn er aus verbrecherischen Elementen besteht. Er kann Eigentum und Leben vernichten. Ohne Schuldbeweis kann er Menschen Qualen aussetzen, die Feuer und Peitsche nicht zu bereiten vermögen, und nicht zu beschreibende Verstümmelungen zufügen. Er kann Männer, Frauen und Kinder aus den Betten holen und sie mit Knüppeln zu Tode prügeln. Am hellerlichten Tage kann er die Bollwerke des Gesetzes im Herzen einer volkreichen Stadt angreifen und Gefangene ermorden, von deren Schuld er nichts weiß. Und diese Dinge – merkt auf, o Opfer der Könige – geschehen ständig. Man könnte genausogut seinem Monarchen auf Gedeih und Verderben ausgeliefert sein wie seinem Nachbarn.

Der Anarchist ist selbst davon überzeugt, daß unsere Methode, mit ihm umzugehen, vortrefflich ist; sie gefällt ihm, und er ›kommt‹ in Scharen ›herüber‹ und vergiftet die politische Atmosphäre mit den ›giftigen Ausdünstungen‹, die er durch Jahrhunderte der ›Unterdrückung‹ produziert hat – er kommt hierher, wo er nicht unterdrückt wird, und macht sich zum

Unterdrücker. Das bevorzugte Feld für seine Übeltaten ist das Land, das anarchischen Zuständen am nächsten kommt. Er kommt zum Teil hierher, um sich unter unseren gemäßigteren Institutionen zu verbessern, zum Teil, um Immunität zu genießen, während er Verschwörungen zu ihrer Zerschlagung anzettelt. Es donnert in Europa, doch wenn das Gewitter jemals losbricht, dann wird der Blitz zuerst in Amerika einschlagen. Hier ist ein großer Strudel, in den die zivilisationsfeindlichen Kräfte ungehindert einströmen. Hier versammeln sich die Adler zum Festschmaus, denn die Beute ist ohne Schutz. Hier hat die Regierung keine Macht, hier gibt es keine Regierung. Hier glaubt man, daß ein Feind des Systems am ungefährlichsten ist, wenn er so frei wie möglich ist. Und seiner Wühltätigkeit steht nichts im Wege – keine gehätschelte Truppe, um seine Revolte zu unterdrücken, keine unerbittliche Macht, um ihn einzusperren. Die Bürgerwehr ist brüderlich, der Friedensrichter wird gewählt. Europa mag noch ein wenig ausharren. Die Großmächte mögen jedes beliebige Schauspiel aufführen, aber sie unterhalten ihren unschätzbaren Rüstungsapparat nicht nur, um einander anzugreifen und um sich voreinander zu schützen, noch zum Spaß. Diese gewaltigen Streitkräfte haben hauptsächlich Polizeifunktion – geschaffen, um der Unzufriedenheit zu begegnen, schaffen sie diese neu – Auflösungserscheinungen der Zivilisation. Sie werden sich schließlich mit dem Chaos verbrüdern oder selbst eine prätorianische Garde werden, gefährlicher als die Bedrohungen, denen zu begegnen sie ins Leben gerufen wurden.

Es ist leicht, die ersten Stadien des nahen Endes zu prophezeien: Unruhen. Mangelnde Loyalität von Polizei und Armee. Sturz der Regierung. Guillotine-Politik. Volksparlament. Uneinigkeit. Chaos. Der Mann zu Pferde. Kartätschenhagel...?

Die Götter hüteten ihre Geheimnisse, indem sie diese Kassandra anvertrauten, der niemand glaubte. Mir ist das Geheimnis anvertraut worden, daß sich der Schatten auf dem Zifferblatt der Zivilisation rückläufig bewegt. Man glaube es oder nicht – was soll's? Zecher mit weinbenetztem Kranz auf dem Haupt wollen nicht wissen, was die Stunde geschlagen hat. Doch es gibt Zeichen und böse Omen – Geflüster und Geschrei in der Luft; verstohlene Tritte unsichtbarer Füße den Weg entlang; plötzlicher Spektakel von aufgeschrecktem Federvieh mitten in der Nacht; am Morgen blutrote Tautropfen im Gras am Straßenrand. Aber macht euch nur keine Sorgen: Eßt, trinkt und seid fröhlich, denn morgen kommt ganz bestimmt die Demokratie.

KRIEGERISCHES AMERIKA

I

In einer Rede in Huntsville, Alabama, sagte Präsident McKinley:

»Wir sind kein militärisches Volk. Unser Herz hängt nicht an Waffen. Wir lieben den Frieden, und die Vereinigten Staaten führen Krieg ausschließlich um des Friedens willen, und nur, wenn er auf keine andere Weise zu erringen ist. Wir sind nie in den Krieg gezogen, um zu erobern, zu plündern oder Gebietsansprüche durchzusetzen, sondern immer für Freiheit und Menschlichkeit. In unserem jüngsten Krieg mit Spanien folgten Menschen aus den gesamten Vereinigen Staaten der Fahne wie ein Mann und stritten für die Ehre der Nation, um das unterdrückte Volk in Kuba zu befreien.«

Die Amerikaner sind ein außergewöhnlich ›streitsüchtiges‹ Volk. Es stimmt, daß wir nicht ›militärisch‹ sind, aber das wollte der Präsident nicht bekräftigen; er wollte sagen, daß wir nicht ›kriegerisch‹ sind, was etwas ganz anderes ist. Die Deutschen sind militärisch, die nordamerikanischen Indianer sind kriegerisch. Kriegerisch sein heißt, den Krieg zu lieben; militärisch sein heißt, die Kriegskunst und Militärwissenschaft zu pflegen, ihnen die friedlichen Künste unterzuordnen, ein starkes stehendes Heer mit schlagkräftiger Ausrüstung zu unterhalten. Ein Volk kann sowohl kriegerisch als auch militärisch sein, es kann aber auch entweder das eine oder das andere sein. Diese Unterscheidung hatte der Präsident offenbar nicht im

Sinn, denn er sagte, daß wir den Frieden lieben, daß wir Krieg nur führen, um den Frieden zu sichern, und so weiter. Wie sehen nun die Tatsachen aus?

Seit vier Generationen gibt es politisch unabhängige Amerikaner. Jede der vier Generationen führte einen großen Krieg, die kleineren Scharmützel und die ›ständigen‹ Aktionen gegen die Indianer nicht gerechnet. Da waren der Krieg von 1812 gegen Großbritannien, der Krieg gegen Mexiko, der Krieg, den wir gegeneinander führten, und der Krieg gegen Spanien. Wenn wir sagen, daß alle diese Kriege geführt wurden, um den Frieden zu sichern, so stimmt das – nämlich Frieden zu unseren Bedingungen. Kein Krieg wird ja zu anderen Zwecken geführt. Aus diesem Grund fiel Alexander in Asien ein und Hannibal in Italien. Aus diesem Grund belagerten die Türken Wien. Und aus ebendiesem Grund überzog Napoleon Europa mit Krieg.

II

Es scheint so, als wären wir ›nie in den Krieg gezogen, um zu erobern, zu plündern oder Gebietsansprüche durchzusetzen‹; das Wort eines Präsidenten steht dafür. Man beachte nur, wie die Vorsehung die Absichten der Guten und Frommen zu ihrem Vorteil durchkreuzt. Für Frieden, Menschlichkeit und die Ehre der Nation zogen wir in den Krieg mit Mexiko, doch mit einer Vergrößerung des Territoriums, die die kühnsten Träume habgieriger Politiker übertraf, gingen wir aus dem Kampf hervor. Wir traten in den Krieg mit Spanien ein, um einem unterdrückten Volk beizustehen, und am Ende befanden wir uns im Besitz ausgedehnter, reicher Inselkolonien und hatten das Land, dessen unterdrücktem Volk wir beistehen wollten, als wir zu den Waffen griffen, ziemlich fest im Griff. Wir hätten kaum mehr Gewinn herausschlagen können, wäre ›territoriale Expansion‹ unsere eigentliche Absicht und heimliche Hoffnung gewesen.

Wer sich in der Geschichte auch nur ein wenig auskennt, weiß, daß mächtige Republiken besonders kriegerisch und skrupellos sind. Eisern verfolgen sie ihre Ziele und haben keine

Skrupel, mit besiegten Feinden nach Gutdünken zu verfahren. Könnten mächtige europäische Herrscher ihre Untertanen nicht nach Belieben entmündigen, dann wäre Europa ein ständiger Kriegsschauplatz. Solche Entmündigung kennen wir nicht. Glücklicherweise sind uns auch viele der Erbfeindschaften fremd, von denen sich die neiderfüllten Völker der Alten Welt erhitzen lassen; aber wenn das Feuer einmal entfacht ist, dann lodert es; es gibt keinen, der es zu löschen vermag. Wir haben beständig die Hand am Säbel, und wenn wir nicht öfter losschlagen, so in erster Linie deshalb, weil der Säbel nicht viel taugt, und in zweiter Linie, weil der Feind im allgemeinen außer Reichweite ist. Mit unserer Kriegsflotte haben wir jetzt einen Säbel, der ein klein wenig länger und schlagkräftiger ist, aber unsere Armee ist noch immer eine stumpfe und unhandliche Waffe.

Auch in Zukunft werden wir Kriege haben und nicht zu knapp – ehrenhafte Kriege, Eroberungskriege und Kriege, geboren aus Haß und Rachegefühlen. Der Krieg hat uns nie vorbereitet getroffen. Keine neuzeitliche Nation war je auf Krieg vorbereitet, mit Ausnahme von Preußen, und das nur einmal. Wenn uns schon die Erfahrung nichts lehrt, dann wollen wir es mit Beobachtung versuchen. Hören wir doch mit der Heuchelei auf, erwachen wir aus unseren Träumen von Frieden und Friedensliebe, bekennen wir uns als das kriegerische Volk, das wir sind, und werden wir das militärische Volk, das wir nicht sind.

III

Die Auffassung, daß ein stehendes Heer, gleich welcher Stärke, eine ›Bedrohung der Freiheit Amerikas‹ bedeuten könne, ist einer der gröbsten und schimpflichsten Irrtümer, von Dummheit gezeugt und auf falschen Analogieschlüssen beruhend. Ihr liegt die Annahme zugrunde, daß in den Monarchien der Alten Welt das ›einfache Volk‹ unterdrückt und unzufrieden und die Zeit reif für einen republikanischen Umsturz sei, daß die Völker von den mächtigen Heeren, die im Dienst ihrer Despoten stehen, in Knechtschaft gehalten würden. Natürlich ist das blanker Unsinn, doch auch wenn es wahr wäre, würde sich für uns daraus nicht die willkommene Lehre ableiten lassen, daß nämlich Armeen generell willfährige Werkzeuge in den Händen von Despoten und Usurpatoren sind. Eine europäische Armee, die durch Zwangsaushebung geschaffen wird und deren Offiziere aus Kreisen des Adels kommen, unterscheidet sich grundsätzlich von der Armee, die wir haben, und unterschiede sich auch beträchtlich von derjenigen, die wir haben könnten, wenn wir nur wollten. Die königliche Armee stützt die Monarchie, nicht weil eine Armee natürlicher- und notwendigerweise monarchistisch ist, sondern weil die Monarchie die verfassungsmäßige Regierungsform darstellt; und Armeen sind, häufiger als andere Institutionen, der Pflicht treu und dem Gesetz gehorsam. Aus den gleichen Gründen wird eine amerikanische Armee der Republik beistehen. Wann immer eine königliche Armee *nicht* die Monarchie gestützt hat – wenn sie bei deren Sturz und bei der Errichtung einer Republik geholfen hat –, dann hatten wir wirklich Grund, ›dem Militär‹ zu mißtrauen – dem Militär in einer Monarchie.

Eine Armee von ungeübten Freiwilligen, die zur Fahne eilen, um einer unvorhergesehenen Notlage zu begegnen, ist ein begeisterndes Schauspiel, doch eine solche Armee taugt überhaupt nichts, wenn sie gegen reguläre und kampferprobte Truppen eingesetzt wird. Jeder Soldat weiß das, obwohl es keine gewichtigen Beispiele aus der jüngeren Vergangenheit gibt, bei denen nicht andere Faktoren diese Tatsache verdunkeln, wie beim ›Krieg von 1812‹.

In den europäischen Ländern, die eine allgemeine Wehrpflicht haben, ist die Militärdienstzeit für die jungen Männer die nützlichste Zeit ihres Lebens. Die den Dienst als unwissende Bauernburschen antreten, dumm wie Bohnenstroh, verlassen ihn gut entwickelt an Körper und Geist – gesünder, gesitteter und klüger. Der amerikanische Bauer ist natürlich in allen diesen Belangen vollkommen, aber vielleicht würde der veredelnde Umgang mit ihm seinen Offizieren zum Vorteil gereichen.

MODERNE KRIEGFÜHRUNG

I

Der Traum von einer Zeit, da die Völker keine Kriege mehr führen werden, ist ein schöner und alter Traum. Unzählige Generationen haben sich ihm hingegeben, und für unzählige weitere
wird er sich als Trost und Wohltat erweisen. Doch man darf
wohl bezweifeln, daß man ihn eines Tages verwirklichen kann,
indem alle sich eifrig dem Studium des Kriegshandwerkes wid-
men, wie so viele achtbare Leute glauben. Daß jeder bemer-
kenswerte Fortschritt in der Kunst, menschliches Leben zu vernichten, von diesen guten Leuten als ein weiterer Schritt zum
Weltfrieden ›bejubelt‹ wird, muß als Phänomen gelten, das den
Herzen, wenn auch nicht gerade den Köpfen, derjenigen Ehre
macht, bei denen es sich zeigt. Es zeugt von einer Gesinnung,
die Blutvergießen ablehnt, denn da ihr Glauben mit den Tatsachen nichts zu tun hat – diese widerlegen ihn geradezu –, ist offenbar der Wunsch Vater des Gedankens.

›Der Krieg wird schließlich so furchtbar werden‹, so argu-
mentieren diese trefflichen Leute, ›daß die Menschen gar keine
Kriege mehr führen.‹ Dabei entgeht ihnen glatt die Tatsache,
daß das Bewußtsein der Macht, den Krieg furchtbar werden
zu lassen, gerade am meisten ermutigt, ihn zu führen. Im enormen Kostenaufwand für moderne Waffen und Kriegführung
sieht man gemeinhin eine weitere Chance für den Frieden. Geschoß und Kartusche eines schweren Geschützes kosten heute
Hunderte von Dollar, das Geschütz selbst ... zigtausende. Tausende von Dollar kostet das Abfeuern eines Torpedos, das ein
Schiff im Wert von mehreren Millionen zerstört oder auch
nicht. Eine Nation muß heutzutage, um sich vor den Machenschaften der bösen Nachbarn wirkungsvoll zu schützen, während man sich selbst den friedlichen Künsten widmet, ungeheure Summen allein in die Rüstung investieren. Es liegt nicht
in der Natur des Menschen, sich durch Investitionen zu ver-
ausgaben, von denen er sich keinen Gewinn verspricht außer
Sicherheit in dem durch die Ausgaben bewirkten Maße. Die

Menschen konstruieren keine teure Technik und zahlen Unsummen von Steuern, um sie einsatzfähig zu halten, ohne daß diese Technik schließlich auch eingesetzt wird. Je größer der Teil des Einkommens, den eine Nation für Kriegsvorbereitungen ausgeben muß, desto wahrscheinlicher wird sie Krieg führen. Ihre Verteidigungsmittel dienen zum Angriff, und je stärker sie sich fühlt, den heimatlichen Altar und Herd zu verteidigen, desto lebhafter wird auch ihr Verlangen, über die Grenze zu dringen und den Altar des Nachbarn umzustürzen und das Feuer in seinem Herd auszulöschen.

Aber die Auffassung, daß verbesserte Waffen den modernen Armeen und Kriegsflotten eine höhere Schlagkraft verleihen – daß der Krieg der Zukunft ein blutigeres Geschäft sein wird als das, was wir das Glück haben zu kennen –, ist ein Irrtum, dem sich ein aufmerksamer Friedensfreund nicht beruhigt hingeben kann. Man vergleiche doch zum Beispiel ein modernes Seegefecht mit Salamis, Lepanto oder Trafalgar. Man vergleiche das berühmte Duell zwischen der ›Monitor‹ und der ›Merrimac‹ mit fast jedem Gefecht zwischen den alten hölzernen Schlachtschiffen, das, wie es der verwerfliche Brauch war, so lange fortgesetzt wurde, bis eins oder beide Schiffe mit Hunderten von Toten und Verwundeten sanken und die See rot färbten.

Schon 1861 fand ein furchtbares Gefecht im Hafen von Charleston, South Carolina, statt. Es währte vierzig Stunden und wurde mit Hunderten der größten und besten Geschütze jener Zeit ausgefochten. Nicht ein einziger Mann wurde getötet oder verwundet.

Im Frühjahr 1862 bombardierten Porters Mörserschiffe Fort Jackson unterhalb von New Orleans nahezu fünf Tage und Nächte lang, wobei ungefähr 16 800 Granaten, zumeist Dreizehnzöller, abgefeuert wurden. ›Fast jede Granate schlug innerhalb der Verschanzung ein‹, berichtet der Kommandant des Forts. Man beachte, daß es auch schon damals ›Präzisionswaffen‹ gab; und vor einer krepierenden Dreizehnzoll-Granate hat man noch immer gebührenden Respekt. Soviel ich in Erfahrung bringen konnte, fielen dem Gemetzel zwei Mann zum Opfer.

Ein Jahr später griff Admiral Dupont Fort Sumter, das

sich damals in den Händen der Konföderierten befand, mit der
›New Ironsides‹, dem doppeltürmigen Monitor ›Keokuk‹ und
sieben eintürmigen Monitoren an. Gegen die großen Kanonen
des Forts kam der Admiral nicht an. Eins seiner Schiffe wurde
neunzigmal getroffen, bevor es sank. Ein anderes bekam 53
Treffer; weitere Schiffe bekamen jeweils 35, 14, 47, 20, 47, 95
und 36 Treffer und wurden außer Gefecht gesetzt. Doch sie gaben 151 Schüsse aus ihren eigenen ›Zerstörungswaffen‹ ab,
und da es sich dabei um ›Präzisionswaffen‹ handelte, töteten
sie einen ganzen Mann, der von einem gekappten Fahnenmast
erschlagen wurde. Insgesamt wurden vom Feind 2209 Schüsse
abgefeuert, und wenn durch sie mehr als zwei Mann getötet
wurden, kann ich mir das beim besten Willen nicht erklären.
Aber es war eine ruhmreiche Schlacht, wie jeder Quäker zugestehen wird!

Bei den härtesten Landgefechten unserer großen Revolution
und später bei den Kriegen mit modernerer Technik zwischen
Frankreich und Deutschland und zwischen der Türkei und
Rußland waren die verhältnismäßigen Verluste nicht annähernd so hoch wie in den Kämpfen, als ›Grieche auf Grieche
traf‹ oder der Römer mit seinem Kurzschwert – der verhee-
rendsten Waffe, die je erfunden wurde – einen kleinen Mei-
nungsaustausch mit dem nackten Barbaren oder dem Römer
von anderer politischer Überzeugung pflegte. Natürlich müssen wir bei den Berichten von diesen antiken Kämpfen mit
Übertreibungen rechnen und Niebuhrs Versicherung nicht
außer acht lassen, daß die römische Geschichtsschreibung zu
neunzig Prozent aus Lügen besteht. Aber da die europäische
und die amerikanische Geschichtsschreibung in dieser Beziehung mit ihr wetteifern, kann auch bei Berichten über Schlachten unserer Tage etwas abgezogen werden – besonders da, wo
der Historiker die Verluste der Seite angibt, die nicht den militärischen Vorteil seiner Sympathie hatte.

Verbesserungen bei Geschützen, bei Panzerung, im Fe-
stungs- und Schiffsbau sind fast bis zur Perfektion vorangetrie-
ben worden, so daß Seegefechte und See-Land-Gefechte mit
Recht zu den friedlichen Künsten gezählt werden können und
schließlich die ihnen zustehende medizinische Anerkennung

als hygienische Maßnahme finden müssen. Die bemerkenswertesten Verbesserungen betreffen die Handfeuerwaffen. Unsere Großväter kämpften als junge Tunichtgute im Revolutionskrieg mit so miserablen Gewehren, daß sie sich den Söldlingen der Monarchie nur aus einer Distanz von unter vierzig Metern unangenehm bemerkbar machen konnten. Sie mußten so nahe herangehen, daß viele von ihnen die Beherrschung verloren. Mit dem modernen Gewehr können Grobheiten über eine Distanz von anderthalb Meilen ausgetauscht werden, bei auseinandergezogenen Schützenketten und guter Laune. Die Dynamitgranate hat leider viel dazu beigetragen, dieses sonnige Bild zu verdüstern, indem sie eine im Gelände verteilte Formation nahelegte, was die Unterhaltung erschwert und Einsamkeit erzeugt. Isolation verleitet zum Selbstmord, und Selbstmord bedeutet ›Verluste‹. Daher ist die Dynamitgranate wirklich nicht die lebensrettende Vorrichtung, für die man sie gehalten hatte. Aber im großen und ganzen gesehen scheinen wir recht gute Fortschritte zu machen und der glücklichen Zeit entgegenzugehen, da es nicht etwa ›keinen Krieg mehr gibt‹, sondern da er universal und ewig sein wird, weil er gesund ist. Der Soldat der Zukunft wird an Altersschwäche sterben; und Gott möge seiner feigen Seele gnädig sein!

Man sagt, um einen Mann in einer Schlacht zu töten, brauche man sein Gewicht an Blei. Aber wenn die Schlacht zufälligerweise von modernen Kriegsschiffen oder Festungen oder von beiden ausgefochten wird, scheinen ungefähr hundert Tonnen Eisen eine angemessene Menge zu sein, um eine Kriegsleiche zu produzieren. Beim Kampf im offenen Gelände sind die Zahlen erfreulicher. Was es gekostet hat, um in unserem Bürgerkrieg einen konföderierten Soldaten zu töten, läßt sich nicht exakt errechnen; wir wissen nicht genau, wie viele wir das Glück hatten, zu töten. Aber die ›besten Schätzungen‹ sind leicht zu beschaffen.

II

Vor ein paar Jahren erschien in der Zeitschrift ›Century‹ ein Artikel über Maschinengewehre und Dynamitgeschütze. Wie zu erwarten war, eröffnete ein verdienstvoller General der Unionsarmeen den Artikel mit der Prognose, daß ›der nächste Krieg von entsetzlichem und furchtbarem Gemetzel geprägt sein werde‹, da die Waffen so mörderisch geworden seien. Darauf folgte natürlich die selbstgefällige und bequeme Versicherung, daß der moderne Krieg so verlustreich geworden sei, ›ist die einzige Hoffnung des Menschen, den Krieg immerhin teilweise abzuschaffen‹. Wir wollen einmal sehen, wie das funktionieren würde, wenn es an dem ist. Der Gang der Ereignisse würde zwangsläufig (offenkundig, sollte man meinen) in etwa so aussehen:

1. Mörderische Perfektion der Waffen.
2. Der Krieg wird geprägt von ›entsetzlichem und furchtbarem Gemetzel‹.
3. Als Folge davon schaffen die Völker den Krieg ab und rüsten ab.
4. Die Beendigung der Waffenfabrikation führt zum Verfall der daran beteiligten Industriezweige, das heißt, Verfall der Rüstungsindustrie. Die geistigen Aktivitäten richten sich auf die friedlichen Künste.
5. Der Krieg kann nicht mehr von ›entsetzlichem und furchtbarem Gemetzel‹ geprägt werden. *Ergo:*
6. Wiederbelebung des Krieges.

Alle Armeen und Kriegsflotten der Welt werden mit immer ›verheerenderen‹ Waffen ausgerüstet. Aber hat das zwangsläufig ein ›entsetzliches und furchtbares Gemetzel‹ in der Schlacht zur Folge? Ganz bestimmt nicht. Es erfordert und bewirkt tiefgreifende Veränderungen bei taktischen Verbänden und Bewegungen – Veränderungen ähnlich denen, wie sie (wenn auch in geringerem Maße) das weittragende Repetiergewehr und die verbesserte Feldartillerie mit sich brachten. Die Soldaten werden nicht massiert aufmarschieren und von mechanisierten Waffen niedergemäht werden. Wenn die wirksame Reichweite dieser Geschütze zum Beispiel zwei Meilen beträgt, werden taktische Manöver im offenen Gelände in größerer Entfernung durchgeführt werden. Das Erstürmen von Befestigungsanlagen und Angriffe im freien Gelände werden aus der Mode kommen. Sie sind tatsächlich immer seltener geworden, seit man begann, Reichweite und Präzision der Feuerwaffen zu verbessern. Wenn man einen Mann, der unter Johann Sobieski, Marlborough oder Napoleon I. gekämpft hat, aus seinem vergessenen Grab holen und ihm eine moderne Schlacht mit dem ganzen Donnergetöse unserer mörderischen Waffen zeigen könnte, würde er sich vielleicht den Staub aus den Augen wischen und sagen: ›Ja, ja, das ist außerordentlich beeindruckend! – Aber wo ist denn der Feind?‹

Es ist eine Tatsache, daß in der Schlacht von heute der Soldat den Gegner selten anders als von fern und flüchtig zu sehen bekommt. Er ist immer noch mit dem Säbel ausgerüstet, wenn er zur ›Kavallerie‹ gehört, und als ›Infanterist‹ mit dem Bajonett, aber diese Waffen haben nur einen moralischen Wert. Wenn er den Befehl bekommt, den Säbel zu ziehen oder das Bajonett aufzupflanzen, dann weiß er, man erwartet von ihm, daß er so weit vorrückt, wie er sich traut; aber, wenn er nicht ein völlig unerfahrener Rekrut ist, weiß er auch, daß er seinen Gegnern nicht so nahe kommen wird, um Säbel oder Bajonett einzusetzen – entweder werden diese sich nämlich zurückziehen oder so viele von seinen Kameraden töten, daß er selbst in die Flucht geschlagen wird. In unserem Bürgerkrieg – und der ist für den Fernkampf-Taktiker von heute weit zurückliegende Geschichte – hatte ich das Vergnügen, an einer hinreichenden Zahl von Attacken sowohl mit dem Bajonett als auch mit dem Säbel teilzunehmen, aber es war mir nie vergönnt, ein halbes Dutzend Männer, Freund oder Feind, zu sehen, die durch die eine oder die andere Waffe niedergemacht worden waren. Wenn die gegnerischen Linien wirklich aufeinandertrafen, war es das Gewehr, der Karabiner oder der Revolver, die die Arbeit verrichteten. In unserer Zeit der ›Präzisionswaffen‹ trifft man nicht aufeinander. Man kann daher auch berechtigterweise annehmen, daß die Soldaten nicht so leicht ›durchdrehen‹ und all die Grausamkeiten begehen, derer sie fähig sind. Das Maschinengewehr verliert ganz sicher bei der größten Provokation die Nerven nicht.

Eine weitere große Verbesserung auf militärtechnischem Gebiet ist ein Spiegelfernrohr oder Projektionsgerät, das am hinteren Ende von schweren Geschützen befestigt, jedes Objekt vorn reflektiert. Mit Hilfe eines bestimmten Mechanismus kann alles so Reflektierte mit dem Geschütz anvisiert werden. Das ermöglicht den Kanonieren, in ihrem Schützenloch außer Gefahr zu bleiben und so ein gesundes Alter zu erreichen. Der Vorteil für diese Soldaten ist beträchtlich, und nur einem Dummkopf leuchtet er nicht von selbst ein; aber ob letzten Endes das Vaterland irgendwelchen Nutzen davon hat, das Leben von Männern zu erhalten, die nicht bereit sind, für ihr Land zu sterben – das steht auf einem anderen Blatt. Vielleicht wäre es besser, man würde Verluste im Kampf einkalkulieren, als daß man versucht, Schlachten mit Männern zu gewinnen, denen ein in Gefahren gestählter Mut, Enthusiasmus und Heroismus fremd sind.

Alle Schutzvorrichtungen machen allzuleicht Feiglinge aus denen, die sie beschützen. Soldaten, die schon lange an den Schutz selbst von so niedrigen Erdwällen gewöhnt sind, wie sie von Armeen, die in offenem Gelände gegeneinander vorgehen, aufgeworfen werden, verlieren etwas von ihrer Schlagkraft. Was ihnen verlorengeht, ist insbesondere Mut. Bei langen Belagerungen sind Ausfälle und Angriffe im allgemeinen schwache, lahme Angelegenheiten, denen leicht begegnet werden kann. So offensichtlich macht relative Sicherheit den Soldaten nicht gewillt, selbst die geringen Gefahren auf sich zu nehmen, die ihn dabei bedrängen, daß während der letzten Bürgerkriegsjahre, als es üblich war, daß Armeen im Feld ihre Front mit Schanzen sicherten, viele kluge Offiziere zwar die Notwendigkeit eines Schutzes einsahen, ihn aber viel niedriger machten, als ohne Mühe möglich gewesen wäre. Außer unter heftigem und anhaltendem Beschuß aus nächster Nähe wirkten (zum Beispiel) Baumstämme als Deckung deutlich demoralisierend. Der Soldat mit der geringsten Deckung zögert am wenigsten, seine Deckung aufzugeben. Das heißt, er ist der tapferste Soldat.

General Miles handelte nur vernünftig, als er versuchte, der zunehmenden militärischen Verschwendung Einhalt zu gebieten, indem er unsere enormen Ausgaben für ›versenkbare Geschütze‹ tadelte. Der empfindliche und komplizierte Mechanismus zum Richten und Versenken des Geschützes wird versagen, wenn er in Aktion ist, und wie ein Fisch auf dem Trockenen verrotten, wenn er nicht benutzt wird. Während der langen Friedensdekaden braucht er fachkundige Wartung, ausreichend Benutzung und ständige Erneuerung der Teile. Der einzige Vorzug dieser absurden Schachtelkobold-Geschütze sind ihre horrenden Kosten. Wenn wir weniger reiche Nationen beschwatzen können, sie zu übernehmen, ist das für uns so vorteilhaft wie ein Wettkampf der Geldbeutel für den dicksten Geldbeutel. Bisher haben alle anderen Nationen, reiche und arme gleichermaßen, eine haushälterische Unlust gezeigt, sich an dem friedlichen Wettstreit zu beteiligen.

Uns wird hinreichend oft versichert, daß wir in einem Zeitalter und in einem Land ›wunderbarer Erfindungen‹, ›hochentwickelter Maschinen‹ und dergleichen mehr leben. Wir akzeptieren diese Behauptung ohne weiteres, wie die Menschen jeder früheren Epoche ohne Frage dasselbe für sich in Anspruch genommen haben. Gott behüte, daß jemand die Ohren verschlösse vor dem Gegacker seiner Generation, wenn sie ihr täglich Ei gelegt hat! Trotzdem gibt es Dinge, die auch technische Erfindungsgabe nicht rentabel produzieren kann. Eins davon ist das versenkbare Geschütz, ein anderes die Kombination von Stoppuhr und Zweckenhammer.

Die Amerikaner müssen lernen, vorzugsweise in Friedenszeiten, daß kein Volk ein Monopol auf Erfindungsgabe und militärische Tüchtigkeit hat. Große Kriege werden in der Zukunft wie in der Vergangenheit mit einem Potential an Kenntnissen und Wissen geführt, das beiden kriegführenden Parteien zur Verfügung steht, und mit einer Technik, über die beide verfügen. Offensiv- und Defensivstrategien werden einander wie jetzt die Waage halten, jeder Fortschritt in einem Bereich wird stets und prompt einen entsprechenden Fortschritt im anderen nach sich ziehen. Genie gehört keinem Lande allein; die Vereinigten Staaten haben kein Vorrecht darauf.

Wenn man entdecken würde, daß Silber sich als Werkstoff für Geschütze besser eignet als die jetzt gebräuchlichen Metalle und wenn irgendein genialer Schurke eine mit Diamant-spitze versehene Granate von überlegener Durchschlagskraft erfinden würde, dann würden diese ›wirksamen Präzisionswaf-fen‹ zweifelsohne von allen Militärmächten eingeführt werden. Ihre Anwendung würde zumindest eine ersprießliche Anzahl von Opfern unter der Zivilbevölkerung fordern, die die Ausga-ben für das Militär begleicht; also wäre damit etwas gewonnen. Der Zweck der modernen Artillerie scheint das Abschlachten des Steuerzahlers hinter der Kanone zu sein.

Wenn sich die führenden Nationen Europas und Amerikas vor fünfzig Jahren geeinigt hätten, die Erfindung von Offen-siv- und Defensivwaffen zu einem Kapitalverbrechen zu ma-chen, so hätten sie sich die ganze Zeit über auf relativ dem-selben militärischen Stand befunden, auf dem sie nunmehr sind, und ihnen wäre ein riesiger Kostenaufwand erspart ge-blieben. In dem wahnsinnigen Wettlauf um den ersten Platz als militärische Macht hat nicht eine von ihnen einen dauerhaften Vorsprung erzielt; profitiert haben von den ›Verbesserungen‹ einzig die cleveren Leute, die sie ausgedacht haben und paten-tieren durften. Bis jenen von Rechts wegen untersagt wird, es sich auf Kosten der Steuerzahler wohlgehen zu lassen, müssen wir weiterhin krampfhaft unsere Börse festhalten und vor ihrer Macht zittern. Wir wollen gern ihre Erfindungsgabe bewun-dern, ihren Patriotismus loben und ihre Herzlosigkeit beneiden, aber es wäre besser, wenn man sie von ihren Präzisionswaffen trennte und sie dem Henker überantwortete.

Ein militärischer Erfinder hat sich, wie man hört, jetzt ein Geschoß ausgedacht, das jede Art von Panzerplatte so leicht durchdringen kann wie ein heißes Messer ein Stück Butter. Nach allem, was trotz offizieller Geheimhaltung durchsickerte, scheint es sich dabei um einen zugespitzten Stahlbolzen zu handeln, der mit Graphit geschmiert wird. Diese Waffe soll au-ßerordentlich zufriedenstellend sein für den Patentträger, der voller Zuversicht ist, daß sie ihren Daseinszweck erfüllt und die Staatskasse der Vereinigten Staaten leckschlägt. Hier haben wir wenigstens ›eine Verbesserung auf waffentechnischem Ge-biet‹, die der nicht militante Steuerzahler von Herzen begrü-ßen kann. Wenn dieser Waffe wirklich kein Panzer standhalten kann, wird Panzerung abgeschafft werden, und Schiffe werden wieder ›in Hemdsärmeln kämpfen‹. Traurig werden wir der vertrauten Stahlpanzerplatten gedenken, 550 Dollar die Tonne, die uns durch tausend zarte Erinnerungen an die Zusatzsteuer so teuer sind, aber die Zeit heilt alle irdischen Wunden, und schließlich werden wir uns wieder an der Bläue des Himmels, dem Duft der Blumen, den taugeschmückten Wiesen und dem Flattern, Zwitschern und Tirillieren der Politiker erfreuen. Mittlerweile, während wir unserer vollständigen Tröstung entgegensehen, können wir schon immer einen kleinen Trost aus dem hohen Preis für Graphit schöpfen.

Wenn man einen persönlichen Zusammenstoß mit einem Gentleman hat, der der Ansicht huldigt, man sei überflüssig, oder einen solchen Zusammenstoß jeden Augenblick erwartet, schweift die Aufmerksamkeit nicht vom gegenwärtigen Tun ab und weilt in paradiesisch-friedlichen Gefilden. Man ist am Geschehen interessiert, und wenn man es überlebt, genießt man es in der Rückschau, was dem Krieger nicht möglich ist, der aus dem Land heimkehrte, wo die Mauser und die Krag-Jörgensen ohne sichtbare menschliche Beteiligung ein freundschaftliches Zwiegespräch über eine Entfernung von zwei Meilen hinweg führten. Als unsere Soldaten beim San Juan Hill im Gras hockten und von den Spaniern von irgendwo mit schwerem Feuer belegt wurden, empfanden sie es als sehr bitter, in einem so ruhmlosen Scharmützel ›dezimiert‹ zu werden. Die armen Burschen wußten nicht, daß sie an einer typisch modernen Schlacht beteiligt waren. Als die Lage unerträglich geworden war, gingen ihre beiden Divisionen zum Angriff über und überrannten die Schützengräben der zwei- oder dreihundert feindlichen Spanier, worauf sie dann Muße hatten, ihre Vorstellung vom Krieg als einem malerischen und ruhmreichen Spiel wieder herzustellen.

In den alten Tagen, vor der Erfindung des Whitehead-Torpedos und des weittragenden Geschützes, pflegten die hölzernen Kriegsschiffe der damaligen Zeit einander zu rammen, längsseits festzumachen, einander die Kanonen in die Luken zu zwängen und Meuten von halbnackten Enterern auf die Decks zu schicken, wo sie Mann gegen Mann heldenhaft kämpften.

Dr. Johnson beschrieb eine Seereise als ›strenge Haft mit dem Risiko zu ersaufen‹. Der Marinesoldat hat diesen doppelten Nachteil immer gehabt und dazu noch die Aussicht, zerquetscht oder verbrannt zu werden. Doch wurde früher sein hartes Los gemildert durch den Anblick seines Feindes und eine geringe Chance, sich in der Nähe von dessen werter Gurgel hervorzutun. Heutzutage wird ihm das Vergnügen dieser Begegnung verwehrt – ja, er bekommt den Feind nicht einmal zu Gesicht, wenn er nicht das Glück hat, ihn in die Rettungsboote zu treiben. Ein Tag im Zuchthaus bietet beträchtlich mehr Gelegenheiten, Abenteuer zu erleben und sich auszuzeichnen, als ein modernes Seegefecht. Ähnlich einem Landgefecht birgt es zwar auch genug Gefahren, um die Männer wachzuhalten, aber was Abwechslung und Spannung betrifft, so bietet es davon weniger als ein Kampf zwischen einem gleichschenkligen Dreieck und der vierten Dimension.

Wenn das Herz des Patrioten von seiner Zeitung und seinem Politiker pflichtgemäß entflammt worden ist, wird er sich vielleicht auch weiterhin anwerben lassen und bereit sein, dabei zu helfen, die gegnerische Seite der Landschaft mit einem Kugelhagel zu belegen, der fällt, wohin der Himmel will – wie sein kriegerischer Vorfahr bereit war, dem Feind in Fleisch und Blut gegenüberzutreten und ihn Mann gegen Mann zu bekämpfen; aber es wird eine langweilige Sache sein, trotz aller Bemühungen des Sonderberichterstatters, sie durch Wortgefechte zu glorifizieren. Geschichten von der ›Feuerlinie‹, die man sich in Zukunft am Kamin erzählen wird, werden den jungen Mann williger ins Feld ziehen lassen. Übrigens erinnere ich mich nicht, den Ausdruck ›Feuerlinie‹ während unseres Bürgerkrieges gehört zu haben. Es gab natürlich so etwas, aber es war zu kurzlebig (außer bei Belagerungen, und da wurde es anders genannt), um einen Namen zu erhalten. Truppen in der ›Feuerlinie‹ hielten ihr Feuer entweder solange aufrecht, bis der Feind ein Verlangen danach erkennen ließ, vorzurücken, um sich ihm auszusetzen, oder sie rückten selbst vor und bedienten ihn damit in seiner Stellung.

Ich möchte nicht gern behaupten, daß unser Zeitalter ein feiges Zeitalter ist, ich behaupte nur, daß Männer aller zivilisierten Nationen große Anstrengungen unternehmen, um Offensivwaffen zu erfinden, die ohne direkten Einsatz des Menschen auskommen, und Defensivwaffen, die an die Stelle der menschlichen Brust treten. Eine moderne Schlacht ist ein Kampf von Drückebergern, die sich darum bemühen, das Töten weit weg von ihrer Person stattfinden zu lassen. Sie greifen aus der Ferne an; sie verteidigen uneinnehmbare Stellungen. Soviel wie möglich läßt man Maschinen kämpfen, am liebsten automatische. Wenn wir unsere Präzisionswaffen und anderes Kriegsgerät so perfektioniert haben werden, daß sie keiner menschlichen Bedienung mehr bedürfen, dann wird der Krieg die vornehmste unter den friedlichen Künsten sein.

Bis dahin ist er immer noch ein wenig gefährlich und zuweilen auch tödlich; die ihn führen, müssen mit blutigen Nasen und eingeschlagenen Schädeln rechnen. Es mag unseren Landsleuten vielleicht nützen zu wissen, daß, wenn sie lediglich ökonomisch Vorsorge treffen, sie nur sicher sein können, wenn Frieden herrscht; daß man in der Schule der Katastrophen nichts lernt, als zu weinen; daß Mut und Treue durch nichts zu ersetzen sind. Amerikas bester Schutz sind die Brust der amerikanischen Soldaten und der Kopf der amerikanischen Kommandeure. Es ist eine verhängnisvolle Illusion, sein Vertrauen auf irgendeine ›revolutionierende‹ Waffe zu setzen.

1899

NATURA BENIGNA

Nicht nur auf fernen, von Heiden bevölkerten Inseln ereignen sich große Katastrophen, wie die Überlieferung bezeugt. Und es ist auch nicht so, daß die Naturgewalten außerstande wären, eine Agonie hervorzurufen, die jede bisher erlebte übertrifft. Die Situation ist folgende: Wir sind mit den Füßen an eine zerbrechliche Kruste gefesselt, die nur notdürftig eine Kraft einschließt, stark genug – wenn die Umstände das begünstigen –, diese Kruste auseinanderzusprengen, worauf die Bruchstücke im feurigen Magmastrom durcheinanderschwimmen und gegeneinander mahlen und in blinder Wut sich neu zusammenfügen. Doch ein so verheerender Kataklysmus ist gar nicht vonnöten, um diesen unsicheren Planeten zu entvölkern. Es braucht nur eine Quadratmeile aus dem Grund des Ozeans gesprengt werden oder eine große Spalte sich dort auftun. Ist es denn denkbar, daß uns die veränderten Bedingungen, die durch einen Streit zwischen dem Ozean und dem flüssigen Erdkern entstünden, nicht in Mitleidenschaft ziehen würden? Solche Katastrophenfälle sind nicht nur schlechthin möglich, sondern in höchstem Grade wahrscheinlich. Nur zu wahrscheinlich sind sie immer wieder eingetreten, haben alle höher organisierten Lebensformen ausgelöscht und den langsamen Gang der Evolution gezwungen, aufs neue zu beginnen. Langsam? Auf der Bühne der Ewigkeit sind das Werden und Vergehen von Rassen – sind Auftritt und Abgang von Lebensformen – Episoden in einem schwungvollen und lebhaften Drama, die mit verwirrender Schnelligkeit aufeinander folgen.

Der Menschheit gelang es nicht, jene Orte zu verlassen und zu meiden, wo die Naturkräfte am unheilvollsten toben. Die Bahn des Tornados im Westen wird eilig wieder besiedelt. San Francisco ist noch immer dicht bevölkert, ungeachtet seines Erdbebens, Galveston trotz seines Hurrikans, und selbst die Höfe Lissabons sind nicht dem Löwen und der Eidechse überlassen. In dem peruanischen Dorf, in dessen Straßen die Matrosen eines US-Kriegsschiffes einst vom Kamm einer Woge hinunterblickten, die sie dann eine halbe Meile landeinwärts aufs Trockene warf, hört man das Klimpern der Gitarre und die Stimmen spielender Kinder. Auch in Herkulaneum und Pompeji leben Menschen. Auf den Berghängen über Catania erträgt der Ziegenhirt mit soviel Mut, wie er aufbringen kann, das Beben der Erde unter seinen Füßen, wenn der alte Enkelados sich wieder einmal auf die andere Seite dreht. Wenn der Huanghe sich wieder in sein Flußbett begibt, nachdem er die angrenzenden Fluren mit Chinesenhydrat gedüngt hat, folgt der überlebende Landwirt der zurückweichenden Flut, errichtet seine Wohnstätte unter dem gebrochenen Damm, und aufs neue blüht das Tal der Dahingegangenen wie die Rose, und seine Bewohner würfeln mit dem Tod.

Daran läßt sich nichts ändern: Die Rasse setzt sich der Gefahr aus, weil sie nicht anders kann. Auf der ganzen Welt gibt es keine Zufluchtsstätte – kein Heiligtum, in dem wir, an die Hörner des Altars geklammert, Schutz finden – kein ›Reservat‹, wo wir, dem gejagten Wild gleich, der hetzenden Meute der tückischen Natur zu entkommen hoffen können. Die Todeslinie befindet sich am Tor zum Leben: Der Mensch überschreitet sie bei seiner Geburt. Seine Ankunft ist eine Herausforderung an die gesamte Meute – Erdbeben, Sturm, Feuer, Flut, Dürre, Hitze, Kälte, reißende Tiere, giftige Reptilien und schädliche Insekten, Bazillen, sensationelle Seuchen und auf Samtpfoten schleichende gewöhnliche Krankheiten –, sie alle verfolgen ihn erbittert und unermüdlich. Er mag sich ducken, drehen und wenden und Haken schlagen, soviel er will, er kann ihnen nicht entgehen; früher oder später fahren einige davon ihm an die Kehle, und sein Geist kehrt zu seinem – und ihrem – Schöpfer zurück.

Man erzählt uns, daß die Erde geschaffen wurde, damit wir darauf wohnen. Unsere innig geliebten Glaubensbrüder, unsere geistigen Führer, Philosophen und Freunde der Kanzel werden nie müde, uns auf die Güte Gottes hinzuweisen, der uns einen so wunderbaren Lebensraum gegeben und alle Dinge so trefflich bereitet hat, daß sie unseren Bedürfnissen dienen.

Wahrlich, was für eine schöne Welt ist das doch – ein entzückendes Weltchen, ›den menschlichen Bedürfnissen so angemessen‹. Ein Ball aus flüssigem Feuer, das in einer Schale tobt, die im Verhältnis nicht dicker als die eines Eis ist – eine Schale, die ständig Risse bildet und jeden Augenblick ganz zu zerbersten droht! Drei Viertel dieses ergötzlichen Betätigungsfeldes des Menschen bedeckt ein Element, in dem wir nicht atmen können und das uns in Myriaden verschlingt:

Totengebein schimmert in der Tiefsee weiß,
Von den Zonen des Eises bis zu den Tropen heiß.

Von dem restlichen Viertel ist über die Hälfte aus klimatischen Gründen unbewohnbar. Auf dem verbleibenden Achtel fristen wir ein unbequemes und gefährliches Dasein, und unser Besitz wird uns von unzähligen Abgesandten des Todes und des Schmerzes streitig gemacht – unser Dasein ist ein unaufhörlicher, erbitterter, hoffnungsloser Kampf, in dem wir zur Niederlage verdammt sind. Überall Tod, Schrecken, Wehklagen und ein Gelächter, das schrecklicher ist als Tränen – die Wut und Verzweiflung einer Rasse, deren Schicksal am seidenen Faden hängt! Und was ist dann der Lohn, ›den wir zu erringen und festzuhalten trachten‹? Ein Sache, deren man sich weder erfreut, solange man sie hat, noch sie vermißt, wenn man sie verliert. Sie ist so wertlos, so unbefriedigend, so unangemessen, so enttäuschend und bestenfalls so kurz, daß wir zum Trost und Ausgleich phantastische Glaubenslehren schaffen von einem Leben nach dem Tod in einer besseren Welt, aus deren großer Leere noch nie ein bestärkendes Flüstern zu uns gedrungen ist. Der Himmel ist eine Prophezeiung aus dem Mund der Verzweiflung, doch die Hölle ist ein Analogismus.

DIE ZIVILISIERUNG DES AFFEN

Professor Garner, der in das Geheimnis der Zischlaute und Gutturale, mit denen die Affen sich vorzugsweise verständigen, eingedrungen ist, soll, wie man hört, die schillernde Hoffnung nähren, daß diese unsre zeitgenössischen Ahnen mit Hilfe seiner Forschungsergebnisse auf die Stufe der Zivilisation emporgehoben werden können. Diese Aussicht ist in höchstem Maße faszinierend. Sie eröffnet ein nahezu unbegrenztes Feld menschlicher Interessen für Spekulationen und erhellt mit einem Licht, das einer Offenbarung gleichkommt, zahllose Pfade menschlichen Strebens, die zu grandiosen Errungenschaften hinführen.

Unsere Zeit schreit nach mehr Zivilisation. Wir haben bei dem Bemühen, bestimmte niedere Rassen zu uns emporzuheben, ein recht beklagenswertes Fiasko erlitten – ich denke da an die Chinesen, die Sabbatarier und die Schutzzöllner; und noch anderen haben wir nur trübe und kurzlebige Strahlen von unserem großen Licht zukommen lassen. Einige haben wir nun wirklich so ungenügend zivilisiert, daß sie genausogut draußen in der Finsternis hätten bleiben können; zum Beispiel die Neger im Süden. Unsere äußersten Anstrengungen – in vielen Fällen von der Schrotflinte, dem Bluthund und dem Scheiterhaufen unterstützt – haben sich als unzulänglich erwiesen, und viele dieser störrischen Personen bleiben ›bis über den Hals in politischer Ruchlosigkeit stecken‹, wie der selige Pastor Brownlow gesagt haben würde, und wählen die Republikaner, wann immer sie können. Vier Jahrhunderte lang haben wir den Indianer von Versteck zu Versteck gejagt, und er ist immer noch kein sehr braver Indianer – einige seiner schlechten Angewohnheiten und abergläubischen Bräuche unterscheiden sich grundsätzlich von den unseren. Der Automobilist verschließt die Augen vor Nutz und Frommen der Aufklärung und treibt sein unlenksames Gefährt weiterhin auf der Bahn des geringsten Widerstandes vorwärts; und der Drehorgelspieler aus Europa betreibt seine schwarze Kunst an der Straßenecke, taub gegen jeglichen Protest. Hundert städtische Sippschaften könnten zu den von der Zivilisation Unbekehrbaren gezählt werden, ganz zu schweigen von den religiösen Sekten. Auf Schritt und Tritt stößt der brave Mann, den es danach verlangt, seine unvollkommenen Mitmenschen zu veredeln, auf verblüffende Lustlosigkeit oder einen ausgesprochenen Widerwillen gegen jede Veränderung.

Vielleicht erweisen sich die höheren Quadrumanen als empfänglicher für Licht und Vernunft – williger, so wie wir zu werden. Wenn wir alle das Äffische beherrschen, dann gelingt es vielleicht, die Vorzüge unseres glücklichen Zustandes in diesem Idiom anschaulicher zu schildern, als dies bisher gelang, da wir uns irgendeiner menschlichen Sprache – einschließlich der unseren – bedienen mußten, die den besagten verderbten und widerspenstigen Geschlechtern bekannt sind. Zum Beispiel könnten wir in dieser geistsprühenden Sprache möglicherweise erklären, daß Bedingungen, unter denen neun Zehntel der reformierten Affen ein Leben voll Plackerei und Unbequemlichkeit führen und dabei ein äußerst kümmerliches Dasein fristen würde, jener geläuterten und bescheidenen Gemütsverfassung besonders förderlich wären, die sich so erfreulich unterscheidet von dem nichtigen intellektuellen Hochmut, der sich einstellt, wenn man einander mit Kokosnüssen bewirft und an Greifschwänzen von Ästen herabbaumelt. Vielleicht enthält der Wortschatz des Pithekanthropus die entsprechende Gedankenfülle, um mühelos darlegen zu können, daß es von unsagbarem Vorteil ist, weit entfernt vom Ziel unserer Wünsche unter beträchtlicher Gefahr für Leben und Gesundheit zu existieren – was uns Dampfkraft und Elektrizität ermöglichen. Wir können billigerweise hoffen, daß es uns gelingt, den Gorilla von der Torheit seiner Angewohnheit zu überzeugen, sich beim Anblick des Feindes auf die Brust zu trommeln und zu brüllen; die Geschichte einiger unserer großen Schlachten, sorgfältig in seine noble Sprache übersetzt, wird bewirken, daß er unsere effektiveren militärischen Methoden zunächst erträgt, dann bedauert, um sie sich schließlich selbst zu eigen zu machen, was seinem Herzen und Gemüt gewaltig frommen wird. Entsprechend zivilisiert, wird der Gorilla auf die Brust seines Feindes eintrommeln und jener Kreatur das Brüllen überlassen.

Es dürfte vergleichsweise einfach sein, gewisse Vorzüge des Stadtlebens – eine Erfindung der Zivilisation – verlockend darzustellen. So ist es in der Stadt üblich, die Stunden der Ruhe durch Licht und rasselnde Fahrzeuge abzuschaffen; Faulschlammgase zu erzeugen und sie in Wohnungen zu leiten; die Luft mit wunderschönem braunem Rauch und verschiedenen Dünsten anzureichern, ehe man sie der Lunge zuführt; Whisky zu trinken oder Wasser von Kuhweiden; Tiere zu essen, die schon lange tot sind. Das alles und noch vieles mehr sind Segnungen der Zivilisation, die man den Affen erläutern und erstrebenswert erscheinen lassen kann, damit sie ihrer schließlich auch teilhaftig werden. Ohne Zweifel wird es uns ein klein wenig Mühe bereiten, die Vorzüge der Schwanzlosigkeit zu erläutern (denn Zivilisation schließt Verzicht auf den Schwanz ein), die Bequemlichkeit des steifen Hutes und des Hemdkragens darzutun (denn Zivilisation ohne Kleidung gibt es nicht), sowie die Anmut des Fracks, die Schönheit des hautengen Ärmels und die gesundheitsfördernde Wirkung des Korsetts zu beweisen; aber wenn die Sprache der Affen, anders als die der Houyhnhnms, die Mittel besitzt, ›auszudrücken, was es nicht gibt‹, dann werden wir schließlich unsere baumbewohnenden Schüler überzeugen, daß schwarz nicht nur weiß, sondern auch ein wunderschönes Naturgrün ist.

Der nächste Schritt wird dann natürlich sein, ihnen die Staatsbürgerschaft zu verleihen nebst dem Recht zu wählen, was die Bosse ihnen vorschreiben. Wenn diese dann durch das Affen-Wahlrecht ordnungsgemäß an die ›Hebel der Macht‹ gelangt sind, werden die Affen eines unserer wertvollsten politischen Elemente darstellen, obwohl von anderen politischen Elementen, mit denen wir jetzt gesegnet sind, kaum zu unterscheiden. Die Erteilung des Affen-Wahlrechts wird keine radikale Neuerung sein; es wird dadurch nur die politische Pyramide vervollständigt – obgleich der mögliche Abfall des philosophischen Elements in naher Zukunft die Symmetrie des Baus etwas beeinträchtigen könnte, bis die Lücke mit der Erteilung des Wahlrechts für Hunde und Pferde geschlossen werden kann.

Selbst wenn das alles nur ein wunderbarer Traum eines allzu hoffnungsfrohen Optimisten ist, tut es trotzdem gut zu wissen, daß Professor Garner Äffisch versteht. Wenn es uns nicht gelingen sollte, die Affen auf dem Pfad des Fortschritts voranzubringen bis zu unserer hohen Entwicklungsstufe, wird es angenehm sein, von ihnen hin und wieder ein aufmunterndes oder willkommenheißendes Wort zu erhalten, auf unserem Weg zurück auf die ihrige.

KOLUMBUS

Der menschliche Geist ist einfach nicht imstande, ein historisches Ereignis ohne eine gigantische Gestalt im Vordergrund zu begreifen, die alle anderen überragt. So wahr Gott lebt – wenn man hundert als Idioten Geborene in einem Boot aussetzte, um sie loszuwerden, und sie durch günstige Strömungen in Sichtweite eines unbekannten Kontinents getragen würden und wie aus einem Munde ›Land in Sicht!‹ riefen, um im gleichen Augenblick in ihrem eigenen Sabber zu ertrinken, dann würde einer von ihnen hinfort in der Geschichte mit wachsendem Ruhm die Rolle eines glänzenden Entdeckers seiner Zeit spielen. Ich behaupte weder, daß Kolumbus ein Seefahrer und Entdecker von dieser Art war, noch daß er so ähnlich gehandelt hat; die Parallele ist nur im geschichtlichen Umgang mit Kolumbus zu sehen; und gut siebzig Millionen Amerikaner stützen den Schwindel nach Kräften. Bei dieser ganzen dunklen Geschichte fehlt kaum eine Facette des Betrugs.

Kolumbus war kein Gelehrter, sondern ein ungebildeter Mensch. Er war kein ehrenhafter Mann, sondern ein berufsmäßiger Pirat. Er war ein Abenteurer im schlimmsten Sinn des Wortes. Seine Reise unternahm er einzig mit Blick auf seinen Vorteil, zur Befriedigung seiner unglaublichen Habsucht. Aus Goldgier beging er Grausamkeiten, Verrat und Akte der Tyrannei, für die es in keiner modernen Sprache eine passende Bezeichnung gibt. Für die friedlichen und gastfreundlichen Völker, zu denen er kam, war er Schrecken und Fluch. Er folterte, mordete und schickte die Menschen als Sklaven über den Ozean. So ungeheuerlich waren seine Verbrechen, so gewissenlos sein Ehrgeiz, so unstillbar seine Habgier, so schwarz sein Verrat an seinem König, daß wir einen denkwürdigen Fall von ›Justizirrtum‹ darin sehen müssen, wenn er lediglich eingekerkert wurde und in Ungnade fiel. In den finsteren Abgrund, mit dem der Charakter dieses Mannes zu vergleichen ist, mögen wir eine Unwahrheit nach der anderen schütten, doch wir werden das Denkmal nie so hoch auftürmen können, daß es den Schatten seiner Schande verdeckt. Auf den Gipfel dieses Berges an Verehrung werden noch immer die Engel herniederblikken und weinen.

Man erzählt uns, daß Kolumbus nicht schlechter war als die Menschen seiner Rasse und Generation – daß seine Laster die ›Laster seiner Zeit‹ waren. Keine Zeit hat ihre besonderen Laster; diese Welt ist böse von den Frühzeiten der Geschichte an, und die Sünden jeder Rasse stinken zum Himmel. Wenn man von einem Mann sagt, er sei wie seine Zeitgenossen, dann heißt das, er ist unentschuldbar ein Schuft. Die Tugenden stehen allen frei. Athen war verderbt, aber Sokrates tugendhaft. Rom war korrupt, nicht so Marc Aurel. Zum Ausgleich für Nero schenkten die Götter Seneca. Als das literarische Frankreich sich zu Füßen Napoleons III. suhlte, stand Hugo aufrecht da.

Das wird ein schwarzer Tag für die Welt, wenn moralische Vergehen von A und B als Entschuldigung für die Sünden von C gelten. Doch selbst in Kolumbus' Tagen waren nicht alle Männer Piraten; Gott erleuchtete genug von ihnen, daß sie als Kaufleute den anderen zur Beute dienten; und während sich der große Christopher ehrlich seinen Unterhalt verdiente, indem er sie ausraubte, wurde er von einer venezianischen Handelsgaleere besiegt und mußte sich bei einem Dauerschwimmen über sechs Meilen bis zur portugiesischen Küste die Haut in Salzwasser gerben lassen und war danach ein klügerer und mit allen Wassern gewaschener Dieb. Wenn er das Pech gehabt hätte zu ertrinken, wäre vielleicht keiner von uns Amerikaner, aber den Göttern wäre das abstoßende Schauspiel entgangen, wie ein ganzes Volk sich vor dem blutbesudelten Bild eines moralischen Idioten niederwirft und es mit einer Litanei von Lügen feierlich verehrt.

Im Vergleich zu Kolumbus' Verbrechen wirken seine Torheiten erbärmlich. Das tollkühne Unternehmen, dessen Scheitern ihn berühmt machte, verdient jedoch, hervorgehoben zu werden. Er hatte Verstand genug, um die Erde als Sphäroid zu begreifen (er hielt sie für birnenförmig), doch keine Ahnung von ihrer Größe, und glaubte daher, daß er Indien erreichen könne, wenn er nach Westen segelte, und er starb in dem falschen Glauben, ihm sei das gelungen – dabei hatte er sich nur ein wenig verrechnet – um acht- oder zehntausend Meilen. Wenn dieser Kontinent ihm nicht zufällig in die Quere gekommen wäre, dann hätten er und seine fidelen Kumpane einen Fischzug gemacht, bei dem sie als Köder gedient hätten, und der Teufel wäre ihr Angelhaken gewesen. Beständigkeit ist Festhalten an der Wahrheit; Starrsinn ist Festhalten am Irrtum. Trotz seiner Inspiration irrte sich Kolumbus so gewaltig, entsetzlich und phantastisch, daß seine Weigerung umzukehren nichts weniger als sture Unvernunft bedeutete und seine Mannschaften völlig im Recht gewesen wären, wenn sie sich seiner entledigt hätten. Ob eine Tat weise war, sollte nicht nach dem Ergebnis, sondern danach entschieden werden, ob der Handelnde vernünftigerweise mit einem Erfolg rechnen konnte. Und schließlich scheiterte ja die Expedition jämmerlich. Ihr Ziel wurde in keinem Punkt erreicht, aber dank eines glücklichen Zufalls gelang ihr etwas Besseres – für uns. Was nun diejenigen Indianer betrifft, die so freundlich gewesen sind, mitzuwirken bei der Verherrlichung eines Mannes, den ihre Ahnen zu ihrem Unglück entdeckten, so können sie sich mit Fug und Recht rühmen, die großherzigsten aller Säugetiere zu sein.

Und wenn man all dem beipflichtet, so bleibt noch die schimpfliche Unwahrheit, Kolumbus habe Amerika entdeckt. Es sollte doch möglich sein, bei all diesen trunkenen Orgien der Lobhudelei – bei diesem Lügenkarneval ein klein wenig Platz für Leif Eriksson und seine wackeren Normannen zu finden, die diesen Kontinent fünfhundert Jahre früher entdeckten, kolonisierten und wieder verließen. Ihrer zu gedenken wird uns verwehrt, weil sie Freibeuter und Sklavenhändler gewesen seien. Der Lobredner ist immer auch ein Verleumder. Die Krone, die er aufs unwürdige Haupt drückt, entreißt er vorher dem würdigen Haupt. Also wird der ehrliche Ruhm von Leif Eriksson auf den Kehrricht geworfen, und an seiner Statt wird der genuesische Pirat auf den Sockel gehoben.

Aber Unwahrheit und Undankbarkeit sind Sünden wider die Natur, und die Natur läßt nicht mit sich spaßen. Schon spüren wir (oder wir sollten es spüren), wie sie uns züchtigt. Unsere Torheiten stellen uns bloß. Unsere Kolumbus-Ausstellung zeigt als Hauptexponat unsere nationale Dummheit und offenbart unsere Schande. Unser Kongreß ›nutzt die Gelegenheit‹, um vor den Chadbands und Stigginses der Kirchen durch eine strenge Einhaltung des Sabbats schändlich zu kapitulieren. Manager der Show stehlen die ersten tausend Dollar, die ihnen in die Hände kommen, indem sie die Summe einem Schulmädchen zusprechen, das mit einem von ihnen verwandt ist, als Preis für eine ›Gedenkode‹, so lang wie die Sprache und so dumm wie ihre Grammatik – ein struppiger, kupierter und zurechtgestutzter Köter von einer Gedenkode. Und *das* zu Lebzeiten Whittiers und Holmes', die man damit beleidigte und ärgerte. Auf welch andere Weise wir unsere nationale Dummheit und unser mangelndes moralisches Empfinden noch zur Schau stellen werden und uns damit die Verachtung der Welt zuziehen, kann man nur mutmaßen. Unterdessen werden staatliche Zuschüsse veruntreut, verkommt die Kunst zur Karikatur, wird die Literatur korrumpiert, und wir haben einen kolumbischen Untersuchungsausschuß, dessen tägliche Post der einer Handelsstadt entspricht. Falls nach Abschluß dieser entlarvenden Festivitäten anständige Amerikaner nicht die Fähigkeit zu erröten verloren haben, da sie überstrapaziert wurde, und ganz Europa das Vermögen zu lachen, sollte ein zweiter Darwin ein Buch über Gefühlsäußerungen bei Mensch und Tier schreiben.

Um die Absurdität der ganzen Angelegenheit und die Verlogenheit, die für die Durchführung im einzelnen typisch ist, auf die Spitze zu treiben, müssen wir auch noch eine Kalenderänderung benutzen und zwei Jahrestage des einen Ereignisses feiern. Und als Höhepunkt dieser Lügenkomödie muß man pro forma zum letzteren Datum feierlich eine Ausstellung eröffnen, die sechs Monate lang gar nicht geöffnet sein wird. Eine Lüge zeugt die andere und so weiter in direkter Folge, bis ihrer aller Vater seine ganze Nachkommenschaft auf dem für Lügen fruchtbaren Boden dieses neuen dunklen Erdteils angesiedelt haben wird.

Warum konnte man den vierhundertsten Jahrestag der Wiederentdeckung Amerikas nicht denkwürdig gestalten, indem man ihn mit gebührendem Sinn für die enorme Bedeutung des Ereignisses angemessen begeht, ohne die anrüchige Persönlichkeit des sehr kleinen Mannes, der die Entdeckung machte, in den Vordergrund der Feierlichkeiten zu rücken? Vermochte denn das reichste und stolzeste Volk der Erde in den vier Jahrhunderten zwischen San Salvador und Chicago nichts zu entdecken, was des Feierns wert gewesen wäre, daß es die Historie verfälschen und jene anstößige Person vom Pranger der Geschichte holen mußte, um sie zu einer zentralen und dominierenden Gestalt der Festlichkeiten zu machen? Gott sei Dank, eins kann auch das vereinigte Genie dieser Menschenanbeter nicht. Wir mögen uns um die relative Authentizität von Porträts, die nach Beschreibung gemalt wurden, streiten, soviel wir wollen, die äußere Erscheinung des Schurken können wir doch nicht ›lebensecht‹ verewigen. Von den Lippen einer jeden Kolumbus-Statue in jedem Land fließen, dem Ohr der Verständigen vernehmlich, unablässig die Worte: »Ich bin eine Lüge!«

1892

PHILIPPINEN-POLITIK DER REGIERUNG WURDE IM KONGRESS DARGELEGT

Ambrose Bierce befaßt sich mit der meisterhaften Rede von Beveridge, in der dieser eine Angliederung der Inselgruppe an die Vereinigten Staaten befürwortet.

Washington, den 9. Januar. – Der Kampf hat begonnen. Heute hat Senator Beveridge aus Indiana die Trompete an die Lippen gesetzt und den Kriegsruf der Expansion bis zum letzten Ton erschallen lassen. Er hatte ein großes Publikum; es war nicht nur jeder Senator auf seinem Platz, sondern sie hörten auch alle zu. Keiner schrieb Briefe, und die Hafennachrichten ruhten. Die Galerie war überfüllt, und selbst der Presseklüngel vergaß, sich den Anschein jener gelangweilten Gleichgültigkeit zu geben, an der man den Washingtoner Zeitungskorrespondenten von allen anderen Kreaturen unterscheiden kann. Man hätte beinahe sagen können, daß die Herren von der Presse munter waren.

Es war Senator Beveridges Jungfernrede. Er ist jung und (seien Sie versichert, meine Dame) sieht sehr gut aus. Der Umstand, daß er der Held eines mysteriösen Abenteuers war, während dessen er spurlos verschwunden blieb, macht ihn interessant; und sogar heutzutage, da jeder in irgendeinem Sinne ein

Held ist, will das etwas heißen. Senator Beveridge segelte einmal mit einem stolzen Schiff davon und verschwand für eine lange Zeit im britischen Orient, während sich seine Landsleute, besonders die in Indiana, mit bleichen Lippen alle möglichen schrecklichen Mutmaßungen zuflüsterten. Es stellte sich dann heraus, daß sein Schiff in irgendeinem orientalischen Hafen wegen der Beulenpest in Quarantäne lag. Ich glaube, er hat die Pest nicht selbst gehabt, aber man sieht, wie sie einen Mann in gewissem Sinne auszeichnen kann, ohne ihn wirklich zu dekorieren.

Mr. Beveridges Rede unterstützte seine eigene Resolution, in der erklärt wird, daß ›die Philippinen ein zu den Vereinigten Staaten gehörendes Territorium sind‹ und daß ›es die Absicht der Vereinigten Staaten ist, sie zu behalten und eine Regierungsmacht im ganzen Inselreich zu schaffen und aufrechtzuerhalten, wie sie die Situation erfordert‹.

Dieses Thema erörterte er in bemerkenswerter Weise vor einer wohlwollenden Zuhörerschaft – auf der Galerie. Es ist nicht meine Absicht, diese Rede vollständig wiederzugeben, aber ein paar Punkte, die er anführte, verdienen weit mehr Beachtung als das meiste, was schon wiederholt gesagt worden ist.

Zum Beispiel:

Dieses Inselreich ist das letzte Land, das noch auf den Meeren übrig ist. Sollte es sich später als Fehler erweisen, daß wir es jetzt aufgeben, so können wir es nicht mehr rückgängig machen. Wenn sich aber seine Besetzung als Fehler erweist, dann können wir das jederzeit korrigieren; jede andere fortschrittliche Nation steht bereit, uns abzulösen.

Ich weiß nicht, ob das neu ist, aber es ist schön gesagt, und wenn man nicht zu sehr darüber nachdenkt, ist es völlig überzeugend. Wenn das Argument einen Makel hat, dann den, daß es noch genauso triftig wie heute sein wird, wenn unsere Besetzung der Inseln tausend Jahre gewährt hat. Es kann immer angeführt werden, um die Besetzung zu rechtfertigen – vielleicht ist das seine Hauptstärke.

Was das Klima der Philippinen angeht, so ist sich Mr. Beveridge ganz sicher, daß es angenehm und gesund ist, und da er sich schon dort aufgehalten und es zu verschiedenen Zeiten und Wetterlagen ausprobiert hat, verdient sein Zeugnis berücksichtigt zu werden, wie übrigens auch seine Einschätzung der erstaunlichen Bodenfruchtbarkeit und der Entwicklungsmöglichkeiten von Landwirtschaft und Handel. Diese Dinge werden jetzt allgemein anerkannt; es wird nicht mehr lange darüber debattiert, ob es vorteilhaft sei, unsere Eroberung zu behalten. Mr. Beveridges Gegner ziehen es vor, die Angelegenheit als eine Frage der Moral zu erörtern. Senator Hoar, der sich mit einer Gegenrede anschloß, hob die Angelegenheit auch wirklich auf eine so hohe ethische Ebene, daß er selbst in ihrer dünnen Luft kaum atmen konnte.

Ich darf wohl behaupten, daß dies die richtige Auffassung darüber ist. Ich bin mir sicher, daß es nicht recht ist, wenn Nationen böse handeln. Aber in der großen Politik dieser schlechtesten aller möglichen Welten scheinen ethische Überlegungen nicht länger Gewicht und Einfluß zu haben, worauf sie doch ihrer Schönheit wegen Anspruch hätten. Kein Volk der Erde hätte heute das Recht, da zu sein, wo es ist, wenn man sich nach den Grundsätzen richtete, die den werten Herren am Herzen liegen, die protestierend ihre Hände erheben, wenn die Rechte schwächerer Nationen von starken verletzt werden. Alle haben ein anderes Volk verdrängt.

Da die Nationen mit der höchstentwickelten Zivilisation stärker als die anderen sind und da ihnen ihre Zivilisation in die finsteren Winkel der Erde folgt, in die sie ungebetenerweise eindringen, so scheint eine gewisse Wahrheit in dem Sprichwort zu liegen, daß ›Macht Recht schafft‹ – das heißt, wenn Zivilisation und Aufklärung ihrerseits recht und wünschenswert sind. Ich behaupte das nicht, aber ich entnehme Mr. Beveridges Rede, daß er dieser Auffassung ist. Und ich wäre nicht überrascht, wenn ich erführe, daß auch die Herren Hoar, Bryan und Atkinson diese Meinung teilten. Wenn dem so ist, dann wäre es interessant, von ihnen erklärt zu bekommen, wie die Zivilisation in Zukunft verbreitet werden soll.

Bisher ist sie für gewöhnlich mit den Zehn Geboten einhergekommen; vielleicht haben die Herren eine Zukunftsvision, der zufolge der gute Missionar in der Lage sein wird, ohne den Beistand von Soldat und Händler, ›das Licht zu bringen‹. Vielleicht stützen sie sich aber nicht einmal auf die Bibel, sondern auf den Zylinder. Wo man den Zylinder trägt, da existiert doch bestimmt die höchste und reifste Zivilisation; und wann immer er eine Gegend erreicht, wo er vorher unbekannt war, folgen Religion, Kunst, Recht und Bildung nach und treten ihre segensreiche Herrschaft an. Wäre es den Herren recht, wenn wir unsere Truppen von den Philippinen abzögen und den Tagalen Zylinder überreichten?

Mittwoch, den 10. Januar 1900

BEKENNTNISSE IN BRIEFEN

Meine liebe Blanche,

Du wirst es mir hoffentlich nicht verübeln, wenn ich sage, daß der erste Teil Deines Briefes so vergnüglich war, daß er die vom anderen Teil ausgelöste Enttäuschung fast zerstreute. Denn *jener* ist ein bißchen entmutigend. Laß es mich erklären.

Du hast meine Anregung, Dich im Schreiben *** zu versuchen, mit Zustimmung und offensichtlichem Vergnügen aufgenommen. Aber ach, leider nicht aus Liebe zur Kunst, sondern zu dem Zweck, Gott zu helfen, sein Flickwerk von Welt auszubessern. Du möchtest die ›Dinge umgestalten‹, armes Mädchen – möchtest Dich erheben und dreinschlagen, Drachen töten und geraubte Jungfrauen befreien. Du würdest gern ›helfen, die Lage der arbeitenden Frauen zum Besseren zu verändern‹. Du würdest gern eine Missionarin sein – und dergleichen mehr. Vielleicht werde ich mich nicht verständlich machen, wenn ich sage, daß mich dies entmutigt; daß ich Dich bei solchen Vorhaben (wie ehrenwert sie sein mögen) in keiner Weise unterstützen würde; daß solche Bestrebungen nicht nur undurchführbar sind, sondern auch unvereinbar mit dem Geist, der der Kunst Erfolg verleiht; daß solche Ziele einer Prostitution der Kunst gleichkommen; daß ›hilfreiches Schreiben‹ langweiliges Lesen bedeutet. Hättest Du mehr Lebenserfahrung, so würde ich das, was Du sagst, als völlig überzeugenden Beweis des Nichtvorhandenseins jeglicher künstlerischer Begabung bei Dir erachten. Du bist aber so jung und dadurch unbewandert – und ich habe die Anzeichen kleiner, geglückter Einfälle und ausgesprochen literarischer Details (anscheinend unbewußter) in Deinen Briefen – vielleicht sollte man Dein ungeübtes Herz und Deine Hoffnung nicht so sehen, als hätten sie das letzte Wort gesprochen. Ganz gewiß aber, mein Kind – so gewiß wie irgend etwas in der Mathematik – wird die Kunst keine Stirn mit Lorbeer umkränzen, deren Hingebung geteilt ist. Liebe die Welt, sosehr Du möchtest, aber diene ihr auf andere Weise. Der beste Dienst, den Du durch Schreiben leisten kannst, ist, gut zu schreiben und Dich um nichts anderes sonst zu kümmern. Pflanze und gieße und überlaß es Gott, Wachstum zu verleihen, wenn und bei wem es ihm gefallen möge.

Angenommen, Dein Vater würde, um ›den arbeitenden Frauen zu helfen‹, nur noch solche Bilder malen (sagen wir, von ihrer häßlichen Umwelt), die sie anregen würden, sich zu helfen, oder andere bewegen würden, ihnen zu helfen. Angenommen, Du würdest nur noch solche Musik spielen, die ... aber ich brauche nicht fortzufahren. Die Literatur (ich meine nicht den Journalismus) ist eine *Kunst* – sie ist keine Form der Mildtätigkeit. Sie hat nichts mit ›Reformieren‹ zu tun, und wenn sie als ein Mittel der Reform benutzt wird, leidet sie entsprechend und zu Recht. Wenn Du dieses nicht *erfühlst*, kann ich Dir nicht raten, Dich mit ihr zu befassen.

Es wäre unehrlich von mir, Dein Lob für das, was ich über den Homestead Works Streit geschrieben habe, zu akzeptieren – es sei denn, Du lobtest es, weil es gut geschrieben und wahr ist. Ich hege keine Sympathien für diesen wilden Kampf zwischen zwei Arten von Schurken und auch kein Verlangen, eine von beiden zu unterstützen – außer, um die Gemüter und das Benehmen zu verbessern. Wahrheitsliebe ist mir ein hinreichend gutes Motiv, wenn ich über meine Mitmenschen schreibe. Ich mag viele Dinge auf dieser Welt und einige Leute – ich mag Dich, zum Beispiel; aber nachdem ich ihnen dienlich gewesen bin, habe ich an die unverbesserliche Masse von Brutalität, die wir als ›Menschheit‹ kennen, keine Liebe zu verschenken. Mitgefühl, ja – ich bedauere wirklich aufrichtig, daß sie so roh und stumpfsinnig sind.

Ja, ich habe den Artikel ›Der humane Mensch‹ geschrieben. Deine Kritik ist unberechtigt. Ich hatte mehr Gelegenheit als Du, zu erfahren, welche Gefühle Frauen Mrs. Grundy entgegenbringen. Sie hassen sie mit einer schrecklichen Antipathie; dennoch ducken sie sich. Die Tatsache, daß sie ein Teil von ihr sind, mildert weder ihren Haß noch ihre Furcht.

*

Nach dem nächsten Montag werde ich wahrscheinlich in St. Helena sein, aber falls Du so gut sein willst, mir noch zu schreiben, so adressiere Deine Briefe bitte hierher, bis ich Dich von meiner Abreise in Kenntnis gesetzt habe; denn ich werde meine Briefe in St. Helena erhalten, an welche Adresse sie auch gerichtet sind. Und vielleicht möchtest Du vor Montag schreiben. Ich brauche nicht zu sagen, wie sehr es mich freut, von Dir zu hören. Und ich werde gewiß erfahren wollen, was Du von meiner Ansicht über Deinen ›Reformgeist‹ hältst.

Wie gern hätte ich den Sonntag mit Euch allen im Lager verbracht. Und den heutigen dazu. – Ich möchte wissen, ob Ihr heute dort seid. Ich fühle mich zu diesem Ort besonders hingezogen.

Grüße bitte alle Deine Leute von mir und vergib mir meine unerträglich langen Briefe – oder vergelte sie mit gleichen.

Dein aufrichtiger Freund
Ambrose Bierce

St. Helena, 15. August 1892

Ich weiß, liebe Blanche, wie uneins sich die Menschen sind hinsichtlich des Wesens und der Ziele der Literatur; und der Gegenstand ist zu ›lang‹, als daß man ihn erörtern könnte. Ich will nur sagen, mir scheint, daß Leute, die Tolstois Ansicht teilen, gar keine richtigen Literaten (das soll heißen Künstler) sind. Sie sind ›Missionare‹, die in ihrem Eifer, dreinzuschlagen, bedenkenlos nach jeder Waffe greifen, deren sie habhaft werden können; sie würden nach einem Kruzifix greifen, um einen Hund zu schlagen. Zweifellos wird dem Hund damit eine ordentliche Tracht verabreicht (was ihn zu einem schlechteren Hund machen wird, als er vorher war), aber man bedenke den Zustand des Kruzifixes! Das Werk dieser Menschen ist natürlich besser als das von Leuten wahrhaftigerer Kunst und minderen Geistes; aber man sieht stets die Möglichkeiten – die *ihnen* gebotenen –, die sie sich haben entgehen lassen oder bewußt ihrem Steckenpferd geopfert haben. Und letzten Endes tun sie nichts Gutes. Die Welt will nicht, daß ihr geholfen wird. Der Arme will nur reich sein, was unmöglich ist, nicht besser. Im allgemeinen wären sie gern reich, um schlechter zu sein. Und Deine arbeitende Frau will gar nicht tugendhaft sein (ebenfalls im allgemeinen); trotz ihrer unaufrichtigen Geringschätzung für das bestehende System würde sie nicht zulassen, daß es verändert würde, sofern sie es verhindern könnte. Man kann einzelnen Männern und Frauen helfen; und glücklicherweise sind auch einige dieser der Hilfe wert. Keine *Klasse* der Menschheit, kein Stamm, keine Nation ist das Opfer eines guten Mannes oder einer guten Frau wert; nicht nur sind sie es gemeinhin nicht wert, sondern sie mögen es so, wie es ist; und versuchst du, ihnen zu helfen, gelingt es dir nicht, den einzelnen guten Leuten zu helfen. Deine Familie, Deine engsten Freunde werden Dir Raum genug geben für all Deine Mildtätigkeit. Ich muß Dich *selbst* einschließen.

Sehr geeignet, um einiges davon zu veranschaulichen, ist ein Artikel von Ingersoll in der letzten ›North American Review‹. – Ich werde ihn Dir zuschicken. Es wird für Dich nichts Neues sein; das Schicksal des Philanthropen, der Hirn und Herz opfert statt seiner Tasche – die leer ist –, kennst Du bereits. Auch geschieht ihm wirklich recht, wegen des primitiven Geschmacks seiner Zuneigung. Derjenige, der die Liebe, welche natürlich *in Gänze* seiner Familie und seinen Freunden gehört (so sie redlich sind), verwässert, ausbreitet, zerteilt, sollte sich über fehlende Anerkennung nicht beklagen. Liebe diejenigen, hilf denen, von denen Du aus persönlicher Erfahrung weißt, daß sie es wert sind. Andere zu lieben und zu unterstützen ist Verrat an *ihnen*. Aber, du meine Güte! Dies alles wollte ich eigentlich gar nicht sagen.

Aber während Du Dir sicher zu sein scheinst hinsichtlich Deiner eigenen Kunst, bist Du offensichtlich noch unentschieden hinsichtlich derjenigen, mit der Du Dich zu beschäftigen gedenkst. Ich kenne die Stärke und Süße der Illusionen (das heißt, der *Desillusionen*), auf die Du verzichten mußt. Ich kenne die bodenlose Unwissenheit der Welt und des menschlichen Charakters, die Du als Mädchen zwangsläufig besitzt. Ich kenne den Zauber, der im Winken der Britomarts liegt, wenn sie sich aus ihrem Traum beugen, um Dich zu überreden, ihnen ebenso gleich zu sein, wie dies mit der Tatsache vereinbar ist, daß es Dich gibt. Aber ich glaube auch, daß Du, wenn Du entschlossen bist nachzudenken – nicht nachzulesen –, das Licht finden wirst.

Du fragst mich nach dem Journalismus. Er ist eine so billige Sache, daß er sehr wohl völlig zu Recht als ein Mittel der Reform oder als Mittel für jedwede Sache benutzt werden *könnte*, von der man meint, sie sei es wert, vollbracht zu werden. Er ist keine Kunst; Kunst ist schädlich für ihn, es sei denn, sie wird äußerst mäßig dosiert. Der Mann, der gut schreiben kann, darf nicht so gut schreiben, wie er kann; die anderen dürfen es natürlich. Der Journalismus verfolgt viele Zwecke, und das Wohlergehen des Volkes *kann* einer davon sein, obwohl dies bei weitem nicht der Hauptzweck ist.

Mir macht Deine Ironie hinsichtlich dessen, daß ich die Unglücklichen als bloßes ›literarisches Material‹ betrachte, nichts aus; dies ist insofern richtig, als ich sie *mit Bezug auf die Literatur betrachte.* Möglicherweise könnte ich willens sein, ihnen anderweitig zu helfen – wie Dein Vater willens sein könnte, einen Bettler mit Geld zu unterstützen, der nicht malerisch genug ist, als daß er in ein Bild passen würde. So wie Du willens sein könntest, einem Landstreicher ein Mittagessen zu spendieren, nicht jedoch, das ›Süße Lebewohl‹ oder ›Ta-ra-ra-bum-de-ei‹ zu spielen, was sein Ohr kitzeln würde.

Du nennst mich ›Meister‹. Gut, Dich für eine Schülerin zu halten ist angenehm, aber – Du weißt, der junge Schildknappe mußte vor dem Tag, an dem man ihn zum Ritter schlug und in die Ritterschaft aufnahm, eine ganze Nacht lang seine Waffen bewachen. Ich denke, ich werde Dich bitten, die Deinen ein wenig länger zu betrachten, ehe ich sie verleihe – nicht als eine Strafmaßnahme, sondern zwecks Belehrung und Weihe. Wenn Du des Wesens Deiner *Berufung* zum Schreiben ganz sicher bist, – ganz sicher, daß es *nicht* die Stimme der ›Pflicht‹ ist – dann laß mich Dir einen so geringen, kümmerlichen Dienst leisten, wie meine Einschränkungen und die Vorschriften der Umstände es erlauben. In gewisser Art und Weise kann ich Dir helfen.

*

Seit meinem Eintreffen hier bin ich die ganze Zeit krank gewesen, aber es scheint meine Pflicht zu sein, so lange hier zu bleiben, wie Hoffnung besteht, daß ich bleiben *kann.* Wenn ich die Krankheit und die Angst davor los bin, werde ich eines Tages hinunter nach San Francisco gehen und alsdann versuchen, Deine Familie und meine zu besuchen. Vielleicht könntest Du

mir helfen, das neue Haus meines Bruders zu finden – wenn er
dort wohnt.

Mit herzlichen Grüßen an Deine ganze Familie verbleibe ich
als Dein ergebener Freund

Ambrose Bierce

Deine Briefe bereiten mir große Freude. Es ist lieb von Dir, mir
zu schreiben.

St. Helena, 28. August 1892

Meine liebe Blanche,
diesmal werde ich Dich gewiß nicht mit einem endlosen Bericht langweilen. Aber ich dachte mir, Du würdest vielleicht
gern erfahren, daß ich wieder bei bester Gesundheit bin und
hoffe, zumindest noch einige Monate hierbleiben zu können.
Und wenn es mir lange genug gut geht, um mich sorglos zu machen, werde ich eines Tages Deine Stadt aufsuchen und vielleicht Deine Mutter bitten, Dir zu befehlen, daß ich Dich nach
Berkeley fahren darf. Es macht mich fast traurig, wenn ich
daran denke, daß das Lager am See aufgegeben wurde.

Meine Bemerkungen über die ›Arbeiterfrage‹ haben Dir also
zugesagt. Das ist schön von Dir, aber fürchtest Du nicht, Dein
Lob wird mich zu der abscheulichen literarischen Gewohnheit
verleiten, nur für ein *einziges* Augenpaar zu schreiben? – das
Deinige? Vielleicht verfalle ich aber auch zu sehr in den entgegengesetzten Fehler, um der Versuchung zu widerstehen. Du
siehst indes nicht, daß dies ›Kunst um der Kunst willen‹ ist –
ein häßlicher Ausdruck! Gewiß nicht, es ist überhaupt keine
Kunst. Hast Du vergessen, welchen Unterschied ich zwischen
Journalismus und Literatur gemacht habe? Entsinnst Du Dich
nicht, daß ich Dir sagte, ersterer sei von so geringem Wert, daß
er zu allem Möglichen zu gebrauchen sei? Meine Zeitungsarbeit ist in *keiner* Weise Literatur. Sie ist nichts und wird nur
etwas, wenn ich eben jenen Gebrauch von ihr mache, dem ich
nichts Literarisches verleihen würde. (Natürlich meine ich hier
meine redaktionelle und lokale Arbeit).

Wenn Du lernen willst, dieser Art Dinge zu schreiben, um damit Gutes zu tun, dann hast Du eine leichte Aufgabe. *Nur* ist sie nicht des Erlernens wert. Und das Gute, das Du damit tun kannst, ist auch nicht der Mühe wert. Aber Literatur – der Wunsch, *damit* Gutes zu schaffen, wird Dich nicht auf Deinen Weg führen. Es ist kein genügender Ansporn. Die Muse wird Dich nicht küssen, wenn Du Arbeit für sie hast. Natürlich tue ich manchmal auch gern etwas Gutes – wer tut das nicht? Und zuweilen bin ich froh, daß die Tatsache, jede Woche eine große Anzahl von Geistern zu erreichen, mir eine Gelegenheit verschafft. Aber dem Himmel sei Dank, weder mache ich ein Geschäft daraus, noch benutze ich dazu ein Werkzeug, das so empfindsam ist, daß man es bei der Benutzung zerstören könnte.

Zögere bitte nicht, mir alles zu schicken, was Du möglicherweise willens bist, zu schreiben. Wenn Du versuchst, es vollkommen zu machen, ehe Du es mich sehen läßt, wird es nie kommen. Meine Bemerkungen über jene Geisteshaltung, die ihre Gedanken und Gefühle in so aufkündbarem Lehnsdienst hält, daß sie ablösbar sind zwecks Nutzung durch andere, erfolgte nicht aus der Erwägung, es könnte Dir mißlingen.

Mr. Harte vom ›New England Magazine‹ scheint sich zu wünschen, daß ich mir Kenntnis über seine Arbeit verschaffe (ich fragte danach), und schickt mir eine Menge davon, das er aus der Zeitschrift ausgeschnitten hat. Ich gebe es an Dich weiter, und das meiste ist richtig und wahr.

Aber ich schreibe schon wieder einen langen Brief.

Ich wünschte, ich wäre kein Heide, so daß ich sagen könnte: ›Gott segne Dich!‹ und es wortwörtlich meinte. Ich wünschte, es *gäbe* einen Gott, der Dich segnen könnte, und daß er nichts anderes zu tun hätte.

Laß bitte von Dir hören. Dein aufrichtiger   A. B.

St. Helena, d. 15.

Liebe Blanche,

ich schicke Dir dieses Bild, um es gegen dasjenige zu tauschen, welches Du hast – und ›ersetze‹ alle jene durch dieses hier. Aber ich hatte Dich schon vor langer Zeit gebeten, mir das andere zurückzugeben. Sage mir, bitte, ob Du dieses hier magst; ich komme mir darauf wie ein affektierter Geck vor. Aber ich hasse das andere – die ganze Art.

Es ist sehr schön von Deinem Vater, sich soviel Mühe zu machen, hinzugehen und an dem Stein zu arbeiten. Ich benötige die Bilder – Lithographien – nur aus Sparsamkeitsgründen: wenn Leute, die mir nicht sonderlich nahestehen, Bilder von mir haben wollen, brauche ich mich nicht finanziell durch Aufträge an den Photographen zu ruinieren. Ich mag Photographien sowieso nicht. Wie lange, o mein Gott, wie lange soll ich wohl noch auf die Zeichnung von *Dir* warten?

Mein liebes Mädchen, ich sehe nicht ein, daß Leute wie Dein Vater und ich wirklich Grund haben, sich über eine undankbare Welt zu beklagen; niemand zwingt uns, Dinge zu tun, nach denen die Welt nicht verlangt. Wir haben uns lediglich deshalb so entschieden, weil der Lohn *plus* die Befriedigung jenen Lohn allein übersteigt, den wir für Arbeit bekämen, nach welcher die Welt verlangt. Warum also beklagen wir uns? Wir erhalten, wonach wir streben, wenn wir gute Arbeit leisten; für den geringeren Lohn arbeiten wir auch leichter. Ich habe niemals zu der Ansicht geneigt, daß ein ›verkanntes Genie‹ guten Grund hätte, seinen Fall bei Gericht vorzubringen, und ich denke, es sollte auch auf der Stelle abgewiesen werden. Die Inspiration vom Himmel ist ja sehr schön – der Auftrag einer Geisteshaltung oder eines instinktiven Gefühls ist gut; aber wenn A für B arbeitet, jedoch darauf besteht, seine Anweisungen von C zu erhalten, was kann er dann erwarten? So quäle Dein gutes, kleines Herz nicht mit Mitleid – zumindest nicht für mich; wann immer ich des Schreibens um des bloßen Gelderwerbs willen müde bin, bleibt mir immer noch das Holzhacken und tausend andere ehrliche und nützliche Beschäftigungen.

Ich habe Gertrudes Bild im ›Examiner‹ mit besonderem Interesse studiert. Das Mädchen hat eine Menge Verstand, und ihr Vater und ihr Bruder müssen auf sie aufpassen, oder sie werden sie bald aus dem Blickfeld verlieren. Ich würde als Vorsichtsmaßnahme gegen eine so ungeheuerliche Umkehrung der natürlichen Ordnung vorschlagen, daß sie sich die Augen herausnehmen lassen sollte. Die Unterordnung der Frau muß aufrechterhalten werden.

*

Bib und Leigh lassen Dich von Herzen grüßen. Leigh wartet auf Carlt, glaube ich. Ich habe Leigh gestattet, sich der Kapelle wieder anzuschließen, und er stelzt in seiner Uniform wie ein Pfau umher.
Gott segne Dich.

Ambrose Bierce

Washington, D.C., 10. Sept. 1913

Liebe Joe,*
Der Grund dafür, daß ich Deinen Brief nicht eher beantwortet habe, ist, daß ich weg gewesen bin (in New York) und ihn nicht mitgenommen hatte. Wahrscheinlich werde ich Dein Buch noch lange nicht zu Gesicht bekommen, denn ich will abreisen und habe keine Ahnung, wann ich zurück sein werde. Ich gedenke nach Südamerika zu gehen, es vielleicht zu durchqueren – möglicherweise über Mexiko, sofern ich durchkomme, ohne irgendwo an die Wand gestellt und als Gringo erschossen zu werden. Aber das ist besser, als im Bett zu sterben, stimmt's? Wenn Duc Dich nicht so dringend brauchte, würde ich Dich bitten, Deinen Hut zu nehmen und mitzukommen. Gott segne und behüte Dich.

*

* An Mrs. Josephine Clifford McCrackin, San José, Kalifornien

Liebe Joe,
vielen Dank für das Buch. Ich danke Dir für Deine Freundschaft – und vieles andere mehr. Dies soll ein Lebewohl sein am
Ende eines angenehmen Briefwechsels, in dem Dir das Vorrecht der Frau, stets das letzte Wort zu haben, verweigert wird.
Ehe ich es erhalten könnte, werde ich weg sein. Aber irgend-
wann und irgendwo hoffe ich, wieder von Dir zu hören. Ja, ich
werde zu einem ganz bestimmten Zwecke, den ich jedoch gegenwärtig nicht offenbaren kann, nach Mexiko gehen. Du
mußt versuchen, mir mein beharrliches Streben zu verzeihen,
nicht dort ›einzugehen‹, wo ich bin. Ich möchte da sein, wo etwas geschieht, was der Mühe wert ist, oder wo nicht das minde-
ste geschieht. Die meisten Vorgänge in Deiner Heimat sind mir
gründlich zuwider.

Für mich beten? Warum nicht, ja, Liebes – das wird keinem
von uns schaden. Ich verabscheue Religionen, ein Christ erweckt bei mir Übelkeit, und ein Katholik geht mir auf die Nerven, aber bete dennoch getrost für mich, denn bei allen Feh-
lern, die Deinem Kopf entspringen (und es ist zudem ein
hübscher Kopf) mag ich Dich doch sehr, glaube ich. Mögest
Du so lange leben, wie Du es wünschst, und dann lächelnd
in die Dunkelheit hinübergehen – die gute, gute Dunkelheit.

Dein ergebener Freund
Ambrose Bierce

The Olympia, Euclid Street, Washington, D.C.
1. Oktober 1913

Liebe Lora,
morgen gehe ich für eine lange Zeit weg, deshalb will ich Dir
nur ein Lebewohl sagen. Ich glaube, es gibt nichts anderes
sonst, das des Sagens wert wäre; *deshalb* wirst Du natürlich
einen langen Brief erwarten. Was für eine unerträgliche Welt
wäre es, wenn wir uns nichts anderes sagten, als was des Sa-

gens wert wäre! Und nichts Törichtes täten – wie nach Mexiko oder Südamerika zu gehen.

Ich hoffe, Du wirst auch bald zur Mine fahren. Du mußt doch nach den Bergen hungern und dürsten – Carlt genauso. So geht es mir. Nieder mit der Zivilisation! – für mich die Berge und die Wüste.

Leb wohl – wenn Du hörst, daß man mich in Mexiko an die Wand gestellt und in Fetzen geschossen hat, solltest Du wissen, daß ich das für eine recht gute Art halte, aus diesem Leben zu scheiden. Es ist besser als hohes Alter, Krankheit oder die Kellertreppe hinabzustürzen. Ein Gringo in Mexiko zu sein – das ist Euthanasie!

Alles Liebe für Carlt, Dein Dich liebender Ambrose

Laredo, Texas, 6. November 1913

Meine liebe Lora,

ich glaube, ich schulde Dir einen Brief, und wahrscheinlich ist dies die einzige Möglichkeit für lange Zeit, meine Schulden zu begleichen. Über einen Monat lang habe ich das Land durchstreift, meine alten Schlachtfelder aufgesucht, einige Tage in New Orleans, eine Woche in San Antonio verbracht und so weiter. Ich bin diesen Morgen hier eingetroffen. Auf der mexikanischen Seite des Rio Grande sind mächtige Kämpfe im Gang, aber ich halte an meiner Absicht fest, nach Mexiko zu gehen, wenn ich kann. In meiner Eigenschaft als ›unschuldiger Zuschauer‹ sollte mir kaum eine Gefahr drohen, wenn ich nicht zuviel Geld *bei mir* trage, meinst Du nicht? Mein endgültiges Ziel ist Südamerika, aber wahrscheinlich werde ich dieses Jahr nicht mehr hinkommen.

Sloots schreibt mir, daß Carlt und Du noch damit rechnen, zur Mine zu fahren, was Ihr hoffentlich auch tun werdet.

Die Cowdens gedenken, sich demnächst irgendwo in Kalifornien niederzulassen, glaube ich. Sie scheinen guter Dinge zu sein, glücklich und voller Freude.

Mit herzlichem Gruß an Carlt und Sloots verbleibe ich als
Dein Dich liebender Ambrose.

PS: Du mußt nicht *alles* glauben, was die Zeitungen über mich und meine Vorhaben schreiben. Ich mußte ihnen *manches* sagen.

Laredo, Texas. 6. November 1913

Liebe Lora,

ich habe Dir gestern aus San Antonio geschrieben, den Brief jedoch mit der Absicht, ihn hierher mitzunehmen und von hier abzuschicken, hier mit dem Datum von heute versehen. Und zwar deshalb, weil ich nicht wußte, ob ich Zeit haben würde, ihn hier zu schreiben. Leider vergaß ich ihn und sandte ihn nun mit anderen Briefen dort ab, wo er geschrieben wurde. So wird des Menschen Kunst zunichte gemacht!

Jedenfalls bin ich jetzt hier und habe Zeit für Erklärungen.

Laredo war eine mexikanische Stadt, ehe sie amerikanisch wurde. Sie ist jetzt mexikanisch, fünf zu eins. Nuevo Laredo, uns gegenüber, befindet sich in den Händen der Huertistas, und Amerikaner gehen nicht hinüber. Ein Posten auf der Brücke würde sie in der Tat nicht durchlassen. So müssen diejenigen, die sich hinüberschleichen, durchs Wasser waten (was man fast überall tun kann), und das bei Nacht.

Ich werde nicht lange genug hierbleiben, um von Dir zu hören, und weiß nicht, wo ich demnächst sein werde. Aber ich glaube, das ist nicht so wichtig.

Adios,
Ambrose

ANHANG

NACHWORT

Cogito cogito ergo cogito sum.

A. G. Bierce

Küchenlateinisch stellt hier der große ›A. G.‹ das ganze neuzeitliche Projekt des europäischen Rationalismus in Frage?
Aus dem cartesianischen *Cogito ergo sum* wird: Ich denke, daß
ich denke, folglich denke ich, daß ich bin. Wo ist da noch ein fester Grund? Wie läßt sich da ein Subjekt festmachen? Ist das
›Ich‹ nicht bloß Simulakrum, höchstens ›denkbar‹ als Effekt
eines Denkens – oder Schreibens? Hätte also A. G. – nicht
wahr, die Initialen verweisen keineswegs auf Ambrose Gwinnett, so flachsten die Kollegen in San Francisco, sondern auf
›Almighty God‹ – hätte mithin Bierce bereits Fragen bewegt,
wie sie die nunmehr vielberedete Postmoderne ins Spiel bringt?
Großmächtig, souverän, kühn-prophetisch? Er selbst hat sich
vor seinen Anhängern, der Gemeinde der ›Schüler‹, die ihn
nicht selten mit ›Meister‹ anredeten, schon so gebärdet: als
wäre er der wenigen einer, die mit überlegener Einsicht ausgestattet sind. Einer, der messerscharfe Logik auf das stets ›unlo-
gische‹ Begehren der Menschen sezierend zu projizieren
wußte. Der Verstand sagte ihm, daß es mit der Vernunft nicht
weit her sei. Die Vernunft bedeutete ihm, daß der Verstand elend
dumm sei. Der Anthropozentrismus sei zunächst und vor allem
ein Egoismus. Und so weiter: Ende des 19. Jahrhunderts, als in
Literatur und Kunst sich erst die Umbrüche zur amerikanischen Moderne ankündigten, spräche einer weit vorausgreifend
von der Krise der Moderne? Einer Moderne, die – als ästhetische – doch dort erst noch kommen will? Der Vorschein ihrer Ablösung schon in ihrer Entstehung? Der Text von Bierce bietet
sich postmodernen Lesarten nicht nur an, er fordert sie vielmehr
geradezu heraus, aber auch zum Zwecke beständiger Kritik an
jenem Text. Denn daß der in endlos sich selbst hintertreibenden
Paradoxien Sinn sowohl erzeugt als auch untergräbt, verdankt
er dem prekären Autorisationsquell seines Autors: ein prämo-
dernistischer Konservativismus verliert sich ohne Ariadne-Fa-

den im Labyrinth von technologischer Modernisierung und der darauf antwortenden Gegenkultur ästhetischer Modernität. Am Ende ist alles offen – oder zu; eben labyrinthisch.

Führen wir uns ein Beispiel zu Gemüte, das vielleicht diesen Zusammenhang von uns unmittelbar treffender Vorausschau und Unbestimmtheit des Wertegrunds lebendig machen kann. Im letzten Jahr des 19. Jahrhunderts hat Bierce, ein begeisterter Teilnehmer des Sezessionskrieges auf Seiten der Nordstaaten und seither journalistischer Experte für Strategie und Taktik in allen Lebenslagen, einen Artikel über den ›Modernen Krieg‹ geschrieben. Aus der Sicht eines langsam Alterwerdenden erkennt er in den neueren Entwicklungen und Fortschritten, welche eine Vielzahl gesellschaftlicher Teilbereiche, insbesondere die Wissenschaft, der Kriegs*industrie* zu Diensten gibt, nichts als Unvernunft. Lehnt er deshalb aber die daran geknüpften Gefährdungen des Lebens ab? Auch wenn wir den Text mehrmals lesen, wir werden wohl nicht über ein Jein hinauskommen. Betrachten wir im textualen Labyrinth, soweit es eben geht, einige Kernsätze, in denen die bis zum heutigen Tage akuten Folgen einer modernen Vergesellschaftung des Krieges auf den Nenner gebracht sind.

Gleich eingangs ist der Hauptgedanke des Beitrages klar: Unsinnig sei der Glaube, man könne dadurch Frieden schaffen, daß man die Fähigkeit zum Zerstören ins Überschreckliche ausweitet. Auch die Kosten sind kein tragendes Argument (›Je größer der Teil des Einkommens, den eine Nation für Kriegsvorbereitungen ausgeben muß, desto wahrscheinlicher wird sie Krieg führen‹). Allenfalls könne man mit Hilfe der Kosten die Art der Kriegsführung verändern: Wenn die Amerikaner weniger reiche Nationen zu entsprechenden Ausgaben verleiten könnten, hätten sie alle Vorteile, welche das größere Portemonnaie in einem Kampf der Geldbörsen hat. Aber natürlich funktioniert das nur bedingt; läuft das Erfinden von modernisierten Waffen zunächst auch auf das ›Abschlachten des Steuerzahlers hinter der Kanone‹ hinaus, so sei nicht zu erwarten, daß die Gegenseite weniger Genie und Industrie zu militarisieren vermag. Wie wahr: ›Wenn sich die führenden Nationen Europas und Ameriks vor fünfzig Jahren geeinigt hätten, die Erfindung von

Offensiv- und Defensivwaffen zu einem Kapitalverbrechen zu machen, so hätten sie sich die ganze Zeit über auf relativ demselben militärischen Stand befunden, auf dem sie nunmehr sind, und ihnen wäre ein riesiger Kostenaufwand erspart geblieben.‹ Ist das nicht die Stimme der Vernunft? So wie wir sie aus dem Alltag heraus legitimiert wissen?

Waltet aber auch noch da eine Spur eben dieser Vernunft, wo sich Bierce über die Entpersönlichung, gewissermaßen die bloße Schreibtischtäterei des Krieges der Zukunft lustig macht: ›Wenn wir unsere Präzisionswaffen und anderes Kriegsgerät so perfektioniert haben werden, daß sie keiner menschlichen Bedienung mehr bedürfen, dann wird der Krieg die vornehmste unter den friedlichen Künsten sein.‹ (Weil ja keiner mehr direkt kämpft.) Überdenken wir nochmals die Abfolge des Arguments. Am Ende scheint der Text indirekt und ironisch zu bejahen, was er am Anfang verneint hat: daß durch Perfektion des Krieges Frieden zu erhalten sei. Die Prämisse für das Paradoxon ist nicht allein der historisch vielleicht verständliche Irrtum, daß Bierce meint, die Präzisionsinstrumente der Destruktion könnten nur sich selber, kaum aber Menschenmassen etwas anhaben. Ist nicht vielmehr hintergründig auch ein Konservativismus am Werk, der den massengesellschaftlichen, den industrialisierten, den vergesellschafteten Krieg wohl abzulehnen imstande ist, mitnichten jedoch das Prinzip? Kommt die Ironie, die so weitreichende Einsichten vermittelt, aus einem Anachronismus, der sich stets auch wieder gegen die Einsichten selbst wendet? Wir werden das in vielen, auch den erzählerischen Texten bemerken: die paradoxe Situation einer in dieser Weise geschärften Vernunft läßt sich nicht entschärfen. Wer Bierce liest, muß das Paradoxon wollen; Einfühlung und Ablehnung, Horror und Sympathie in einem. Was sein Text mit der einen Hand gibt, nimmt er mit der anderen. So zugespitzt ist die Lage in den Texten von Bierce: er bekämpft den Unsinn der instrumentellen Vernunft (in unserem Beispiel des modernen Krieges), er tut das von einer Position tradierter, durchaus kommunikativer Vernunft aus, die jedoch Krieg – also Unvernunft – zu rationalisieren bereit ist. Wie wahr, wie falsch.

Es versteht sich, daß diese Art des Schreibens ungewöhnliche Bereitschaft zum Mitdenken erfordert. Vielleicht ist das der Grund, warum bereits 1909, also noch zu Lebzeiten des Autors, der englische Schriftsteller Arnold Bennett, der Verfasser traditionell-realistischer Romane, Bierce eine vor allem ›untergründige‹, also weniger literaturoffizielle Reputation zumißt. In der Tat hat jener stets für seinen schwarzen Humor eine begeisterte Anhängerschar gefunden, doch ebenso auch vehemente Ablehnung erfahren. Aber viele seiner Bewunderer waren alles andere als Zyniker. So etwa der kalifornische Dichter George Sterling, der sich dem sozialdemokratischen, aber utopischen Sozialismus im Amerika der Jahrhundertwende verbunden fühlte – genauso wie sein Freund Upton Sinclair oder der nietzscheanische Sozialist Jack London. Bierce hinwieder hatte für eine solche Ideenrichtung vor allem Spott übrig, weil sie von einem Menschenbild ausging, für das es seiner Ansicht nach keine Voraussetzungen in der Realität gab. Dennoch konnte Bierce George Sterling als ›Schüler‹ akzeptieren, konnte Sterling den so ganz anders ausgerichteten, den zwiespältigen Humor seines ›Lehrers‹ genießen. Dies deutet darauf, daß es seinerzeit manchen Lesern möglich war, die Bierceschen Texte in einen Erwartungshorizont hineinzustellen, der das Neuartige, Moderne, den sozialen Affront, der seine Sicht des menschlichen Verhaltens nicht humanistisch bemäntelte, durchaus zu umgreifen vermochte. Und zwar auf eine solche Weise, daß die konservativen und manchmal auch irrationalen Implikationen des Affronts einfach keine Berücksichtigung fanden. Der Biercesche Text wurde dem jeweiligen Gebrauch, sei es dem des Sozialisten Sterling, sei es dem der wachsenden Zahl sensationslüsterner Zeitungsleser, auf seinen inneren Knalleffekt hin angepaßt – aber auf Grund seiner Zwiespältigkeit auch bald wieder vergessen. Was in dem einen Moment wie ein Blitzlicht an Bedeutung aufleuchtete, war im nächsten Moment, in veränderten Zusammenhängen und Erwartungshorizonten, schon entschieden zwielichtiger und weniger bedeutsam. Und das trifft nicht nur auf die journalistischen Arbeiten, auf die satirischen Gelegenheitsgedichte und ähnliches zu, das von vornherein an den Augenblick gebunden ist. So ver-

vermag Bierce im August 1908 recht hellsichtig an George Sterling die Frage zu richten, wie viele Jahre denn seine ›unerklärliche Unbekanntheit‹ immer wieder herausgestellt werden müsse, um als Ruhm zu gelten; vermutlich, meint er, werde seine Bekanntheit als ›Unbekannter‹ weltweit und permanent sein.

Damit hatte er unzweifelhaft recht, denn auch für eine gegenwärtige (wie die postmoderne) Lektüre scheinen seine Arbeiten ja wieder geradezu prädestiniert. Wie aber können wir die schwer durchschaubare Mischung von Moderne und Konservativismus aus seiner Zeit, aus seiner Inanspruchnahme der damaligen Literaturverhältnisse erklären? Bierce war von Anfang an, das dürfen wir nicht vergessen, vor allem Journalist. Das wiederum ist für viele amerikanische Schriftsteller bis zum heutigen Tage typisch. Genauso wie seine Zeitgenossen Mark Twain oder William Dean Howells hatte der 1842 in Ohio geborene Bierce seine Laufbahn als Setzerlehrling an der Zeitung einer Kleinstadt im Mittleren Westen begonnen. Zu dem Zeitpunkt war der amerikanische Kontinent noch nicht durchgängig erschlossen, und das Heimatterritorium von Bierce verstand sich als ›Grenzland‹ zu den Indianergebieten. Zwar gehören seine Vorfahren schon zu den Einwanderern des 17. Jahrhunderts, doch als sein Vater von Connecticut in den noch ›Western Reserve‹ genannten Distrikt übersiedelt, bringt er nebst der pekuniären Armut nicht mehr als einen ziemlich fundamentalistischen Puritanismus als einzige geistige Habe mit. Wenn ein Howells meinte, außer der Lokalzeitung habe es dort in den neuerschlossenen Gebieten nur die Bibel als Kulturgut gegeben, so läßt sich das für Bierce wohl ähnlich bestätigen. Allerdings hat die übertriebene Religiosität seines Elternhauses ihm eher atheistische Neigungen vermacht, während er umgekehrt den Journalismus als eine überaus praktische Funktion lokaler Öffentlichkeit erlebte. Er besucht ein Jahr lang ein Militärinstitut in Kentucky, geht darauf verschiedenen Tätigkeiten nach, um sich 1861, beim Ausbruch des amerikanischen Bürgerkrieges, als einer der ersten seines Bezirks für den Dienst in den Unionstruppen zu melden. Er nimmt an vielen Schlachten teil, wird zum Offizier befördert und ist vor allem als Topograph in verschiedenen Stäben tätig. Von nachhaltigem Eindruck bleibt ein Streifschuß am Kopf im Jahre 1864, der ihn den eigenen Tod ahnen läßt.

Ist hier nicht die Erlebnisquelle für die meisten seiner Geschichten zu sehen und insbesondere für diejenigen, die ihn berühmt machen? Sicherlich. Auffällig ist aber nun, daß er sie im großen und ganzen erst mehr als zwanzig Jahre später aufgeschrieben hat. Sosehr sie dann als ein Beitrag zur amerikanischen Moderne zu nehmen sind, Bierce kommt aus dem Bürgerkrieg als ein Durchschnittsamerikaner seiner Zeit. Speziell heißt das, Berufe sind nichts Festgelegtes, sondern dem Spiel der Chancen, der Mobilität der Verhältnisse, dem überraschenden Hochtauchen individueller Talente verpflichtet. Zwischen Beruf, Lebenserwerb und sozialer Funktion besteht ein weitgehend ungebrochener Zusammenhang, der nicht weiter problematisiert wird. Denn die Ausdifferenzierung der Gesellschaft in unterschiedliche Praxis- und Wertsphären ist noch recht wenig ausgebildet. Berufung – was ist das? So nimmt es nicht wunder, wenn Bierce 1865 kurze Zeit im südstaatlichen Alabama als Vertreter der Washingtoner Finanzbehörde agiert, als Topograph an einer militärischen Expedition in bisher noch nicht karthographiertes Indianerland teilnimmt, nach der Durchquerung desselben 1867 in San Francisco wohl den formalen Rang eines Majors erhält, andererseits dort als Wachmann am Münzamt angestellt wird, zugleich jedoch sich als Autodidakt mit Hilfe von Lehrmaterialien die Geheimnisse eines literarischen Stils aneignet, um atheistische Pamphlete und ähnliches abfassen zu können. Auf diese Weise nähert er sich dem Journalismus. Als er dann eine ungefähr zwölfjährige Karriere als überaus erfolgreicher Journalist hinter sich hat, hindert ihn das nicht, es 1880 auch einmal als ›Generalagent‹ einer Bergbaugesellschaft zu versuchen, die in der von ihm so ausgezeichnet karthographierten Region der Black Hills nach Gold schürft. Aber bereits im Dezember 1868 hat er als Journalist so überzeugt, daß er Herausgeber des Wochenblattes ›News-Letter‹ wird. In verschiedenen Kolumnen treibt er, vor allem unter der treffenden Überschrift ›The Town Crier‹, der Ausrufer der Stadt, mit dem noch mehr zutreffenden Untertext

(›Lauscht dem Ausrufer!‹ – ›Was, zum Teufel, bist du für einer?‹ – ›Einer, der mit Ihnen, Sir, den Teufel spielen wird‹), jetzt nicht länger als ›printer's devil‹, Setzerlehrling, wohl aber als literarisch Verantwortlicher sein Teufelswerk mit dem Publikum.

Ist das Produzierte nun bloß Journalismus oder auch Literatur? Diese Frage wäre falsch gestellt, weil mit Implikationen belastet, die für jene Periode noch nicht gültig waren. Die Zeitungsarbeit von Bierce, seine maßlose Satire, seine ungehobelten und nicht immer tiefsinnigen Übertreibungen, seine ganz unseriöse Verspottung öffentlicher Personen – all das steht in einem engen Verbund mit der Literatur der Westküste. Diese hatte sich insbesondere nach dem Goldrausch von 1849 unter der Bezeichnung ›Western humor‹ als eigenständige Richtung vom Zentrum der amerikanischen Kultur abgespalten, das an der Ostküste, vorrangig in Neu-England, situiert war. Solche Namen wie Mark Twain, Bret Harte oder auch Joaquin Miller haben hier den Klang gewonnen, der später durch die Welt klingen sollte. Ambrose Bierce merkt, als er sich von 1872 bis 1875 in England aufhält, daß dort seine journalistisch fabrizierten Stücke aus Kalifornien für Literatur gelten. Bewunderer erreichen sogar, daß er sie in seinen ersten Bändchen, nämlich in ›The Fiend's Delight‹, ›Nuggets and Dust‹ sowie ›Cobwebs from an Empty Skull‹ sammeln kann. Das hinwieder verbietet ihm nicht, 1874 für die exilierte Eugénie, die Witwe Napoléons III., zwei bissig geschriebene Nummern der von ihr aus taktischem Anlaß gegründeten Zeitschrift ›The Lantern‹ gewissermaßen auf Bestellung zu liefern. Der Journalismus ist zu der Zeit noch nicht aus der Institution Literatur herausdifferenziert worden; weder hat Literatur im engeren einen Autonomie-Anspruch, noch beschränkt sich der journalistische Diskurs auf wenige und vorrangig auf Information abgestellte Genres. In einer Periode, in der nicht von weltweiten Agenturen quasi an alle ›zivilisierten‹ Orte der Erde Nachrichten gegebenenfalls über alle ›zivilisierten‹ oder auch ›nicht-zivilisierten‹ Orte vermittelt werden können, unterliegen wenigstens im Prinzip sämtliche Zeitungstexte einer Art ›persönlichem Journalismus‹. Auf diesen Typ des Schreibens macht schon der Name ›Prattle‹ für die Spalte aufmerksam, die Bierce seit 1877 in mehreren kalifornischen Zeitschriften führt und die in der Tat ein rechtes ›Wortgeprassel‹ gewesen ist. Alle möglichen Arten von Texten sind darin aufgehoben worden, satirische Gedichte nicht weniger als empörte Attacken gegen Amtsmißbrauch oder spöttische Sentenzen. Und manches Mal mochte auch eine Horror- oder Geistergeschichte beigegeben sein. ›Das Wörterbuch des Teufels‹ (The Devil's Dictionary), die beiden Gedichtbände oder die Ausgabe von ›Can Such Things Be?‹ haben ihren Ursprung in solchen journalistischen Eskapaden oder in ihrem Umfeld.

Das Schicksal des älteren, persönlichen Journalismus schlägt zu, jedoch zunächst unmerklich, dann um so unerbittlicher, als sich eine Massenpresse herauszubilden beginnt. Erfindungen auf dem Gebiet des Druckereiwesens, der Nachrichtenübermittlung, auch neue Möglichkeiten der Distribution und weitere Faktoren haben das im letzten Drittel des 19. Jahrhunderts in die Wege geleitet. Wie, natürlich, die Herausbildung einer urbanisierten Massengesellschaft die Prämisse ist, daß die Prinzipien der nunmehr als ›yellow press‹ abqualifizierten Blätter überhaupt verfangen können. Von 1887 an steht Bierce beim berüchtigten William Randolph Hearst in Lohn. Dieser hat ihm aber wegen seiner Berühmtheit und seiner Macht übers Publikum freie Hand gelassen. Daher kann Bierce im Jahre 1902 etwa seinem Freund Sterling mitteilen, er sei zwar immer noch ›an die Galeere des Yellow journalism gekettet, doch ist es ein ziemlich leichter Sklavendienst‹. Denn in der Tat setzt er ja im ›Examiner‹ von San Francisco seine Kolumne ›Prattle‹ zunächst in gewohnter Weise fort, wie er auch ähnliches – wenngleich mit ihm weniger sichtbarem Erfolg – in Hearsts ›New York Journal‹ veröffentlicht und sogar von 1905 bis zu seinem beruflichen Abschied im Jahre 1909 in der massenliterarischen Monatsschrift ›Cosmopolitan‹ einen ständigen Beitrag unter dem Titel ›The Passing Show‹ laufen hat. Aber der Tatbestand, daß sein Journalismus nach der Jahrhundertwende an Kraft verliert, daß Bierce fortlaufend seinen Rücktritt erklärt, weil ihn die Eingriffe der Redakteure beleidigen, verweist schon darauf, daß seine Tätigkeit nur scheinbar von Kontinuität geprägt ist.

Sicherlich hat Bierce keineswegs unrecht, wenn er 1903 rückblickend über seine Spalte ›Prattle‹ in einem Brief schreibt, daß es darin doch manches Bedauerliche gegeben habe: ›so viel, das nicht klug und weise ist – so viel, das Ausdruck einer Stimmung oder Laune war – so viel, das überhaupt nicht aufrichtig war – so viele Halbwahrheiten‹. Jedoch stand all das noch im Zusammenhang eines öffentlichen Diskurses, der nicht nur schlechthin den literarischen mit einschloß, sondern zudem selber durch den Gestus volkstümlichen Erzählens und des damit verbundenen Übertreibens belebt wurde. Ein Lokalblatt war damals noch ein unkomplizierter Vermittler zwischen Publikum und Schreiber. Was auch immer die Eigentümer der Zeitung für egozentrische Ziele verfolgten, diese waren nur wenig verschleiert und schnell durchsichtig. Was auch immer der Journalist für ›Halbwahrheiten‹ von sich gab, welche ›Launen‹ er aufscheinen ließ, welche persönlichen Attacken er der spöttischen Wirkung zuliebe ritt, die Leser kannten den örtlichen Kontext hinreichend, um den teils ungeheuerlichen Erzählungen und Invektiven ein Realitätsmaß zuzumessen. Er konnte in seinen Texten so erbarmungslos das andere der Vernunft sichtbar machen, weil die Übereinkunft zur kommunikativen Vernunft zwischen Verfasser und Lesern kaum angefochten war. Hören wir, was Bertha Clark Pope, die Herausgeberin seiner Briefe im Jahre 1922, also aus geringerer zeitlicher Distanz, darüber zu sagen hat: ›Als ein Gemeinwesen überbewertete San Francisco persönlichen Mut, die Unvermitteltheit der Auseinandersetzung, offenes und effektives Schießen ... Es war auf Grund großer Entfernungen so vom Rest der Welt abgeschnitten, daß kein Anschein erweckt wurde, Nachrichten von außerhalb bringen zu können. Deshalb mußten die Zeitungen auf andere Interessenfelder zurückgreifen. Sie wurden zu Pamphleten für die Verbreitung der Ansichten der Leute, die sie kontrollierten ... Redakteure und Leser labten sich an einem guten Fight; sie wollten auch humorvolle Unterhaltung; glückhaft verkuppelten sie beides ... Zeitungen wurden gekauft und gelesen ... nicht so sehr wegen der Nachrich-

ten, sondern um zu sehen, wer an dem Tage gerade ‚fertigge-
macht' wurde ...‹ Freilich kann eine solche kommunikative
Situation auch Nachteile haben. Wenn, zum Beispiel, die Men-
talität des Wilden Westens noch wirksam, das heißt, die Gewalt noch nicht hinreichend monopolisiert ist, so daß das Töten unzureichend stigmatisiert wird. Eine Horrorgeschichte,
die für den damaligen kalifornischen Zeitungsverbraucher erträglich war, verschließt sich unter heutigen Maßstäben einer
eindeutigen Bewertung.

Rein äußerlich scheint der Übergang von den literarischen
Verfahren der Westküste zum Massenjournalismus unauffällig
zu sein. War nicht dort der persönliche Journalismus schon immer auf ›Sensationen‹ aus, waren die berichteten Begebenheiten
nicht *stets* auf den Erwartungshorizont des ›human interest‹
zugeschnitten? Also an den Ereignissen die vordergründig
›menschliche‹ Seite, die Werte der Unmittelbarkeit und der
Einfühlung herausgestellt, sie auf die Dimension des Alltags
und des Alltagsverstandes projiziert? So daß zur Sensation erst
werden konnte, was auch für den Leser der Middle class
menschlich interessant wurde? Nicht Sachfragen, sondern Personen wecken Mitgefühl? Und wer das Mitgefühl hat, kann damit wuchern wie mit einem Pfund: zugunsten fast schon belie-
biger Interessen? Das ist gewiß richtig. Aber der Unterschied
liegt nicht allein in den Größenordnungen der Auflagen oder
des Einzugsbereichs der Leser oder Nachrichten. Hearst schickt
Bierce 1896 nach Washington, um für den ›Examiner‹ von
San Francisco und andere seiner Publikationen eine journalistische Kampagne durchzuführen. Ein kalifornischer Eisen-
bahnmagnat hatte sich einen Trick einfallen lassen, wie er über
ein Gesetz des Kongresses die Staatskasse um enorme Summen plündern könnte. Da Hearst eine rivalisierende Gruppe
unterstützt, gibt er Bierce den Auftrag, die Debatten und Ver-
handlungen in solcher Weise journalistisch zu begleiten und
auszuschlachten, daß der Gesetzesvorlage jegliche öffentliche
Legitimation entzogen wird. Das schafft der dann auch mit giftigen Attacken – zum höheren Ruhme seiner selbst, des William
Randolph Hearst sowie zufällig auch der Gerechtigkeit. Der
Unterschied zu den Anfängen seiner Laufbahn liegt in dem

neuartig vermittelten Verhältnis zu den Lesern. Mag er noch so sehr seine sprachliche Individualität ausspielen, sie verweist nur noch bedingt auf individuelle Autorität und mehr auf die Autorisation durch das ›Massenmedium‹. Die kommunikative Übereinkunft entfällt; das Medium unterhält die Massen, lenkt deren Legitimationszuteilung für diese oder jene Zwecke, aber macht den Schreiber zu seinem Instrument: Er ist nicht mehr Funktionär der Öffentlichkeit, sondern eines Mediums Funktionär, das zudem die Massen in die Funktionale zwängt.

Das hat nicht ausschließlich negative Folgen, wie die nach der Jahrhundertwende agierenden (und vom konservativen Bierce eher verachteten) ›Muckrakers‹, die journalistischen ›Schmutzaufwirbler‹ und Enthüller von Korruption in Ämtern und Trusts, belegen. Auch ist die nun vor sich gehende Reduktion der journalistischen Verfahren auf zwei hauptsächliche nicht in jeder Hinsicht zu bedauern. Die Betonung der faktologischen Genauigkeit auf der einen Seite bringt eine potentielle Befreiung der Worte von bildungsbürgerlichem Dekorum mit sich. Die Entfaltung des ›Story‹-Prinzips wiederum kann auch – wie bei den Naturalisten, den Muckrakers eben oder in der proletarischen Reportage – eine von den positiven Aspekten der Massenkultur mit autorisierte Gesellschaftskritik ermöglichen. Doch unübersehbar ist eine andere Konsequenz. Der journalistische Diskurs wird tendenziell aus dem literarischen ausgegrenzt. Die Institution Kunst bewegt sich in den achtziger und neunziger Jahren des vorigen Jahrhunderts auf einen Autonomie-Anspruch zu, selbst wenn zunächst noch bei vielen – von Mark Twain bis William Dean Howells, von Hamlin Garland bis Kate Chopin, von Stephen Crane und Frank Norris bis Jack London – die Suche nach einer weniger autonomen und mehr kommunikativ-demokratischen Begründung und Institutionalisierung der Literatur im Zeichen von ›realism‹ überwiegt. Doch bei solchen Autoren wie dem schöngeistigen Henry James oder dem ›bitteren‹ Ambrose Bierce, die in geradezu extremer Weise Antipoden sind, finden sich in den neunziger Jahren Aussagen zum Autonomisierungsvorgang, die an Stringenz nichts zu wünschen übriglassen. Bierce jedenfalls schreibt in einem Brief vom August 1892: ›Meine Zeitungsarbeit ist in *keiner* Weise Literatur.‹ Dieses Diktum muß natürlich bei jemandem überraschen, der zu jedem Zeitpunkt seines Lebens kaum einen der jeweils produzierten Texte nicht in Zeitungen hat erscheinen lassen. Gegen die in der Massenpresse vor sich gehende Funktionalisierung wehrt sich der *Autor* Bierce nunmehr mit einer solchen vereinseitigenden Aussage durch eine Inanspruchnahme künstlerischer Selbstautorisation. Im Wechselbad dieses Doppelvorgangs von Funktionalisierung und selbstbestimmter Autonomisierung beginnt die ästhetische Moderne.

Nun muß man zwar zugeben, daß Bierce auch schon in seiner Londoner Zeit zwischen ›Journalist‹ und ›Autor‹ unterschieden hat. Die damals erschienenen Bücher wertet er in einem Brief vom Januar 1874 in Hinblick auf diese Unterscheidung ab: er sei als Journalist unvergleichlich, als Autor – eine ›Niete‹. Doch bezieht sich das eher auf einen bildungsbürgerlichen Begriff von literarischem Dekorum, der ihn bereits April 1871 in einem Artikel des kalifornischen ›Overland Monthly‹ geleitet hat. Darin meint er, die Qualität eines Kunstwerks erweise sich in ›dem Vergnügen, das es den mehr Kultivierten und Scharfsinnigen der Klasse bereite, an die es adressiert ist‹. Auffällig ist jedoch, daß er die Mehrzahl der Geschichten, die ihn berühmt gemacht haben und die 1891 in dem Band ›Tales of Soldiers and Civilians‹ gesammelt werden, nach seinem Eintritt in das sich entwickelnde Hearst-Imperium verfaßt hat – da also weder für den ›Autor‹ noch den ›Journalisten‹ eine solche kommunikative Übereinkunft ohne weiteres vorauszusetzen gewesen ist. Seinem Freund und Schüler Sterling teilt er 1903 mit: ›Kluge Dichter schreiben für einander. Sollte das Publikum von ihnen Kenntnis nehmen, auch gut.‹ Ganz offensichtlich ist nunmehr der Bezugspunkt schriftstellerischer Tätigkeit nicht mehr in einer wie auch immer gearteten Öffentlichkeit zu suchen. Zwar könne man, so erfährt Sterling im Jahr davor, ›any kind of ‚is‘ or ‚er‘‹ sein (also – wie jener – Sozialist und Reformer), aber ›don't let it get into your ink‹ (das dürfe sich nicht in der Literatur niederschlagen). Zwischen den beruflichen und den alltäglichen Beschäftigungen auf der einen Seite und der Berufung zum Schreiben auf der anderen sieht Bierce länger keinen Zusammenhang mehr. Eine Folge könnte wohl sein, daß der Dichter daraufhin tatsächlich Publikum und Profit verliert. Doch das gedenkt er nicht zu sentimentalisieren; die Pose des ›verkannten Genies‹ ist ihm suspekt, wie er schon 1892 Blanche Partington, der Tochter eines Freundes, in einer schönen bildlichen Wendung erläutert: ›Die Inspiration vom Himmel ist ja sehr schön – ... aber wenn A für B arbeitet, jedoch darauf besteht, seine Anweisungen von C zu erhalten, was kann er dann erwarten?‹ Was hätte auch *B*, das Publikum, mit *C*, dem Himmel voller Wahrheit, zu schaffen?

Die Wahrheit allerdings gerät zu dem einen entscheidenden Kriterium im Schreibakt, das andere ist die künstlerisch perfekte Exekution desselben. Ähnlich argumentiert Henry James in seinem bekannten Essay ›Die Kunst des Romans‹ (The Art of Fiction). ›Wahrheitsliebe‹, vermeldet Bierce bereits drei Monate zuvor seiner ›Nichte‹ Blanche, ›ist mir ein ausreichend gutes Motiv, wenn ich über meine Mitmenschen schreibe.‹ Die gar nicht so stillschweigende Implikation, die in solchen Aussagen rumort, ist aber doch die, daß zwischen Schriftsteller und Adressaten kein sozialer Konsens mehr besteht. Zwischen dem, was die Mitmenschen als ›Wahrheit‹ zu akzeptieren bereit sind, und dem, was der ›Autor‹ als Wahrheit erschaut, gibt es unüberbrückbare Brüche. Seine ›Freiheit‹ äußere sich gerade darin, daß er die Kultur der ›Philister‹ (wie er eine im 19. Jahrhundert beliebte Bezeichnung aufgreift), also die fast schon seit dem Ausgang des Bürgerkrieges sich bis zum heutigen Tage in einem – über alle technologischen Innovationen hinweg – unaufhaltsamen Siegeszug befindliche Kultur der modernen Middle class, aus seiner Kunst ausgrenze. Autor sein hieße ›die Freiheit, in den horriblen Gesetzen, Vorurteilen, Sitten, Konventionen der Menge etwas für sie vielleicht Gutes zu sehen, von keinem Wert aber *sei dies in deiner Kunst*‹. Vergleichen wir das mit der Konsumästhetik eines Francis Marion Crawford, der seinerzeit reihenweise Romane produziert, die einer romantizistischen und massenhaft werdenden Zerstreuungsliteratur zugehören. Er hat einen überraschend ähnlichen Ausgangspunkt wie Bierce, man dürfe *B*, das Publikum, nicht täuschen wollen. Doch sodann stellt er die logische Weiche in eine diametrale Richtung. Wenn dasselbe auf ein Happy-End fixiert sei und schließlich dafür auch bezahle, müsse ein verantwortlicher Schreiber als seriöser Geschäftspartner desselben ein solches liefern. Anders Bierce; wenn nicht mehr so ohne weiteres mit dem Publikum ein Konsens über die Wahrheit zu erzielen ist, dann hat die Autorität, wahr zu sprechen, allein der Autor. Dieser muß freilich nicht unbedingt ein Romancier sein, denn wie Bierce in einer Replik gegen den Roman sagt: ›Der Bestseller ist immer ein Roman und ein schlechter dazu.‹ Wenn die einzige Verpflichtung des Autors nur darin besteht, die Wahrheit so gut wie möglich zu sagen, dann wird er dem Genre der Short story den Vorzug geben. Soweit Bierce.

Roman oder Short story, Happy-End oder Affront, wäre das die Alternative?

Folgen wir dem und wenden wir uns dem Essay ›To Train a Writer‹ zu. Was also soll ein Schreiber tun? ›Er sollte, zum Beispiel, vergessen, daß er ein Amerikaner ist, und sich daran erinnern, daß er ein Mensch ist. Er sollte weder Christ noch Jude noch Buddhist noch Mohammedaner noch Schlangenanbeter sein. Lokalen Wertmaßstäben für richtig oder falsch sollte er zivile Indifferenz erweisen.‹ Der Autor als eingeborener Sachwalter der Menschheit. Und als Verwalter menschheitlicher Interessen muß er natürlich bestimmte Voraussetzungen erfüllen. ›Und es wäre nötig, daß er wisse und ein stets präsentes Bewußtsein davon habe, daß dies eine Welt der Narren und Gauner ist, blind vor Aberglauben, gepeinigt von Neid, verzehrt von Eitelkeit, selbstisch, falsch, grausam, verdammt zu Illusionen – in schäumender Verrücktheit.‹ Hätte sich aber der Schriftsteller lediglich autorisiert, allein das zu repräsentieren? Nein, die ›Kunst‹ (also ihre Institution), der er ja schließlich und endlich seine Selbstautorisation verschuldet, hat ein besseres Ziel. Die Repräsentation der schlechten Welt, so will sie es, mache er zum Scheinwerfer aufs Gegenteil. ›Glück sollte sich seinem groß werdenden Geist als Zweck und Absicht des Lebens entdecken‹ (›ent-decken‹, ›ent-bergen‹ – fast möchte man Heidegger – Erddeutsch zur Übersetzung nehmen). Und weil dem so ist, weil mithin der Autor als der einzig verbliebene legitime Mittler zum Glück zu rangieren vermag, gelte auch das: ›Literatur und Kunst sind fast alles, woraus sich die Welt am Ende wirklich etwas macht, diejenigen, welche sie erzeugen, sind nicht ohne Berechtigung, im ‚Haus des Lebens‘ sich selbst als die Herren und alle anderen als ihre Bediensteten anzusehen.‹ Womit sich dann die Zweischneidigkeit der Moderne aufs unverhohlenste nietzscheanisch selbst entlarvt hätte. Die Autorität des Sachwalters ist schon bald nur noch die waltende Autorität. Wer weiß, daß ihm ja Gewalt über das Glück der Menschheit eignet, hat naturgemäß das Recht, Angeeignetes autoritativ zu verwalten?

Wir sind verblüfft, wie schnell aus dem Anspruch auf Wahrheit die Apologie des Status von ›servitors‹, von Dienenden, für die Mehrzahl der Leser oder Beteiligten wird. Wie richtig und berechtigt auch die Beschreibung der Welt als einer solchen, die zu Illusionen verdammt ist, immerhin sein mag – das geht zu weit. So ist also festzuhalten, daß Bierce weder in seinen vorautonomen noch in seinen autonom gedachten Texten unproblematisch ist. Vielmehr fordert er in jedem Falle eine ›enthüllende‹ Lektüre heraus, welche die Komplizenschaft von Wahrheitsanspruch und Herrschaftsbegehren auf der einen Seite, von Sinnfülle und Bodenlosigkeit auf der journalistischen anderen einem fortgesetzten Differenzierungsprozeß unterzieht und sie damit entmachtet. Zugleich ist das auch darum wichtig, weil Bierce in viele seiner Texte Fallen eingebaut hat, um die Leser zu düpieren. Schließlich sind sie ja die zeitgenössischen Exempel, die ihm seine Ansicht von der Menschheit im ganzen vorgegeben haben. Die in den Text eingeschriebene Position des Lesers, der sogenannte ›implizite Leser‹, ist mithin mitnichten als ein Partner herzlicher Kommunikation entworfen. Die Publikumsbeschimpfung stammt aus späterer, vor allem postmoderner Praxis, aber der Keim dazu ist bereits in viele Texte des Ambrose Bierce eingesenkt, um das ganz ›Unheimliche‹ seines Schreibens zu erzeugen.

Möglicherweise läßt sich das Besondere des Bierceschen Erzählens zunächst auch dadurch umreißen, daß wir es in aller gebotenen Kürze auf die vorausgegangene Entwicklung der amerikanischen Short story projizieren. Diese ist im wesentlichen eine Geburt des 19. Jahrhunderts und der literarischen Magazine. Als Washington Irving zwischen 1819 und 1820 die Geschichten seines ›Skizzenbuchs‹ (The Sketch Book) in serialisierter Form publiziert, hat er den einschneidenden Umbruch vollzogen. Dennoch ist jenen ›Short stories‹ ihre Herkunft aus den Genres, sei es des Essays, sei es der Charakterskizze, anzumerken. Genau dagegen polemisiert dann 1842 Edgar Allan Poe in einer berühmten Rezension zu den ›Zweimal erzählten Geschichten‹ (Twice Told Tales) von Nathaniel Hawthorne. Ähnliches hätte er aber auch zu Herman Melville sagen können. Er nennt bestimmte narrative Texte einfach ›Essay‹, während die wirkliche Erzählung durch ihre bewußte Konstruktion auf ›eine gewisse einzigartige oder einmalige Wirkung‹ hin besteche. Der ›gewandte Künstler der Literatur‹, meint er (im Rückgriff auf die von Heinrich Heine so genannte ›Kunstperiode‹ der Romantik und im Vorgriff auf die Ästhetik der Modernität), zeichne sich demgemäß durch ›Erfindungsgabe, Schöpfertum, Vorstellungskraft und Originalität‹ aus, um eine ganzheitliche, durch Handlung und Emotion bewegte Struktur – in bezug auf den beabsichtigten Gesamteffekt – zu erschaffen. Wenn aber schon bei Poe um jener ästhetischen Wirkung willen die Leser gelegentlich und vorübergehend in die Irre geleitet werden müssen, so hat Bierce gerade dieses Prinzip weitergeführt. Er schickt sie nicht nur unterhaltsam in die Irre, er kritisiert sie dabei deftig.

Vielleicht läßt sich das auch an seiner bekanntesten Erzählung, nämlich ›Zwischenfall auf der Eulenfluß-Brücke‹ (An Occurence at Owl Creek Bridge) zeigen? Versuchen wir es zumindest andeutungsweise. Erinnern wir uns, wie einfach die Handlung erscheint, wenn wir sie gewissermaßen geradeaus nacherzählen. Ein Südstaatler namens Peyton Farquar hatte sich offensichtlich während des Bürgerkriegs bemüht, eine von den Unionstruppen verteidigte Eisenbahnbrücke anzuzünden. Dafür wird er auf der Brücke, über dem Fluß, gehenkt. In der Sekunde, da sein Genick bricht, imaginiert er in einer Art Bewußtseinsstrom sowohl abenteuerliche Flucht als auch Rückkehr zu Frau und Haus. Die letzten Sätze belegen jedoch, daß er in den Tod hinübergeglitten ist. Erzähltechnisch fällt auf, daß dieser gleichsam novellistische Sachverhalt in unvermittelt wechselnder Perspektivierung dargeboten wird. Daraus entsteht erst die Spannung. Zunächst weist alles auf einen allwissenden Erzähler, der vorrangig aus objektiver Distanz das äußere Geschehen berichtet und nur selten über das Innere der Figuren. Zwischendurch stellt sich aber heraus, daß der Erzähler zugleich auch ein eingeschränktes Wissen hat. Etwa gleich auf der ersten Seite: ›*Offenbar* gehörte es nicht zur Pflicht der beiden Männer, zu wissen, was in der Mitte der Brücke vor sich ging.‹ ›*Sicher* stand dort weiter draußen noch ein Posten.‹ etc. Gerade aber solche Einschränkungen indizieren – paradoxal – einen Bezug zum Autor; wenn der Erzähler mutmaßt, tut er es als militärischer Experte – wie sein Verfasser. Drittens geht der erzählerische Blickpunkt, teils unmerklich, auf den Protagonisten Farquar über. Nehmen wir zum Beleg diese drei Sätze (wie schon in der amerikanischen Bierce-Kritik erörtert): ›Ein Stück tanzenden Treibholzes erregte seine Aufmerksamkeit ... Wie langsam es sich zu bewegen schien! Welch träger Fluß!‹ Der erste Satz ist noch aus der allwissenden Position, der zweite schon aus einer eingeschränkten Sicht, und der dritte gänzlich vom Standpunkt des Protagonisten aus dargeboten, wenn der in der Tat reißende Strom unvermutet ›träge‹ genannt ist.

Dieses Wechselspiel der Perspektivierungen bringt Brüche in die Darstellung der Wirklichkeit, aus denen Bedeutung aufblitzt. Darin erweist er sich als Repräsentant der Moderne. Der Text ist auf das einfachste, auf das bloße Wortmaterial, reduziert – um daraus aber einer Tiefendimension autoritativer Sinnstiftung Räume zu konstruieren: Eine zutiefst ironische Vision, ein ironisches Entsetzen ob der Verblendung menschlichen Tuns, fast schon eine negative Teleologie, scheint aus den Brüchen auf. Daran ändert auch nichts die stilistische Klarheit der Wortsequenzen. Für die Darstellung der Unionstruppen bedient sich der Text eines abgehackten Diskurses, der fast schon als ›Amtssprache‹, als Sprache von Dienstvorschriften gelten kann. Genauso sind dann aber die einzelnen Personen nichts weiter als Funktionseffekte des militärischen Diskurses, gleichsam ›Gewehr bei Fuß‹ – wie es über sie heißt. Wie aber steht es um den Plantagenbesitzer Farquar? Der zweite Abschnitt der Erzählung, der seine Vorgeschichte enthält, bedient sich immer wieder eines zwar verballhornten, bruchstückhaften, aber unübersehbaren Diskurses des amerikanischen ›romanticism‹. ›Umstände höherer Art, die hier nicht erörtert zu werden brauchen, hatten ihn gehindert, Dienst in jener tapferen Armee zu nehmen, …‹ etc. Es ist unzweideutig, daß hier der Blickwinkel des allwissenden Erzählers nur Schein ist, nur ein dünner, wehender Sprachschleier, hinter dem der Autor steht, um seinen Helden bösartig auszulachen, zumal der als ein nicht allzu brillanter Vertreter seiner Klasse dargestellt ist.

Wie schon gesagt, birgt eine solche Art des Textes auch die Möglichkeit, daß der Leser in die Irre geführt wird. Möge er sich als Komplize dieser schlechten Welt und ihrer Diskurse entdecken. In allen drei Teilen der Geschichte sind Sätze eingestreut, welche ihn, vor allem natürlich den zeitgenössischen Leser (die Erzählung ist am 13. Juli 1890 im ›Examiner‹ von San Francisco erschienen) in seinem bildungsbürgerlichen Erwartungshorizont ausdrücklich zu bestätigen scheinen – um ihn aber nur desto mehr zu verunsichern. Wenn es im ersten Abschnitt etwa heißt, ›Wenn er angemeldet kommt, ist der Tod ein Würdenträger, der … mit förmlichen Ehrenbezeigungen empfangen wird …‹, dann muß man nicht unbedingt die Gespenster- und Mördergeschichten von Bierce kennen, um darin eine Falle für den humanistischen Leser zu entdecken. Noch einleuchtender in der zweiten Abteilung, wo in Hinblick auf einen durstigen und ominösen Besucher vermeldet wird: ›Mrs. Farquar war nur zu glücklich, ihm den Trunk mit ihrer weißen Hand selbst zu kredenzen.‹ Da ist zweifellos das romantizistische Klischee der südstaatlichen ›weißen‹ Lady aufgerufen. Jemand, der sich davon leiten läßt (und im Jahre 1890 waren das sicher nicht wenige), folgt damit einer hinterhältigen Sympathielenkung, die den Protagonisten als eine Art positiven Helden zu nehmen empfiehlt – womit dann dem Leser eine vernünftige Sinnkonstitution ungeheuer erschwert wird. Am problematischsten ist in der Hinsicht der gesamte dritte Teil. Schon von der Erzählstruktur her ist ja bei einer schnellen Erstlektüre nicht ganz klar, daß die dargestellten Ereignisse, die sich über 24 Stunden hinziehen, nur Halluzinationen innerhalb einer Sekunde sein sollen. Wichtiger jedoch ist, daß sich der so leuchtkräftig ausgelegte, zwar in der Er-Form ablaufende, Bewußtseinsstrom endlich anschickt, nach all dem depersonalisierten, zumindest objektivistischen Erzählen eine Subjekt-Position zu markieren. Also endlich die Außenwelt als Projektion einer Innenwelt! Mitnichten. Nein, denn was sich hier über schöne weite Strecken schon fast wie die Malerei des Impressionismus zur Einfühlung andient, nennt der Text zum Ende des Abschnitts selbst ›Delirium‹. Nichts als Wahn kommt da heraus, aber nun auch nicht genialisch zu mystifizierender Wahn, sondern der eines Biedermanns, eines, dem die Middle class ein geistiges Zuhause ist: nicht wahr, als er daheim ist, ›sieht er Frauenkleider wehen. Frisch, kühl und reizend anzuschauen, kommt ihm seine Frau von der Veranda herab entgegen.‹ (Fast möchte man meinen, da hätte jemand Hemingway parodiert, ante Ernestum natum.) Wer weiß, was Bierce von der Ehe gehalten hat (und leider auch von den allzu unabhängigen Ehefrauen), wittert die Leserfalle. Was scheinbar kurz vor dem Tode eine große Subjektposition sich angemessen hat, ist in Wirklichkeit ein bürgerlich mittelmäßiger Wahnverschnitt. Cave canem, hüte dich vor dem bissigen Bierce.

Insofern ist dann die letzte Aussage, die den Tod objektivierend mitteilt (und nur noch leicht ironisch: ›Mit gebrochenem Genick schwang sein Körper … sanft von einer Seite zur anderen.‹), keineswegs zynisch. In der strengen, bitteren Autorensicht ist alles kontingent. Jeder für sich trägt einen Sinn, aber nicht jeder Sinn harmoniert mit dem anderen; vor allem: nicht jeder Sinn ist ein guter.

So labyrinthisch der Text, so eindeutig zugleich darin auf das Unheimliche fixiert, so unheimlich labyrinthisch auch das Ende des Schriftstellers. Zwischen 1908 und 1912 beschäftigt sich Bierce noch mit der Herausgabe seiner gesammelten Werke. Da plötzlich leitet ihn überhaupt nicht mehr ein autonomer Kunstbegriff; in unvermittelter Hellsicht wird ihm klar, daß ihn nur haben könne, wer auch die alltägliche Schreiberei mitnimmt. Nachdem aber dieses nicht ohne Hektik betriebene Projekt abgeschlossen ist, vollendet sich sein Lebenswerk damit, daß er sich zum Jahreswechsel 1913/14 in die mexikanischen Unruhen begibt. Ist es Zufall, ist es Absicht, daß er aus ihnen nicht mehr auftaucht? Jack London schreibt seinem Freund George Sterling, als Bierce von diesem Ende noch nichts ahnt, mit der Selbstgewißheit der Moderne: ›Er kristallisierte, bevor Du und ich geboren wurden, und das ist eine zu großartige Kristallisation, als daß man mit ihr streiten sollte‹. In unserer Zeit, da der Begriff der Kristallisation auf die ganze Kultur und Geschichte ausgedehnt worden und nicht die Gefahr abgewendet ist, daß dies berechtigt sein könnte: Sollten wir nicht doch mit dem Bierceschen Text und gegen die ihm eingeschriebene wundersame Kristallisation streiten? Prosit – es möge nützen.

Göhren (Rügen), Silvester 1988   Utz Riese

ZEITTAFEL

1842   Ambrose Gwinnett Bierce wird am 24. Juni im Meigs County, Ohio geboren, als Sohn eines armen und kinderreichen Farmers und Abkömmlings einer bereits im 17. Jahrhundert in Neuengland siedelnden Familie.

1846   Die Familie zieht ins nördliche Indiana. Dort später Besuch der High School sowie Tätigkeit an einer Zeitung, die gegen die Sklaverei gerichtet ist.

1859/60 Studium am Kentucky Military Institute.

1861/65 Soldat in der Unionsarmee. Als einfacher Rekrut eingetreten, ausgemustert als Premier-Lieutenant; Teilnehmer an vielen Schlachten, die in die Geschichte des Bürgerkriegs und seine Erzählungen eingegangen sind, darunter: Shiloh, Corinth, Perryville, Chickamauga, Pickett's Mill, Kenesaw Mountain (wo er eine schwere Kopfverletzung erlitt).

1865   Im Frühjahr und Sommer Tätigkeit bei einer Washingtoner Finanz-Aufsichtsbehörde in Alabama.

1866   Als Topograph Teilnehmer an einer von General William B. Hazen geleiteten Expedition von Omaha nach San Francisco, um das dazwischenliegende Indianerland zu erkunden.

1867   Abschied von Hazen mit dem Titularrang eines Majors; untergeordnete Tätigkeit bei Finanzbehörde in San Francisco; bemüht sich als Autodidakt um Kenntnisse im Schreiben.

1868/72 Herausgeber des San Franciscoer ›News-Letter‹; erlangt Berühmtheit mit der Kolumne ›The Town Crier‹ wie auch mit Beiträgen für andere Publikationen, u. a. im von Bret Harte edierten ›Overland Monthly‹.

1871   Heiratet am 26. Dezember die begüterte Mary Ellen Day.

1872/75 Aufenthalt in England; erlangt als der ›Bittere Bierce‹ Bekanntheit in der Literaten-Szene; seine auch schon in Kalifornien verfaßten Arbeiten werden in drei Bänden gesammelt (›The Fiend's Delight‹, ›Nuggets and Dust Panned Out in California‹, ›Cobwebs from an Empty Skull‹) und unter dem Pseudonym Dod Grile veröffentlicht; schreibt zwei Nummern der Zeitschrift ›The Lantern‹ für die exilierte französische Kaiserin Eugénie; Söhne Day und Leigh werden geboren, Tochter Helen einen Monat nach Rückkehr 1876 in San Francisco.

1877/79 Mitarbeiter und später Herausgeber des ›Argonaut‹; beginnt die berühmte Kolumne ›Prattle‹.

1879/80 Versucht sich erfolglos als Generalagent einer nach Gold schürfenden Bergbaugesellschaft in Rockerville, Dakota Territory (Black Hills).

1881/86 Herausgeber der Zeitschrift ›Wasp‹; Fortsetzung der Kolumne ›Prattle‹; leidet unter Asthma, weshalb er sich häufig einen Wohnsitz außerhalb San Franciscos in höhergelegenen Orten sucht.

1887 Beginn seiner Anstellung beim Zeitungsmagnaten Hearst; schreibt für den ›San Francisco Examiner‹ unter anderem die Kolumne ›Prattle‹ (bis 1897); seit 1895 auch Beiträge für Hearsts ›New York Journal‹ und weitere Blätter.

1889 Sohn Day wird bei einer Schießerei getötet.

1891 Publikation der ›Tales of Soldiers and Civilians‹, auf denen sein Weltruhm als Erzähler gründet.

1892 ›The Monk and the Hangman's Daughter‹ (Imitation einer Romance von Richard Voss zusammen mit Adolphe Danziger); Gedichtband ›Black Beetles in Amber‹.

1893 Publikation des Bandes ›Can Such Things Be?‹, der zweiten Säule seines Weltruhms.

1896 Unternimmt von Washington aus erfolgreich eine journalistische Kampagne gegen den kalifornischen Eisenbahnkönig Collis P. Huntington, der den Kongress um Subventionen betrügen wollte.

1899 Publikation der ›Fantastic Fables‹.

1901 Sohn Leigh stirbt.

1903	Publikation des Gedichtbandes ›Shapes of Clay‹.
1904	Scheidung, nachdem er sich schon 1891 von seiner Frau getrennt hatte.
1906	›The Cynic's Word Book‹ erscheint; wird 1911 in ›The Devil's Dictionary‹ umbenannt.
1908	Beginnt die Vorbereitung der Herausgabe seiner ›Collected Works‹.
1909	Zieht sich von Hearst zurück und hört auf zu schreiben; Publikation des Essaybands ›The Shadow of the Dial‹, den ein gewisser Silas Orrin Howes zusammengestellt hat, sowie der Schreiblehre für junge Autoren ›Write It Right‹; erste Bände seiner ›Collected Works‹ erscheinen.
1912	Alle zwölf Bände der ›Collected Works‹ liegen vor.
1913	Verläßt Washington am 2. Oktober; besucht zunächst die ehemaligen Schlachtfelder des Bürgerkriegs; Aufenthalt in New Orleans; im November überschreitet er die Grenze nach Mexiko; der letzte bekannte Brief datiert vom 26. Dezember; seitdem verschollen; über seinen Tod gibt es verschiedene Hypothesen, möglicherweise ist Bierce im Januar 1914 in den Wirren des mexikanischen Bürgerkriegs umgekommen.

18 *Sezessionisten*: Bezeichnung für die Anhänger jener 11 sklavenhaltenden Südstaaten, die 1860/61 aus den USA austraten. Sie bildeten die Konföderierten Staaten von Amerika und begannen am 12.4.1861 mit dem Überfall auf Fort Sumter im Hafen von Charleston, South Carolina, den Sezessionskrieg, das heißt den amerikanischen Bürgerkrieg, in dem sie 1865 den Nordstaaten unterlagen.

Fall von Corinth: In der Kleinstadt Corinth, Mississippi, an der Grenze zu Tennessee gelegen, sammelten sich im März 1862 starke Kräfte der Konföderierten. Von seiten der Union wurden große Verbände in Tennessee, an einer Anlegestelle des Tennessee River, genannt Pittsburg Landing, zusammengezogen. Unweit dieser Stelle befand sich die bescheidene Blockhauskirche Shiloh, die der Schlacht vom 6./7. April 1862 ihren Namen geben sollte. Am 6. April trugen die Konföderierten einen Überraschungsangriff vor. Die fast schon geschlagenen Unionstruppen erhielten jedoch am 7. April Verstärkung, so daß die Konföderierten geschlagen wurden und im Gefolge auch Corinth aufgeben mußten. Die 63 000 Mann zählenden Unionstruppen hatten Verluste in Höhe von 13 000 Mann an Gefallenen, Verwundeten, Gefangengenommenen und Vermißten zu verzeichnen. Die Verluste der Konföderierten beliefen sich auf 10 000 von 40 000 Mann.

Am 3./4. Oktober des gleichen Jahres fanden erneut Kämpfe um Corinth statt. Angriffe auf die Stellungen der Unionstruppen endeten aber ebenfalls mit einer Niederlage und dem Rückzug der Konföderierten.

Yankees: ursprünglich Spitzname für die Bewohner der Neuengland-Staaten; im Bürgerkrieg in den Südstaaten abschätzige Bezeichnung für die Nordstaatler; vgl. dazu auch Bierce' anschauliche Erläuterung in seinem ›Wörterbuch des Teufels‹ (S. 480).

26 *Chickamauga*: An dem Bach dieses Namens (der in der Sprache der Cherokee-Indianer übrigens ›Bach des To-

des‹ heißt) im Staat Georgia kam es am 19./20. September 1863 zur blutigsten Schlacht des Bürgerkrieges, bei der die Konföderierten trotz hoher Verluste von etwa 16 000 Mann einen ihrer größten Siege feierten. Die Unionstruppen hatten Verluste von annähernd 18 000 Mann zu beklagen.

42 *Shermans*: William Tecumseh Sherman (1820–1891), bedeutender Feldherr der Unionstruppen; später, 1869 bis 1883, Oberbefehlshaber der USA-Streitkräfte; im Frühsommer 1864 befehligte er die Truppen der Nordstaaten in Georgia. Dort erfolgte unter anderem am 27. 6. bei sengender Hitze ein Sturmangriff auf die auf dem Kenesaw Mountain verschanzten Konföderierten. Dabei kam es zu einem schrecklichen Massaker unter den Angreifern. Insgesamt verlief der Feldzug in Georgia jedoch erfolgreich für Sherman und die Union. Im anschließenden ›Marsch zum Meer‹ durchquerte Shermans Armee das Zentrum der Konföderation, womit ein symbolischer wie auch durch die Zerstörung von Vorräten und Infrastruktur und die Freilassung der Sklaven strategischer Sieg errungen wurde.

49 *Sturm auf Missionary Ridge*: Nach der Niederlage der Unionstruppen in der Schlacht von Chickamauga (vgl. Anm. zu S. 26) zogen sie sich in die strategisch wichtige Kleinstadt Chattanooga zurück. Die Führung der Konföderierten wähnte ihre Verbände in starken Befestigungen auf zwei der Stadt vorgelagerten Bergkämmen – dem Lookout Mountain und dem Missionary Ridge – sicher. Am 24./25. 11. 1863 kam es zur Schlacht von Chattanooga. Der entscheidendste Teil dabei war die Erstürmung des Missionary Ridge durch die Unionstruppen, die damit einen der überzeugendsten und wichtigsten Siege im Bürgerkrieg errangen.

56 *Resaca*: Im Mai 1864 kam es auf Shermans Feldzug in Georgia (vgl. Anm. zu S. 42) bei dieser Stadt zu starken Truppenkonzentrationen, ohne daß aber größere Kampfhandlungen stattfanden.

79 *Prometheus*: Anspielung auf die griechische Sage, nach der Zeus den Titanensohn Prometheus dafür, daß er den

Menschen das Feuer vom Himmel holte, an den Kaukasus schmieden ließ, wo ihm am Tage ein Adler die nachts immer wieder nachwachsende Leber abfraß.

92 *Seine Hoheit der Tor*: bezieht sich wahrscheinlich auf die beißende Satire ›Lob der Torheit‹ (1509) des Erasmus von Rotterdam (1469?–1536).

Grant, Ulysses Simpson (1822–1885): Teilnehmer des Krieges gegen Mexiko, wo er die später im Bürgerkrieg bedeutenden Befehlshaber kennenlernte, trat Grant 1854 aus der Armee aus. 1861 schloß er sich ihr als Freiwilliger wieder an. Unter seinem Kommando errang die Unionsarmee mit der Eroberung der Forts Henry und Donelson am Tennessee River im Februar 1862 ihre ersten großen Siege. Er befehligte die Unionstruppen unter anderem in den Schlachten von Shiloh, Corinth (vgl. 2. Anm. zu S. 18) und Chattanooga (vgl. Anm. zu S. 49) und wurde im März 1864 zum Oberbefehlshaber der amerikanischen Streitkräfte ernannt, die er völlig neu organisierte. Von 1869–1877 war Grant republikanischer Präsident der USA. Vor allem die 2. Amtsperiode war von einer Vielzahl von Korruptionsskandalen belastet, in die Regierungsmitglieder verwickelt waren.

93 *Buell*, Don Carlos (1818–1898): im Bürgerkrieg General der Unionstruppen in Tennessee und Kentucky; nahm unter anderem an der Schlacht von Shiloh teil.

Halleck, Henry Wager (1815–1872): Militärtheoretiker und General; schied 1854 aus der Armee aus, trat aber mit Beginn des Bürgerkrieges wieder ein und befehligte die Truppen der Union in den Militärbezirken Missouri, Ohio und Kansas; von Juli 1862 bis März 1864 war er Oberbefehlshaber und danach Stabschef der amerikanischen Streitkräfte. In beiden Funktionen hielt er sich in der Hauptstadt und nicht in Kampfgebieten auf, vor allem wegen Differenzen mit General Grant.

103 *Butternut*: Spitzname für die konföderierten Soldaten; nach ihrer Kleidung, die mit dem grau bis leicht braunen Farbextrakt einer amerikanischen Walnußart, butternut (Juglans cinera), gefärbt war.

115 *Sphinx*: Anspielung auf das Ungeheuer in der griechischen Sage mit Kopf und Brust einer Frau und geflügeltem Löwenleib. Sie lauerte bei Theben Vorübergehenden auf und verschlang sie, wenn sie das Rätsel nicht lösen konnten, wer zuerst auf vier, dann auf zwei und zuletzt auf drei Beinen gehe.

137 *Shiloh*: Vgl. 2. Anm. zu S. 18.

144 *seit Gründung der Stadt*: Anspielung auf das *ab urbe condita* der Römer, womit der Beginn der altrömischen Zeitrechnung mit der Gründung Roms im Jahre 753 v. u. Z. gemeint war.

156 *in leibhaftiger Gestalt*: Bezug zu Shakespeares ›Hamlet‹ III, 4,135, wo der Geist von Hamlets Vater erscheint.

165 *La Donna è mobile*: ›O wie so trügerisch ...‹, im 4. Akt von Verdis ›Rigoletto‹ Kanzone des Herzogs, der im Hause Sparafuciles ein Abenteuer mit dessen Schwester sucht.

166 *Pharotisch*: Pharo, ein Kartenglücksspiel.

184 *gelegne Zeit*: bezieht sich auf ›Hamlet‹ III,2,267, wo auf Hamlets Geheiß die Schauspieler die Ermordung seines Vaters nachgestalten, um die Mörder zu entlarven.
Macduff: Gestalt aus Shakespeares ›Macbeth‹; schottischer Edelmann, der durch Kaiserschnitt zur Welt kam; Anspielung auf die Prophezeiung, daß Macbeth durch keinen von einem Weib Geborenen besiegt werden kann (vgl. ›Macbeth‹ V,7).

191 *Apolls*: Apoll(on) bei den Griechen und Römern unter anderem der Gott des Lichtes.

199 *Memnonsäule*: bezieht sich auf zwei altägyptische Sitzbilder, die sogenannten Memnonkolosse, die unter Amenophis III. (18. Dynastie) nahe der Hauptstadt Theben errichtet wurden. Die alten Griechen hielten Memnon (in der Sage Sohn der Göttin der Morgenröte, Eos und des Tithonos, König von Äthiopien, der im Trojanischen Krieg von Achilles getötet wurde) für ihren Erbauer. Im Altertum soll einer der Kolosse, der durch ein Erdbeben zerbrochen war, geklungen haben, was als Gruß Memnons an seine Mutter gedeutet wurde.

201 *Ophiophagus*: grch., Schlangenfresser.

202 *Quien sabe*: span., Wer weiß?

210 *Messalina*, Valeria (um 25–48): die dritte Frau des römischen Kaisers Claudius, die für ihre ungewöhnlich ausschweifende wie grausame und intrigante Lebensweise berüchtigt war.

216 *Yosemite Valley*: mit seinen gewaltigen Granitfelswänden Hauptattraktion des Yosemite Nationalparks etwa 350 km östlich von San Francisco.

223 *au courant*: frz., auf dem laufenden.

237 *Blavatsky-Leute*: bezieht sich auf die Anhänger der russischen Theosophin Jelena Petrowna Blavatsky (1831 bis 1891), die als Spiritualistin die ganze Welt bereiste; sie gründete 1875 mit Henry Steel Olcott (1832–1907) in New York die ›Theosophical Society‹ in den USA und Ende der siebziger, Anfang der achtziger Jahre deren internationales Zentrum in Madras. Ihre Lehre, die von der Existenz übersinnlicher Welten und Kräfte ausgeht, die mittels okkulter Rituale erkannt werden können, ist stark von indischen esoterischen Lehren und dem Buddhismus beeinflußt.

Thugs: Mitglieder fanatischer Räuberbanden, die etwa vom 13. bis Mitte des vorigen Jahrhunderts in Indien ihr Unwesen trieben. Die beraubten Opfer wurden meist mit einem Tuch erwürgt.

›Calamity‹-*Jim*: engl., etwa der Unglücks-Jim.

238 *vraisemblance*: frz., Wahrscheinlichkeit.

Giggles … Gunny: engl., etwa Kichererbsen und grobes Sackleinen.

Garrick, David (1717–1779): bedeutendster englischer Schauspieler im 18. Jahrhundert und Theaterleiter; machte sich verdient durch die Popularisierung der Werke Shakespeares und vor allem durch die Darstellung von Shakespeare-Gestalten.

Dumps: von ›dump‹, engl., Halde, Schuttplatz.

243 *Kleopatra* (69–30): ägyptische Königin; Geliebte Cäsars und des Antonius, der sie auch heiratete; als Antonius von Octavian besiegt worden war, nahm sie sich das Leben, indem sie sich von einer Schlange beißen ließ.

259 *Herbert Spencer* (1820–1903): Philosoph und Soziologe; Hauptvertreter des englischen Positivismus im 19. Jahrhundert.

Mill, John Stuart (1806–1873): englischer Philosoph, Logiker und Nationalökonom; Vertreter des Positivismus und liberaler politischer Reformen.

261 *Saulus aus Tarsus*: ursprünglicher, hebräischer Name des Paulus, des Heidenapostel Jesu Christi.

Lewes, George Henry (1817–1878): englischer Autor; Verfasser von Biographien und seinerzeit weit verbreiteter philosophischer Arbeiten.

267 *Herbstnacht des Jahres 1861*: möglicherweise Anspielung auf die Kämpfe bei Ball's Bluff, Virginia, am 21. 10. 1861, in denen die Konföderierten siegreich waren. Obwohl das nicht von größerer Bedeutung für den Bürgerkrieg war, rief es im Norden doch so viel Bestürzung hervor, daß der Oberbefehlshaber der Unionstruppen abgelöst wurde.

268 *Philippi*: Unweit dieser kleinen Ortschaft im Westen des damaligen, der Konföderation beigetretenen Staates Virginia kam es am 3. Juni 1861 zu einem kurzen Gefecht, bei dem die überraschten Konföderierten überstürzt die Flucht ergriffen. Die Unionstruppen marschierten weiter und vernichteten am 13. Juni bei Carrick's Ford eine größere feindliche Gruppierung. Diese weniger bedeutenden Gefechte wurden im Norden als Propagandasiege groß gefeiert.

Rich Mountain: Am Rich Mountain, ebenfalls in den Bergen im Westen Virginias gelegen, durch die auch das Flüßchen Greenbrier fließt, kam es am 11. Juli 1861 zu einem größeren Gefecht, in dem die Unionsarmee den Sieg davontrug.

285 *Hexenkunst in und um Salem*: Mit den berüchtigten Prozessen von 1692 war Salem, Massachusetts, das Zentrum der puritanischen Hexenverfolgung in Neuengland. Darauf wird häufig in der amerikanischen Literatur eingegangen, wie zum Beispiel in den Werken von Nathaniel Hawthorne (1804–1864) oder in Arthur Millers ›The Crucible‹ (1953, Hexenjagd).

288 *Quart*: amerikanisches Hohlmaß; 1 Quart entspricht bei Flüssigkeiten etwa 0,95 l, bei festen Stoffen etwa 1,1 l.

289 *Gallone*: amerikanisches Hohlmaß; 1 Gallone entspricht etwa 3,79 l.

294 *Protzen*: zweirädrige Vorderwagen von Geschützen.

Schlacht von Gaine's Mill: ein Gefecht am 26. Juni 1862, während der sogenannten Siebentageschlacht um die Hauptstadt der Konföderation, Richmond, Virginia, bei dem die Unionstruppen unter General Fitz John Porter trotz tapferen Widerstandes dem von General Robert E. Lee geführten Gegner weichen mußten.

Port Royal, South Carolina: wurde am 7. November 1861 nach einer mehrstündigen Kanonade von einer Flotte der Union erobert.

Sheridans: Philip Henry Sheridan (1831–1888); der General der Union nahm unter anderem an den Schlachten von Chickamauga und Chattanooga (vgl. Anm. zu S. 26 und S. 49) und an den letzten Schlachten in Virginia 1864/65 teil; wurde 1884 Oberbefehlshaber der amerikanischen Streitkräfte.

Picketts: George Edward Pickett (1825–1875) amerikanischer Offizier; verließ 1861 die Unionsarmee und trat in die der Konföderation ein; war an der vergeblichen Verteidigung Richmonds im Frühjahr 1865 beteiligt, so auch an der Schlacht von Five Forks am 1. April, in der sich die von ihm geführten Truppen am hartnäckigsten gegen die Unionsarmee unter Sheridan verteidigte.

Appomattox Court House: Hier nahm am 9. April 1865 General Grant von General Lee die Kapitulation der Nordvirginia-Armee, der Hauptstreitmacht der Konföderation, entgegen.

296 *Stones River*: Ende 1862 hatten die Bürgerkriegsparteien am Stones River, unweit der Ortschaft Murfreesboro, Tennessee, starke Verbände zusammengezogen. Am 31. 12. brachten die Konföderierten den Unionstruppen hohe Verluste bei, die ihre Stellungen an den Folgetagen aber zurückerobern konnten.

Hazen, William Babock (1830–1887): amerikanischer

Offizier, unter dem auch Ambrose Bierce gedient hatte; nach dem Bürgerkrieg unter anderem, Militärattaché in Europa.

299 *Ninive*: im 7. Jahrhundert v. u. Z. Hauptstadt des Assyrischen Reiches; 612 v. u. Z. durch Babylonier und Meder zerstört; Mitte des 19. Jahrhunderts begannen Ausgrabungen.

Tyrus: heute das libanesische Sur; einst reiche, nach 1200 v. u. Z. bedeutendste phönikische und noch bis ins 2. Jahrhundert u. Z. blühende römische Handelsstadt.

300 *flumen*: lat., Fluß, Strömung.

305 *Modokindianer*: ursprünglich in Nordkalifornien ansässiger Indianerstamm, der 1864 den Weg in die Reservation antreten mußte; 1870 verließ ein Teil der Indianer die Reservation und lebte friedlich in der alten Heimat. Zu Beginn des Jahres 1873 versuchte die amerikanische Armee, sie mit Gewalt wieder in die Reservation zu bringen. Die Folge war der Modok-Krieg vom Januar bis zum 1. Juni des Jahres. Das ganze Unternehmen war eines der kostspieligsten und verlustreichsten für die USA bei der Unterdrückung der Indianer im Westen des Landes, weshalb die Bezeichnung ›Modok‹ eine besonders grobe Beleidigung darstellte.

312 *non sum qualis eram*: lat., Ich bin nicht mehr, der ich war.

330 *Ariadnefaden*: Anspielung auf die griechische Sage, nach der Ariadne, Tochter des kretischen Königs Minos, dem Theseus aus Liebe ein Garnknäuel gab, damit er wieder aus dem Labyrinth fände, wo er den Minotaurus töten sollte.

336 *verhüllt die Liebe* ...: Zitat aus Alexander Popes (1688 bis 1744) ›Dunciad‹ (1728, Duncias) IV,649.

360 *Aldebaran*: hellster Stern im Sternbild Stier.

Hyades: Gemeint sind wohl die Hyaden, ein Sternhaufen im Sternbild Stier.

365 *Morgans*: George W. Morgan (1820–1893), amerikanischer Offizier, Jurist und Politiker; im Bürgerkrieg 1861 bis 1863 General der Unionstruppen.

Smith, Edmund Kirby (1824–1893): amerikanischer Offizier; im Bürgerkrieg General der Konföderierten; befehligte unter anderem deren Armee im Kentucky-Feldzug im Sommer 1862 und ergab sich am 26. Mai 1865 mit seinen Truppen als letzte Einheit der Südstaaten; nach dem Krieg Präsident und Professor an verschiedenen Universitäten.

Cumberland Gap: An diesem strategisch wichtigen Paß im östlichen Tennessee sammelten sich im Sommer 1862 starke Verbände der Südstaaten-Armee für den Überfall auf Kentucky, von wo sie die Unionstruppen vertreiben konnten, sich dann aber selbst ohne nennenswerte Erfolge zurückzogen.

380 *Immortellen*: Strohblumen.

385 *Faden*: nautisches Längenmaß; im Englischen entspricht ein Faden etwa 1,83 m.

393 *sobriquet*: frz., Spitzname.

398 *crescendo*: in der Musik für wachsend, anschwellend.
diminuendo: in der Musik für die Tonstärke vermindernd, allmählich leiser werdend.
coup de grâce: frz., Gnadenstoß.

404 ›*in leibhaftiger Gestalt*‹: Vgl. Anm. zu S. 156.

408 *Pater Gassalasca Jape, S. J.*: Die im ›Wörterbuch des Teufels‹ zitierten Poeten und viele andere Gestalten sind von Bierce erfunden.

411 *Bushel*: amerikanisches Hohlmaß für feste Stoffe; 1 Bushel entspricht etwa 35,24 dm³.
Shiloh: Vgl. 2. Anm. zu S. 18.

413 *Locke*, John (1632–1704): englischer Philosoph, führender Vertreter der englischen Aufklärung.
Merkur: römischer Gott des Handels und Götterbote.
schlimmstes Gift … Gönners Namen: bezieht sich auf ›mercury‹, engl., Quecksilber.

414 *Bacchus*: lateinischer Name des griechischen Weingottes Dionysos (auch Bakchos genannt).

415 *aliases*: engl., angenommene Namen.
Theo-Dorisch: vermutlich Anspielung auf den amerikanischen Präsidenten Theodore Roosevelt (1858–1919).

416 *Belladonna*: engl., Tollkirsche (Atropa Belladonna).

417 *Galileo Galilei* (1564–1642): der berühmte italienische Naturforscher, der 1633 unter dem Druck der Inquisition die von ihm bewiesene und zunächst auch vertretene (worauf Bierce anspielt) Richtigkeit des Kopernikanischen Weltbildes widerruft.

Milton, John (1608–1674): englischer Dichter, der das bedeutendste englische Epos, ›Paradise Lost‹ (1667, Das Verlorene Paradies), schuf; das angeführte Zitat stammt aus seinem 1634 erschienenen Maskenspiel ›Comus‹ (1,476).

418 *Stebbins*, Horatio (1821–1902): amerikanischer Geistlicher; von 1864–1900 Pfarrer der Unitarischen Kirche in San Francisco, wo er sich besonders um die Förderung des Bildungswesens bemühte.

420 *Böotien*: neben Attika die historisch bedeutsamste Landschaft in Mittelgriechenland; den Böotern wurde Ungeschicklichkeit und Unbildung nachgesagt.

Philister: hier Bezeichnung für Spießbürger, die nur an Alltäglichkeiten und materiellem Wohlstand interessiert sind.

Mayflower: Segelschiff, das 1620 die puritanischen Pilgerväter nach Neuengland brachte, die dort die erste ständige englische Siedlung, das heutige Plymouth, Massachusetts, gründeten.

424 *langem i ... ersten Silbe*: Bierce' Erläuterung bezieht sich auf die amerikanische Aussprache des Wortes ›finance‹. Dieses wird im Englischen mit kurzem i gesprochen und auf der zweiten Silbe betont.

425 *Henry Ward Beecher* (1813–1887): einer der einflußreichsten amerikanischen Geistlichen im 19. Jahrhundert; ausgezeichneter Redner; Bruder der Autorin Harriet Beecher Stowe und wie sie Gegner der Sklaverei und Vertreter liberaler politischer Positionen.

427 *Kastor und Pollux*: Gestalten der griechischen Sage, über deren Abstammung es aber verschiedene Auffassungen gibt. Sie sollen aus einem Ei hervorgegangen sein, das Leda gelegt habe, nachdem sie Zeus in Gestalt eines Schwans verführt hatte.

Pallas: Beiname der Athene; in der griechischen Sage Tochter des Zeus, die gerüstet seinem Haupt entsprang, nachdem dieser sie verschlungen hatte, um sich vor einem mächtigen Enkel zu schützen.

Galatea: eine Meeresnymphe in der griechischen Mythologie.

428 ›*Mens conscia recti*‹: eigtl. mens sibi conscia recti, lat., der sich des Rechten bewußte Geist; nach Vergils (70–19) ›Aeneis‹ I,604.

430 *Aglaia, Thalia und Euphrosyne*: drei, von den Griechen Chariten genannte Göttinnen, die Anmut, Liebreiz und Frohsinn verkörpern.

Renatus von Anjou (1409–1480): Herzog von Anjou, Herzog von Lothringen, stiftete 1448 den Ritterorden des Halbmondes.

432 *Karl Martell* (um 689–741): altfrz., Hammer; Hausmeier des fränkischen Reiches; zwang die rechtsrheinischen germanischen Stämme unter fränkische Oberhoheit und vereitelte durch Siege unter anderem 732 bei Tours und Poitiers über die Araber deren weiteres Vordringen nach Norden, womit er die Grundlagen für eine fränkische Großmacht legte.

Harmoniten: Anhänger einer religiösen Sekte, die ab 1804 aus Schwaben kommend in Amerika einwanderten. Sie wollten das Christentum in seiner ursprünglichen Reinheit wiederherstellen. Der durch Ehelosigkeit bedingte Schwund an Gemeindemitgliedern konnte durch Zuzug und Adoption nicht ausgeglichen werden. Auch kam es zu Unstimmigkeiten über die Arbeit in der Gemeinde, so daß sie sich auflöste.

Hash: engl., hier Wirrwarr, Durcheinander, Kuddelmuddel.

433 *Marschall Villeroi*: Wahrscheinlich ist Nicolas de Neufville Villeroi (1598–1685?) gemeint, der verschiedene politische Ämter, unter anderem auch als Marschall Frankreichs, innehatte.

St. François de Sales (1567–1622): französischer Theologe und Schriftsteller; 1602 Bischof von Genf; stiftete 1610 den Orden der Salesianerinnen und wurde 1665 heiliggesprochen.

434 *Pasteur, Louis* (1822–1895): französischer Chemiker und Mikrobiologe.
Delectatio Demanorum: lat., etwa Teufelsgenüsse.

435 *Noah Webster* (1758–1843): amerikanischer Publizist und Lexikograph, dessen 1828 erstmals erschienenes Wörterbuch der englischen Sprache neubearbeitet als sogenannter ›Webster‹ bis heute erscheint.

436 *jugum*: lat., Joch, Gespann, Paar, Ehe.
Archimedes (um 287–212): einer der bedeutendsten Naturwissenschaftler der Antike.
Kassandra: in der griechischen Sage Tochter des Königs Priamos und der Hekabe; da sie Apollons Liebe nicht erwidert, wandelt dieser ihre Sehergabe in einen Fluch – niemand soll der von ihr prophezeiten Wahrheit glauben; sagte den Untergang von Troja voraus; von dort brachte Agamemnon sie als Sklavin mit nach Hause, wo beide von dessen Frau Klytämnestra getötet werden.

437 *Kaaba*: arab., Würfel. Hauptheiligtum des Islam in Mekka (12 m lang, 10 m breit und 15 m hoch); in einer Ecke befindet sich ein schwarzer Meteorit von 30 cm Durchmesser.
Erzvater Abraham: biblischer Ahnherr der Israeliten.
Splaypes humpidorsus: wieder eine der Bierceschen Wortschöpfungen; engl./lat., etwa schrägfüßiger Höckerrückler.
Descartes, René (1596–1650): französischer rationalistischer Philosoph, einer der Begründer der modernen Philosophie; ›Cogito ergo sum‹, lat., ›Ich denke, also bin ich‹, ist der Ausgangspunkt seiner Lehre.

438 *cabbage*: engl., Kohl.

440 *Gyges*: als König von Lydien, etwa 685–652, begründete er die Dynastie der Mermnaden; der Sage nach tötete er den letzten Herakliden, Kandaules, mit Hilfe eines unsichtbarmachenden Ringes.
In Friedenszeiten ...: nach dem lateinischen geflügelten

Wort si vis pacem, para bellum – wenn du Frieden willst,
rüste zum Krieg.

Kubla Khan: Titelgestalt eines von dem englischen Dichter
und Kritiker Samuel Taylor Coleridge (1772–1834) 1797
niedergeschriebenen, aber erst 1816 veröffentlichten Ge-
dichtfragments; darin verwendet Coleridge, mit Words-
worth Hauptvertreter der frühen englischen Romantik,
exotische Gefilde und Legenden als poetischen Stoff.

442 *Laokoon*: der trojanische Priester, der seine Landsleute davor warnte, das hölzerne Pferd der Griechen in die Stadt
zu bringen; kurz danach wurden er und seine zwei Söhne
von zwei aus dem Meer heranschwimmenden Schlangen
getötet; was die Trojaner als göttliche Strafe für Laokoons
Frevel deuteten und daraufhin das Pferd in die Stadt zogen; bekannt ist die aus dem 1. Jahrhundert v. u. Z. stam-
mende Schlangenszene rhodischer Bildhauer, die 1506 in
Rom entdeckt wurde und lange auf die Kunst und Kunst-
betrachtung einwirkte.

443 *Bacon*, Sir Francis (1561–1626): englischer Philosoph
und Staatsmann.

444 *Poeta laureatus*: lat., lorbeergekrönter Dichter; in der Antike und im Spätmittelalter als Anerkennung für dichteri-
sche Leistungen verliehener Titel; an diese Tradition
knüpft die bis heute vom englischen Hof praktizierte Er-
nennung zum Poet laureate, die bis ins 19. Jahrhundert
mit der Verpflichtung verbunden war, anläßlich bestimmter Festtage Oden zu verfassen.

Robert Southey (1774–1843): englischer Dichter; mit dem
Hinweis auf den betrogenen Samson geht Bierce auf den
Wandel von Southeys politischen Anschauungen ein; Southey war zunächst begeisterter Anhänger der Ideale der
französischen Revolution und plante mit Coleridge die
Gründung einer Kommune in Amerika. Später bezog er
aber konservative Positionen. Samson (oder Simson) war
eine biblische Gestalt mit übermenschlichen physischen
Kräften, die er seinem ungeschorenen Haupthaar verdankte. Aus Liebe zu der schönen Philisterin Delila erklärte er ihr sein Geheimnis. Diese schnitt ihm im Schlaf

sein Haar ab und verriet ihn an ihre Landsleute, die ihn gefangennahmen und blendeten.

445 *Malthus*, Thomas Robert (1766–1834): englischer Geistlicher und Nationalökonom, der im raschen Bevölkerungswachstum eine Bedrohung der Bevölkerung sah und deshalb diesem entgegenwirkende Maßnahmen propagierte.

Herodes von Judäa (um 73–4 v. u. Z.): Herodes der Große, jüdischer König, dem die Ermordung seiner Frau und dreier Söhne und andere Morde zugeschrieben werden. Er soll nach biblischer Überlieferung in Bethlehem die Ermordung aller Kinder unter zwei Jahren angeordnet haben, um den ›neugeborenen König‹ (Jesus) zu töten. Vgl. Matthäus 2.

448 *Haeckel*, Ernst (1834–1919): deutscher Zoologe und Philosoph; Anhänger der Darwinschen Evolutionstheorie, der darüber hinaus die Hypothese der Entstehung erster, kernloser Lebewesen aus anorganischer Materie vertrat.

Monade: grch., die Einheit, das Unteilbare; Begriff der antiken philosophischen Terminologie, der bei Leibniz als philosophischer Grundbegriff dient und als solcher in sich abgeschlossene, beseelte Urbestandteile der Weltsubstanz darstellt.

Leibniz, Gottfried Wilhelm (1646–1716): deutscher Philosoph, Universalgelehrter und Staatsmann.

449 *morganatisch*(e) Ehe: auf dem Feudalrecht beruhende und bis ins 20. Jahrhundert reichende Praxis, die vermögens- und erbrechtlich nicht standesgemäße Frau lediglich mit einer Morgengabe, das heißt mit einem Geschenk am Morgen nach der Hochzeitsnacht, zu bedenken.

Morgan, John Pierpont (1837–1913): amerikanischer Bankier und Großindustrieller; begründete eines der weltgrößten Bankunternehmen, mächtige Konzerne in der Stahl- und Elektroindustrie und Eisenbahngesellschaften.

450 *Associated Press*: erste bedeutende und zu Lebzeiten Bierce' größte Telegraphen- und Nachrichtenagentur der USA.

451 *Newton*, Isaac (1643–1727): englischer Physiker, Mathe-

matiker und Astronom, der Begründer der modernen theoretischen Physik.

Noumenon: grch., das Gedachte; der Gegensatz zur Erscheinung.

Lewes: Vgl. 2. Anm. zu S. 261.

453 *Pandämonium*: bei den Griechen die Gesamtheit aller bösen Geister wie auch deren Reich.

454 *Dr. Johnsons*: Der englische Schriftsteller Samuel Johnson ist vor allem für sein 1755 erschienenes Wörterbuch der englischen Sprache bekannt, in dem erstmals historische Zitate als Beleg dienen.

peripatetisch: von Peripatos, der Wandelhalle an der Schule des Aristoteles (384–322), in der der Philosoph öffentliche Vorträge hielt.

455 *Boreablas*: vermutlich eine Wortneuschöpfung von Bierce, abgeleitet von Boreas, dem griechischen Gott des Nordwindes; auch wird das englische ›boreal‹ für den Norden betreffend verwendet.

Comte, Auguste (1798–1857): französischer Philosoph und Soziologe, Begründer des Positivismus.

Mill … Spencer: Vgl. 1. und 2. Anm. zu S. 259.

Präadamit: von dem französischen kalvinistischen Theologen Isaac de La Peyrère (1594–1676) gewählte Bezeichnung für den schon vor Adam die Erde bevölkernden Menschen. Mit der Auffassung, daß Adam nur der Stammvater der Juden, nicht aber aller Menschen sei, beeinflußte La Peyrère nachhaltig die aufkommende Bibelkritik.

456 *Pygmäen … Hogmäen*: ein im Deutschen nicht nachzuvollziehendes Wortspiel; bei Bierce steht ›pigmy‹ und ›hogmy‹, von pig, engl., Schwein, Ferkel und hog, engl., Schlachtschwein.

457 *Kronos*: in der griechischen Sage einer der Titanen, der jüngste Sohn des Uranos und der Gaia; er entmannte den Vater und riß die Weltherrschaft an sich; um dem Schicksal des Vaters zu entgehen, verschlang er seine Kinder mit Ausnahme des Zeus, den die Mutter verstecken konnte.

458 *John D. Rockefeller* (1839–1937): amerikanischer Großindustrieller, dessen Standard Oil Trust nahezu die gesamte
amerikanische Erdölwirtschaft beherrschte.
J. P. Morgan: Vgl. 2. Anm. zu S. 449.
Eugene Debs (1855–1926): populärer amerikanischer Ge-
werkschaftsführer und Politiker; unter anderem Gründer
der Socialist Party of America (1901), für die er bis 1920
bei mehreren Präsidentschaftswahlen kandidierte.

459 *Rundkopf*: Spottname für die puritanischen Königsgegner
in der englischen bürgerlichen Revolution; ihr Anführer
war Oliver Cromwell (1599–1658); viele Puritaner trugen das Haar sehr kurz geschnitten, im Gegensatz zu den
langen Locken, die am Hofe Charles' I. Mode waren, der
1649 hingerichtet wurde.

463 *Der Weise der ›Wasp‹*: Sicher meint Bierce hier wieder einmal sich selbst, war er doch in den achtziger Jahren Mitarbeiter und Herausgeber der in San Francisco erscheinenden ›Wasp‹.

464 *Beispiele alter Sägen*: Das englische ›saw‹ kann sowohl ›das
Sprichwort‹ als auch ›die Säge‹ sein.

466 *Chickamauga*: Vgl. Anm. zu S. 26.
Madame Blavatsky: Vgl. Anm. zu S. 237.

467 *Mendax interminabilis*: lat., maßloser Lügner.
Brewbold: sprechender Name; ›brew‹, engl., hier anzetteln,
planen und ›bold‹, engl., kühn.

469 *General Grant*: Vgl. 2. Anm. zu S. 92.
Granger, Gordon (1822–1876): amerikanischer Offizier;
im Bürgerkrieg General der Unionstruppen, nahm unter
anderem an der Schlacht von Chickamauga (vgl. Anm. zu
S. 26) teil, wo seine Truppen mit einer überraschenden
Attacke die letzten noch kämpfenden Einheiten der Union
vor der völligen Vernichtung bewahrten.

470 *Giaur*: von kafir, arab., Ungläubiger; unter Moslems Bezeichnung für Nichtmohammedaner, besonders Christen.

472 *Schlacht von Blenheim*: Blenheim ist der englische Name für
das bayrische Blindheim. Mit der gleichnamigen Schlacht
wird in der englischen Literatur eine wichtige Schlacht im
Spanischen Erbfolgekrieg (1701–1713) bezeichnet näm-

lich die bei Höchstädt am 13. August 1704, in der die verbündeten kaiserlichen und englischen Truppen die Bayern und Franzosen schlugen.

477 *Andrew Carnegie* (1835–1919): aus Schottland stammender amerikanischer Industrieller und Philanthrop; zunächst Arbeiter in einer Textilfabrik und bei der Eisenbahn, erwarb er sich ein riesiges Vermögen, das er in verschiedenen Stiftungen anlegte.

Pibroch: schottisches Musikstück für Dudelsack, das meist aus reichverzierten Variationen besteht.

Tartan: das bekannte, mit großen Karos gemusterte schottische Wollgewebe.

Ben Lomond: Berg (973 m) am Ostufer des Loch Lomond in den schottischen Highlands.

479 *Miltons*: Vgl. 2. Anm. zu S. 417.

Salmasius: Claudius, eigtl. Claude de Saumaise (1588 bis 1653): französischer klassischer Philologe, der in der englischen bürgerlichen Revolution die Stuarts und die Monarchie überhaupt vertrat, weshalb er von Milton in einer Streitschrift angegriffen wurde.

480 *DAMYANK*: von ›damned yankee‹ engl., verfluchter Yankee.

481 *fides defuncti*: lat., Beweis durch den Toten.

Chiron: in der griechischen Sage im Gegensatz zu seinen gewalttätigen Brüdern ein gütiger und weiser Kentaur; Meister der Heilkunde, des Leierspiels und der Jagdkunst, der viele Sagenhelden unterrichtete.

Kopf Johannes des Täufers: Gestalt des Neuen Testaments, Bußprediger und Vorläufer Jesu, den er getauft haben soll; wurde auf Befehl des Herodes Antipas (20 v. u. Z. bis 39 u. Z.) um 25 festgenommen, da er sich gegen dessen zweite Heirat mit seiner Nichte Herodias aussprach; Herodias soll daraufhin ihre Tochter Salome gedrängt haben, das Haupt des Johannes zu fordern, das ihr nach der Hinrichtung auf einem Tablett gereicht wurde. Diese Geschichte wurde häufig als Motiv in der Kunst aufgegriffen.

482 *Musca maledicta*: lat., Verfluchte Fliege.

Aristoteles (384–322): Dem Mitbegründer der klassischen Philosophie werden auch naturwissenschaftliche Schriften, darunter einige zur Biologie, zugeschrieben.

Buffon, Georges Louis Leclerc, Comte de (1707–1788): französischer Naturforscher, Verfasser einer 44-bändigen Geschichte des Tierreichs, auf die Bierce anspielt.

Oliver Goldsmith (1730?–1774): anglo-irischer Schriftsteller, der auch eine, von Bierce angedeutete, achtbändige ›History of the Earth, and Animated Nature‹ (1774, Geschichte der Erde und der belebten Natur) verfaßte.

Skythen: seit etwa dem 8. Jahrhundert v. u. Z. in die Gebiete nördlich und östlich des Schwarzen Meeres einwanderndes nomadisierendes Reitervolk.

Zyniker: bezieht sich auf die Kyniker, die Anhänger einer Strömung in der griechischen Philosophie, die Bedürfnislosigkeit und Mißachtung jeglicher Konventionen propagierten und praktizierten.

485 *Avalon*: in der keltischen Mythologie als ›Insel der Apfelbäume‹ bezeichneter paradiesischer Ort, an dem die verstorbenen Herrscher und Helden, wie der sagenhafte König Artus, weilen.

Sirenen: in der griechischen Sage Mädchen (später mit Vogelleibern gedacht), die mit ihrem betörenden Gesang die vorbeifahrenden Seeleute ins Verderben lockten.

487 *Stoneman*, George (1822–1894): amerikanischer Offizier und Politiker; im Bürgerkrieg General der Unionstruppen; nach dem Ausscheiden aus der Armee (1871) ging er nach Kalifornien, wo er unter anderem eine Eisenbahngesellschaft leitete und von 1883–1887 als Repräsentant der Demokratischen Partei Gouverneur war.

488 *Hermosillo … Guaymas*: Städte im Bundesstaat Sonora, der im Nordwesten Mexikos, am Golf von Kalifornien liegt.

489 *Asrael*: Name jenes Todesengels im Islam, der die Seele vom Leib trennt.

490 *Fred Emerson Brooks* (1850–1923): amerikanischer Dichter, der bekannt war für öffentliches Rezitieren seiner Gedichte.

491 *Dude*: engl., Geck, Stutzer; im Westen der USA auch Slangausdruck für Leute aus dem Osten.

492 *Finis Aeternitatis*: lat., Ende der Ewigkeit.

493 *Crockers*: Vgl. Anm. zu S. 499.

494 *nach Goldsmith*: Anspielung auf Oliver Goldsmith' (vgl. 4. Anm. zu S. 482) berühmtes Gedicht ›The Deserted Village‹ (1770, Das verlassene Dorf).

496 *Hexen briet*: Vgl. Anm. zu S. 285.

Quäker: quakers, engl., Zitterer (wegen ihrer ekstatisch-erregten Art, göttliche Visionen auszudrücken); ursprünglich Spottname der puritanischen Sekte ›Society of Friends‹ (Gesellschaft der Freunde), die sich Mitte des 17. Jahrhunderts in England ausbreitete und von William Penn (1644–1718) in Nordamerika gefördert wurde (Pennsylvania); Quäker lehnen die Staatskirche und liturgische Ordnungen des Gottesdienstes ab, weshalb sie lange Zeit verfolgt wurden. Sie sind auch gegen Militärdienst und gegen jegliche Gewaltanwendung überhaupt.

497 *Judex Judicatus*: lat., ein gerichteter Richter.

Rhadamanthys', (Minos', Aiakos'): in der griechischen Sage Söhne des Zeus, die wegen ihrer Gottesfurcht und ihres Gerechtigkeitssinns nach dem Tode Richter in der Unterwelt wurden.

499 *Stanford … Crocker … Huntington*: Amasa Leland Stanford (1824–1893), Charles Crocker (1822–1888) und Collis Potter Huntington (1821–1900), amerikanische Finanziers und Großindustrielle; mit Mark Hopkins betrieben sie den Bau der Central Pacific Railroad (1863–1869), das heißt des westlichen Teils der ersten transkontinentalen Eisenbahnstrecke; dem ließen sie den Bau und die Zusammenlegung weiterer Bahnlinien wie der Southern Pacific Railroad (1884) folgen; bei all diesen Unternehmungen verstanden sie es, durch Bestechung von Politikern auf lokaler wie nationaler Ebene reichlich Mittel für ihre Projekte zu gewinnen, die Gesetzgebung zu manipulieren und selbst große Vermögen anzuhäufen; Stanford war unter anderem auch Gouverneur (1861–1863) und Senator (1885

bis 1893) von Kalifornien und gründete die heutige Stanford University (1885).

507 *Antinous* (110–130): Lieblingsknabe des römischen Kaisers Hadrian, der bei einer Nilfahrt ertrank. Hadrian ließ ihn in Dichtungen und Tempeln, Statuen und anderen Werken der bildenden Kunst verherrlichen.
Minerva: römische Göttin der Künste, Weisheit und des Handwerks.

508 *Kopf der Medusa*: in der griechischen Sage die sterbliche der drei Gorgonen (geflügelte, abstoßende Wesen mit Schlangenhaar), bei deren Anblick jedes lebende Wesen zu Stein erstarren mußte. Perseus, der sich unsichtbar gemacht hatte, schlug ihr das Haupt ab (das die Kraft zur Versteinerung besitzt), versteinerte zahlreiche Feinde, die er in den Beutel mit dem Haupt der Medusa blicken ließ, und übergab es Athene, die es auf ihrem Schild trug.

514 *Dragoman*: frühere Bezeichnung für Fremdenführer oder Dolmetscher, die im Nahen Osten zwischen ausländischen Vertretungen und einheimischen Behörden vermittelten.

525 *Turgenjew*, Iwan Sergejewitsch (1818–1863): russischer Schriftsteller, dessen Werk zu den Höhepunkten der russischen Literatur des 19. Jahrhunderts zählt; der in seinem Roman ›Väter und Söhne‹ (1862) auftauchende Begriff ›Nihilismus‹ wurde von den Anarchisten aufgegriffen und fand rasch internationale Verbreitung.

527 *drei Präsidenten durch Mord verloren*: Abraham Lincoln (1809–1865), er ist gemeint, wenn Bierce gleich darauf von dem Präsidenten spricht, der die Sklaverei beendete (1.1.1863); James Abraham Garfield (1831–1881) und William McKinley (1843–1901).
einen russischen Zaren: Alexander II. (1818–1881); 1861 erfolgte in Rußland die Aufhebung der Leibeigenschaft.
einen französischen Präsidenten: Marie François Sadi Carnot (1837–1894).
österreichische Kaiserin: Elisabeth, Gemahlin Franz Josefs I. (1837–1898).
italienischen König: Umberto I. (1844–1900).

528 *Monsieur Vaillant*: Gemeint ist wahrscheinlich der französische Anarchist Auguste Vaillant (1861–1894, hingerichtet).

Petarde: ein mit Pulver gefülltes Metallgefäß, das bis ins 19. Jahrhundert zum Niederlegen von Toren, Mauern u. ä. an diesen angebracht und dann gezündet wurde.

529 *Agnes Bernauer*: Tochter eines Augsburger Baders; Herzog Albrecht III. von Bayern vermählte sich 1432 heimlich mit ihr. Doch dessen Vater, der gegen die nicht standesgemäße Ehe war, ließ sie 1435 gefangensetzen und als Hexe in der Donau bei Straubing ertränken.

530 *Ravachol*, François Claudius (1859–1892, hingerichtet): französischer Anarchist.

Most, Johann (1846–1906): deutsch-amerikanischer Journalist und Politiker; wurde 1880 wegen anarchistischer Ansichten aus der Sozialdemokratischen Partei ausgeschlossen; kam in die USA, wo er 1883 anarchistische und sozialrevolutionäre Gruppierungen vereinigte.

Hearst, William Randolph (1863–1951): einer der größten Zeitungsverleger der Welt, der durch Kriegshetze und Falschmeldungen eine nationalistische Hysterie am Vorabend des Spanisch-Amerikanischen Krieges 1898 in den USA erzeugte.

rhinophagischen: grch., nasenfresserischen.

536 *Casimir-Perier*, Jean (1847–1907): wurde im Juni 1894 nach der Ermordung Präsident Carnots dessen Nachfolger, trat aber wegen heftiger Angriffe seitens der parlamentarischen Linken, die gegen seinen stärkeren Einfluß auf die Regierung auftrat, im Januar 1895 zurück.

543 *des Iren, der auf die tote Schlange einprügelte*: vermutlich eine Anspielung auf St. Patrick (5. Jh.) den Schutzheiligen und Apostel Irlands; einer Legende nach soll er alle Schlangen der Insel ins Meer getrieben und somit vernichtet haben.

Washington, George (1732–1799): Oberbefehlshaber der Armee der Kolonien im amerikanischen Unabhängigkeitskrieg und erster Präsident der USA.

Jefferson, Thomas (1743–1826): kritisierte heftig die britische Kolonialpolitik in Nordamerika, darum vom Kongreß als Verfasser der Unabhängigkeitserklärung vom 4. Juli 1776 bestimmt; unter anderem Außenminister und dritter Präsident der USA.

545 *prätorianische Garde*: römische kaiserliche Leibgarde; oft bestochen, spielte sie bei der Ausrufung oder beim Sturz eines Kaisers eine verhängnisvolle Rolle.

Kassandra: Vgl. 3. Anm. zu S. 436.

546 *McKinley*, William (1843–1901): Präsident der Vereinigten Staaten von 1897–1901.

jüngsten Krieg …: der Spanisch-Amerikanische Krieg 1898, von den USA provoziert unter dem Vorwand, den kubanischen Unabhängigkeitskampf gegen Spanien zu unterstützen; dabei eroberten die USA Puerto Rico, Guam und die Philippinen von Spanien, annektierten die Hawaii-Inseln und hielten faktisch Kuba besetzt, dem formell die Unabhängigkeit zugesichert wurde.

547 *Krieg von 1812–1814*: Versuch der USA, Kanada zu erobern, was nicht gelang. Jedoch konnte Großbritannien nicht die Westexpansion der Vereinigten Staaten aufhalten. *Krieg gegen Mexiko* (1846–1848): endete mit der Annexion der heutigen USA-Bundesstaaten Kalifornien, Neu Mexiko, Utah, Arizona und Nevada.

551 *Salamis*: Insel im Golf von Ägina; 480 v. u. Z. siegten hier in einer Seeschlacht die Griechen über die Perser unter Xerxes.

Lepanto: italienischer Name für das heutige Naupaktos am Golf von Korinth; am 7. Oktober 1571 besiegte hier die vom Papst, Spanien und Venedig gebildete Flotte unter Don Juan d'Austria in einer sehr blutigen Schlacht die Flotte der zahlenmäßig überlegenen Osmanen.

Trafalgar: Vor dem Kap von Trafalgar, westlich von Gibraltar, schlug am 21. Oktober 1805 die britische Flotte unter Admiral Nelson, der in der Schlacht fiel, die zahlenmäßig stärkere französisch-spanische Flotte. Dabei kamen etwa 1500 britische und mehrere Tausend französische und spanische Matrosen ums Leben.

Duell zwischen der ›Monitor‹ und der ›Merrimac‹: Erstmals trafen dabei am 9. März 1862, während des amerikani-

schen Bürgerkriegs, in der Bucht von Hampton Road, bei
Norfolk, Virginia, zwei gepanzerte Schiffe aufeinander.
Keine Seite vermochte den Gegner entscheidend zu tref-
fen. Wegen Munitionsmangel und aus anderen Gründen,
verließ die konföderierte ›Merrimac‹ den von anderen
Schiffen und vom Ufer aus rege beobachteten Schauplatz.
Allgemein wurde die kleinere, wendigere ›Monitor‹ zum
Sieger erklärt. Viele Flotten wurden in der Folge bis zum
ersten Weltkrieg mit ähnlichen Panzerschiffen ausgerü-
stet, die man als Monitore bezeichnete.

Porter, David Dixon (1813–1891): einer der erfolgreich-
sten Seeoffiziere der Union im amerikanischen Bürgerkrieg.

Dupont: Samuel Francis Du Pont (1803–1865), Marine-
offizier der Unionstruppen; hatte den Auftrag, im April
1863 Charleston, South Carolina, wo sich unter anderem
Fort Sumter befindet, für die Union zurückzuerobern, was
jedoch scheiterte.

552 *Quäker*: Vgl. 2. Anm. zu S. 496.

unserer großen Revolution: der amerikanische Unabhängigkeitskrieg (1775–1783).

zwischen Frankreich und Deutschland: der Deutsch-Französi-
sche Krieg 1870/71.

zwischen der Türkei und Rußland: der Russisch-Türkische
Krieg 1877/78.

Niebuhr, Barthold Georg (1776–1831): deutscher Historiker, preußischer Staatsmann; einer der Begründer der
philologisch-kritischen Methode der Geschichtswissen-
schaft; sein Hauptwerk ist die ›Römische Geschichte‹
(3 Bde. 1811–1832).

555 *Johann III. Sobieski* (1629–1696): erfolgreicher Heerfüh-
rer und seit 1674 König von Polen; unter anderem Oberbefehlshaber der verbündeten Armeen, die am 12. September 1683 vor Wien die Türken schlugen.

Marlborough, John Churchill (1650–1722): britischer
Feldherr und Politiker; politischer Berater der Königin
Anna; besonders berühmt für die Führung der Alliierten
Armee von 1704–1709 im Spanischen Erbfolgekrieg.

556 *Miles,* Nelson Appleton (1839–1925): amerikanischer Offizier; im Bürgerkrieg Offizier der Unionstruppen; später lange Jahre im Krieg gegen verschiedene Indianerstämme eingesetzt, danach Berater im Verteidigungsministerium und unter anderem verantwortlich für die Vorbereitung der amerikanischen Truppen für den Spanisch-Amerikanischen Krieg.

559 *San Juan Hill:* Am 1. Juli 1898 errangen hier die Amerikaner einen der überzeugendsten Siege über die Spanier auf Kuba.

560 *Dr. Johnson:* Vgl. 1. Anm. zu S. 454.

561 *Natura Benigna:* lat., gütige Natur.

562 *Kataklysmus:* Die Kataklysmustheorie ist eine von dem französischen Naturforscher Georges Baron de Cuvier (1769–1832) aufgestellte Katastrophentheorie, nach der im Verlauf der Erdgeschichte alles Leben periodisch vernichtet und danach wieder neu geschaffen wird.

Enkelados: in der griechischen Mythologie einer der Giganten (Söhne der Gaia und des Uranos); diese wurden von ihrer Mutter gegen die Götter aufgehetzt, unterlagen und wurden unter Inseln und Vulkanen eingekerkert; Enkelados zum Beispiel unter Sizilien.

563 *Todeslinie:* Markierung in amerikanischen Gefängnissen, bei deren Überschreitung sofort auf den Häftling geschossen wird.

565 *Sabbatarier* oder Sabbatisten: verschiedene christliche Gruppen, die das alttestamentliche Sabbatgebot auch für Christen als verbindlich ansehen.

Quadrumanen: veraltete Bezeichnung für Affen.

567 *Houyhnhnms:* edle, gerechte Pferdewesen in Jonathan Swifts (1667–1745) ›Gulliver's Travels‹ (1726, Gullivers Reisen).

569 *Sokrates* (470–399): giechischer Philosoph; gab der Philosophie eine auf Wahrheit und Gerechtigkeit zielende Orientierung.

Marc Aurel (Marcus Aurelius Antonius, 121–180): römischer Kaiser und Philosoph, der als weiser Herrscher galt.

Nero Claudius Drusus Germanicus Caesar (37–68): römischer Kaiser, dessen Herrschaft nach einigen Jahren von Zügellosigkeit und Grausamkeit geprägt wurde; ihm legt man den Brand Roms (64) zur Last, der ihm als Vorwand zur ersten großen Christenverfolgung diente.

Seneca, Lucius Annaeus d.J. (um 4 v.u.Z. – 65 u.Z.): römischer Staatsmann, Philosoph und Dichter; unter anderem Erzieher und Berater Neros während der ersten fünf Jahre seiner Herrschaft; später von diesem zum Selbstmord gezwungen.

Napoleon III. (eigtl. Charles Louis Napoléon Bonaparte, 1808–1873): Präsident, nach Staatsstreich 1851 Diktator und seit 1852 Kaiser der Franzosen und trotz einiger plebiszitätischer Züge autoritärer Herrscher.

Hugo, Victor (1802–1885): populärer französischer Schriftsteller und Politiker; vertrat liberale, demokratische Ideen und mußte als politischer Gegner Napoleons III. 1851 bis 1870 ins Exil gehen.

570 *Leif Eriksson (*10./11.Jh.): norwegischer Seefahrer, Sohn Erichs des Roten, des Grönlandentdeckers. Er stieß um das Jahr 1000 bis zur Ostküste Nordamerikas vor, das er als Vinland bezeichnete, und gilt somit als erster europäischer Entdecker Amerikas.

Chadbands: bezieht sich auf die Gestalt des scheinheiligen Geistlichen Chadband in Charles Dickens' Roman ›Bleak House‹ (1852/53, Bleakhaus).

Stiggins: heuchlerischer, frömmelnder Seelenhirte in Dickens' ›The Posthumous Papers of the Pickwick Club‹ (1836/37, Die Pickwickier).

571 *Whittier,* John Greenleaf (1807–1892): amerikanischer Dichter und Abolitionist, galt im 19.Jahrhundert als einer der bedeutendsten Poeten seines Landes.

Holmes, Oliver Wendell (1809–1894): amerikanischer Schriftsteller und Arzt; wandte sich in vielen Essays und Gedichten gegen die kalvinistischen Dogmen seiner Vorfahren und gegen die Sklaverei; auch als begehrter Verfasser von Gedenkreden bekannt.

572 *Beveridge,* Albert Jeremiah (1862–1927): amerikanischer Politiker und Historiker; von 1899–1911 Mitglied des

USA-Senats und Anhänger der Politik Theodore Roosevelts.

574 *Hoar*, George Frisbie (1826–1904): amerikanischer Jurist und Politiker; als einflußreiches Mitglied des Repräsentantenhauses (1869–1877) und des Senats (1877–1904) vertrat er liberale Positionen.

Bryan, William Jennings (1860–1925): amerikanischer Poliker; dreimal Präsidentschaftskanditat der Demokratischen Partei; als solcher kritisierte er besonders in der Kampagne von 1900 die Expansionspolitik der von McKinley und Roosevelt geführten Republikaner.

575 *Tagalen*: eine der größten Bevölkerungs- und Kulturgruppen auf den Philippinen.

580 *Homestead Works Streit*: bezieht sich auf den Streik der Stahlarbeiter der Carnegie Steel Co. von Homestead, Pennsylvania, im Juli 1892, der durch Armee des Bundesstaates zerschlagen wurde und zur Auflösung der Stahlarbeitergewerkschaft führte.

582 *Ingersoll*, Robert Green (1833–1899): amerikanischer Jurist, Agnostiker; große Teile der Honorare für die vielen Vorlesungen, die er hielt, spendete er für wohltätige Zwecke.

Britomarts: Anspielung auf Britomartis, eine kretische Göttin, die der beliebtesten Göttin der Griechen, der jungfräulichen Jagdgöttin Artemis, gleichgesetzt ist.

587 *Josephine Clifford McCrackin* (1838–verschollen): amerikanische Schriftstellerin; Mitglied und Gründerin mehrerer Tier- und Naturschutzvereine; bei dem Buch, von dem in diesem und dem folgenden Brief die Rede ist, könnte es sich um einen Auswahlband von ihr handeln, der 1913 erschien, ›Tales of the Army Frontier‹.

590 *Huertistas*: Anhänger des mexikanischen Generals Victoriano Huerta, der durch einen Putsch im Februar 1913 die Macht an sich riß und eine Militärdiktatur errichtete, im Juli 1914 jedoch wieder zurücktreten mußte.

AUSWAHLBIBLIOGRAPHIE

Primärliteratur

The Fiend's Delight, London: John Camden Hotten, 1873

Nuggets and Dust, London: Chatto and Windus, 1873

Cobwebs from an Empty Skull, London: George Routledge and Sons, 1874

Tales of Soldiers and Civilians, San Francisco: E. L. G. Steele, 1892

The Monk and the Hangman's Daughter, Chicago: F. J. Schulte and Company, 1892

Black Beetles in Amber, San Francisco: Western Authors' Publishing Co., 1892

Can Such Things Be?, New York: Cassell Publishing Company, 1893

Fantastic Fables, New York: Putnam, 1899

Shapes of Clay, San Francisco: W. E. Wood, 1903

The Cynic's Word Book, New York: Doubleday, Page and Company, 1906 (später unter dem ursprünglich von Bierce vorgeschlagenen Titel The Devil's Dictionary)

The Shadow on the Dial and Other Essays, ed. S. O. Howes, San Francisco: A. M. Robertson, 1909

The Collected Works of Ambrose Bierce, 12 vols., New York and Washington: The Neale Publishing Company, 1909 bis 1912

Write It Right. A Blacklist of Literary Faults, New York and Washington: The Neale Publishing Company, 1909

Twenty-one Letters of Ambrose Bierce, ed. Samuel Loveman, Cleveland: George Kirk, 1922

The Letters of Ambrose Bierce, ed. Bertha Clark Pope, with a Memoir by George Sterling, San Francisco: The Book Club of California, 1922

The Collected Writings of Ambrose Bierce, ed. Clifton Fadiman, New York: The Citadel Press, 1946

The Collected Works of Ambrose Bierce, 12 vols., New York: Gordian Press, 1966 (Reprint der Ausgabe von 1909–1912)

The Enlarged Devil's Dictionary, ed. Ernest Jerome Hopkins, Garden City: Doubleday, 1967
The Ambrose Bierce Satanic Reader. Selections from the Invective Journalism of the Great Satirist, ed. Ernest Jerome Hopkins, Garden City: Doubleday, 1968
Skepticism and Dissent. Selected Journalism from 1898–1901, ed. Lawrence I. Berkove, Ann Arbor: Delmas, 1980

Sekundärliteratur

Vincent Starrett, Ambrose Bierce, Chicago: Walter M. Hill, 1920
Adolphe de Castro, Portrait of Ambrose Bierce, New York and London: The Century Co., 1929
C. Hartley Grattan, Bitter Bierce. A Mystery of American Letters, Garden City: Doubleday, 1929
Carey McWilliams, Ambrose Bierce. A Biography, New York: Albert and Charles Boni, Inc., 1929
Walter Neale, Life of Ambrose Bierce, New York: Walter Neale, 1929
Franklin Walter, Ambrose Bierce. The Wickedest Man in San Francisco, San Francisco: Colt Press, 1941
Paul Fatout, Ambrose Bierce. The Devil's Lexicographer, Norman: University of Oklahoma Press, 1951
Paul Fatout, Ambrose Bierce and the Black Hills, Norman: University of Oklahoma Press, 1956
Robert A. Wiggins, Ambrose Bierce, Minneapolis: University of Minnesota Press, 1964
C. Stuart Woodruff, The Short Stories of Ambrose Bierce. A Study in Polarity, Pittsburgh: The University of Pittsburgh Press, 1964
Richard O'Connor, Ambrose Bierce. A Biography, Boston and Toronto: Little, Brown and Company, 1967
M. E. Grenander, Ambrose Bierce, New York: Twayne Publishers, Inc., 1971
Cathy N. Davidson, ed., Critical Essays on Ambrose Bierce, Boston: G. K. Hall and Co., 1982

Cathy N. Davidson, The Experimental Fictions of Ambrose
Bierce. Structuring the Ineffable, Lincoln and London: University of Nebraska Press, 1984
Richard Saunders, Ambrose Bierce. The Making of a Misan-
thrope, San Francisco: Chronicle Books, 1985

Deutsche Übertragungen

Physiognomien des Todes. Novellen von Ambrose Bierce,
mit einer Einführung von Herman George Scheffauer,
deutsch von Tony Noah u. Hans Poeschel, München: Hirth
1920
Die Spottdrossel. 40 Novellen und 12 phantastische Fabeln,
Auswahl und Vorwort von Mary Hottinger, deutsch von Jo-
achim Uhlmann, mit Zeichnungen von Tomi Ungerer, Zürich:
Diogenes-Verlag 1963
Mein Lieblingsmord und andere Erzählungen, mit einem
Nachwort von Edouard Roditi, deutsch von Gisela Günther,
Frankfurt am Main: Insel Verlag 1963
Aus dem Wörterbuch des Teufels, Auswahl und ins Deutsche
übertragen von Alfred Kuoni, mit einem Nachwort von Hugo
Loetscher und Illustrationen von Willi Riesen, Zürich: Sans-
souci-Verlag 1964
Bittere Stories (Erzählungen und Fabeln), herausgegeben und
mit einem Nachwort von Karl-Heinz Wirzberger, deutsch von
Werner Beyer u. a., Leipzig: Dieterich'sche Verlagsbuchhand-
lung 1965
Der Gnadenstoß. Geschichten des Grauens, ins Deutsche über-
tragen, mit einem Essay und einer Bibliographie von Karl
Bruno Leder, Reinbek bei Hamburg: Rowohlt 1965
Die Geschichte eines Gewissens und andere Erzählungen,
deutsch von Gisela Günther, Frankfurt am Main: Fischer-Bü-
cherei 1965
Katzenfracht und andere Erzählungen, deutsch von Gisela
Günther, mit 12 Zeichnungen von Hans Fronius, Frankfurt am
Main: Insel Verlag 1965
Aus dem Wörterbuch des Teufels, Auswahl, Nachwort und ins

Deutsche übertragen von Dieter Eduard Zimmer, Frankfurt am Main: Insel Verlag 1966

Der Mönch und die Henkerstochter, herausgegeben und mit einem Nachwort von Karl Bruno Leder, deutsch von Karl Bruno Leder u. a., Genf, Hamburg: Kossodo 1968

Das Spukhaus. Gespenstergeschichten, deutsch von Gisela Günther, Frankfurt am Main: Insel Verlag 1969

Mitten im Leben sind wir vom Tod umfangen. Erzählungen von Soldaten und Zivilisten aus dem amerikanischen Sezessionskrieg, mit einem biographischen Essay und ins Deutsche übertragen von Elisabeth Schnack, mit 32 Zeichnungen von Klaus Böttger, Frankfurt am Main, Wien, Zürich: Büchergilde Gutenberg 1978

Ein Vorfall an der Eulenfluß-Brücke und andere Erzählungen, Auswahl und ins Deutsche übertragen von Angela Uthe-Spencker, München: Deutscher Taschenbuch-Verlag 1980

Aus dem Wörterbuch des Teufels, Auswahl, Nachwort und ins Deutsche übertragen von Richard Fenzl, München: Deutscher Taschenbuch-Verlag 1981

Großes Kurzgeschichten-Buch, 2. Erzählungen von Ambrose Bierce, Deutsch von Christiane Hartmann, München: Deutscher Taschenbuch-Verlag 1981

Des Teufels kleines Wörterbuch, ins Deutsche übertragen und mit einem Nachwort von Hans Petersen, mit Illustrationen von Karl-Georg Hirsch, Berlin: Eulenspiegel-Verlag 1984

Werke in vier Bänden, herausgegeben von Gisbert Haefs, Zürich: Haffmans 1986–1989

QUELLENVERZEICHNIS

Den Auszügen aus dem ›Wörterbuch des Teufels‹ liegt ›The Enlarged Devil's Dictionary‹ ed. Ernest Jerome Hopkins, Penguin Books Ltd, Harmondsworth, Middlesex, England 1985 zugrunde;

dem Aufsatz ›Philippinen-Politik der Regierung wurde im Kongreß dargelegt‹ der Band ›Skepticism and Dissent. Selected Journalism, 1898–1901‹, ed. Lawrence I. Berkove, UMI Research Press, Ann Arbor, Michigan 1986;

die Briefe wurden den ›Letters of Ambrose Bierce‹, ed. Bertha Clark Pope, The Book Club of California, San Francisco 1922, entnommen;

alle anderen Texte basieren auf den ›Collected Works of Ambrose Bierce‹, vol. 1–12, The Neale Publishing Company, New York and Washington 1909–1912, die 1966 als Reprint bei Gordian Press, New York erschienen.

INHALT

648

650

653

Übertragungen: W. B. Werner Beyer; J. M. Joachim Marten;
R. B. Reinhild Böhnke; B. C.-N. Barbara Cramer-Nauhaus;
A. D. Anneliese Dangel; R. W. Ruprecht Willnow.
Die Nachdichtung der Verse im ›Wörterbuch des Teufels‹ be-
sorgte Barbara Cramer-Nauhaus.